本书出版得到四川省民族地区经济开发工作领导小组办公室和凉山彝族自治州民族文化研究基金　资助

凉山民族研究 6

(2002—2003)

凉山彝族自治州民族研究所

主编　马尔子

副主编　巴且日火　张明　伍芝

民族出版社

凉山民族研究丛书
第 6 辑

总序

全国彝族人口有800多万，主要分布在云南、四川、贵州和广西。大体可分为东部、南部、东南部、西部、中部和北部6个方言区。凉山彝族自治州（以下简称凉山州）是全国最大的彝族聚居区，又是四川省少数民族类别最多的地方，境内住有彝族、汉族、藏族、回族、蒙古族、傈僳族、苗族、布依族、傣族、纳西族、壮族、白族、满族、土家族等14个世居民族。据凉山州2010年第六次全国人口普查数据统计，全州常住人口为4 532 809人。其中，少数民族人口为2 377 452人，占总人口的52.45%；彝族人口为2 226 755人，占总人口的49.13%。凉山州位于四川省的西南部，地处东经100°15′~103°53′、北纬26°27′~29°3′之间。北起雅安市和甘孜藏族自治州南缘，南连攀枝花市，东西两面与云南省为邻，东北与乐山市接壤，面积60 423平方千米，东西宽约360千米，南北约370千米。它是四川往来祖国西南边陲的重要通道之一。①

自古以来，外界都把凉山彝族地区视为神秘之地，穿越大小凉山自然成为壮举。新中国成立前，除了商贾逐利盯着彝族地区而外，真正称得上深入大小凉山进行学术考察和探险并留下较多著述的前贤，依次为多隆、杨成志、马长寿、林耀华、顾彼得、陈宗祥等。1907年多隆带领探险队，挎着卡宾枪纵贯彝族地区，写下《彝藏禁区行》②；20世纪30年代初，杨成志小心翼翼地踏进彝族地区，写下《中国西南民族中的罗罗族》③；1937—1940年，国立中央研究院的马长寿两次穿越彝族地区，历时一年左右，写下《凉山罗彝考察报告》④；1941年从美国哈佛学成归国的林耀华，翌年风尘仆仆地投入彝族地区，"撰毕"《凉山夷家》⑤……诸多学者给后人留下了价值连城的学术成果。除此之外，曾昭抡、常隆庆、江应樑、马学良等学者也为凉山彝族研究留下了宝贵的篇章。用民族学和人类学的视野看，他们都是客位研究或探访者，其所见所闻所写都属于外来者眼里的凉山彝族。与此同时，本土的主位学者曲木

---

① 《凉山彝族自治州概况》修订本编写组：《凉山彝族自治州概况》，1页，北京，民族出版社，2009。

② ［法］多隆著，辛玉等译：《彝藏禁区行》，乌鲁木齐，新疆人民出版社，1999。

③ 杨成志：《中国西南民族中的罗罗族》，载《地理杂志》，油印本，1934（1）。

④ 马长寿著，李绍明、周伟洲等整理：《凉山罗彝考察报告》，成都，巴蜀书社，2006。

⑤ 林耀华：《凉山夷家》，上海，商务印书馆，1947。

藏尧、岭光电、李仕安等彝族精英也从不同的角度完成了许多著述。尤其是20世纪30年代末曲木藏尧所著的《西南夷族考察记》和40年代初岭光电所著的《倮情述论》，为后人留下了不可多得的资料。

新中国成立后，大小凉山彝族地区不再是禁区，“1953年，全国人大民族委员会和中央民族事务委员会组织进行全国性的民族识别调查，1956年又开始少数民族语言、少数民族社会历史调查”①，取得的第一手学术资料非常丰富。不过，当时在总体上是以阶级斗争为纲，调查的宗旨必须与主流意识形态合拍，因此，政治干扰较多。到了“文化大革命”期间，这些资料也被封存。70年代末，国家政策调整后，才对五六十年代调查的资料进行整理、编写，阶段性成果集结成三本书公开出版：一是《凉山彝族奴隶社会》编写组编写的《凉山彝族奴隶社会》②，二是胡庆钧著的《凉山彝族奴隶制社会形态》③，三是周自强著的《凉山彝族奴隶制研究》④。这三部著作从各个方面系统地总结和阐述了凉山彝族社会的基本性质和特点，为外界了解、认识、研究凉山彝族做了很好的铺垫。不过也从时间和空间上把凉山彝族社会刻板地描述为“野蛮”“落后”“黑暗”“迷信”的奴隶社会“活化石”。80年代中期，一批充满激情的彝族年轻学者逐渐地涌现出来。他们大学毕业后，在老一辈彝汉学者的指导下，遵照党中央提出的“救书、救人、救学科”的指示，对彝族文献进行了大量的搜集、整理、翻译、出版，为彝学研究注入了更多的新鲜血液，为本民族“自我”的历史叙述做了许多有益的基础工作。由于沉醉于“民族文化的复归”，其中也有个别人在其调查研究和书写过程中略带“我看我的影子很漂亮”的感怀，过多地认为许多历史文明都和彝族人的生活单元紧密地联系在一起。于是多种不同的学术观点在彝学范围内展开了对话，这样的学术氛围是积极健康的，也值得提倡，它至少构建了多声对话的学术机制，避免了一概而论的弊端。

从20世纪80年代中期开始，持不同见解的专家学者不断到凉山彝族地区考察，争鸣的文章四处可见。基于为全国各地甚至国外从事凉山彝族研究的专家学者提供方便，1990年在州府所在地西昌成立了凉山彝族自治州民族研究所，它的成立确保了凉山地区的专业性研究组织框架。但它又有别于中央和省级研究机构，研究所的基层研究人员不得不扮演如下几种角色：接待国内外专家学者，为他们到彝族地区调查研究做好协调服务，并陪同下乡；无偿提供彝、汉、英口语或书面翻译；充当被访谈对象，把了解的知识和学问告诉访谈者，为他们深入彝族地区研究做好铺垫；以地方学者的身份与国内外大专院校或科研院所开展一些合作项目，包括单位与单位、个人与

---

① 《凉山彝族自治州概况》修订本编写组：《凉山彝族自治州概况》，1页，北京，民族出版社，2009。

② 《凉山彝族奴隶社会》编写组编：《凉山彝族奴隶社会》，北京，人民出版社，1982。

③ 胡庆钧：《凉山彝族奴隶制社会形态》，北京，中国社会科学出版社，1985。

④ 周自强：《凉山彝族奴隶制研究》，北京，人民出版社，1983。

个人之间的合作项目。在力求做好上述工作的同时，从1992年开始创办了年刊《凉山民族研究》，至今已内部刊印20期，刊登论文500余篇，计600多万字。虽说是《凉山民族研究》，但主要研究对象都放在凉山彝族，刊出的文章涉及其他少数民族的较少，因此有待在今后的工作中不断改进。

《凉山民族研究》创刊之初，得到了各级领导和社科界知名学者的关心和支持。时任全国人大副委员长、著名社会学家费孝通教授，国家民委副主任伍精华，四川省委副书记冯元蔚，中国社会科学院民族研究所胡庆钧教授，中共凉山州委书记刘绍先等领导和学者为本刊题了词；著名书法家启功先生为本刊题写了刊名；时任中共楚雄彝族自治州州委书记王天玺、凉山彝族自治州州长马开明为创刊号著文。坦白地说，凉山彝族自治州民族研究所成立时，业务人员都缺乏学术专业训练，业务素养普遍偏低，编辑能力较弱，不懂严格的学术规范，随意性强。好就好在《凉山民族研究》创刊以来，一直得到州内外专家学者的关心支持，在他们的帮助下，我们边学习边克服缺点，在调查研究和写作编辑中，逐渐走向规范化，刊物的学术质量和信誉度不断得到提升。

随着时间的推移，十多年前刊印的《凉山民族研究》只剩下孤本。这些年来关注凉山彝族地区的专家学者越来越多，许多朋友不断写信、打电话、发邮件甚至登门索要《凉山民族研究》。为了满足学者和读者的需求，《凉山民族研究》编委会决定从2011年开始，对《凉山民族研究》进行修订，按时间顺序每两期合编为一辑，以丛书的形式逐步公开出版。主旨是为凉山地区民族研究提供资料服务，鞭策和鼓励基层研究工作者做好基础性研究工作。为确保时代性，除对原文的错字和病句做修改外，原则上不做改动。这样也许能让大家再“看看我们的影子，听听我们的回音”后，更好地反思和检查《凉山民族研究》既有的时代叙述。尽管我们的整体水平不高、能力有限，但希望州内外专家学者一如既往地关心、支持《凉山民族研究》，继续激励我们在这样一个经济欠发达与文化多样性共鸣之地，给有志于凉山民族研究的专家学者当好铺路石和牵马人。彝谚云：“愚拙十人相聚，美言畅叙不止。”这是我们由衷期盼的未来——让我们从容地在偏僻遥远的乡邦，用乡下的语言继续叙说乡下的故事。

《凉山民族研究丛书》的出版，得到四川省民族地区经济开发工作领导小组办公室和凉山州社科联民族文化研究基金会的鼎力资助，民族出版社罗焰女士及同人为此也做了辛勤的工作，在此一并致谢。

马尔子

2011年5月9日

目　录

CONTENTS

浅论中国共产党维护祖国统一和民族团结的基本理论和基本方针[*]

杨健吾

我们知道，中国共产党自诞生之日起，就一直不懈地为国家的统一和民族的团结而艰苦奋斗，随着国际国内形势的不断变化，不断地调整自己的工作方针，但重要的目标之一始终没有改变，即祖国的统一和民族的团结。本文对此稍作粗浅的述论，敬请读者批评。

一

中国是一个地域辽阔、人口众多、民族众多的国家，中国共产党从诞生之日起，就不断地摸索和研究中国的国情，在长期复杂、尖锐的革命斗争中。逐步形成了在国家的统一和民族的团结问题上的基本理论和观点，并以这些理论和观点指导中国革命和建设的实践。在长达半个多世纪的不懈努力和奋斗中，党坚持马克思主义民族问题理论和路线，为国家的统一和民族的团结做出了举世瞩目的贡献，建立了不朽的功勋。

中国共产党维护国家统一和民族团结的基本理论和观点主要是：

第一，中华民族是包括中国境内 56 个民族的民族实体，中国是各民族共同组成的统一的多民族国家。

中国共产党诞生后，面临诸多重要问题，其中之一是对中国国情的体察和认识。党对这一问题的认识是 1935 年遵义会议确立了毛泽东在全党的领导地位之后才逐步

---

* 本文原载《凉山民族研究》，2002 年刊，28 页。

成熟的。1939年12月，毛泽东在《中国革命和中国共产党》一文中指出："我们中国现在拥有四亿五千万人口，差不多占了全世界人口的四分之一。在这四亿五千万人口中，十分之九以上为汉人。此外，还有蒙人、回人、藏人、维吾尔人、苗人、彝人、壮人、仲家人、朝鲜人等，共有数十种少数民族。虽然文化发展的程度不同，但是都已有长久的历史。中国是一个由少数民族结合而成的拥有广大人口的国家。中华民族的发展（这里说的主要是汉族的发展），和世界上别的许多民族同样，曾经经过了若干万年的无阶级的原始公社的生活。而在原始公社崩溃，社会生活转入阶级生活的那个时代开始，经过奴隶社会、封建社会，直到现在，已有了大约四千年之久。在中华民族的开化史上，有素称发达的农业和手工业，有许多伟大的思想家、科学家、发明家、政治家、军事家、文学家和艺术家，有丰富的文化典籍。"中华民族不但以吃苦耐劳著称于世，同时又是酷爱自由、富于革命传统的民族。"中华民族的各族人民都反对外来民族的压迫。都要用反抗的手段解除这种压迫。他们赞成平等的联合，而不赞成互相压迫。"① 这里，毛泽东不但明确地论述了我国多民族的基本国情和悠久丰富的历史文化，而且谈到了中华民族反对外来民族压迫，追求独立、自由的革命传统。这一光荣的传统正是我们这个统一的多民族国家赖以生存并自立于世界民族之林的重要原因。

从中华民族生存和繁衍的地理环境看，是一个东临万里海洋、北靠沙漠雪原、西为世界屋脊、南是热带丛林的相对独立的地理生态系统。在这一地理生态系统中，各民族不是各自孤立发展，而是在密切交往和不断分化、融合、演变，其中不仅有政治、经济方面的交往，有冲突、掠夺、对抗、战争、婚聘、互市等，也有文化、血缘等方面的交融、互补和相互学习、借鉴。随着中国历史上民族的多元起源与发展以及统一、分裂、再统一的反复交替，中国各族人民之间的交流和学习促成了各民族共同的历史进步。在漫长的相互关联的历史进程中，中国各民族之间逐渐形成了密切的多元一体的相互关系。历史上，中华民族有过多次分裂，但统一始终是发展的主流。各民族围绕着一个核心的族群形成了具有强大向心凝聚力的政治、经济、文化实体，就像一个有许多成员的大家庭。这个核心族群就是居住在这个地理生态系统的中心地带、具有悠久和独特的文化传统、在科技文化和农耕经济方面相对发达，并通过不断融合吸收其他族群而拥有庞大人口的汉族集团。② 毛泽东以汉族为重点阐述中国多民族的国情和悠久、富于革命传统的历史，代表了中国共产党人对中华民族这一民族共

---

① 《毛泽东选集》（第二卷），622～623页，北京，人民出版社，1999。

② 参见马戎、周星主编：《中华民族凝聚力的形成与发展》，1页、432～433页，北京，北京大学出版社，1999。

同体的基本特征的把握和认识。这种认识是党维护国家统一和民族团结的思想基础和出发点。

第二，国家的独立和统一是密切联系、互相依存的，为了实现统一，首先要争取民族的独立。

近代中国，内忧外患，问题成山。在血与火的洗礼中，中国共产党肩负民族和国家的使命应运而生。在20世纪20年代，党要完成的是反帝反封建的民族民主革命。当时的中国各民族人民，深受帝国主义、封建主义、官僚资本主义三座大山的压迫。首先是民族不独立，外敌入侵，帝国主义势力对中国版图蚕食鲸吞，国内军阀混战割据，各民族之间隔阂、猜忌，互不信任，虽共处于一国之中，实际上四分五裂，各自为政。年轻的中国共产党认识到了民族问题的重要性，也看到了存在的问题。首先是民族、国家的主权不完整。在1922年召开的第二次全国代表大会上，党明确指出要“推翻国际帝国主义的压迫，达到中华民族独立”①。也就是说，党已经认识到国家的独立和主权的完整是国家统一的前提和条件。在当时，严重威胁和危害中华民族的独立、统一的最大敌人，是国际帝国主义势力。党领导人民进行新民主主义革命的主要任务，就是进行反帝反封建的革命，“是以国民革命来解放被压迫的中国民族”②。1924年，中国共产党参与制定的国民党“一大宣言”提出：“于反对帝国主义及军阀之革命获得胜利以后，当组织自由统一的（各民族自由联合的）中华民国。”③ 虽然这一时期党对未来的国家组织原则的认识尚不清楚，但是民族独立、国家统一的明确认识则是非常坚定的。1928年，党的第六次全国代表大会分析了中国革命的性质和前途，提出了当时中国革命的任务与纲领，其中三项任务之一是“驱逐帝国主义，统一中国”。④ 还将“统一中国，承认民族自决权”作为当时党的十大政纲和口号之一。⑤ 从1927年7月到1934年10月的中华苏维埃共和国时期，党的民族问题理论有了进一步的发展。其中，1931年11月中华苏维埃第一次代表大会通过的《关于中国境内少数民族问题的决议案》提出：“消灭民族间的仇视与成见，建立一个没有任何民族界限的国家。”⑥ 这实际上是明确提出了要把中国建设成为一个各民族平等团结的、统一的、多民族的社会主义国家，是中国共产党民族平等、团结政策与维护国家

---

① 中共中央统战部：《民族问题文献汇编》，12页，北京，中共中央党校出版社，1991。

② 中共中央统战部：《民族问题文献汇编》，20页，北京，中共中央党校出版社，1991。

③ 中共中央统战部：《民族问题文献汇编》，27～28页，北京，中共中央党校出版社，1991。

④ 参见中共中央统战部：《民族问题文献汇编》，87页，北京，中共中央党校出版社，1991。

⑤ 参见中共中央统战部：《民族问题文献汇编》，86页，北京，中共中央党校出版社，1991。

⑥ 中共中央统战部：《民族问题文献汇编》，170～171页，北京，中共中央党校出版社，1991。

统一原则的鲜明体现。① 抗日战争时期，党的国家统一的理论有了进一步的发展。1938年9月，在中共六届六中全会的政治报告《论新阶段》中，毛泽东指出："允许蒙、回、藏、苗、瑶、夷、番各民族与汉族有平等权利。在共同对日原则之下，有自己管理自己事务之权，同时与汉族联合建立统一的国家。"② "对国内各民族，给予平等权利，而在自愿原则下互相团结，建立统一的政府。"③ 在当时，要维护民族的独立和国家的统一，需要建立和巩固抗日民族统一战线。党以上述理论为指导，在民族问题与阶级问题发生冲突的时候，将民族问题摆在了工作的首位，团结一切爱国的少数民族上层人士和汉族各界人士，组成了最广泛的爱国统一战线，为争取抗战的最后胜利进行了巨大的努力，并最终取得了抗战的胜利。1945年8月25日，中共中央发表的《对目前时局的宣言》指出，在抗战胜利后的新时期，全民族的重大任务，是"巩固国内团结，保证国内和平，实现民主，改善民生，以便在和平民主团结的基础上，实现全国的统一，建设独立自由与富强的新中国"④。这一宣言说明，在驱逐危害我国主权和民族独立的外敌之后，党全力争取的，仍然是国家的统一和民族的繁荣昌盛。中华人民共和国成立前夕，1949年9月30日，毛泽东在为中国人民政治协商会议第一次全体会议起草的宣言中，号召全国人民"建设独立民主和平统一富强的新中国"⑤。1952年毛泽东在接见西藏致敬团代表时指出："共产党对宗教采取保护政策，信教的和不信教的，信这种教的和信别种教的，一律加以保护，尊重其宗教信仰，今天对宗教采取保护政策，将来也仍然采取保护政策。"⑥ 20世纪50年代初，周恩来对基督教界人士说，要"割断同帝国主义的联系，依照三自（自治、自养、自传）的精神，提高民族自觉，让宗教还它个宗教的本来面目"⑦。主管民族统战工作的李维汉也说："宗教制度的民主改革，是一次伟大的社会变革，它是中国社会制度民主改革的组成部分。没有宗教制度的改革，中国社会制度的改革就是不完全的，真

---

① 参见金炳镐等：《第一次国内革命战争时期和中华苏维埃时期中国共产党的民族纲领政策（1921.7—1934.10）——中国共产党民族纲领政策形成和发展研究之一》，载《黑龙江民族丛刊》，1999（4）。

② 中共中央统战部：《民族问题文献汇编》，569页，北京，中共中央党校出版社，1991。

③ 中共中央统战部：《民族问题文献汇编》，595页，北京，中共中央党校出版社，1991。

④ 王桧林：《中国现代史》（下册），253页，北京，北京师范大学出版社，1983。

⑤ 《毛泽东选集》（第二卷），10页，北京，人民出版社，1999。

⑥ 王作安、刘金光：《英明的政策 成功的实践——50年宗教工作回眸》，载《四川宗教》，1999（11）。

⑦ 王作安、刘金光：《英明的政策 成功的实践——50年宗教工作回眸》，载《四川宗教》，1999（11）。

正实行宗教信仰自由政策也是不可能的。”① 1959 年 4 月，周恩来指出：保证国家统一，实现民族平等是政府根据宪法规定的民族工作的重要方面。“祖国统一，是全国各民族的最高利益”。② 在新中国成立后至 1966 年的十多年里，党的第一代领导集体论述国家统一的言论虽然不多，但言简意赅，始终一致，鲜明地体现了党的马克思主义民族问题理论的坚定性和彻底性。“文化大革命”期间，“左”倾路线泛滥，民族问题理论是非混淆，错误路线不代表全党的意志。在改革开放的新时期，以邓小平为核心的党的第二代领导集体，在国家统一问题上最重要的理论贡献，是创造性地提出了“和平统一，一国两制”。对此，已多有论者著文申述，故不赘述。而旗帜鲜明地反对民族分裂主义，则是党的第一、二代领导集体倡导和坚持，第三代领导集体继承和发挥的国家统一理论的重要组成部分，对此，我们也将在后文中讨论。

第三，国家的统一、人民的团结和国内各民族的团结，是我们的事业必定要胜利的根本保证。

回顾鸦片战争以来的中国历史，我们可以看到，近代中国长期面临着领土被瓜分、民族被分裂、人民受蹂躏的严重危机，帝国主义列强与中华民族的矛盾是近代中国社会最主要的矛盾。帝国主义各国千方百计、处心积虑地要把中国拖入殖民地半殖民地的深渊，而中国各族人民则不屈不挠地为争取民族独立而英勇斗争。以毛泽东为代表的党的第一代领导集体，充分认识到在近代中国社会的各种矛盾中，帝国主义和中华民族的矛盾是最主要的矛盾。毛泽东深刻地分析了封建社会里中国的民族矛盾的根源，指出：“几百年来，中国各民族之间是不团结的——这是反动的清政府和蒋介石政府统治的结果，也是帝国主义挑拨离间的结果。”③ 党的第一代领导集体从中国革命和民族问题的实际出发，将解决国内民族问题与反对帝国主义的斗争结合起来，提出了要打倒帝国主义，必须团结一切可以团结的力量，建立全民族的统一战线的理论。毛泽东指出：“只要是中国人，不分民族，凡是反对帝国主义、主张爱国和团结的，我们都要和他们团结。”④ 在中华民族生死存亡的紧急关头，中国共产党为了争取民族的独立和解放，将民族团结的问题提到了前所未有的高度。在随后的国内解放战争中，党始终坚持巩固和发展各民族的团结，最大限度地孤立和打击极少数反动分子，争取了新民主主义革命在祖国大陆的最后胜利。可以说，中国共产党是通过长期

---

① 王作安、刘金光：《英明的政策　成功的实践——50 年宗教工作回眸》，载《四川宗教》，1999（11）。

② 参见刘先照主编：《中国共产党主要领导人论民族问题》，193 页，北京，民族出版社，1994。

③ 《毛泽东文集》（第六卷），北京，人民出版社，1999。

④ 《建国以来毛泽东文稿》（第四册），368 页，北京，中央文献出版社，1990。

的浴血奋斗和牺牲认识和总结国家的统一和民族的团结对我们的事业的极端重要性的。因此，新中国成立之初，毛泽东曾欣喜地指出："从中华人民共和国成立的那一天起，中国各民族就开始成为友爱合作的大家庭。"① 但是，这并不是说我国的民族关系已经不存在任何问题，相反，"现在的问题仍然不少，同时，民族问题将会在很长时期里存在着"②。在《论十大关系》中，毛泽东提出了社会主义制度建立以后民族工作的基本任务："我们必须搞好汉族和少数民族的关系，巩固各民族的团结，共同努力于建设伟大的社会主义祖国。"③ 在《关于正确处理人民内部矛盾的问题》中，他特别强调："国家的统一，人民的团结，国内各民族的团结，这是我们的事业必定要胜利的基本保证。"④ 毛泽东的这段名言，从此一直成为党的三代领导集体认识和处理我国民族问题的座右铭。

第四，民族平等是民族团结的前提和条件。

马克思主义民族理论认为，世界各民族，无论其人口多少，规模大小，肤色如何，语言怎样，历史长短，经济是否发达，社会是否进步，在政治上都是平等的。各民族有先进和落后的区别，却没有优劣高下之分。中国共产党从诞生之日起到在全国范围内成为执政党之后的80余年间，虽然对民族问题的认识由粗浅到逐步深入，具体纲领、政策逐渐变化，但始终坚持各民族一律平等相待的原则，并将民族平等视为民族团结的前提和条件。早在《中国共产党第二次全国代表大会宣言》中，党就根据当时的历史条件，明确提出了贯彻民族平等团结原则，解决国内民族问题的重要方针。1931年11月7日召开的中华苏维埃第一次全国代表大会通过的《中华苏维埃共和国宪法大纲》里，党明确指出："在苏维埃政权领域内的工人农民红军士兵及一切劳苦民众和他们的家属，不分男女种族（汉、满、蒙、回、藏等）宗教，在苏维埃共和国法律面前一律平等，皆为苏维埃共和国公民。"同年通过的《关于中国境内少数民族问题的决议案》规定，少数民族劳动者"和汉族的劳苦人民一律平等，享受法律上的一切权利义务，而不加任何限制与民族歧视"。在红军长征途中，党也明确宣示："不论汉族、苗族、布依族，不论各民族人口多少，都一律平等。"此后，党在不同场合，多次反复公开宣传各民族在一切方面均享有平等权利的主张，并在实践中认真贯彻民族平等的政策，直到中华人民共和国成立，从具有宪法性质的《中国人民政治协商会议共同纲领》到以后的几部宪法，都明文规定"中华人民共和国境

---

①《复西北各族人民抗美援朝代表会议全体代表的电报》，1951年12月12日。

②《在八届二中全会上的结论》，1956年11月15日。

③ 毛泽东：《论十大关系》，见《毛泽东选集》（第五卷），278页，北京，人民出版社，1977。

④ 毛泽东：《关于正确处理人民内部矛盾的问题》，北京，人民出版社，1957。

内各民族一律平等”，“各民族都有平等的权利和义务”，“禁止民族间的歧视、压迫和分裂民族团结的行为”等原则，并颁布了保障民族平等团结的一系列具体的法律和行政法规，从而首先在政治、法律上保证了少数民族实现当家做主的权利，奠定了民族团结的政治基础。需要指出的是，中国共产党实行的民族平等政策不仅仅是各民族在形式上的平等，而是事实上的平等。这就要求作为执政党的共产党要采取各种切实、具体的措施去照顾、帮助国内那些经济文化发展程度较为落后的少数民族，必要时，甚至需要先进民族牺牲自己的某些利益，去保证和实现少数民族在事实上的平等。对此，我国宪法和民族区域自治法都有明确的规定，民族区域自治法甚至将上级和国家机关对民族自治地方的帮助作为其职责辟为专章加以明确规定，充分体现了“大民族要以对待自己的不平等来抵偿生活中实际形成的不平等”① 的精神。中国共产党始终不渝地坚持民族平等的原则和政策，是由党的无产阶级先锋队的根本性质决定的。无产阶级的历史使命是要解放全人类，当然包括世界上大大小小的民族。马克思主义认为，每个民族和每个人一样，不但在政治上和法律上享有平等的权利，而且在经济、文化、科技、艺术、语言文字、宗教信仰、风俗习惯等各个方面也享有平等的权利。民族平等是民族团结的基础和前提，没有这个基础和前提，就不可能有真正的民族团结。设想一下，如果一些民族压迫和剥削另一些民族，他们在社会权利的享受上处于不同的地位，他们能够很好地团结、合作吗？显然是不可能的。关于民族平等，党的第一代领导集体有过精辟的论述。毛泽东说：“历史上的反动统治者，主要是汉族的反动统治者，曾经在我们各民族中间制造种种隔阂，欺负少数民族。这种情况所造成的影响，就是在劳动人民中间也不容易很快消除。”② 他实际上提出了在人民群众中开展民族平等观的教育问题。周恩来进一步指出：“所有民族都是优秀的、勤劳的、有智慧的，只要给他们发展的机会；所有民族都是勇敢的、有力量的，只要给他们锻炼的机会。世界上所以有些民族比较落后，这是环境造成的，是因为没有给他们发展和锻炼的机会。”③

这一论述实际上成为党制定帮助少数民族发展经济文化的政策的理论依据，至今仍然具有指导意义。周恩来还指出：“新中国诞生以后，在中国共产党领导下，在我们的宪法上，在国家的政策中，规定了民族平等。在平等友爱的民族大家庭中建设社会主义的强大的祖国，这是大家的共同目的。为着这个目的，我们要把历史上的痕迹

① 《列宁全集》（第36卷），631页，北京，人民出版社。

② 《毛泽东文集》（第七卷），33～34页，北京，人民出版社，1999。

③ 中共中央文献研究室编：《周恩来统一战线文选》，379页，北京，人民出版社，1984。

消除掉，要把各民族在经济、文化方面事实上的不平等状况逐步消除掉。”① 党的第二代领导集体的核心邓小平，对民族平等问题也有过多次论述。早在1950年7月，在《关于西南少数民族问题》一文中，邓小平就指出：“在中国历史上，少数民族与汉族隔阂是很深的。要使他们相信，在政治上，中国境内各民族是真正平等的，在经济上，他们的生活会得到改善，在文化上，也会得到提高。”② 在对西南少数民族庆祝国庆代表团的讲话中，他又强调，少数民族最关心的问题是，毛主席领导的国家是各民族真正的平等，还是假平等。他坚信，毛主席领导的国家，共产党领导的国家能够真正解决这个问题。1987年，他在会见美国前总统卡特时指出：“中华人民共和国没有民族歧视，我们对西藏的政策是真正立足于民族平等。”③ “我们的民族政策是正确的，是真正的民族平等，我们十分照顾少数民族的利益，中国一个很重要的特点就是没有大的民族纠纷。”④ 党的第三代领导集体也将民族平等的问题与民族团结问题紧密联系，给予了高度的重视。1990年，江泽民指出，各民族不分大小、强弱、历史长短、发展阶段高低，都应该一律平等。他并对民族平等的含义做了具体的解释，即：包括政治上的平等权利，发展经济文化的平等权利，语言文字的平等地位，还包括尊重各民族的宗教信仰和风俗习惯等，坚持反对任何民族歧视，反对大民族主义和地方民族主义。⑤ 上述说明，中国共产党的民族政策是始终如一、世代传承的。将民族平等作为民族团结的前提和条件，是党将马克思主义民族理论与中国民族问题的实际相结合而做出的正确决策，对中国民族关系的发展具有极为重要的影响，其重要的现实意义和深远的历史意义是不可低估的。

第五，坚持和巩固民族团结，要反对两种民族主义。

坚持和巩固民族团结，需要解决党内和人民群众中存在的一些错误的思想认识问题。对此，党是在处理中国民族问题的实践中逐步深化这一认识的。党的第一代领导集体最先发现，在妨碍、破坏我国民族关系的各种错误认识中，危害最大的，是大民族主义（主要是大汉族主义）和地方民族主义。1953年3月16日，毛泽东在中共中央起草的党内指示中指出：“有些地方民族关系很不正常。此种情形，对于共产党人来说，是不能容忍的。必须深刻批评我们党内很多党员和干部中存在着的严重的大汉

---

① 周恩来：《关于我国民族政策的几个问题》，见《周恩来选集》（下卷），251页，北京，人民出版社，1984。

② 《邓小平文选》（第一卷），162页，北京，人民出版社，1994。

③ 《邓小平文选》（第三卷），246页，北京，人民出版社，1993。

④ 《邓小平文选》（第三卷），362页，北京，人民出版社，1993。

⑤ 参见朱洪明、周锡银主编：《邓小平民族理论与实践研究》，91~92页，成都，四川人民出版社，1999。

族主义思想，即地主阶级和资产阶级在民族关系上表现出来的反动思想，即是国民党思想，必须立即着手改正这一方面的错误。”“如果我们现在不抓紧时机进行教育，坚决克服党内和人民中的大汉族主义，那是很危险的。”① 1957 年 2 月 27 日，毛泽东在最高国务会议第十一次（扩大）会议上，做了《关于正确处理人民内部矛盾的问题》的著名报告，严肃指出：“在一部分地区，大汉族主义和地方民族主义都还严重地存在，必须给予足够的注意。”“汉族和少数民族的关系一定要搞好。这个问题的关键是克服大汉族主义。在存在有地方民族主义的少数民族中间，则应当同时克服地方民族主义。无论是大汉族主义或者地方民族主义，都不利于各民族人民的团结，这是应当克服的一种人民内部矛盾。”② 毛泽东既一针见血地指出了两种民族主义对民族团结的危害，又未过分夸大其作用，将其准确地定性为人民内部矛盾。既然是人民内部矛盾，就要按照“团结——批评——团结”的原则去解决。他提醒全党，各民族的帮助是相互的。“不要以为只是汉族帮助少数民族，而少数民族也很大地帮助了汉族。”③ 周恩来也认为，大汉族主义和地方民族主义不仅会妨碍民族之间的团结，而且如果任其发展下去，就会造成各民族之间的对立，甚至于分裂，必须从国家的统一和民族团结的高度来认识两种民族主义的危害。他强调：“我们反对两种民族主义，必须从建设强大的社会主义祖国这个共同目标出发。如果没有这个共同目标，就反对不了这两种民族主义。比如说，站在人口最多的汉族方面批评兄弟民族中的地方民族主义倾向时，如果不想到这个共同目标，就很容易发生一些民族歧视的错误。因为兄弟民族多数是处在经济、文化比较落后的状态，汉族同志在批评时，就容易去指责这些客观存在的落后现象，这就变成民族歧视了。如果从为着建设强大的社会主义祖国的共同目标出发，就会想到那些落后状况是客观存在的事实，不是什么错误的倾向，而是经济、文化不发达的现象。应该去帮助各兄弟民族实现经济文化的发展，不能把这些客观现象当成兄弟民族中的地方民族主义倾向。就是有一些地方民族主义的倾向，也要研究它的来源，其中很多是有客观原因的，如果把这些客观原因改变了，这些倾向就会不存在了。”“另一方面，站在少数民族方面批评汉族中的大汉族主义时，如果不从共同目标出发，也容易造成对立。因为历史上遗留下来的经济、文化方面事实上的不平等今天还存在，历史上反动统治压迫的后果也还存在。少数民族如果对汉族只注意这些历史痕迹，就很容易在少数民族中产生民族对立的倾向：我不信任

---

① 毛泽东：《批判大汉族主义》，见《毛泽东选集》（第五卷），75 页，北京，人民出版社，1977。

② 《毛泽东选集》（第五卷），386 页，北京，人民出版社，1977。

③ 《毛泽东选集》（第五卷），154 页，北京，人民出版社，1977。

你，你人口多，总是对我们不利，因为你是多数，经济、文化发展一些，总是会利用发展的优势继续过去的歧视和压迫。这样，怀疑的心理就增加了，甚至觉得和过去差不太多，这就容易助长民族分裂、不团结的倾向。因此，我们希望少数民族的同志也一定要在共同目标下批评汉族中的大汉族主义。就是说，要把我国各民族经济、文化事实上不平等的现状逐步加以改变，为共同建设强大的社会主义祖国而努力，这就需要各民族互相团结，从团结的愿望出发来批评。”① 可以看出，周恩来的论述是非常全面、深刻的。他所指出的反对两种民族主义的片面立场，不但在当时客观存在，在以后的相当长的一段时期也妨碍着我国社会主义民族关系的巩固和发展。而他所强调的从共同目标出发开展实事求是的批评，则明确地指出了反对两种民族主义的唯一正确的方向，至今仍然对我国的民族工作具有指导意义。在20世纪50年代，党领导的反对两种民族主义的斗争的一项重要的工作，是在少数民族中发展优秀分子加入党的组织。由当时分管党的民族工作的李维汉、杨静仁两位同志于1953年主持起草的《关于过去几年内党在少数民族中进行工作的主要经验总结》，对此做了明确规定，这是中国共产党关于民族工作所做的第一个系统的经验总结。《关于过去几年内党在少数民族中进行工作的主要经验总结》经中央政治局讨论，毛泽东审阅修改，于1953年7月召开的全国统战工作会议上通过。该总结指出：“应当允许那些在政治上确已具备入党条件，虽然在思想上仍存在着若干缺点的优秀分子入党，而在入党之后再去适当地教育他们，使其在长期的革命锻炼中，逐步地克服地方民族主义的思想残余”。“要让所有共产党员都懂得，任何民族主义，大汉族主义或少数民族中的地方民族主义，都是与共产党的原则，亦即与马克思列宁主义的原则不相容的”。“共产党人主张国际主义，主张民族平等，反对民族压迫，并为此进行不调和的斗争”。它在党内和人民中不断进行马克思主义教育，“首先要求共产党员克服与国际主义不相容的任何民族主义思想。正如汉族党员必须克服大汉族主义思想一样，少数民族党员也必须克服地方民族主义的思想。”“党应当要求少数民族出身的党员把克服地方民族主义思想当作自己的经常的政治、思想锻炼中的重要任务之一，努力不懈地去进行。但同时应该注意，不要把少数民族党员中一般属于民族情感的表现同地方民族主义思想混淆起来，防止以错误的态度去对待少数民族党员的民族感情问题。”② 这些闪烁着马克思主义辩证法的光辉的论述，为当时和以后开展的反对两种民族主义的斗

① 周恩来：《关于我国民族政策的几个问题》，见《周恩来选集》（下卷），249~250页，北京，人民出版社，1984。

② 参见江平：《中国民族工作的第一个经验总结——关于1953年〈主要经验总结〉的回忆》，载《中国民族报》，2002-01-15。

争提供了正确的理论指导，是党的第一代领导集体对马克思主义民族问题学说卓越的理论贡献。党的第二代领导集体的核心邓小平也强调："只要一抛弃大民族主义，就可以换得少数民族抛弃狭隘民族主义。""两个主义一取消，团结就出现了。"经过党的两代领导集体的反复教育，至改革开放的新时期，两种民族主义已不再成为影响、妨碍我国民族关系的主要问题。

第六，维护国家的统一和民族团结，要旗帜鲜明地反对民族分裂主义。

近代以来，打着各种旗号，变换各种形式的民族分裂主义，一直严重地危害国家的统一和民族的团结，是中华民族共同的最凶恶的敌人之一。中国共产党在争取祖国的独立统一和民族的翻身解放的斗争中，一直密切地注视着少数民族分裂主义分子的各种言论、活动，坚持不懈地与民族分裂主义作坚决的斗争。党反对民族分裂主义的主要理论观点是：

其一，中国永远不会接受别人干涉内政。近百年来，国外敌对势力对我国领土的分裂活动，主要集中于西藏、新疆、东北、台湾。从党的第一代领导集体起，党领导中国各族人民坚持反对民族分裂主义的斗争也主要围绕着上述地区的问题进行。党的第一代领导集体顺利地完成了和平解放西藏和进军新疆的任务，并于1959年9月至1965年9月在西藏进行了民主改革，彻底推翻了封建农奴制。但达赖集团等少数民族分裂主义分子却违背广大藏族人民的意愿，与国际反华势力勾结在一起，鼓吹"西藏独立"。至80年代，美国国会加大了对达赖集团的支持，接二连三地通过中国"侵犯西藏人权"的议案，一些国家的议会也成立了"西藏友协"或"西藏问题委员会（小组）"，通过有关决议案干涉我国内政。对此，中国政府和人民，给予了坚决的回击。邓小平说："有人想把西藏从中国分裂出去，把西藏拿过去，我看他们没有这个本事。"①"有的大国的议会今天通过这样一个决议，明天通过那样一个决议，干涉我们的内政。但是中国是一个十亿人口的大国，中国人民已经站起来了，这些干涉对我们来说，没有什么了不起，我们可以置之不理，也可以提出抗议。"②他强调："中国的事情要按照中国的情况来办，要依靠中国人民自己的力量来办。""任何外国不要指望中国做他们的附庸，不要指望中国会吞下损害我国利益的苦果。"③

其二，要站在民族的立场，维护民族的大局，民族的尊严。在反对民族分裂主义的问题上，党的三代领导集体始终坚持的一个基本原则是：爱国第一，其他问题第

---

① 西藏自治区党史资料征集委员会编：《中共西藏党史大事记》，330页，拉萨，西藏人民出版社，1995。

② 《邓小平文选》（第三卷），289页，北京，人民出版社，1993。

③ 《邓小平文选》（第三卷），3页，北京，人民出版社，1993。

二。1984年6月，在谈到香港的问题时，邓小平曾就“爱国”问题做了说明，他说：“什么叫爱国者？爱国者的标准是，尊重自己民族，诚心诚意拥护祖国恢复行使对香港的主权，不损害香港的繁荣和稳定。只要具备这些条件，不管他们相信资本主义，还是相信封建主义，甚至相信奴隶主义，都是爱国者。”① 根据这一认识，党对达赖集团坚持了“爱国一家”“爱国不分先后”的原则，只要他们放弃“西藏独立”，思想意识形态的其他分歧都是次要的，允许保留不同的意见。为了维护民族的大局和民族的尊严，党中央在与达赖集团谈判的问题上表现了极大的诚意和最大限度的让步，“除了西藏独立不能谈，其他问题都可以谈”。中央特别强调，西藏问题是中国内政，不容外国势力干涉。在双方谈判中，谈判的地点可以在北京，可以在香港，也可以在中国任何一个驻外使领馆，如果这些地方达赖不方便，可以由他选择地方，“只要没有外国人参加都可以”。一句话，民族的大局高于一切。为了反对民族分裂主义，邓小平甚至把话说到了这样的程度：“我们不是有个口号叫‘中华民族大团结万岁’吗？只要站在民族的立场上，维护民族的大局，不管抱什么政治观点，包括骂共产党的人，都要大团结。”② 充分表现了其爱国主义理论的彻底性和唯物主义者的无畏精神。

其三，对民族分裂主义要进行坚决的斗争。对待民族分裂主义，仅仅做正面的说服教育和在谈判具体问题上做某些让步，是远远不够的。在统一与分裂的大是大非问题上，必须进行毫不妥协的坚决斗争，是党的三代领导集体始终坚持的基本原则。邓小平指出：“凡是中华民族子孙，都希望中国能统一，分裂状况是违背民族意志的。”③ 江泽民进一步指出：“为了维护祖国的统一，我们必须同极少数分裂主义分子进行坚决斗争。在中国近代史上，民族分裂活动从来都是外国侵略势力策动的，民族分裂主义分子从来都是外国侵略势力割取我国边疆领土的内应力量。他们既背叛了祖国，也出卖了民族，是国家和民族的罪人。我们要依靠各族人民群众坚决反对和揭露台独分子妄图把台湾从我国分离出去的罪恶活动，警惕和反对国际上一些政治势力支持逃亡国外的分裂主义分子，利用‘泛伊斯兰主义、泛突厥主义’或打着其他旗号，在我国某些地区煽动分裂的阴谋。”“无论过去和现在，国内外敌对势力总想在分裂新疆上打主意。建国以来，敌对势力对新疆的渗透、分裂、颠覆活动，从来就没有停止过。特别是近几年，随着国际国内大小气候的变化，国内外分裂主义势力互相勾结，加紧进行妄图把新疆从祖国大家庭里分裂出去的阴谋活动，成为影响新疆稳定的

---

① 《邓小平文选》（第三卷），61页，北京，人民出版社，1993。

② 《邓小平文选》（第三卷），76页，北京，人民出版社，1993。

③ 《邓小平文选》（第三卷），170页，北京，人民出版社，1993。

主要危险。”① “要维护和加强民族大团结，就必须旗帜鲜明地反对民族分裂主义。维护祖国统一，反对民族分裂，这是国家最高利益之所在，也是新疆各族人民根本利益之所在。”② 1990 年 7 月下旬，江泽民在西藏考察时，专门谈到了西藏的反分裂斗争，强调：“西藏局势的稳定，关系到边防的巩固和中华民族的统一，深入开展反分裂斗争，进一步稳定西藏局势，是各级党组织的一项首要任务；广大农牧民、工人、知识分子是稳定局势的主力军，是我们的力量源泉和胜利之本。”③ 1998 年 11 月，他还剖析了“西藏独立”的根源，说：“所谓的西藏独立问题，从根本上说是历史上帝国主义侵略中国的产物。” 1999 年 9 月，在中央民族工作会议上，江泽民还从依法治国的高度指出：“要依法打击极少数民族分裂主义分子”，把反对民族分裂主义的斗争纳入法制化轨道。可以看出，党的第三代领导集体不但继承了党的第一、二代领导集体倡导和坚持的反对民族分裂主义的理论原则，还结合新的时代特点，将这一理论进一步深化，使之更加符合反对民族分裂主义斗争的实际，成为全党和全国各族人民维护祖国统一和民族团结的有力的思想武器。

第七，中国共产党是民族团结的领导核心，党的团结是民族团结的根本保证。

众所周知，旧中国处于半封建半殖民地社会，帝国主义、封建主义、官僚资本主义是压在中国各族人民头上的三座大山。中华民族要争取民族的独立和解放，需要团结起来共同斗争，推翻压在各族人民头上的三座大山。这是新民主主义革命的主要任务。为了完成这一历史任务，需要有一个坚强有力的领导核心。作为中国工人阶级先锋队的中国共产党，是中国各族人民利益的忠实代表，要义不容辞地肩负起这一历史的重任。为此，1939 年 5 月，毛泽东指出：“只有经过中国共产党的团结，才能达到全阶级和全民族的团结，只有经过全阶级、全民族的团结，才能战胜敌人，完成民族和民主革命的任务。”④ 他强调了党内团结对民族团结和阶级团结的极端重要性，这是在总结年轻的中国共产党经过近 20 年艰苦曲折的斗争所得出的宝贵经验。党依靠这一理论领导全国各族人民取得了抗日战争的胜利，随后，通过三年解放战争，建立了新中国。在完成社会主义改造，进入社会主义建设时期以后，党的团结对民族团结的重要作用不但没有减弱，反而在新形势下显示了新的特点。为此，邓小平强调：“加强全国各族人民的团结，首先要加强全党的团结，特别是要加强党的领导核心的团结。”“在中国这样一个大国，要把几亿人口的思想和力量统一起来建设社会主义，

---

① 刘先照主编：《中国共产党主要领导人论民族问题》，242 页、258 页，北京，民族出版社，1994。

② 《新疆日报》，1990－07－31。

③ 《西藏日报》，1990－07－31。

④ 《毛泽东选集》（第一卷），256 页，北京，人民出版社，1999。

没有严格由具有高度觉悟性、纪律性和自我牺牲精神的党员组成的能够真正代表和团结人民群众的党，没有这样严格党的统一领导，是不可设想的，那就只会四分五裂，一事无成。这是全国各族人民在长期的奋斗实践中深刻认识到的真理。我们人民的团结，社会的安定，民主的发展，国家的统一，都要靠党的领导。"① 在改革开放的新的历史时期，党的第三代领导集体同样重视党的团结对民族团结和社会稳定的特殊作用，并特别强调党对民族团结事业的领导。为此，江泽民指出："中国共产党是领导我国社会主义事业的核心力量，也是中华民族团结统一的核心力量。"② 改革开放和社会主义现代化建设的实践，雄辩地证明了党的领导对中华民族的振兴和进步的不可替代的作用，而苏联、东欧社会主义事业的失败，则从相反的方面说明了放弃党的领导的巨大危害。今后，要巩固和发展民族团结的伟大事业，我们仍将一如既往地坚持并加强党的团结和党的领导。

第八，以"和平统一，一国两制"的方式实现祖国的统一。

如前所述，在中华民族几千年的发展史上，有过多次的分裂，但更多的是民族的统一。历史上，中华民族统一的时间远比分裂的时间长，因而统一占据了主导的地位。这一历史进程的特点说明，中国各民族是渴望国家统一和民族团结的。统一是全民族人心之所向。作为中国各民族人民根本利益的忠实代表，中国共产党始终坚持为完成祖国统一的伟大事业而斗争。由于历史的原因，台湾海峡两岸的中国人长期被人为地阻隔，两岸人民生活在不同的社会制度下，民族的分裂成为当代中国最为突出的民族问题。在争取中国统一的斗争中，中国共产党曾经考虑并试图以武装斗争的方式解决台湾问题，但从中华民族的根本利益和长远目标出发，在改革开放的新的历史时期，创造性地提出了"和平统一，一国两制"的方针，即：大陆实行社会主义，台、港、澳地区实行资本主义，实现祖国的统一。对此，邓小平论述到，第一，要坚持一个中国的原则，反对"两个中国"或"台湾独立"，"在国际上代表中国的，只能是中华人民共和国"。③ 台湾只能是中国的一个特别行政区。第二，在大陆和台湾实行两种制度，"台湾特别行政区可以有自己的独立性，可以实行同大陆不同的制度"，"条件是不能损害统一的国家利益"。"这对台湾的社会制度和生活方式不会改变，台湾人民没有损失。"④ 第三，主张两党平等会谈，为和平创造条件，"我们建议举行两党平等会谈，实行第三次合作，而不提中央与地方谈判"。并强调，统一"万万不可

---

① 《邓小平文选》（第二卷），148 页、341～342 页，北京，人民出版社，1994。

② 江泽民：《加强各民族大团结，为建设有中国特色的社会主义携手前进》，1992 年 1 月 10 日。

③ 参见《邓小平文选》（第三卷），30 页，北京，人民出版社，1993。

④ 《邓小平文选》（第三卷），170 页，北京，人民出版社，1993。

让外国插手，那样只能意味着中国还未独立，后患无穷。”① 近年台湾政局发生变化，民进党取代国民党成为执政党，中共中央仍然坚持邓小平在世时定下的这一方针，呼吁两岸对等谈判，坚持一个中国原则，回到“九二共识”。我党为什么要提出“和平统一，一国两制”？首先是考虑到中华民族的根本利益，如发生战争，受到伤害的最终是海峡两岸的老百姓。但面对“台独”势力的猖獗活动，我们不能够承诺“放弃武力”。总之，为了祖国的统一，我们要做好两方面的充分准备。而首先要争取的，是和平统一。正如邓小平所论：“实现国家统一是民族的愿望。一百年不统一，一千年也要统一的。”因为“这首先是个民族问题，民族的感情问题”。②

第九，新时期做好民族工作，增强民族团结的核心问题，是加快发展少数民族和民族地区的经济文化等各项事业。

党的十一届三中全会开创的我国社会主义事业发展的新时期，党在民族工作中已积累了正反两方面的丰富的经验教训，经过“文化大革命”后的少数民族地区问题成山，但最突出、最尖锐的矛盾是少数民族经济发展严重滞后的问题。其时，主持中央工作的党的第二代领导集体清醒地认识到，要做好新时期的民族工作，维护祖国的统一和民族团结，最根本的措施是要加快发展处于落后地位的少数民族地区的经济文化建设事业。在党的基本路线已果断地确立以经济建设为中心的前提下，少数民族地区的经济文化建设更应成为民族工作的重中之重。对此，邓小平特别强调：“观察少数民族地区主要是看那个地区能不能发展起来。”③ 江泽民也指出：“民族地区存在的矛盾和问题，归根结底要靠发展经济来解决。”④ 在改革开放以来的二十多年里，党的第二代和第三代领导集体正是集中精力，领导全党和全国各族人民一心一意以经济建设为中心，加快民族地区经济文化事业的发展，才使各民族物质文化生活面貌有了巨大的改变，为民族地区社会的稳定，民族的团结，各民族共同发展、进步奠定了坚实的物质基础。这是党在民族工作中获得的最重要的经验之一。

二

中国共产党维护国家统一和民族团结的基本方针和原则、基本理论和观点，是党在国家问题和民族问题上主要的指导思想。在这些基本理论和观点的指导下，党根据

---

① 参见《邓小平文选》（第三卷），31页，北京，人民出版社，1993。

② 《邓小平文选》（第三卷），170页，北京，人民出版社，1993。

③ 《邓小平文选》（第三卷），247页，北京，人民出版社，1993。

④ 《江泽民1993年11月7日在全国统战工作会议上的讲话》。

国内外政治、经济、军事、社会形势的变化，不断地调整对敌斗争的方针和争取国家统一、民族团结的策略，从而逐步形成了一系列符合中国国情的维护国家统一和民族团结的基本方针和原则。这些基本方针和原则主要是：

第一，国家的独立和统一是国内政治问题的首要问题，阶级斗争应当服从民族斗争的需要。

中国共产党诞生于近代中国遭受帝国主义列强侵凌的民族危机之时，党从成立之日起就面对国际国内两条战线的强大敌人。党是中国工人阶级的先锋队，推翻阶级压迫，争取阶级解放是党的根本宗旨。但面对野心毕露、张牙舞爪的帝国主义势力，党却不得不将领导人民反抗外敌的斗争置于一切工作的首位。党清醒地认识到，阶级斗争应当服从民族斗争的需要，“帝国主义和中华民族的矛盾乃是各种矛盾中的最主要矛盾”①。“只有民族得到解放，才有使无产阶级和劳动人民得到解放的可能”②。毛泽东具体分析了帝国主义与中华民族的矛盾，是中国社会最主要的矛盾。

其一，帝国主义向中国进行多次的战争，用战争打败了中国之后，帝国主义列强不但占领了中国周围的许多原由中国保护的国家，而且抢去了或“租借”了中国的一部分领土，割地之外，又索去了巨大的赔款。

其二，帝国主义列强强迫中国订立了许多不平等条约，取得了在中国驻扎海军和陆军的权力，取得了领事裁判权，并把全中国划分为几个帝国主义国家的势力范围。

其三，帝国主义列强根据不平等条约，控制了中国一切重要的通商口岸，并把许多通商口岸划出一部分土地作为直接管理的租界。它们控制了中国的海关和对外贸易，控制了中国的交通事业，还在中国大量推销产品和掠夺原料，并直接经营了许多工业企业，对中国民族工业进行直接的经济压迫，阻碍了中国社会生产力的发展。

其四，帝国主义垄断了中国的金融和财政。它们在中国开设银行，经营债务，形成了一个买办的和商业高利贷的剥削网，对中国人民进行残酷的剥削。

其五，帝国主义列强使中国的封建地主阶级变为他们统治中国的支柱，并供给中国反动政府以大量的军火和大批的军事顾问，造成中国的军阀混战和人民的痛苦。

其六，帝国主义对中国进行文化侵略，传教、办医院、办学校、办报纸和吸引留学生，以麻痹中国人民的精神和造就服从他们的知识干部。③

正是基于以上认识和反抗外侮、保卫祖国的斗争的需要，在日本帝国主义大肆侵略中国的紧急关头，中国共产党提出了“停止内战，一致抗日”的积极主张，号召

---

① 《毛泽东选集》（第二卷），631页，北京，人民出版社，1999。
② 《毛泽东选集》（第二卷），521页，北京，人民出版社，1999。
③ 参见《毛泽东选集》（第二卷），628~630页，北京，人民出版社，1999。

建立爱国的民族统一战线，因为只有“坚持民族统一战线才能战胜困难，战胜敌人”。同时告诫全党，“在抗日战争中，一切必须服从抗日的利益”，“阶级斗争的利益必须服从于抗日战争的利益，而不能违反抗日战争的利益”。① 在八年抗战的艰苦岁月里，党始终坚持民族利益高于阶级利益、党派利益的原则，有礼有节地应对国民党顽固派的多次挑衅，维护了抗日统一战线的大局，争取了抗战的胜利。在改革开放的新时期，党中央提出的以“和平统一，一国两制”的方式解决台湾问题，也是这一思想的继承和发展。回顾我党近一个世纪的战斗历程，我们可以看到，在民族利益和阶级利益的关系问题上，党始终是将民族利益置于阶级利益之上，表现了高度的爱国主义精神，无愧于无产阶级的先锋队的荣誉。

第二，为了维护祖国的统一，要建立和巩固广泛的爱国统一战线。

统一战线政策是中国共产党团结一切可以团结的力量，调动一切积极因素，孤立和分化敌人，争取革命胜利的一项重要政策。尤其是在外敌入侵、民族独立遭受威胁的危急时刻，建立广泛的爱国统一战线更成为中国共产党一项重要的战略原则。1938年10月，毛泽东在《论新阶段》一文中指出：“我们的抗日民族统一战线，不但是国内各个党派、各个阶级的，而且是国内各个民族的。”说明了党的抗日民族统一战线的广泛性。只要反对日本帝国主义的侵略，不管是哪个党派、哪个阶级、哪个民族，都是党要争取和团结的对象，都是我们反对外敌入侵的战友和同伴。可以看出，这一政策所遵循的原则仍然是民族利益高于阶级利益的原则。不过，作为一项战略原则提出，党的领袖更加强调的是它的广泛性。从抗日民族统一战线的实践看，这种广泛性在对敌斗争中确实表现了巨大的威力。针对敌人妄图分化我国各少数民族的诡计，中国共产党对各民族上层人士和宗教界人士开展了大量的工作。除了极少数上层反动分子外，各民族上层人士以不同的方式表达了愿与我党合作，团结抗日的决心。同时，无论在沦陷区、国民党统治区，还是敌后抗日根据地，党和民主政权都在少数民族中，特别是满、蒙古、回、朝鲜等民族中广泛地开展抗日宣传和组织工作，以唤醒并提高各少数民族坚决抗日的认识和信心，奋起推翻日寇的统治，收复失地。如，1932年，在绥远成立了蒙汉各阶层人民参加的反帝大同盟，热河、察哈尔也成立了蒙汉抗日同盟会、牧民抗日会，在许多地方，还建立了农民救国会、商人救国会、青年救国会、儿童救国会等抗日团体，为团结各民族、各阶层的人民共同抗击日本帝国主义的侵略发挥了巨大的作用。被誉为模范抗日根据地的陕甘宁边区，政府把过去军阀占领的盐池、苟池、北大池等蒙古人土地完全交还蒙古人管理，减轻了少数民族商人的税务负担，保护了民间商业。1940年4月，在延安成立了蒙古文化促进会，以

---

① 毛泽东：《论新阶段》，1938年9月。

后又修建了成吉思汗纪念堂和蒙古文化纪念馆。在对待回族的问题上，加强了对阿訇的统战工作，并通过阿訇争取回族群众。针对回族上层害怕打土豪的心理，决定“坚决不实行打回民土豪的政策”。① 大力宣传党的宗教信仰自由政策和抗日民族统一战线政策，壮大了民族抗日的力量。② 在社会主义时期，党的统一战线政策有了新的发展。尤其是党的十一届三中全会以后，党的第二代、第三代领导集体对统一战线的内涵和作用进行了新的阐释和发挥。邓小平强调：“统一战线仍然是个法宝，不是可以削弱，而是应该加强，不是可以缩小，而是应该扩大。”③ 他要求加强海内外侨胞和港、澳、台爱国人士的统战工作，表示，只要维护祖国统一就是我们统战的对象。1979年10月，中共中央在《批转全国统战工作会议文件〈新的历史时期统一战线的方针和任务〉的通知》中指出：“要放宽视野，把统一战线的范围搞得宽一些，只要赞成祖国统一，即便不赞成社会主义制度的人，也要团结。”说明了新时期的统一战线由三个部分组成：社会主义劳动者、拥护社会主义的爱国者和拥护祖国统一的爱国者。这些新的成分包括：原民族上层人士的家属及子女；居住在港、澳、台及其他国家的少数民族宗教界人士；移居海外的少数民族同胞和侨胞，包括达赖集团的国外藏胞和其他少数民族同胞；刑满释放或宽大释放的旧军政人员和叛乱分子中的上层人士；新一代非党员的高级专家、学者、知识分子以及新成长起来的私营企业经营者；等等。④ 爱国战线的扩大和巩固为香港、澳门的回归及争取早日实现祖国的统一都发挥了巨大的促进作用。

第三，实现国家的长治久安和民族的进步繁荣，要保持民族地区的社会稳定。

中国共产党自诞生之日起，经过二十八年艰苦曲折的奋斗，夺取了全国政权，建立了人民民主专政。从新中国诞生到少数民族地区民主改革的完成，各民族经历了巨大的历史跳跃，从各自不同的历史起点跨入了社会主义。应当说，历史的震荡是巨大的，但多数民族地区基本保持了社会稳定，与内地常见的急风暴雨似的阶级斗争方式相比，党在少数民族地区采取的是“区别对待”“慎重稳进”的方针，其出发点，是充分考虑了民族地区社会发展的实际和少数民族人民思想认识水平的实际，尤其是考虑到少数民族上层人士在群众中的巨大影响。在当时，要保持民族地区的社会稳定，关键是要帮助少数民族上层人士过好民主改革关，使他们不致成为改革的阻力而煽

① 参见中共中央统战部：《民族问题文献汇编》，569页，北京，中共中央党校出版社，1991。

② 参见周锡银：《抗战中的民族政策》，载《民族》，1995（7）。

③ 《邓小平文选》（第二卷），202页，北京，人民出版社，1994。

④ 参见朱洪明、周锡银主编：《邓小平民族理论与实践研究》，204～208页，成都，四川人民出版社，1999。

动、操纵种种破坏社会稳定的行为。中共中央多次重申，团结教育少数民族民族宗教上层人士的政策是长期的政策，在改革中和改革后都不改变，对各种不同的上层人士分别进行耐心细致的教育，使他们不仅赞成改革，而且拥护甚至参加改革，采取各种办法使民族宗教上层人士在这场社会变革中，政治地位和生活水平都不至于降低。在改革中对他们实行教育和保护过关的办法，不进行面对面的斗争，在经济上除土地之外，其他财产一律不动，或由政府出钱收买他们的多余生产资料分给贫下中农。在改革后，能够参加工作的，吸收他们参加各种工作，由国家发给薪金，个别不能参加工作的，由国家补助，使其生活能够保持和改革前大体相当的水平。对参加叛乱的上层分子，无论是首要还是胁从，只要停止叛乱，表示悔改，一律宽大处理，不咎既往。在人民政府和政治协商机关有职务的，保留原来职务，继续工作；在平叛中有立功表现的，给予奖励。这些政策，对当时保持民族地区社会稳定、巩固民主改革的成果，发挥了极为重要的作用，使各族人民顺利地完成了一步跨千年的历史巨变，走上了翻身解放的道路。① 民主改革完成以后，保持民族地区社会稳定仍然是党和政府长期努力的重要目标之一。尤其是在有少数民族分裂主义分子插手的边疆民族地区，维护边境的安宁和边疆民族地区的社会稳定，更成为当地党和政府肩负的首要任务。长期以来，在边疆驻军、武警的护卫下，边疆各族人民为了保持边疆民族地区的社会稳定进行了艰苦的努力，付出了巨大的牺牲，使边疆民族地区赢得了和平安宁的社会环境。回顾党在民族地区社会稳定方面所做的大量工作，我们可以看到，党长期坚持的主要原则是：

一是正确处理好两类性质的矛盾。对国内外民族分裂主义分子破坏民族地区社会稳定，破坏民族团结和国家统一的活动，坚决予以打击；而对民族关系问题中大量出现的人民内部矛盾，则坚持对话、疏导、教育，及时化解矛盾，消除隔阂，促进团结。绝不轻易上纲上线，扣大帽子，激化矛盾，人为树敌。绝不把个别人或极少数人的问题看成是民族关系问题，也不把一般经济纠纷、刑事犯罪看成民族关系问题。对这些问题，是什么问题就按什么问题处理。这就避免了问题的复杂化。

二是充分尊重各民族宗教信仰和风俗习惯，防止各类不尊重少数民族宗教信仰、风俗习惯，伤害民族感情的事件发生；一旦发生这类事件，要严肃处理，教育当事人，同时要避免事件扩大，避免坏人乘机钻空子。对打着民族、宗教旗帜从事民族分裂活动的极少数人，则坚决打击，毫不手软。并不断向群众揭露他们以民族、宗教的口号进行民族分裂的勾当的真实面目，使群众提高警惕，增强鉴别能力。

三是建立处理民族关系中突发事件的有效机制。在各地党委的领导下，有关部门

---

① 参见黄光学主编：《当代的中国民族工作》（上），332 页，北京，当代中国出版社，1993。

各负其责，各司其职，积极配合，一旦事件发生，能迅速做出反应，采取果断措施。要深入调查研究，做好处置各种突发事件的各项准备工作，制定及时化解矛盾苗头的预警和防范措施。

四是定期开展有关民族关系问题和社会稳定的专项检查，及时掌握民族地区流动人口动态，严厉打击各种刑事犯罪。

总之，诚如邓小平所论：“中国要摆脱贫困，实现四个现代化，最关键的问题是需要稳定。”① 在全国的稳定中，边疆民族地区社会稳定具有特殊的意义，所以一直受到党和政府的高度重视。

第四，维护国家的统一和民族的团结，要加强民主法制的建设。

中国共产党在长期革命和建设的实践中深刻地认识到，要维护国家统一和民族团结，仅仅依靠政策的制定、推行是不够的，还需要运用法制建设的强制措施。在新民主主义革命时期，党只在国内局部地区建立了根据地和工农民主政权，但革命法制建设的尝试和努力已经开始。早在1934年夏，就在黔东建立了土家、苗、汉等民族联合的革命政权——黔东特区；1935年5月，在四川凉山地区建立了彝汉人民联合政权——冕宁县革命委员会；红军长征时期，又建立了绰斯甲、周伞等地藏民苏维埃，丹巴县的县、区、乡各级苏维埃，阿坝地区的绥靖、崇化两县苏维埃，泰宁、秋卡的博巴政府，绥靖回民苏维埃政府，绥崇地区格勒得沙政府，川边藏区的中华苏维埃博巴政府等。② 抗日战争时期，党在关于蒙古、回族的两个提纲中，提出了实行民族区域自治的具体主张：蒙古族有管理自己事务之权，各省、县不得干涉各盟旗政府管辖区域一切政治、经济、文化职权的行使；在蒙古地方设县、治局，必须在蒙古族人自愿与自主的原则之下，反对大汉族主义的强迫设施。原已设县与治局者，应有蒙古族人参加，一切税收应有定额，并划作蒙古民族政治、经济、文化、教育的费用；取消或调整各级管理蒙古事务的骈枝机关，设立由蒙古族人组成的中央管理蒙古事务的委员会。中央政府及绥、宁、青等省政府，应有适当数目之蒙古族人员参加为委员和行政工作人员。各省有蒙古族杂居的市、县、区地方机关，同样应有适当数目的蒙古族人员参加；国民党参政会应增加蒙古族人参议员。同时蒙古地方应组织国民参议会，绥、宁、青、新各省国民参议会及凡有蒙古民族居住的市、县参议会，也应参加适当数目的蒙古族参议员；凡蒙古民族与其他各民族杂居的地方，当地政府应设置由当地

---

① 《邓小平文选》（第三卷），313页，北京，人民出版社，1993。

② 参见金炳镐等：《中国工农红军长征时期中国共产党的民族纲领政策（1934.10—1937.7）——中国共产党民族纲领政策形成和发展研究之二》，载《黑龙江民族丛刊》，1999（4）。

蒙古民族人员组成的委员会，管理与他们有关的事务，调节蒙汉关系。① 为保障回族人民实施自治权利，党也提出了类似主张。陕甘宁边区政府在1941年5月1日颁布的《施政纲领》中，提出了"建立蒙回民族的自治区"。在边区内开始实行民族区域自治，建立蒙回民族自治区、乡。② 在解放战争时期，中共中央多次发出的关于内蒙古自治问题的指示中，都强调了"自治政权须由我党领导"③。少数民族区域自治是中国版图内的自治，非独立自治。新中国成立初期，中国人民政治协商会议第一次会议通过的具有宪法性质的《共同纲领》规定："中华人民共和国境内各民族一律平等，实行团结互助，反对帝国主义和各民族内部的人民公敌，使中华人民共和国成为各民族友爱合作的大家庭。反对大民族主义和狭隘民族主义，禁止民族间的歧视、压迫和分裂民族团结的行为。"《中华人民共和国宪法》规定："中华人民共和国各民族一律平等。国家保障各少数民族的合法的权利和利益，维护和发展各民族的平等、团结、互助关系。禁止对任何民族的歧视和压迫，禁止破坏民族团结和制造民族分裂的行为。""各民族自治地方都是中华人民共和国不可分离的部分。"民族区域自治法除了重申上述规定，还强调："民族自治地方的自治机关必须维护国家的统一，保证宪法和法律在本地方的遵守和执行。""各民族自治地方的人民政府都是国务院统一领导下的国家行政机关，都服从国务院。"1991年12月8日，国务院发出《关于进一步贯彻实施中华人民共和国民族区域自治法若干问题的通知》，提出了11条措施，对贯彻落实民族区域自治法发挥了积极的作用。1993年8月29日，国务院批准发布《城市民族工作条例》和《民族乡行政工作条例》，这两个条例对保障散居区少数民族的平等权益，帮助城市、民族乡的少数民族发展经济、文化、教育、卫生等事业，都做了明确规定。一些省、市还制定了少数民族权益保障条例。目前，一个以宪法为基础，以民族区域自治法为主干，包括《民族乡行政工作条例》《城市民族工作条例》以及国务院规章，地方、部门法规，一系列自治条例和单行条例及其相关法律规定的民族法律体系已初步形成，对维护国家统一和民族团结发挥了极其重要的促进保障作用。

第五，实现国家统一和民族团结的最终目的，是各民族的共同繁荣和中华民族的振兴。

中国共产党在长期的革命和建设的实践中深刻地认识到，国家的统一和民族的团

---

① 参见中共中央统战部：《民族问题文献汇编》，653页，北京，中共中央党校出版社，1991。

② 参见金炳镐等：《抗日战争时期中国共产党的民族纲领政策（1937.7—1945.8）——中国共产党民族纲领政策形成和发展研究之三》，载《黑龙江民族丛刊》，1999（4）。

③ 中共中央统战部：《民族问题文献汇编》，1218页，北京，中共中央党校出版社，1991。

结与各民族的共同进步、共同繁荣是互为条件、互为因果的。没有国家的统一，各民族的发展进步就不具备基本的政治条件。不能设想在领土分裂、主权丧失的情况下，会有民族的生存、发展，因此，党首先是将国家统一作为各民族共同进步、共同繁荣的前提条件来争取的。正如江泽民所说："如果国家不统一，民族不团结，就没有社会的稳定，就无法集中力量进行经济建设，各民族也就不可能共同发展。"① 同时，党也深知，努力发展民族地区的生产力，不断地提高各民族物质生活水平，对维护国家的统一有至关重要的意义。所以，邓小平强调："观察少数民族地区主要是看那个地区能不能发展起来。""我们的政策是着眼于把这些地区发展起来。"② 民族地区生产力发展了，各民族物质生活水平提高了，实现国家统一和民族团结的物质基础才会巩固。也就是说，"四个现代化搞好了，经济发展了，我们实现统一的力量就不同了"，"我们在国际事务中的作用就会大"③，民族自信心也会随之增加。近代以来，无数革命先烈和仁人志士为了实现民族独立、中华振兴的崇高目标前仆后继，奋斗终生，但黑暗的旧中国、腐朽的旧制度窒息、扼杀了无数先进的中国人这一崇高的理想。中国共产党诞生以后，振兴中华的宏伟事业有了领导的核心，但中国社会严重落后的生产力和地区社会发展的不平衡，使理想和现实之间存在巨大的差距。近代中国诸多的社会问题中，民族的独立和国家的统一始终是最重要的问题。要解决这一问题，首先要解决好国内的民族问题。民族问题的解决是与中华民族的振兴紧密联系的。对此，党的第三代领导集体有明确、清醒的认识。1992 年 1 月 14 日，江泽民在中央民族工作会议上说："我们必须从振兴中华民族的高度，从巩固和发展我国社会主义事业的高度，充分认识民族工作的长期性、复杂性和重要性。"④ 在当前，做好民族工作，最根本的是要加快少数民族和民族地区的经济社会发展。因为"少数民族和民族地区的经济社会发展，直接关系到我国整个现代化建设目标的顺利实现。民族地区的现代化同全国其他地区的现代化，少数民族的振兴同整个中华民族的振兴，是密不可分，互相促进的。推动各民族发展进步和共同繁荣不仅是个经济问题，而且是个政治问题。"⑤ 1994 年，江泽民在国务院第二次全国民族团结进步表彰大会上进一步指出："中国的发展，离不开汉族和各少数民族的共同进步，离不开对少数民族

① 中共中央统一战线工作部等编：《新时期统一战线文献选编（续编）》，612 页，北京，中共中央党校出版社，1997。

② 《邓小平文选》（第三卷），247 页，北京，人民出版社，1993。

③ 《邓小平文选》（第二卷），240 页，北京，人民出版社，1994。

④ 中共中央统一战线工作部等编：《新时期统一战线文献选编（续编）》，385 页，北京，中共中央党校出版社，1997。

⑤ 刘先照主编：《中国共产党主要领导人论民族问题》，250 页，北京，民族出版社，1994。

地区资源的合理开发和经济的协调发展。历史和现实把各族人民的前途和命运紧密联系在一起。中华民族的振兴，就是56个民族的共同振兴。”这些论述，在党的第一代领导集体和第二代领导集体的有关论述的基础上有了新的发展，成为新的历史时期维护国家统一和民族团结的基本方针和原则之一。

参考书目

[1] 毛泽东选集．第二卷．北京：人民出版社，1991.

[2] 毛泽东选集．第二卷．北京：人民出版社，1999.

[3] 毛泽东选集．第五卷．北京：人民出版社，1977.

[4] 毛泽东选集．第六卷．北京：人民出版社，1999.

[5] 周恩来选集（下卷）．北京：人民出版社，1984.

[6] 周恩来统一战线文选．北京：人民出版社，1984.

[7] 邓小平选集．第一卷．北京：人民出版社，1994.

[8] 邓小平文选．第二卷．北京：人民出版社，1994.

[9] 邓小平文选．第三卷．北京：人民出版社，1993.

[10] 刘先照．中国共产党主要领导人论民族问题．北京：民族出版社，1994.

[11] 江平．中国民族工作的第一个经验总结——关于1953年《主要经验总结》的回忆．中国民族报，2002-01-15.

[12] 金炳镐，等．第一次国内革命战争时期和中华苏维埃时期中国共产党的民族纲领政策（1921.7—1934.10）——中国共产党民族纲领政策形成和发展研究之一．黑龙江民族丛刊，1999（4）．

[13] 金炳镐，等．中国工农红军长征时期中国共产党的民族纲领政策（1934.10—1937.7）——中国共产党民族纲领政策形成和发展研究之二．黑龙江民族丛刊，1999（4）．

[14] 金炳镐，等．抗日战争时期中国共产党的民族纲领政策（1937.7—1945.8）——中国共产党民族纲领政策形成和发展研究之三．黑龙江民族丛刊，1999（4）．

[15] 金炳镐，陈庆华．解放战争时期中国共产党的民族纲领政策（1945.8—1949.9）——中国共产党民族纲领政策形成和发展研究之四．黑龙江民族丛刊，2000（2）．

[16] 宋全．新中国建立初期中国共产党的民族纲领政策（1949.10—1957）——中国共产党民族纲领形成和发展研究之五．黑龙江民族丛刊，2000（2）．

[17] 王红曼．全面建设社会主义时期中国共产党的民族纲领政策（1958—

1965）——中国共产党民族纲领政策形成和发展研究之六．黑龙江民族丛刊，2000（2）．

［18］乌小花．“文化大革命”时期中国共产党的民族纲领政策——中国共产党民族纲领政策形成和发展研究之七．黑龙江民族丛刊，2000（3）．

［19］王铁志．社会主义建设新时期的民族纲领和政策——中国共产党民族纲领政策形成和发展研究之八．黑龙江民族丛刊，2000（3）．

［20］朱洪明，周锡银．邓小平民族理论与实践研究．成都：四川人民出版社，1999.

［21］马戎，周星．中华民族凝聚力的形成与发展．北京：北京大学出版社，1999.

［22］马平．西部大开发对当地民族关系的影响及对策．宁夏社会科学，2001（2）．

西南夷地区城市的形成及其功能*

刘　弘

汉代将四川西北部、西南部，云南，贵州及甘肃南部这片当时主要由少数民族居住之地称为西南夷地区。这片区域内的自然生态环境十分复杂，社会生态环境与中原地区有很大差异，生活在这片土地上的少数民族的社会经济发展水平相对落后，在汉代之前这一地区没有形成经典意义上的城市。西南夷地区的城市形成于汉开西南夷之后，这与汉王朝在这一地区所置郡县有直接关系。这种类型城市的形成呈现的是不同于经典城市的另一种模式，我国少数民族地区的许多城市都以这种模式形成。所以，对它们的形成过程及其功能进行研究，具有特殊的意义。

一、西南夷地区的邑聚和集市

凡城市的产生必有一个原始的生长点，西南夷诸民族的邑聚和集市为西南夷地区城市的出现提供了最原始的基础。在各种因素具备的情况下，它们中的一些逐渐演变成了城市。

关于西南夷地区诸民族的族名、分布范围、社会结构、经济类型，《史记·西南夷列传》有一段详细的记载："西南夷君长以什数，夜郎最大；其西靡莫之属以什数，滇最大；自滇以北，君长以什数，邛都最大，此皆椎髻，耕田，有邑聚。其外，西至桐师以东，北至叶榆，名为嶲，昆明，皆编发，随畜迁徙，毋常处，毋君长，地方可数千里；自嶲以东北，君长以什数，徙，筰都最大；自筰以东北，君长以什数，冉駹最大，其俗，或土著，或移徙，在蜀之西。自冉駹以东北，君长以什数，白马最大，皆氐类也。此皆巴蜀西南外蛮夷也。"

* 本文原载《凉山民族研究》，2002 年刊，92 页。

根据司马迁的记载，西南夷诸民族可以分为农耕民族，如夜郎、滇、邛都等；半农半牧民族，如笮、徙、冉駹等；游牧民族，如嶲、昆明等。西汉初年，西南夷诸民族大多还处在原始部落发展阶段，其中一些民族已经组成了部落联盟。如邛都有七部，当是由七个部落组成的部落联盟；① 滇是由众多靡莫之属组成的部落联盟；② 夜郎还处在部落联盟发展阶段，有“诸小邑”为其部落成员。③ 而冉駹故地则是“其山有六夷七羌九氐，各有部落”④。完全是一副部落林立的模样。

《史记·西南夷列传》明确记载，夜郎、滇、邛都皆有邑聚。冉駹亦有邑聚，“故夷人冬则避寒，入蜀为佣。夏则违暑，反其聚落”⑤。此外，有邑聚的可能还有笮与徙。所以古代文献常称这些民族的部落首领为“邑王”或“邑君”。

西南夷诸民族的聚落遗址，目前尚无确切的发现，更没有进行过科学的考古发掘。这已经对进行西南地区古代民族研究造成了极大的障碍，也是今后必须加以重视并快步赶上的工作。故我们现在只有根据古人的墓葬一般都距其生活区不远的规律来对西南夷诸民族邑聚的分析与密集程度作一点窥测。

滇是有邑聚的民族。而据张增祺先生在其所著《滇国与滇文化》一书中的统计，较重要的滇人墓葬群除了著名的晋宁石寨山和江川李家山外，还有“呈贡天子庙、石碑村；安宁县太极山；昆明市上马村、大团山；曲靖市八塔台；东川市普车河；宜良县纱帽山；嵩明县凤凰窝；富民县大营；路南县板桥；沪西县白沙坡；澄江县黑泥湾、双树营；玉溪市刺桐关；华宁县斗阁；新平县洒漠；元江县甘庄；个旧市石榴坝等地”。近年发现的昆明官渡羊甫头也是一处大规模的滇人墓葬区。

邛人也是有邑聚的民族，他们的遗存主要分布在四川西南部安宁河流域的大石墓，目前尚保存200余座。较大的墓群有西昌市阿七桂花村、大草坝乡；西溪乡上香村；德昌县麻栗、王所、六所、茨达；喜德县五合；普格县小兴场；冕宁县三分屯等地。⑥

新发现的四川盐源盆地笮人墓群亦有老龙头、轿顶山、梅马塘、曹家湾、营盘山、八家村多处。⑦

以上介绍的墓群，虽然分属于不同的民族，但它们的共同特征是：墓群多建在依

① 参见（东晋）常璩：《华阳国志·蜀志》。
② 参见蒋志龙：《滇国探谜》，昆明，云南教育出版社，2002。
③ 参见李飞：《寻找夜郎》，载《文物天地》，2002（4）。
④ 参见（南朝宋）范晔：《后汉书·南蛮西南夷列传》。
⑤ 参见（南朝宋）范晔：《后汉书·南蛮西南夷列传》。
⑥ 参见刘弘：《川西南大石墓与邛都七部》，载《文物》，1993（3）。
⑦ 凉山彝族自治州博物馆调查材料。

山傍水的平缓之地，估计当时这些民族的居住之地和邑聚也建在相同或相近的地理环境中。这些墓群相距一般为数公里或数十公里，尚未发现两个墓群紧邻的现象。这也许可以间接地说明西南夷诸民族邑聚的分布情况。其一般规律为，凡自然条件好的地方，邑聚分布较为密集，反之则较为稀疏。这个道理十分简单，因为邑聚是人群聚居之地，而要供养较多的人口，必须拥有一个可以为人口提供足够生活资料的自然环境。当人类处在生产力水平较低的发展阶段时，则更多依赖的是在当地就可以攫取到的自然资源。

要了解西南夷诸民族邑聚的规模和功能也是一道难题。也许我们可以从出土的青铜器上找到一些答案。

著名的晋宁石寨山滇人墓地中的 M3、M6、M13 三座墓葬中，出土了三件青铜屋宇模型。① 第一件（M3：64）器高 8.8 厘米，横宽 11.6 厘米，纵宽 7.5 厘米，以透雕与圆雕相结合的形式，铸一屋宇建筑和 34 个人物。易学钟先生认为那 34 个人物表现的是祭祖场面。第二件（M6：22）器高 11.5 厘米，横宽 12.5 厘米，纵宽 8.5 厘米，亦铸有建筑和 17 个人物。第三件（M13：259）器高 10.5 厘米，横宽 18.5 厘米，纵宽 15.0 厘米，铸有建筑一组和 31 个人物。这些人物有奏乐者、炊爨者、歌者、舞者、斟酒者、饮酒者，甚至有如厕者、交媾者。除人物外，还铸有牛、马、猪、犬等家畜。笔者认为，要将其全部解释为祭扫场面似过于勉强。根据滇青铜器注重写实的风格，其中至少有一部分表现的是滇人在其邑聚中的生活场面。这三件文物表现的是滇人邑聚的中心部位，可视为滇人邑聚的缩影。这个中心的四周还应有其他的建筑，它是人们居住的地方。当然也包括在邑聚中举行祭祖活动。

由于滇人与其周边其他民族（如嶲、昆明）经济结构的不同（滇为农耕，嶲、昆明为游牧）和滇人部落之间因生产环境的不同而导致的农副产品的多样，以及滇人内部劳动生产部门的分工，出现商品交换是必然的事。大型的、经常性的交易活动必然产生固定的交易场所，这就是集市。滇青铜器对此也有反映。“如石寨山 12 号墓出土的一件贮贝器上共有 120 余人，主要内容是在表现某种祭祖活动，但真正参加祭祖的人只是少数，而大多数人从其动态和所持物看，很可能是利用宗教集会进行交易……有头顶箩筐或坛罐来回走动者，似在招引买主；有提篮持盆席地而坐者，篮盆中都盛有物，好像在等待交换；也有的人俯身在和席地者交谈，可能是在洽谈生意；还有的人从篮中作取物状，想必是查看货样或交易已妥。从篮中的盛物形状看来，大多是瓜果一类的农副产品……也有畜牧与渔猎产品的交换。”② 这种集市一般都位于

---

① 参见易学钟：《石寨山三件人物屋宇雕像考释》，载《考古学报》，1991（1）。

② 张增祺：《滇国与滇文化》，昆明，云南美术出版社，1997。

交通要道交叉之处，皆露天进行，主要交换方式是以物易物。直至近代，西南民族地区的集市大多还保持着这种形式。这类集市也有逐渐演变成邑聚的。

西南夷其他民族的邑聚或集市可能与滇人相似。

二、汉开西南夷所置郡县及其特征

汉王朝开西南夷，在该地区设置了许多郡县。凡郡县必有郡县衙署，而衙署必有驻地。汉郡县衙署驻地与当地少数民族的邑聚相重合，逐渐演变成城市，是西南夷地区城市形成的主要模式。因此有必要将汉王朝在西南夷地区所置的郡县作一分析。

西汉王朝开西南夷，在西南夷地区一共设置了六个郡，即“蜀徼六郡”。它们是汉武帝元鼎六年设置的越嶲郡、牂牁郡、沈犁郡、武都郡、汶山郡和元封二年所置的益州郡。其中越嶲郡领县十五：邛都，遂久，灵关道，台登，定笮，会无，笮秦，大笮，姑复，三绛，苏示，阑，卑水，灊街，青岭。牂牁郡领县十七：故且兰，镡封，鳖，漏卧，平夷，同并，谈指，宛温，毋敛，夜郎，毋单，漏江，西随，都梦，谈稾，进桑，句町。益州郡领县二十四：滇池，双柏，同劳，同濑，连然，俞元，收靡，谷昌，秦臧，邪龙，味，昆泽，叶榆，律高，不韦，云南，嶲唐，弄栋，比苏，贲古，毋棳，胜休，健伶，来唯。武都郡领县九：武都，上禄，故道，河池，平乐道，沮，嘉陵道，循成道，下辩道。① 汶山郡属县，可考者有汶江道、湔氐道、绵虒道、广柔、蚕陵数县。沈犁郡领县二十一，可考者唯牦牛、徙、青衣数县，其余失名诸县，“皆当在今康定，九龙，乾宁，道孚，炉霍县内”②。

汉王朝在西南夷地区设置郡县，目的是巩固新辟的疆土，加强王朝的统治，控制当地的资源。所以所置的郡县有以下主要特征：

1. 大多数的县都有目的地设置在当地少数民族聚居区。如“夜郎郡，故夜郎国也”③。“滇池县，故滇国也。”④ 一些县的衙署驻地干脆就直接设置在少数民族的邑聚上。如，邛都县，“因邛邑名也”⑤。“阑县，故邛人邑”⑥。“会无县……故濮人邑也”⑦。邑乃一个聚落，而一个县的范围不会如此狭小，所以这里所说的“县”，实乃

---

① 参见（东汉）班固：《汉书·地理志》。
② 任乃强：《华阳国志校注图补》，上海，上海古籍出版社，1987。
③ （东晋）常璩：《华阳国志·蜀志》。
④ （东晋）常璩：《华阳国志·蜀志》。
⑤ （东晋）常璩：《华阳国志·蜀志》。
⑥ （东晋）常璩：《华阳国志·蜀志》。
⑦ （东晋）常璩：《华阳国志·蜀志》。

县衙署的所在地。（汉王朝在当地少数民族的邑聚上建立郡县衙署，应该基于两种考虑，一是便于对少数民族的统治，二是这些邑聚经少数民族多年的开发已成了利于人们生活的生存环境。）又，据《汉书·百官公卿表》："县有蛮夷曰道。"西南夷地区的汉县多有名"道"者，如灵关道、平乐道、嘉陵道、循成道、下辩道、汶江道、湔氐道、绵虒道等。还有一些县的名称带有其境内主要少数民族的族名，如定筰、大筰、筰秦、故且兰、牦牛、徙、青衣等。另有一类县的县名从汉字的字面上讲不通，当是用汉字记录的少数民族地名，如比苏、毋单、弄栋、谈指、进桑、镡封等，这种现象直至现代在少数民族地区依然存在。以上诸条证明上面所言不虚。

2. 汉王朝将一些县设在资源出产之地。如，越巂郡：邛都县"南山出铜"①。会无县"东山出碧"②。又"河中有铜胎"③。定筰"出盐"④。"台登县……山有砮石，火烧成铁，刚利……又有漆"⑤。益州郡：连然"有盐官"⑥，俞元"怀山出锡"⑦。律高"西石空山出锡，东南盢町山出银、铅"⑧。贲古"北采山出锡，西羊山出银、铅，南乌山出锡"⑨。来唯"从陆山出铜"⑩。谈指"出丹"⑪。对双柏"出银"⑫。牂牁郡：夜郎"出雄黄"⑬。铁、铜、锡、铅、盐、丹、漆皆为当时的重要物资，汉王朝在这些地方设置郡县，为其控制当地资源提供了政治及军事上的保证。

3. 汉王朝还在一些交通枢纽、重要关隘之地设置了县。如灵关道上的阑、邛都、会无、弄栋；五尺道上的味、滇池、同劳；博南道上的邪龙、云南；南夷道上的夜郎、进桑、句町等。这主要是为了交通和军事上的目的。

由于政治上的需要和中央王朝与少数民族关系的变化，汉王朝设置在西南夷地区的郡县也经常发生变动，一些郡县衙署驻地则常因民族矛盾遭到冲击或破坏。

一种情况是中央王朝对行政区划的调整。如越巂郡西汉时领十五县，东汉时只有

---

① （东汉）班固：《汉书·地理志》，颜师古注。
② （东汉）班固：《汉书·地理志》，颜师古注。
③ （东晋）常璩：《华阳国志·蜀志》。
④ （东汉）班固：《汉书·地理志》，颜师古注。
⑤ （东晋）常璩：《华阳国志·蜀志》。
⑥ （东汉）班固：《汉书·地理志》，颜师古注。
⑦ （东汉）班固：《汉书·地理志》，颜师古注。
⑧ （东汉）班固：《汉书·地理志》，颜师古注。
⑨ （东汉）班固：《汉书·地理志》，颜师古注。
⑩ （东汉）班固：《汉书·地理志》，颜师古注。
⑪ （南朝宋）范晔：《后汉书·郡国志》，刘昭注。
⑫ （南朝宋）范晔：《后汉书·郡国志》，刘昭注。
⑬ （南朝宋）范晔：《后汉书·郡国志》，刘昭注。

十三县，少了灊街。牂牁郡西汉时领十七县，东汉时只有十六县，少了都梦。益州郡西汉时有二十四县，东汉时被析为益州、永昌两郡，共辖二十五县，增了哀牢、博南，少了来唯。武都郡西汉时领县九，东汉时只有七县，少了嘉陵道、循成道、下辩道，多了羌道。沈犁郡则在设置十四年后撤销，“天汉四年，并蜀郡为西部，置两都尉。一居牦牛，主徼外夷，一居青衣，主汉人”①。汶山郡至宣帝地节三年被省，并入蜀郡为北部都尉。汉灵帝时又分蜀郡北部都尉为汶山郡，寻又省。行政建制一直不太稳定。

另一种情况是少数民族的反抗对汉郡县的冲击。反抗者的攻击对象主要是汉官吏，他们的衙署驻地也就不可避免地会受到冲击与破坏。这类事件，不绝于书。如，“王莽篡位……三边蛮夷愁扰尽反，复杀益州大尹程隆”②。“及王莽政乱，益州郡夷栋蚕、若豆等起兵，杀郡守。越嶲姑复夷人大牟亦皆叛，杀略吏人”③。“孝昭始元元年，益州廉头、姑缯民反，杀长吏。牂牁、谈指、同并等二十四邑，凡三万余人皆反……蛮夷遂杀益州太守”④。“越嶲蛮夷任贵亦杀太守枚根，自立为邛谷王”⑤。“（东汉光武帝）建武十八年，夷渠帅栋蚕与姑复、叶榆、弄栋、连然、滇池、建伶昆明诸种反叛，杀长吏。益州太守繁胜与战而败，退保朱提”⑥。“灵帝嘉平五年，诸夷反叛，执太守雍陟”⑦。“建初元年，哀牢王类牢与守令忿争，遂杀守令而反叛，攻嶲唐城。太守王寻奔叶榆，哀牢三千余人攻博南，燔烧民舍”⑧。“安帝永初元年，蜀郡三襄种夷与徼外汙衍种并兵三千余人反叛，攻蚕陵城，杀长吏……延光二年春，牦牛夷叛，攻灵关，杀长吏……延熹二年，蜀郡三襄夷寇蚕陵，杀长吏”⑨。“安帝元初……五年，卷夷大牛种封离等反畔，杀遂久令。明年，永昌、益州及蜀郡夷皆反叛应之。众遂十余万，破坏二十余县，杀长吏，燔烧郭邑，剽略百姓，骸骨委积，千里无人”⑩。这些战争对于汉王朝在西南夷地区设置的郡县最终能否形成城市是至关重要的因素。事实证明，能在西南夷地区形成城市的地点，多为汉王朝统治力量较强的郡治所在地。

---

① （南朝宋）范晔：《后汉书·南蛮西南夷列传》。
② （南朝宋）范晔：《后汉书·南蛮西南夷列传》。
③ （东汉）班固：《汉书·西南夷传》。
④ （南朝宋）范晔：《后汉书·南蛮西南夷列传》。
⑤ （南朝宋）范晔：《后汉书·南蛮西南夷列传》。
⑥ （南朝宋）范晔：《后汉书·南蛮西南夷列传》。
⑦ （南朝宋）范晔：《后汉书·南蛮西南夷列传》。
⑧ （南朝宋）范晔：《后汉书·南蛮西南夷列传》。
⑨ （南朝宋）范晔：《后汉书·南蛮西南夷列传》。
⑩ （南朝宋）范晔：《后汉书·南蛮西南夷列传》。

三、汉郡县与西南夷地区城市的关系

汉郡县的衙署驻地是西南夷地区城市形成的基础。汉官吏、郡兵、移民则是这种城市的主要居民。

汉王朝设置在西南夷地区的郡县是汉王朝统治该地区的据点，派驻的官吏是汉王朝庞大统治机器上的零件。他们被派到新置的郡县后，按照中央王朝的统治要求和统治模式在被管辖地区建立他们的统治是其职责，以内地城市为蓝本建立城市作为他们的统治据点是其首要任务。他们建立的城市与当地的经济发展水平、社会组织结构没有内在的联系，这种城市初建时，对当地而言完全是一种外来的政治性产物。但它既然具有了城市的形式也就具有了城市的功能。

汉王朝设置了郡县后必然派驻官吏。汉制度，凡县人口在万户以上者，其行政长官称县令，少于万户者则称县长。汉代的除县令（或县长）外，其属吏尚有丞、门下掾、户曹、掾史、县史、令史、狱史、狱小史、功曹等。县以下有亭，大率十里一亭，亭有亭长。十亭一乡，乡有三老，即有秩、啬夫、游徼。

关于汉代一个万户以上的县的官吏定员情况，可参考在江苏东海县尹湾汉墓出土的汉代木牍《东海郡属县乡吏员定簿》。该定簿记载："海西吏员百七人：令一人，秩千石。丞一人，秩四百石。尉二人，秩四百石。官有秩一人，乡有秩四人，令史四人，狱史三人，宫啬夫三人，乡啬夫十人，游徼四人，牢监一人，尉史三人，官佐七人，乡佐九人，亭长五十四人，凡百七人。"其余的还有"下邳吏员百七人……郚吏员九五人……兰陵吏员八十八人……朐吏员八十二人……襄贲吏员六十四人……戚吏员六十人。"① 平均每县吏员90人左右。根据《汉书·地理志》所载平帝元始二年全国的总人口59 594 987和户数12 233 062相除，平均每户有口4.5人。则当时一个县的官吏及其家眷的人数应在400人左右。而有的县又是郡治所在地，则郡一级的官吏也驻在同一处。汉制，郡之最高行政长官为郡太守，其属吏见于文献的，有丞、长史（掌军事，边郡才有）、别驾、主簿、书佐、功曹、议曹、贼曹掾、决曹掾、贼捕掾、五官椽、门下掾、门下督、郡文学、太守卒史、狱史、狱小史、督邮、督邮掾等。郡一级官署的人员定额亦可参考《东海郡属县乡吏员定簿》："太守吏员二十七人：太守一人，太守丞一人，卒史九人，属五人，书佐九人，门兵佐一人，小府啬夫一人，凡二十七人。"加上其家眷，人数当在120人左右。如果某县为郡治，则郡县两级官

---

① 连云港博物馆：《尹湾汉墓简牍释文选》，载《文物》，1996（8）。

吏及其家眷的人数当在550人左右。参考汉画像砖中宴饮图、庖厨图的相关内容，说明这类人等都拥有家内仆佣。汉墓中出土的各类具有家内仆佣身份的庖厨俑、舞俑、乐俑也证明了此点。如果仆佣的人数与主人相当，则一个为郡治的县的官吏和其家眷及仆佣的总数应在1000人左右。这类人等中的大部分应住在衙署所在地，他们构成了西南邑地区城市的第一大社会人群。而亭长、三老等低级吏员则不一定都住在衙署所在地。

汉代的边郡都有郡兵，且不在少数。如，“武帝遣赵破奴将属国骑及郡兵数万以击胡”①。西南夷地区也不例外，“建初元年，哀牢王类牢与守令忿争……攻巂唐城……明年春，邪龙县昆明夷卤承等应募，率种人与郡兵击类牢于博南”②。郡兵的主要任务是保卫郡县政权的安全，他们应驻扎在郡县衙署的所在地及其附近。郡兵也有家眷，郡兵及其家眷构成了西南夷城市居民的第二大社会人群。

无论官吏还是郡兵及其家眷都来自内地汉族地区，他们构成了西南夷地区的移民核心集团。

汉王朝为加强在西南夷地区的统治，曾有目的地向该地区移民。“当是时，汉通西南夷道……乃募豪民田南夷，入县官，而受钱于都内”③。“晋宁郡，本益州也……汉乃募死罪及奸豪实之”④。由于这些移民是汉王朝有组织、有目的地迁徙而来的，他们被安置在衙署所在地附近及交通沿线居住。他们的人数更多，其中一部分（即居住在衙署所在地附近的移民）构成了西南夷城市居民的第三大社会人群。

当以郡县衙署为生长点的城市形成后，上述的三大人群便成了城市的主要居民。关于这一点，已经得到考古学的印证。无论官吏、郡兵还是移民，都来自内地汉族地区，所以，每一座这样的城市就是一处大型的汉移民聚居点。

官吏们建筑起高耸的城墙，将官署置于其中，郡兵们驻扎在城内外。因为汉代边郡的郡太守有权指挥郡兵，这种城市同时也就具有了军事据点的功能。它不但具有很好的防御能力，而且还能以此为据点出击周边的反对者。

西南夷诸民族的邑聚本无城墙，四周筑有城墙的城市对于他们来讲，是一种外来的新鲜事物。高耸的城墙，宽深的城壕，全副武装的卫兵，高冠大袖的官吏，都能给人以强烈的视觉冲击力。官吏们又在城市里行使统治权力，这种城市很自然地便成了汉王朝在少数民族地区的统治标志。当地少数民族反抗汉王朝的起义大多以城市为攻

① （东汉）班固：《汉书·成帝纪》。
② （南朝宋）范晔：《后汉书·南蛮西南夷列传》。
③ （西汉）司马迁：《史记·平淮记》。
④ （东晋）常璩：《华阳国志·南中志》。

击目标即是反证。

这种城市形成之后，源源不断的汉移民为了寻求汉政权和军队的保护，大量地居住在城市内外。虽然西南夷地区的有些城市是建立在少数民族的邑聚上的，但是因为移民们在这些地点已拥有了政治上、军事上和人口数量上的优势，他们便改变了当地（只含城市及其周边地区）的民族成分和社会结构。这样一来，城市就逐渐成为一处大规模的汉移民聚居点。但这种城市毕竟是建立在少数民族地区，城中的汉移民必然会通过各种方式与当地少数民族发生文化上、经济上的交流。根据文献和考古资料可以证明，一些汉民族的先进生产工具和生产技术首先被当地少数民族所接受，如铁器、牛耕和水利灌溉技术等。一些官吏也有意识地在这些地区开办学校，传播汉文化。如“肃宗元和中，蜀郡王追（阜）为（益州）太守……始兴学校，渐迁其俗”①。经过长时间的文化交流，在一些地方也起到一定作用。东汉王充在《论衡·恢国》中所说：“巴蜀越嶲……周时被发椎髻，今戴皮弁；周时重译，今吟诗书。”即是当时人的记载。由于这类活动大多是以城市为中心进行的，所以这类城市又具有了汉文化传播点的功能。

因为城市是人口密集、消费量大的地方，又多处在交通要道上，必然会出现较为频繁的商业活动，或形成一些手工工场，所以它也具有一定的经济功能。但在这种城市形成的初期，这不是它的主要功能，更不是官吏们建它的初衷。

并不是所有的郡县都能演变、发展成为城市。在游牧民族活动的地区，由于游牧民族随畜迁徙、居无定址的生产生活习惯，所置的郡县官署不可能在某一地方固定下来。这些地区的郡县官署可能随着游牧民族四处移动，没有形成城市的条件。这种现象一直到民国时期，在西南民族地区依然存在。另一些设置在离交通要道较远，汉王朝统治力量较弱的郡县，经常受到少数民族的冲击，也很难形成城市。还有一些因行政需要而旋建旋撤的郡县也没有形成城市的条件。最终能形成城市的只有汉王朝统治力量较强且建制稳定的少数地点。

四、西南夷地区城市的考古学个案分析——以四川西昌高枧古城为例

西昌为邛都故地，西汉武帝元鼎六年置越嶲郡，在今西昌境内设置了邛都县，同时为越嶲郡郡治。邛都地控滇、笮，位于灵关道中段，战略地位十分重要。又地处丰

① （南朝宋）范晔：《后汉书·南蛮西南夷列传》。

裕富饶的安宁河谷，物产十分丰富。且距汉王朝经营西南夷大本营的蜀郡成都不太远，如有事变可以比较容易地得到支援，非偏远的牂牁、益州二郡可比。因此成为汉王朝重点经营的地方。

邛都为故邛人邑，汉置的邛都县与邛人的邑聚相重合，是西南夷地区十分有代表性的现象。邛都虽为邛人邑，原是邛人的中心居住区。但东汉初年汉朝军队对邛人的一次军事行动，使邛人遭受了重大打击，从此一蹶不振，丧失了反抗能力。“王莽时，郡守枚根调邛人长贵以为军侯。更始二年，长贵率种人攻杀枚根，自立为邛谷王，领太守事。又降于公孙述。述败，光武封长贵为邛谷王。建武十四年，长贵遣使上三年计，天子即授越嶲郡太守印绶。十九年，武威将军刘尚击益州夷，路由越嶲，长贵闻之，疑尚既定南边，威法必行，己不得自放纵，即聚兵起营台，招呼诸君长，多酿毒酒欲先劳军，因袭击尚。尚知其谋，即分兵先据邛都，遂掩长贵而诛之，徙其家属于成都”。① 汉王朝因此攫取到一个在邛人故地建造城市的极好机会和有利条件。

西昌市东南5华里许的高枧乡中所村境内，有一座古城。该城位于邛海北岸的一级台地边缘，南距邛海约3公里。城内外可采集到大量东汉绳纹瓦片和陶器残片，也曾采集到少量西汉时期的绳纹瓦片。1987年，西昌市文管所曾在城内中部试掘了一条探沟，地层堆积完整清晰。第一层为现代耕土层，厚30厘米。第二层为汉代文化层，厚85厘米，出土汉代绳纹瓦残片数块，陶片20余片，可辨器型者有罐、钵、盘等，纹饰多为汉代常见的弦纹、斜方格纹。第三层，黑色沙土，未发现包含物。第三层下为黄色生土。② 该城址内外的采集物和出土物都十分单纯，皆为汉代之物，故其时代基本可定在东汉前后。将其和西昌市及安宁河谷范围内的其他汉代遗址相比较，高枧古城极有可能是汉邛都县县址所在地。关于此点还有一条佐证。《汉书·地理志》云，邛都南山出铜。而高枧古城南约30公里的西昌市黄联关镇东坪村，有一处面积达百万平方米的汉代冶铜铸币遗址，还在遗址附近发现了矿洞遗址，它印证了《汉书·地理志》的记载，反之则证明了邛都县城应在遗址的北面，和高枧古城的位置相吻合。

高枧古城城址呈长方形，基本为南北向。城南北长373米，东西宽251米，面积约94000平方米。城墙用土夯筑，夯层厚约25厘米。城墙残高1.8～3.6米，宽2～3米。该城的南墙筑在台地的边缘，台地的高度加上城墙的高度，增强了城墙的防御功能。城址的东西两侧各有一条自然冲沟，东城墙与西城墙皆建在冲沟的边

① （南朝宋）范晔：《后汉书·南蛮西南夷列传》。

② 参见西昌市文管所：《西昌市文物志》，油印稿，1991。

缘上，两冲沟自然起到了壕沟的作用。城北墙外有一片条形洼地，可能是人工壕沟的遗迹。城址的东、南、西三面地势平坦，土地肥沃，是很好的农耕地带，视野也十分开阔。

该城的南面，紧邻南墙，有一处汉代遗址，面积约3万平方米，汉代文化层堆积厚约50厘米。该城东约1华里，也有一处汉代遗址，名大坟堆，面积约1万平方米。汉代文化层厚约60厘米。高枧古城的西南面，距古城约2华里，还有一处汉代遗址，名南坛，面积很大，达20万平方米，汉代文化层厚50厘米。三遗址皆出土了大量的汉代绳纹瓦片和罐、盆、豆、钵、碟、瓮等陶器残片，很明显都是生活遗址。南坛遗址的西南面是一处面积很大的汉晋墓葬区。除此之外，还有一些小形的墓葬区分布在大坟堆遗址附近。另有一个值得注意的现象，即在距高枧古城稍远的西昌北山、西郊、川兴小花山都有邛人遗迹大石墓分布。

现在我们可以以高枧古城为标本，对汉代西南夷地区的城市作一次初步剖析。高枧古城具有西南夷地区城市的所有典型特征（郡治、县城、少数民族邑聚、交通要道），所以它在汉代的西南夷地区城市中具有一定的代表性意义。

这座城市筑有城墙，并能十分科学地利用地形，加上一些人工设施，使其具备了完善的防御功能。城的规模不大，城内居住的人口不多。考虑到汉代房屋建筑的结构特征，以城内居民每人必须拥有30~50平方米活动空间计算，城内居民可能在2000~3000人左右。官署设在城内，还有大量的居民居住在城外和城附近，形成一个以城池为中心的移民点。如遇战事，城外居民则撤入城内躲避，同时也加强了城市的防御力量。根据高枧古城及其周围几个遗址的规模分析，这座城市的人口（包括住在城内和城外者）约在7000~10000人。关于这个推测，还可以作一点补充。由于高枧古城的全盛时代在东汉，因此我们也用东汉时期的材料来进行分析。据《后汉书·郡国志》记载，东汉顺帝永和五年越嶲郡有人口623 418，领县十四，平均每县有人口4.5万人左右。邛都县是郡治，人口可能多一些。如以6万人计，则该县的城市人口约占县总人口的六分之一。这个比例应该是正常的。这种城市基本是移民城市，而原住的少数民族则迁到了离城市较远的地方，继续保持他们的生活习惯和文化习俗，这种现象也已得到了考古学材料的印证。

在汉王朝开边的过程中，西南夷民族的某些邑聚被选择为郡县政权的驻地，逐渐发展成为城市，其中一些稳定而能长期存在下来的城市逐渐发展成为当地的政治、经济文化中心，邛都（西昌）就是一个最典型的例子。

明代民族地区的“茶”“马”“木”互市*

龚 荫

明朝对边疆民族地区开展的互市，主要是茶马互市。《明史》记载：“明初，东有马市，西有茶市。”① 实际上，明朝在边疆民族地区所设的互市有马市、茶市和木市。马市主要对北方的蒙古、女真等族；茶市对西北藏、羌及陕甘青诸族；木市设在辽东义州，为蒙古等族以木材向汉族交换粮食和生活用品。兹据史籍记载，分别叙述于下。

一、马市

马市开设情形，据《明史》记载：“永乐间，设马市三：一在开原南关，以待海西；一在开原城东五里，一在广宁，皆以待朵颜三卫。”② 正统年间，因三卫“部众屡叛”，明王朝曾关闭了城东、广宁二市，只设开原南关市。到成化十四年（公元1478年），才重开城东、广宁市。正统三年（公元1438年），明朝廷根据大同巡抚卢睿的建议，在大同开设了马市。大同马市互市十余年后，也先大举入寇，遂致土木之变，又关闭马市。嘉靖三十年（公元1551年），明朝廷以总兵官仇鸾言，于宣府、大同二处开设马市。北方开设马市，隆庆四年（公元1570年）“俺答封贡”后，互市全面展开：先后在大同的得胜堡、新平堡、守口堡，宣府的张家口，山西的水泉营，宁夏的清水营、中卫、平虏卫，甘肃的洪水扁都口、高沟寨等十余处地方开设了马市。

---

* 本文原载《凉山民族研究》，2002年刊，100页。

① 《明史》卷八十一，《食货志五》，第七册，1980页，北京，中华书局，1974。

② 《明史》卷八十一，《食货志五》，第七册，1982页，北京，中华书局，1974。

马市交易，明朝廷指定地点，规定每年一两次，每次3～15日（交易前定）。明朝廷派遣官员管理，驻兵维持秩序。参与马市交易的各部头领也亲自到市场监督自己的部属，使之按“规矩”进行。明朝廷定出牲畜交易价格，永乐年间制定：“定直（价格）四等：上直绢八匹，布十二，次半之；下二等，各以一递减”①。具体是：上上马，绢八匹，布十二匹；上马，绢四匹，布六匹；中马，绢三匹，布五匹；下马，绢二匹，布四匹；驹，绢一匹，布三匹。永乐十五年（公元1417年）后，马价有变化，交易物也有变化。如上上马一匹，米三石，布、绢各三匹。官方用银、钞收购马匹或用布、缎、铁锅、粮食等折价易马。交易之后，明朝管理官员要设宴招待各部头领并颁发朝廷赏赐，以资鼓励和平交易。这是“官市”。明朝廷规定，官市后才准许商人和一般平民进行交易，这称为“民市”或“私市”，也是用银、钞购买或实物交换。官市在先，民市（私市）在后，是为了保证官方能够收购到优良的马匹等物。

明朝廷对马市交易还有规定，严禁向蒙古人出售硝磺、铜铁、盔甲、弓箭、兵刃、蟒缎等。永乐前，甚至不许卖给优质的铁锅，以防止用以制造兵器。这些规定是从明王朝的统治巩固出发的。

二、茶市

西北蒙古族、藏族地区，以乳、肉、糌粑为主食。茶叶有消烦清热、去油腻、助消化的功能，因而自唐代以后，茶叶进入蒙古族、藏族地区便受到了普遍的欢迎，而且逐渐成为蒙古族、藏族的生活必需品。这本来是一通常现象。但封建统治者却是极力加以夸张，以为其政治目的服务。如《明史》说：“番人嗜乳酪，不得茶，则困以病。”②《罪惟录·西蕃传》说得更是可怕，说番民“仰给中国茶叶、麝香为命，无茶，则发肿病且死”③。因此，明朝统治者便施行了“以茶驭番”的政策。朱元璋谕蜀王椿说：“夫物有至薄而用之则重者，茶是也。始于唐而盛于宋，至宋而其利博矣。前代非以此专利，盖制戎狄之道，当贱其所有而贵其所无耳。”同年，他又提出严禁私茶出境，由朝廷垄断茶叶经营，并非单纯谋利，而是关系制夷的问题，“……巡禁私茶之出境者，朕岂为利哉，制驭夷狄，不得不然也”④。

---

① 《明史》卷八十一，《食货志五》，第七册，1982页，北京，中华书局，1974。

② 《明史》卷八十，《食货志四》，第七册，1947页，北京，中华书局，1974。

③ 《罪惟录》卷三十三，《西蕃传》，第三页下，《四部丛刊三编》，上海，商务印书馆精装影印本，第17册，1936。

④ 《明太祖实录》卷二百五十，洪武三十年三月丁酉，中央研究院历史语言研究所校印本，第五册，3619页。

明朝统治者实行“以茶驭番”政策，逐步建立了一套执行茶法的官僚机构。这套机构分别保证茶叶征收、储运、加工和以茶易马的运行。如茶马司系统，洪武五年（公元1372年）设立成都、永宁、雅州三个茶局，并先后设立八个茶马司。八个茶马司是：陕西秦州茶马司，洪武五年设；河州茶马司，洪武七年置；西宁茶马司，洪武三十年置；甘州茶马司，当洪武中设；洮州茶马司，洪武十二年设；四川永宁茶马司，洪武十六年置；雅州茶马司，洪武十九年置；碉门茶马司，洪武十九年置。又设有四大茶仓（成都、重庆、保宁、播州）和茶运司（在巩昌府、临府、洮府）及批验茶运司（川茶中转、加工）。茶马司权限很大，明初朝廷直接派遣使者前往蒙藏地区收购马匹。洪武二十六年，明朝廷又颁布“金牌信符”制度，变茶马互市为强制性的赋税。明朝统治者非常重视茶马互市，自永乐中起，定期任命巡茶御史或行人（即使者）管理茶法马政。

明朝廷为了控制茶马互市，做了一些严厉甚至是严酷的规定：禁贩私茶，禁止汉族商人入蒙藏地区收购马匹，也禁止蒙藏商人入内地收购茶叶。明令规定：“私茶出境与关隘失察者，并凌迟处死。”① 规定“民间蓄茶不得过一月之用”②。洪武二十六年（公元1393年）颁行“金牌信符”征购制度，《明史》记载：“遣官赍金牌、信符诣西番，以茶易马。其牌四十一，上号藏内府，下号降各番。篆文曰：‘皇帝圣旨’。左曰：‘合当差发’；右曰：‘不信者斩’。”③ 按照明廷规定，每三年征“差发”一次，届时朝廷派遣官兵深入草原各部，验明符印，按照规定的比价交换茶马。这是把历来茶马自由贸易改变为强制性的赋税，因而受到蒙古族、藏族的广泛抵制。在永乐十四年（公元1416年）停止了执行。宣德、正统时期，又时恢复，时停止。直到正统十四年（公元1449年）“土木堡之变”后，才完全停止。

金牌制度废止后，明朝廷与蒙古族、藏族人的茶马互市仍然断断续续地进行。时而自由贸易，时而又有所限制。明廷力图恢复“差发”强制茶马交换办法，但由于国力衰微，无力办到。如嘉靖三十年（公元1551年）颁发“勘合”（对号印证的凭据），即是有恢复“差发”用意，“称各番告给，宁以‘勘合’与之，每岁以是为验，使彼番属无统者易于号召，而于文移则革去交易之名，使各效差发之诚，以正体统”④。但番族拒绝缴纳差发马，不执行“勘合”。

在后来的茶马互市中，明廷推行“贱马贵茶”政策，强制蒙古族、藏族人接受

---

① 《明史》卷八十，《食货志四》，第七册，1951页，北京，中华书局，1974。

② 《明史》卷八十，《食货志四》，第七册，1951页，北京，中华书局，1974。

③ 《明史》卷六十八，《舆服志四》，第六册，1664页，北京，中华书局，1974。

④ 《明世宗实录》卷三百六十九，嘉靖三十年正月丁未，第六页，中央研究院历史语言研究所校印本，第四十六册，6606页。

不等价交换，进行剥削。朱元璋说：“盖制戎狄之道，当贱其所有，而贵其所无耳。”又说“巴茶自国初征收，累年与西番易马。近因私茶出境，致茶贱马贵，不独国课有亏，殆使戎羌放肆，生侮慢之心”①。明统治者认为，制服戎羌就是应当贱马贵茶，如是茶贱马贵，则会造成“戎羌放肆”。这充分表现了明朝统治者对边疆少数民族实施的是歧视和压迫政策。

茶马互市中，不断压低茶马比价。如陕西地区，茶马互市在民间已形成一个传统茶马比价。宋时，每匹马可换几百至一千斤茶。明初，每匹马可换一千七百余斤茶。明廷在确定茶马比价时，却没有考虑历史上的茶马比价，而是尽量压低。洪武初期，规定河州茶马司比价：“凡上马，每匹给四十斤；中马，三十斤；下马，二十斤。”洪武十六年重申，四川永宁茶马司亦照比例易马。② 永乐八年，河州卫易马七千七百一十四匹，仍是低比价：“上马，每匹茶六十斤；中马，四十斤；下马递减之”③。又如四川碉门地区，宋元以来，碉门民间茶马比价，大约为每匹马换茶一千七八百斤。洪武初也约为此比价。洪武二十二年（公元1389年），硬性规定碉门地区茶马比价，“诏茶马司仍旧，唯定其价：上马一匹，与茶一百二十斤；中马，七十斤；驹马，五十斤”。明朝廷突然将马价降低十余倍，朱元璋还专横地说：“番商有不愿者，斩。”④ 这不是实施的民族压迫、剥削政策是什么？

三、木市

明万历二十三年（公元1595年），辽东巡抚李化龙向朝廷上疏，建议在辽东义州（今辽宁义县）开设木市。他说遍询了驻军将领及当地居民，都说开设木市有“五利”：（一）“河西无木”，开设义州木市“则材木不可胜用”；（二）开市使义州居民有了“生路”；（三）开市“有利于民，不害于官”；（四）可使当地“患亦渐

---

① 《明太祖实录》卷二百五十一，洪武三十年三月壬午，第四页，中央研究院历史语言研究所校印本，第五册，3635页、3636页。

② 《明太祖实录》卷一百五十六，洪武十六年八月壬午，第二页，中央研究院历史语言研究所校印本，第四册，2425页。

③ 《明太宗实录》卷一百十，永乐八年十一月己丑，第三页，中央研究院历史语言研究所校印本，第八册，1412页、1413页。

④ 《明太祖实录》卷一百九十六，洪武二十二年六月丙寅，第五页，中央研究院历史语言研究所校印本，第四册，2950页。

减”；（五）“边人益得修备”。明朝廷采纳了建议，当年即在义州开设木市。①

义州木市开设三年后，新任辽东巡抚张思忠认为互市滋生事端，将木市“罢”了，并“罢马市”。其后驻军总兵官李成梁力请恢复“木市”和“马市”，同时蓟辽总督万世德也上疏朝廷请求恢复，于万历二十九年（公元1601年）又恢复了“马、木二市”②。

义州木市于万历二十九年复设后，一直存在下来，当地蒙古、汉族等多得其利。

综上所述，亘古以来，北方草原经济与中原农业经济本是“依存关系”。应当使之为“互补关系”，相得益彰。但明朝统治者却是把这种关系政治化，成为“制戎狄之道”，“贱其所有”，“贵其所无”。在茶马互市中，实行“以茶驭番”政策，明廷制定了种种垄断茶马互市的法规，茶叶成为朝廷专利，任意调整茶马比价，抬高茶值，压低马价。还曾施行“金牌信符”制度，企图变自由茶马互市为强制性的“差发”赋税。这些严重地影响了互市，影响了边疆民族地区的经济发展。由此可知，封建制度至明代，确实是对经济的发展起着束缚作用。

---

① 《明史》卷二百二十八，《李化龙传》，第二〇册，5983页、5984页，北京，中华书局，1974。

② 《明史》卷八十一，《食货志五》，第七册，1983页，北京，中华书局，1974。

凉山西北尔苏部落探源*

陈宗祥

在大凉山西北甘洛、越西县分布有自称尔苏 $ə^{55}su^{55}$ 的人。据当地人士说，普雄也是他们居住的地区。在1981年秋，四川省民委组织了识别调查组，据调查组报导，凉山彝族自治州甘洛、越西、冕宁、木里，甘孜藏族自治州九龙以及雅安地区的石棉、汉源等县均有尔苏人，人口约有2万人。① 如此举足轻重的部族理应对它的历史渊流进行一番梳理，对于凉山彝族自治州的地方史、部落史的研究是有助益的。

不过尔苏部落的历史资料是断断续续的、一鳞半爪的，不可能写出全面而系统的历史源流。但尽量地把它们钩稽成篇，也就心安理得了。

一、阑县与灵关道

越西，古称“越嶲”，1959年更名为“越西”。《汉书·地理志》记载，越嶲郡有阑县及灵关道两地。阑县治地在今海棠公社，灵关道治地在今阿兹觉公社，其地均在旧越嶲境内。② 建元六年（公元前135年），蜀人司马相如建议通西南夷，置郡县。元光二年（公元前133年），汉武帝乃拜相如为中郎将使通西夷。在武帝元鼎六年（公元前111年），开始正式在凉山地区设立郡县，越嶲郡所辖十五县，阑县、灵关道就在其中。司马相如不仅在政权建设方面做出了贡献，而且还开通了灵山大道，在冕山营附近的孙水（泸沽河）上架起了桥梁，自此山川阻隔交通不便的情况得到改善。

---

* 本文原载《凉山民族研究》，2002年刊，104页。

① 刘强辉：《尔苏语概况》，见四川省民族研究所：《民族研究论文选》（第一辑），1983。

② 蒲孝荣：《四川历代政区治地今释》，成都，四川人民出版社，1986。

唐颜师古《汉书》注："阑·音蘭"。"蘭"为来母山韵字，当读为lan。县之北界抵大渡河岸，为邛国北徼。有人说邛人称之为阑，与射阑、阑干同义，犹言藩卫之邑也。笔者的意见认为"阑"为一音读，《汉书·地理志》经常以当地部落名称而命名。当地人自称 $ə^{55}su^{55}$，石棉县下八堡的，自称为 $lo^{55}su^{55}$（鲁苏），分布在九龙县东南部，冕宁县西部李庄的自称为 $ly^{55}zu^{55}$（罗汝）。由此可知，"阑"恰好是 ly^{55}、lo^{55} 的音记。此处又涉及"邛"和"僚"等称。待说完三国时历史情况，再继续谈这两个族称。

尔苏部落的另一自称为 $bu^{55}ə^{55}zɿ^{55}$，也可读为 $bu^{55}lo^{55}zɿ^{55}$。其音读接近《后汉书·筰都夷》的"白狼"部落。冕宁的彝族称"白狼"为bu lang mi，而森荣公社的多续部落称"白狼"为ba la mi。明季顾祖禹《读史方舆纪要》确指古筰都为旧汉源县治所在地（今已移至富林）。也就是说，石棉、汉源等县都是白狼部落的驻牧地。不过，岑仲勉先生主张在凉山地区。江应樑先生推论"其地在今大渡河之南，正是凉山地区"的说法也是有根据的。古代尔苏部落不仅在现大渡河北岸的石棉、汉源有，而且在大渡河南的甘洛、越西和普雄也有。

笔者与邓文峰同志在1961—1964年于西昌研究《后汉书·筰都传·白狼歌》时，并没有调查到尔苏语。① 我们曾调查彝族的义诺、圣乍以及所地方言，并使用了贵州毕节方言。全告失败了才使用纳西语，也不得要领。乃改用普米桃巴方言，经杨德福巴宗介绍，认识党夏珠同志（普米玉姆土话），这才把《白狼歌》解释。尔苏语虽经两千年的时间，音义有变化，但与普米语仍很接近。

三国时期建兴三年（公元前225年）诸葛亮南征云南。据"《沈黎古志》，由今黎州路。黎州四百余里至两林蛮，自两林南琵琶三程至嶲州，十程至泸水"②。大渡河南的越嶲县是孔明南征的必经之路，而居住在海棠等地的尔苏部落成员首当其冲。据当地尔苏老人谈，由于抗拒诸葛亮，而挑起战争，因大军压境而溃散。以后这类事件，不管是由北向南，或由南向北，均要波及越嶲县、甘洛县，因此尔苏部落遭受很大的伤害。这个问题在下面还有谈到。

晋人常璩撰《华阳国志》卷三《蜀志·越嶲郡·阑县》载："故邛人邑，治邛部城……"③ 司马迁《史记·西南夷列传》卷一二三称："……自滇以北，君长以什数，邛都最大，此魋结，耕田，有邑聚。"因以最大的"邛"族称呼本地区，所以自

① 陈宗祥、邓文峰：《〈白狼歌〉研究（一）》，成都，四川人民出版社，1991。

② 蒙默：《凉山地区古代民族资料汇编》，成都，四川民族出版社，1978。

③ （东晋）常璩撰，任乃强校注：《华阳国志·校补图注》，212页，上海，上海古籍出版社，1987。

西汉置越嶲郡以来，而以“邛都”为郡治所在地。“邛”古读为东部开口音 kong，实与“羌”字古读 giung 相谐。

西汉扬雄《谏辞匈奴疏》中记为“探姑缯之壁，籍荡姐之场”的“姑缯”与“越嶺”二字古音相近，“越”字为喻云母山韵字，声韵学家拟为见母字，读为 gwan 音。“嶲”字从嶲字得声，其古音当读为 dzwan。普米族称邛族为 Ku dzu，敦煌南语写卷记为 hgo hdro。越嶲姑缯、锅锉（《新唐书·南蛮列传》）、古宗①等为 Ku dzu 的音记。

唐代以后 k－声母脱落了，Ku dzu 就念成了“勿珠”。《新唐书·南蛮列传》所记的新安城旁（明顾祖禹认为在西昌南）的六姓蛮之一的“讹”蛮，明季建昌“误鲊”部族均为 uo dzu 的音记。在《凉山西昌地区彝族历史调查资料选辑》的第 103 页记有越西地区的“俄作八呷、俄作东呷”等名称。②“俄作”就是笔者所说的勿珠，今日凉山彝族称西番和藏族为勿珠。“东呷”意为白海螺，氐羌就是东呷的音记。

由于邑郡出自邛族，据此称为邛部，治所也称为“邛部城”。周武帝天和三年（公元 568 年），越嶲郡改称严州，甘洛改称邛部郡，并与郡同置邛部县。魏晋已有邛部之称，历隋、唐、五代皆称邛部，宋为邛部王邑。

南北朝时的南齐（公元 479—502 年），将僚人聚居之地改置僚郡。越嶲郡改称越嶲僚郡。梁朝（公元 502—557 年）称嶲州。但是，史无明文改称邛部县为“邛部僚县”。事实上，甘洛县尔苏族称的 Lo、Ly 等称就是指僚人的。前辈已写过《僚为仡佬试证》③一文，证明僚人就是仡佬族。在凉山北部地区却出现很多近似 Ke－Lo 的名称。例如，峨边县所在地沙坪与大堡之间有“国鲁崖”。《越嶲厅志·山川篇》④记大渡河流经地有“卡落沟”“孤磊山”等。解放前曾看见一幅石印的宁属屯垦委员会绘制的地图，该图在今甘洛之南有瓜落河。另在今喜德县夷车河的西边有呷落，另在洛莫地方也标为呷落。不拘是写为呷洛或甘洛，笔者怀疑它是因仡佬而得名的。

---

① 任乃强：《西康图经·民俗篇》第十六章《滇边诸族》第二节《古宗为西番之一支》，498～501 页，拉萨，西藏古籍出版社，2000。

② 中国社会科学院民族研究所：《凉山西昌地区彝族历史调查资料选辑》，北京，1963。

③ 芮逸夫：《僚为仡佬试证》，前中央研究院《历史语言研究所集刊》第八册。

④（光绪）《越嶲厅全志》卷二之四《山川篇》。

二、阿逼与石地

唐宋时期，汉文典籍虽略有关于部落的记载，很遗憾没有经实地加以核实，影响了认识。笔者仅能构拟部落名称的音读。至于它们的分布及其他情况等暂时空着，待以后调查补充。

《新唐书·南蛮列传》卷二二二下“黎州”条记有一种“阿逼蛮”分十四部落：

一曰大龙池，《越嶲厅志》记为大龙塘。

二曰小龙池，《越嶲厅志》记为小龙塘。

三曰控，按《切韵》苦贡切，Kung，可能指古宗族。

四曰苴质，《切韵》音读为 ts' iwo ti。

五曰乌披，《新唐书·南蛮列传》又做乌皮。《越嶲厅志》记为“鳄普王”，民间传说为“瓦博王”。涉及尔苏族在明季历史时，当辟专节叙述乌披部落。

六曰苴赁，《切韵》当读 Ts' iwo niəm。

七曰觱篥水，《切韵》当读 biɛn liɛn，疑其地为毕尔拉达，就是在普雄车站下火车后，步行一里多路，抵达去昭觉的汽车站处。地势平坦，视野开阔。古卑水也当是该地。

八曰戎列，《均韵》音读为 Riung liɛT。

九曰婆狄，《新唐书·南蛮列传》“戎州”条记为“婆秋”，不知谁对。婆狄，《切韵》作 pua diwek，疑与濮苏有关。

十曰石地，《切韵》作 Tan di 这个部落很古老的。《后汉书·西羌传》有“上郡沈氏”。“沈”古读 diam 与“丹”音近似，沈氏可能为 Tan di 的音记。《汉书·地理志》所指的上郡的辖境相当于今陕西沮水以北及内蒙古河套东南，治所在今陕西榆林县东南的肤施。但是，沈氏早已在公元前三百多年前迁至今雅安专区。《史记·秦本记》载：“秦惠文王（更元）十四年（公元前 311 年），丹犁臣蜀，相壮杀蜀侯来降。”唐张守节《史记正义》说：“丹犁，二戎号也。”汉武帝以“都为沈黎郡”，当因“丹犁，二戎号”而得名。但沈黎郡辖境较今雅安专区略大些。

在刘宋时（公元 420—479 年）肤施的沈氏族也有南迁至平武西、宕昌南的。《宋书·氐胡传》记为“啖提氏”Dang Ta。①《梁书·诸夷传》已建立邓至国 Dang ti 了，其地在今文县西白水河上游地。敦煌用古藏文拼写的《南语写卷》记为 hldong

---

① 《宋书·氐胡传》卷 98。

rta。① 汶川羌语称成都为 $die^{33}ta^{55}$,② 说明该族曾是古代成都重要居民之一。石地的迁徙路线是很清楚的，由陕北的肤施县迁至文县一带，经成都迁徙至雅安专区的汉源、石棉等地，跨越大渡河而抵达南岸的越西县。

十一曰罗公,《切韵》音作 la Kung。《新唐书·南蛮列传》下有:“北又有浪稽蛮，罗哥谷蛮。东有婆秋（狄）、乌皮（披）蛮。南有离东蛮、锅锉蛮。西有麽些蛮……”“北”指戎州之北，有浪稽 Lo Kiei，罗哥部落。实际上两者读音相同，浪稽与罗哥实为一个部落。罗公也可能指罗哥。罗哥虽列入东蛮，但是他的族系是属于白人（羊脑）的。固然罗公在越西有之，但也有一部分住在西昌，“初，南诏围嶲州……浪稽部竭力助之，逐屠其城。（咸通七年，公元 866 年）三月，卑笼部怨南诏杀其父兄，导忠武戍兵袭浪稽，灭之”。这件事见于《新唐书·刘潼传》卷一四九，也见于《资治通鉴》卷二三〇。

十二曰洸,《切韵》音读作 guang。与邛 g' juong 音接近。虽前有控部落，此处可能仍指邛人。

十三曰离旻,《切韵》音读为 Lie miuan。疑其与楼薄或楼麽有关系。槃木、楼薄早已生息于凉山北部地区。

十四曰里汉，《切韵》音读作 li Xan。实际读音可能为 Li hi，具体指何部落，不明。

逐一检视这十四个部落之后，情况是有的部落知道得多些，有的了解不多。由于当时称他们为阿逼 A - piak 部落，与明《土夷考》所说的“僰人子”可能是相同的族称。③ 该书又说:“大渡河南岸为临河堡，与河北羊肆岼、汉水口相对。堡之上通大小冲山及海脑坝，僰夷村。旧僰人聚落也。”大树堡就在附近，据光绪《越嶲厅志》记载:“在火烧营北五里，在两山峡口，北临大渡河，与河北羊脑山相望，为大小冲诸蕃往来之所。”④ 僰与白音义相同。“海脑”当地语言作 dong - Ka，意指氐羌。羊脑也指氐羌，意为白人。“东蛮”的两林、勿邓与丰巴（除浪稽 Lo Kiei 外）等均为黑人。凉山北部黑人（牛脑）与白人（羊脑）两大部落群体的情况大致如此。

何以原来相当大的尔苏部落的人口逐渐减少呢？前已叙及，黎州、嶲州为南北重要通道，兵家必征之地。唐以前既有南征，伤害此地。而在吐蕃强大时，不仅波及黎、嶲，并与云南西洱河部落及南诏有所沟通。“天宝七载（748 年），归义卒，其子

---

① 参见［英］F. W. Thomas《南语》一书所附的藏文原件第 82 行。

② 闻宥:《汶川瓦寺组羌语音系》，见金陵、齐鲁、华西三大学:《中国文化研究所汇刊》，293 ~ 308 页。

③ （明）谭希思:《土夷考》，引自《蜀中广记》卷三十四。

④ 《越嶲厅全志》卷二之六《关隘》。

阁罗凤Ka–La–bon立。与节度使鲜于仲不相得，云南太守张虔陀复私其妻。九载，因发兵反……自是南诏北臣吐蕃。"① 天宝十一年（公元752年）吐蕃封阁罗凤为赞普钟。② 肃宗至德元年（公元756年），南诏攻陷越嶲会同军，据清溪关。③《敦煌本吐蕃历史文书》则记为"猴年（756年）……论·墀桑、尚东赞与阁罗凤三人以兵陷嶲州"④。南诏是配合吐蕃而北伐的，也是南诏北上的开始。待到"（贞元）十六年（800年），皋命将出军破吐蕃于黎、嶲二州……⑤因此，"是岁，其曩贡、腊城等九节度婴笼官马定定德帅其部落来降"⑥。"西贡节度监军野多输煎者……亦诣忠义降，于是虏（指吐蕃）气衰，军不振"⑦。德宗贞元四年（公元788年），吐蕃连侵西川，均遭败退。吐蕃的势力逐渐衰弱。起而代之的是新兴的南诏。

元和三年（公元808年），牟寻死，子寻阁劝立。明年（公元809年）死，子劝龙晟立……十一年（公元816年），为弄栋节度王嵯巅所杀。立其弟劝利。他赐嵯巅蒙氏。长庆三年（公元823年）……是岁死，弟丰祐立。专横跋扈的嵯巅已经凌驾其他贵族之上。在太和三年（公元829年），借口西川节度使杜元颖的侵扰，发兵攻陷邛、戎、嶲三州。"入成都，止西郛十日，慰赉居人，市不扰肆。将还，乃掠子女工技数万引西南"⑧。继任的西川节度使李德裕却把事态缩小，他说："蛮（南诏）退后，京城传说驱掠五万余人，音乐伎巧，无不荡尽。……臣德裕到镇后，差官于蛮经历州县，一一勘寻，皆得来名，具在案牍。蛮共掠九千人……余并是寻常百姓，并非工巧。其八千九百余人皆是黎、雅州百姓，半杂葛僚……："⑨ 按照李德裕的说法，成都方面损失不大，当然不合乎事实，他的报告上写的损失最大的是黎州、雅州的百姓，而且这些百姓当中，有一半是仡佬族。是令我们注意的。

《书田将军边事》说："故蜀人为之语曰：'西戎（指吐蕃）尚可，南蛮残我！'……其所剽掠，自成都以南，越嶲以北，八百里之间，民畜为空。"⑩ 由这一片凄惨情景来看，无怪乎蜀人喊叫"南蛮残我"！也由于黎州百姓，特别是当地少数民族遭受蹂躏，他们也痛恨南诏奴隶主统治阶级发动的掳掠战争。于是也留下两句

① 《唐会要》卷九九。
② 《南诏德化碑》。
③ 《新唐书·南诏传》卷二二二。
④ 王尧、陈践译：《敦煌吐蕃历史文书》，北京，民族出版社，1980。
⑤ 《旧唐书》卷一四〇《韦皋传》。
⑥ 《通鉴》卷二三五。
⑦ 《新唐书·南诏传》卷二二二。
⑧ 《新唐书·南诏传》卷二二二。
⑨ 李德裕：《论故循州司马杜元颖第二状》，收入《李卫公会昌一品集》卷十二。
⑩ 《孙樵集》卷三《书田将军边事》。

谚语：

东方皇帝吃我的前心。

南方诺（南诏）王啃我的后背。

甘洛县副县长杨光才说：“我们尔苏部落地处大渡河南北两岸，又是南来北往要冲，古代军事活动必争之地，特别是南诏奴隶主统治阶级发动掳掠战争次数最多，也最残酷，生灵涂炭，广大民众处于极端困苦的境地。”

三、乌皮部落的兴衰

《新唐书·南蛮列传》“黎州”条记有阿逼蛮的14个部落。其中之一为“乌皮”（又作披）部落。笔者疑其就是瓦博 Wa－po 部落，《越嶲厅志》称之为“鳄普王”，而民间盛传瓦博王是非常富裕、权势显赫的人物。据《凉山西昌地区彝族历史调查资料选辑·越嶲地区的民族迁徙》①，瓦博王居住于今甘洛县的则洛公社，他家以该地为中心。据《甘洛县地名录》，1981年地名普查时，因重名，始将则洛乡更名为则拉公社。彝语意为“较大的山沟”。②

则拉公社位于甘洛县城西30公里处，北连海棠、玛麻两公社，东邻玉田公社，南隔尼日河与越西县白果公社相望，西邻蓼坪公社。成昆铁路与皇（木）越（西）公路从公社南部边缘经过。一般说法，甘洛县玉田区的则拉公社确为番人聚居的地区，其驻地为新基姑。

瓦博部落是如何发展起来的，依靠何种业务？在什么年代开始发展的？该社呈一锐角三角形，两边分别为马基岗和外舍阿甫，中间为则拉沟。山势起伏，雨量充沛，土质肥薄兼有，为发展农作物、林木、竹子和中草药等提供了优越条件。再者，牧地则占总面积的70%，为发展畜牧业，饲养马、牛、羊、猪等提供了优良场所。

与此同时，在特殊的历史条件下，马匹的生产与交易促使乌皮（wa－bo）部落长老成为首富。宋吴昌裔《论湖北蜀西具备疏》③说：“接黎州大渡河之南有所谓邛

---

① 中国社会科学院民族研究所：《凉山西昌地区彝族历史调查资料选辑》，103～104页，北京，1963。

② 甘洛县地名领导小组编印：《甘洛县地名录·玉田区概况》，55页，1986。

③（宋）吴昌裔：《论湖北蜀西具备疏》，载《名臣奏议》卷三三九，转引自《宋代蜀文辑存》。

部川，邛部川之后，即小云（即唐南诏，今名大理国也）。[①] 邛部川之下即两林，虚恨蛮；虚恨之下即马湖大江蛮之部族夷都蛮也。马湖大江蛮每借两林、虚恨、邛部川路贩马于青羌、弥羌，时有好马至叙州互市，皆得之西方……”

马湖大江蛮即夷都蛮，住在今屏山县西境的中都，与马边县接壤。笔者在《我国西部民族走廊地区民族研究新论》[②] 一文中考订“夷都蛮”的族属为僰、僚，也就是与氐羌族有密切关系。与马湖、沐川等地部族同属一个族系。彝文《勒俄特衣》称此区的部族为濮子与巴子。

马湖，今名雷波海子，该地多产骏驹，人传为龙种，故也称为龙湖。蜀汉置马湖县，故治在今雷波之黄螂，“唐以下名马湖部。宋时蛮主屯湖内。元至元十三年(1276年）内附后，立总管府，迁于夷都溪口，濒马湖之南岸创府治”[③]。马湖地区所产骏驹，主要是牵运至凉山西北部。翻过大凉山，然后抵达邛部川，也就是今越西县。唐、宋时期邛部川的部落情况是很复杂的。笔者并没有开辟专章去讨论他们的变化情况，这是由于对各部落的发展变化资料缺乏，深感来得突然。

例如，勿邓，最早记为乌氏，氏古可读为氏，古县名，本乌氏戎，战国秦惠王置县，治所在今甘肃平凉西北。秦时著名人物有乌氏倮，以畜牧致富。在后汉时期，污衍 u－dien 部落出现在今雅安地区，与三襄 Sa－ȵie 部落联合共寇今阿坝藏族羌族自治州的蚕陵城。[④] 在唐季，勿邓部落已迁至凉山西北地区。[⑤] 缅甸语称南诏王为 udi bhava，说明 udi 与勿邓 udan 部落有密切关系，证实南诏王与勿邓同属黑人部落。[⑥]

虚恨部落驻牧地区为“嘉州峨眉县西十里有铜山寨，与西南生蕃相接界，户不满千，俗乎为小道虚恨姓”。[⑦] 建炎以来，自11世纪下半叶至12世纪初尚活动于峨眉、犍为一带。以后就听不到该部落的活动了。

关于族称，在《建炎以来朝野杂记·乙集》卷二〇，在该集的《癸酉虚恨之变》一文中，“虚恨”二字之下尚有“沙汉”二字，很可能是注音，但却入于正文。有一部分人已迁至四川凉山彝族自治州木里藏族自治县一区水洛河及其下游冲天河两岸的

---

① 据《宋史·蛮夷四·黎州诸蛮》卷四九六。

② 陈宗祥：《我国西部民族走廊地区民族研究新论》，收入拙著《牛首与羊首》一书中。

③ 《元史》卷六〇，《地理志三》。

④ 《后汉书·笮都夷传》说（三襄与污衍攻蚕陵城）“在安帝永初元年（107年）”。

⑤ 《新唐书·南蛮列传》下，卷二二二下。

⑥ 伯希和：《交广印度两道考》十五《日东王摩河嵯膘信诸名考》，又参看向达：《蛮书校注》卷10，263页。

⑦ （宋）杨佐：《云南买马记》收入（宋）如愚《剑南须知》，也见于《续资治通鉴长编》卷二六七。

台地上，人口约有两千，自称 $s\eta^{55}hi^{55}$ “史兴”。孙宏开同志称“史兴语是藏缅语族羌语支中的一个独立语言，只不过他们受到藏语、普米语、彝语、纳西语的一些影响，语言中吸收了一些临近语言的借词而已”①。

关于族属。《建炎以来系年要录》卷一二四说：“虚恨乃乌蛮之别种，所居高山之后，夷人以虚为高，以后为根。”又普米族胡文明同志说：“我们称木里、盐边等县的纳西族为 $s\eta^{55}hi^{55}$。”② 但是，孙宏开同志确定史兴语言为羌语支语言，或有历史方面的原因，或如纳木依部落与普米族等多年杂居，因此，纳木依语言也是定为羌语支的。

有关“两林”部落已在《我国西部民族走廊地区民族研究新论》一文中已谈了些。笔者认为“两林”《切韵》音读为 Lia - lia，当为彝语利利 $Li^{33}Li^{33}$ 的音记，③ 这个部落在天宝（公元 742—756 年）年间，已活动于嶲州的礼州地区。在咸通六年（公元 865 年），由于得到南诏相助，逐渐强大起来。其他暂不赘述。

《元史·地理志》说：“邛部州……宋岁贡名马、土贡，封其酋为邛部王。今其地夷称邛部川，治乌弄城，昔麽些蛮居之，后仲由蒙之裔夺其地。”④ 这就是越西地方盛产名马。治所乌弄城，早有麽些部落。在元季（公元 1271—1368 年）已有黑骨夷家支抵达该地了。为黑彝家支的北上提出了上限时期。此外，也有大路蛮勿邓曾驻牧该地。但是，别忽略阿逼部落仍留在该地，他们是属于邛人的，依然住在该地，将在《尔苏部落的分布与迁徙》一文中详细阐述了。

马湖部落也就是通过虚恨——美姑、昭觉县的两林（利利支），向今越西、甘洛等县运马。这一地区只是转运站，目的地是大渡河北黎州的马市场。进行交易，均以锦、彩、茶、绢折买马匹。其中搞转运的乌皮（披）部落酋长家通过宋、元两代的积累，不仅成为首富，而且成为权势显赫的人物。据甘洛县副县长杨光才同志谈，瓦博 Wa - po 王家单是每天洗菜的就多达三百人，饲养马匹的人夫也多达数百人，正说明玉田则洛公社瓦博王的发迹应是由马匹的买卖而起家的。

据《越嶲厅志》独家记载此家为鳄普王，他家的谱系为普书——伯约——撒佳，仅此数代而已。在冕宁也有俄普部落，在听觉上与唐书所记乌皮（披）很接近。而且撒佳实有其人。他已是明万历（公元 1573—1620 年）时的人了。在普书或以前已

① 孙宏开：《六江流域的民族语言及其系属分类——兼述嘉陵江上游、雅鲁藏布江流域的民族语言》，见云南省民族研究所：《民族学报》，昆明，云南民族出版社出版，1983。

② 云南丽江“普米文化研究室”主任胡文明同志告知。

③ 岭光电译：《古侯》，124 页，中央民族学院民族语言研究所彝族文献编译组，1982 年油印本。

④ 《元史·地理志》卷六。

经组织起武装（其中有番、彝、汉人等入伍），管辖的势力范围很广泛。万历七年（公元1579年）已经发生事故，“为照建昌地方，被番烧劫站军，杀掳人口”①。“已经奉旨，督率该道剿抚。但雕剿大渡河南番，河北番必然助逆”②。因此正在协调用兵，不分南北，暂未动手。

关键问题在于凉山彝族出现了“三雄”。③ 其首恶为万历年间邛部长官司所属黑骨夷土目腻乃（即海乃）、头人撒佳，“日夜与（雷波）杨九乍之属，戕我人民”④。“岁率众出没荣丁、赖因间，刳孕烹婴，填肉盈坑”⑤。还有一雄就是安兴。关于“凉山三雄”，彝族沈凉荣（女）同志已写专论，不必赘述。

关于撒佳的终局，总督四川兵部尚书徐元泰奏：“（万历十六年，公元1588年）十二月十九日扬九乍与撒佳率众万人据山接战。……明年（公元1589年）正月八日，中镇营进攻木瓜夷，白禄从大赤口约众千余来拒，中矢死，兵败，腻乃始惧。二月十二日，朱文达攻凉山，破撒佳于大田坝……及万鳌探知撒佳妻子据鼠囤，发禄荣乌蒙兵攻之，擒撒佳妻子并其亲信。至四月十九日，郭成督兵直抵三宝山，大战。郭进忠斩撒佳，平其地”⑥。阅读《明实录》有关撒佳的记载，对这跻身于封建统治阶级的人物来说，他为富不仁，不仅挑拨与明统治阶级关系，危及汉族老百姓。与此同时，他又深入凉山彝族腹地，勾结无恶不作的腻乃、安兴“凉山三雄”，残忍地伤及汉、彝、番（逼、僰）等族老百姓，并促使明廷部队“一军尽覆”，因此招致明廷派兵讨伐，首恶安兴、白禄就擒，撒佳遭遇处决。番族中有这样的谚语：“汉人有钱修房子，彝人有钱买娃子，番人有钱断根子。”这一谚语至今还在番族人民群众中广为流传着，确实是对瓦博王撒佳的讽喻啊！

四、黑彝家支的北上

在解放初，甘洛下土司（斯兹兹莫）冷邦正告知，约在距今九年前，凉山北部尚有番人居住，后来彝人进入凉山，逐步向北部发展，赶走番族后就占有该地自为山主。⑦ 推算彝族黑彝家支来越西当在20世纪初叶。另据家拉神都说，居住越西各族

---

① 《宋史·蛮夷传》卷四九六。
② 《明实录》“万历七年”条。
③ “凉山三雄”的提法不见于正史，见于《越嶲厅志》。
④ 毛奇龄：《蛮司合志》卷六。
⑤ （嘉庆）《四川通志》卷九五《武备志》。
⑥ 《明实录》“万历十六年”条。
⑦ 中国社会科学院民族研究所：《凉山西昌地区彝族历史调查资料选辑》，北京，1963。

的顺序是：番人（现划为藏族）在前，汉人次之，彝族最后。据他所知，彝族迁到越西的时间不算太久，最多的只有十五六代，以每代30年计算约有480年。这是1957年调查的，需再加45年，共计525年，约在宪宗成化年间（公元1456—1487年）。很可能与万历时讨伐腻乃、撒佳有关，“役经二载”（公元1587—1588年），不少番人逃亡至冕宁和九龙县，也有不少番人在战役中消亡了。随后，有些彝人迁至其地。

前已述及，《元史·地理志》曾谈到越西县治所，志说：“……今其地夷称为邛部川，治乌城。昔麽些蛮居之，后仲由蒙之裔产其地。”方国瑜先生有对“后仲由蒙之裔夺其地”的看法，他说：“仲由蒙当为仲蒙由之误，既彝族统治家族，占据邛部，其时代不详，唯疑《宋史》所谓嘉定九年（1216年）邛部州逼于云南，遂伏属之，是时邛部首领失败，而受彝族统治，不与黎州联系了。”① 邛部州由于遭受云南的军事压力，接受彝族统治，而不当黎州附庸了。这是说彝族进入凉山当在13世纪初叶。不过，这不是唯一进入的时间，因为进入凉山通道甚多，要进行全部资料搜集与排比，然后或可获得可靠的数据。

关于进入越西地区的黑彝的家支与分布地区的情况如下。进入越西的最大黑彝家支有三大支：阿侯支、果基支和勿雷支。阿侯支是有很多特点的。该支很早以前就分为阿女亨哦，他是嫡子，可是拉玛的母亲也生下了拉玛，他是庶子。由于她们是亲姐妹，阿侯家对于嫡庶之分是不太重视的。②

阿侯家原住美姑的洪溪和哈古一达，为了寻找土地，阿女拉玛支向南发展，迁徙分布于一古洛、乘子罗哈、牛牛坝等地，均分布于夷车河与连渣脑一带。笔者于1945年年底自马边横越大凉山时，就是经过阿女拉玛支的地面的。而阿女亨哦支则居住于高洛山溪、齐比思久、达拉介威、示姆斯荷、斯库拉曲介、固阿划阿一带，以上都在越西县附近。因此有“人住在东方，迁往西方”的谚语。③

果基家原住于勒比长哈，在勒甫舍曲时，开始自勒比长哈向东迁徙，先迁至越西的乌托依呷，大约在八代前（1957年四川民族调查组收集，应再加两代，计在三百年前），已伸延到普雄，以后又有一部分迁往冕宁、拖乌一带。

勿雷家原住在车木呆普和四呷甫路一带。在距今十一代前，因吉龙和彭伙土司的女儿结婚，才迁来普雄，当时住在瓦吉基、诺古勒纠、玉落地坝、勒妻地等地。

---

① 方国瑜：《彝族史稿》，402页，成都，四川民族出版社，1984。

② 陈宗祥：《凉山倮（彝）族系谱补》（上下篇），载《边政公论》，第七卷，第一期与第三期。

③ 中国社会科学院民族研究所：《凉山西昌地区彝族历史调查资料选辑》，北京，1963。

中普雄（彝名普合拉达）距成昆铁路还有一段距离。1979年承甘洛杨光才同志相约赴中普雄他女儿家，抵车站后即由其女婿用拖拉机接赴他家。中普雄有一坚固而高大的小城，不知是何时何人修建的。进入城内就是居民住房。迄今笔者尚不知悉何以修建一微型小城。谈话涉及古代何族驻牧此地？杨光才告知中普雄原有濮叔族的大石头住房，证明是白人的驻牧地。此后，彭伙土司（乌家）统治了这个地区。继而在距今十三代，勿雷来临。后来，阿侯家由东向西发展，先后伸入普雄地区，勿雷家终被排挤，经过几次大的械斗均告失败，被迫迁往下普雄（彝名洛木拉达）。原先住在下普雄的阿日家结诺支，被勿雷家排挤转徙到甘洛一带，彭伙家被迫迁往舒兹瓦乌地方去了。

结束语

以上所说的黑彝家支迁往越西与甘洛的情况，均根据1957年四川民族调查整理的资料，虽说片断、零星，整理出来也不失为尔苏风情的实录，是可以提供给读者作为参考的。

敦煌《南语写卷》中凉山地区史料初探*

陈宗祥

一、前言

从事凉山地区历史的探索，以及这一地区民族史的研究，无疑得注意彝文典籍，如《勒俄特依》《公古侯》《西南彝志》等典籍。汉文典籍方面当然要依靠二十五史记载的少数民族列传，但这些资料是断断续续、点点滴滴的，很难把它们串联起来构成一部系统的凉山地方史。这就自然希望进行考古发掘和民族志与民族民间文学的调查研究，从而把凉山地方史、民族史重新建立起来。工作量是巨大的，史料的积累只能一点一滴地去做，持之以恒，总会获得成就。笔者关心的是与凉山地区有关的另外两种语文典籍。

第一是纳西象形文字的经典翻译。云南省丽江县东巴文化研究所做了大量的翻译工作，完成了多部翻译，并且将翻译的书陆续正式出版。这些纳西文典籍也涉及凉山地区大量的史料，理应摘录加以整理，增添凉山地区的历史资料。

第二就是用古藏文拼写的留存于敦煌千佛洞的《南语写卷》。敦煌石室的藏经不仅限于大量的汉文典籍，还有若干民族文字，如佉卢文、回纥文和藏文写卷。20 世纪初，英国人斯坦因和法国人伯希和先后从我国敦煌劫走了大量的珍贵文献。英国的这部分敦煌遗书原收藏于英伦印度事务部图书馆，后改归大英博物馆图书馆。法国部分则收藏于巴黎国立图书馆。藏文目录分别由比利时藏学家布桑编纂成《印度事务部图书馆藏敦煌藏文写本目录》（1962 年出版）；法国女藏学家拉露编成《巴黎国家图书馆藏敦煌藏文写本目录》（一、二、三集分别于 1939、1950、1961 年出版）。根据上述两份目录，古藏文写卷编号多达 5000 件以上。其中经过藏学家翻译后，把它

---

* 本文原载《凉山民族研究》，2003 年刊，97 页。

们发表出来的不在少数，《敦煌本吐蕃历史文书》就是由法国巴考、杜散和英国托马斯三人通力合作，拼接整理的，对于吐蕃历史研究是有很高学术价值的。① 但就在这些藏文文献中，个别的写卷虽用古藏文拼写，但并不是藏语。令人瞩目的是那件编号S. C. 736，命名为《南语》的写卷，其长达398行，首尾各四行因有水渍，字迹模糊，损伤8行。因此说这一《南语写卷》只有390行文字。

英国牛津大学教授陶玛士（F. W. Thomas）在1926年以前就开始探索这个写卷。在1928年，他命名此卷为《南语写卷》，在1939年发表专文，论证吐鲁番某件藏文残片与S. C. 736写卷同为南语。在1948年，他出版《南语》一书，副标题为《汉藏民族走廊的一种古代语言》②。在《于阗教法史》记载的浑末（Hu - mar）王与于阗王室通婚的事实，才知道东北藏区有个“南”的邦国存在。在藏文古写本里，“南语”及“南巴”国名曾出现两次，“南地 nam - Tig”出现一次，在佉卢文又看到NamTig’ə这个名称。在《东北藏古代民间文学》③ 第一章《父亲殿干涅巴的葬礼和金波聂吉新娘的故事》中说：

现在有一家，父亲的名字用南语来说叫做东德年祖。用西藏悉补野（spu - rgyəl）的话说，叫做隆尼龙，或叫做甲隆格葛当杰……

在该书第二章《金波聂吉新娘的故事》中也谈到南语：

在人居住的机廷国Skyi - mthin有一个人，用西藏悉补野的话叫做父尊殿干涅巴。用南语说叫父尊额德托崇。

以上两条资料的确说明南巴王国与南语的存在。因此将本卷文订为南语，而舍弃订为羌语、党项语、宕昌语或翼邦语是有其缘由的。既然青藏高原出现两大语别，而此件又不是古藏语，因此他倾向于订为南语也是很自然的。

但是，有的学者不同意命名为“南语”，闻宥④、谢飞⑤均认为手卷本身并没有

---

① 王尧、陈践译注：《敦煌本吐蕃历史文书》，北京，民族出版社，1980。

② ［英］陶玛士：《南语——汉藏民族走廊的一种古代语言》，玉文华、杨先芳译，丽江普米文化研究室，2003。

③ ［英］F. W. 托玛斯：《东北藏古代民间文学》，李有义、王青山译，成都，四川民族出版社，1986。

④ 闻宥：《论所谓南语》，载《民族语文》，1981（1）。

⑤ 谢飞（R. Shafer）：《评〈南语〉》，载《哈佛亚洲研究学报》，1950。笔者未读原文，系转引注（2），导言第7章《男或南氏语、西番与羌》，原著第61～110页。

自称为 nəm 的族称。而凭借其他资料，订此件写卷为南语是欠妥的。

为了解释这个名称，宝羊、王建民写了一篇论文①说明这个名称是妥当的。《后汉书·西羌传》说："氏族无定，以父名母姓为种号。""南 nam"实为"父名"，普米人介绍南客 nəm－ka 是古羌人最早的远祖。《后汉书·西羌传》则记为"忍"古读为 niən 音，与 nam 音很近似。根据"羌人云"，他与弟舞（miwə）乃是公元前 4 世纪初叶的人物。②《史记·司马相如列传》则记为"因朝冉，从駹……"③《后汉书·冉駹夷传》记载汶山郡有冉、駹夷。笔者怀疑冉、駹就是《后汉书·西羌传》所记的无戈爰剑曾孙"忍"与"舞"两兄弟名字的异写。一般字书里"枏"字与"楠"为同音字，可互相通用。不过，冉字逐渐读为 ran 音。原分布于青海、陕西、甘肃、川西北阿坝的"冉"，也就是"南人"，在唐宋时期，已有徙居务州（今四川酉阳、贵州务川等地）。也就是由于冉字的音变而出现冉家、南客误分为二的情况。明人曹学佺《蜀中广记》引《酉阳合志》称："司东南九十里……当思南之要冲，接荆湘之边境。……人分三种曰仡僚、曰冉家、曰南客。"此后，明人田汝成的《行边纪闻》把这个错误纠正过来，该书说：

> 冉家，邛，笮冉氏之裔，今酉阳乌罗部落之长，多名冉姓者，一曰冉家蛮，诟之曰"南客子"，其族散处于沿河④（佑溪、婺川之间），跋扈不逮。

由此可知，冉家与南客实际上是一个部族，都是古氐羌人的远祖 nong－ka 的音记。以远祖之名命名《南语写卷》不会有多大的错误，是较为妥当的。

再者，谢飞说这部写卷没有自称为 nam 的称呼。其实，此件出现 hnam 字样高达八次之多。《南语写卷》的第 5（目前已成第 1 行）、6、8、31 等行均有下面相似的一句话。例如：

hrang hlda　hnam hge　hshes　beg

绵羊　最佳的祖先　敬　献

把最佳的（千里选一的）绵羊敬献祖先。

---

① 宝羊、王建民：《敦煌古藏文拼写的"南语"手卷的名称问题》，见杨岭多吉主编：《四川藏学研究》（第二辑），164～180 页，北京，中国藏学出版社，1994。

② 陈宗祥、邓文峰：《〈白狼歌〉研究（一）》，192～193 页，成都，四川人民出版社，1991。

③ 《史记·司马相如列传》，卷一一七。

④ 清人李宗昉《黔记》曰："冉家蛮在思南府之沿河司。"《黔书》则作阡沿河司。

事实上并不限于这4行，第1行残句就出现绵羊，第3行有“最佳绵羊敬献”字样。这些句子是开场白，有破题的意义，不惜重复说“用最佳绵羊敬献祖先”，远祖的名字是 hnam - hge 南客，此处引申为祖先，又引申为亡灵栖息的网状灵牌，以及南邦或南国等意思。

第83行为：hnam - hte - hshah - hcag

祖　先　能　干

这条也含有“祖先”的意义。下面126行记有：hldang - krang - hnam - dze 意为宕昌头头，也就是宕昌的首脑。第259页的“hpah - hrgam - hnam”意为“发展虔人部落”，笔者疑“虔人”为 hrgam - hnam 的音记，有何意义，不明。最后，第145行的 hnam - hdzam 含义为“南家”，具体指祖先南客的后裔。指哪些支系后裔，接着在下面就来谈。由以上所述，令我们知道南客祖先在《南语写卷》中是存在的。

二、作者与年代

关于这部《南语写卷》的作者是谁？它是何时成书的？这两个问题业已提到议事日程。1977年自王尧教授手中借到傅懋勣先生自英伦携归的《南语》这部书，我们首先进行翻译工作。笔者负责翻译词汇部分，又经王建民同志把影印件中一个个藏文词汇摘出来，这才有一件完整的《南语写卷》。笔者携带这件写卷首先赴青海，继去丹巴大桑沟，又赴中甸县调查均不得要领。在1990年赴丽江开会，与普米族熊胜祥同志会晤（他是云南宁蒗彝族自治县人），笔者又拿出这个《南语写卷》来读，他的解释令我感到有希望。于是翌年暑假赴盐源县访问曲札偏初同志，他也是用普米语对《南语写卷》进行解释的，他个人认为此件确实为普米语。当他解释到第145～146行的一句话时：

phye hgo hthung re hnam hdzam〔146〕htar

水神 山神 祭祀　南　家　他们

南家祭祀水神山神，

hrah htong rmag dze hdrag htrog htsa//

一起部　落　掌握　朋　友　需要

南家一起掌握着部落，需要朋友啊！

他认为 hnam hdzam 意指南家，说的是南客的后裔，具体指盐源县普米族达隆部落。他们的特点是专门从事韩规（巫师）职业，积极地学习本族的苯波教，但又热心地学习藏文。这部《南语写卷》就是出自他们的手笔。

第391行又说：

hkya ge　hnah hdihi htshur//
这本经书　很　好　写的
此书集中多人用功写的。

这是党夏珠同志的解释，他说 hnah hdihi 是“集中好多人下工夫”才写出来的。由此看来，可能是集中盐源达隆部落的韩规好好地写出来的。

但是，陶玛士却有不同看法，他认为这部《南语写卷》无疑写于沙洲，在沙洲保存下来，并写在汉文佛经的背页上，估计写于公元730—850年，吐蕃据有沙洲的时期，他认定是寺院作品，因为唯有宗教机构才有汉文抄本可供使用，而且也唯有在这种环境中才有要求写作的兴趣。再者，就我们所知，寺院有广泛复制的职责。① 据笔者揣测，此件很可能出自盐源达隆部落韩规之手，而又在沙洲寺院中传抄，后收录敦煌千佛洞石室的。

值得注意的是，此处陶玛士提出是吐蕃据有沙洲的时期即公元730—850年时写出的这部《南语写卷》。中央民族大学闻宥教授认为这个写卷的年代从它的使用藏文以及到达千佛洞看来，应是在阿坝地区的冉（二南）氏“为吐蕃所役属”而尚未“诣剑南西川内附”的时期，换句话说，它的年代应在公元793年以前。② 以上两种说法都是根据当地当时的历史情况加以推测的。

可是，学习过韩规（巫师），给本民族主持过“作羊会”祭祖大典三次，并且学习过藏文的党夏珠同志却一再强调，这部《南语写卷》是吐蕃文字改革前的作品。有关吐蕃文字改革，有同志专门写过一篇论文，题为《藏文翻译史上的重要文献——〈语合〉》。笔者并没有读过此文，仅据黄颢同志所译的《新红史》小注157条的介绍，③《语合二章》出自《西藏大藏经》。据该书记载，文字改革发生在马年，当时墀德松赞住在吉温江多宫，在墀德松赞时有802及814两个马年，这就是说文字改革恰在9

① ［英］陶玛士：《南语——汉藏民族走廊的一种古代语言》，玉文华、杨先芳译，引论二，《一篇南语文学作品》，第三节《文本》，丽江普米文化研究室，2003。

② 闻宥：《论所谓南语》，载《民族语文》，1981（3）。

③ 班钦索南查巴：《新红史》，黄颢译，168~170页，拉萨，西藏人民出版社，1984。这条注释主要根据周季文、罗秉芬《藏文翻译史上的重要文献——〈语合〉》一文（载于中央民族学院建校三十周年藏文论文集，1981年6月）。

世纪开始。《语合二章》所说的文字改革内容很丰富，现在笔者仅举一个例子。《贤者喜宴》载："为减少字母，随将'ma'加有下加字的'mya'字，再后加字'da'字以及单体字母后所加的'h'字等，均予取消"。从《南语写卷》古藏文拼音方法来看，几乎保留着原来的拼音字母，令我们信服地认为党夏珠同志的看法是比较妥帖的。

三、有关凉山地区的一些史料

（一）盐源县盐厂的争夺

盐源县盐厂的盐巴生产是凉山地区各族人民生活所依赖的不可或缺的食品。其制作方法也是不断地改进的。《汉书·地理志》说："定筰，出盐。"《华阳国志·蜀志》说："积薪，以齐水灌，而后焚之，成盐。"唐樊绰《云南志》卷七说："昆明城（指盐源）① 有大盐池，比隐吐蕃，番中不解煮法，以咸池水沃柴上，以火焚柴成炭，即于炭上掠取盐也。"解放前所看到的已是"鸡屎盐"。其形状如带尖筒形，另一端为圆形中空，有如窝头。不过，其长达一米，有如鸡屎，故称"鸡屎盐"，由马帮驮在马背上，行销于大凉山西部、安宁河一带及云南丽江专区。凉山东部彝族则食用牛华溪、五通桥一带整块盐，由劳动人民背到雷波、马边、屏山、峨边各县出售。

关于盐厂的所有权，在《三国志·蜀志·张嶷传》中就有反映。"嶷率所领夺权，署长吏焉"，自然与"定筰率豪狼岑，槃木王舅"发生矛盾。从那时起就不断产生纠纷，直至8世纪末，《南语写卷》也有记录。如第87~88行：

rgyed hre the ge〔88〕hcog hdo dze
社会 机遇 到来时 基础 起步
社会机遇来临时，应创建〔政权〕基础。
Hwad hdim htshis hltom re htso
瓦甸 盐厂 掌握
应掌握〔盐源〕瓦甸盐厂。

---

① 《张曲江（九龄）集》，卷一一《敕吐蕃赞普书》说："昆明即嶲州之故县，盐井乃昆明之本城"，指盐源为唐之昆明县。据《盐源县志》称："黑盐井在县西中所壤内。"见《云南各族古代史略》，昆明，云南人民出版社，1978。

第444页按语说：唐代所称"昆明"，其地有四：一、在今洱海地区；二、在今四川盐源；三、在今滇东北及四川宜宾专区；四、在今贵州省境。

“机遇到来时”，何所指呢？笔者的意见是指至德元年（公元756年），吐蕃、南诏乘安禄山之乱，占领了越嶲、会同郡。翌年，唐廷“复置越嶲，以杨廷进为都督，兼顾台登”。可是，吐蕃赞普派使者对南诏说：“汉今更置越嶲，作援昆明（指盐源），若不再除，恐成滋蔓。”于是南诏也派兵，协同吐蕃联兵作战。《南诏德化碑》继续说：“既举奉明旨，乃遣长男凤伽异驻军泸，权事制宜。令大军将杨传磨侔等与军将欺急历如数道齐入。”此战役的结局是“越嶲再扫，台登涤除，都督见擒，兵士尽虏。于是扬兵邛都，而汉将大奔，回昆明，倾城稽颡”①。

由此可知，越嶲再一次被攻陷，而把这次的俘虏也带回昆明（盐源）。而在《南语写卷》之内，有长达九行藏文的记载叙及俘虏情况。把以“丁基”（音译，其拼法有 gdim lddyim pyi/phyi/chis）为首的被关在木楞子牢房里；另把“丁基”的麾下关在冰凉的深洞底下。笔者怀疑“丁基”就是越嶲都督杨廷进。《南语写卷》的“丁基”gdim pyi 很可能就是杨廷进 Ting jin 的对音，只是《南语写卷》并没有记杨姓而已！对俘虏处理情况至译出全文再交代。

接着，笔者将介绍倮罗的情况。盐源的筰人（与今日普米族人有关）最担心的是别的民族对盐厂的干扰。《南语写卷》第93～94行记载：〔93〕rgyed ma hltang ge//

社会不安宁社会不稳定
rta hgam hphar re hsus slo glo rtə htso hna
一家得到信讯说倮罗
某家获悉说倮罗集合了
〔94〕ge htsog hram hdung
一起集合大家庆贺
大家庆贺他们没有行动
rgyed htre ge htsog htəng mə//
社会无事他们稳定
社会平安无事。

前曾特辟专章考订《三国志·蜀志·张嶷传》所说的“汉嘉郡牦牛夷种类四千

---

① 《南诏德化碑》立于大历元年（公元766年），在今大理太和村，残泐甚多。据《云南各族古代史略》第716～721页，转引自道光《云南通志》的录文。

余户，其率（二帅）狼路”，为古侯系25代裔孙LOLO。[1] 在唐代，这个部落也就是以祖先的名字作为部落名称了。《新唐书》与《云南志》均记为“卢鹿部”。《元史·地理志》则记为“落兰部”，或称“罗落”，又记为“卢鲁”或“罗罗”。以上诸称均为《南语写卷》的slo glo的音记。

《南语写卷》的著者们听说倮罗部落集合的消息忐忑不安，害怕他们对盐厂有所动作。既知倮罗部落没有任何行动，而且是稳定的，盐源当地的笮人放心，并且相互庆贺平安无事。何以会产生这种心态呢？历史上是有其一定原因的。在唐初抗御吐蕃的战争中，其西南战线上，南端的西洱河，北端的安戎城和中间的昆明（盐井）互为犄角，成为双方争夺的重点，崛起的吐蕃向东扩张必争盐源。在唐高宗时期（公元650—683年），在“剑南度茂州之西筑安戎城，以迮其鄙。……尽臣羊同、党项诸羌，其地东与松、茂、嶲接，南极婆罗门，西取四镇，北抵突厥，幅员余万里，汉，魏诸戎所无也”[2]。这时，吐蕃早就乘虚占领了四川盐源地区。而在开元十七年（公元729年），嶲州都督张审素……拔昆明及盐城。[3] 可能在开元二十年（公元732年），张九龄所写的《敕西南蛮大首领蒙归义书》中把盐井的得失阐述得很清楚了，深刻地表明唐廷对吐蕃争夺盐井的不满。该书说：“吐蕃于蛮，拟行报复。又嶲州盐井本属国家，中间被其内侵，近日始复收得。卿彼蕃落，亦应具知。吐蕃为利是贪，数沦盐井……今知其将兵拟侵蛮落，兼拟取盐井，事似不虚。国家与之通和，未常有恶；今既如此，不可不防。”[4] 由这寻在点苍山会盟成功，南诏与唐廷脱离了42年的关系，至是重归于好。盟后，“异牟寻攻吐蕃，复取昆明城以食盐池”[5]。又，吐蕃“笼官马定德本虏之知兵有策略者……比近年寇黎嶲，韦皋常折其兵，定德畏得罪，遂来降，因定昆明诸蛮”[6]。其具体年代《通鉴》系此事为贞元十六年（公元800年）。在大和三年（公元829年），南诏乘吐蕃与唐军争夺河湟的时候，嵯巅挟其雄厚之兵力，驱逐吐蕃而占有昆明城，盐井又归南诏所有。其间，唐军、吐蕃、南诏对盐井的争夺，其激烈的程度可见一斑。[7]

又从事迹的研究，已令人知道这部《南语写卷》确切说是唐至德二年（公元757

---

① 陈宗祥、邓文峰：《〈白狼歌〉研究（一）》，第5节《牦牛夷与以卷羌》的（C）段《狼路即倮儸试证》，170～174页，成都，四川人民出版社，1991。

② 《新唐书·吐蕃传》，卷二一六上。

③ 《通鉴》卷二一三，《唐纪》二九。

④ （唐）张九龄：《敕西南蛮大首领蒙归义书》，《全唐书》卷二八七。

⑤ 《新唐书·南诏传》，卷二二二上。

⑥ 《新唐书·吐蕃传》，卷二一六下。

⑦ 《新唐书·南诏传》，卷二二二上。

年）以后的作品，这是毋庸置疑的。

（二）黑人与白人

《南语写卷》与唐人樊绰的《云南志》的相似之处，就是充满了黑人与白人的记载。主要的是时代相同，地点相近，而且这种区分黑人、白人的风习盛行，乃是一种自然情况。可是在这种风习消失后，过去的区分就成为了历史。

现在举一黑人例子。第12行有：

〔12〕hbo hkom hldyang dze hldab hde hde//
雪山里面矮（绿）山迁走　慢慢
自雪山缓缓地迁往绿山
gnyim hti hldyang hgye hkrom〔13〕hkrom
黑人　这　绿山迁　往居
黑人已早定居矮山。

由这条资料可知，黑人迁徙至青藏高原南侧坡早于白人，此处黑人当指纳西族，白人当指普米族。"hldyang" 一词在《南语写卷》出现频率达七十余次，的确是个关键字。英国牛津大学陶玛士（F. W. Thomas）教授对此字做了几次解释。他认为此词有：a. 起飞、离别的意思；b. 高或上；c. 则为专称 = 藏文的 hjang，乃是高原（党项）部族。

据普米族资料提供者解释，此词应为矮山或绿山，即自白雪皑皑的青藏高原向南或东南侧坡迁徙。这个侧坡地带——即郁郁葱葱的绿色矮山，恰恰是普米族分布地区，如盐源、木里、宁蒗、丽江、中甸等县。

"hldyang" 一词有嘉戎语读法，每个字母均发音，与汉文字典籍的记载是有关系的。《汉书 · 昭帝纪》卷七说："始元元年（公元前86年），益州廉头，姑缯民反，杀长吏。" 廉头古读为 liæm Dəu，实为 hldyang 的音记，又《新唐书 · 南蛮列传下》记有"六诏……南有离东 lietung 蛮、锅锉蛮"，离东也为 hldyang 的音记。

再者，弄栋为西汉县名，其古读为 lung Tung，唐樊绰《云南志》区分弄栋部落的族别为"百蛮之苗裔也"。《云南各族古代史略》说该县于云南姚安城北，该县名可能因弄栋部落驻牧而得名。该书小注说："弄栋部落的一部分于开元（713—741）年间迁至今丽江北部金沙江侧及剑川、鹤庆，又颇有被迁至今保山者。" 笔者认为弄栋也为 hldyang 音记之一。

又，《明史 · 云南土司传一 · 永宁》卷三一三说："楼头睒，又名答兰……"

“睒”与“甸”同音均指地方。《南语写卷》则做 hldin，其地点在今日宁蒗彝族自治县北的永宁区。景泰《云南图经志》卷四说：“（永宁府）所辖四长官司（剌次和、革甸、香罗、瓦鲁之）多西番民。”又，天启《滇志》卷三十说：“西番，永宁、北胜、蒗蕖，凡在金沙江北者皆是。”此地的西番实指今日的普米族。

总之，从部落名称来看，有廉头、弄栋、离东、楼头等称，均为二合音，采用辅音 l 与头、东等字合读，就读成 hldyang 了，此部落的族别为西番族，就是白人。这个部落的分布地区除姚安县外，丽江北部、剑川、鹤庆、永宁、北胜、蒗蕖等地均为他们驻牧之地。又 hldyang 也含有“动作”“集中”的意思。

笔者再举一个有关白人的例子。在 108 行有下列的句子：

rgyed ma〔108〕hldang ge
社会 不 稳定
社会不安宁，
hso hnah hrgah mo lang byu re hldi hdah
肥 沃 的哥 末 丘陵 山唯一
肥沃的哥末部落丘陵地是唯一不能给的
Ma ge
不给

从这句话来领悟是说：在社会不稳定的时候，哥末那块肥沃丘陵地是不能出让的。哥末原本是个族称，笔者旅行于盐源时，遇到自称为哥末的兄弟民族。普米族古谚语（冬比）中，也谈到哥末。如：

ka mr eæ kong se
哥末 山远
æ kong dziun sa - niɛ bong po jong
山近 撒尼 蓬 婆 住

意思是哥末（羌人）住远山，撒尼蓬婆住近山，的确，哥末是个族称。普米族资料提供者把本卷中的 hgag hkah 字均解释为“白”的意思，因此同音的 hrgah 也解释为“白”的意思。mo 含有人的意思，因此 hrgah mo 的意思就是白人，盐源当地有时发音为 hrgah mi，笔者疑与昆明一称有关。“昆”字古读为 kuən，亦可读为 kua，昆明 kuə mi 与《南语写卷》的 hrgah mo/mi 的读音很相近，昆明应是 hrgah mo/mi 的音记，其意就是白人。

（三）越嶲为 hgo hdro 的音记

越嶲是古老部落的名称，在西汉元鼎六年（公元前 111 年）时已设置越嶲郡地名，可是，“越嶲”二字由于古今音变，目前已读成“越西”了。按“越”为喻三字，当读为 ɣiwat。但喻三字古代每与见 K－系字相谐，此字古读应为 giwat，急言之易读为 g（i）wat，在与外族语对音时，常用作 g（k）ua 的译音字。

嶲字与巂字相同，均读为 xi 音，这是辞书所记的音。另在《敦煌本吐蕃历史文书》所记的藏文嶲州也记为 si 音，但是，嶲字古读音可就不大相同。笔者按“嶲”字的音符为嶲字，该字为从母山韵字，当读为 Dzwan。越嶲二字合读当为 gckiuə dzwan，当为 hgo hdro 的音记。因此，《南语写卷》第 105 行的 hgo hdro tə rgyed 实指“越嶲一带”，在唐季嶲州的辖境相当今四川越西、美姑以南，金沙江以西、以北，锦屏山、盐井河以东地区。

hgo hdro 的含义也是白人。普米族称 hgo 为白，实与“邛”“羌”字音近相通，普米语称“人”为 dzu。西汉扬雄《谏辞匈奴疏》所记“探姑缯之壁，籍荡姐之场”，其中“姑缯”二字实为 hgo hdro 的音记。又，《新唐书 · 南蛮列传》记嶲州之南有“锅锉”kuə dzuə 部落，当也是 hgo hdro 的音记。

最近写出一篇《东南 · 中南少数民族的族系初探》一文，笔者以为越嶲这个族称与东南、中南的百越是有密切关系的，早在三代以前就在中原向西、向东南不同方向迁徙。他们习用的图腾柱为羊首，相当重要的礼品玉璋的端刃呈　或　形，这在中南、东南地区有所发现。① 而在青铜器上铸有羊首或羊身，江西新干县的《新干商代大墓》出土的铜面具就有一对羊角。黄展岳先生在《考古学报》发表的《论两广出土的先秦青铜器》一文，介绍铜器铸有羊首与羊身的更多。② 侗族自称 kəm，又称 Dong。与湖南、江西的干越有密切的关系，同时与姜、羌古读 kiang 音是相谐的。此外，牂柯的古称与西羌远祖宗喀是相同的。所以壮侗语族民族与羌语支民族是同源的。

苗瑶语族与髳称相近，而且属于牛首，妇女盛装有水牛角银饰，平时也有妇女用木头牛角束扎在脑后。据《巴朗（牛）古歌》说：“伏羲兄妹成亲后，过了七年，不见一子，伏羲叹曰，人烟至此绝矣。妹曰，何绝之有哉？我见西弥山中有乌牛一只，

---

① 王永波：《耜形端刃器的分类与分期》，载《考古学报》，1996（1）。

② 黄展岳：《论两广出土的先秦青铜器》，载《考古学报》，1986（4），409 页。

角上有三字，名曰‘祭天牛’。伏羲将此牛祭天，女娲遂身怀有孕。怀胎十个月生个皮口袋，内有十童男九童女，是以人民兴而有天下。”① 在中南、东南地区也发现牛首的玉璋和铸有牛首或牛身的青铜容器，这无疑是古代苗、瑶族的物品。

笔者前曾绘制藏缅语族的族系表，其中黑人（牛首）为彝语支民族，但是苗瑶语族的各族是与他们同源同系的。藏缅语族的羌语支各族与壮侗语族各族关系是密切的，两者确有同源同系的关系。虽然语言改变了，彼此都听不懂，民族的共同特点也变了，但他们崇拜的图腾对象与族称却是相同的。笔者今特绘制汉藏语系各族与白山羊与乌牛二族系对照表于后，谨供参考，敬请批评指正。

（四）筰都山羊脑壳山

《汉书·地理志》说越嶲郡有大筰、定筰、筰秦等县。《史记集解》引徐广曰“徙在汉嘉。筰音肸，在越嶲”。《后汉书·西南夷列传》内有筰都夷专传，该传说：白狼王唐菆访问汉廷“路经邛崃大山零高坂”。晋常璩《华阳国志》说：“邛崃山亦名邛筰山，故邛人、筰人界也。”由此可知。邛崃山以西的地带确为筰人的驻牧地区。

《南语写卷》第342～344行也记录了“筰都山羊脑壳山”，令人瞩目，现在译注如下：

Klu hldo sme re mye hrah htsah ge
羊子 多 弥 山 人 思念 筰 的
山羊多弥山人思念筰〔都〕的
hko rngo klu re〔343〕rnye hnye hshes
脑壳 山羊 山 你们
羊脑壳部落的人 你们走向
hldyang hpu hbri re〔3〕mehi hklu hcah
楼登 男青年 召唤 人的 劳动经验 讨论
楼登地区召唤青年交流劳动经验
srong nye gshe re ldang〔344〕hdehi hpyid ll ll
明 今 高谈阔论 冬比（谚语）这些 做
今后畅谈有关规矩的格言谚语。

① 罗荣宗：《贵阳高坡苗族》，西南民族学院民族研究所，1984。附录一《巴朗古记》，243～246页。

紧跟着上面这句话，有下列两句话："互相帮助帮助，很好协调，我们走拢来集中商量。重要的互助是今后还要走拢来集中商量。"从这两句话体会上面那句话的含义是亲属部落相互的怀念，彼此关心如何传经送宝，畅谈古代的格言谚语，回忆古代规矩。

多弥 hldo sme 指青海安多地区的多弥部落。在写卷中尚有 hrto，ɤto 拼音，其具体位置在鄂陵湖与札陵湖之南，玉树之北。多弥部落之前冠有山羊 klu 一词，仅有一个意义就是多弥部落属于山羊族系。接下来谈怀念笮地区山羊脑壳的人。笮地区的固有古地名为笮都，笔者采用这一名词，它的具体方位是在汉源、石棉、荥经、冕宁等县。据光绪《越嶲厅志》记载："在火烧营北五里，在两山峡口，北临大渡河，与河北羊脑山相望，为大小冲诸蕃往来之所。"① 明人谭希思《土夷考》更指明大小冲诸蕃的族属，该书说："大渡河南岸为临河堡，与河北羊肆崕、汉水口相对。堡之上通大小冲山及海脑坝，僰夷村。旧僰人聚落也。"② 僰与白音义相同，"海脑"意为白人，白人就是羊脑壳。在唐季羊脑与牛脑相当盛行，《南语写卷》中也反映出来。同时也反映青海的多弥部落在怀念凉山北部羊脑壳部落，多弥部落也属于山羊部落族系，他们是亲属部落。

在 343 行开始说：你们走向楼登地区召唤青年讨论劳动经验。关于楼登地区这句话在本卷中出现四次，即 150、161、218、343 行等，普米族资料提供者的译法很不一致，笔者把它们排在一起，推敲之后，才得出上面的解释。下面一行也是要求人们多学习古代格言谚语，做好人们的道德规范。

结束语

本来《南语写卷》尚有一段关于"冀邦"的记载，记载有凉山彝族自治州木里藏族自治县的历史情况，补该地历史之不足。由于篇幅的局限，只好暂时割爱。容俟以后专篇介绍，或在《〈南语写卷〉译注》中公开发表，以飨读者。

---

① （清）光绪《越嶲厅全志》卷二之六《关隘》。

② （明）谭希思《土夷考》，引自《蜀中广记》卷三十四。

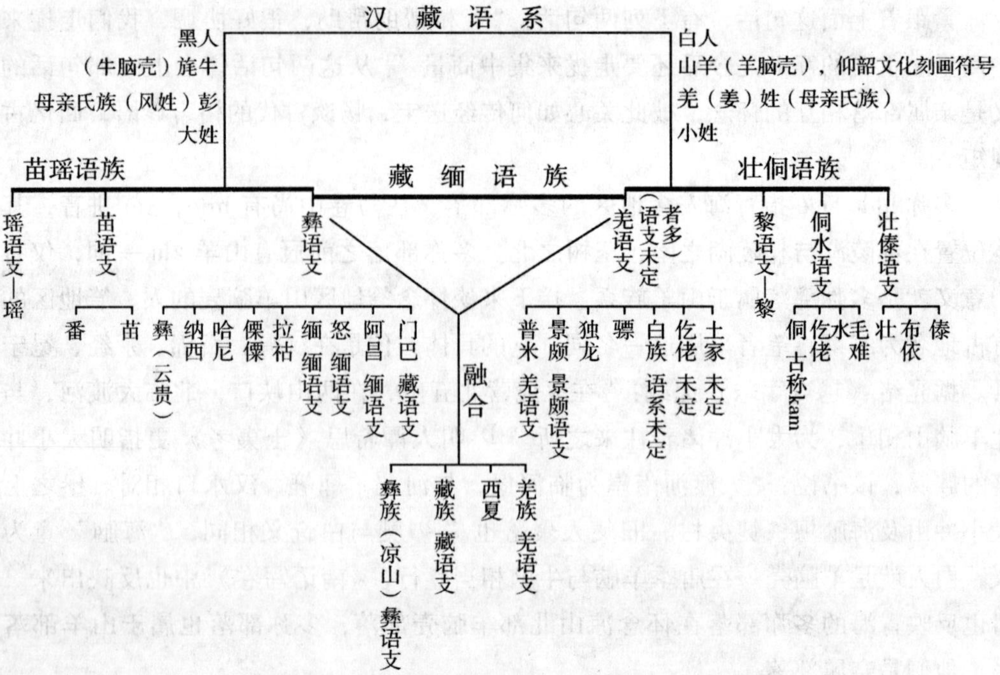

汉藏语系各族与白山羊、乌牛二族系对照表

2003年3月18日 陈宗祥 制

论三星堆文明与彝族先民的渊源关系*

巴且日火

三星堆位于四川省广汉市城西约7公里的南兴镇和三星镇境内，海拔500～505米，面积12平方公里，重要遗存分布区域6平方公里。三星堆遗址发现于1929年春，于1934年春首次发掘。在这以后几十年的多次挖掘中，陆续出土了数以万计的文物，其中，1980年和1986年进行了两次大规模发掘，发现了第一号、第二号两个大型埋藏坑（或叫祭祀坑）。经1984年、1986年两次发掘分析，其年代约在距今4070—2875年之间，相当于中原的夏商时期，即所传古代蜀国的蚕丛、鱼凫及开明氏时期。这些文物的发现反映了李白“蚕丛及鱼凫，开国何茫然，尔来四万八千岁，不与秦塞通人烟”诗句的真实性，也印证了费孝通先生的中华民族多元一体文明起源论断。

三星堆出土的大批珍贵文物具有奇特的造型和神秘的色彩，其器物造型表现出天地沟通、人神交融的原始宗教文化象征；反映出与中原文化迥然相异的族际文化心理和艺术风范。三星堆文明的长期存续又突然神秘消失成为历史之谜。迄今为止，尽管三星堆文化研究已形成热点，多有说法，但仍然缺乏具有说服力的方家之言。三星堆文明的耀眼和其后的消失使我们茫然不知所措，然而当我们俯首实地潜心观察时，也许就在我们周围的一些少数民族文明如古老的彝族文明中，能发现与它有渊源关系的蛛丝马迹。

一、从彝文典籍来看

“综观人类社会的全部历史，人类所创造的物质文化呈现出一种连续性的、累积

* 本文原载《凉山民族研究》，2003年刊，86页。

的和进步的特征，因此物质文化的研究有很强的‘史’的特征。”① 通过对彝文古籍的研究，根据文献提供的信息再看三星堆文明，三星堆文明对彝族人来说似乎有一种“似曾相识”的感觉。

彝族是历史最悠久、文化最古老的民族之一，它拥有用古老的彝文书写记载的卷帙浩繁的彝文古籍。方国瑜先生说：“彝族在西南各族中是最富有历史知识的一个民族，他们自己创作了彝文经典，主要由巫师所掌握。彝文经典虽然是为祭祀祖宗、鬼神服务的，但有许多经典或祭祀经典里的若干章节记载了历史的事实。”② 在四川凉山的《勒俄特依》、贵州毕节一带的《西南彝志》、云南楚雄一带的《梅葛》《洪水泛滥》，红河一带的《阿细的先基》等彝文典籍中，保留了许多我们今天看来荒诞不经的内容。这些彝族经典文化的内容，在丰富的想象中承载着朴素的唯物论观点和历史的真实，记载了天地的演变、生命和人类的起源以及人类社会的产生发展；记述了彝族先民的居处环境、迁徙路线；反映了各个历史时期部落、等级、阶级的社会、宗教、战争、文化和旧的民族关系；也反映了彝族先民对生命和自然的认识，对于我们了解和研究远古彝族社会和人类社会发展有着重要的参考价值。这些民族志资料中积淀了彝族社会漫长的历史变迁过程和凝重的文化传统。R. 林顿说：社会中的文化有两个层次，理想模式是社会的角色期待或核心结构，真实模式是个人的行为选择或表层结构。我们对三星堆文化的研究，实际上是在进行一种通过民族志资料基础上对“核心结构”的“远距离文化研究”。对我们今天所能看到的文化物质残片，难免发生失准之处，所以，我们只能通过它们所展示的具体模式来推测它们所代表的含义。通过对彝文典籍的认读与理解，其中那些关于彝族先民社会文化意义的展示和历史演变的记载，对众说纷纭的三星堆文化之谜找到了较为合理的解释。

二、关于“纵目”

在三星堆二号坑中出土了大量的金器、青铜器、玉石器和象牙等，其中便包括举世闻名的青铜大立人像和“纵目”面具。这些青铜人像面具都是高鼻阔耳，眼球外突成柱状，其人物的“纵目”是三星堆出土文物中最为奇异的现象。对这些高直鼻型形象的直接视觉感受而言，他们与现今居住在四川广汉一带及附近川西地区的长得扁宽鼻型的汉人形象相差甚远，显然也不是秦汉以后蜀人的形象。那么这些相貌独特

① 潘守永、雷虹霁：《物质文化研究》，见庄孔韶主编：《人类学通论》，152页，太原，山西教育出版社，2003。

② 方国瑜：《彝族史稿》，21页，成都，四川民族出版社，1984。

的人，特别是他们奇异的柱状“纵目”眼形，出自于一种什么文化暗示，是一种什么符号象征？

历史上对于“纵目”人的传说并不多见，汉文典籍唯有《华阳国志·蜀志》中载：“有蜀侯蚕丛，其目纵，始称王。”这是一种转述语句方式，表现出一种与“蜀侯蚕丛”客位的非认同关系。除此以外，还未闻其他任何民族有对自己先民“纵目”的记载。但是在彝文典籍中，对自己先民类似于“纵目”的记载比比皆是。彝族人认为，彝族先民中曾有一代“直目”即“纵目”的人。如《创世史诗》中说：“笃母始创世，独眼笃为首，竖眼笃为次，再是横眼笃，载有三世史。”①“笃”在古彝语中指人类。《笃慕的传说》中说：“独眼人时代，…道理他不依，规矩他不懂…独眼这代人，旱神降临后，世上光秃秃。…人类未绝种，亦有幸存者，直眼人幸存。直眼人死后，传到横眼人。”②《梅葛》中说：“田里长了牙齿草，直眼睛的人，从此要栽种，从此要薅草。”③《阿细的先基》中说：“蚂蚁瞎子这一代，所有的人们，一起都晒死了……到了后头这一代——蚂蚱直眼睛代……便降下大雨来……蚂蚱直眼睛代，不多不少的，剩下两个人——吉罗涅底泼、吉罗涅底摩。”④ 按照结构主义人类学的理论，任何物质都有符号的价值，物品符号化是人类文化共有的现象。在《笃慕的传说》中记载彝族先民的“直眼人”是已进入文明时代的一代人，《梅葛》中记载“直目”人已会栽种已会耕耘，已有发达的农业，说明他们早在夏以前就从高原山地的游牧生活进入平原、低地的兴旺富庶的农耕生活。从以上分析，三星堆出土的“纵目”面具可能代表蜀侯蚕丛，而蚕丛则可能是彝族先民中拥有发达农耕文明的“直目人”。三星堆文化中这种对“纵目”现象的极度夸张所表现出的明显的人物面部特征，是对眼睛异常现象的一种特别强调，是一种有意的对神秘特征的渲染。在历史上，彝族先民是唯一对人的眼睛如此感兴趣，如此专注，对眼部的特征——对眼睛进行一种阶段性发展变化记载得如此详细的民族，这不能不说是一个独特的文化现象。

用彝族文化理念来解释，三星堆青铜面具“直目”的现象应有两层文化暗示：从文化的广义上讲，它是体现着一种社会发展状态，昭示着一种社会文化的文明程

---

① 《创世史诗》，见《彝文文献译丛》，楚雄彝族文化研究所古籍研究室编，总第24辑，45页。

② 《笃慕的传说》，见《彝文文献译丛》，楚雄彝族文化研究所古籍研究室编，总第12辑，57页。

③ 《梅葛》，23页，昆明，云南人民出版社，1978。

④ 《阿细的先基》，见《中国民间长诗选》（第二集），47～48页，上海，上海文艺出版社，1980。

度。这种文明是一种延续的分阶段性的，如以上文献中的“独目人”“直目人”“横眼人”。类似的文化表现发展出了后世相同的理性思维方式。弗格森在1767年《文明社会史论》中提出了人类社会经过了蒙昧、野蛮、文明三个阶段的说法。① 孔德1830—1842年在他的《实证哲学教程》中提出的理智发展的三个阶段说：“我们的每一种观点，每一个知识部门，都先后经过三个不同的理论阶段：神学阶段，又名虚构阶段；玄学阶段，又名抽象阶段；科学阶段，又名实证阶段。”② 摩尔根在1877年出版的《古代社会》一书中对涉及生计方式、物质文化、社会组织制度结构层次列出了蒙昧、野蛮、文明三个阶段图式。“直目人”是否是文明社会抽象阶段的抽象表现？从广义文化的角度来说，彝文典籍中记载的人类社会由“独眼人”到“直眼人”再到“横眼人”的进化过程，实际上是以具体的人物表象特征诠释了人类社会理智发展的三个阶段；是一种文明进化过程的形象化的记录，表明已进入文明时代的“直目人”早已掌握了农耕文明，因为他们“从此要栽种”。

从文化的狭义方面讲，“纵目”现象主要体现出一种宗教文化象征。在凉山彝族原始宗教文化中，能洞察鬼神、预测未来，具有超现实神奇“眼力”的人被认为是“略莫”（看得见）的人。但只有少数法术高深的毕摩、苏尼等祭师和极少数奇异的智者才拥有这样的能力。这种人能在光天化日之下看见人们周围活动的鬼神、魂灵的形象，他们还能预测凶祸的发生，看得见人类的未来，是一些令人敬畏的神秘人物。那么三星堆青铜面具的这些“纵目”现象是否是象征这类“看得见”的人物？这些“纵目”眼睛是否是他们过人“眼力”的象征符号？大量出现的“纵目”面具是否意味着政教合一的祭祀阶层在当时社会的强大地位？彝文典籍中以“独眼”“直眼”“横眼”三种眼睛形态来表现彝族的起源与发展，比喻彝族先民从蒙昧到野蛮到再文明的进化过程，这种记述与三星堆文化中“纵目”面具的表现当有某种联系。

三、青铜文化

三星堆文化的另一个显著特点是高度发达的青铜文化。在二号坑出土了青铜立人像、青铜大面具、青铜树等780件青铜器，这些青铜器从其青铜冶炼技术、艺术造型、表现手法与中原夏商时期的青铜文化相比有过之无不及。在西南民族中，彝族先民是最早就发明了金属冶炼技术并为社会生活和生产劳动服务的民族之一。在《梅

---

① 张海洋：《文化理论轨迹》，见庄孔韶主编：《人类学通论》，40页，太原，山西教育出版社，2003。

② 转引自于海：《西方社会思想史》，189页，上海，复旦大学出版社，1993。

葛》中有一段彝族先民发现铜矿、铁矿的记述："哪个见铜花？哪个见铁花？山上的花鸟见铜花，地上的岩蜂见铁花。早晨岩蜂去采花，花鸟飞到石岩上，岩蜂见到铁花了，花鸟见到铜花了。石岩下面铜水流，石岩对面铁水流，拿也拿不起，挨也挨不得。哪个采铜花？哪个采铁花？阿查阿告颇。"① 这里的"铜花"和"铁花"指的是矿脉，说明先民们在与鸟和蜂等接触的采集狩猎活动中发现了矿脉，并在后来挖采、冶炼、使用了这些铜铁金属。另外，从滇西青铜文化中突出的铜鼓文化上也给人深刻的印象，说明其青铜等金属冶炼技术是有渊源关系的。

在《勒俄特依》中记述：远古的时候，格莫阿尔就发明了金属冶炼技术，冶炼出了金、银、铜、铁，并用它们打造工具和武器开天辟地。"司惹低尼仙呵，打碎九个铜铁块，交给阿尔老师傅。阿尔师傅呵，膝盖作砧磴，口腔作风箱，手指做火钳，拳头当铁锤，制成四把铜铁叉，交给四仙子……把天撬上去，把地撬下来，四方开了四裂缝。""派遣阿尔老师傅，将那四个铜铁球，制成九把铜铁帚，交给九个仙姑娘，拿去扫天地。"②《阿细的先基》中说："天上的阿底神，拿了四根金柱子，拿了四根银柱子，拿了四根铜柱子，拿了四根铁柱子。东边竖铜柱，南边竖金柱，西边竖铁柱，北边竖银柱。用柱子去撬天，把天抵得高高的。"③《西南彝志》卷二十二中说："远古的时候，天上策耿纪，和天神商量要铸造铁锅，原料还不够，在大地四方，开采了铁矿。"④《西南彝志》卷五说："嫡母之六子，进麻苦密拟，到迭默达极，此地不相容，迁往能沽城。能沽城那里，打铜声雷鸣，织锦鸟翅拍。"⑤《勒俄特依》等古籍中记载了铜铁的出现和彝族先民用铜铁制造生产工具，表述了彝族先民向文明进发的过程。汉文典籍中也记载，彝族人在东汉时就有很高的炼铁技术。《华阳国志·蜀志》越嶲郡台登县说"山有砮石，火烧成铁，刚利"。《后汉书·西南夷传》说：益州郡"土平敞，有盐池田渔之饶，金银畜产之富。人俗豪伏（奢侈），居官者富及累世"⑥。能沽是彝语对成都的称谓，哪液指长江，在当时的成都"打铜声雷鸣，织锦鸟翅拍"，说明彝族先民曾长期居住成都，有着发达的铜冶炼技术和织锦技术，成都以西、以南的彝族地区又布满了铜矿，其生产和生活是发达而富足的。

---

① 《梅葛》，80～81页，云南人民出版社，1978。

② 曲比石美、卢学良、冯元蔚、沈文光译：《勒俄特依》，12页，西南民族学院铅印本，1978。

③ 《阿细的先基》，见《中国民间长诗选》（第二集），11页，上海，上海文艺出版社，1980。

④ 《西南彝志选》，59页，贵阳，贵州人民出版社，1982。

⑤ 见《西南彝志选》，52页，贵阳，贵州人民出版社，1982。

⑥ 方国瑜：《彝族史稿》，61页，成都，四川民族出版社，1984。

四、金杖与权柄

一种文化表象往往是内含多样性文化因子和复杂的历史传承的。三星堆遗址出土的文物上万件，高到丈余的青铜树，薄到毫厘的玉璋，其材质有黄金、青铜、象牙、海贝等。要了解和研究它们的文化归属，应注重研究主体文化象征性器物及它们所可能隐含的政治内容和宗教意识，即反映神和人的占主导地位的本质文化。铜质的奇异的脸形夸张的眼球便是其器物所表达的一种文化象征意念，铜质面具及金杖大体表现了其金属冶炼技术的高超，而它们所体现的造型却又向我们昭示了一种象征性的文化。

三星堆遗址一号坑出土了大量的青铜人像、面具、象牙、容器等，其中有一根长1.42米，直径2.3厘米，净重500克，平雕饰纹为人头、鱼和鸟的包金杖（也有人称金棍）。从它的造型用途和纹饰意义来理解，应属于一根权杖。从其饰纹的意义判断可能是蜀王鱼凫善于渔猎的传说。如果这种说法成立的话，它应是我国目前年代最早、体积最长的金质权杖。从历史上看，汉文化传统中历来多用炊器衍变而来的鼎象征政权，以致有“九鼎”“鼎立”“鼎革”“鼎盛”之说。用杖象征权力最早出现在古埃及法老图坦哈蒙陵墓中，后出现于西亚、南亚等。但是在彝族古代历史上，有用杖表示尊贵和权力的迹象。《裴妥梅妮——苏颇（祖神源充）》中说：“君位贵如金，臣冠贵如银，铜杖贵如玉。”①《阿细的先基》中说：“天上有个金龙男神，天上有个金龙女神，拿出金棍来，拿出银盆来。”② 在《洪水·六祖》中说：“擎起金棒棒，抛到了阴间。阴间十二层，阴城十二座，阴君十二个，就这样产生。”③ 这里说得很明确，“铜杖”“金棍”“金棒棒”都代表权力，是“龙神”“阴君”权力的象征，而“铜杖”为古代彝族毕摩专用，代表宗教的权力。《西南彝志》卷六中说：“在贤君住地，宫室楼阁里，立高贵根茎，繁荣而昌盛，享一切权柄。”④ 在《西南彝志》卷五中载：“节阿武之世，想大创基业，有必撮默哪，武往前发展。”原书译注说：“必撮默哪：必撮，彝语指象征臣的权力的一种物品，用金属制成。默那，指黑绸衣袍，彝

---

① 云南省少数民族古籍整理出版规划办公室编：《裴妥梅妮——苏颇（祖神源流）》，91页，昆明，云南民族出版社，1988。

② 《阿细的先基》，见《中国民间长诗选》（第二集），17页，上海，上海文艺出版社，1980。

③ 《洪水·六祖》，见《彝文文献译丛》，楚雄彝族文化研究所古籍研究室编，总第19辑，29页。

④ 贵州省民族研究所毕节地区彝文翻译组：《西南彝志选》，91页，贵阳，贵州人民出版社，1982。

族为纪念祖先业绩，在斋场中陈设必撮默哪。”①《贵州通志》中说：“更苴、芙魁、濯魁参与全境政治经济等重大事件的议决，而以更苴的地位最为重要。他被授以银杖，‘鸠刻其上’。当兹莫（土司）有重大事件不能决定的时候，更苴带着银杖去参与决定，‘首示可否’。”② 凉山民间现在举行祭祀除灵仪式中，毕摩和主人仍握一象征神人权力的木杖。凉山的彝族老人说，在明清以前的利利宣慰使司仍有持杖的习惯。

在古代彝族社会，君权与神权是重合的，部落首领既是掌握政治权力的兹（君王），又是主持祭祀的“毕”（祭师）。彝族奴隶主贵族中盛行着灵物崇拜与祖先崇拜的信仰，这种祭祀仪式已有悠久的历史。《新唐书》中说：“夷人尚鬼，谓主祭者为鬼主，每岁户出一牛或一羊，其家祭之。”③ 所以，大部落兹莫被称“大鬼主”，小部落莫濯被称“小鬼主”。可见，古代君主与祭师之间的权力地位关系是相互重合的，在君王拥有“金杖”的同时，更苴可拥有银杖，毕摩拥有铜杖。以上这些足以说明，彝族历史上有使用金杖或银杖的文化传统。也就是说，权杖之类的东西在彝族历史文化中是存在的，并且是以一种权力象征的形式而存在。

五、神树文化

三星堆文化，特别是一、二号坑出土的文化器物中，有金面罩、金杖、青铜面具、青铜人像、青铜神树、玉璋、象牙、海贝甚至“摇钱树”等，它们应是不同文化年代的沉积。就是相同年代的文化器物中，金面罩、金杖、青铜面具和青铜神树应是其文化系统内的“文化核心”部分，而玉璋、象牙、海贝等应是其“次级特质”。斯图尔德文化生态学认为：文化核心是指那些和生计活动与经济安排有密切关联的特质的集合。此核心包括了与经济安排有决定性关系的社会、政治和宗教等文化模式。而与文化核心连接不甚紧密的其他许多次级特质则源于纯粹的历史文化因素——源起于随机的创新或者传播。④ 三星堆文化中金面罩、金杖、青铜面具、青铜神树就是与社会、政治和宗教有密切关联的特质。

---

① 贵州省民族研究所毕节地区彝文翻译组：《西南彝志选》，59 页，贵阳，贵州人民出版社，1982。

② 彭而述：《水西记》，康熙《贵州通志》卷三二。转引自胡庆钧：《明清彝族社会史论丛》，33 页，上海，上海人民出版社，1981。

③《新唐书》卷二二二下《南蛮传》。

④ 杨圣敏、良警宇：《生态人类学》，见庄孔韶主编：《人类学通论》，136 页，太原，山西教育出版社，2003。

神树文化对彝族来说是贯穿古今。彝族人的宗教仪式表象依附的是祭场、神枝和灵筒，彝族人认为人类起源于树木，在劳作、生活中依赖于树木，甚至死亡离开世界时还需砍一棵薪木火化。对没有子嗣的人被认为"没架桥、没结果"。《勒俄特依》中就说："自从这以后，天上降下桐树来，霉烂三年后，起了三股雾，升到天空去，降下三场红雪来，降在地面上。九天化到晚，九夜化到亮，为成人类化，为成祖先化，作了九种黑白醮，结冰成骨头，下雪成肌肉，吹风来做气，下雨来做血，星星做眼珠，变成雪族的种类。"① 这里如神树有三台九鸟一样，充满了"三"和"九"两个数。凉山彝族认为，人类是雪族的子孙，也是由桐树演变而来。这种认识对其他民族来说可能难以理解，但是以此来分析远古彝族先民对神树的崇拜就不难理解了。三星堆二号坑出土的栖有鸟的青铜树，外形很难断定是一棵什么树，但有几个特征是明显的：三台；上面有龙；有九只鸟，它显然是一棵赋有宗教文化含义的树。它是否类似于彝族史诗中演化人类的桐树，有某种宗教概念上的象征意义呢？从树形看，它与桐树是很接近的。彝文典籍中记述说：没变成人类的松树人就"头上住喜鹊，膝腋栖斑鸠"。三星堆铜树实物与彝族文献中的神树的记载足以给人联想的空间。

彝族人对树木的态度是很特殊的，尽管过去彝族人居住在树木繁茂的地区，但并不肆意砍伐树木，彝族格言说："大凡不伐独木。"在树木生长的季节，砍伐木头得念经供奉，说明砍树的理由，请树神原谅。彝族在大型的祭祀仪式上，按人生辰命宫及星占五行设置的祭场，就是用树枝来做神枝。在《合灵经》中说："山林栎枝插，青栎枝来祭。净祖白银祭，净妣黄金祭，迎祖高高祭，迎妣高高供。"原文注释是"用栎树枝栽插以代表神灵或神位、神座"，而"用不同的树枝及竹枝，栽插于祭场中，以代表不同的神位或神座"。② 祭祀时还以五倍子等树枝插在灵房前后，以示礼仪。用树来祭祀，象征树能通天。《西南彝志》卷五中说："沽有姆勒节，天上沽的根；能有米呢池，地上能的根；布博为师根。"书中解释"姆勒节"的彝语义为"通天树干"。③ 而人是天的儿子，在《西南彝志》卷十七中说："彝在天地间，人兴密珠汝"，原文解释说："密珠汝有'天的儿子'的意思，彝族先民说他们的祖先'来自天上'，是'天的儿子'。"④ 所以在彝族俚颇人《葬歌》中解释说："彝族传统习俗，过年时家家都在院内栽一棵枝叶茂盛且留三或四台枝的松树，代表天地神，俗称

---

① 曲比石美、卢学良、冯元蔚、沈文光译：《勒俄特依》，29～30页，西南民族学院铅印本，1978。

② 《合灵经》，见《彝文文献译丛》楚雄彝族文化研究所古籍研究室编，总第24辑，7页、11页、13页。

③ 《西南彝志选》，19～22页，贵阳，贵州人民出版社，1982。

④ 《西南彝志选》，44～46页，贵阳，贵州人民出版社，1982。

天地棚。"① 那么，象征"通天树干"的铜树上的九只鸟应是有一定喻义的。"九"这个数字在彝语中与牢固、稳定谐音，重要的是它同时也是一个含有宗教意义内涵的数字。如彝族挖取山竹根制作祖灵时，男用九个节子，扎灵时用黑丝线从左至右扎九道。② 铜树上的九只鸟可能是一种宗教暗示，即一个支系的人（大树）到九代后（九只鸟在九枝上）就应分家了，这也是一种吉祥美好的祝福。《西南彝志》卷十中说："彝族家支每九代轮回一次斋荐，全族人到齐，在此就分宗定姓氏。"③ 早期的凉山彝族人，其宗族家支因缺乏姻娅对象，在家支发展到九代人后，经"除大灵"可以分支并开亲，近现代凉山彝族人口增加，不缺婚配对象后才停止。所以家族繁衍就像一棵树不断分枝，世界上许多民族都用树来表达家族谱系的关系，如英语家谱就说Familytree。因此，我们认为用彝族的祖先崇拜观念和分宗仪式现象来解释铜树及铜树上的九只鸟的意义是符合逻辑的。

六、迥异的面貌

三星堆二号坑出土的青铜人像及金面罩，除其奇异的纵目外形外，还有就是那迥异的面貌。他们高鼻阔嘴，很像西亚、欧洲人。这与今天生活在三星堆遗址一带的汉人的长相完全不同，也不同于中原人和南方的少数民族，所以便有各种各样的臆想和猜测。其实这些说法都是缺乏严肃和没有科学根据的。

从中国版图来看，东经100~105度线之间及两侧，自古至今就是一个民族分布交错、民族交流频繁地区，也是一条民族融合的大走廊。如1980年4月，在靠近这个区域的新疆塔里木盆地东端孔雀河下游的铁板河出口处发现的楼兰女尸，其年代经测定在距今3880年左右，对其进行人类学测定，头发呈棕黄色，头指数78.31毫米，形态面指数为80毫米；鼻根高，鼻高宽指数为46.99毫米，属超狭鼻型，其人类学类型属古欧洲人种。从1913到1980年之间，先后在这里发现五批古人骨骸，年代从4000年前到1880年前，其中有诺的克类型（北欧型）、楼兰型（自然进化过渡型）、蒙古人种型、高加索型、地中海型、地中海型与费尔干型之间型、蒙古人种西伯利亚型。也就是说，在古代罗布泊地区历史上至少曾有四种类型的古人在此活动。④ 可以

① 《葬歌》，见《彝文文献译丛》，楚雄彝族文化研究所古籍研究室编，总第19辑，25页。

② 《合灵经》，见《彝文文献译丛》，楚雄彝族文化研究所古籍研究室编，总第24辑，12页。

③ 《西南彝志选》，389页，贵阳，贵州人民出版社，1982。

④ 穆舜英：《楼兰古尸的发现及其研究》，见穆舜英、张平主编：《楼兰文化研究论集》，370~379页，乌鲁木齐，新疆人民出版社，1995。

说，这里是欧罗巴人种印度地中海类型与巴尔干高加索类型和蒙古人种南亚类型与北亚类型的过渡带。在后期，这种多民族杂处交错的情况仍在继续，甚至更加东移。《史记·匈奴列传》载：西汉文帝四年（公元前176）匈奴单于冒顿在给文帝的一封信上称："以天之福，吏卒良，马疆力，以夷灭月氏，尽斩杀降下之。定楼兰、乌孙、呼揭及其旁二十六国，皆以为匈奴。"①《史记·大宛列传》说月氏居于敦煌与祁连之间。《魏略·西戎传》称其为羌。《后汉书·西羌传》也说大月氏别种湟中月氏胡，曾居于今张掖、酒泉一带。周星先生说："汉初之前的河西走廊，曾有游牧民族月氏、乌孙的分布及活动。"② 而对月氏的族源，史学界说法不一，有藏族说、突厥说、窣利族说、印欧族说、伊朗族说等。约在公元前176年，匈奴单于冒顿举兵攻月氏，使其一部分西迁成大月氏，未西迁的小部分成小月氏。大月氏5世纪后半叶亡于哌哒，小月氏迁居祁连山以南与羌杂居，又称湟中月氏胡，久之，小月氏盖已融入羌人之中。③

所以，处于东西交汇带范围内的，后来的藏彝走廊这一带操藏缅语的一部分人中，从他们典型的长相来看既不完全像标准的东亚人种，也不完全像高加索人种，他们的皮肤接近蒙古人种，而头指数和鼻指数接近高加索人种。彝族人应属于这类人自然进化的后裔。方国瑜先生认为："早期居住在西北河湟一带的就是羌人，分向几个方面迁移，有一部分向南流动的羌人是彝族的祖先。"④ "《西羌传》说（1）'以父名母姓为种号'；（2）'十二世后相与婚姻'；（3）'父殁则妻后母，兄亡则纳厘嫂；笮都夷说'；（4）'言语多好譬类'，冉駹夷说；（5）'死则焚其尸'；（6）'贵妇人，党母族'。这些古代羌人生活上的特征，与彝族比较，大概相同，不能说是偶然，而是有一定的历史渊源。"⑤ 胡庆钧先生在《中国大百科全书》"彝族"条目里这样说："约在4—5千年以前，羌人早期南下支系与当地土著部落融合为僰（濮）。僰系'羌之别种'，因其所居平坝地区自然条件之优越，早已发展了农耕。"⑥《史记·五帝本纪》说：黄帝正妻嫘祖生二子，"其一曰玄嚣，是为青阳，青阳降居江水，其二曰昌

---

① 穆舜英：《楼兰古尸的发现及其研究》，见穆舜英、张平主编：《楼兰文化研究论集》，21页，乌鲁木齐，新疆人民出版社，1995。

② 周星：《史前史与考古学》，162页，西安，陕西人民出版社，1992。

③ 杨建新：《中国大百科全书·民族》，380页，北京，中国大百科全书出版社，1986。

④ 方国瑜：《彝族史稿》，14页，成都，四川民族出版社，1984。

⑤ 方国瑜：《彝族史稿》，15页，成都，四川民族出版社，1984。

⑥ 胡庆钧：《中国大百科全书·民族》"彝族"条，500页，北京，中国大百科全书出版社，1986。

意，降居若水”①。随后《后汉书·西羌传》说：“子孙分别，各自为种，任随所之，或为牦牛种，越嶲羌是也；或为白马种，广汉羌是也；或为参狼种，武都羌是也。”从这些记载看出，彝族先民来自西北，他们经过无数次民族融合过程，也是一个血统交汇复杂的族体。从中可知他们从高原进入西南；来到岷江、雅砻江流域，部分迁入了邛都地区，部分迁入蜀中平原，其间是“不与秦塞通人烟”的，所以迁徙入蜀当在秦之前黄帝之后。

从另一个方面来说，在西南所有民族中，没有一个民族有像彝族因长相而引起人们注意并引起族源争论的。这包括汉文典籍的记载及外国探险家、学者的记述。明朝田汝成《炎徼纪闻》记载：“罗罗本卢鹿而讹为今称……黑者为大姓……其人深目长身，黑面钩鼻。”②《说蛮》载：“罗罗，本卢鹿，有黑白两种……其人深目长身，黑面白齿，青囊笼发而束于额，若角。”民国丁文江《云南的土著族》说：“从历史上看，倮罗和羌人结合，在川西北，库库淖尔和南土耳其斯坦形成了一个重要的民族，在终端，他们和伊朗人通婚就是有名的月氏。伊朗人的成分通过羌人进入倮罗之中。”③ 林耀华认为：“黑彝为蒙古人种……但是黑彝有几个特点与汉人稍异，诸如皮肤黯黑，鼻多钩形，耳叶特大之类，这不外表示原来氏族因与中原隔离，未与外间婚配，自成团体，维持原来的体质特征而已。”④ 外国人对彝族人相貌的论述也很多，如马可·波罗、多龙、希洛克、戴维斯、顾彼得等都有对彝族人长相的描述，这里不再一一赘述。从这些记述来看，彝族人的长相有一定的特色，从体格相貌上来说，彝族先民与三星堆出土的人像面具的特征也是有相似之处的。

七、洪水泛滥

美轮美奂绚丽繁荣的三星堆文明突然从成都平原消失，这是天灾还是人祸？这一直是人们关注的问题。成都平原地平河缓，成都、新都、双流、广汉、德阳均为海拔500米左右地区，这一带平畴相连，海拔相等，自古多沼泽河流，如锦江、昆江、石亭江、湔江、绵远河、马牧河，西不远处还有时未修都江堰的岷江。成都平原一遭洪灾便波及甚广，历来有忧患，故有李冰治水之举。广汉离成都仅40公里之遥，如1948年、1981年成都水灾便波及金堂、双流、新都等附近县、镇。这种平原水患一

① 方国瑜：《彝族史稿》，30页，成都，四川民族出版社，1984。
② （清）乾隆《平远州志》卷十六，“风俗”条。
③ 丁文江：《云南的土著》，载《中国医学杂志》，1921年三月号。
④ 林耀华：《凉山彝家的巨变》，71页，北京，商务印书馆，1995。

旦出现，就非山地洪水来势凶猛消失得也快，平原一遭水灾便一片汪洋，形成绝地之势。根据三星堆文明的消失及地理环境判断，三星堆就是历史上多场罕见的洪水覆没了的，只有这种推论更合乎逻辑。

在彝族史诗中，不论是贵州的《西南彝志》、云南的《梅葛》《阿细的先基》《查姆》，还是四川凉山的《勒俄特依》，都有在居木这一代洪水给人类带来灭顶之灾的记载。《勒俄特依》中说，居木的小儿子武吾躲在木柜中经21天后在尔碾山停下来存活。①《西南彝志》卷五中说："洪水泛滔滔，遍地上凡间，鸭头触着天，群鱼吃松毛……人类灭绝了，没人祭天地，没有祭祖宗。""祖先笃慕啊，骑着他的马，赶着他的羊，来到洛尼山，这里住下了。"洛尼山，在今云南会泽，相传为笃慕避洪水由蜀迁来，定居于此。② "东部濮居住，金银汇集起，那武河船运，如锦鸡群行……"③《西南彝志》卷五更是说："嫡母之六子，进麻苦密拟，到迭默极达，此地不相容，迁往能沽城。能沽城那里，打铜声雷鸣，织锦鸟翅拍。"④《西南彝志》卷六中说："君地迭舍城，缫丝织绸处。"⑤ 说明居住在成都时，彝族就已有很发达的缫丝和金属冶炼技术，这和蜀侯蚕丛善于养蚕织锦的传说也吻合。《洪水篇·六祖》中说："格兹降洪水，大地全淹没，会说的死绝，会走的死绝，会飞的死绝。"⑥ 洪水退下，木柜落地，笃慕才得救。《查姆》中说："天下的尊君……雨门开四道……四面龙水声，雨滴如鸡蛋，大地的四方，洪水漫青天……葫芦水上漂……世上的人类，唯存笃阿慕，打开葫芦门。"⑦《尚书·牧誓·伪孔传》说："蜀，叟也。"《尚书·牧誓》还说："叟者，蜀夷之别名。"《华阳国志·蜀志》"越嶲郡"条："邛都县初有七部，后为七部曹军，又有四部斯叟。""叟"与"斯叟"皆彝人代代相传谱系中祖先名，而当时成都平原居民当为"蜀夷"。《史记·三代世表·索隐》引《普记》说："蚕

---

① 曲比石美、卢学良、冯元蔚、沈文光译：《勒俄特依》，67～77页，西南民族学院铅印本，1978。

② 贵州省民族研究所毕节地区彝文翻译组：《西南彝志选》，30～32页，贵阳，贵州人民出版社，1982。

③ 贵州省民族研究所毕节地区彝文翻译组：《西南彝志选》，89页，贵阳，贵州人民出版社，1982。

④ 贵州省民族研究所毕节地区彝文翻译组：《西南彝志选》，52页，贵阳，贵州人民出版社，1982。

⑤ 贵州省民族研究所毕节地区彝文翻译组：《西南彝志选》，96页，贵阳，贵州人民出版社，1982。

⑥ 《洪水·六祖》，见楚雄彝族文化研究所古籍研究室编：《彝文文献译丛》，总第18辑，5页。

⑦ 《查姆》，见楚雄彝族文化研究所古籍研究室编：《彝文文献译丛》，总第25辑，12～13页。

从国破，子孙居于姚、嶲等处。”现在云、贵、川彝族居住的地区多为山区，不能形成大面积规模性洪灾，只有在成都平原这样的地区才能形成铺天盖地、毁灭性的洪灾。史诗记载的洪水泛滥是属于云、贵、川流传的史诗中古老的相同部分，它产生于六祖之前，而古侯、曲涅从云南迁徙进入凉山已有76代左右，有2000年以上的历史，从时间推算也符合逻辑。云、贵、川彝族文献都对这场洪水有如此夸张的记述，可见其灾害的程度。

以彝文古籍中对洪水泛滥的记述，洪水产生的大致年代与洪水泛滥后彝族人从蜀中南迁的路线来分析，这与三星堆文明的消失的因果是有逻辑可言的。林向先生在《论古蜀文化区》中说：“三星堆遗址第七层是20~50厘米厚的富水淤泥层，它就是洪水滞留，造成国破城迁的证据。”① 三星堆出土文物中，还有许多是和彝族文化有密切关联的，如其中出土的青铜鹰头、龙、虎等动物。对动物崇拜或视为图腾或许是任何民族先民的必然阶段，但是彝族却把虎视为自己的图腾，认为是鹰和龙的儿子，并在史诗中作为突出的部分来渲染，这是值得注意的。

总之，从云、贵、川彝文古籍中对直目人的记述，树木与人类关系的记述，洪水泛滥危害人类的描述，以及彝族先民对人类发展，社会历史变迁和文化的认识理解来分析，彝族文化与三星堆文明有许多巧合与相同之处，甚至有某种文化上的联系。这说明，彝族先民与三星堆文明在远古时代有着更为紧密的关系，彝族先民与三星堆文明的近距离感觉是难以视而不见的。

参考书目

[1] 伍果．关于三星堆青铜文物．未刊稿，1995.

[2] 方国瑜．彝族史稿．成都：四川民族出版社，1984.

[3] 胡庆钧．明清彝族社会史论丛．上海：上海人民出版社，1981.

[4] 庄孔韶．人类学通论．太原：山西教育出版社，2003.

---

① 林向：《论古蜀文化区》，见李绍明、林向、赵殿增主编：《三星堆与巴蜀文化》，9页，成都，巴蜀书社，1993。

凉山崖墓调查*

黄承宗

四川凉山的崖墓，是一种在山间及河岸的石壁上凿成洞穴或石室以埋葬死人的古代墓葬。一般的崖墓，开凿都在质地疏松、硬度比较低的红沙石质的崖壁上面。根据目前已发表的资料，崖墓主要分布在四川盆地，因此凉山彝族自治州境内发现崖墓对于研究这种墓葬的分布情况及其文化的传播，都是非常有益的。笔者仅就个人的调查情况整理综述如下。

崖墓在当地群众中的传说

凉山的彝族群众对于崖墓有着许多美丽动人的传说，他们认为崖墓是古代曾经在凉山地区生活过的一种人所遗留下来的居住遗址。墓内的随葬物品，就是他们迁走时没有带走的生活用具，彝语称这种人“濮素吾武”（记音）。据说这种人很懒惰，爱睡觉，一觉可以睡上几年的时间才能苏醒，因此彝家在责备爱睡觉的小孩时说，你是“濮素吾武”吗？另外传说，在古代有一个彝族青年带上马匹和干粮出门，天色晚了，借宿在一户“濮素吾武”人家中。饭后闭门睡觉时，主人叫彝族青年离去，但是青年仍要求待在那里。许多天后主人都没有睡醒，彝族青年的干粮都吃完了，只有杀马吃，最后还是在墙上挖了一个洞走脱了。所以在凉山一些地方，凡是有崖墓分布，一般称为“濮素吾武”梁子。

---

* 本文原载《凉山民族研究》，2003 年刊，109 页。

凉山的崖墓分布情况

根据初步调查，凉山彝族自治州的崖墓主要分布在雷波、金阳、美姑、西昌和昭觉等地方。雷波县的崖墓当地称“白儿子坟”，这些崖墓由悬棺葬①、崖棺葬②和砖室葬③交织在一起；而昭觉和西昌的崖墓常与早期的石板墓④及同时期的砖室葬交织分布。但是，总的来讲它们是沿着西昌到四川屏山县和云南昭通地区的古代道路附近分布的。凉山崖墓的数量和分布的密度就目前掌握的资料看，发现的点还是很少的，范围也是非常有限，还有待于今后继续调查清楚。

墓的形制及随葬品

从目前所掌握的情况来看，凉山的崖墓尚未进行正式发掘清理，对崖墓的情况均不清楚。笔者1976年在西昭公路（即西昌至昭觉）昭觉县境内四开段的公路北侧一座南北向的山冈上，曾清理两座单室崖墓的残墓，根据当时清理及后来再次到现场调查的情况做如下的简述。

崖墓所在的山冈，当地群众称“濮素吾武”梁子。山冈东侧是三湾河，西侧是四开小山谷平川。山冈高约500米，海拔约2500米，崖墓位于山坡靠顶处，依山势坐西面东。崖墓均为单室墓，发现时墓道封门砖多数被人取走，原貌无法得知。封门砖为习见的四川汉晋时期模印有几何花纹图案的砖，据统计共有四种不同的纹饰。其堆砌无一定章法，似用黏性泥土弥缝，其中多有残断砖块。

崖墓分墓室和墓道两个部分，墓道不完全对准墓室中部而略偏一侧。墓道宽约1米，一般都很短，长约1.5米，开凿时的定向不准确，因此边界、墓壁不规整，显得非常粗糙。墓室宽约2米，长约4米，高约2米。室内一侧凿有一高出底面约20厘米的棺床，以放置棺具。北、西、南三壁中部均凿有一小龛，可以放置小件器物。据粗略测量，两座崖墓的体积分别是11.78立方米和12.26立方米，也就是每一座崖墓

① 凉山境内沿金沙江两岸以及主要支流，有一种与四川宜宾、兴文、珙县、高县等处相同的悬棺葬或所遗留的悬棺柱洞痕迹，当地群众称为“白儿子坟”。

② 崖棺葬是凉山境内沿金沙江、大渡河处，置棺于崖洞穴内的幽僻葬法，它近似悬棺葬的处理方法。

③ 详见黄承宗《西昌东汉、魏晋时期砖室墓葬调查》，载《考古与文物》，1983（1）。

④ 详见凉山彝族自治州博物馆《凉山昭觉县石板墓发掘简报》（初稿），载《凉山奴隶制研究》，1977（1）。

的体积大约只有 12 立方米大。地下凿有宽和深各约 5 厘米的排水沟，整个墓室和墓道没有任何雕刻和纹饰，大部分墓壁是用平凿削平，个别地方留有尖凿痕，未发现中心柱，没有采用吊凿撞杆的横杆孔眼，凿造技术不娴熟，比较川西、川南崖墓似更原始。崖石有“水缝”（即崖石裂纹），墓室内常渗有水，这些渍水经水沟排出墓室外。

墓中的随葬品，从已发现的崖墓看，都被取走了，只遗留空空的墓室。在清理时于淤土中发现了比较完整的灰色泥陶器件、铜扣 1 件及东汉剪边五铢钱 10 余枚，其他器物的残片，已无法复原。

陶钵 1 件，灰泥陶质，火候较高，高 18 厘米，口径 19.5 厘米，平底，直径 11.4 厘米，厚约 1.2 厘米。

陶瓶 1 件，灰泥陶质，火候较高，高 18 厘米，口径 18 厘米，底径 7.8 厘米，厚约 1 厘米，底部有鼻孔 9 个，每个孔径约 1 厘米。

铜扣饰 1 件，为合金铜铸，两孔一大一小，长约 3 厘米。

剪边五铢钱 10 余枚，是四川境内习见的东汉晚期货币。

小　结

从已清理的两座墓的基本形制看，它与四川盆地西南部宜宾、泸州、乐山、彭山等地的单室小崖墓是相同的。不相同的地方仅仅是它的开凿定向不准确，不规整，无纹饰雕刻，显得粗糙一些。凉山崖墓的发现说明了崖墓的建造者与四川盆地使用崖墓的人，可能有着共同的文化关系和相同的风俗习惯。四开崖墓是目前我们所知崖墓分布的最西南一例，为我们研究古代凉山地区历史增添了新的资料。

两座崖墓中出土的器物和剪边五铢货币以及淤土中含有的残片均是四川盆地和西昌附近东汉魏晋时期墓葬①中常见的。所以凉山崖墓的年代，可能是东汉时期，或者是更晚的晋代时期。

目前所掌握的调查资料说明，凉山崖墓与砖室墓和四川盆地一样是交织分布在一处的，它所出土的随葬品又互见于两种墓葬中。这种现象说明了它们是同时期的，并有着一定的共同文化关系，但是同时也说明了它们可能是不相同的两种古代民族的墓葬，因此凉山墓葬的发现和进一步整理，对于西南古代民族的研究是非常重要的。

---

① 详见黄承宗《西昌东汉、魏晋时期砖室墓葬调查》，载《考古与文物》，1983（1）。

彝语支民族与古代夷人的族源关系*

石　硕

一、确定“穆”人族属的方法与途径

笔者曾在《“穆”氏族与横断山区民族的渊源关系》中详细讨论过“穆”氏族与彝语支民族的关系，从该文的讨论中，关于古代“穆”人，目前我们有充分史实证据加以确认的至少有以下三点：

一是“穆”是古代位于青藏高原东缘地区即今以川西高原为中心的横断山区的一个古老的氏族。

二是在极其古老的年代，“穆”曾经是与西藏腹心地区氏族相互通婚的氏族。

三是西藏最古老的原始宗教——笃本是来自于“穆”人的宗教。

以上三点，不但揭示藏族族源与藏东横断山区的氏族有着古老的渊源关系，事实上，位于藏东横断山区的“穆”人曾经与西藏腹心地区的氏族发生过密切的亲缘及文化关系的史实亦表明，古代“穆”人与西藏腹心地区的土著氏族一样，他们同样是构成今天藏族的最早和最重要的祖先人群之一。从藏文史籍在记叙藏地最早的“六大氏族”或“四大氏族”中大都包括有“穆”这一氏族来看，① 也表明在藏人的自我认同中，“穆”人是被当做藏族祖先人群之一来看待的。

毫无疑问，作为藏地古老的原始宗教——笃本的传播者和自“远古之初，辟荒之始”就与西藏腹心地区氏族相互通婚的氏族，“穆”人在藏族族源构成中所占地位和重要性显然非同寻常。所以，从这一意义上说，对“穆”人做深入系统的研究，

---

* 本文原载《凉山民族研究》，2003 年刊，112 页。

① 参见［法］P. A. 石泰安，耿昇译，王尧校：《川甘青藏走廊古部落》，95 ~ 115 页，成都，四川民族出版社，1992；褚俊杰：《吐蕃远古氏族“恰”、“穆”研究》，见《藏学研究论丛》（第 2 辑），11 页，拉萨，西藏人民出版社，1990。

对于进一步揭示藏族的古老族源及其与藏东古文明的渊源关系无疑具有极其重要的价值。

显然，要对“穆”这样一个在藏族族源构成中占有如此重要地位的古老氏族做进一步的深入研究，我们首先必须回答的一个问题是：“穆”人是属于什么样的人群？他们应归属于何种族属？他们是古羌人的一支？还是属于古羌人之外的另一民族系统的人群？这些问题对于我们进一步了解“穆”人的历史源流、文化特质及生活背景显然极为关键。

有关古代“穆”人族属背景的线索，我们在前面的讨论中实际上已经有所涉及。这就是：各种迹象显示，“穆”人与今天分布于藏东横断山区的彝语支民族存在着较为密切的关系。这些显示“穆”人与彝语支民族有密切关系的史实迹象，主要可归纳为以下四点：

一是根据藏文苯教典籍和彝语支民族的记载，“穆”是远古时代与西藏腹心地区氏族相互联姻的氏族，这意味着“穆”氏族与西藏腹地之藏族祖先人群有古老亲缘关系。而根据彝语支民族的记载，“穆”的位置是在青藏高原东缘的横断山脉地区。值得注意的是，西藏腹心地区的人群与东部横断山区人群曾发生过古老亲缘关系的史实痕迹，不但在藏族的祖源传说及藏文史料记载中得到反映，同时在今天分布于横断山区的彝语支民族中亦同样得到反映。如在彝语支的两个最重要的主干民族——彝族和纳西族中均保留有关于其与藏族存在亲缘关系的传说。在纳西族起源传说中，纳西族与藏族乃是同母所生之兄弟，藏族是老大，纳西族是老二。① 彝族中亦有关于藏、彝同祖的传说。② 甚至在位于横断山区而语支尚不确定的普米族的传说中，③ 也反映藏族与属于彝语支的纳西族存在有种族上的亲缘关系，称两者为同胞之兄弟。④ 这一事实足以表明，古代“穆”氏族与彝语支民族关系密切。

二是藏族关于猕猴与罗刹女结合衍生藏人这一重要族源传说，同敦煌古藏文写卷P.T.126Ⅱ和藏文苯教文献所记远古时代“穆”“恰”两大氏族联姻的史实在逻辑结构、族群背景乃至地望上均完全对应，可知，这一传说的真正含义是反映远古时代以“罗刹女”为代表的藏地土著氏族同以“猕猴”为代表的西藏高原东部横断山区氏族

---

① 参见《纳西东巴古籍译注（一）》，昆明，云南民族出版社，1986；云南民族民间文学丽江工作队搜集、翻译、整理：《创世纪》，93~94页，昆明，云南人民出版社，1960。

② 参见吉克·尔达·则伙（彝）口述，吉克·则伙·史伙（彝）记录，刘尧汉整理：《我在鬼神之间——一个彝族祭司的自述》，193~194页，昆明，云南民族出版社，1990。

③ 参见《中国大百科全书·民族》，557页，北京，中国大百科全书出版社，1986。

④ 陈宗祥：《普米族源流初探》，载《民族学与现代化》，1987（1）；任乃强：《西康图经》（民俗篇），新亚细亚学会，1935。

之间的相互联姻。由此可以确认，“穆”氏族当属“猕猴”种系氏族，即该氏族应是以“猴”为其图腾信仰和血缘标记的氏族人群。而今天，有关猴祖的传说和猴崇拜痕迹普遍分布于横断山区的各藏缅语民族之中，其中尤以彝、纳西、傈僳、哈尼等彝语支民族所保留的猴祖传说与猴崇拜痕迹最为集中和典型。据此判断，古代“穆”氏族同样应与彝语支民族的关系最为接近。

三是根据敦煌古藏文写卷 P. T. 126 Ⅱ记载及相关地名学材料，“穆”氏族的地理位置应在以川西高原为中心青藏高原东缘地区。值得注意的是，今天处于横断山脉地区的几乎所有彝语支民族均有关于其祖先来自“北方”的传说，从其传说内容看，这个“北方”其乃是一个江河之水自北向南流且地势高寒之地，而这一特征正好与自北向南贯穿有金沙江、雅砻江、大渡河的川西高原一带的地理条件相符。因此，从地望上看，古代“穆”氏族为今天彝语支民族之先民的可能性极大。

四是据藏文苯教文献记载，藏族最古老的原始宗教——笃本是来自“穆”人的宗教。在今天横断山区民族的宗教中，纳西族的东巴教竟与藏族古老的笃本（即止贡赞普以前的苯教）呈现出惊人的相似之处。这显示今天的纳西族与古代“穆”人之间应有某种较为直接的亲缘关系。毫无疑问，在彝语支民族中，纳西族不但是一个主干民族，同时也是有着比较深的历史渊源与传承且古文化因素积淀较厚的一个民族，任乃强在论及滇边诸民族时曰：“摩些为康滇间最大的民族，亦最优秀之民族也”①，大略也正是就这一意义而言。故在彝语支民族中，纳西族可能是一个较多地积淀和保留了古老祖先文化痕迹的民族（这可能与纳西族所居地理位置有关）。所以，“穆”人所传之宗教与纳西族东巴教的惊人一致，同样印证了“穆”人与彝语支民族之间存在着密切关系。

从以上四点及这四点的相互印证与支持来看，“穆”氏族与彝语支民族之间显然应存在着非常密切的亲缘关系。

既然我们有充分证据说明“穆”氏族与今天彝语支民族关系密切，而彝语支民族作为一个同一语支即语言特点基本相同的民族集团，其在历史上显然有着共同的祖先及共同的起源联系。因此，从这一意义上说，古代“穆”氏族与彝语支民族之间的关系，就应该是“源”与“流”的关系，是祖先人群与其后裔的关系。也就是说，以上四点所显示的“穆”氏族与彝语支民族之间的密切关系，实际上就意味着这样一个事实：古代“穆”氏族应为今天彝语支民族的先民。

因此，尽管由于敦煌藏文写卷和藏文苯教文献中关于“穆”人情况的记载过于有限和简略，使我们难以据此探讨“穆”人的族属问题，但基于“穆”氏族与彝语

---

① 任乃强：《西康图经》（民俗篇），新亚细亚学会，1935。

支民族存在明显亲缘关系以及这种亲缘关系实际上揭示出两者之间应有着历史传承与渊源联系的事实，我们显然可以通过另一个途径来确定“穆”人的族属，这就是：从彝语支这一民族集团的历史渊源、演变源流及其所呈现的族属面貌，我们显然可以大体框定古代“穆”人的族属及基本的文化面貌。

二、彝语支民族与古代夷人的族源联系

需要指出的是，彝语支民族从最初作为一个有共同祖源和共同起源联系的氏族人群，发展成为今天包括纳西族、彝族、哈尼族、傈僳族、拉祜族、基诺族六个单一分支民族的民族集团，乃是经历了极漫长的历史发展过程。而彝语支集团中这些单一分支民族的形成，大体上说是决定于这样三个原因：

一是由于迁徙或战争等原因造成彼此离散；

二是由于分布地域的差异而逐步出现了文化等方面的差异；

三是因各自吸纳其他民族成分之不同而形成差异。

但在实际的演变过程中，这三种因素往往是相互交织相互作用的，很难加以具体和明确的区分。但对我们所要讨论的彝语支民族的族属问题而言，最需要重视的显然是第三点，即在彝语支民族内部因各自吸纳其他民族成分的不同而形成差异。而此点无疑是彝语支集团内部各单一分支民族得以形成的一个重要原因。所以，尽管彝语支集团有着共同祖源，其各单一分支民族之间也存在亲缘关系，但在其单一分支民族中各自包含着不同的其他民族成分的情形却显然存在。从这一点说，要笼统地讨论彝语支民族的族属显然是不实际的，也容易误入歧途。因此，即便在将彝语支民族作为一个整体来探讨其族属时，我们仍然需要对彝语支集团中的单一民族特别是纳西族和彝族这样的主干民族的历史渊源、发展流变及吸纳其他民族成分的情况做具体深入的考察，唯其如此，才能辨明其古老之正源。

毫无疑问，在今天彝语支民族中，规模最大和最重要的莫过于彝族和纳西族两个民族。这两个民族不但是现今彝语支民族文化积淀最厚、历史最古老的民族，同时也是彝语支集团中的主干民族。所以，他们的族属面貌无疑具有代表性，能够反映整个彝语支民族的族属面貌。正因为如此，我们对彝语支民族族属问题的讨论，将主要通过探讨彝族、纳西族这两个具体民族的族属来进行。

关于纳西族的族属问题，长期以来十分流行并居主导地位的观点是纳西族渊源于古羌人。此观点由章太炎最初于 20 世纪 30 年代提出。其在《文录续编》卷六下

《西南属夷小记》中曰："唐时所谓麽些蛮，即羌种之流入者。"① 在《纳西象形文字谱》中亦称："麽些者，羌之遗种也。"② 此后至今，从事西南纳西族和西南民族研究的许多前辈学者如任乃强、方国瑜、陶云逵、徐中舒以及近世学者如李绍明、汪宁生、王宏道、李近春、王承权、和绍武等人也都持这一观点。③ 甚至国外学者如白鸟芳郎等也持同样的观点。④ 所以，纳西族源于羌人成为长期以来最流行的观点。⑤

对彝族族属的认定，也出现了同样的情形。虽然关于彝族的族属问题学术界的看法分歧较大。有人认为彝族的起源与古楚国有关，是楚将庄进军西南时迁来⑥；有人认为彝族来源于西藏⑦；有人认为彝族来源于雅利安人⑧；还有人认为"夷（彝）与越同族"，"现今彝族人肯定是古夷越人的后裔"⑨。但总体而言，彝族源于羌却仍是一个较为流行的观点。方国瑜先生即认为："'彝族渊源出自古羌人'的提法是可以成立的。"⑩ 李绍明等也均认为彝族的渊源是出自古羌人。⑪

由于持纳西族、彝族源于羌之观点主要是依据了《后汉书·西羌传》中关于秦时羌人自河湟地区向南迁徙的记载，故也有学者对这一观点能否成立提出了异议。马长寿先生早在20世纪60年代初即指出：

> 羌的南下开始于秦献公初立之时，即公元前384年。其后子孙分别越巂羌、广汉羌、武都羌，则在公元前384年羌后，当此之时，难道云南地区就没有彝族、纳西族，因此二族都是羌族的子孙吗？且《西羌传》（《后汉书》）所传述南下的羌族只达到越巂郡，并没有记载到云南的事，那么，又

---

① 章太炎：《西南属夷小记》，载《制言半月刊》，1936（25）。转引自李绍明、李贤敏编：《西南民族研究论文选》，5页，成都，四川大学出版社，1991。

② 李霖灿编：《纳西象形文字字典·章太炎序》，1944。

③ 参见和发源：《纳西族与古羌人的渊源关系》，载《云南社会科学》，1991（4）；郭大烈、和志武：《纳西族史》，49页，四川民族出版社，1994。

④ ［日］白鸟芳郎：《石寨山文化的主人——中国西南地区所见斯基泰文化的影响》，载《石棚》，1976（10）。

⑤ 参见郭大烈：《国内纳西族研究述评》，载《云南社会科学》，1983（5）。《纳西族简史》中也采用此观点。参见《纳西族简史》，7~10页，昆明，云南人民出版社，1984。

⑥ 参见马曜：《庄跻起义和开滇的历史功绩》，载《思想战线》，1975（1）。

⑦ 参见蒙默：《试论彝族的起源问题》，载《思想战线》，1980（1）。

⑧ 参见张良春、陈宗祥、杜品光摘译：《西方著作中关于彝族的论述》，载《凉山彝族奴隶制研究》，1978（1）。

⑨ ［越］陶维英：《越南古代史》（中译本），25~26页，北京，科学出版社，1959。

⑩ 方国瑜：《彝族史稿》，15页，成都，四川民族出版社，1984。

⑪ 参见李绍明：《关于凉山彝族来源问题》，载《思想战线》，1978（5）。

根据什么说西羌到达了云南境内呢？①

马长寿先生这一意见显然相当尖锐。它提出了两个非常重要的问题：一是在史书所记的羌人南下之前，今横断山脉地区的彝族、纳西族分布之地是否空无人迹？因为彝族、纳西族为“羌之遗种”之说，正是必须建立在这样一个非常难以成立的前提之上。二是《后汉书·西羌传》中仅提到南下的羌人最南抵达了古之越嶲郡，所有汉文史籍文献中实际上并无关于羌人曾活动或抵达于今云南境内的记载。所以，彝族、纳西族渊源于羌人之说，仍是建立在主观推测和判断上的一个认识，并无直接的史料记载可资印证。

严格说来，将今天青藏高原东缘横断山区的大部分民族归为羌人后裔的认识，并非形成于近世，很大程度上乃与唐代文献对该地区的记载有关，《新唐书·吐蕃传》称吐蕃“乃汉西羌之地”，《旧唐书·党项传》亦记：“党项羌，在古析支之地，汉西羌之别种。自周氏灭宕昌、邓至之后，党项始强。其界东至松州，西接叶护，南杂春桑、迷桑等羌，北连吐谷浑，处山谷间，亘三千里。”自唐代开始的这些记载，对于后世逐渐将藏东横断山区各族均笼统归入羌之属的“泛羌论”的流行起了不可忽视的作用。因此，严格地说，今人将彝族、纳西族归入羌之属的认识，很大程度与唐以来有关横断山区各族的“泛羌论”的流行有关。

针对长期以来这种以“泛羌论”观点来看待西南地区各族的状况，20世纪30年代前辈学者蒙文通先生即提出了如下质疑：

史既载羌人支分西南下，而《西南夷列传》又有“皆氐类也”之说，世遂有谓西南之族尽羌种者。然《西羌传》言羌“被发为俗”，“产牧为业”，“不主群臣，无相长一”。《魏略·西戎传》言：“氐人有王，所从来久矣”，“俗能织布、善种田，畜养豕、牛、马、驴、骡。……皆编发。”则汉魏以来之氐自与羌异，不得目为同种也。且史、汉之述西南夷也，夜郎、靡莫、滇、邛都，“皆鬼结，耕田，有邑聚”；桐师至嶲、昆明，“皆编发，随畜迁徙，毋长处，毋君长”；徙、筰都，其俗“或曰土著，或移徙”。则其类固繁，决非曰羌、曰氐足以概之。②

---

① 马长寿：《南诏国内的部族组织和奴隶制度》，19页，上海，上海人民出版社，1961。

② 蒙文通：《羌、氐与叟及其北迁》，见李绍明、李贤敏编：《西南民族研究论文选》，102页，成都，四川大学出版社，1991。

蒙文通先生这一独具慧眼的史识，对于我们跳出“泛羌沦”樊篱，进一步辨明横断山区各民族的族属显然有重要的启示意义。

至80年代，蒙默先生子承父识，发表了《试论汉代西南民族中的“夷”与“羌”》一文。此文通过对唐以前大量有关西南地区各族的汉文史籍记载的分析，并佐以众多的民族学材料，首次提出汉代西南民族中除氐羌系统之外（南方还有越、濮），还存在另一个截然不同的民族系统，即被古人称作“夷”的民族系统，文中称为“夷系民族”。关于在氐羌之外还存在“夷”系民族的主要史实依据，蒙默先生在文中做了如下论述：

唯夷系民族则近世学者多以之与羌系（或称氐羌系）相混，特析之如下：

一、《华阳国志·蜀志》说：“笮，笮夷也：汶山曰夷，南中曰昆明，汉嘉、越嶲曰笮，蜀曰邛，皆夷种也。”“汶山曰夷”指的就是冉駹夷。这里，除“蜀曰邛”一语不确外，正是把嶲、昆明，徙、徙都，冉駹三个集团概括为“夷种”。

二、《后汉书·冉駹传》说：“其山有六夷、七羌、九氐，各有部落。”这里的“夷”，显然是指与羌、氐者不相同的另一类民族，而不是对少数民族的泛称。这个“夷”正是前条“皆夷种也”的“夷”。

三、自嶲、昆明至于冉駹这一大片“夷”系民族，又被称为“笮”，首条所说“笮，笮夷也……”其意也正是如此。①

此外，蒙默在文中还进一步分析和论证了汉代“夷”系各支与近世彝语支各族之间的渊源关系，其结论认为：汉代西南地区的“夷”系民族应为今天彝语支民族的先民。

毫无疑问，蒙默先生此文对我们从民族系统（族系）上重新认识青藏高原东缘横断山脉地区的古代民族具有里程碑的意义。它不但指出了长期以来由于“夷”“羌”不分、合“夷”于“羌”所导致的“泛羌论”即将横断山区的古代民族大多笼统地归之于羌这一传统观点中所包含的明显偏差，而且为我们最终辨明彝语支民族的族属及历史流变提供了正确的途径和可能。该文发表以后，迅即对横断山区古代民族的研究产生了影响，在于1994年出版的《纳西族史》一书中，蒙文的观点即被全面吸收，书的作者依据蒙默所提出的“夷”“羌”有别及“夷”系民族应为今彝语支

① 蒙默：《试论汉代西南民族中的“夷”与“羌”》，载《历史研究》，1985（1）。

民族的先民之观点，正式将纳西族的族属归入了“夷”。①

那么，纳西族和彝族这两个彝语支民族的历史演变和源流究竟如何？它们是否确为古代“夷”民族的后裔？有关“夷”“羌”之辨和“夷”“羌”有别的事实，由于蒙文中已做了详细的考证和论述，在此已无必要再展开。下面让我们在“夷是与羌不同的另一族系”这一前提之下，且对纳西族和彝族的历史源流略做考察，分别看看这两个民族的古代先民究竟是“夷”还是“羌”。

先看纳西族。今之纳西族在古代被称作“摩沙夷”或“磨些蛮”，此称谓最早出现于晋代成书的《华阳国志》中。② 晋唐以来被称作“摩沙夷”或“磨些蛮”的人是今纳西族一脉相承的直系先民这一点，已为学术界所公认。③ 但“摩沙夷”仅是晋时才出现的一个族群名称，那么，再往前追溯，“摩沙夷”由何而来？它的前身是什么？“摩沙夷”具体是渊源于古代什么样的部落？从有关史实记载来看，晋代所称之“摩沙夷”的形成应与汉代属于“筰夷”中的“白狼夷”和“牦牛夷”两个古部落有密切渊源关系，也就是说，这两支汉代分布于横断山脉地区的古部落与晋唐以来的“摩沙夷”和“磨些蛮”亦即今之纳西族之间有着直接的传承关系。故有学者对纳西族之演变和历史源流提出了“白狼—摩沙—纳西”的发展序列。④ 对纳西族的这一发展序列，学术界的看法基本一致，即便是主张纳西族渊源于羌的学者，也都普遍认为纳西族的祖先是汉代的白狼部落。⑤ 那么，史籍中所记载的“白狼”是属于“夷”还是“羌”？《后汉书·南蛮西南夷列传》记东汉明帝永平年间（公元58—75年）白狼部落献《白狼歌》三章，此《白狼歌》在记载中即被称作“夷之语”。唐人李贤等注《后汉书》，则将《白狼歌》原“白狼语”用汉字记音的文本称作“夷人本语”“夷言”。《后汉书·和帝纪》记：“永元十二年正月，牦牛徼外白狼，楼薄蛮夷种人内属。”仍将其种人称作“夷”。《旧唐书·东女国传》记：“东女国，西羌之别种，……东与茂州党项接，东南与雅州接，南隔罗女蛮及白狼夷。”《太平寰宇记》卷七七《雅州》云：“灵山关，在（芦山）县北二十里，峰巅嵯峨，山耸十里，傍夹大路，下有山峡，口阔十丈，长二百步，俗呼为重关道，通蛮貊地方，入白狼夷之界。”由此可见，在汉至唐宋的史籍中，白狼均被记载为“夷”或“白狼夷”是没有问题的。

彝族的族属源流远较纳西族复杂。彝族是一个较为庞大的共同体，它的族源中包

---

① 参见郭大烈、和志武：《纳西族史》，83～106页，成都，四川民族出版社，1994。

② 见《华阳国志·蜀志》。

③ 参见方国瑜、和志武：《纳西族的渊源、迁徙和分布》，载《民族研究》，1979（1）；郭大烈、和志武：《纳西族史》，104页，成都，四川民族出版社，1994。

④ 参见张增祺：《中国西南民族考古》，89页，昆明，云南人民出版社，1990。

⑤ 参见李绍明：《康南石板墓族属初探》，载《思想战线》，1981（6）。

含了古代横断山区若干不同族系的古代部落，甚至可能包括一些自中亚迁徙而来的古部落成分，[①] 并且是这些部落经过长时期的融合而逐步形成的。正因为如此，人们对彝族族属问题的看法也存在较大的分歧。关于彝族的族源，有"羌人说""濮人说""僚人说""卢人说"，也有国外学者所持的"高加索人种说"和"马来人种说"，等等。[②] 尽管如此，在具体追溯彝族的渊源时，大多数学者均认同这样一个事实：彝族最早的渊源是古代横断山脉地区的"昆明"人。张增祺认为，"古代'昆明'是近代彝族的主要组成部分"，并将彝族的构成概括为"彝族的'轴心'——'昆明'人"，"彝族的其他成分——巂人、牦牛羌、哀牢夷及'白狼'人等"。[③] 蒙默则认为："彝族是大约在公元前十二世纪从牦牛徼外南迁至云南的昆明夷，与以濮人为主的土著居民融合而形成的民族共同体。"[④] 这里，蒙默与张增祺的看法基本一致，张增祺所言"哀牢夷"，蒙默认为应为"濮人"[⑤]，张增祺则认为哀牢夷系由"昆明"与"濮人"的融合而成。[⑥] 二人所言均为"昆明"与"濮人"两种成分。林超民在《试论汉唐间西南地区的昆明》一文中对"昆明"的源流做过系统梳理，他同样认为古代的"昆明"部落为今天彝族的先民。[⑦] 此外，"昆明"为彝族之祖先在彝族传说中也有所反映。民国《贵州通志》引《兴义志》曰："初，秦时有孟（传说中的彝族始祖——引者）者事邛君，邛君邑之。西汉初，其种类繁盛，由泸入滇以西，地方千里，咸为所有，是为昆明夷，《史记》所云巂、昆明也。"[⑧] 这段出自方志的记载显然系本土当地彝族的传说，说明在彝族自身传说中同样是将其祖先追溯到古代的"昆明夷"。尽管关于"昆明"的渊源问题，目前学术界仍有争议，相当一部分学者认为"昆明"当为古羌人，[⑨] 但"昆明"是今彝族最早和最直系的先民这一点，则为多数学者所赞同。那么，"昆明"究竟是"羌人"还是"夷人"？让我们且对史籍

---

① 参见申旭：《藏彝走廊与西亚文化》，载《西藏研究》，2000（2）。张增祺：《中国西南民族考古》，36～44页。

② 参见吴恒：《略论彝族渊源问题》，见中国西南民族研究学会编：《西南民族研究》，179～198页，成都，四川民族出版社，1983。

③ 参见张增祺：《中国西南民族考古》，302～311页，昆明，云南人民出版社，1990。

④ 蒙默：《试论彝族的起源问题》，载《思想战线》，1980（1）。

⑤ 参见蒙默：《僰为僚说》，载《凉山彝族奴隶制研究》，1977（4）。

⑥ 参见张增祺：《中国西南民族考古》，302～311页，昆明，云南人民出版社，1990；张增祺：《哀牢族源新议》，载《云南民族学院学报》，1985（3）。

⑦ 参见林超民：《试论汉唐间西南地区的昆明》，载《民族研究》，1982（1）。

⑧ 转引自蒙默：《试论彝族的起源问题》，载《思想战线》，1980（1）。默蒙认为该记载中说孟在秦时，不确。

⑨ 参见李绍明：《唐代西爨及昆明的族属问题》，载《思想战线》，1983（2）。

中的有关记述做一考察。史籍中有关“昆明”的记载最早见于《史记·西南夷列传》：

> 其（指滇、邛都——引者）外，西自桐师以东，北至叶榆，名巂、昆明，皆编发，随畜迁徙，无常处，无君长，地方可数千里。

这段记载中首次提到了“昆明”，但并未说“昆明”是“夷”还是“羌”，仅言其与嶲属同类，两者特点是“皆编发，随畜迁徙，无常处，无君长，地方可数千里”。但《华阳国志·蜀志》则对“昆明”的族属做了明确的记载：

> 笮，笮夷也：汶山曰夷，南中曰昆明，汉嘉、越巂曰笮，蜀曰邛，皆夷种也。

据这段记载，“昆明”属“夷”种当无疑义。蒙默认为在藏缅语族的语言中“人”的发音多为“米”或“明”，故“昆明”一词的意义当为“昆人”，① 这显然是有道理的。《华阳国志·南中志》载：“夷人大种曰昆、小种曰叟，皆曲头、木耳、环铁、裹结，无大王侯如汶山、汉嘉夷也。”这里所言的“昆”即“昆明”，说明“昆明”与“叟”都属于“夷人”，其区别仅在于“种群”之大、小。② 因“昆明、叟”均有“木耳”之俗，故又被史书称作“木耳夷”。《水经·温水注》：“温水又迳味县（今曲靖），故滇国都也。水侧皆是高山，山水之间，悉是木耳夷居。”这里的“木耳夷”，显然是指昆明与叟一类人。此外，“昆明”在晋至宋代的其他史籍中亦多见于记载。《后汉书·南蛮西南夷列传》云：“明年春，邪龙县昆明夷卤承等应募，率种人与诸郡兵击类牢于博南，大破斩之，传首洛阳。”《通典·边防典》云：“昆弥国，一曰昆明，西南夷也。”《新唐书·地理志》云：“宝州，万岁通天二年，以昆明夷内附置。”《册府元龟》卷960《外臣部》：“昆明夷部落，在黔州西南三千里。”可见，在自晋代迄于宋代的史籍中，“昆明”不仅被明确记载为“夷人”“夷种”，而且有关“昆明”的记载也大多称之为“昆明夷”。因此，“昆明”属于“夷”而非“羌”当可肯定。

自然，彝族除“昆明”这一主体成分外，还包括了其他众多的“夷”系古部落，

---

① 参见蒙默：《僰为僚说》，载《凉山彝族奴隶制研究》，1977（4）。

② 关于叟为“夷”且“夷言”为古彝语，可参见方国瑜：《彝族史稿》，21页，成都，四川民族出版社，1984。

如叟夷、白狼夷、牦牛夷，等等。① 同时，彝族之间中显然还包括有濮系民族成分，由中亚南迁进入横断山脉地区的游牧民族成分，甚至也不排除还包括由西北地区南下至越嶲一带的古代牦牛羌的成分。但比较而言，它们显然不是构成彝族的主体成分。彝族的渊源及主体成分是横断山区古老的“夷”系民族应无问题。关于这一点，我们从彝族的族称上亦可得到印证。迄至1949年以前，汉族及其他周邻民族对彝族最普遍的中性他称仍然是“夷族”“夷人”“夷家”“夷”等，甚至受这些他称的影响，彝族在对外交往时也多以这些他称作为其族名。我们今日所称的“彝族”之“彝”，正是从解放前对彝族最普遍的他称“夷族”“夷人”“夷家”之“夷”改变而来。对解放后改“夷”为“彝”，一些从事彝族研究的学者尚存异议。在《彝族历史资料选编》第一集中，编写者即提出：“解放前后用了‘夷’和‘彝’两个不同的字，对彝族社会历史的研究造成了混乱和不便。特别是在引用汉文古书上记载的历史资料的时候，很不方便。……现在这个‘彝’字笔画有十八画，实在很不好写。解放前的‘夷’字只有七画。实际使用上‘彝’字不如‘夷’字方便。”② 因而主张“把现在用的这个‘彝’字改成历史上一贯用的那个‘夷’字为好。因为‘夷’这个字既笔画少使用方便又不割断历史。”③ 对这一意见的可行与否我们暂且不论。很显然，解放后将过去专指彝族的“夷族”“夷人”“夷家”等族名中的“夷”改为“彝”，可能主要鉴于“夷”在明清以来还成为中央王朝统治者对周边及海外民族的一个泛称，有避免两者混淆的考虑。但改动者显然忽略了一个事实，那就是解放前用以指称彝族的“夷族”“夷人”“夷家”等族名中的“夷”并不具有对少数民族泛称之含义，而是一脉相承地源自于汉文史籍对古代西南民族中一个具体的族群种类（或族系）——“夷人”和“夷种”的特定称谓。故彝族在解放前被普遍地称作“夷族”“夷人”“夷家”的事实显然有着特定的历史内涵，它正好反映了彝族应是古代西南地区“夷人”，即“夷”系民族的直系后裔。

除彝族和纳西族之外，彝语支中其他一些单一民族的族名在古代史籍中也大多被称作“夷”。如规模较大的哈尼族被称“和夷”等。④

综上所述，从彝语支中两个主干民族——纳西族和彝族的历史渊源看，他们的直

① 张增祺：《中国西南民族考古》，302~311页，昆明，云南人民出版社，1990。

② 中央民族学院科研处彝族历史文献编译组：《彝族历史资料选编》（第一集），油印本，233页。

③ 中央民族学院科研处彝族历史文献编译组：《彝族历史资料选编》（第一集），油印本，233~234页。

④ 参见中国科学院民族研究所云南少数民族社会历史调查组：《景颇族简史简志合编》，10~12页，1963年铅印本。

系祖先均主要是横断山脉地区被称作“夷人”和“夷种”的古代部落集团。而据《后汉书·南蛮西南夷列传》记载，当时汶山郡一带有“六夷、七羌、九氐，各有部落”。此外，《后汉书》中除《南蛮西南夷列传》外，还另有《西羌传》，且凡是羌人包括蜀郡徼外诸羌的活动都入《西羌传》，而绝不入《南蛮西南夷列传》，① 可见，《后汉书》的作者当时对“夷”和“羌”这两种不同类属的族群是做了严格区分的。这也说明，“夷”是古代与“羌”“氐”有别且相互并存的另一个族群种类。因此，今天的彝语支集团为历史上“夷”系民族的后裔而非“羌”（或称氐羌系）系民族的后裔，当大体可以确定。

三、关于彝语支民族属夷系民族的语言学证据

显然，要讨论一个民族或民族种类的渊源与族属问题，我们绝不可以抛开这些民族及民族种类所使用的语言。因为民族的系属同语言的系属呈明确的对应关系，故语言的亲缘关系往往是揭示民族系属关系最直接和最具说服力的证据之一。关于民族起源与语言之间存在的内在联系，方国瑜先生曾做过这样的论述：

> 一个民族的起源及其和其他民族的亲属关系，是与所讲的语言的起源有关系的。民族的起源应理解为历史上形成的统一和继承，民族的起源，不仅可以，而且必须和语言的起源联系起来，民族的起源和语言的起源是不可分割的，解决民族起源必须考虑到语言。现代的每一个族系，都有古代的人们共同体做基础，现代的每一种语言，都有古代的语言做基础；所以任何的起源的研究，都势必会调查组成现代某个民族的古代部族和部落，查明组成现代某种语言的古代语言。所以语言是历史形成的、历史上有亲属关系的族，语言也是亲属关系，故从语言的亲属关系来了解族属的关系，在一般的族属问题上是正确的，虽然语言不是唯一条件，但它是重要的条件，每一个族，可以从语源来决定族的渊源。②

另有学者也提出，探索“民族的起源而不考虑到语言，那就等于在森林里闭着眼睛寻找道路”③。

---

① 参见《后汉书·南蛮西南夷列传》。

② 方国瑜：《彝族史稿》，25页，成都，四川民族出版社，1984。

③ ［苏联］阿巴耶夫：《语言史和民族史》，载《民族问题译丛》，1957（12）。

那么，关于彝语支民族是古代“夷”系民族的后裔而非“羌之遗种”这一点，是否可以同样由语言方面的证据来加以证实？这对我们能否最终确定今彝语支民族是出自“夷”系民族的后裔而非“羌之遗种”显然至为关键。

今天保存下来的有关横断山脉地区古代民族的语言材料，时代最早、最完整且弥足珍贵者莫过于《后汉书》中所记录的《白狼歌》，它也是现存反映藏缅语族语言特点的最早的历史文献。关于《白狼歌》产生之缘由和背景，《后汉书·南蛮西南夷列传》做了如下记载：

> 永平中，益州刺使梁国朱辅，慷慨有大略。在州数岁，宣示汉德，威怀远夷。自汶山以西，前世所不至，正朔所未加。白狼、槃木、唐菆等百余国，户百三十余万，口六百万以上，举种奉贡，称为臣仆。辅上疏曰：“臣闻诗云：彼徂者歧，有夷之行。传曰：歧道虽僻，而人不远。诗人诵咏，以为符验。夺白狼王唐菆等慕化归义，作诗三章。路经邛崃大山零高坂，峭危峻险，百倍歧道。强负老幼，若归慈母。远夷之语，辞意难正。草木异种，鸟兽殊类。有犍为郡椽田恭与之习狎，颇晓其言，臣辄令讯其风俗，译其辞语。令遣从事史李陵与恭护送诣阙，并上其乐诗。昔在圣帝，四夷之乐；今之所上，庶备其一。”帝嘉之，事下史官，录其歌焉。

根据以上记载，可知《白狼歌》是在东汉明帝永平年中即公元58—75年，由“白狼王唐菆等慕化归义”所作，且是先以“夷之言”所作，后由一名叫田恭的官员“译其辞语”，再呈献到朝廷的。对这段记载，唐李贤注曰：“《东观记》载其歌，并载夷人本语，并重译训诂为华言，今范史所载是也，今录东观夷言，以为此注也。”①范晔《后汉书》中原仅录《白狼歌》的汉文译本，因《东观记》一书中录有以汉字记音的“夷人本语”之《白狼歌》，唐代李贤等注《后汉书》，乃将《东观记》中所载“夷人本语”之《白狼歌》文本收录于《后汉书》。事实上，使今存之《白狼歌》最具价值者，正在于它同时有着两种语言的文本：一个文本是以“夷人本语”写成而以汉字记音，歌辞共44句，每句4个字，共176字；另一个文本则是对前者逐词对译之汉文译本，也是44句，每句4个字，共176字。两个文本相加，共88句，352字。由于所存汉文译本完全是对古白狼语即“夷人本语”写成的歌辞文本的逐词对译，这使得人们通过汉文译本来解读这一近两千年前的“夷人本语”文本并进而了解其词汇和语言面貌成为可能。

---

① 参见《后汉书》，北京，中华书局，1985年点校本。

正是由于上述之性质，《白狼歌》这一珍贵的历史语言材料受到了学术界的高度重视。特别是进入20世纪以后，一些中外学者开始运用现代语言学，尤其是比较语言学的方法来研究《白狼歌》，探讨古白狼语的语音、语法和词汇特点及其与现代藏缅语族语言的关系。马学良、戴庆厦在《〈白狼歌〉研究》一文中指出，近代以来学者们对《白狼歌》的研究主要围绕着以下三个方面来进行："一是考证这首歌是怎样产生的，也就是弄清这首歌的性质和价值。不解决这个问题，就无法正确认识《白狼歌》的语言特点。二是研究《白狼歌》的语言特点，看看这个近两千年前的语言在语音、语法、词汇上有哪些特点。三是探索《白狼歌》语言的系属，即研究它同藏缅语族语言的关系，确定同哪个语言最近。"① 这三个方面的研究均取得了较大进展。

首先，关于《白狼歌》的产生，据上面所引《后汉书》和唐李贤注均称《白狼歌》是先用"夷人本语"所作，而后以汉文"译其辞语"。但据学者们通过对《白狼歌》的"夷言"记音和汉文对译两个文本的详细对比研究，则提出了完全相反的看法。方国瑜先生指出："三章歌诗的白狼语与汉语对照，一律用四字一句，在句法上不能完全对译，朱辅上疏说，白狼作诗，田恭译之；但从译语可以知道先有汉语作歌，后以白狼语译之，所以有译语直用汉字的（凡二十九字），又有汉语形容词藻，白狼语以意曲译，不能强作解释者（凡六十字），其余则汉语与白狼语对译。"② 马学良、戴庆厦二人的研究也得出了相同的看法："从语序上分析，汉语句通顺流畅，符合古代汉语诗词的造句规则，而白狼语句词的顺序，基本上是按汉语的语序直译的，因而出现译文不通顺的语句。……假如这首诗真是按史籍记载的那样是先用白狼语写的，那么，白狼语句中的语序为什么与藏缅语族语言的语序差别这样大，而又与汉语的语序这样接近？显然，那不是白狼语的语序，而是逐词注义的对译次序。"③ 因此，他们认为："这首诗是先用汉文写成的，然后再在句子下面用汉字译注白狼语，其注法大多是以词为单位直译，不是整句翻译的。"④ 笔者不仅完全赞同方国瑜、马学良、戴庆厦三位先生对《白狼歌》文本产生过程的分析与认定，同时，笔者以为尚有两点可进一步佐证上述判断。第一，《白狼歌》的汉文歌辞中充斥了大量的如"大汉是

① 马学良、戴庆厦：《〈白狼歌〉研究》，见戴庆厦：《藏缅语族语言研究》，396页，昆明，云南民族出版社，1990。

② 方国瑜：《彝族史稿》，26页，成都，四川民族出版社，1984。

③ 马学良、戴庆厦：《〈白狼歌〉研究》，见戴庆厦：《藏缅语族语言研究》，396页，昆明，云南民族出版社，1990。

④ 马学良、戴庆厦：《〈白狼歌〉研究》，见戴庆厦：《藏缅语族语言研究》，396页，昆明，云南民族出版社，1990。

治，与天意合”“闻风向化”“圣德深厚”“去俗归德、心归慈母”“荒服之外”“蛮夷贫薄”“大汉安乐”“长愿臣仆”等表现大汉中心、大汉至上及对白狼部落明显带有贬抑色彩的内容。这样的内容及所包含的思想观念似乎不太可能出于白狼人自身，假如《白狼歌》确如史籍所言是先有“夷人本语”之文本，而后才用汉文“译其辞语”，那么这样的内容及口吻显然与白狼人自身的情况难以相符。第二，《后汉书》及唐李贤注提到最初用白狼语所作的《白狼歌》时，均称“夷之言”或“夷人本语”，而均未提到有白狼“文”的存在。① 由此看来，当时是否存在与“白狼语”相对应的“白狼文”显然是一个问题，而且从史籍中有关白狼部落的各种记载以及所呈献之《白狼歌》“夷人本语”文本是以汉字记音来看，当时存在“白狼文”的可能性显然极小。既然如此，则《白狼歌》最初产生“夷人本语”之文本的可能性同样很小，而很可能是白狼人来到益州之后在汉官的直接参与和帮助下才产生了文本。就这一情况而论，也说明《白狼歌》先有汉文文本，而后才以汉文注译白狼语的可能性最大。显然，对《白狼歌》具体产生过程的这一认定，对于我们正确认识《白狼歌》的语言特点有非常重要的意义。正如马学良、戴庆厦所说，它使我们可以确认这样一个事实：即《白狼歌》以汉字记音的“夷人本语”文本与汉文文本两者之间的关系乃是“以词为单位直译，而不是整句翻译的”。② 因此，《白狼歌》的价值主要在于其语音和词汇的研究，而其语法的研究价值不大。这一点对我们更准确地比较两个文本之间的对应词汇乃意义重大。

不过，20 世纪以来《白狼歌》研究所取得的最重要进展，集中体现于对其语言系属的探讨。《白狼歌》为古代藏缅语族的一种语言，对此学术界均予认同。但《白狼歌》作为古代藏缅语族的一种语言，它与现代藏缅语族语言之间是一种什么样的源流关系？或者更具体地说，古白狼语同今天藏缅语族语言中的哪一个语支和哪一种语言最为接近？这是语言学者和历史学者普遍予以关注的一个问题。因此，用比较语言学的方法将白狼语同现代藏缅语中的各语言加以比较并进而探讨《白狼歌》的族属，即成为《白狼歌》研究中一个焦点。20 世纪以来，有关《白狼歌》及白狼语的语言系属问题的研究，主要形成了以下四种看法。

一是彝语说。1920 年丁文江先生通过对白狼语与彝语的比较研究，发现《白狼

① 丁文江在《爨文丛刻 · 序》中提出：“白狼文是倮倮文的前身”，并且“假设白狼文是已经写下来的文字”。但李贤注在提到《白狼歌》时仅称“夷之言”和“夷人本语”，而并未提到有“白狼文”的存在。而且在古汉语中，“文”与“言”“语”的含义显然是有严格区别的。因此，“白狼文”之说显然缺乏充分依据。参见丁文江：《爨文丛刻 · 序》，台北，商务印书馆，1936。

② 参见马学良、戴庆厦：《〈白狼歌〉研究》，见戴庆厦：《藏缅语族语言研究》，396 页，昆明，云南民族出版社，1990。

歌》中与彝语相同的词汇有二十多个，故首次提出《白狼歌》与彝语的关系密切，应属于彝语的认识。① 1931 年杨成志先生发表《云南倮罗族的巫师与经典》一文，赞同丁文江的看法，也认为《白狼歌》之本语应为彝语。② 而王静如先生发表于1930 年的《东汉西南夷白狼慕汉歌诗本语译证》一文中，则就白狼语的语言系属提出了更精确的见解，认为“白狼语与彝语支接近，但也与藏语支接近，但或不及彝语支”③。提出白狼语主要与彝语支语言最接近。

二是纳西语说。方国瑜先生于20 世纪40 年代发表的《麽些民族考》中，对白狼语与纳西语两者做了比较研究，其结论认为：“《白狼歌》与今麽些语大都相同或相近，可见白狼语即为麽些古语，或白狼语与麽些古语最相近。《古今图书集成·职方典》卷一五五丽江府部，载《白狼王歌》三章，盖亦认为麽些古语也。”④ 董作宾先生也认为“麽些语远承白狼语系统”⑤。这种认为白狼语与纳西语最相近的看法，亦多为后来从事纳西族研究的学者所认同。如在近年出版的《纳西族史》中，其作者即认为“白狼王歌三首44 句176 言，除去借汉字和难解形容词约80 音外，余下90 余音，为基本词汇，与纳西语最接近”⑥。

三是嘉戎语说。此说系马长寿先生于1940 年提出，他在《四川古代民族历史考证》一文中对白狼语与嘉戎语、彝语、羌语和西番语进行了比较，其结论是：“总比较结果，嘉戎语与白狼语同者有三十语；罗语同者有二十四语；羌语同者九语；西番语同者有九语。故嘉戎语与白狼语最相近。”⑦

四是普米语说。陈宗祥、邓文峰二人通过对普米族地区的调查及将白狼语同普米语相比较的结果，认为白狼语与普米语非常接近，因而提出白狼语应属普米语。⑧

除以上几种看法外，还有学者指出白狼语与藏语、西夏语之间也同样存在密切关系，尽管他们并未提出白狼语应直接归属于藏语或西夏语⑨。

需要指出的是，在上述关于白狼语族属问题的诸种看法中，最为流行并占据主导

---

① 参见丁文江：《爨文丛刻·序》，台北，商务印书馆，1936。

② 参见杨成志：《云南倮罗族的巫师与经典》，载《史学集刊》，1936（2）。

③ 王静如：《东汉西南夷白狼慕汉歌诗本语译证》，载《西夏研究》（第一集），1930。

④ 方国瑜：《麽些民族考》，载《民族学研究集刊》，1944（4）。此处转引自李绍明、李贤敏：《西南民族研究论文选》，271 页，成都，四川大学出版社，1991。

⑤ 董作宾：《读方编麽些文字甲种》，载《中国文化研究所集刊》第1 卷第2 期。

⑥ 郭大烈、和志武：《纳西族史》，100 页，成都，四川民族出版社，1994。

⑦ 马长寿：《四川古代民族历史考证》，载《青年中国季刊》第1 卷第4 期。

⑧ 参见陈宗祥、邓文峰：《〈白狼歌〉研究（一）》，成都，四川人民出版社，1991。

⑨ 参见陈宗祥、邓文峰：《“白狼歌”研究评述》，载《西南师范学院学报》，1979（4）。

地位的看法乃是彝语说和纳西语说。这两种看法往往为大多数学者所认同。① 不过，在有关《白狼歌》语言系属问题的研究中，需要强调这样一个基本的认识前提：白狼语作为近两千年前的一种古代藏缅语族语言，它与今天藏缅语族的各语言之间的关系绝不是平行关系，而是纵向的“源”与“流”的关系。同一个“源”派生出众多的“流”是再正常不过了。所以，近两千年前的白狼语与今天藏缅语族的多种语言同时存在密切关系乃是极其正常的，并不存在非此即彼和相互排斥的问题。这正如方国瑜先生指出：

> （白狼语）与现在彝语、纳西语、普米语、藏语和西夏语都很相同或相近，语言亲属的关系密切，则可以肯定。其他傈僳语、拉祜语、哈尼语与白狼歌诗的关系，还没有人作过比较研究，但这几种语言与彝语、纳西语和普米语很相近，与白狼语也应接近的。总之，同属一个语族的各族，其族源的亲属关系密切，这样的提法应该是正确的。②

这里，方国瑜先生实际上已跳出过去仅将白狼语与某个单一民族语言相联系的思路，而开始将白狼语同某一语支或语言系属联系起来进行考虑。他特别提出了白狼语同傈僳语、拉祜语、哈尼语的关系问题，并推测：“几种语言与彝语、纳西语和普米语很相近，与白狼语也应接近的。”这里，方国瑜所提到的彝语、纳西语、普米语、傈僳语、拉祜语、哈尼语六种语言中，除普米语语支尚不确定外，其余五种实际上均属彝语支语言。故方国瑜先生上述论证中虽未明确提出彝语支语言与白狼语的关系，但从他所列举的实际或可能与白狼语相近的具体语言主要是彝语支语言来看，在实际认定中方先生显然已将同白狼语关系最近的语言确定为彝语支语言。

那么，就语言系属而论，白狼语是否确与彝语支语言关系最为密切？80 年代以来，从比较语言学角度系统研究《白狼歌》的最值得重视的成果，无疑要数马学良、戴庆厦两位资深的藏缅语族语言专家合作完成的《〈白狼歌〉研究》③ 一文。此文最早是作为 1982 年于北京召开的第 15 届国际汉藏语言学会议的提交论文而面世，1990 年收录由戴庆厦所著的《藏缅语族语言研究》一书。该论文中，作者从白狼语中挑出了 26 个同藏缅语族语言同源比例较大的一组词，将其与现代藏缅语族中的藏语、

---

① 参见陈宗祥、邓文峰：《“白狼歌”研究评述》，载《西南师范学院学报》，1979（4）。

② 方国瑜：《彝族史稿》，26 页，成都，四川民族出版社，1984。

③ 马学良、戴庆厦：《〈白狼歌〉研究》，见戴庆厦：《藏缅语族语言研究》，昆明，云南民族出版社，1990。

嘉戎语、羌语、木雅语、普米语、缅语、载瓦语、勒期语、浪速语、阿昌话、彝语、傈僳语、哈尼语、拉祜语、纳西语、白语、怒语、西夏语、景颇语共19种语言及藏文、缅文等进行了系统的对比研究，以观察白狼语同藏缅语族各语言的同源关系。通过比较，他们得出了如下结论：

从同源词的比较上看，在上列二十六个词中，白狼语同缅语支、彝语支同源的词最多，都在二十个以上。如“天、不、来、见、多、赐、甜、肉、飞、长、处、出、深、雨、心、食、盐、石、木、家、父”等词。白狼语同这两个语支大多数语言都是同源的。但同其他语支语言比较，则都不到二十个。如同藏语比较，同源词只有“不、见、多、赐、肉、飞、长、处、出、心、食、盐、山、木、家、父”等十六个。连“天、来、甜、深、石”这几个基本的词，白狼语同缅语支、彝语支是同源的，而同藏语却是不同源的。同嘉戎语比较，相差就更大些，同源词只有“不、甜、肉、深、心、食、盐、石、木、家”等十个，“天、来、见、多、赐、长、出、人”等基本词是不同源的。同普米语比较，同源词有“天、不、多、甜、酒、肉、飞、长、冬、雪、食、盐、木”等十三个，“见、赐、处、出、深、心、石、父”等基本词是不同源的。同源词多少是确定亲属语言远近的一个最重要的依据。从上述的比较情况看，白狼语显然是同缅语支、彝语支比较接近。①

此外，对白狼语同时与彝语支和缅语支相接近的事实，作者做了如下解释：

缅语支和彝语支是藏缅语族语言中比较接近的两支。这两支语言同源的词比较多，语音对应规律也比较清楚，所以国外一般把它们合在一起称为Burmese-Lolo，即缅彝语，在我国，由于考虑到它们之间还有一定的差别，所以一般认为应分为两个语支。白狼语既同缅语支接近，又同彝语支接近，由此可以证明这两个语支在历史上的密切关系。②

---

① 马学良、戴庆厦：《〈白狼歌〉研究》，见戴庆厦：《藏缅语族语言研究》，414页，昆明，云南民族出版社，1990。

② 马学良、戴庆厦：《〈白狼歌〉研究》，见戴庆厦：《藏缅语族语言研究》，417页，昆明，云南民族出版社，1990。

可见，白狼语同缅语支相接近，主要是揭示了缅语支同彝语支在历史上的密切渊源关系。而单就白狼语所产生的青藏高原东缘这一地理范围而论，则白狼语显然主要是同彝语支的语言最为接近。

很显然，马学良、戴庆厦所得出的白狼语主要与彝语支语言相接近的结论，与前辈学者主张白狼语为彝语或纳西语的看法完全一致，同时也与我们前面提到方国瑜先生将同白狼语关系最近的语言确定为彝语支语言的看法完全吻合。所以，白狼语为彝语支系统的一种古代语言当可以肯定。

前面我们已经指出，汉代的白狼部落是构成今纳西族和彝族的重要祖先人群之一，而且从白狼部落在晋至唐宋以来形成的史籍中大多被称作“白狼夷”来看，白狼当属古代之“夷人”而非“羌人”。但这毕竟只是我们依据史籍记载所得出的结论。这一结论能否成立，显然相当程度上还取决于它是否能得到其他证据尤其是像语言学这种客观性较强的证据的印证与支持。然而，令人惊奇的是，近两千年前遗留下来的白狼语与今彝语支语言相接近的事实，竟与我们经由史籍记载得出的白狼人属古代“夷人”，且“夷人”为今彝语支民族之先民的结论完全吻合。首先，白狼语在史籍记载中被明确地称作“夷之言”和“夷人本语”，这同史籍中有关“白狼夷”即白狼属“夷”的记载相符，证明白狼语确为古代“夷人”之语言。其次，白狼语与今彝语支语言相接近这一点，也完全印证了今彝语支民族的先民是古代之“夷人”的事实。这意味着，我们依据史籍记载得出的结论同语言学所提供的证据完全一致。

然而，更重要的是，白狼语与今彝语支语言相接近的事实，不但证明今彝语支民族确为古代“夷人”之后裔，同时它也彻底排除了古之“夷人”和今之彝语支民族为“羌人”的可能性。因为：第一，假如古代“夷人”为“羌”系民族的话，那么，近两千年前留存下来并被称作“夷人本语”的白狼语，就显然应该是同今天羌语支的语言相接近，而绝不可能同彝语支的语言相接近。由此可以判断，作为“夷人本语”的白狼语并不是古代羌语，而是与“羌语”有别的另一种语言。这同时也证明古代使用“夷人本语”并被称作“夷人”或“夷种”的族群并不是羌人，而是与“羌”有别的另一类民族。第二，作为近两千年前“夷人本语”的白狼语既然是同彝语支语言相接近而不与羌语支语言相接近，则完全印证了今彝语支民族为古代“夷人”之后裔而非“羌人”后裔的事实。

事实上，古代“夷人”之语言与今彝语支语言相近，并非仅有白狼语之孤证。除白狼语一例外，还尚有“叟”之语言与彝语的关系可与之互证。“叟”系古代“夷人”的一支是没有问题的。《华阳国志·南中志》明确记载：“夷人大种曰昆，小种曰叟。”此外，从《后汉书·南蛮西南夷列传》《三国志·张嶷传》《华阳国志·蜀志》等史籍中普遍将“叟”称作“夷人”“夷叟”“叟夷”来看,[①] 也足以说明“叟”为古代之“夷人”。值得庆幸的是，在《水经》和《华阳国志》二书中同样记录了一条有关叟人语言的材料。对这条叟人语言材料，方国瑜先生做如下考订：

> 叟人语言的记载，《水经·存水》（北盘汇源）注说：“益州大姓雍反，结垒于山，系马柳柱，柱生成林，今夷人名曰‘雍无梁林’。梁，夷言马也。”《华阳国志·南中志》建宁郡亦载此事，作“今夷言无雍梁〔无梁〕，〔夷〕言马也”；《太平御览》卷三五九引《南中志》作“今夷言无梁林，无梁，夷言马也”；各本不同，合而校之，疑当做“今夷言雍无梁林，无梁，夷言系马也”，就是“雍系马之林”。按：彝语“马”为 mu，系为 lai，古音“无”读“明”母，彝语无舌根鼻随音（ng)，可知“无梁”即彝语“系马”，宾词在动词前的语法亦相同，所以叟人语言即古彝语。[②]

这里，方国瑜先生得出的“叟人语言即古彝语”的结论，同近两千年前被称作“夷人本语”的白狼语与今彝语支语言相接近的事实完全吻合，两者可相互印证、相互支持。至此，我们可以看到一个异常明显的事实，这就是：我们经由史料记载所得出的夷人——彝语支民族这一民族源流及发展序列，与由语言学材料所得出的夷言（或曰“夷人本语”）——彝语支语言这一语言演变与发展序列竟完全对应。因此，从这两个序列的相互印证与支持来看，彝语支民族为古代“夷人”之后裔而非“羌人”后裔以及古代“夷人”所使用的语言“夷言”并非羌语或羌语支语言已可获得充分的实证。

事实上，将彝族和纳西族等彝语支民族归于“羌之遗种”的观点本身在语言学上存在一个很大的漏洞，即今彝语支与羌语支语言是藏缅语族中截然有别的两个语支，两者之间存在着明显的差异,[③] 如果彝语支民族确为“羌之遗种”的话，那么今彝语支民族的语言显然就应该属于羌语支语言序列或至少与羌语支语言十分接近，而不应成为一个与羌语支平行的单独的语支序列。由此可反证，今彝语支民族并非历史上的“羌之遗种”，而是源自与“羌”有别的另一个民族系列，即古代“夷人”（或曰“夷”系民族）的后裔。

---

① 参见蒙默：《凉山地区古代民族资料汇编》，22~23页，成都，四川民族出版社，1978。

② 方国瑜：《彝族史稿》，21页，成都，四川民族出版社，1984。

③ 参见马学良等：《藏缅语新论》，北京，中央民族学院出版社，1994。

四、"穆"氏族：横断山区的古代夷人

综上所述，无论从有关的史料记载，还是从白狼语等语言学的证据，都确凿地证明今天分布于藏东横断山区的彝语支民族并不是"羌之遗种"，而是主要源自于与"羌"有别的另一个族群系列——"夷"系民族，是横断山区古代"夷人"之后裔。

前面我们已经指出，从种种迹象看，古藏文史料中所记载的位于横断山区并被称作"穆"的古代氏族同今之彝语支民族之间有着亲缘关系，这种亲缘关系足以表明，"穆"当为今彝语支民族的祖先人群之一。但因藏文史料中并无关于"穆"人源流及族属面貌的记载，我们难以确定其族属。既然根据汉文史籍记载和白狼语等古代语言学材料的证据，均足以证明今彝语支民族主要是源自于横断山区的古代"夷人"，是"夷人"之后裔，而并非"羌之遗种"，那么，由此我们可以断定，藏文史料中所记载的位于横断山区并同西藏腹心地区之氏族发生过密切联系的"穆"人显然就应该属于横断山区的古代"夷人"。

关于"穆"是属于古代"夷人"的判断，至少有两个较为充分的理由：

第一，根据藏文史料的记载，"穆"是青藏高原东缘横断山脉地区一个异常古老的氏族人群。而从汉文史籍的记载看，"夷人"不仅同样分布于横断山脉地区，而且同"羌"相比较，它乃是该地区具有明显土著特点的一个古老的民族类属。所以，"穆"与"夷人"，两者在所处地望及作为该区之土著所表现的古老性方面是完全契合的。

第二，"穆"与"夷人"均同今彝语支民族存在密切渊源关系。从语言学材料和汉文史籍的记载可以证明古代横断山区的"夷人"乃是今彝语支民族的主要先民，而各种迹象显示"穆"与今彝语支民族之间也存在亲缘关系。这一事实揭示出"穆"与"夷人"之间应存在着明显的关系。毫无疑问，今天属于同一语支的彝语支民族在历史上曾有着共同的祖源，是同源的民族，故彝语支民族从最初一个共同祖源发展成今天的若干单一民族，乃呈现了一种发生树的演变轨迹。所以，从时间上说，时代越早，彝语支民族的祖源就越单一，其同源的比率就越大。就这一点而论，与彝语支民族有亲缘关系的古代"穆"人同作为彝语支民族祖先的"夷人"相重合和一致的可能性就更大。

不过，需要指出的是，关于"穆"属于古代"夷人"这一点，我们仅仅是根据"穆"与彝语支民族之间存在密切亲缘关系，而汉文史籍记载以及语言学材料又均证明今彝语支民族乃是横断山区古代"夷人"之后裔而得出的。虽然这一推导在理论

和逻辑上完全可以成立，但它毕竟还只是一种间接推导，而并非直接的证明。也就是说，对于最终确定“穆”人之族属来说，它只是一个充分条件，而非必然条件。

因此，要最终确定“穆”即属于古代横断山区的“夷人”，我们显然还需要给出另一个证明，这就是：据藏文史料记载，既然“穆”曾经是古代与西藏腹心地区民族相互通婚的氏族，且西藏最古老的原始宗教——笃本也是传自“穆”人的宗教，同时藏族族源记忆中最早的祖先人群“六大氏族”或“四大氏族”中也大多包括了“穆”这一氏族，那么很显然，“穆”就应该是与藏族之古老族源有着密切关系的人群。因此，如果“穆”确属古代“夷人”，那么，“夷人”与藏族之间就应该同样存在密切联系。所以，要最终确定藏文史料中所记的位于横断山区的“穆”人实际上即是汉文史料中所记的横断山区的古代“夷人”，另一个关键还取决于，我们能否证明横断山区的古代“夷人”同藏族之间存在密切的联系？

由于藏文史料中并无关于“夷人”的记载，所以要依据藏文史料来探讨这一问题几乎不可能。而在汉文史籍中虽有大量关于横断山区古代“夷人”的记载，但却均未涉及“夷人”同西藏地区古代部落以及吐蕃关系的情况。因此，要从正面的史籍记载来了解古代“夷人”是否同藏族存在联系显然非常困难。所幸的是，汉代作为“白狼夷”之“夷人本语”和“夷之言”而留存下来的《白狼歌》，因其有着“夷人本语”的汉字记音和汉文对译两个可相互对照之文本，从而为我们探讨这一问题提供了极为可靠的素材和可能。

前面已提到，从比较语言学研究的结果，白狼语主要与今彝语支语言和缅语支语言相接近。但值得注意的是，除此之外，白狼语与藏语之间也有着非常密切的关系。陈庆英先生在《〈白狼歌〉新探》一文中，对白狼语与藏语同源的词汇和语法习惯进行了系统探讨，他发现在白狼语和藏语中至少下列词汇是同源或相同的①：

白狼语	汉文译义	藏语
冒	天	rmu
莫	不	ma，mi
徵	闻	phrin
随	向	phyogs
唐	见	mthong
桑艾	奇异	sing－nge
毗	赐	byin

① 陈庆英：《〈白狼歌〉新探》，载《江河源文化研究》，1992（2）。

邪	多	che - ba
推	甘	thud
偻让	蛮夷	vo - rang
龙洞	贫薄	lung - ston
僧鳞	长寿	tshe - ring
渡	深、厚	mthug - po，vtng - pa
综	冬夏	grang drod
推	有	vdug
粗沐	盐谷	tshwa - vbru
木	息	shing
薄	落	lo - ma
淫	家	khyim
服	发	bud - pa
陵阳	长愿	nam - yang

格勒先生也曾用藏语同白狼语进行过对比，他发现两者的同音同义词有“盐、父、不、见、来、赐、木、人、合、看、我、户、多、肉、飞、长、处、出、心、食、山、家”，共22个。① 另外，还有学者从《白狼歌》的“夷人本语”的各句句义出发进行分析，认为白狼语“有不少词、句与藏语有相同或相近之处”②。因此，对于白狼语与藏语的关系，陈庆英得出了这样的认识：

> 我们认为从《白狼歌》看，白狼语属于汉藏语系的藏缅语族，它与彝语支、缅语支在词汇对比上是比较接近的，但是它与藏语支也很接近，甚至藏语与白狼语的接近程度还有可能更深一些。③

王静如对《白狼歌》的研究也得出了相似的看法，他认为：“白狼语与彝语支接近，但也与藏语支接近，但或不及彝语支。”④ 很显然，从《后汉书·南蛮西南夷列传》中“六夷、七羌、九氐”以及《华阳国志·蜀志》中“六夷、羌胡、羌虏、白

---

① 参见格勒：《论藏族文化的起源形成与周围民族的关系》，354～355页，广州，中山大学出版社，1988。

② 王兴先：《格萨尔论要》，344～346页，兰州，甘肃人民出版社，1991。

③ 陈庆英：《〈白狼歌〉新探》，载《江河源文化研究》，1992（2）。

④ 王静如：《东汉西南夷白狼慕汉歌诗本语译证》，见《西夏研究》（第一集），1930。

兰峒九种之戎”等记载看，“夷人”是古代横断山区与“羌”“氐”截然有别的另一个古代族群类属。而《白狼歌》既然是东汉时被称作“白狼夷”的“夷人”部落所遗留下来的语言学材料，并被明确地称作“夷人本语”和“夷之言”，可见白狼语为古代“夷人”之语言是没有疑义的。我们知道，吐蕃向横断山区扩张并统治横断山区各部落的时间乃始于7世纪，而《白狼歌》产生的时间则在东汉明帝永平年间，即公元58—75年，较之吐蕃占有横断山区的7世纪中叶早了近700年。那么，为什么在1世纪时由横断山区古代“夷人”所遗留下来的“夷人本语”会同藏语相接近？这显然令人费解，因为实际上在汉文史料中我们并未见到“夷人”同西藏地区的古部落有渊源关系的记载。因此，对于横断山区古代“夷人”的语言与藏语相接近的事实，就只能有一个解释：那就是藏文史籍中所记载的位于横断山区并与藏族源发生过密切渊源关系的“穆”人，正是横断山区的古代“夷人”。

此外，从另一个角度看，作为“夷人本语”的白狼语与藏语相接近的事实，实际上揭示了横断山区的古代“夷人”或“夷”系民族同西藏腹心地区的人群存在古老的渊源联系。白狼语属东汉时代的夷人语言，其时，西藏与横断山脉地区之间还尚未出现如吐蕃王朝时期那样大规模的文化交流与混同，因此，可以断定，东汉时代的“夷人本语”——白狼语与藏语相接近就必然是源自一个更为古老的渊源和深远的历史积淀。从这一意义而言，唯一符合此条件的，即是藏文史料中所载分布于横断山脉地区并在极古老的年代就与西藏腹心地区氏族发生了密切渊源关系的“穆”人。显然，所谓“穆”人，只是藏族先民特别是西藏腹心地区的氏族对古代横断山区一个特定族群的称谓。但既然藏文史料所记“穆”是分布于横断山区，那么，“穆”显然就应与汉文史籍中所记载的横断山区某一古代族群相对应。而值得注意的是，藏文史料中所记的“穆”与汉文史籍中所记的“夷”人之间至少有以下三点是相吻合的：

一是“穆”和“夷”两者都是分布于横断山脉地区的古代族群，两者所居地望相符。

二是“穆”和“夷”都与藏族先民有渊源关系。关于“穆”人与藏族先民的渊源关系已见前述。值得注意的是，“夷”的语言——东汉时代留存下来的“夷人本语”白狼语同样与藏语相接近。这一语言上的亲缘关系，同样揭示了古代“夷”人与藏族先民之间应存在密切的渊源关系。

三是“穆”与“夷”均与今彝语支民族有密切的关系。关于“穆”与彝语支民族存在密切关系的事实，我们在前文已做了详细论述。值得重视的是，“夷人”同样与彝语支民族存在密切渊源关系。这不但表现于今天的彝语支民族大多是出自于古代被称作“夷”的族群之后裔，如彝族的先民被称作“昆明夷”“叟夷”“夷人”“夷族”；纳西族的先民被称为“牦牛夷”“白狼夷”“麽些夷”；哈尼族的先民在历史上被称作“和夷”；等等，而且重要的是，语言学材料即东汉时代遗留下来的作为“夷人本语”的白狼语主要与今彝语支语言相接近的事实，则更充分地证明了“夷”与彝语支民族之间的密切渊源关系。所以，在与彝语支民族存在密切关系这一点上，“穆”与“夷”是完全一致的。

从以上“穆”与“夷”之间三个相互吻合和相互对应的条件来判断，我们显然有较为充分的理由认为藏文史料中所载位于横断山区并与藏族族源有密切关系的“穆”人，正是汉文史料中记载的横断山区的古代“夷”人。

此外，关于“穆”是属于古代“夷人”即“夷”系民族这一点，还有另一个有力的旁证。我们知道，所谓“穆”，乃是藏族先民特别是西藏腹心地区的氏族对藏东横断山区的一个特定族群的称谓。至于“穆”的具体含义，我们在前文已指出，“穆”很可能系为“天”的含义。据藏文苯教典籍记载，“穆”人是藏地古老苯教——笃本的传播者，而“穆”人所传的笃本又主要是以对“天”和“天神”崇拜为特点。因此，西藏腹心地区的氏族最初很可能正是以这一特点来概括和指称藏东横断山区崇拜“天”和“天神”的族群。事实上，在藏文苯教典籍中，“穆”也常常与“天”的含义相联系。这正如褚俊杰先生所指出：“‘穆’是古代的一氏族的名称是毫无疑问的，但却又常常与‘天’一类的意义相联系。造成这种混乱的原因，‘穆’本身还有‘天’的意义。”① 值得注意的是，在东汉时代“夷人本语”的《白狼歌》中亦有“天”这一词汇。《白狼歌》第二句的汉文译文是“与天意合”，对应的白狼语为“魏冒愈糟”。可知，“天”在白狼语中的读音为“冒”。这与藏文中“穆”即“dmu”“rmu”“smu”的发音极为接近。陈庆英认为，藏语称“天”为gnam，显然不同。不过，白狼语在这里可能用的是藏文的一个古词rmu，“藏族本教认为古代的人去世后沿着一条天绳返回天界，这天绳即称为rmu - thag，亦称gnam - thag，可见，rmu本身具有天界之意”②。藏文苯教典籍《教言汇集乘海》称止贡赞普以前的七赤天王“由于信奉苯教而按穆人的式样建造墓穴”，实际上正是指他们死后均依照“穆”人的宗教观念沿着rmu - thag（天绳）返回天界。③ 由此可见，在古藏文文献中，作为古代氏族名称的“穆”本身同时具有“天”的含义，而在东汉时代的“夷人本语”——白狼语中，“天”读为“冒”（即音mu或mo），两者的发音完全接近。也

---

① 褚俊杰：《吐蕃远古氏族“恰”、“穆”研究》，见《藏学研究论丛》（第2辑），12页，拉萨，西藏人民出版社，1990。

② 陈庆英：《〈白狼歌〉新探》，载《江河源文化研究》，1992（2）。

③ 参见王尧、陈践译注：《敦煌本吐蕃历史文书》（增订本），174页，北京，民族出版社，1992；达仓宗巴·班觉桑布：《汉藏史集》，陈庆英译，82页，拉萨，西藏人民出版社，1986。

就是说，藏文史籍中所反映的“穆”同时包括有“天”的含义，同“夷人本语”中“天”读为“冒”完全能够对应。从藏文苯教典籍的记载可知，“穆”人的宗教曾对西藏腹心地区的氏族发生过强烈影响，他们是藏地古老苯教——笃本的主要传播者。因此，这就意味着，倘若西藏腹心地区的氏族将与之发生密切关系的藏东横断山区的氏族称作“穆”，乃是因为该氏族是以敬奉“天”和“天神”并将“天”称作“穆”（mu）或“冒”（mo）的氏族，那么，能够符合此条件者，就正是横断山区的古代“夷”人。我们在前面已经指出，今天的彝语支民族主要生活系为横断山区古代“夷”人的后裔。因此，倘若我们将视野扩大，就不难发现，将“天”读为“冒”（即mu或mo）音的，并不只限于东汉时代的“夷人本语”——白狼语，事实上，在今天的彝语支各族的语言中，“天”的读音仍大多与古白狼语的读音相同或相近似。“天”一词的发音，纳西语中读“m”，彝语中读“mo”或“mu”，傈僳语中读“mo”或“kua”，拉祜语中读“mu”“no”“ma”，怒语中读“m”，景颇语中读“la”“mu”。[①] 可见，在今彝语支的各语言中，“天”的读音不但大体相同，而且其声母和韵母也基本与东汉时“夷人本语”白狼语中“冒”的读音相一致。而在羌语中，“天”的读音则为“xm”“da”“p”，与彝语支语言的读音存在较大差异。这正如储俊杰所言，在横断山区这一范围内，“与mu（mo、me、mi）音有关的语词有两组意义：（一）指‘天’；（二）指‘人’（就氏族内部自称而言，是指‘人’，而对其他族来说，就是该氏族的族称）。两者之间的联系便是一个古老的神话传说：即其祖先来自‘天’”[②]。而就目前所知，在横断山区的范围内，将“天”读为mu或mo音的，事实上主要为今彝语支的语言和东汉时代的“夷人本语”——白狼语。这既印证了横断山区的古代“夷人”是今彝语支民族较为直接的祖先人群，同时也有力地证明藏文史料中所记载的既有“天”的含义又同时为氏族名称的“穆”，必然是出自于横断山区的古代“夷人”。这不光因为两者对“天”的称谓完全能够相通和对应，更重要的还在于，在藏文史料中所记载的“穆”这一氏族正是以敬奉“天”和“天神”为特征并称其祖先是来自“天”（mu）。事实上，在今横断山区的彝语支民族中，同样普遍流行着有关其祖先是来自“天”和“天神”的观念与神话传说，其

---

① 参见马学良、戴庆厦：《〈白狼歌〉研究》，见戴庆厦：《藏缅语族语言研究》，406页，昆明，云南民族出版社，1990。

② 褚俊杰：《吐蕃远古氏族“恰”、“穆”研究》，见《藏学研究论丛》（第2辑），14页，拉萨，西藏人民出版社，1990。

中尤以纳西族、彝族、拉祜族和哈尼族等民族最为典型。① 这一事实在相当程度上同样印证了藏文史料中所记载的“穆”应为横断山脉地区与今彝语支民族有直接传承关系的古代“夷人”。

五、嘉戎族群：横断山区古代夷人之后裔

前面我们已经指出，今彝语支民族主要为横断山区古代“夷人”的后裔。但事实上，在横断山区范围内，同样属于古代“夷人”后裔的还有另一个族群，这就是今主要分布于川西北高原地区且文化十分独特的嘉戎藏族。

长期以来，学术界的传统观点大多认为嘉戎是7—9世纪吐蕃占领川西高原地区以来，藏族逐步同化所谓“西山诸羌”而形成的一个族群。② 按照这一观点，嘉戎的前身和最原始的成分应该是“西山诸羌”，后来他们与藏族产生了融合才形成了嘉戎族群。虽然这一看法不能说完全没有道理，吐蕃时代对该地区的占领肯定给当地民族打下了藏文化的烙印，并逐渐促成了其“藏”化，但是将嘉戎的前身和原始成分界定为“羌”则显然缺乏史实的依据。

从有关史实记载来看，在传统的嘉戎地区，亦即川西高原的大、小金川流域及岷江流域以西这一范围内，历史上居住的主要是被称作“夷”的人群。《史记·西南夷列传》记：“自筰以东北，君长以什数，冉駹最大。其俗或土著，或迁徙，在蜀之西。自冉駹以东北，君长以什数，白马最大，皆氐类也。”据考证，筰大略在在今四川甘孜藏族自治州南部。③ 故“筰之东北”和“蜀（指今成都）之西”这一地理范围，显然正好包括了大、小金川流域及岷江流域以西地区。而《史记》的记载明确表明，在西汉前期，该地区最大和最主要的人群乃是“冉駹”，“冉駹”以东北，方才为名曰“白马”的氐人所居。而“冉駹”无论在《后汉书》或《华阳国志》中却均被明确地称为“夷”。《后汉书·南蛮西南夷列传》记：

---

① 有关纳西族的天和天神观念已见前述。实际上，有关天和天神崇拜的观念在彝族、拉祜族和哈尼族中也普遍存在。参见刘尧汉、卢央：《考古天文学的一大发现——彝族向天坟的结构与功能》，见《彝族文化研究文集》，昆明，云南人民出版社，1985；《哈尼族古歌》，昆明，云南民族出版社，1992；《拉祜族苦聪人民间文学集成》，昆明，云南人民出版社，1990；杨毓骧：《澜沧县拉祜族社会文化调查》，见《云南少数民族社会历史调查资料汇编》（四），昆明，云南人民出版社，1987。

② 参见格勒：《论藏族文化的起源形成与周围民族的关系》，447～474页，广州，中山大学出版社，1988。

③ 参见蒙默：《试论汉代西南民族中的“夷”与“羌”》，载《历史研究》，1985（1）。

冉駹夷者，武帝所开。元鼎六年，以为汶山郡。至地节三年，夷人以立郡赋重，宣帝乃省并蜀郡为北部都尉。其山有六夷、七羌、九氐，各有部落。

《后汉书》的这段记载表明，“冉駹夷”之被称作“夷”在当时显然有着特定的含义，即“夷”在当时并不是汉人对外族的泛指，而是对外族中一个特定族群类别的称谓。因为该记载中明确提到，汉武帝元鼎六年（公元前111年）开冉駹夷所居之地为汶山郡以及汉宣帝地节三年（公元前67年）将汶山郡并入蜀郡后，汶山（即岷山）之民已有“六夷、七羌、九氐”，这可能是由于当时设立汶山郡特别是宣帝将其并入蜀郡之后原汶山郡的范围已较冉駹夷所居之地有所扩大的结果。① 但当时汶山一带的异族中分别有夷、羌、氐三种不同的族群类别，对这一点《后汉书》的作者显然是有充分了解的。这正如《后汉书·南蛮西南夷列传》中所记：“筰都夷者，武帝所开，以为筰县。其人皆披发左衽，言语多好譬类，居处略与汶山夷同。”这里所言的“汶山夷”，显然指汶山之“冉駹夷”。能对筰都夷的特征加以描述，并将其与汶山夷比较，得出其“居处略与汶山夷同”这样的结论，说明当时的汉人史家们对自己所记的“夷”这一特定的族群类别是有比较充分的认识的。这一点在《华阳国志·蜀志》有关“夷”人的记载中得到了进一步的反映：“定筰县，筰，筰夷也。汶山曰夷，南中曰昆明，汉嘉、越嶲曰嶲，蜀曰邛，皆夷种也。”从此记载看，汉、晋之时汉人史家们对“夷人”的分布范围乃至其在不同地区的不同称谓显然有较为深入的了解，并且对西南横断山脉地区“夷”或“夷种”这一大的民族类别能够明确地加以识别和区分。由此，我们可以断定，根据《史记·西南夷列传》和《后汉书·南蛮西南夷列传》的记载，在西汉和东汉时期的“筰之东北”和“蜀之西”这一地域范围内，主要系为“冉駹夷”亦即“夷人”所居是没有问题的。

在唐初修撰的《北史》和《隋书》的记载中，隋唐之时，汉代由冉駹夷所居的范围内则出现了被称作“嘉良夷”的族群。关于嘉良夷所居地理位置，《隋书·附国传》记：“附国者，蜀郡西北二千里，即汉之西南夷也。有嘉良夷，即其东部，所居种姓自相率领，土俗与附国同，言语少殊，不相统一，其人并无姓氏。”又记：“嘉良有水，阔六七十丈；附国有水，阔百余丈，并南流，用皮为舟而济。”按上述记载，附国在“蜀郡西北二千里”，而嘉良夷在附国的东部，则嘉良夷所处之地即当在

---

① 关于汉代汶山郡的范围，从东汉建安末年所置汶山郡的辖境大体包括了今四川黑水县，邛崃山以东，岷山以南，北川、灌县以西地区来看，其地域是较为辽阔的。参见《辞海》（缩印本），901页，“汶山郡”条，上海，上海辞书出版社，1980。

附国与蜀郡之间，这一范围显然正好与汉代冉駹夷所居“笮之东北”和“蜀之西”的范围相符。至于“嘉良有水，阔六七十丈；附国有水，阔百余丈，并南流”的记载，任乃强先生认为：“附国在甘孜德格一带，嘉良即今的金川。”① 如此，则“附国有水，阔百余丈”，当指今之金沙江；“嘉良有水，阔六七十丈”，则应指今大渡河上游的大、小金川地区，格勒先生也指出：“此‘嘉良有水’，一般学者都认为指大渡河及其上游大金川河。丹巴梭波乡一带的大渡河水流缓慢，解放前仍以牛皮船为渡。此外，大金川、小金川也是‘南流’之河。其水势因河床变化而异，有的河段比较平缓，完全可以通皮船，与史载‘南流’、‘用皮舟而济’的嘉良水相同。”② 此外，“嘉良有水”指大、小金川，“附国有水”指金沙江这一判断，也正好能与附国水“阔百余丈”，嘉良有水“阔六七十丈”的记载相符。

关于隋唐嘉良夷的来源与族属，长期以来，由于泛羌论的流行，相当一部分学者将嘉良夷归为羌，如任乃强先生认为：“附国与嘉良及其他十余部落，都是奉巫教的羌族。”③ 格勒先生认为：“隋唐时期，西山（岷江上游诸山之泛称）一带有许多古羌人部落交错杂居其间。这些古羌人部落经过长期的互相争夺、同化、融合，出现了局部的统一，形成了一些较大的羌人地方政权。如《隋书》记载的‘嘉良夷’，《旧唐书》和《新唐书》记载的‘西山八国’、‘东女国、等。”④ 李绍明也认为：隋之嘉良实为哥邻，“哥邻为西山诸羌一大部落”。⑤ 然而关于隋唐嘉良夷的来龙去脉，30年代马长寿先生在其发表的《嘉戎民族社会史》一文中，曾提出了一个颇值得重视的观点，他从族名音韵和文化习俗两方面论证了汉之冉駹夷即隋唐之嘉良夷，亦即近代的嘉戎，认为三者一脉相承。⑥ 解放后，马先生在《氐与羌》一书中又对其过去的观点做了部分修正，明确指出冉駹——嘉良——嘉戎，“此族非氐，非羌”认为他们“乃远古时从西藏琼部东迁出来的一族”。⑦

除对马先生关于嘉良夷是“远古时从西藏琼部东迁出来的一族”笔者不能苟同

① 任乃强：《四川第十六区民族之分布》，见《任乃强民族研究文集》，北京，民族出版社，1984。李绍明认为嘉良水指大渡河，附国水指今雅砻江；丁谦《隋书四夷传地理考证》则云：“嘉良水当即雅砻江，附国水当即布垒楚河。”参见李绍明：《唐代西山诸羌考略》，载《四川大学学报》，1980（1）。

② 格勒：《古代藏族同化、融合西山诸羌与嘉戎藏族的形成》，载《西藏研究》，1988（2）。

③ 任乃强：《四川第十六区民族之分布》，见《任乃强民族研究文集》，北京，民族出版社，1984。

④ 格勒：《古代藏族同化、融合西山诸羌与嘉戎藏族的形成》，载《西藏研究》，1988（2）。

⑤ 参见李绍明：《唐代西山诸羌考略》，载《四川大学学报》，1980（1）。

⑥ 马长寿：《嘉戎民族社会史》，载《民族学研究集刊》第四辑。

⑦ 参见马长寿：《氐与羌》，25～26页，上海，上海人民出版社，1984。

外（关于此，我们后面还要讨论），笔者不得不为马先生深邃而独到的洞察力所折服。事实上，假如我们用“夷”是与“氐”“羌”有别的西南横断山区一个大的族群类别的观点来看待马先生提出的冉駹——嘉良——嘉戎这一族群演变序列，事情就会更趋明朗。关于汉之冉駹是属于与“氐”“羌”有别的“夷”系族群这一点，已见前述，这是十分清楚和明了的。同样，假如我们仔细推敲《隋书》和《北史》中有关附国、嘉良夷和所谓“西山诸羌”及其地理位置的记载，则不难发现在该记载中，“夷”与“羌”不但迥然有别，而且两者分布的地理位置也完全不同。

在《隋书·附国传》记载中，明确说附国“即汉之西南夷也”，又同时称嘉良为“夷”，并记嘉良夷“土俗与附国同”。这清楚地说明在《隋书》修撰者眼中，附国和嘉良夷乃是同类，两者均为“夷”。这从该记载之后接下来的一大段有关附国和嘉良夷风俗人情及社会状况的描述均统而言之，完全未对附国和嘉良夷做具体区分，可证明在《隋书》修撰者看来，两者的风俗人情及社会状况是大体相同的。《隋书·附国传》还载：“大业四年，（附国）其王遣使素福等八人入朝。明年，又遣其弟子宜林率嘉良夷六十人朝贡。”该书前面曾提到“附国王字宜绘”，可知大业四年的入朝是由附国进行的。次年率嘉良夷六十人朝贡的宜林，则可能是附国王宜绘之子。附国率嘉良夷一同朝贡，可见两者关系密切，应为同种相亲之故。《隋书·附国传》在描述了附国与嘉良夷的风俗和社会之后，还提到“附国南有薄缘夷，风俗亦同”。薄缘夷看来应是较小的部落，但其为“夷”人部落却没有问题。从其处附国之南来判断，应在今四川甘孜藏族自治州境内，很可能是属于汉代白狼夷中的一支。童恩正认为“薄缘夷”可能即是《后汉书》中之“槃木”，因译音不同而异写。① 但笔者以为，“薄缘”之音名，与《后汉书》中所记与“白狼夷”同处“牦牛徼外”的“楼薄夷”似更为接近。②《隋书》对薄缘夷的风俗未做描述，仅称其与附国“风俗亦同”，显然是因为前面对附国和嘉良夷的风俗已有了较详的描述。这表明，《隋书》的修撰者对被他们所称的“夷”——即嘉良“夷”、薄缘“夷”、汉之西南“夷”这类人群类别的特点和风俗大体相同这一点是十分清楚的。而需要注意的是《隋书·附国传》中下面对羌的这段记载：

---

① 参见童恩正：《近年来中国西南民族地区旧战国秦汉时代的考古发现及其研究》，载《考古学报》，1980（4）。

②《后汉书·南蛮西南夷列传》记：“和帝永平十二年，牦牛徼外白狼、楼薄蛮夷王唐缯等，遂率种人十七万口，归义内属。”可见白狼夷与楼薄夷不仅均处“牦牛徼外”，且两者关系密切。楼薄，亦见于《后汉书·和帝纪》《续汉书·天文志》，字或写作“貗薄”，与《隋书》之“薄缘”字形极为相近，故“薄缘”为“貗薄”之讹的可能性极大。

> 附国南有薄缘夷，风俗亦同。西有女国。其东北连山，绵亘数千里，接于党项，往往有羌：大小左封、昔卫、葛延、白狗、向人、望族、林台、春桑、利豆、迷桑、婢药、大硖、白兰、北利摸徒、那鄂、当迷、桑悟、千碉，并在深山穷谷，无大君长。其风俗略同于党项。或役属吐谷浑，或附附国。

这段文字中特别需要注意的是对方位的记载，“西有女国”，联系上下文，这里的“西”显然指附国之西。《隋书·附国传》云：“附国者，蜀郡西北二千余里。”

又曰：“其国南北八百里，东西千五百里。”可知附国地域东西跨度极大，而南北跨度相对较小。如此，则附国之西的女国，当是指时位于藏北和藏东北一带的苏毗。① 需注意的是接下来的“其东北连山，绵亘数千里，接于党项，往往有羌”一句。“其东北连山”，这里的“其”，显然指附国。从附国的东北方向“绵亘数千里，接于党项，往往有羌”，这里所勾勒的羌的分布范围，显然与前面所记嘉良夷的范围截然有别。《隋书》称“有嘉良夷，即其东部”，可见嘉良夷是位于附国的东部，而羌则是分布在附国“其东北连山，绵亘数千里”的范围内。也就是说，羌实际上是分布于嘉良夷以北的地区。若我们以嘉戎的传统居住区即大、小金川流域和岷江流域以西地区作为隋唐嘉良夷的分布范围，那么其时诸羌的分布显然就应该在这一范围的更北的地区，即今甘、青南部和四川阿坝藏族羌族自治州的北部地区。可见，在《隋书》和《北史》的记载中，隋时，“夷”和“羌”这两种族群类别的分布范围是迥然不同的。《隋书》和《北史》的修撰者们在对两者的风俗进行记载时也做了严格的区分。对附国、嘉良夷和薄缘夷，均以“土俗与附国同”或“风俗亦同”记之，并将三者的风俗一并加以描述，未做具体区分。而对诸羌部落，则统称“其风俗略同于党项”。由上可见，隋唐时的嘉良夷是属于“夷”这一族群类别，而非“羌”乃是一目了然的。

既然汉之“冉駹夷”是“夷”，而隋唐之“嘉良夷”同样属于“夷”，且两者前后的分布范围又大体一致，故两者间存在着一脉相承的传承关系应是毫无疑问的。不过，应当承认，这毕竟只是基于两者都属同类族群，即均为“夷”系人群这一点而做出的判断，那么事实是否如此呢？让我们且来看看两者风俗方面的情况。有关冉駹夷之风俗，《后汉书·南蛮西南夷列传》记：

---

① 关于苏毗早期的地理位置，可参见杨正刚：《苏毗初探（一）》，载《中国藏学》，1989（3）。

其王侯颇知文书，而法严重。贵妇人，党母族。死则烧其尸。土多寒气，在盛夏冰犹不释，故夷人冬则避寒，入蜀为佣；夏则违暑，反其〔众〕〔聚〕邑。皆依山居止，累石为室，高者至十余丈，为邛笼。又土地刚卤，不生谷粟麻菽，唯以麦为资，而宜畜牧。有牦牛。

而关于隋唐嘉良夷与附国之风俗，《隋书·附国传》载：

无城栅，近川谷，傍山险。俗好复仇，垒石为巢，以避其患。其巢高至十余丈，下至五六丈，每级以木隔之，其方三四步，巢上方二三步，状似浮图。于下级开小门，从内上通，夜必关闭，以防贼盗。国有三万余家，号令自王出。嘉良夷政令系之酋帅，重罪者死，轻刑罚牛。人皆轻捷，便于击剑。漆皮为牟甲，弓长六尺，以竹为弦。妻其群母及嫂，儿弟死，父兄亦纳其妻。好歌舞，鼓簧，吹长笛。……衣多毛皮裘，全剥牛脚皮为靴。……其土高，气候凉，多风少雨，土宜小麦、青稞。

我们若将以上两段记载进行比较，则不难发现，两段记载中最突出的共同之处有两点：一是有关两者自然环境和物产的记载几乎完全一致。冉駹夷为“土多寒气，在盛夏冰犹不释……又土地刚卤，不生谷粟麻菽，唯以麦为资，而宜畜牧。有牦牛”；嘉良夷则是“……其土高，气候凉，多风少雨。土宜小麦、青稞”，并“衣多毛皮裘，全剥牛脚皮为靴”。二是关于两者居处特点的记载亦完全吻合。冉駹夷是“皆依山居止，累石为室，高者至十余丈，为邛笼”；嘉良夷则是“近川谷，傍山险。……垒石为巢，以避其患。其巢高至十余丈，下至五六丈，每级以木隔之，其方三四步，巢上方二三步，状似浮图。于下级开小门，从内上通，夜必关闭，以防贼盗”。后者实际上是对冉駹夷之“邛笼”做了更详细和更精确的描述。可见，汉之冉駹夷与隋唐嘉良夷，两者在“累石为巢而居”这一独特的居处习俗上是完全吻合的。

综上所述，我们至少有以下四个理由可以证明汉代的冉駹夷即是隋唐的嘉良夷：

第一，两者分布的地域范围大致相同。

第二，两者在汉文史籍中均被记载为是与“氐”“羌”有别的“夷”这一族群类别。

第三，史籍所载两者的自然环境与出产大体一致。

第四，两者均有“累石为巢而居”这一独特的居处习俗。

至于汉之冉駹夷和隋唐嘉良夷在文化习俗方面同近代嘉戎这一族群所呈现的对应关系则更为明显。对此，学术界亦普遍予以认同并做过较多的论述。据笔者综合各家的论点，历史上冉駹夷、嘉良夷同近代嘉戎之间的共同点至少可归纳为以下七个方面：

第一，碉。这是嘉戎地区最为独特、分布也最集中的建筑。在今小金、丹巴、茂县、汶川、理县、马尔康一带，乃比比皆是。其建筑样式与《后汉书》所记冉駹夷之“邛笼”、《隋书》有关嘉良夷“垒石为巢而居”的描述完全相同。马长寿曾指出：“今四川茂、汶、理三县，以岷江为界，自岷江以东多为屋宇，以西多碉楼。且愈西而碉楼愈多，从杂谷脑至大小金川凡嘉戎居住之区，无不以碉楼为其建筑之特征。大体言之，碉楼的分布与嘉戎的分布是一致的。只有茂县岷江以西、黑水以东一带的羌人，大部分已经戎化，所以他们的碉楼建筑亦很众多。”①

第二，《后汉书》记冉駹夷“贵妇人，党母族”。马长寿指出：“嘉戎亦然。近世四土诸地常有女王。夫有爵者死，妻则继之。盖贵妇人之俗也（以作者所知，梭磨曾有女王；党坝亦有女王；绰斯甲近拟遣土司之妹为松岗女王。女王之下，各头人亦可以女子承之，招夫生子，其权仍在女子手中）。”②

第三，葬式。《后汉书》记冉駹夷“死则烧其尸”。今嘉戎地区亦主要流行火葬。《隋书·附国传》记嘉良夷“死后十年而大葬”。格勒认为：“这既是土葬，又是二次葬。现在丹巴的巴底、耳基坪和小金等地仍流行土葬，其中小金有土葬的祖先坟地。”③

第四，汉佣之制。《后汉书》记冉駹夷“夷人冬则避寒，入蜀为佣；夏则违暑，反其邑”。《华阳国志·蜀志》亦载：“夷人冬则避寒入蜀，庸赁自食；夏则避暑返落，岁以常。”马长寿指出：“今日嘉戎尚多如此。每年秋后，嘉戎之民，褐衣左袒，毳冠佩刀，背绳负锤，出灌县西南成都平原。询之，皆为汉人作临时佣工也。其中虽有黑水羌民，但为数无多。按嘉戎佣工精二术，莫与京者：一为凿井；一为砌壁。成都、崇庆、郫、灌之井，大都为此辈凿成。盖成都平原，土质甚厚。井浅则易淤，以深为佳。汉工掏凿无此勇毅。故须嘉戎任之。砌壁更为此族绝技。嘉戎居地无陶砖，屋壁皆以石砌。石片厚一二寸，虽不规则，而嘉戎能斫制契石，辗转调度。故所砌壁，坚固整齐，如笔削然，汉匠不能也。”④ 马先生这里所言，皆 20 世纪 30—40 年代的情况。

第五，《隋书·附国传》记嘉良夷“人皆轻捷，便于击剑。漆皮为牟甲，弓长六

---

① 马长寿：《氐与羌》，27 页，上海，上海人民出版社，1984。

② 马长寿：《嘉戎民族社会史》，载《民族学研究集刊》第四辑。

③ 格勒：《古代藏族同化、融合西山诸羌与嘉戎藏族的形成》，载《西藏研究》，1988（2）。

④ 马长寿：《嘉戎民族社会史》，载《民族学研究集刊》第四辑。

尺，以竹为弦”。格勒指出：“我们调查得知，丹巴县巴底有一俗称‘弓剑舞’的古老舞蹈，当地又称生日舞，即生日那天跳这种舞。我们知道藏族是不过生日的，而巴底人却有生日，但又与汉族的生日不同。巴底藏民的生日一生只过一次，即49岁那年过一次生日，这一天要跳‘弓剑舞’。这种被当地称为生日舞的舞蹈，就我们所去过的藏区极为罕见，当是嘉良夷‘带甲舞剑’的遗风。”① “弓剑舞”在今嘉戎地区作为一种传统的民族舞蹈仍得以保留。② 此外李绍明指出，《隋书·附国传》“所记嘉良衣饰、帽状、靴形等，于今相较亦无不合，胸前悬金花者，即今嘉戎胸前所悬盛灵物之花盒‘呷乌’也”③。

第六，《隋书·附国传》记嘉良夷“妻其群母及嫂，儿弟死，父兄亦纳其妻”。李绍明指出：“今日嘉戎中尚行兄弟共妻之俗，且有母方居制（招赘），舅权特大，夫兄弟婚，妻姊妹婚，以及姑舅表优先婚等，而与史籍所记嘉良极类似〔原注：参见林耀华：《川康嘉戎的家庭与婚姻》，载《燕京社会科学》1948年本〕。”④

第七，地理环境相合。马长寿云：“冉駹地理环境，与今嘉戎区全合。”⑤ 格勒也指出：“《隋书》所记载嘉良夷之自然环境、物产及风俗与嘉戎地区大同小异。”⑥

另外，在族名方面，据马长寿考证，古之“冉駹”也与今之“嘉戎”相合。⑦

因此，从以上这些证据，我们有充足理由赞同和肯定马长寿先生在60多年前所得出的“汉之冉駹即隋唐之嘉良，亦即近代的嘉戎。此族非氐，非羌”这一结论的正确性。

不过，需要指出的是，马先生所提出的“汉之冉駹即隋唐之嘉良，亦即近代的嘉戎”这一族系演变序列虽为相当数量的学者所认同，但过去因受泛羌论的影响，对这一族系之族属的认定则仍以氐羌说为主宰。即普遍认为汉之冉駹和隋唐之嘉良均为“羌”，而近代之嘉戎则是该羌部自吐蕃时代以来逐渐被藏族同化、融合所形成。⑧ 马先生以其独到的洞察力首次提出该族系“非氐，非羌”，显然将对这一问题的认识大大向前推进了一步。但对该族系具体属何种族群类别，马先生却并未给出令人信服的

---

① 格勒：《古代藏族同化、融合西山诸羌与嘉戎藏族的形成》，载《西藏研究》，1988（2）。

② 参见彭洪文、拉尔吾加：《嘉绒藏区的弓剑舞》，载《中国西藏》，1994（2）。

③ 李绍明：《唐代西山诸羌考略》，载《四川大学学报》，1980（1）。

④ 李绍明：《唐代西山诸羌考略》，载《四川大学学报》，1980（1）。

⑤ 马长寿：《嘉戎民族社会史》，载《民族学研究集刊》第四辑。

⑥ 格勒：《古代藏族同化、融合西山诸羌与嘉戎藏族的形成》，载《西藏研究》，1988（2）。

⑦ 参见马长寿：《氐与羌》，26页，上海，上海人民出版社，1984。

⑧ 参见格勒：《古代藏族同化、融合西山诸羌与嘉戎藏族的形成》，载《西藏研究》，1988（2）。

答案。造成这种局面的原因，显然诚如蒙默先生所言，正在于学术界在对西南民族的研究中长期以来均混“夷”于“羌”，基本上忽视了汉文史籍中俯拾皆是的关于“夷”“夷人”“夷种”这一明显与“氐”“羌”有别的古代族群的记载。关于汉之冉駹夷和隋唐嘉良夷是同属于“夷”这一族群类别，并且两者之间有一脉相承之传承关系，我们在前面已做了详细的论证。事实上，如果我们从‘夷”这一族群类别的角度来看待汉之冉駹夷、隋唐之嘉良夷同近代嘉戎之间的关系，则可以更清楚地看到他们在族群类别上的一脉相承的传承性。

在近代以来，汉人和汉文史书中对嘉戎这一族群，除使用“土民”“土族”“番”“番民”等称谓外，还普遍沿用“夷”“夷人”“夷民”“夷族”这一称谓。如解放前，小金一带的汉人曾泛称当地嘉戎人为“夷人”或“夷族”。①《全蜀土司记》载：“瓦寺安抚司……管二十七寨，夷民八十六户。”②《金川琐记》记金川嘉戎之语言曰：“夷语语言谈异，谓水曰答儿，谓火曰突米，称其头人曰达鲁，称其土司曰尔甲尔布，非通事译字不能解，官其地数年始得通一二。其头人中常往京师朝觐者语言清利，全似燕音，几不复知为土著，即其服饰仪文。虽中土人好自修饰者，亦无过之。盖夷人混沌未开，犹是浑金璞玉，易就雕琢也。”③ 清代文人著述中，也多将嘉戎之民称为“夷”，如清同治《杂谷厅志》卷四《边防》录“夷俗”云：“依山居止，累石为室，高者至十余丈为邛笼，彼土夷人呼为碉。”可见其是将嘉戎之碉作为“夷”俗来记载的。查明清至近代以来，汉人著述中对川西北地区这一范围内各少数民族的称谓，主要有“番”“土”“夷”三种。大体而言，前两种称谓可用于所有的少数民族（如西番、羌、嘉戎、藏等)，而唯独“夷”这一称谓却仅用于指称嘉戎，而极少用于嘉戎以外的其他族群。这一现象表明，汉人将嘉戎称作“夷”绝不是偶然的，而是有其特定的内涵与历史渊源。这个特定内涵和历史渊源就是：在汉人眼中，嘉戎的主体乃历史上“夷人”（或称“夷”系民族）之后裔。实际上，汉人直呼今嘉戎地区的人群为“夷人”应始自唐代。唐人李贤注《后汉书》，其在《南蛮西南夷列传》所述冉駹夷之“邛笼”之下即注曰：“按今彼土夷人呼为碉也。”说明当时唐人已将同样有居处“邛笼”之俗的嘉良夷直呼为了“夷人”。这进一步说明，《后汉书》所记“冉駹夷”和《隋书》所记“嘉良夷”之“夷”绝不是一些人所认为的那样是汉人对外族的泛指，而是对一个与“氐”“羌”有别的族群种类的专称。不可否认，“夷”是他称族名，是出自古代汉人及史家笔下的一个对西南族群类别的称谓，这一

① 西南民族学院民族研究所：《嘉绒藏族调查材料》，1984 年铅印本。

② 《全蜀土司记》卷四。

③ 李心衡纂：《金川琐记》（卷六），上海，商务印书馆，1941。

称谓实际上包含了当时汉人及其史家对西南地区“非我族类”的各族群的一种识别和区分。一般说来，一个民族对另一个民族的称谓，往往不仅包含对该民族的认识，也包含对该民族与其他民族的比较与区分，它是双方在一个较为漫长的自然交往过程中逐步形成的，而一旦形成，就很难轻易改变。从这一意义上说，从明清至近代，汉人仍将嘉戎称作“夷”，实际上就包含着这样一种认定，即在汉人看来，嘉戎之主体仍是历史“冉駹夷”和“嘉良夷”之“夷”人后裔。清人所撰《平定金川方略》称“兹金川为西南夷杂种”，也表明清人仍是将当时金川居民的主体成分当做汉代“西南夷”之“夷”这一人群类别来认定的。所以，嘉戎在明清和近代以来仍被称作“夷”“夷人”“夷族”的事实，可以充分证明该族群之主体成分实际上正是历史上被称作“冉駹夷”和“嘉良夷”的“夷”人的后裔。

需要指出的是，今天的嘉戎已成为藏族中的一支，这乃是自吐蕃时代以来嘉戎逐渐受到藏族同化、融合的结果。这种同化和融合实际上包括两个层面：一是在文化上对藏族文化的全面接受。这主要体现为其自后弘期以来全面接受了藏传佛教信仰及与之相伴随的一整套宗教寺院制度和文化，并逐步与藏族之间因基于共同的信仰和宗教文化制度而产生了相互的文化和心理认同。二是与藏族所发生的在族群与血缘上的混同。唐代，今嘉戎地区曾为吐蕃所占领，嘉戎诸部也直接受吐蕃役属和统治长达百余年。因嘉戎一带曾是吐蕃与唐交战的前沿地区，吐蕃在此派驻有相当数量的军队是没有问题的。① 在吐蕃王朝崩溃后，这些来自遥远西藏的吐蕃驻军大多无力返回本土，遂定居当地，并逐步融入嘉戎族群之中。由于吐蕃时代，吐蕃人及其驻军为当地之统治民族，其地位较高，在吐蕃王朝灭亡后，因他们在当地的地位及社会认同程度仍然较高，他们中相当一部分人可能继续掌有权力。自明清以来所陆续册封的地方头人即嘉戎十八土司中，不少土司家族如瓦寺、杂谷、梭磨、松岗、绰斯甲、巴底、巴旺等均有关于祖先是远古时自西藏某地迁来的传说，或直接将其祖先追溯自吐蕃大将，这大多是有史实依据和真实可信的。当然也不排除其中个别土司家族有伪托祖先世系以抬高其社会声望的情况。不过，需要指出的是，唐代吐蕃军队定居当地并在后来逐渐融入嘉戎族群之中，显然并不等于整个嘉戎之民是从吐蕃迁入。这正如李绍明先生所言：

（嘉戎）诸部将其远祖溯自吐蕃大将，则反映今嘉戎统治者来自藏中这一历史事实。嘉戎土司虽来自藏中，但人户不会过多，长此以往为统率戎

---

① 参见康巴：《嘉绒藏族族源探索》，见《嘉绒史料集》，转引自四川藏学研究所编：《嘉绒藏族研究资料丛编》，6页，1995年铅印本。

故，自不能不“变服从其俗而长之”，如是久之，此吐蕃统治者即为嘉戎所同化，而融入其中。与此相反，嘉戎受吐蕃统治亦逐渐与吐蕃融合。于是，本系嘉戎土司来自吐蕃之传说，逐渐入于民间，后人不辨真伪，遂以为嘉戎人民亦来自吐蕃，实乃大误。①

因此，马长寿根据部分嘉戎土司家族关于其祖来自西藏琼部的传说，而认定整个嘉戎族群是“远古时从西藏琼部东迁出来的一族”的看法，显然是不能成立的。

此外，由于嘉戎地区又与羌、汉相接，且历史上彼此长期交往和联系，故今之嘉戎族群中肯定也不同程度地融有羌、汉等民族成分。清人称金川之民为“西南夷杂种”，所谓“杂种”，也正是就此而言。因此，从严格的意义上说，我们并不能说今天的嘉戎即是隋唐的嘉良夷，但就族属演变之源流而论，今嘉戎其最本源和主体之成分是历史上一脉相承的“冉駹夷”和“嘉良夷”之“夷”，而非“氐”和“羌”，则是毫无疑义的。

六、嘉戎与彝语支民族和藏族的渊源关系

前文从族系演变的源流，从今之嘉戎与历史上“冉駹夷”和“嘉良夷”之“夷”这一族群类别在地理环境、文化习俗乃至族名音韵等方面的吻合与对应，论证了嘉戎族群之本原和主体成分是与“氐”“羌”有别的“夷”，是历史上“夷”系民族的后裔，而非过去不少学者所认为的“羌”和“氐”。另外，今彝语支民族的祖先主要是西南横断山区范围内历史上被称作“某某夷”“夷人”“夷种”的族群，如彝族最早的源头是“昆明夷”，彝族在近代和民国仍被普遍地称作“夷人”“夷族”；纳西族在历史上则被称作“摩娑夷”，而其更早的族源则与历史上的“牦牛夷”“白狼夷”有密切关系。因此，古代横断山脉地区的“夷”即“夷”系民族是今彝语支民族较为直系的祖先人群这一点是毫无疑问的。但这就提出一个问题，既然今彝语支民族主要为历史上“夷”人之后裔，而今嘉戎之主体成分同样为历史上“夷”人之后裔，那么按此推断，今之嘉戎与彝语支民族之间在文化及习俗等方面就必然应存在某些联系和共同点。因此，要最终确证嘉戎之主体成分是历史上的“夷”，而非“羌”和“氐”，一个非常关键的环节还取决于我们能否在嘉戎与今彝语支民族之间寻找到某些相似的文化习俗痕迹及共同点。

① 李绍明：《唐代西山诸羌考略》，载《四川大学学报》，1980（1）。

首先要指出的是，任何族群的文化及习俗都与其所居住的自然环境相联系，同一祖先或同一族群类别的人，因其所居住的自然环境的不同也会产生文化及习俗上的差异，这一点是毫无疑义的。所以，尽管嘉戎和今彝语支民族同属历史上“夷”人之后裔，但由于长期以来其所处地域环境的不同，两者在文化习俗上已逐步形成了其各自的特点是毋庸置疑的。但由于两者历史上有着共同的族源联系并属同一族群类别，所以他们在文化习俗上保留某些相似的痕迹和共同点仍是难以避免的。下面，让我们对嘉戎族群传统的服饰特点做一个考察。

从服饰上看，嘉戎族群的传统服饰与其他藏族地区的服饰有较大的差别。其中，在嘉戎过去较为传统的服饰中，最具特色的是百褶裙、头帕和披毡。

百褶裙是嘉戎妇女过去最传统和最常见的装束之一。据史志记载，嘉戎妇女最典型的装束是上穿短褂，下穿百褶长裙。据1958年对小金县结思乡的调查，当地“妇女穿短衫和胡麻布的百褶裙”，并且“男子每人有一套白毛毪衫，妇女每人有一套花边的上衣和一条五颜六色的百褶裙”，这一每人必备的装束，多在节日时穿用。①1958年对理县甘堡屯的调查中，也记载当地妇女“穿白麻布或羊毛毪子做成的长衫，内穿长裤，外套褶裙”②。这里的“褶裙”即指百褶裙。1954年对理县兴隆乡的调查，当地妇女亦“穿镶有花边的黑色衣服，着褶裙”③。总之，嘉戎地区的妇女旧时均普遍穿百褶裙。解放后，随着外部影响加剧，少女的装束往往求新求变并日趋多元化，但在20世纪50年代末和20世纪六七十年代，30岁以上的妇女仍多穿百褶裙。④现在嘉戎地区平时已很难看到穿百褶裙的妇女，但在节日或跳锅庄等活动时，偶尔还有妇女穿百褶裙。

在藏族中，穿百褶裙的习俗极为罕见。除在靠近纳西族地区的今四川甘孜藏族自治州乡城一带的藏族因受摩梭人的影响而有穿百褶裙的习俗外，⑤其他地区如今西藏、青海和甘肃以及四川和云南等其他藏区的藏族中，均无穿百褶裙的习俗。所以，在藏族中，穿百褶裙的习俗可以说主要仅见于嘉戎族群。但是，在辽阔的西南横断山

---

① 参见四川民族调查组：《小金县结思乡社会调查》（1958年12月调查），见四川省编辑组：《四川省阿坝州藏族社会历史调查》，368页，成都，四川省社会科学院出版社，1985。

② 四川民族调查组：《理县甘堡屯社会情况调查》（1958年12月调查），见四川省编辑组：《四川省阿坝州藏族社会历史调查》，410页，成都，四川省社会科学院出版社，1985。

③ 中共理县县委调查组：《理县兴隆乡调查》（1954年调查），见四川省编辑组：《四川省阿坝州藏族社会历史调查》，401页，成都，四川省社会科学院出版社，1985。

④ 参见彭建中：《嘉绒藏族历史浅析》，见《嘉绒史料集》，转引自四川藏学研究所：《嘉绒藏族研究资料丛编》，921页，1955年铅印本。

⑤ 参见康定民族师专编写组：《甘孜藏族自治州民族志》，157页，北京，当代中国出版社，1994。

脉地区，却有大量的民族有穿百褶裙的习俗。其中最典型的乃是分布于四川大、小凉山和云南及贵州西部这一辽阔地域的彝族，穿百褶裙可以说是彝族妇女最典型和最突出的服饰特点。① 除彝族以外，穿百褶裙习俗的还有云南西北的普米族，云南南部的哈尼族，云南西部和四川西南部的纳西族、傈僳族以及四川和云南交界的泸沽湖周围的摩梭人等。② 值得特别注意的是，在西南横断山脉地区范围内，以上这些妇女穿百褶裙习俗的民族，除普米族属于羌语支或未定支外，其余的民族如彝族、纳西族、哈尼族、傈僳族及摩梭人从其语言分类上均属于今彝语支的民族。因此我们可以认为，妇女穿百褶裙，显然应是嘉戎族群与今彝语支民族的一个共通的习俗。

嘉戎妇女普遍有戴头帕的习俗。一般是“头上搭黑色或白色绣角花的头帕，一般只绣有丝线花边，年青姑娘和少妇头帕四角也绣有鲜色花朵。头发从前额梳起，有留小发辫的，也有不留发辫的。发辫下端，分别接青、红、蓝等颜色的发线绾于头上”③。据 1958 年对小金县结思乡的调查，“妇女的头发要加假发和丝线，辫成两根辫子，头上顶一块黑色头巾（一方黑布折成六层），然后辫子把头巾夹紧。头巾用五色线锁边子，有的还要绣花”④。嘉庆《四川通志》卷九十八记其妇女“发结细辫，头裹花帕”。《章谷屯志略》称：嘉戎女“梳双发辫束顶上，罩以青布帕。处女以发辫一根为别”⑤。小金县别思满屯的妇女则是“头顶黑色湖皱帕（长有一丈，短有七八尺长的布料，褶折成长方形，反搭在头上），以假发辫子围绕头帕裹缠两三圈。……头顶布帕子，颜色是黑、蓝两种”⑥。总的来说，戴头帕是嘉戎妇女的普遍习俗，且无论平时和节日均戴，而男子不戴头帕。大体而言，不绣花的头帕是中老年妇女所用，少女和少妇的头帕绣有彩线花，中间或四角绣花朵。少女的头帕在四角或前两角吊彩线，少妇的头帕则只绣花不吊彩线，所以少女和少妇从其所戴头帕上能予以区分。头发梳一根或两根发辫，下端接蓝色或红色毛线，将发辫绕头顶搭头帕的四

---

① 参见伍精忠：《凉山彝族风俗》，成都，四川民族出版社，1993；岭光电：《凉山彝族习俗点滴》，中央民族学院彝族历史文献编译室，1985 年编印本。

② 参见严汝娴等：《普米族》，北京，民族出版社，1986；王恒杰：《傈僳族》，北京，民族出版社，1987；李近春等：《纳西族》，北京，民族出版社，1984；《哈尼族简史简志合编》（初稿），中国科学院民族研究所云南少数民族社会历史调查组编，1962 年铅印本。

③ 彭建中：《嘉绒藏族历史浅析》，见《嘉戎史料集》，转引自四川藏学研究所：《嘉戎藏族研究资料丛编》，921 页，1995 年铅印本。

④ 四川民族调查组：《小金县结思乡社会调查》（1958 年 12 月调查），见四川编辑组：《四川省阿坝州藏族社会历史调查》，368 页，成都，四川省社会科学院出版社，1985。

⑤ 吴德煦：《章谷屯志略》，同治十三年版。

⑥ 曾木多口述，州政协文史资料室整理：《小金县别思满屯有关衣、食、住方面的情况》，见《阿坝藏族自治州文史资料选辑》（第一集）。

分之三处，再斜绾束于后。

妇女戴头帕的习俗完全不见于其他藏区。但在嘉戎的附近地区及横断山脉地区民族中则多有戴头帕的习俗。阿坝藏族羌族自治州茂县雅都乡的羌族有戴头帕的习俗，但其他地区的羌族却无此习俗。这可能因为雅都乡靠近嘉戎居住的黑水县，故受到了嘉戎的影响。而在横断山区的部分彝族、哈尼族、白族、怒族民族中也有戴头帕的习俗，这些民族均属于彝语支民族。可见戴头帕主要是属于彝语支民族的习俗。

在嘉戎的有些地方保留有披披毡的习惯。披毡又叫皮褂，嘉戎语称为“阿戈”。阿戈平时不披，只在跳锅庄舞时才披。披阿戈的习惯并不是在整个嘉戎地区流行，而是仅在墨尔多神山周围的山寨才有。①

彝族也有披披毡的习惯。嘉戎族群只是在跳锅舞时才披披毡，而彝族男女老幼平时都披披毡。披毡用羊毛制作，颜色多为黑色和羊毛本色。披披毡的习惯在云南西部的纳西族中也有。②

综上所述我们可以看到，在服饰民俗的文化因素上，嘉戎与今彝语支各民族之间的共同点相当多，这表明两者在文化上的关系是较为密切的。两者在文化因素上所呈现的这些诸多共同点显然不是偶然的，实际上应是嘉戎与彝语支民族共同渊源于历史上“夷”人即“夷”系民族之事实在文化上的孑遗与痕迹。

在嘉戎的文化中另一个值得注意的事实，则是嘉戎之语言与藏语的联系。嘉戎有自己的语言——嘉戎语。嘉戎语在语言分类上属于今汉藏语系藏缅语族中的一种语言，这是没有疑义的。但在藏缅语族的语言中，嘉戎语具体应归属于哪一个语支，学术界却存在较大的分歧。主要有四种意见：一种意见认为嘉戎语是今藏语的一种方言③；一种意见认为嘉戎语是属于藏语支的语言④；一种意见认为嘉戎语应属今羌语支⑤；还有一种意见认为嘉戎语的语言特点较为特殊和复杂，目前还难以归入哪一个具体的语支，故主张语支未定说⑥。从以上这些分歧可以看出，目前语言学界对于嘉戎语的认识还具有很大的不确定性，这实际上又是由嘉戎语自身的复杂性和特殊性所

---

① ［日］佐古田喜博：《嘉绒藏族的民俗特点》。此文系四川大学日本留学生佐古田喜博的硕士论文，尚待发表。

② 参见李近春等：《纳西族》，北京，民族出版社，1984。

③ 参见王尧：《藏语“Mig”字古读考——兼论藏语声调的发生和发展》，载《民族语文》，1981（4）；阿旺措成：《略论藏语方言——嘉戎语》，载《西藏研究》（藏文版），1983（1）。

④ 参见瞿霭堂：《嘉戎语概况》，载《民族语文》，1984（2）。

⑤ 参见孙宏开：《六江流域的民族语言及其系属分类》，见云南省民族研究所：《民族学报》（第三期），昆明，云南民族出版社，1983。

⑥ 参见《我国各民族语言系属表》，见《中国少数民族语言》，成都，四川民族出版社，1984。

决定的。

不过，尽管对嘉戎语的分类存在以上种种分歧，但语言学界对嘉戎语的看法有一点几乎是完全一致的：即嘉戎语与古藏语之间存在着密切的关系。这一点，早在20世纪40年代就已为学术界所认识，顾颉刚先生在《浪口村笔记》中即云："川边有一支名嘉戎者，其语言似较拉萨及拉卜楞为古。"① 语言学家瞿霭堂在对嘉戎语做系统研究后指出，嘉戎语"在语音和词汇上接近藏语，在语法上则与同语支羌语、普米语以及尼泊尔境内部分喜马拉雅语言有共同点"②。这可以说比较全面和准确地勾勒了嘉戎语与藏语及其他语言的关系。

首先，从语音上看，嘉戎语的语音与古藏语的语音异常接近。王尧先生通过词汇类比，发现今天嘉戎语中一些词汇的读音竟与敦煌古藏文写卷中同类词汇的读音完全一致，因而主张"嘉戎语话列为古代藏语的代表"③，认为"就嘉戎语话的发音情况来看，它和其他方言的发音，再加上古文献材料，构成一个'历史系列'"④。对嘉戎语话与古藏语在读音上的惊人一致，赞拉·阿旺也做了如下阐述：

> 嘉戎语话与古藏语在读音方面确实存在着共同的音变规律。所以，噶玛·司徒大师、毛尔盖·桑木旦教授和王尧教授等都说嘉戎语话是至今保留古藏语较多的一个地方话是有缘由的。本来有些古藏语的意义至今已经转移了，但因没有留下文字记载，所以今天很难寻释。但如果你了解今天的嘉戎话，了解今天嘉戎话对该词（同一意义的词）的解释，就会明白该词当时的准确意义。这对研究古藏文很有益处。比如古藏文中的"pron""dbres""gang bya gang la""zhu bu lub""gung bkros"等字在卫、康、安三大方言和各类词典中是找不到解释的，但在嘉戎话里却是今天的口语。前面所写的词在现今嘉戎话中的意义为"白色""路""大家都""很多""虎皮"。这些词的含义用到文中解释恰到好处。因之，可以说嘉戎话是藏语的一个活化石。⑤

---

① 顾颉刚：《浪口村笔记》，转引自邓廷良：《甲绒与牦牛羌》，载《社会科学战线》，1981（2）。

② 瞿霭堂：《嘉戎语概况》，载《民族语文》，1984（2）。

③ 参见王尧：《藏语"Mig"字古读考——兼论藏语声调的发生和发展》，载《民族语文》，1981（4）。

④ 参见王尧：《藏语"Mig"字古读考——兼论藏语声调的发生和发展》，载《民族语文》，1981（4）。

⑤ 赞拉·阿旺、王建民：《嘉戎语面貌观》，载《西南民族学院学报》，1991（3）。

其次，嘉戎语与古藏语的另一个共同点，是两者均有丰富的构词前缀。“嘉戎语和（现代）藏语在构词方面有明显的差别，最引人注目的是嘉戎语构词前缀发达，后缀很少，而现代藏语正相反，构词后缀发达，前缀很少，但是有迹象表明，古代藏语可能曾有过类似嘉戎语的构词前缀（或前置成分）”①。古藏语中有发达的构词前缀这一事实亦为语言学家的研究所证实。著名藏语言学者胡坦即指出：“藏文创始时期，有许多前缀音。例如：塞音前缀 b－d－g－；鼻音前缀 ɦ 冉虢 n－m－；续音前缀 r－l－s－。它们可以加在词根声母的前头，构成各种辅音群，区别不同的语词。”② 还有学者指出：“古代藏语中也曾有过与嘉戎语构词前缀相同或相类似的前置成分，从古代藏文文献中的许多异体字可以看出一些痕迹”③，并认为“不仅嘉戎语和古藏语有构词前缀，而且在藏语周边的其他亲属语言中也存在丰富的前缀，这说明古代藏缅语曾广泛利用过前缀，只是后来由于语言分化，各自走了不同的道路”④。

第三，嘉戎语中存在大量的藏语借词。瞿霭堂指出：“嘉戎语的词汇主要由本语词、藏语借词和汉语借词三部分组成。藏语借词占整个词汇的37%左右，是嘉戎语词汇的一个重要特点。”⑤ 不过，有的学者认为，在嘉戎语37%的藏语借词中，有些是藏语借词，有些却并非“借词”，而是两者的“同源词”。⑥ 王尧先生则从嘉戎语是藏语中一个特别方言的角度提出：“有人认为嘉戎话里有大量的藏语借词，或者说是在拉萨学经的僧人带回家乡的书面语。看来，这是由于认为嘉戎话是独立的语言而形成的观点，需要进一步探索。”⑦

总之，以上三点，不仅表明嘉戎语与藏语关系密切，而且与古藏语有着更为密切的关系。这正如藏族学者司徒班钦（si－tu－pan－chen）在《文法详解》中所说：“相传康区的安多和嘉戎等地（藏区）东北诸地方居住的人们完整地保持古代吐蕃腹

---

① 李兴友：《嘉戎语与藏语关系词分析》（中央民族学院攻读硕士研究生学位论文，导师胡坦教授、黄布凡教授），见四川藏学研究所：《嘉绒藏族研究资料丛编》，463页，1995年铅印本。

② 胡坦：《藏语拉萨话声调研究》，载《民族语文》，1980（1）。

③ 李兴友：《嘉戎语与藏语关系词分析》（中央民族学院攻读硕士研究生学位论文，导师胡坦教授、黄布凡教授），见四川藏学研究所：《嘉绒藏族研究资料丛编》，460页，1995年铅印本。

④ 李兴友：《嘉戎语与藏语关系词分析》（中央民族学院攻读硕士研究生学位论文，导师胡坦教授、黄布凡教授），见四川藏学研究所：《嘉绒藏族研究资料丛编》，461页，1995年铅印本。

⑤ 瞿霭堂：《嘉戎语概况》，载《民族语文》，1984（2）。

⑥ 参见李兴友：《嘉戎语与藏语关系词分析》（中央民族学院攻读硕士研究生学位论文，导师胡坦教授、黄布凡教授），见四川藏学研究所：《嘉绒藏族研究资料丛编》，460～468页，1995年铅印本。

⑦ 王尧：《藏语“Mig”字古读考——兼论藏语声调的发生和发展》，载《民族语文》，1981（4）。

心地区的读音和文字的念法，这些地区方言颇有神韵，除基字以外，前后加字均可准确读出，这是确凿的事实。”①

那么，对嘉戎语与古藏语之间在语音、词汇及构词前缀方面呈现的惊人一致，应如何解释？这一现象本身又包含着什么样的历史与文化内涵？这无疑是一个极为关键的问题，它对我们从历史渊源和民族系统上进一步认识嘉戎族群有着非同寻常的意义。对这一问题，学者们曾尝试从各方面加以解释。一种观点认为，这是吐蕃时代吐蕃人向嘉戎地区移民所致。藏族学者毛尔盖即说：“《安多政教史》说，多麦南北的人种大部分是吐蕃法王（按：指松赞干布）安置在唐蕃边境驻军的传人，所以其语言系属也较多地保存了未曾变化的古音。如此论断，嘉木查瓦绒（即嘉戎）方言中未曾变化的古藏语成分占了很大的比例。”② 这种观点看起来似乎有道理，但它却难以解释为何嘉戎语与古藏语之间存在大量“同源词”的问题。因为这种观点从根本上是将嘉戎语与古藏语看做两种不同的语言。事实上，两种不同的语言之间无论其相互影响的程度如何，均只能产生“借词”，而难以产生大量的“同源词”。正因为如此，有学者始从更深的层面对嘉戎语与古藏语的关系做了这样的认识：“嘉戎话的基本词汇有那么多的藏语古词，这不是偶然的，不是用‘借词’和‘同源词’可以得到解释的。那是同一民族长期生活在同一地区所形成的，因为这一地区山大沟深，地势险要，它与其他藏区往来甚少，别的地方语言发展了，而该地区长期处于停滞状态，发展很慢，所以，至今保留着不少古藏词和古藏音，因之，不少研究藏学的学者认为嘉戎话是保留古藏语成分最多的藏语方言。”③ 这一观点，对我们理解嘉戎语与古藏语的关系有重要的启示意义。该观点认为嘉戎语与藏语从根本上是同源的语言，后因其地域的分隔，藏语获得较大发展，嘉戎语则因其地域闭塞而发展迟缓，葆有较原始的面貌，故使嘉戎语中得以保留不少古藏词和古藏音。也就是说，嘉戎语与藏语乃是同一种语言的两种不同方言，两者的差异从根本上只是因地域分隔所导致的各自发展程度的不同而造成的。笔者以为，这一观点是大体可以成立的。此外，也有学者更进一步从藏东横断山区古代族群与藏族在族源上的渊源联系来解释嘉戎语与古藏语的关系：“藏语与甲绒语的区别不但非族别上的差异，且反证明甲绒与‘诸藏’乃至亲关系。亦是甲绒即古牦牛羌之重要证据。而今天拉萨及青海藏语乃是牦牛羌人入藏

---

① 转引自毛尔盖·桑木旦：《藏族史齐东明镜》，赞拉·阿旺措成、佘万治译，见杨岭多吉主编：《四川藏学研究（三）》，388页，成都，四川民族出版社，1995。

② 毛尔盖·桑木旦：《藏族史齐东明镜》，赞拉·阿旺措成、佘万治译，见杨岭多吉主编：《四川藏学研究（三）》，388页，成都，四川民族出版社，1995。

③ 赞拉·阿旺、王建民：《嘉戎语面貌观》，载《西南民族学院学报》，1991（3）。

后来羌后，吸收当地语言发展起来的‘官话’及方言。”① 这里，将嘉戎说成古牦牛羌并认为古牦牛羌向西藏迁徙是导致嘉戎语与藏语同源的原因的看法，显然是受长期以来流行的“泛羌论”的影响，沿袭了传统上将整个横断山区的古代族群均视为“羌”的错误认识。但必须承认，这种从族源的渊源关系来理解语言之间渊源关系的观点却显然是一个正确的思路。这正如方国瑜先生所言：“历史上有亲属关系的族，语言也是亲属关系，故从语言的亲属关系来了解族属的关系，在一般的族源问题上是正确的，虽然语言不是唯一的条件，但它是重要的条件，每一个族，可以从语源来决定族的渊源。”② 因此，从此意义上说，嘉戎语与古藏语之间所存在的渊源关系，其实质是揭示了嘉戎与藏族两者在族源上存在某种古老的关系。事实上，假如我们不是以“泛羌论”的观点将嘉戎视为“羌”，而是从嘉戎之主体成分是古代横断山区“夷”人之后裔这一背景来认识嘉戎族群与藏族在族源上的渊源关系，那么，我们对于嘉戎语与古藏语之间所存在的密切关系也就不难理解了。

第一，藏语按其语言系属划分是属于藏缅语族的语言。而操藏缅语族语言的大多数民族均分布于藏东横断山脉地区，因此，从语言的系属上看，藏族与横断山区操藏缅语语言的民族在历史上存在某种古老的族源联系是毫无疑问的。

第二，藏族与横断山区的族群存在古老的族源关系的事实，已被敦煌古藏文写卷和藏文苯教典籍中有关远古时代横断山区的“穆”与西藏腹心地区的“恰”这两大氏族之间联姻及密切交往所证实。

第三，在敦煌古藏文写卷和藏文苯教典籍的记载中，横断山区的“穆”这一氏族是被作为构成藏族祖先的重要人群来看待的。“穆”“恰”不仅是相互联姻的氏族，从敦煌写卷的记载看，“穆”的文明要高于“恰”，并且“穆”人又是藏地最古老的苯教——“笃本”的传播者。据此可以断定，来自横断山区的“穆”人的语言就很可能是构成原始藏语的最重要的组成部分。

第四，前面我们已经论证，藏文史料中所称的“穆”人，从各种条件看，均与汉文史籍中所记的“夷”这一族群类别相符。故可以断定，藏文史料中的“穆”，实际上正是指汉文史籍中所称的“夷”这一族群类别。

以上四点，已足以构成我们理解嘉戎语与古藏语之间存在渊源关系的一个基本的族源背景。不过，需要指出的是，嘉戎语与古藏语之间存在渊源关系的事实，反过来，也同样有力地支持和印证了我们前面所论证的嘉戎族群之主体是历史上“夷”人的后裔，而非“氐”“羌”的看法。

---

① 邓廷良：《甲绒与牦牛羌》，载《社会科学战线》，1981（2）。

② 方国瑜：《彝族史稿》，25页，成都，四川民族出版社，1984。

前面我们已指出，今彝语支民族的先民主要是横断山区古代“夷”人，而“夷”人事实上即是藏文史料中所言之“穆”人，故“夷”这一族群与藏族有着古老的族源上的渊源关系是没有问题的。因此，从这一意义上说，横断山区的古代“夷”人显然就应同时具有两个基本特征：一是它与今彝语支民族之间应存在明显的渊源关系；二是它与藏族之间同样应具有密切渊源联系。用这一标准来衡量，《后汉书·南蛮西南夷列传》中所记载的当时分布于“牦牛徼外”地区的白狼夷显然正好与之相合。东汉时由白狼夷遗留下来并被称作“夷人本语”的白狼语，一方面与今彝语支（包括缅语支）的语言相接近，另一方面又同时与藏语支相接近，有学者还认为“甚至藏语与白狼语相接近的程度还有可能更深一些”①。所以，从古白狼语的这一特征来看，东汉时代的“白狼夷”属于横断山区的古代“夷”人系统当确定无疑。而值得惊奇的是，今之嘉戎族群亦同样具有与东汉白狼夷相一致的特征，即一方面嘉戎族群在服饰习俗等文化因素上与今彝语支民族有诸多共同点，并且该族群从明清至近代在汉文文献及汉人的称谓中仍与彝族一样，被称作“夷”；另一方面，嘉戎的语言又与古藏语之间存在着明显的渊源关系。所以，从这两个基本特征来判断，今嘉戎族群的主体是属于古代横断山区“夷”人之后裔同样是确定无疑的。

从前面我们所提到的，今属于彝语支的彝族、纳西族、傈僳族、哈尼族、拉祜族、景颇族等民族均普遍保留着有关其祖先来自北方的史诗、传说和相关文化痕迹，并均将其祖先的居住地追溯到一个更寒冷且江河之水自北向南流的地区来看，今彝语支民族的先民即古代的“夷”人最早的集中分布地区主要应在今川西高原亦即汉代人所称的“牦牛徼外”（约相当于今四川甘孜藏族自治州地区）及“蜀之西”汶山郡这一范围内，且从《史记·西南夷列传》“自筰以东北，君长以什数，冉駹最大”的记载看，冉駹应是当时“夷”人这一大的族群类别中分布最靠北的一支。嗣后，分布于“牦牛徼外”并被泛称为“徼外夷”的“夷”人族群可能逐渐发生了普遍的南移，他们最终成为了今彝语支民族的较为直系的祖先人群（当然不能排除他们在南移过程中不同程度地融合和吸收了一些其他的民族成分，如彝族明显地包含了古代濮人的成分即是如此）。而汉代之冉駹夷——隋唐之嘉良夷——近代之嘉戎这一“夷”人族系则显然应是横断山区古代“夷”人中未曾南迁的一支。此外，由于嘉戎地区自来山大沟深，地理环境尤其是大、小金川流域一带与其他地区相对隔绝，所以，在嘉戎族群中较多地保存了古代“夷”人的文化面貌及痕迹是不难理解的。这或许正是嘉戎话的基本词汇中保留了那么多藏语古音、古词的原因。不过，对我们来说，最重要的却是：东汉时遗留下来的作为“夷人本语”的白狼语与藏语相接近和作为汉

① 陈庆英：《〈白狼歌〉新探》，载《江河源文化研究》，1992（2）。

冉駹夷和隋唐嘉良夷之“夷”人直系后裔的嘉戎族群的语言同样与古藏语相接近的事实，显然已充分印证了横断山区的古代“夷”人即是藏文史料所记居住于横断山区的“穆”人并且这一族系的人群同西藏腹心地区的氏族曾发生过异常密切的族源关系。这正如藏文史料所载，他们不仅是相互世代联姻的氏族，而且“夷”人（亦即“穆”人）的宗教（即原始笃本）及其文化也对西藏腹心地区氏族发生了强烈影响，他们是藏地古老的苯教——笃本的直接传播者。从古夷人的语言白狼语和作为夷人后裔的嘉戎族群的语言均与藏语尤其是古藏语相接近的事实来看，夷人的语言显然同样对西藏腹心地区氏族发生过巨大影响。从敦煌古藏文写卷 P. T. 126 Ⅱ 的记载看，在夷人（即“穆”人）与藏地腹心地区氏族（即“穆”“恰”）交往的时代，“穆”（即夷人）的文明要高于“恰”，且“穆”人又是藏地古老苯教——笃本的传播者，故可以肯定，在“穆”“恰”交往中，“穆”即夷人的语言必定是居于强势和支配的地位。因此，从这一意义上说，古代夷人的语言极可能是形成原始藏语的主导性语言。唯其如此，我们才能够解释东汉时的“夷人本语”白狼语及作为历史上“夷”人后裔的嘉戎族群之语言，为何会同古藏语的面貌呈现出惊人的一致。

此外，我们说嘉戎之主体是古代“夷”人即藏文史料所称之“穆”人的后裔，还有一个证据可与之相印证，这就是苯教。嘉戎地区历来为苯教（当地又称“黑教”）盛行之地且苯教在嘉戎之中有着极古老和根深蒂固之传统。15 世纪以前，在嘉戎地区，苯教虽受到藏传佛教一些教派的挑战，但却始终未动摇其地位，仍由苯教一统天下。①《金川县绰斯甲地区土司制度调查报告》亦云：“在清乾隆年间金川事变前，嘉绒全区为黑教。”② 对嘉戎地区历史上所盛行的苯教，以往的传统看法均认为是吐蕃时代或更早的时代由西藏传入，③ 这种看法可能大有问题。事实上严格地说，今天的嘉戎地区存在着两种苯教：一种是体制化的“苯教”，这种苯教因其对藏传佛教的借鉴和摄取已趋于系统和组织化，它有自己的寺院、经典和一整套相对完备的制度，这种苯教实际上已成为带有浓厚佛教色彩并与藏传佛教各派相并存的一个宗教流派。④ 但在嘉戎地区最具特点的却是另一种形式的“苯教”——这就是原始的、古老的和具有浓厚民间化特点的苯教。这种苯教没有寺院，严格地说也没有属于自己的系统的经典。对嘉戎地区所存在的这种极其古老和民间化的苯教形式，彭建中在《嘉

---

① 参见《阿坝藏族羌族自治州藏传佛教史略》编委会：《阿坝藏族羌族自治州藏传佛教史略》，29 ~ 51 页，成都，四川民族出版社，1990。

② 《金川县绰斯甲地区土司制度调查报告》，载《民族社会历史调查报告集》（第二辑上册）。

③ 参见《阿坝藏族羌族自治州藏传佛教史略》编委会：《阿坝藏族羌族自治州藏传佛教史略》，29 ~ 39 页，成都，四川民族出版社，1990。

④ 参见石硕：《吐蕃政教关系史》，10 ~ 17 页，成都，四川人民出版社，2000。

绒藏族历史浅析》一文中曾做了这样的描述：

在丹巴和嘉绒地区的藏传佛教苯教派和宁玛派之中还有其分支——更巴和工巴，汉称道士或道教。主要指在苯波和宁玛派中都有的，只受修炼戒而不出家的宗教职业者。是一种既不脱离生产劳动、有妻室儿女，只在各自村寨或一定范围内走家串户为人念经祝福的宗教职业人员。它与汉区所称之端公、神汉、巫婆和其他一些少数民族中称巫师者有一定区别。丹巴和其他嘉绒藏区，如康定的鱼通、孔玉、金汤等以及有宁玛巴（红教）、苯波（黑教）信徒的地方，特别是丹巴境内的“更巴”（工巴）在民间有着广泛的市场和影响。可以说，嘉绒藏区的“更巴”（道士），是原始苯教巫师的缩影和再现，是古老原始苯教的“活化石”，而今天“更巴”所奉行的宗教仪式、仪轨和内容绝大部分就是古代苯教巫师活动的再现。①

这里作者将这种存在于民间的古老宗教形成称作“古老原始苯教的‘活化石’”，认为“今天‘更巴’所奉行的宗教仪式、仪轨和内容绝大部分就是古代苯教巫师活动的再现”的看法，乃是极准确和富有洞见的。任乃强在20世纪40年代亦指出：“现在金川区内，喇嘛寺虽多已奉命改兴黄教，但古老的黑教，仍有许多教徒散布民间，传演黑教，至今不衰。这批黑教徒的教法，颇类于巫。”② 这里所指的也正是这种呈原始面貌的民间苯教，可见在当时这种苯教是十分流行的。马长寿先生20世纪40年代在对嘉戎地区的调查中也指出：

余此次考察大小金川民族，在嘉戎区有所谓“共伯”，道坞语区有所谓“奥外”者，均为信奉钵教神祇之一派，吾人可名之曰“钵教巫士”。此种巫士，衣饰与常人同，除奉钵教之神祇外，兼奉各地之山神，与羌民端公、罗夷毕母所奉之地方山神性质相同。巫师所执行之任务，与钵僧不同，而偏重日常生活不安现象之祈禳，故与钵僧并存不悖。最可注意者，为此种巫士对于钵佛并无根深蒂固之信仰。吾人想象，在佛教入藏之时，原始钵教徒盖

---

① 彭建中：《嘉绒藏族历史浅析》，见《嘉绒史料集》，转引自四川藏学研究所：《嘉绒藏族研究资料丛编》，506～507页，1995年铅印本。

② 任乃强：《四川第十六区民族之分布》，见《任乃强民族研究文集》，北京，民族出版社，1984。

亦作如此状态。①

这里，马先生所述的正是20世纪40年代存在于嘉戎地区的原始民间苯教之面貌。马先生同样认为此种苯教即是佛教传入之前藏地苯教之古老状态，并指出："古代钵教充斥于藏康之间……至今，在东喜马拉雅山，与西康，以及康藏东南部，尚可寻到不少古钵之遗教。"② 这一看法极为正确。对于40年代存在于嘉戎地区的这种"古钵之遗教"，马长寿在《钵教源流》一文中曾有较详细的记述。③ 而对今天嘉戎地区存在于民间的苯教巫师，《甘孜藏族自治州民族志》中亦做了如下记载：

> 在丹巴县一带称"更巴"，在康定县鱼通区一带称"公嘛"，在道孚县一带称"奥外"。这些巫师平时在家，从事劳动，若被人请，才外出念经和施行巫术。使用经典少数为苯波教派经典，多数使用宁玛派经典。使用法器与藏传佛教各派使用法器基本相同。施行的巫术多为请神祈福、禳灾驱鬼、占卜、诅咒投食等。丹巴、康定两县的藏族民间，家中除请寺庙僧人念经外，亦尚延请"更巴"和"公嘛"，做"法事"（即施行巫术）。④

事实上，这种古老的呈原始面貌的苯教显然并不是藏文史籍记载的止贡赞普之时由克什米尔、勃律、象雄三地传入的苯教（即"伽苯"）⑤，而恰恰应该是止贡赞普以前由"穆"人所传播的古老苯教——笃本。《土观宗派源流》记："当时的苯教（指笃本——引者），只有下方作镇压鬼怪，上方作供祀天神，中间作兴旺人家的法事而已，并未出现苯教见地方面的说法。"⑥ 敦煌古藏文写卷 P. T. 126 Ⅱ亦记"穆"

---

① 马长寿：《钵教源流》，载《民族学研究集刊》，1943（3）。此处转引自《藏事论文选·宗教集》（上册），159～160页，拉萨，西藏人民出版社，1985。

② 马长寿：《钵教源流》，载《民族学研究集刊》，1943（3）。此处转引自《藏事论文选·宗教集》（上册），142页，拉萨，西藏人民出版社，1985。

③ 参见马长寿：《钵教源流》，载《民族学研究集刊》，1943（3）。此处转引自《藏事论文选·宗教集》（上册），136～168页，拉萨，西藏人民出版社，1985。

④ 康定民族师专编写组：《甘孜藏族自治州民族志》，107页，北京，当代中国出版社，1994。

⑤ 刘立千先生认为："伽苯，意为游走苯，指由外地流传进来的苯教。"这与《土观宗派源流》在谈到伽苯时称"这三人（指由克什米尔、勃律、象雄三地来的苯教徒）未来藏以前，苯教所持之见地如何，还不能明白指出，此以后苯教也有了关于见地方面的言论。据说伽苯乃融混外道大自在天派而成的"的定义完全一致。参见土观·罗桑却季尼玛，刘立千译注：《土观宗派源流》，194页、340页，拉萨，西藏人民出版社，1984。

⑥ 土观·罗桑却季尼玛，刘立千译注：《土观宗派源流》，194页，拉萨，西藏人民出版社，1984。

人的宗教是“上供天神，下镇魔妖”①。关于笃本的内容，《本教源流》中还做了这样的记载：

> 聂赤赞普时期，有因本（即笃本——引者）……（他们）奉养上神、奉行怙主、诵经招福、牲畜兴旺、赎身替罪、神鬼安宁、广行善事、饶益众生、诵经祷告、酬补护神、平息战争、解除痛苦、法术治疗、断除烦恼、占卜卦算、了知往事、祈颂奉神、预知吉凶、回向祭品、身往他方、降伏妖魔、除害安民、本神护王摄政，本师卦卜征战。②

从这些特点看，笃本乃是一种缺乏理论、内容，主要为“上供天神，下镇魔妖”，与实际生活有紧密联系并带有某种服务性功能的原始宗教。这种宗教显然是靠民间巫师来传播和操作的。有学者认为，古藏文写本中有对 bon – po 做“师公”的解释，师公即巫师，故认为 bon – po 的含义最初并不是一种宗教名称，而是一种远古时代对原始宗教巫师的称谓，③ 这是很有道理的。从以上由“穆”人所传的笃本之性质和特点来看，显然同嘉戎地区至今保留下来的那些活动于民间的巫师（即 bon – po），专以念经和施行巫术而为人请神祈福、禳灾驱鬼、占卜、诅咒投食的带有民间实用性功能的古老的苯教形式是完全同出一辙。藏文史籍明确记载七赤天王时代的古老苯教——笃本是由“穆”人所传的宗教，前已论证，藏文史料所称的“穆”人事实上即横断山区的古代“夷”人，而嘉戎的主体成分不仅是历史上“夷”人之后裔，而且是古代“夷”人族系中未曾南迁的一支，其文化的变异相对较小。因此，在嘉戎族群中较多地延续和保留了古“夷”人的文化因素和特点是不难理解的。从这一意义上说，在嘉戎地区所保留下来的那种存在于民间的异常古老的苯教，那种被称作“古老原始苯教‘活化石’”的苯教，就极可能是最初由古代“夷”人（即“穆”人）所传播的藏地最古老的苯教——笃本的一种残留形式。或许正是由于苯教在嘉戎地区有着古老的渊源和根深蒂固的传统，故有人曾提出嘉戎地区应为苯教的发源地，认为：“嘉戎本波教的历史最久，势力最大，胜迹最多，处处呈本波教起源圣地象征，符合早期史料记载本教圣地情形。”④ 虽然笔者对提出该观点的许多具体论证

① 褚俊杰：《吐蕃远古氏族“恰”、“穆”研究》附一《P. T. 126Ⅱ. 译文》，见《藏学研究论丛》（第2辑），29页，拉萨，西藏人民出版社，1990。

② 夏察·扎西坚赞，索南才让译：《本教源流》（节译），载《西藏研究》，1989（1）。

③ 参见格勒、祝启源：《藏族本教的起源与发展问题探讨》，载《世界宗教研究》，1986（2）。

④ 晏春元：《本波教起源地象雄为嘉绒地区》，载《西藏研究》，1989（3、4）。

并不赞同,① 但必须承认，“嘉戎地区为本教发源地”这一说法却并非毫无依据。只是这一说法显然过于局限、笼统和欠准确，有必要对其做进一步的限定和修正，若将其修正为：“藏地最古老的本教——笃本是发源于横断山区古代夷人（即‘穆’人）地区，其中也包括嘉戎地区”，则完全能够成立。

不过，需要指出的是，虽然藏文苯教典籍中明确记载止贡赞普以前的古老苯教——是由横断山区“穆”人（即“夷”人）所传的宗教，但要将当时藏地所流行的笃本与今横断山区一些族群的宗教完全对显然存在很大难度。这一是因为藏文史料中有关“笃本”情况的记载甚少；二是在漫长的历史发展中横断山区诸民族的宗教面貌已发生了很大改变，许多原始和古老的宗教痕迹已逐渐湮没或被取代。就这一背景而言，纳西族的东巴教和嘉戎地区仍留存于民间的苯教形式很可能是迄今承袭和积淀古老宗教成分最多的两种形态。但关于它们与藏地古老苯教——笃本之间的联系，显然还有待于学术界做更深的挖掘和进一步的探讨。

① 如该文对笃本和止贡赞普时由克什米尔、象雄等地传入的伽苯完全未做区分，而将“本教”笼而统之，此外其论证也多有牵强之处。

论“二纵三横”的“民族走廊”格局*

李星星

一、问题的提出

（一）费孝通先生讲话的主题

关于“民族走廊”及民族“全国格局”问题的提出，要从费孝通先生在20世纪70年代末、80年代初的三次重要讲话谈起。①

费先生的三次讲话，一次是1978年9月在政协全国委员会民族组会议上的发言，题为《关于我国民族的识别问题》。第二次是1982年5月27日在武汉同社会学研究班及中南民族学院部分少数民族同志座谈会上的讲话，题为《谈深入开展民族调查问题》。第三次是1982年12月7日在中央民族学院民族研究所座谈会上的讲话，题为《民族社会调查的尝试》。这三次讲话虽然谈的是民族识别和民族调查等具体问题，但引申出的话题更加宏大。三次讲话实际都集中了一个主题，即检讨过去民族调查及民族研究存在的缺乏整体观点和宏观眼光的缺陷，提出“我们需要一个宏观的、全面的、整体的观念”，“从一个整体，从中华民族这个整体来看”问题。②

费先生分别从两个具体问题，即川西北平武白马藏人的族属和广西大瑶山瑶族内部关系的问题，引发出两个互为补充的重要观点：一是关于地域联系的观点，提出“要解决（白马藏人族属）这个问题可能要扩大研究面，把北至甘肃，南到西藏西南

---

* 本文原载《凉山民族研究》，2003年刊，154页。

① 费孝通三次讲话内容按时间顺序分别发表于：《中国社会科学》，1980（1）；《中南民族学院学报》，1982（3）；《从事社会学五十年》，天津，天津人民出版社，1983。

② 费孝通：《谈深入开展民族调查问题》，载《中南民族学院学报》，1982（3）。

的察隅、珞隅这一带地区全面联系起来”[1]；二是关于民族关系的观点，指出把“民族与民族之间分开来研究，很难把情况真正了解清楚”，因而需要从整体上把握民族之间的关系及“各民族间的往来变动”。由此，费先生提出了“走廊”研究和关于民族研究的主张：“我主张最好是按历史形成的民族地区来进行研究”[2]。并通过分划地理及民族“板块”的方式，将其主张进一步引申、扩大为全国民族大格局的构想。

费先生在第一次讲话中即谈到了位于藏东、川西汉藏和藏彝之间的“走廊”。在第二次讲话中，不仅将前次所谈的“走廊”正式冠名为“藏彝走廊”，又提出了“西北走廊”和“南岭走廊”两个概念。明确指出，这些地带“就是我所说的历史形成的民族地区”。并就此进行概括：“一条西北走廊，一条藏彝走廊，一条南岭走廊，还有一个地区包括东北几省。倘若这样来看，中华民族差不多就有一个全面的概念了”。在第三次讲话中，更全面、更详细地提到：“从宏观的研究说来，中华民族所在的地域至少可以大体分成北部草原地区，东北角的高山森林区，西南角的青藏高原，藏彝走廊，然后云贵高原，南岭走廊，沿海地区和中原地区。这是全国这个棋盘的格局。”从连续三次讲话的内容中反映出，费先生以区域“板块”联系的方式建构全国民族格局的构想，一次比一次清晰和成熟。

费先生的三次讲话尤其是其中的区域联系观点和宏观的整体观点，不仅在当时对于民族学及民族社会学等学科领域的研究具有重大的指导意义，而且也为他后来形成具有指导全局的学说——“中华民族多元一体格局”的系统思想，做出了重要的铺垫。

从学术背景上说，费先生当时提出从宏观、全面、整体的观点看问题，并不仅仅是出自对过去经验的总结以及自身学术经验的积累，其中还有中国文化传统及时代的背景作用。中国文化传统包括古典的文化传统，以及近现代形成的马克思主义及所谓民族学苏维埃学派的思想传统。中国由于其地理环境的特殊性及其承载的历史演进的特殊性，决定了在思想文化传统上历来注重“一元”、“一统”及联系（如“天人合一”）的整体观。马克思主义更是以宇宙的物质统一性和关联性为其哲学的基本思想。从时代背景上看，20世纪70—80年代，世界流行的系统论、信息论、控制论等横断科学的思想，已涌入中国。以有机整体和系统的观点及方法来把握事物，已开始在各个学科领域重新受到重视。总之，无论从学术经验还是从学术思想的文化背景，抑或是从时代背景来看，费孝通先生在民族学及民族社会学研究领域里，率先提出了宏观的整体观点，并运用它来构造全国民族的大格局。

---

① 费孝通：《关于我国民族的识别问题》，载《中国社会科学》，1980（1）。

② 费孝通：《谈深入开展民族调查问题》，载《中南民族学院学报》，1982（3）。

（二）“民族走廊”的认识

关于“走廊”的认识，可以说，自20世纪30年代以来，许多在藏东川西高原峡谷地区从事人类学及其他学科研究的学者，都对这个地区的特殊地理环境有所认识，都发现这个区域在历史上对于民族历史活动来说，具有联结和交通的性质。但是，始终没有人明确提出一个人文学科的特定概念来界定这个区域的特殊性。费孝通先生可谓是首先做这项工作的人，正如他所说：“我是在1979年提出这个问题的”①。他实际提出了“民族走廊”的概念，从而开拓了一个新的研究领域。

费孝通先生在第一次讲话中所提出的“走廊”，实际指的就是历史民族“走廊”。照他的话说就是“历史形成的民族地区”。例如，他所说的汉藏及藏彝之间的“这个走廊在历史上是被称为羌、氐、戎等名称的民族活动的地区”。在第二次讲话中，费先生首次提出了“藏彝走廊”这个术语。同时还使用了“南岭走廊”和“西北走廊”的提法。费先生不仅提出了新的学术概念，而且还在民族学及民族社会学领域里，将“走廊”研究置于十分重要的地位。例如，他在第一次讲话中说：“我们以康定为中心向东和向南大体上划出了一条走廊，把这走廊中一向存在着的语言和历史上的疑难问题，一旦串联起来，有点像下围棋，一子相连，全盘皆活。这条走廊正处在彝藏之间，沉积着许多现在还活着的历史遗留，应当是历史与语言科学的一个宝贵的园地”。在第二次讲话中又说：“假如我们能把这条走廊都描写出来，可以解决很多问题，诸如民族的形成、接触、融合、变化等”。他不仅确认了“走廊”研究本身的价值，而且还将“走廊”作为构造全国民族总体格局的重要构件。因此，说费孝通先生实际开创了“走廊”学说，那也不算过分。

不过，就建立“走廊”学说而言，笔者以为，费先生的意见还有所局限。其主要表现在如下三个方面：其一，尚未对“走廊”概念在学术上进行较为细致的和全面的定位。对于“走廊”及“藏彝走廊”都没有严格定义。对于具体“走廊”，比如“藏彝走廊”，尚欠较详细的文化性质及时空的描述。其二，对于全国“民族走廊”的认定尚欠完整。“走廊”名称也不大统一。例如，“藏彝走廊”“南岭走廊”“西北走廊”，分别使用了民族、地理和方位的概念，缺乏统一性。另外，全国是否就只有这三条“民族走廊”？比如说，大体呈东北—西南走向的巫山、武陵山、雪峰山及清江、沅江流域地区，史前有“三苗”，先秦有“巴濮”，而后有“五溪蛮”“苗蛮”“土蛮”“仡佬蛮”等历史民族在此生息、活动，至今仍是土家、苗等少数民族聚居地区。这个纵向地带完全符合费先生所说“历史形成的民族地区”的标准。而这个

① 费孝通：《谈深入开展民族调查问题》，载《中南民族学院学报》，1982（3）。

地带是否算“民族走廊”？其三，在全国民族格局中，将“走廊”与“板块”（如“东北角的高山森林区”“西南角的青藏高原”“中原地区”等）混淆在一起。这使得格局构造显得不大协调。更未能说明“走廊”在其中的构局作用。

由于费孝通先生三次讲话的核心议题和目标任务都是为确立民族研究的“宏观的整体观点”，提出“走廊”的概念，其最终目的也是为建构全国民族一盘棋的总体格局，因而并未将注意力局限于“走廊”的专题研究。致使“走廊”研究留下缺陷。从这个意义上说，费先生在三次讲话中，尚未建设“走廊”学说。

20世纪90年代初，李绍明先生首次对“民族走廊”做出了定义。他在《西南丝绸之路与民族走廊》一文中写道：“民族走廊是费孝通先生根据民族学界多年来的研究提出的一个新的民族学概念。民族走廊指一定的民族或族群长期沿着一定的自然环境如河流或山脉向外迁徙或流动的路线。在这条走廊中必然保留着该民族或族群众多的历史与文化的沉淀。”①

笔者认为，李绍明先生对“民族走廊”所做的定义，还不够全面和准确，其内涵失之过简，外延又失之过宽。首先，把“民族走廊”定义为某种“路线”，就显得过于宽泛，因为这样的道路实在太多了。如果特指“一定的民族或族群长期”运动的“路线”，那么，横亘于北方的草原地带即是。但李绍明先生又未将其纳入“民族走廊”范围。其次，照先生文中说：“藏彝走廊”“与西南丝绸之路相当”，“西北丝绸之路大体与西北民族走廊相当”。这似乎表示，“民族走廊”应与数量有限的重要的历史文化交通路线相联系。但在其定义中看不出有这样的界定。其三，在文中又将“民族走廊”表述为某种“区域”。例如说“六江流域”，“这一区域即藏彝走廊”。这就对“走廊”的定义使用了“路线”和“区域”两个不同的概念，不合同一律。其四，由于未确定地理环境的特殊性，而对“民族走廊”的空间范围难以界定。例如说到“藏彝走廊”，就将澜沧江、怒江下游地区也纳入“走廊”范围，从而使“藏彝走廊”的南端界线流于宽泛。其五，最重要的是，定义缺乏民族自我保护和选择安全生存地带的含义。“民族走廊”不仅是民族或族群“迁徙或流动的路线”，而且也是民族生息繁衍和保证自身文化传统得以延续的生存地带。李绍明先生也指出“走廊中必然保留着该民族或族群众多的历史与文化的沉淀”，说明他实际已察觉到这样的含义应该纳入“走廊”的概念之中。

尽管如此，李绍明先生的“民族走廊”定义毕竟是对费先生提出的“走廊”概念最先做出的规范化处理。而后亦为学术界所引用。另外，李绍明先生还在其文中特

---

① 李绍明：《李绍明民族学文选》，成都，成都出版社，1995。原载《中国西南的古代交通与文化》，成都，四川大学出版社，1994。

别指出：“对民族走廊的研究，不仅对于民族学、民族史上的许多问题的解决有所助益，而且对于该民族当前的发展亦有现实意义。”这可谓是响应费先生对“走廊”学说的倡导。不过，由于其定义的局限，以及他对“民族走廊”的讨论所针对的是具体的“藏彝走廊”，而且主要是与古代交通和文化交流相联系，并未涉及全国民族格局的问题，因而“走廊”学说实未得以确立。

二、论“民族走廊”

（一）理论与实践准备

在20世纪70—80年代那个特定的背景条件下，笔者也在开始思考如何以系统的观点整体把握中国的历史乃至世界的历史发展。笔者在自然空间即地理环境方面下了不少功夫。最后以《区域历史学》① 为名成书。

《区域历史学》以人类与自然的关系的发展作为出发点和基础，并认为“人类与自然的历史关系只有在一定的空间范围内，才能取得某种系统形式的存在”②。其中特别提出和界定了“区域”这个概念：“区域是这样一种大空间，由于它内部的山川湖海、沙漠草地、森林平原等诸要素及其组合的天然的本质联系，使它注定要在一定历史阶段中成为相对独立的、统一的历史空间”。“区域是空间形式的进一步规定。全球这个潜在的历史空间，在形式上可以划分为若干部分。划分的依据是，各部分内部的各种自然要素及其组合有某种本质的联系；因而各部分相当于一个虽同在世界元系统之内而又自成系统的大空间。这就是区域。例如，西亚—地中海区域，印—巴区域，东亚—中国区域等等”③。

《区域历史学》不仅坚持整体的观点，而且强调相互联系是构成整体存在的基础，并使用“交往”与“交往关系”的概念来实现系统的联系，从而实现“区域历史”的发展。书中指出：“一切真正的统一，是系统之间相互的关联，是一个系统的活动紧密地受着另一个系统的制约；这种关联和相互制约性越不明显，其程度越低，则统一性越差。从宏观上看，全球是一个大的整体结构，其中任何一个局部整体都不

① 李星星：《扩张与交往——区域历史文化简论》，成都，巴蜀书社，1989。因巴蜀书社要求改动书名并压缩篇幅才应允出版，征得作者同意，于是将原书名《区域历史学》改为现名。

② 李星星：《扩张与交往——区域历史文化简论》，12页、15～16页、20页、35页、67页、52页、47页，成都，巴蜀书社，1989。

③ 李星星：《扩张与交往——区域历史文化简论》，12页、15～16页、35页、20页、67页、52页、47页，成都，巴蜀书社，1989。

过是它的有机的组成部分。"① 又说："交往具体地展示人类与自然关系的发展。因此，区域历史文化发展也可视为人类交往发展史。"② 在论述中，特别具体谈到中国少数民族及"残存社会"的发展规律。认为少数民族社会发展规律应该是少数民族与主体民族之间的关系发展问题，同时也是少数民族社会之间的关系发展问题。离开了这些关系，就谈不上少数民族社会历史的发展。③

《区域历史学》虽然没有涉及面前讨论的"民族走廊"的研究，但已触及这个题目，并已涉及中国民族分布格局的问题。书中论到："旧大陆几乎所有的'少数民族'的形成，都与'扩张—退避'运动相关。'扩张—退避'运动造成了民族文化的带状分布：越是远离扩张中心的民族文化，其发育水平越低，越具有古老的特征"。"用一个比较形象的比喻，就像地学中所谓'海底扩张'假说所揭示的那样：为保持地球体的平衡，海底从海岭喷发中心不断扩张或膨胀所增多的部分，又在海沟或两个地质板块的碰接处消失而回归软流层；越是靠近喷发中心的地方，其地质构造越新，形成的年代越晚，相反，越是远离喷发中心的地方，或越是接近板块界线的地方，其地质构造则越古老，形成的年代越早"。《区域历史学》的"交往定律"所揭示的"扩张—萎缩"运动，"也有'收缩'和'消失'相补。在一定发展阶段上的某个历史区域内，离文化势力中心、即扩张中心越近的地方，其民族融合程度越高，民族文化成分越新；反之，离文化势力中心越远的地方，其民族融合程度则越低，民族文化成分则越古老。在历史区域的边缘上，往往是所谓'残存民族'的分布地区，或者是游牧民族活动地带"④。书中还用了不少篇幅，专门论述了在中国北方草原地带存在的"阿尔泰语系各语族民族集团的横向链条"以及"链条拉长"的运动。⑤

笔者追述这些观点，意在表明，面对"民族走廊"以及由此构造的全国大格局这样的研究课题，笔者并非贸然涉入，而是早有思想和理论准备的。至于实践上的准备，那也是从80年代就开始了。

自80年代中期以来，笔者一直在西南如费先生所说的"历史形成的民族地区"，

---

① 李星星：《扩张与交往——区域历史文化简论》，12页、15~16页、35页、20页、67页、52页、47页，成都，巴蜀书社，1989。

② 李星星：《扩张与交往——区域历史文化简论》，12页、15~16页、35页、20页、67页、52页、47页，成都，巴蜀书社，1989。

③ 参见李星星：《扩张与交往——区域历史文化简论》，12页、15~16页、35页、20页、67页、52页、47页，成都，巴蜀书社，1989。

④ 李星星：《扩张与交往——区域历史文化简论》，12页、15~16页、35页、20页、67页、52页、47页，成都，巴蜀书社，1989。

⑤ 参见李星星：《扩张与交往——区域历史文化简论》，12页、15~16页、35页、20页、67页、52页、47页，成都，巴蜀书社，1989。

从事民族学田野工作，尤对“藏彝走廊”和“武陵山走廊”比较熟悉，对其特性有所认识。故能在费先生提出“走廊”概念以后，就自觉地加以运用。例如，笔者在拙著《曲折的回归》中曾说：“翻开中国民族分布图，查看我国少数民族及汉族的分布格局，就可以发现：除了‘东—西’及‘中心—边缘’的分布规律而外，还有一个特点，就是在我国地势三级地形面的两条缝接线上，多为少数民族分布区域。这两条地势分界线上的地形都相当复杂而险恶，唯其山脉、河流的走向一致，大体呈北—南走向。这不仅为民族生存提供了环境条件，而且也为民族迁移提供了良好的通道。从历史来看，古代民族在这两条通道上的移动方向，大多与山川走向一致，即由北而南。由于山川自然走向的偏差，川西民族走廊上活动的古代民族大体由西北往东南方向移动；而沿巫山、武陵山脉移动的古代民族，则大体取东北至西南方向。两条不平行的矢线直指滇黔，在那里交汇，致使当今滇黔仍为少数民族成分最复杂、聚居最多的区域。这一结果，既是山河趋向使然，又与中原扩张密切相关。”① 当时的论述虽仅局限于两条“走廊”，但已涉及较广的面。另外，拙著《攀西裂谷上的生长点》《凉山——大西南开发的制高点》《闰盐古道》《“两线一片”的开放新态势》等论著，② 都讨论到“民族走廊”，并使用了“川西民族走廊”、“藏彝民族走廊”或“藏彝走廊”等概念。

自90年代末以来，笔者对“藏彝走廊”研究的兴趣愈加浓厚，并邀约学术同仁一道开辟“民族走廊”研究的学术阵地。相继发表了“藏彝走廊”的“七大历史文化特征”的论文。③ 在此期间，又重温费孝通先生上述三次讲话，深感对“民族走廊”的研究还需站高一点，确有必要在个体“走廊”研究的基础上，建立宏观的民族学的“走廊”学说。笔者以此想法请教了李绍明先生，先生表示极力支持，并赐教甚多。总之，笔者在此申述自己先前的一些观点，其目的，一是想表明既有需要又有条件，继续扩大和深入前辈的研究；二是想通过“走廊”课题的具体研究，来补充和发展自己先前的一些观点；三是试图以本文的探讨来挥舞“走廊”学说的旗帜，把宏观的“走廊”学说树立起来，以推动“民族走廊”的研究。

---

① 李星星：《曲折的回归——四川酉水土家文化札记》，上海，上海三联书店，1994。

② 李星星、罗勇：《攀西裂谷上的生长点》，成都，四川民族出版社，1995；李星星等：《凉山——大西南开发的制高点》，成都，四川民族出版社，1997；李星星：《闰盐古道》，见《巴蜀文化论集》，成都，四川人民出版社，1999；李星星：《“两线一片”的开放新态势》，载《西南民族学院学报》，1998（1）。

③ 李星星：《藏彝走廊的历史文化特征》，载《中华文化论坛》，2003（1、2）。

（二）“民族走廊”定位

要树立起民族学的“走廊”学说，关键在于对“民族走廊”进行全面定位，包括“民族走廊”的产生、含义、定义，及其历史作用和意义等。以下是笔者对“民族走廊”定位所做的思考。

“走廊”构造：

“民族走廊”是李绍明先生按照费先生的观点首先规范的一个特定概念，是借用“走廊”这个普通词汇来确立的一个民族学概念。概念中的“走廊”一词与之原来词义已有重要区别。

在讨论“民族走廊”这个概念之前，不妨先作这样一个假定：在中国历史或民族史发展长河中，存在“民族走廊”的特殊构造。

由于中国历史上“民族走廊”构造是在中国特定的地理历史条件下产生的，因此，首先需要弄清“民族走廊”构造产生的前提，亦即弄清中国地理环境的特殊性和中国历史运动的特殊性。这个题目何其大，要“弄清”，谈何容易。笔者在此只能扼要论述，尽力简明地说明与“民族走廊”构造相关的问题。

如果按照地理条件及其特征把世界划分为若干人文地理“板块”或文化区域，那么，中国无疑是一个具有特殊性的区域。中国东及东南边沿是海岸线，北及西北为高原草原、沙漠地带，西及西南为高原及高山屏障。大体而言，中国所在的地域及其地形，是力量来自西南的印度板块与欧亚板块撞击以及来自东部的太平洋板块挤压的地质构造的结果。因此，形成中国历史区域的各种自然地理要素，有着黑格尔在其《历史哲学》中所说的那种“本质联系”。由于印度板块的撞击并插入青藏高原底部，造成中国地势由西向东倾斜，并形成地壳厚度向东递减的趋势。再由于太平洋板块的西向抵触，造成青藏高原以东的山脉大体多呈北—南走向。正是这样来自东西向的构造运动，合力造成了中国地势的三级阶梯形式。在由西向东的三级地形面的两条地壳厚度急减地带，即地形面发生转折的两条过渡地带，都是北—南走向呈条带状的山脉分布地带。河流到此沿断裂下切，并顺山脉走势转向，从而构成北南纵向山脉地带河流与山脉相间的高山峡谷地貌。

由地形的三级阶梯形式决定，中国的河流大势向东，特别是发源于青藏高原的黄河、长江，由西向东，流过第二级地形面即由曲折而转为平直。致使大江大河洪积和冲积而形成的冲积平原，大都集中在东部江河中下游地区，尤其集中在低平的第一级地形面上。这一情势至关重要。世界四大古代冲积平原农业文明区域，唯有在中国，大江大河是向东流。而且其流域空间辽阔，有两条地形复杂的地势过渡地带，自然空间形式多样，而不像其他古文明区域大多呈简单的线型形式。

综观世界历史，凡具有悠久农业文明历史的地区，都曾发生过远古人群从河流上游及山地向下游冲积平原地区运动的历史过程。中国也不例外，只是因山河所致，其运动大势向东。远古人群走向冲积平原的结果，就是在世界各个具有地理“本质联系”的区域，建立起具有世界历史意义的冲积平原古代农耕文明。早期的文明区域通过自身具备的文化积累功能，迅速形成一个巨大的引力和扩张中心。尔后无论扩张、排挤或吸引，都造成了一种与先前走向冲积平原相反的逆向运动。

从考古材料上分析，中国远古人群确曾有过由西向东、由南向北的总体方向的运动过程。而至冲积平原农耕文明中心产生以后，历史民族或族群运动的总趋势即发生逆转，开始逐渐呈现由北而南、由东而西的运动趋势。这种方向变化的时代划断，从理论上说大体可以新石器时代为界。而依实际而言，则当以冲积平原农耕文明中心的产生为界。

早期的古代民族或族群在江河上游必定会选择由山脉和河谷构成的通道，而向下游及冲积平原地区移动。同时，其中某些部分必定会受阻或滞留于某些山区，尤其三级地形面上的两条以高山峡谷地貌为主的复杂的地形过渡地带。而当冲积平原古代农耕文明中心产生之后，一定历史民族或族群主要因受到排斥或扩张的压力，也必定会选择由山脉和河谷构成的通道，远避冲积平原，而向冲积平原边缘的地形过渡地带移动。并以这个地带的复杂地形，既作为屏障又作为通衢，而在其中长期栖息和流动，或迁移到他地。这一运动模式作用的结果，不仅造成冲积平原中心与边缘带状分布的民族分布格局，而且还使那些具有屏障和通衢双重性的地带成为“民族走廊”。例如，在第三级向第二级地形面，即从青藏高原向四川盆地和云贵高原过渡的岷山、龙门山及横断山高山峡谷地带；还有在第二级向第一级地形面，亦即从四川盆地向长江中下游平原过渡的巫山、武陵山及雪峰山纵谷地带，都是形成“民族走廊”的自然基础和天然地带。前者即形成了“藏彝走廊”。上述历史运动的情况在大量考古资料和历史文献中，都可以得到反映。

简要地或者比较形象地说，即是：中国自然地理形成东部冲积平原与边缘山区和地形转变地带的高山峡谷区这样的构造。其所承载的历史活动，即使得一定的历史族群集团在冲积平原地区建立起早期农耕文明中心，并逐渐将其扩大，而将冲积平原边缘和地形转变地带留给了另一些历史民族或族群，即后来的少数民族。由此形成了中国特定的农业时代的历史过程以及“民族走廊”的历史构造过程。

以上即是“民族走廊”构造的自然和历史前提及其大略过程。这就表明，在中国历史或民族史发展长河中，存在“民族走廊”的特殊构造，这个假定是可以成立的。

“民族走廊”的概念：

由此可知，关于“民族走廊”的形式、性质、含义及特点等，大致应该从如下四个方面去理解：

一是“民族走廊”的产生与中国古代冲积平原农耕文明中心的形成和发展密切相关。“民族走廊”位于非冲积平原地区，或在冲积平原边缘及河流上游地区，其中活动的民族或族群主体为非冲积平原农业文明中心的民族，包括后来“变成”为非中心区域的民族。换句话说，“民族走廊”实际就是后来成为中国少数民族的那些历史民族或族群活动的特殊地带。这种特殊地带的产生，与中国特殊的地理环境及古代冲积平原农耕文明中心的形成和发展，有着直接的相关性。因此，“民族走廊”在中国历史和中国民族发展史上具有普遍的意义。

二是“民族走廊”具有自然与历史的双重因素。从自然方面来说，“民族走廊”不是单一的自然空间形式，而是由众多山川组成的、具有各种地貌的、复杂的自然形式。其总体自然形式的平面呈条带状；其空间范围大体以其自然形式的转变地带为界。在一条“民族走廊”中，包含若干由山川构成的纵横的天然通道和一些易于封闭的相对隔绝地带。从历史方面来说，“民族走廊”对于在其中活动的历史民族或族群而言，既有山水交通之便，又有山水屏障之用；既可为迁徙、流动的交通道，又可为退避、封锁的庇护之地，以求民族及其社会文化的自我保存。自我保护的内涵十分重要，这是民族求生存的本能反应。正因为有保存的条件，才能使“民族走廊”积淀民族文化，成为历史文化的沉积地带。另外，在“民族走廊”中有某些易于流通的道路，形成古代商道（如古代西南丝绸之路），易被来自古代文明中心的力量所经略和开发。但从总体上说，在农业时代，“民族走廊”一般是不易被政治中心所控制和开发的地带。

三是“民族走廊”具有历时性，而且其历时性与其中族群的流动及方向变化具有相关性。在古代冲积平原农耕文明中心形成以前，大体以趋向冲积平原的迁徙活动为主；方向大势由西而东，由南而北。此后，则大体以退避、避居和迁移为主；方向大势由北而南、由东而西。大致从元代以后，除战争等强力因素逼迫流动而外，“民族走廊”活动大体以维持当地民族社会文化生存为主。“民族走廊”中民族或族群传统社会文化的萎缩、变异、涵化、沉淀，乃至消亡，也是从这个时候起开始加剧。其演化的速度受到“民族走廊”与中原之间距离的影响。一般而言，离中原距离越远、交通越困难的地方，“民族走廊”中的历史文化及“残存文化”因素就保存得越完好、越丰富，“民族走廊”的特性就表现得越显著、越具有典型性，如“藏彝走廊”即是。因此，从某种意义上说，“民族走廊”主要反映的是新石器时代，尤其是冲积平原农耕文明中心产生以后的历史民族动向。

四是“民族走廊”在今天来看，其特征是：主要为少数民族聚居；少数民族传统文化色彩浓郁；沉积的历史文化丰厚，具有古老性、残存性、变异性和流动性等特点。①

综合上述的分析，大体可以给“民族走廊”下这样一个定义：

“民族走廊”是在中国特定的自然历史条件下形成的、处于古代冲积平原农业文明区域边缘、属一定历史民族或族群选择的、多半能够避开文明中心政治经略与开发、既便于迁徙流动又便于躲避以求自我保存的、其地形复杂而又依山川自然走向平面呈条带状的特殊地带。这些特殊地带也是中国少数民族的摇篮。

“民族走廊”是一个历史范畴。“民族走廊”大体在新石器时代即开始步入形成过程。其最终形成以及构造活跃、活动频繁时代，是在冲积平原农耕文明中心产生以后，即大体在尧、舜、禹以后。典籍记载，舜时“流四凶族，迁于四裔，以御螭魅”；“流共工于幽陵，以变北狄；放驩兜于崇山，以变南蛮；迁三苗于三危，以变西戎；殛鲧于羽山，以变东夷；四罪而天下咸服”②。这是“民族走廊”起始时期的一个重要标志。“民族走廊”的活跃期一直延续到唐宋时代。此后，随着农耕经济在山区及边远地区普遍确立和稳定，尤其在元代实行土司制度之后，除“阿尔泰走廊”部分地段而外，“民族走廊”始进入“休眠”期，并走向衰落。明清以后即已成为少数民族顽强维护自身仅存的生存地带和自身文化传统的区域。到今天，“民族走廊”不惟多是少数民族聚居地区，更是民族历史文化的沉积地带，其中“沉积着许多现在还活着的历史遗留”（费孝通语），已使“民族走廊”成为一种特殊的自然和历史文化景观，成为一笔珍贵的、亟待保护的自然和历史文化遗产。

上述关于“民族走廊”的定义尽管表述繁杂，但仍然只是近似的。比如，在实际的历史过程中，有的“民族走廊”或其部分地区，早就难以避开“文明中心的政治经略与开发”。有的表面甚至已失去了民族文化特征，如大巴山走廊。

三、“民族走廊”的全国格局

（一）“二纵三横”构架

笔者在此提出，全国“民族走廊”主要有五条，即“藏彝走廊”“土家—苗瑶走廊”“壮侗走廊”“阿尔泰走廊”“古氐羌走廊”。其中“藏彝走廊”“土家—苗瑶走廊”，为南—北纵向的“民族走廊”；其他三条为东—西横向的“民族走廊”。如此构

① 参见李星星：《藏彝走廊的历史文化特征》，载《中华文化论坛》，2003（1）。

② 《史记·五帝本纪》。

成全国“二纵三横”的“民族走廊”格局。

关于五条“民族走廊”的名称，笔者考虑应该尽量统一。如果用地理概念来统一，相对应可以称为：龙门山—横断山走廊、巫山—武陵山走廊、南岭走廊、北方草原走廊、秦岭—巴山走廊。但是，用地理的概念，一是难以突出民族活动的含义，二是容易与地理学概念（如河西走廊）相混。因此，笔者以为，费孝通先生既然用民族的名称或概念确立了“藏彝走廊”的提法，况且这个提法从民族学角度来说也比较合理，并已被广泛应用。那么，力求对称和统一的办法，最好就是一律采用民族的名称或概念。如此，上述五条“走廊”，前四条的名称都比较对称、统一，唯最末一条亦即“古氐羌走廊”有些例外。其问题，一是虽采用的是民族名称，但那是历史民族的名称；二是容易与“藏彝走廊”混淆，因为“藏彝走廊”历史上活动的民族主要就是古氐羌族群。因此这条“走廊”及其名称的确定，大致会招来较多的异议。然而，笔者使用这个名称虽然勉强却也不无理由。其一，这条“走廊”西端与“藏彝走廊”北端衔接，并部分重合，因而大体亦为古代藏缅语族群尤其氐羌族群所取的东进线路。其二，由于该“走廊”为关中平原及四川盆地所狭，最接近中原，且有汉水便道贯通，故历史民族文化消失甚速、沉淀极深，至今主要为汉族聚居地，少数民族分布甚少，无法选用现实民族名称来命名。因而权且冠名为“古氐羌走廊”。当然，关于“民族走廊”的名称并不是太重要的，重要的是“二纵三横”的整个构架本身。

“二纵三横”作为自然地貌或地理形式是客观存在的，而作为构建全国民族总体格局的“民族走廊”的特定构架，则可以视之为一种假说或见解。这个假说或见解的雏形实际上是费孝通先生提出来的（如说“一条西北走廊，一条藏彝走廊，一条南岭走廊”等），笔者只是将其丰富和具体化。这个假说或见解的提出，并不是没有根据的。其根据主要依赖于如下三个方面：其一，考古资料和历史文献记载。例如，文献记载的三苗出彭蠡洞庭之间、西羌“附落而南”、“廪君蛮”入清江、匈奴、柔然西迁等民族历史活动线索。还有遍布南方的崖葬和呈带状分布于川滇西部的石棺葬等考古文化所提供的历史信息。其二，少数民族的分布状况。包括新中国成立前土司统治地区，以及新中国成立后少数民族聚居和杂居区域。因为少数民族现实的分布状况，实为历史运动的结果。其三，少数民族口头传说和谱牒、巫经等文献记录，以及其他民俗材料。例如，苗瑶语族各语支民族都有曾来自中原地区的历史传说，西南藏缅语各语支民族大都有从西北雪山地区迁来的传说，等等。

费孝通先生在运用“民族走廊”的时候，是把“民族走廊”与“板块”式的地区（如“东北角的高山森林区”“云贵高原”“沿海地区”等）联系在一起说的。而笔者是从另一个角度出发，仅划出“民族走廊”的结构。这并不意味着放弃全国一盘棋的格局，而是意在通过“民族走廊”的框架建设，更有助于理解全国各个区域的总体联系。提请注意，在“二纵三横”的构架中，被“民族走廊”分割开的地域，除高原及山地而外，多是冲积平原及冲积盆地区域，如东北平原、华北平原、长江中下游平原、四川盆地、关中平原、珠江三角洲等。在高原地区，如云贵高原，除分布不少冲积盆地（如大理等地区）而外，还有不少宽阔河谷地带，如怒江、澜沧江下游及元江流域。这种态势对于理解“民族走廊”与冲积平原农耕文化区域的关系，很有意义。

还需要说明的一点就是，在两条“民族走廊”接触和交汇地带，通常也是民族交汇、关系消长、彼此融合的地带；民族情况更显示出复杂性。例如，费孝通先生在讲话中特别提到民族内部关系相当复杂的广西大瑶山区，就正是处在“壮侗走廊”与“土家—苗瑶走廊”接触和交汇的地带。又如，“藏彝走廊”南端延伸部分与“壮侗走廊”西端延伸部分，大致在云南形成交汇区域，致使云南成为少数民族分布量多、民族情况最复杂的省份。

（二）“二纵三横”的“民族走廊”及民族活动概略

以下是对“二纵三横”五条“民族走廊”的简要描述，包括“走廊”的地理位置、范围、主要通道，以及历史民族活动情况。需要事先说明两点：一是关于“走廊”地理范围的界限，前文已经说过“大体以其自然形式的转换地带为界”，例如“藏彝走廊”的西界，当以青藏高原东部边缘与横断山系西北侧边沿接触地带为界，如此等等。所描出的经纬度和长宽距离，均属近似值。二是以下所述某语族不同语支族群按一定方向沿不同的通道运动，例如，藏缅语族三大语支民族或族群，分别通过“藏彝走廊”五条不同的通道南下等，均属笔者提出的假说或见解。有关论证，笔者将另辟专题，恕不赘述。

一纵——“藏彝走廊”：

“藏彝走廊”位在青藏高原东缘中国地势第三级台阶向第二级台阶过渡的地带上，呈西北—东南走向；以藏东川西北高原峡谷地区大体呈西北—东南走向的山川，为其自然地理基础。其坐标位置大体在东经97°～104°，北纬25°～34°之间。直线距离南北长约1200公里，东西宽约750公里。

“藏彝走廊”北起甘青交界的西倾山南侧阿尼玛卿山至岷山一线，即青海果洛、海南及甘肃甘南交界地区；南抵滇西高黎贡山、怒山及云岭南端，以及金沙江南侧至乌蒙山西侧一线，亦即云南腾冲、保山、永平、洱源、宾川、元谋一线；其西界沿巴颜喀拉山西侧，南抵横断山系西北伯舒拉岭、他念他翁山、宁静山之北端，即大体在青海鄂陵湖、玉树至西藏昌都、察隅一线；其东界由北而南自岷山东侧沿龙门山、邛崃山、大凉山外侧，直抵乌蒙山以西，即大体在甘南宕昌、四川平武、北川、九顶山、宝兴、天全、峨边、马边至云南昭通、会泽一线。

古藏缅语民族或族群从青藏高原借道“藏彝走廊”东进南下，主要由五条通道：

其一：自青藏高原沿阿尼玛卿山（积石山）两侧，从黄河大拐弯处东进，以及从甘南洮河上游地区南进，而入川西北草原地区。一些在岷山西侧沿岷江上游南下，一些则从黄河南侧进入大渡河上游，并沿大渡河南下。这大体是羌语支族群所取的道路。

其二：在青海玉树地区金沙江东侧及巴颜喀拉山南麓，东入雅砻江上游。再向雅砻江下游、金沙江流域，以及大渡河、安宁河流域运动。这大体是羌语支及部分彝语支族群所取的道路。

其三：在青海巴颜喀拉山西侧，沿金沙江、澜沧江及两江之间的宁静山、云岭山路，南出云南剑川、洱源地区（由此延伸，尔后可沿哀牢山、元江一线运动）。这大体是彝语支族群运动的路线。

其四：从青海与西藏交界的唐古拉山脉东段两侧，沿怒江、澜沧江上游及两江之间的他念他翁山、怒山山路，南出云南保山、腾冲一带（再由腾冲往西，经缅甸之密支那进入伊洛瓦底江上游。或从保山一带东进洱海地区，再入澜沧江下游和元江流域）。这大体是缅语支和部分彝语支族群运动的路线。

其五：在藏东沿雅鲁藏布江北侧、念青唐古拉山南侧，东入藏东南察隅地区，再顺察余勒河可转入东北印度，并通过印缅边界一些山口入缅甸，进至缅甸亲敦江和伊洛瓦底江上游地区。这大体是缅语支所取道路。

二纵——“土家—苗瑶走廊”：

“土家—苗瑶走廊”位在四川盆地东侧地势第二级台阶向第一级台阶过渡的地带上，呈东北—西南走向；以大体呈东北—西南走向的山川为其自然地理基础。其坐标位置大体在东经108°~111°，北纬26°~31°之间。直线距离南北长约600公里，东西宽约300公里。

“土家—苗瑶走廊”北起巫山、长江一线；南抵乌江、沅江上游湘、黔、桂交界地区；南端接珠江上游北盘江、南盘江地区，即与“壮侗走廊”接触或交汇。其东界在武陵山、雪峰山西北端一侧，大体在鄂西长阳、湘西慈利、隆回至桂北越城岭一线；其西界沿长江与乌江，大体在渝东南石柱、彭水，至黔东北务川、思南，以至黄平、都匀一线。

“土家—苗瑶走廊”主要通道有五：

其一：在长江巫山峡区借峡道南入“走廊”。北接大巴山及汉水中游地区，南经鄂西清江流域，入沅江和乌江流域。这大体是古土家语族群运动的路线。

其二：从长江入清江，进入鄂西清江流域，并与沅江上游酉水流域相汇；亦可转至乌江流域，向南入黔东北及黔东南。这大体是古土家语及部分苗语支族群运动的路线。土家语族群多走水路，苗语支族群则多择山路。

其三：从长江溯乌江及其支流与沅江流域相接，由此南下入黔。这大体也是土家语及苗语支族群运动的路线。

其四：从洞庭湖区溯沅江及武陵山道进入“走廊”，并溯沅江上游支流及两侧山道南下，抵黔东南苗岭及黔桂交界地区。这大体是古苗语支族群所取的道路。

其五：从洞庭湖区于沅江东侧，沿雪峰山—越城岭—都庞岭—萌渚岭山路，南下湘、桂、黔交界地带，并入桂东山区。这大体是古瑶语支族群所取的道路。从湘、桂、黔交界地带沿大庾岭，借南岭山道往东，则可能是畲语支族群所取路线。

此外，还有一道，即从淮河流域至洞庭、鄱阳两湖之间，沿南北走向的大别山—幕阜山—九岭山—武功山—万洋山山路，南接大庾岭。古苗瑶语族群尤其瑶语支、畲语支族群或许也取这条路线南下。在大庾岭一带，往西南为瑶，往东南为畲。或者，在幕阜山一带，畲与瑶即分道而向江西、浙江方向运动。

一横——“壮侗走廊”：

即费先生所说的“南岭走廊”。“壮侗走廊”位在东南珠江、闽江流域与长江流域分水岭地区，略呈东—西走向（稍偏北—南）；以南岭一系列东北—西南走向的山脉及丘陵，以及大体呈西—东走向的珠江支流为其自然地理基础。其坐标位置大体在东经 104°~116°，北纬 23°~26°之间。直线距离东西长约 1800 公里，南北宽约 300 公里。

“壮侗走廊”东起闽南武夷山区；西迄珠江支流北盘江、南盘江上游地区，即黔、桂、滇交界地区，直抵乌蒙山。其北界在南岭北侧一线；其南界大约以北回归线为界。“壮侗走廊”中段北侧，即在长江流域与珠江流域分水的苗岭南麓一带，与“土家—苗瑶走廊”相汇。西端延伸部分与“藏彝走廊”南端延伸部分遥相接触。

古壮侗语民族或族群借“壮侗走廊”西进，主要由两条东西向的通道：

其一：溯珠江而上，沿珠江支流红水河北侧向西，经苗岭南侧，入黔南、黔西及滇东地区。这大体是古侗水语支族群运动的路线。

其二：沿红水河南侧及郁江往西，经左、右江流域，入越南及滇东。这大体是古壮傣语支族群运动的路线。

二横——“阿尔泰走廊”：

“阿尔泰走廊”位在长城以北，呈东—西走向；以平阔的蒙古高原及草原、沙漠为其自然地理基础。其坐标位置大体在东经 75°~120°，北纬 42°~50°之间，直线距离东西长约 2000 公里，南北宽约 1000 公里。

“阿尔泰走廊”东起东北大兴安岭及辽河上游一线；西讫西北阿尔泰山及天山西端一线。其南界在燕山、阴山、河西走廊北侧至塔里木河一线；其北界在额尔古纳河、贝加尔湖南侧至阿尔泰山一线。“阿尔泰走廊”西段如果南界再宽一点，即大体相当于费先生所指的“西北走廊”。

“阿尔泰走廊”至少有两条东—西向的大道，或分南北两路：

其一（北路）：其东端，越大兴安岭，可进入东北松嫩平原，或沿小兴安岭进入三江（黑龙江、松花江、乌苏里江）平原，并转入俄国西部滨海地区。其西端，沿天山北侧，以及沿阿尔泰山南侧，可分两路西出，经哈萨克丘陵，通往西伯利亚及东欧平原。

其二（南路）：其东端，从大兴安岭南侧即辽河上游地区向东，可入东北辽河平原，并直至长白山区和朝鲜半岛。其西端，沿天山南侧，可西出帕米尔山口，再沿兴都库什山两侧，往东南入印度河流域，往西南入伊朗高原，直至西亚。或者，在兴都库什山北侧顺锡尔河、阿姆河，经里海、咸海都拉平原，可西进东欧平原及黑海沿岸。

“阿尔泰走廊”历史上主要为阿尔泰语系突厥语族、蒙古语族、通古斯语族各族群东西运动的地域。另一个重要情况是，在中国，只有北方游牧社会区域对于冲积平原农耕文明区域具有强大的吸引力和冲击力。因此，从文献上看，至迟在先秦时期，“阿尔泰走廊”上的民族集团南向运动的趋势，就已日趋明显。以至于最终造成在中国范围内民族由北而南运动的大趋势；其向南运动与长城以内区域发生历史关系，就大体而言，突厥语族群多取道河西走廊及附近地区；蒙古语族群多取道阴山及河套附近地区；通古斯语族群则多取道燕山及滦河流域地区。

三横——“古氐羌走廊”：

“古氐羌走廊”位在长江、黄河流域分野的秦岭地区，呈西北—东南走向；以东西走向的秦岭山脉及渭河、汉水等河流为其自然地理基础。其坐标位置大体在东经104°~111°，北纬31°~34°之间。直线距离东西长约800公里，南北宽约350公里。

“古氐羌走廊”西起岷山北麓洮河、渭河上游及白龙江流域、汉水上游地区，亦即甘肃临夏、甘南和陇西地区，略在甘肃岷县、陇西一线；东迄秦岭、大巴山东端，略在陕西商南至湖北武当、房县一线。其北界沿渭河一线；其南界在大巴山脉南侧一线。“古氐羌走廊”西端与“藏彝走廊”北端大体衔接，并部分重合，因而亦为藏缅语尤其古氐羌族群所取的东进路线。其西端延伸部分接青海河湟地区及河西走廊，并由此遥接“阿尔泰走廊”西段。其东南端则与“土家—苗瑶走廊”衔接。从广义上说，“古氐羌走廊”包括其西端河湟地区及祁连山通道。

“古氐羌走廊”主要通道有三：

其一：于渭河上游地带西接河西走廊，东沿渭河进入关中平原。这大体为古羌族群东进路线。

其二：在洮、岷地区，西接河、湟及祁连山南路；东取岷山—米仓山—大巴山—巫山山路，或取汉水上游河谷通道，可东入长江、汉水下游地区即江汉平原。其东南端接“土家—苗瑶走廊”。这大体为古氐、羌族群运动路线。土家族先民部分即取此道进入“土家—苗瑶走廊”。

其三：沿岷山北麓白龙江向东入四川嘉陵江上游地区；再向东即接大巴山、汉水通道；向南则与“藏彝走廊”东界部分重合，即沿龙门山东侧，接四川盆地西北部边缘地带。这大体为氐人族群运动路线。

按照笔者以上的描述，五条“民族走廊”中，两条纵向“走廊”即“藏彝走廊”和“土家—苗瑶走廊”的历史民族或族群，主要表现为由北向南的运动。北面横向的“阿尔泰走廊”上的民族集团，主要表现为由东向西和由北向南的运动。南面横向的“壮侗走廊”的历史民族或族群，也主要表现为由东向西和由北向南乃至出海的运动趋向。唯居中的一条横向“走廊”即“古氐羌走廊”中的历史民族或族群，除有一些由西北而东南的运动而外，总体上表现为由西向东的运动。因此，似乎可以说，前四条“民族走廊”的历史民族活动主要反映的是冲积平原农耕文明产生以后的动向。后一条“民族走廊”除有相同反映而外，同时还反映了冲积平原农耕文明产生以前的运动方向。这些运动趋势都是依据前述的各种资料（考古、典籍、民族志等）来判断的。另外，从现实状况来看，除“民族走廊”本身大多属少数民族聚居地带而外，依照历史记载所表现出的“走廊”族群运动的方向性，在“民族走廊”的出口地带，必定也多是少数民族聚居较多或较集中的民族聚居区域。如“藏彝走廊”、“土家—苗瑶走廊”及“壮侗走廊”的出口地带——云贵高原，以及“阿尔泰走廊”的出口地带——新疆西部地区。

结　语

关于“民族走廊”的研究，笔者以费孝通先生、李绍明先生为代表，对前人的研究做了梳理和小结。在继承前辈的研究工作的同时，笔者也做出了富有开拓性的工作，例如，提出在中国特定自然历史条件下“民族走廊”的特殊构造问题；对“民族走廊”的概念进行了较为全面的分析，并做出了更加细致和准确的界定；勾画出“二纵三横”的“民族走廊”的全国格局。

笔者提出的“二纵三横”的“民族走廊”构架，尽管还比较粗糙，论证不够，甚至在某些环节可能有误，但从总体思路上说，进行这样的构架是具有合理性的。一是这个构架大体能够综合反映出历史上民族活动的基本态势和一般趋向；二是这个构架牵涉到现实的所有的少数民族聚居区域，基本能够框定全国民族的总体格局。

笔者在“民族走廊”和“民族走廊”的框架方面所做出的工作，对于在民族学领域里确立“民族走廊”学说，具有重要的意义。

笔者从宏观着眼于研究“民族走廊”及其总体结构，丝毫没有降低某一具体“民族走廊”研究的重要性，相反，由于宏观研究为个体研究建筑起了整体基础，因而不仅要求更加强化“民族走廊”的个体研究，以使宏观研究更加深入和完善，而且还为个体研究提供了具有指导意义的纲领。

鸦片传入及危害凉山彝区之述略*

秦和平

红红白白四望平，万花捧出越西城；此花何名不忍名，我家既倾国且倾。

倾家倾国，犹恐不速，通衢大屋，官膏推销，惟日不足。

国利一二，无补大局；利八九者，贪官豪族。

越西城外天雨粟，此花花粟天下毒。

越西城内鬼夜哭，哭告贤明之当轴。家虽穷，勿吸儿孙血，儿孙血尽家亦绝。国虽贫，勿食国民肉，国民肉尽国亦覆。

哭告当轴：为祸为福？为荣为辱？千秋万代，谁被讴歌？谁蒙怨讟？一惟诸公一时一念之所欲。

又况今时复何时？江山大半敌占之。蠕蠕枯骨谁与支？诸公郑重最后其三思！

昏昏阴黑无穷期，忽然一线开晨曦，越西城南文昌祠，四十三人自动受戒乐可知。

惜哉救人未救彻，煌煌标语空坚决。

种者售者吸者国有常刑设，却看夹道红灯几自半明灭，子矛子盾将何证。①

1939年，黄炎培作为国民参政会参政员考察四川彝区（时属西康省管辖），途经越西城时，目睹鸦片的恶劣危害，痛心不已，特别撰写若干首半解放体诗。《过越西》只是其中的一首，形象地反映了日寇侵略，国难当头，鸦片危害仍然存在的现状及其原因。

---

* 本文原载《凉山民族研究》，2003年刊，169页。

① 黄炎培：《黄炎培诗集》，248～249页，北京，中国文史出版社，1987。

在1939—1948年间，凉山彝区是残存的最大种毒区。① 鸦片曾给彝汉民族带来深重的灾难，罄竹难书！

一、凉山彝区的概况

凉山位于四川西南部，包括原凉山州、西昌地区（今两地合为凉山彝族自治州）及乐山市峨边、马边等县。凉山的西面，奔腾的雅砻江将彝区与康藏高原相分割；东部，绵延陡峭的黄茅埂横亘其间，在四川盆地与凉山间筑起一道屏障；安宁河从中由北向南流淌而过；南边以金沙江为界，与云南隔江相望；北部为高耸的泥巴山及奔腾的大渡河。

根据彝区的自然环境，人们习惯以黄茅埂山脉划界，黄茅埂以东地区，即雷波、马边、屏山、峨边，称为小凉山地区；黄茅埂以西、安宁河流域以东的昭觉、美姑、布拖、越西等地称为大凉山地区。

小凉山区系盆地西南山区，接壤川中盆地，海拔高度较低，但山峦起伏，群峰耸立，峡谷深邃，切割严重，高低悬殊，落差极大，气候湿润，降水较多。反之，大凉山因联界康藏高原，海拔高度较高，然地势和缓，山峰不高，气候干燥，降水量少。故有“小凉山山不小、大凉山山不大”之说。

清代中叶前，彝族聚居大、小凉山地区。光绪以后，由于彝族人口迅速增长，人均耕地减少，以及家支械斗（打冤家）数量频繁、规模扩大等，部分彝民越过安宁河，往西发展，一部分西至盐源、盐边、木里等地，有的越过金沙江进入宁蒗等地，开辟云南小凉山彝区；另一部分进入冕宁、九龙等地，循大渡河西北行，向泸定等地扩张。频繁迁徙的结果，遂使彝民产生“人住东方往西方走”的谚语。

本文涉及的彝族，是四川大、小凉山地区的彝族。

二、鸦片罂粟的传入及彝区种植的特点

嘉庆年间，鸦片罂粟从印度等地传入滇西等民族地区，部分民众开始种植，生产的烟土也远销四川等地。“滇省西南一带，如普洱府南界阿瓦，永昌府西界神护关，南界孟定，云州界连猛甸、湾甸。该处天气和暖，土地肥饶，遍种罂粟熬烟售卖。内

① 当时，国民政府厉行禁烟运动，汉区的种植现象基本上被杜绝。偷种现象主要发生在凉山彝族聚居区、阿坝藏族羌族聚居区和滇西的佤族、景颇族聚居区。其中，凉山彝区是最大的毒品种植区。

地奸民托名贸易，勾结四川土匪，或三四十人，或百十人不等，结党成群，每人携带朴刀、矛头、手杖，前往夷地贩烟”①。稍后，罂粟种子亦由商贩携入四川，会理等发现种植现象。有诗记载：“罂粟花如葵，附子叶如菊；鳇鱼娼妓同，美中原有毒。”②

道光十一年（公元1831年），道光皇帝向各省大吏转发御史邵正笏的厉禁鸦片奏折，要求他们查明情况，制定禁烟章程，严厉惩办违禁者，汇报朝廷。斯时，四川总督鄂山接到谕旨后，饬人调查了解，向朝廷汇报：“川省五方杂聚，间有吸食鸦片烟之人，并闻会理州、平武州一带，毗连番界，尚有种植罂粟花处所。当经臣一面专弁前往密查，一切剀切出示严禁，并饬行地方文武员弁，一体严密查拿”③；饬令各属官员采取措施，消除种植、贩运及吸食等行为，防止危害的渗透与蔓延。

会理位于大凉山彝区的西南，系彝汉杂居地。偷种现象的发现，说明鸦片罂粟已经传入，有可能传入彝区腹地。四川布政使司以此为典型，通报各属，除要求各地官吏“于遍查保甲之便，遍历查看。如有私行种植，立即犁毁，将地主治罪，田土入官”外，还采取有效措施，防止鸦片流入民族地区，特别饬令各土司晓谕属下民众，毋得偷种鸦片，随时巡查属地，发现“如有私种，即行拔毁，夷民照例枷责，田土归土司招种。倘该土司不认真查察，即参草（革？）亦惩”④。试图借连坐等措施，消除偷种行为，将危害消灭在萌芽状态中。

在朝廷及省府等的要求下，宁远府官员采取措施，严防偷种，饬令属下各州县官员：“郡属各地方俱与滇南接壤，渔利奸民，难保不前往滇南潜买罂粟等花子种，私向夷地栽种收浆，造土售卖图利。而查种烟之时每在八月，此时正值下种之际，急应实力查禁，除分行各属遵照外，合行扎饬。为此，仰县官吏查照来札，即便遴派妥役，并督同各该土司，缜密稽查。如境内敢有奸民私种罂粟等花者，即将其人严拿到案，按例究办，并将所种地土全行翻犁，以免滋生，是为至要。”⑤

其间，为配合禁种、禁吸等行动，部分官员还严厉打击贩运行为，实现禁运。如道光十六年（公元1836年），烟贩宋玉顺等40余人在冕宁被抓获，收缴烟泥4100余两。⑥ 接着，建昌镇官兵在西昌等地抓获烟犯许大顺等人，缴获烟土3000余两及大

---

① 中国第一历史档案馆藏道光十九年十二月十七日御史陆应谷奏折。

② 杨肇基等：《西昌县志》卷11《艺文志》，1941年铅印本。

③ 马模贞：《中国禁毒史资料》，40页，天津，天津人民出版社，1998。

④ 四川省档案馆等：《清代乾嘉道巴县档案选编》（下册），273页，成都，四川大学出版社，1996。

⑤ 四川省编辑组：《四川彝族历史调查资料、档案资料选编》，269页，成都，四川省社会科学院出版社，1987。

⑥ 参见鄂山：《蜀江奏疏》（抄本），《派员弁查拿匪徒并察访地方官有无讳盗消弭情弊折》。

量刀具。① 四川总督宝兴以此为典型，督促官员们继续努力，严密地堵截贩运，防止烟土的流入。“宁远府所属各州县多与滇省毗连，为滇贩入川门户，盘查更应加严……兹复严饬各属尽心捕拿，并檄与滇省接壤各地方员弁，在于关津隘口加意盘查，切实搜诘。如有奸匪贩烟到境，即督率兵役跟踪擒拿，务须按名捕获，执法惩办，不得一名漏网，并将种食之犯一并查拿治罪，一面饬令云南督抚各臣亦饬属一体截拿。倘地方官意存姑息，缉捕不力，以致养奸贻患，定即从严指参”②。

在清廷的打击下，种植及贩运活动等受到一定程度的压制，烟贩们暂时放弃循安宁河北上的传统路线，转向偏僻小道，借道彝区，穿越凉山，翻过黄茅埂，进入四川内地。“该匪徒等因堵拿甚力，无从贩运，竟敢勾通凉山夷匪，由马雷屏乐一带潜入内地贩卖。必须认真截拿，以防其渐”③。

不过，应指出的是，除少数边缘区外，彝区腹心地没有发现偷种现象。究其原因，除了受消费市场的影响外，还与罂粟品种、自然环境、生产技术等因素有关。

彝区种植的罂粟品种有洋烟、大烟、热烟和水泡烟四种。洋烟系最早传入的品种，要求气温较高，适宜低山区种植，每年九、十月播种，翌年二、三月收割，耕作技术较为精细，除草、施肥等农活需要较多的劳动力，每斗包谷种面积的土地（下同）一般收割烟土五六十两，最好时能收二三百两。大烟则生长于平坝及二半山区的上等土地，播种期与洋烟相同，收割时间略晚一个月，次年三、四月收割，一般产烟二三十两，年成好时，能产100两。热烟生产于高二半山及高山区，三、四月时播种，七、八月收割，平常产烟20两，丰收时可达四五十两。水泡烟生产在河谷沟坝，十月播种，次年三、四月收割，耕作粗放，产量较低。④

彝区系低纬度高海拔的山区，按地貌特征加以划分，有河谷沟坝、二半山区和高寒山区。当地雨热同季，除河谷沟坝及金沙江流域外，多数地方的年均温度较低，年产一季庄稼。罂粟品种以热烟为主，春种秋收，种植罂粟意味着放弃粮食生产。在内地弛禁、烟粮比价不悬殊的情况下，种植罂粟效益低下，影响粮食生产，威胁生存，彝民多不种植鸦片。反之，彝民用粮地种植罂粟，以烟土换粮食、白银和枪支。“汉地未禁之先，汉地鸦片甚多，足供烧烟者之用，价值甚廉。蛮烟无处销售，故均种包

---

① 中国第一历史档案馆藏道光二十七年七月二十八日、道光二十一年十月二十八日四川总督宝兴奏折。

② 中国第一历史档案馆藏道光二十一年二月十四日四川总督宝兴奏折。

③ 四川省编辑组：《四川彝族历史调查资料、档案资料选编》，268页，成都，四川省社会科学院出版社，1987。

④ 参见云南调查组等：《四川及云南昭通地区彝族社会历史调查资料》，48页，1963年铅印本。

谷、荞子等，不愿种烟。及颁布戒烟令后，分年禁绝，汉地之烟苗渐少，鸦片价高，倮罗乃大量种植……莫不利市十倍”①。

为了最大限度地收割烟土，提高效益，烟农不得不考虑产量，需要从事拔苗、整地、除草等劳动，促进罂粟的茁壮生长，增大产量。如美姑巴普的种植情况是：

> 鸦片在每年秋收后（原注：农历九月）播种，翌年三、四月收获，只适宜于上等田地里种植。耕作技术较农作物细致：犁地后土块要打细，挖窝点播也有一定的间隔和行距；干粪必须捶成细末后按窝施肥，有的兼灌清粪和追肥一次，并进行匀苗；腊月铴草一次，翌年正月根部培土一次。每亩稻田面积施肥八九背，最好年成可收30两，年成不好可收6两左右，一般年成可收10~20两左右。②

然而，这样的生产流程仅表现在少数技术较先进的地方。事实上，多数地方的彝民种植鸦片并没有使用多少肥料。对于彝民而言，毕竟在观念上还不认同囤积及使用肥料。③ 受施肥较少等因素的影响，彝区的鸦片单位产量不高。

此外，划割烟苞是精细的手工活路，划口过轻或过重，都会导致浆汁数量少，影响产量。可是，多数彝民未能掌握准确的划苞技术，往往用力较大，划破烟苞，浆汁倒灌，产量大受影响。“倮罗对收鸦片之手术极坏，用力过大，将烟果实割穿，浆流入果实内，收量甚少，故多重价雇汉人代其种收，以提高产量。”④ “不过，雇佣人工，支付雇金意味着鸦片收入减少。”⑤

受这些因素的影响，彝区的鸦片单位产量较低，支付较多，受价格的影响大。当烟价低迷时，彝区较少种植，毕竟产出不及投入；反之，大量种植。由于烟价的涨落主要受供给的拉动，供给受到禁烟运动的影响。就是说，彝区种植鸦片状况与汉区成反比：汉区弛禁，彝区不种或少种；汉区严禁，彝区多种。

---

① 毛筠如等：《雷马屏峨纪略》，引自任映沧：《大小凉山开发概论》，81页，1947年铅印本。

② 全国人大民委四川调查组：《凉山彝族自治州社会调查综合报告》，20页，1958年铅印本。

③ 当时，多数彝民没有囤积猪粪、人粪的习俗。其牲畜采取敞放形式，也不挖厕所。若某地播种需要施肥，则在傍晚时，将自己及他人牧养的羊群、牛只集中起来，数日之内圈在某块土地上，牛羊遗留的粪便就是该地播种时的肥料。另外，彝区多不生产菜子，缺乏种植罂粟需要的底肥。

④ 毛筠如等：《雷马屏峨纪略》，引自任映沧：《大小凉山开发概论》，1947年铅印本。

⑤ 林耀华《凉山夷家》言，雇人割烟的佣金约为烟土收获量的10%~15%。

三、鸦片在彝区的泛滥概况

20世纪初，清朝廷厉行禁烟运动，欲用10年时间（1908—1918年）实现禁种、禁运及禁吸，消除鸦片危害。斯时，赵尔巽、赵尔丰先后担任四川总督。鉴于鸦片的严重危害，以及云南等省宣布提前实现禁烟等，他们拟加快禁烟运动的步伐，用3年时间（1908—1911年）实现四川的全面禁烟。

赵氏兄弟采取的积极措施，的确使大多数地区实现了禁令的要求，禁烟运动取得显著的成绩。但也应看到，禁烟运动的最大困难不在于禁种和禁运，而在于禁吸。由于瘾民的严重生理及心理等依赖（俗称瘾癖）不因为禁烟而迅速消失，强烈的烟瘾可能导致其中一些人偷吸毒品，甚至部分戒烟断瘾者受到某些因素的影响，产生复吸，这就使得各地仍存在对鸦片的需求，需要拉动生产，促成交换。但受严厉禁令的压制，偷种现象在内地难以存在。于是，一些人利用清廷对民族地区的统治相对薄弱，将罂粟转移至此，暗中种植。当中，以小凉山的偷种现象比较突出。至于大凉山地区，斯时清廷采取积极措施，派兵进驻，设立昭觉县，加强统治力量，移民开垦等，偷种问题还不甚严重。

1911年年底，清廷统治崩溃，彝汉杂居区等陷入无政府的统治状态。在这新旧政权交替的期间，部分彝民伺机偷种罂粟，鸦片危害迅速扩大。

其后，虽然民国政府坚持禁烟，还采取措施积极禁止。其时，偷吸仍存，内地烟源紧张，一些烟贩携带枪支及白银等远赴彝区，采取以物易烟的形式，收购及贩运烟土。“光绪中叶，夷汉通商，渐次各安疆土，夷患稍息，居民粗安。近数年来，夷人以种烟为利，愚民便之，至有以枪械易烟者。”① 大量枪支弹药流入凉山，增强了彝民的实力，进一步助长了偷种行为，由小凉山影响大凉山，种植面积扩大，产销兴旺，形成恶性循环。

“在昔烟禁未申，内地熟土遍种罂花，因无需舍近图远，穷荒深入。自禁种实行，奸民贪利，或唆夷播种，或佃地自栽。凉山不毛之乡，一转而为阿芙蓉世界。计去岁②所出烟土，说者以为在十万以上。今虽禁种之使，分道四出，文告之颁，三令五申，而夷则恃其道险路崎，人迹罕至，山之麓、路之隅，除冰雪所封，无不遍种毒卉。秉基（王秉基）调查老虎堡，元体（何元体）调查罕多多，明焊（杜明焊）调查闭天坡，望眼所及，新苗油油，虽令随行后队，即时芟除，或告地方官吏，设法刈

① 李仙根等：《峨边县志》卷4，《边荒志》，1915年排印本。

② 去岁：这里指1911年。下同。

铲，然而见者有限。其不及见者，盖不可以臆计矣。十年戒尽之约，转瞬即失，失今不图，必有一隅而生国际之交涉者，不第此也。省城变乱，枪支外失，不肖奸民转卖异族。五子价二百金，九子价百余金，单响、毛瑟亦六七十金，倮夷则以卖烟之钱买枪，或即以烟换枪。以明燡等所闻，快枪之入于夷巢者，为数已属不少。夫夷之谙地利，耐劳苦，风雨不罢，饥渴不困，我所不及也。而我卒能胜之者，则唯恃此最利之火器。今也所恃之器，既与我相埒，设有他虞，我能操必胜之算哉。言念及此，不禁悚然。”①

彝区的偷种行为也影响周围汉民，一些人不顾禁令规定，积极仿效。“民国四、五、六、七、八年间，适逢禁烟，烟价较涨，山中大种鸦片，垦户增加一倍。每年除收数千石玉麦外，又得高价之鸦片数十挑，共计年收十余万元”②，相互竞争，形成互动，致使危害更严重。

随着内地禁烟行动的进一步加剧，再次刺激了彝区的偷种行为，鸦片产量及销量也日渐增多。当然，流入枪支弹药的数量也同步增长。

20世纪20年代初，军阀纷争，划地自守，以邻为壑，割据对立。为扩张势力，打垮对手，兼并土地，大小军阀采取以毒养军、以毒扩军的手段，盗用“寓禁于征”名义，弛禁鸦片，鼓励民众种植、贩运和吸食。鸦片在内地泛滥成灾，供大于求，严重过剩，价格低廉。此时，彝区的鸦片大受影响，除自吸外，外销极其困难，生产急剧萎缩。

30年代中叶，蒋介石借追赶红军之机，伺机将中央军开进西南诸省，结束了先前的“独立”状态，实现了直接的政治统治。随之而来的，他采取措施，推行禁烟运动，切断财源，抑制割据势力，改造瘾民为壮丁，烟地变粮田，为准备抗日奠定物质基础。

内地再次禁烟，烟土供给紧张，价格扶摇直上，复炽了彝区的鸦片种植。“汉地未禁之先，鸦片甚多，足供瘾民之用，价格甚廉。夷烟无处销售，故均种玉米、荞子、洋芋等，不愿种烟。及颁布戒烟令后，分期禁绝，汉地之烟苗渐少，鸦片价高，倮罗乃大量种植。历次铲除烟苗，力量只及夷汉交界之地，无力深入夷区，倮罗莫不利市百倍。”③ 部分民众目睹此情，十分眼红，受利益的诱惑，他们来到彝汉边缘区，或承包彝地种植罂粟，或以包青形式预购烟土，种种方式，不一而足。“汉人在夷地

---

① 《峨马雷屏边务调查表册》，1912年排印本，《三边屯务调查员等呈复调查边务情形并条陈办法文》。杜明燡、何元体、王秉基均系三边屯务调查员。

② 《最近的雷马峨屏·垦务》。

③ 曾祥宏：《马边县难民区之社会概况调查》，华西协合大学社会学系毕业论文，1947年，未刊原稿。

种烟，莠民借通事介绍，向有势力之黑彝租佃荒地若干亩，订定契约，年进盐布若干，使其任保护耕地之责。手续办妥后，开始点种鸦片，半年即可收获，平均每亩烟土可收十四斤（?）左右。收入既有可观，又无意外消耗，故莠民趋之若骛。”①

种植既广，产量亦多。内地禁烟，偷吸存在，烟源紧张，消费刺激烟土的外销，烟价与彝区的距离成反比，距离越远价格越高。如30年代后期，凉山每两烟土售价0.5元→雷波西宁（彝汉杂居区），每两1.5~2元，增至3倍→屏山县城，售价3元，增至6倍→宜宾，售价6~8元，增至12倍。由于经营烟土能产生巨额的利润，利益成为挡不住的诱惑，个别人，尤其是某些特殊群体就铤而走险，贩运大量的枪支及白银，换取鸦片销往内地，“一转手间，可获十倍之利。利之所在，如蝇逐臭，禁纲虽严，亡命之徒亦难尽捕。此所以边事日坏，夷人之势力日张者也”②。

其间，一些官员虽然也采取一些措施开展禁烟，试图消除鸦片危害。然受制于统治力度太弱，彝族社会的某些特点（下有论述），以及官兵勾结，庇护购运等缘故，彝区禁烟的成效微弱，甚至没有产生效果。

大量烟土流入内地，败坏了已取得显著成效的禁烟运动，吸食现象久禁未绝。如“川东北一带，毒氛弥漫，种烟虽施，藏土犹丰。同时，川康、川滇边区之罂粟花遍地，来源未绝。由驻军、哥老之合流贩营，致川东北各县大小镇形成秘密贩营烟毒之交通网，各地驻军常派遣一连以上兵力，摘卸番号，武装护运烟土”③。同时，还因交换鸦片，流入了大量的枪支，极大地增加彝区武器的数量。其时，有人对小凉山区鸦片产量及流入枪支弹药算了一笔账：设彝地有生产能力者（仅算白彝）为3万人，雇佣汉族劳工1万人，合计4万人，每人收割鸦片50两，年产烟土200万余两。各场镇每次“烟会”流入步枪、手枪170余支，按每年“烟会”场期20日计算，数年内流入枪支数量约1万支，子弹100万发（每枪配备100发子弹）。④ 因烟枪贸易形成新的火药库，势必滋生严重的社会问题。

小凉山区仅有雷波、马边、峨边和屏山4县，地势陡峭，耕地不多，降水较多，气候湿润，鸦片的产量比较有限。大凉山区则有10余县份，面积广大，海拔虽高，但坡度和缓，雨热同季，旱涝分明，较适合罂粟的种植。斯时，大凉山区彝民总数超

---

① 李鉴济：《屏山农村经济之研究》，27801页，1939。

② 李鉴济：《屏山农村经济之研究》，27802页，1939。

③ 四川省档案馆藏1944年6月19日吴景伯、胡次威关于川东北禁政废弛厉行禁烟的签呈。

④《大小凉山开发概论》，81页、88页。该书完成于1943年。这里统计的枪支数量指1942年以前。

过100万。[①] 我们初拟大凉山的一半土地生产鸦片，100余万人中有50万人生活在烟区，这50万人中有生产能力者按对半折，约25万余人，按每人年收割烟土40两标准计算，[②] 年生产烟土1000万余两。亦以小凉山区烟枪贸易情况估算，每年约流入枪支1万支。

综上所述，整个凉山彝区在鸦片危害最泛滥时，年产烟土1000~1200万两。按年人均消费烟土30两计算，约供40余万瘾民的吸用。

四、鸦片对彝族社会的部分危害

虽然斯时彝民中间不乏吸食者，但是彝区的烟土仍以外销为主，加上鸦片质轻价高，不但不考虑投入与产出。为了提高单位产量，增加效益，部分彝民更换或改进生产工具，调整耕作方式，尝试追加肥料，提高生产技术，在一定程度上促进了生产力的发展。其间，因交换烟土的需要，汉彝商贸往来有所扩大和频繁，在部分地方（主要是边缘区）形成短暂的“烟会”，构建农贸市场的雏形，商品经济开始影响彝族社会。

不过，在这“进步”的表象后面，鸦片给彝族民众带来的灾难更加深重。40年代初，有人针对彝区广泛种植鸦片，与汉地奸商频繁交换枪支、白银，以及抢掠增多等现象，认为鸦片输入彝区后，带来了严重的社会问题。如，边务复杂，不堪闻问；种吸鸦片，导致夷汉社会堕落；“银本位”与“烟本位”互换，紊乱经济；匪祸频繁，治安混乱，以及“夷患”严重，等等。对此，我们并不否认。然而，我们更想探讨的是，鸦片对彝族社会带来的具体、典型的危害。

（一）大量枪支流入彝区，械斗频繁

大量枪支流入彝区，壮大了彝民的实力；部分彝民在积极扩张的同时，内部械斗（打冤家）数量频繁和规模扩大，加剧人口伤亡程度；破坏生产，阻碍交流。

前面已述，内地禁烟，烟源断绝，供给紧张，瘾民仍存，消费需要刺激彝区大量种植及销售鸦片。当时凉山暂时处于相对“独立”状态，俗称“独立倮倮”，法币在此无法流通，白银或鸦片起到固定等价物的作用。彝汉之间交易采取以物易物的形

---

① 据《宁属各县夷人户数表》（《康导月刊》第2卷第9期）统计，三四十年代之间，宁属（大凉山）共有彝民30.7万余户，有各类枪支8.4余万支。按一户4人计算，彝民总数在120万人左右。

② 大凉山彝族社会的生产力不及小凉山区，故估计其鸦片产量稍低。

式，用盐、粮食、布匹、白银或枪支等按照一定的比例换取烟土。

斯时，前来彝区调换烟土者多是有势力的特殊人物或群体，控制枪支弹药较白银更为方便，加上烟价上涨，引起银价下跌。比较而言，枪支与烟土的比价变动不大。30年代末，在屏山西宁镇的“烟会”上，1支土造步枪能换烟土80～100两，广造（外国）步枪能换烟土120～140两。于是，那些具有特殊背景的人把大量武器弹药运至彝汉边缘区，利用“烟会”，换取烟土。因此，与彝区积极生产鸦片相同步的另一现象是，大量枪支弹药流入这里。如，美姑巴普等地“由于大量种植鸦片烟，枪支子弹亦随着大批输入……种烟以前，巴普区只有新式步枪一支，在第一次种烟后，约有新式步枪30支，在第二次种烟后，几乎每户都有步枪一支”①。武装民众，全民皆兵。

事实上，巴普的枪支情况并非典型，类似现象在各地比比皆是。50年代初，有关部门调查甘洛县勿雷家10支彝民、阿侯家10支彝民，以及岩润土司等拥有枪支数量，共约有长短枪支3097支、机枪5挺。子弹若干。② 在普雄直补拉打的2500余户彝民中，亦持有各类长短枪支864支、子弹80余箱”。③

事实上，持有武器弹药不仅在于自卫，更具有扩张力量的作用。未种鸦片之前，彝族内部的械斗次数少、规模小，使用的武器是石头、棍棒和火枪，伤亡数量不大。种烟后，大量先进枪支的流入，增强了彝民的实力，恃强争胜、好勇斗狠等习俗因持有的武器厉害而得到发展，产生新的崇拜。

“彝族流行的谚语：‘德古而你补，素呷而你抓，扎夸而你冷。’意思是：‘第一光荣是说客，第二光荣是有钱，第三光荣是战争英雄。’因此凡是为家支福利而勇敢善战的‘扎夸’，别人敬爱他，冤家惧怕他，青年羡慕他，姑娘们喜爱他。”④

当然，好勇争胜等习俗反过来影响民众的观念，形成“少年要枪，中年晒太阳，老年放羊子”的特殊人生观⑤，支配言行，极力仿效。影响所致，“打冤家”成为部分男性青年出人头地的选择。“人人当家想发家，人人打冤家想当英雄。”⑥

受争强好胜习俗的激励，新式武器的支撑，以及受其他因素的影响，“有了钱就

---

① 四川调查组整理：《美姑县巴普区三个乡的社会调查材料》，160页，1958年铅印本。

② 四川调查组编：《金阳县瓦岗县甘洛县概况》，102～111页，1964年油印本。

③ 四川调查组编：《昭觉美姑普雄彝族社会调查资料汇编》，122页，1963年油印本。

④ 四川调查组整理：《美姑县巴普区三个乡的社会调查材料》，113页，1958年铅印本。

⑤ 少年要枪指年轻时积极参加械斗等，争取出人头地，誉为“扎夸”（战争英雄），成为“硬都都”；中年晒太阳指斯时有了财富，吃穿不愁且有人照料，清闲无事；老年人放羊子指人老了，放放羊群，打发时间。

⑥ 全国人大民委办公室：《有关凉山彝族社会历史的若干情况》，60页，1957年铅印本。

开好亲，有了力量才打冤家”。争斗次数频繁、规模扩大和场景激烈。不仅家支间的械斗频繁激烈，即使同一家支内部，也不断地打“冤家”……

持续的械斗及新式武器的威力，增大了彝民的伤亡数量，滋生了新的危害。如越西“仅中普雄一带，阿侯家和果基家的冤家械斗，每年平均发生的次数，最少是五六起，多者十余次以上。死在械斗中的人数，每年有五六十人或百十人以上”①。类似现象，各地比比皆是。

更为重要的是，械斗往往导致友情变仇恨，亲家成冤家。为报仇雪恨，人们又要纠众械斗，循环往复，致使冤更深、仇更大、矛盾更尖锐、械斗更激烈，致使彝区形成大小不等的“独立”区域，彼此对立，内敛封锁。过去“家人到各地方亲戚家拜访，路途上都没有问题，可以通行无阻；但是近四五十年以来，冤家关系愈来愈多，到解放前，想到自己家支地界以外去访亲，几乎不可能了，几乎成了处处冤家械斗的局面”②，切断了联系，阻碍了交流，导致隔阂，加剧矛盾。

当然，械斗的后果远不止于此，延误农时，破坏生产。部分地点，彝民为防范冤家偷袭，或武装卫护，费神费力；或抛荒不耕，田地荒芜……彝族社会的发展大受影响。追究缘由，鸦片在其中起到恶劣的作用。

（二）加剧了社会分化，矛盾尖锐

过去，彝族社会中分为黑彝和白彝两大等级，白彝内部又有曲诺、阿加和呷西三个层次，③ 阿加和呷西中间又有“彝根”“汉根”之分。④ 其中，在黑彝与白彝之间，界限分明，不容混淆。用彝谚形容，就是“黄牛是黄牛，水牛是水牛”。白彝内部三个阶层受财富聚散或婚姻缔结等因素的影响，社会地位可能发生改变，实现升降。不过，无论黑彝，还是白彝，其内部因占有财富多少而产生耶莫、耶都和耶沙三个等级，即富裕、中等和贫穷等级。

鸦片传入后，因其是金钱的代码、财富的标志，过分消耗或积极积累都意味着家庭财富的聚散，于是产生新的变化。如，在昭觉好谷乡的经济地位下降户中，除了分家析产的原因外，就是吸食鸦片，约占27%；反之，在该乡上升户中，因栽大烟致

---

① 四川调查组：《普雄县瓦吉木乡社会调查报告》，109页，1962年铅印本。

② 全国人大民委办公室：《有关凉山彝族社会历史的若干情况》，38页，1957年铅印本。

③ 一般来说，阿加与呷西除其社会地位较曲诺低外，两者间区别主要在于组建家庭与否。呷西是主人家的单身奴隶，俗称锅庄娃子；阿加是主人的有家庭奴隶。

④ 此系一般情况的划分，在部分边缘区还有土司与官百姓，或不受土司、黑彝统治的白彝（独立白彝）。

富者约占 29%。[①] 同样现象，在雷波宜西乡竹儿村也得到印证。在该村负债户中，因吸大烟等原因导致负债者占 16.2%，负债数量则占 49.8%。[②]

需要解释的是，多数上升户并没有产生在黑彝阶层中间，而多出于曲诺阶层。

单从土地的占有数量及肥沃程度而言，黑彝具有明显的优势，而且还能强迫属下白彝从事无偿劳动，为其耕耘庄稼、照料罂粟，实施超经济的剥削。尽管黑彝拥有这些特殊的条件，但他们中的多数却难以实现经济地位的上升。究其原因，除打冤家等的消耗外，更在于他们中的一些人被鸦片俘虏，成为瘾民，难以脱离“黑海”，经营鸦片获得的财富填在其中，化为一股股烟雾。

反之，曲诺等虽然拥有土地数量较少且贫瘠，又受到黑彝的超经济剥削，因其辛勤耕耘，较少吸食鸦片，日积月累，拥有财产数量较多，于是买田置地，主要从黑彝手中购买土地，实现经济地位的上升，减少人身依附关系的隶属程度。[③] 如布拖则洛乡，在 22 户购地曲诺中，87.8% 的人家购地资金源于大烟等收入，34.8% 的萌柱（20 户）、9.9% 的赤黑（32 户）完全是依靠种大烟而实现购地的。其中，74% 的曲诺（29 户）、51.3% 的萌柱（10 户）和 45% 的赤黑（10 户）是从黑彝手中购得土地。[④]

事实上，黑彝出售土地给曲诺或容忍曲诺等经济地位的上升，也有自己的小算盘。因为曲诺购置土地后，仍是自己的娃子，而后或许能采取“吃绝业”方式收回土地；曲诺富裕后，可以采取“杂布达”等形式放债，加重剥削程度。形象地讲，肉煮烂了，还是在锅里。

尽管，种植鸦片给曲诺、阿加等级带来了较多的收入，部分人因此买田置地，由耶沙变为耶都、耶莫，实现经济地位的上升和人身依附程度的减轻，但其辛勤劳动获得的收入再遭黑彝的剥削，陷入富裕后仍贫困的怪圈，不免产生抵制情绪，时常发泄不满言行，与黑彝之间的矛盾尖锐……矛盾日积月累，逐渐演变，势必形成对抗。

（三）地力吸尽、土壤板结，影响收成，缺粮现象严重

的确，在内地禁烟、烟源紧张之时，种植鸦片能够获得较高的回报，产生可观的效益。但眼前的利益却滋生恶劣的后果，带来可怕的后患。

比较其他作物，罂粟的吸肥能力极强。一般而言，种植罂粟后土壤内蕴含的有机肥几乎吸收殆尽。肥力丧失，空隙消失，土壤板结，土质变硬，影响到随后种植的作

---

① 全国人大民委办公室：《昭觉县好谷乡、四开乡社会调查》，26 页，1957 年铅印本。

② 四川调查组：《雷波马边峨边等县彝族社会调查资料汇编》，11 页，1963 年油印本。

③ 这种隶属关系既包括黑彝服役的种类及时间，还有其子女抽走为奴隶等。

④ 参见《布拖县则洛乡社会调查》，24 页。

物。再因收割鸦片耽误作物的播种，违背农时，长势不好。粗略估计，种植罂粟后同一块地的作物产量约下降25%，一些田地产量的下降幅度更大。影响所致，一些余粮区成为缺粮地，产生并加剧缺粮的现象。如美姑“布兹列拖乡在种鸦片前，曲伙有30户卖余粮，最多的可出卖40石，而买粮者，不超过20户；在种烟之后，仅有19户出卖余粮，最多的出卖八九石，而买粮却增加到40户。采野菜树叶草根充饥者较前增多”①。一些彝民又到汉区购买粮食，拉动粮价上涨，其他物品因之轮番涨价，缩小了鸦片与其他作物间的比价，降低其效益。

不可否认，由于种植鸦片，收益增多，部分彝民的生活状况得到某些改善。“以前以黄豆换盐、布，每年在过年时才得吃一次盐巴。种鸦片后，一年可吃到五六斤，有的十来斤……原来裤子是麻质，上装才用布做，一件布褂穿三年。种鸦片后，麻裤逐渐不穿了，一年至少可以穿上一套布衣布裤。原来妇女的裙子是毛质的，也逐渐穿上布裙……”②

在收益增多的同时，鸦片特有的强烈成瘾性也迅速发生作用，毒害部分民众。过去，彝民基本上不吸鸦片，“耳双环，腕双镯，厥状扬眉深目。一事使人愧恧，倮无男女，不染罂花毒”③。当罂粟传入后，部分彝民受其诱惑，因种烟而吸烟，被鸦片俘虏，滋生瘾癖，沦为烟民，尤其边缘区，瘾民数量竟占男性成年人口的50%～80%，还有一些妇女也染上烟瘾。④吸食鸦片，体质下降，萎靡不振，迸发疾病，缩短生命。“有因吸食鸦片而倾家荡产的；有沦为二流子因偷盗东西而被杀的；有的逃亡不知所终；有的因此而其妻子不愿与其同居，或兄弟打架，甚至有父杀其子的”⑤。

鸦片是高投入高产出的特殊作物，禁烟时期，烟价高昂，收入来得容易，消费也不计后果，有者还想多，多者还想更多，一些地方滋生并发展赌博行为，吸引彝族民众的加入。“种鸦片收入增加，赌风大盛，除越西、喜德设有大赌场外，本乡（普雄瓦吉木）对面勒齐地也设有赌场，前往赌博的很多。以恰托63户为例，只有8户不赌，其他55户全赌，内3户是大赌徒，3户是二等赌徒。因赌博有出卖土地的……因赌博也常引起纠纷”⑥，亦加剧社会分化，迸发若干严重的社会问题。

---

① 四川调查组整理：《美姑县巴普区三个乡的社会调查材料》，159页，1958年铅印本。

② 四川调查组：《普雄县瓦吉木乡社会调查报告》，15页，1962年铅印本。

③ 黄炎培：《黄炎培诗集》，248页，北京，中国文史出版社，1987。

④ 四川调查组：《雷波马边峨边等县彝族社会调查资料汇编》，42页，1963年油印本；四川调查组：《甘洛县阿尔乡社会调查报告》，28页，1962年铅印本；《甘洛县腴田乡社会调查报告》，24页，1962年铅印本。

⑤ 四种调查组整理：《美姑县巴普区三个乡的社会调查材料》，159页，1958年铅印本。

⑥ 四川调查组：《普雄县瓦吉木乡社会调查报告》，15页，1962年铅印本。

（四）助长捆绑人口或贩卖奴隶的行为

罂粟种植系精细性农活，整地、施肥、除草、拔苗、割烟等，需要劳力的投入，用工数量较之荞麦、玉米、土豆等作物更多。如，甘洛县腴田乡种植鸦片的用工情况是：

种植鸦片需要较为复杂而细致的劳动，花费的工也较多。一亩土地种植鸦片时需要：碎土10个工，留窝4个工，窝的周围碎土12个工，除草、累（垒？）窝、施猪肥5个工；第二次除草3个人工；第三次除草3个人工，两道水共10个人工，割烟4个人工，还有，最初犁地时需要1个人工。一亩土的鸦片地合计需要87个人工、1个牛工。此外，在加工时还要一些人工。

腴田乡位于彝区边缘地带，生产力水平较高，种植鸦片的用工量较大。比较而言，腹心区的生产力虽然稍低，但种植鸦片仍需要相当数量的劳动力。

另一方面，种植鸦片导致部分彝民吸食鸦片，染上瘾癖，沦为烟民，体质虚弱，有气无力，缩短生命，以及因械斗导致伤亡惨重等的影响，彝区劳动力出现严重的缺乏。

“罗罗种植鸦片，必择肥沃园地。鸦片增加，则农产减少，田园因种鸦片之故，亦渐变为贫瘠。夷地因人工缺乏，则从边地掳掠汉人为娃子，以作大规模的鸦片种植。同时，鸦片种植与收割都有一定节期，在此期间从边地运入大批汉工，事毕又送汉工出夷境”①。

在边缘区，或许通过雇佣外来劳力等得到部分解决。中心地区因家支林立，彼此对立，穿行不易等因素制约而雇佣不易。为解决劳力不足的问题，除少数人采取反保手段，将被保商贩等沦为奴隶外，② 更多的是抢掠或购买奴隶。如，瓦吉木乡恰托村，在30年代种植鸦片前，该村只有3个呷西（娃子、奴隶）；种植鸦片后，该村新增了8个呷西。其购买的款项主要来自鸦片的收入。同样现象，在甘洛阿尔乡等地也有体现。该乡未种鸦片前，每年约买进三四个娃子。种烟之后，每年约买进一二十个。连同附近3个乡，每年最多时买进50个，最少也30个。③

---

① 林耀华：《凉山夷家》，68页，上海，商务印书馆，1947。

② 当时彝区为各家支势力所分割，外来商贩等欲进入彝地活动，须分段寻找保头。多数保头得钱后能够履行义务，也有个别保头既要得钱，也想得人，便将被保护者作为奴隶出卖，俗称反保。关于这一问题的形象描写，请参阅林耀华《凉山彝家》的相关部分。

③ 参见四川调查组：《甘洛县阿尔乡社会调查报告》，74页、82页，1962年铅印本。

种植鸦片后，手上财富多，对劳力的需要也大，刺激和助长了贩卖人口行为的发展，边缘区的一些汉彝贩子相互勾结，采取欺骗、捆绑和抢掠等手段，大量地贩卖人口入彝区沦为奴隶（娃子）。以甘洛田坝乡为例，该乡的9名“撮欺撮乌苏”，每年向彝区贩卖300余人。① 往往采取小凉山卖大凉山，大凉山卖小凉山，东往西、南向北、远距离、分散性地出售，夫妻、父子及兄弟等离散，致使被卖者无法逃出。

大量人口被抢掠，作为奴隶贩卖入彝区，加剧人口的密度，人均耕地数量减少，争夺土地等现象更为激烈。更因种植鸦片系季节性的劳动，农忙时人手不足，捉襟见肘，农闲时无事可干，然而奴隶主抢掠、购买或繁衍奴隶意在得到更大的回报，绝不会空闲娃子，不予使用。于是，为消化暂时闲置的劳力，一些奴隶主在农闲时节，率领娃子抢掠捆绑、打冤家等，循环反复，派生的恶果更加严重：种大烟—有银子—买娃子—打冤家争地盘、捆绑人口，形成恶性循环。

站在这一角度上加以认识，鸦片的种植经销在客观上发展了彝区的奴隶制度。

① 参见四川调查组：《甘洛县阿尔乡社会调查》，82页，1962年铅印本。“撮欺撮乌苏”在彝语中指专门捆人卖人的人贩子。

四川凉山阿勒兹莫述略*

阿吉拉则

“兹莫”最先是古代彝族社会的部落酋长，后来是凉山彝族社会的最高等级。彝文古籍《玛木特依》中记载：“兹是掌权的，莫是判案的，毕是祭祀的，格是打铁的，卓是放牧的。”说明了古代彝族社会存在的“兹、莫、毕、格、卓”五个社会阶层，后来逐渐演变和分化，“兹”与“莫”合称“兹莫”。“兹莫”与土司、土目、土舍等是完全不同的概念，不能混淆。“土司”是朝廷册封的土官。土司、土目不一定都是“兹莫”，有的是“诺合”，有的是“曲合”。有的“兹莫”也不被封为土司或土目，土司、土目等在各个历史时期也有增减和变化。根据作者的调查，本文简要介绍阿勒兹莫的情况。

一、阿勒兹莫及其属下九支黑彝

阿勒兹莫，史书上曾称阿黎、阿驴等。其管辖疆域上至四川昭觉支尔莫乡、日哈乡，下至云南大井坝。有俗语说：“南瓦是兹住地，体里是兹脊梁，南吉是兹猎地，丝窝是牧猪地。”古代的阿勒兹莫辖区，号称木尼惹车尼，即十二个辖区，有木尼特子（金阳黑土洛）、木尼巴克（新厂沟）、木尼显威（红峰乡）、木尼日波（桃坪乡）、木尼巴体（老寨子乡）、木尼德姑（德溪乡）、木尼波洛（波洛乡）、木尼古鲁（丙地乡）、木尼那古（天台乡）、木尼格古（县城）、木尼德基（向岭乡）、木尼脚窝（对坪乡）等，都是阿勒家的地盘。这些地区大部分在金阳县境内。后来还包括昭觉俄尔区，布拖衣某区的委只洛、联布、基只以及西溪河区的吞都乡等。阿勒兹莫与沙马兹莫合称为阿勒沙马，并且排在首位。有尔比说：“特口说兹最凶猛的时候，

---

* 本文原载《凉山民族研究》，2003 年刊，181 页。

特觉阿吉最凶悍的时候，阿勒阿米最凶勇的时候，阿扎阿资最强悍的时候，俄尔阿支最强大的时候，普子尔助最勇猛的时候，且沙阿甘喝血酒的时候，吉波车书背箩篼的时候，阿都骑马不配鞍的时候，寨头站阿勒，寨中站沙马，寨尾站吉涅。”这段话说明沙马家未进入金阳之前的情况。

阿勒兹莫曾与南诏国联姻。黄承宗《南诏大理在凉山州的文物史迹资料辑录》中说，根据清人钱廉盐著的《列朝诗集小传》滇南八人记载：“段功妹僧奴；僧奴适阿黎氏。遗段宝诗二首，令为兄复仇。”阮元声撰《南诏野史》记载：“至正丙午（公元1366年）段平章女宝姬，小名僧奴，未嫁时绣一旗，适建昌（即今西昌）土官阿荣。临嫁将旗付弟曰：母言父被梁王杀死（即新编历史剧《孔雀胆》故事），我欲报仇，待汝长成，此旗已绣五年矣；我嫁至建昌，收拾夫家并东川军马，飞报若到，汝急来，应慎勿违焉。行时以诗别弟……”李元阳编《云南通志》卷十六记载：“平章女僧奴，志恒不忘父仇，将适建昌阿黎氏，出手刺绣文旗以与（段）宝曰：我自束髫闻父母之冤，恨非男子不能报，此旗所以识也！今归夫家，收拾东川兵，飞檄西洱，汝急应兵会于善阐（今昆明市），有诗。”建昌土官阿荣，系阿黎家支，是显赫家支，自南诏起蒙氏、段氏世代为联姻，世居金阳南瓦。大约明代以后阿黎家支逐渐没落，降为一般土目。到了清代绝嗣，后来继承者，移居金沙江边，隶属沙马家支。其南瓦故居，于“文化大革命”时为火灾毁。由此可见蒙氏、段氏是历数百年的姻戚至交。

阿勒家在历史上曾管辖九支诺合，每支献马一匹给阿勒家。最早有阿亥家、黑阿家、女固家、阿力比家、阿力支吉家、拉结家、保几家、黑家、哲家。后来增加了特觉兹莫的属下，金恩阿合牛比古格家、黑哈惹依家、比补阿牛日古家和比补瓦瓦列支家、阿资章科家等，发展到十二支。古时尼木尔子、朔木东子都是阿勒家外侄，属阿都兹莫家。阿勒兹莫的“格合”，在南瓦地区的如：土比家负责打仗，阿黑家保管粮食，说他家曾偷盗荞子，像老鼠一样，鼠，彝语为“阿黑”，他家由此得此姓氏。阿来家负责吆喝老鹰，需要养一只阉鸡喂老鹰。赤家负责翻耕火葬地，兹莫死人时，烧人前后都要把火葬地周围土地翻耕一下，过后他的犁头指到哪里就将哪里的田地分给他耕种。地莫家在兹莫过年时负责祭祖、杀过年猪等。俗话说的“阿孜阿勒次尔波两格”指的就是住尼古拉达的地莫家，属利博惹石的分支。曲莫家负责在祭祖仪式中背祖灵进岩洞。曲苏家负责背猫儿。阿米家负责招待客人。井子家负责堡子周围的乌鸦不能叫，要把树上的乌鸦窝捣毁。地兵家是兹莫侍从，负责做饭、背水、守护兹莫火葬地不让蚂蚱进来。说木家负责牵马，兹莫死人时马上要加鞍牵马走在最前面，事后要抓住他的天菩萨，让他到水塘边去吃燕面炒面。当时每一个家支都有负担。彝语尔比甚至说：“喜鹊捡枯枝，乌鸦传消息，野鸡背清水，老熊挖树根，猴子砍竹子。”

阿勒宁阿木机在世时，有衙门七个建在七处，布拖委只洛乡金恩斯俄勒一处，基只乡的特觉基知一处，金阳木尼木付一处，阿勒南瓦有一处，天台乡黑土洛一处，昭觉俄尔日黑木一处，俄尔纳吉甲古一处。后来阿勒宁阿木机去世的时候，杀了一千头牛，在七个地方分别祭祀，前后用了一年的时间，阿都兹莫家出了百头牛，在路上所遇到的牛全部赶来，从普格拖木沟一直赶到布拖火烈乡的博日吉来。到这里才是阿勒家地盘。阿勒兹莫家曾拥有有名的骏马阿勒瓦都力、阿勒阿宗、说伟马加等。据说有名的说伟马加骏马阿勒家出了百两金、百锭银、百匹马、百头牛、百双绵羊、百双山羊、百头猪、百只鸡、百斤盐、百根针、百根线、百匹布、百只鸟才买到。后来一百只鸟儿无处寻找，就杀了一头能抵十头小牛的大牛，召集阿勒南瓦地区上下左右“诺合、格合”家的小孩，去找一百只鸟。从此阿勒家的财富遭受削弱，势力也就衰落下去了。

阿勒兹莫地区流传着一句话“阿勒萨日河，渡九天九夜，阿勒勒布山，爬九天九夜”。这两处都在南瓦乡境内，它说的是阿勒地区地势险峻，外界不能轻易进入。

阿勒兹莫的谱系，是从古侯—曲有—颇勒—阿资—阿勒……传到布火，布火—阿合—拉巴—吉次—吉夫—普地—吉曲—阿余—车共—阿解—阿木机—木解—合机（丹机机）—鲁吉—夫达—拉且绝嗣。鲁吉—拉格（乌萨）—尔机—打博—打格，住木尼特子（金阳）。丹机机—日哈—竹叶—吉机（卓莫惹），依机（国史惹）住纳吉甲古（昭觉俄尔纳吉甲谷乡）。

另有一支从普地分出，普地—鲁米—日者—说次—说里—有古，承袭日伙布且日伙兹莫后绝嗣。

明朝时期，在乌蒙山地区，即今昭通地区进行“改土归流”政策，当时这里少数民族众多，家支林立。朝廷为拉拢地方土官，便任命乌蒙地区彝族首领蒙泉修为地方长官。后来蒙氏一位叫蒙兴玉的，成为吴三桂之妃。吴三桂败亡之后，蒙家改姓为普姓（凉山称为波普兹莫）。清朝时永善、大关、盐津三县属普家之地。镇雄县有麻、布两姓是明清两朝彝族首领（凉山称为芒布兹莫和布火兹莫）。今贵州省威宁县内，颜、昌两姓彝族是清朝有名的家支。

相传距今约400~480年前，云南昭通地区比火兹莫到阿勒兹莫家承袭职位，阿勒兹莫是比火兹莫的后裔。又有说法是，乌蒙府遗孀芒布氏史玛转嫁到利利兹莫家，有遗腹子在昭觉饿尔特口甲谷乡斯基地村出生，长大后不愿回昭通老家便留在凉山。谱系为乌蒙……斯基—尔波—阿布—阿史分出，阿史拉惹住久图木古，阿史基次承袭金阳南瓦阿勒兹莫家，生三子，一是木嘎承袭昭觉饿尔的特觉兹莫家；二是木木承袭普格西洛的阿涅兹莫家；三是木机吉夫承袭昭觉四开的洛俄兹莫家。阿史鲁尔承袭安宁河边格依兹莫，阿史初布承袭甘洛斯匹兹莫，阿史惹牛住鸠鲁乃乌，阿史沙米住兹火乃乌。阿勒家的长子住木府、住南瓦、住纳吉，幺儿住丝窝，传至丝窝比尔绝嗣，被土匪所杀。

阿勒兹莫和沙马兹莫既是姻亲又为仇家。有个叫阿勒阿合的，住在木尼木付，他说："沙马体口支的体口合达实在太出名了，如果谁比他凶，就能把他杀了。"体口合达还骑在马上，他说不要慌等我下马来让你动手，他还没有说完就被阿勒丹机机砍下马来。后来沙马家去报仇，阿勒丹机机把披毡一裹就滚到床底下去了，只有那件双层披毡被砍得碎烂不堪。他来到地木洛呷家族大会上，尽情展示那件烂披毡给大家看，鼓动家族为他复仇，后来洛尔拉达沙马木嘎家被阿勒家族抄完了所有财产。

二、承袭特觉阿嘎兹莫

特觉兹莫家，住布拖和昭觉交界处的特觉拉达（即现在的布拖衣某区和昭觉俄尔区），兹莫的衙门，建在特觉基只（即现在的布拖县基只乡）。特觉家的管辖范围，头抵艾果乃解（昭觉久铁洛古乡），尾到普久依解（金阳土沟乡），左边齐依某（布拖衣某区），右到鸠特口（昭觉特口甲谷乡），到铁觉非克（布拖吞都乡），到日补够物（布拖采洛乡）。彝文古书《勒俄特依》记载："特觉似猪槽，前也不靠前，后也不靠后，我不住此地。"远古时候兹敏找住地的时期，曾经到过这里，在这以前，特觉宁威家就住在这里了。

特觉家兴盛时，势力曾很强大，经济上很富有。有个名叫阿比吉古惹的，给特觉家做披毡，但他把披毡擀成了圆柱，后来大家问他用它来做什么，他居然说这是富裕强大的人家必须拥有的"仙拉来"，是用来安魂避邪的。

有一次，特觉兹莫跟随阿比吉古惹去钓鱼，从此再没有回来。兹莫的夫人去询问特觉兹莫的去处，到河边寻找尸体，阿比吉古惹说你要找人就要逆流而上。因此大家都朝水头方向去找人。后来把兹莫的舅舅喊来，他住在牛普莫，听说这句话，知道人已被阿比吉古惹杀死并丢进河里了，所以立即就把凶手抓住了。

最早时候特觉拉达地区有名的家族有八家，这就是吉泽、吉波两家，吉泽已绝嗣，吉波家还在；井如、阿余两家，井如家已绝嗣，阿余家还在；阿格、阿吉两家，阿格家已绝嗣，阿吉家还在；子克、吉嘎两家，子克家已绝嗣，吉嘎家还在。现在还在的这四家之中，吉波属阿丘拉马支，阿余属利博惹什支，阿吉属尼木惹所支，吉嘎属尔机支。特觉家传到特觉尼阿嘎的就绝后了，他家有一个铜鼓，说是背到岩洞里丢掉了。

特觉尼阿嘎在特觉基知绝后以后，留下了年轻漂亮的寡妇。这时有个叫达博威则的人，从螺髻山来到这里，逼迫她转嫁给他，特觉夫人就发动拉达所什的所有兹莫、诺合、百姓一起抗婚，引起一场战斗。

这达博威则，上拿盾牌，下缠护腿，腰带金丝包，全身只有一处可射箭的箭眼，一处可刺枪的枪眼，严严实实，无人能敌。因此，兹莫夫人便高额悬赏，说谁能消灭达博威则，只需交回金丝吊包，其他的想要什么就可奖赏什么。

经过七天七夜的激战，在特觉基知的一个名叫艾波巴加的地方，达博威则被阿子诺合家杀死。特觉尼阿嘎夫人问："牛羊成群你想要吗？金银斗量你想要吗？结队的奴仆你想要吗？"但阿子家总是说"不想要"，这时兹莫夫人生气地说："那你到底想要什么？"边说边攥紧拳头去打地面，这时那位阿子诺合被惊吓好像是点了一下头，大家以为他想要土地，因此就分了一块地给阿子家。后来特觉兹莫和住在日伙布且的日伙兹莫这两家绝嗣后，阿勒兹莫便承袭了这两家的职位、土地等。

三、纳吉甲谷事件始末

阿勒兹莫木机拉叶惹的女婿，沙马拉里惹是阿说兹莫伍支打国支的外侄，他的姑姑是阿勒木机拉叶惹夫人。

沙马拉里家的属民有个叫地莫阿子的人，跟随兹莫来到纳吉甲谷，准备抄地兵介木的家。有个叫俄地嫫拉拉的人是地兵家的老婆，被地莫阿子刺在肚子上，与腹中孩子一同死了。为此，俄地家把怨愤发泄到了兹莫身上，兹莫阿各日哈被俄地家所杀，是买通日勒吉九里伙偷袭的。为此，兹莫家开始抓捕凶手。当时阿勒嫫日则嫁到阿都兹莫家，于是阿勒家到阿都家搬兵。阿勒家的莫魁是俄地阿里支铁、阿古阿哈日尔等。俄地家集中到一个叫俄的窝国热体的人家，住在一个碉堡内，共同抵抗阿勒家的剿杀。俄地列几支铁跳岩而死，俄地热体、瓦扎合尔叶等十三人被烧死或浓烟熏死在碉堡内，只有一个叫俄地打树的是阿吉家的外侄，阿吉家给了十一锭银子把他赎了回来。

阿勒甲加的妹妹阿勒嫫则则嫁给安登俊，阿勒嫫日则嫁给阿都日哈即都定臣，后来都定臣被关押，死在西昌监狱，阿勒嫫日则转嫁给甘多阿图，甘多阿图一家都被社联合尾杀害。

1946年，阿勒拉且把黑哈色且骗到家中吸鸦片烟，把黑哈色且杀了。黑哈色且住布拖衣某区联补乡黑阿特典地方，是黑哈惹依支黑彝，势力强盛凶悍，对特久拉达河这岸的布黑、黑阿吉匹合特，就像赶鸡群一样，一天就可打死十几个。引起布黑、黑阿等家族的强烈不满，但他们势力很弱，只有借助阿勒兹莫的力量，才能对黑哈色且下手。这样，吉妞日火、阿库打史二人被黑哈惹依支用一千锭银子买通，暗杀了阿勒拉且。

吉妞日火属阿吉伍沙支外侄，事情便怪罪下来，说是阿吉家应该能够探听到消息。为此，兹莫和阿吉两家就在纳吉甲谷乡一个名叫斯干普乌的地方，按彝族古老的传统习惯举行捧红铧口仪式，阿吉家就到鸠鲁山去请神，因为那里可以看到白色的伍地尔曲雪山，即大雪山。

关于这件事有一段尔比："做差比哈死，做莫乌列死，传话乌达死，听证木机死，捧红底列死，烧铧尔沙死，毕摩有沙死，做证体惹死，请神阿罗在。"这段话的意思是，做差使去请毕摩来作法的是阿吉比哈，做莫当判决的是住阿库拿乌的黑克杰乌列，在整个过程中上传下达的是住某色依洛的阿吉乌达三格，到会场听证的是阿勒兹莫木机拉叶惹即阿勒拉且的父亲，捧烧红的铧口的是阿吉列列底尼，烧火炭的师傅是拉马乌达尔萨，做法事的毕摩是住阿勒黑伍瓦其洛的土比有沙，他是木尔家的外侄，见证整个过程的是俄地体惹，抱着白鸡到山上请神的是阿吉阿罗尔古。这段话说前面的那些人都过世了，只有阿吉阿罗还在世。后来阿吉家以清白告胜，事情也就得到澄清和了结。

四、特觉拉达的四大家族与阿勒兹莫的莫魁

特觉拉达有名的四大家族，是阿吉、俄地、日勒、黑阿这四家。阿吉家住布拖衣某区基知乡木得阿普、哈里果、扯木机乃、斯尔古、委只洛乡且拐及特觉、西溪河、交际河、宁南跑马、昭觉纳吉甲谷乡米色日洛、洛可、阿库乃乌、久铁洛古乡特口约尔洪、特口尔洪、塘且乡说嘎解等。俄地家住布拖联补乡海木、委只洛乡米勒得、昭觉俄尔齿可布西乡日嘿木、纳吉甲谷等。黑阿家住布拖联补乡特典。日勒家住委只洛乡觉古等。长期以来，这几家互为姻亲，也不时相互攻杀。

有几句话概括了阿吉家族的交战情况。"为了伍沙尔勒，占领纳吉甲谷，为了阿合尔达，占领黑莫干田，为了措伍加罗，占领洛洛波惹。"

20世纪一二十年代，阿吉家族为了吉拉吉列支名叫伍沙尔勒的人复仇，出兵到纳吉甲谷攻打俄地阿皮支，拉黑、地兵两姓在中间做调解。由于调解人挑拨说，"蚂蚁当骏马要不要？鼻涕做冻肉吃不吃？"因而使事件更加恶化，再度发生激战。那次事件中烧毁了十几座房屋，阵亡的有黑阿解巴瓦都、俄勒斯雷、勒使兹叶等。

30年代的龙年，阿吉拉且家的两个奴仆在黑纳姑河湾被吉博勒萨家强行抓走，

后来又赶走了阿吉家的一群绵羊。阿吉家义愤之下出兵攻打住黑莫干田的黑彝吉博勒萨家，吉博勒萨和他老婆金恩嫫史维被打死，他的儿子吉博都日被击中下巴。吉博谱系为吉博、阿帕、斯发、有祖、火日、勒萨、都日。吉博家邀请住在吉博拉达的毕摩俄地日莫家做诅咒法事，阿吉家邀请住金田史阿的黑洛觉土体家做清洁法事。后来按彝族传统习惯赔命案。吉博家死两人，阿吉方面比补拉伍、阿吉乌共日比、阿吉牛体战死，相互抵消。

阿吉阿说比解、阿吉阿巴、阿吉比列这三兄弟在世时，阿勒沙马家共同攻打阿鲁马家，出兵利莫竹核，在火体格吾相遇发生激战，阿鲁马队伍被赶过美姑牛牛坝，阿鲁马家有四十八家成为寡妇。沙马家属下有个名叫底色比俄地的人说，大家都同样是作战勇敢的人，但阿吉家三兄弟最出名超过了他，为此他很不满意。

阿勒兹莫的莫魁，是阿吉阿哈日尔家（阿吉尔色在世），阿吉日达三格家（阿吉则则在世），俄地阿列家（俄地支铁、俄地日沙在世），俄地拉金家（俄地约日在世），日勒阿坡家（日勒约且在世）。兹莫的差使是日勒书格、日勒打格家。这些莫魁的待遇很高，跟随兹莫出访沙马沙里家，专门给了他们牛膀腿。平时兹莫也维护他们。有一次阿勒兹莫绑架了黑阿底哈，黑阿底哈、底尔两兄弟不服气，就组织人马来找阿勒兹莫复仇，黑阿底哈的儿子黑阿子朵被阿勒兹莫杀死。

五、阿都兹莫、期沙兹莫与阿勒家

阿都兹莫和阿勒兹莫是一个家族分出来的。阿都兹莫的谱系为，古侯、曲有、颇勒五子、颇勒、比比、布萨，分出海拉阿都，住威洛拉达，生了阿都鲁坡，是阿都兹莫家。颇勒阿孜阿勒，尔洛做大灵，住南瓦坝上。颇勒毕比阿里，纳吉苏宗做大灵，分出吉牛俄克，是特觉兹莫家，颇勒布古日火是日火兹莫家，住日火布且，颇勒阿吾海乃，住海乃瓦曲，是海乃兹莫家。他家管辖范围头至尼里皮上，尾至斯什妞克，左至法克木图，右至得来波物山。

阿都家的衙门在普格普乐区委洛拉达西洛区有一处，西洛区洛乌乡有一处，布拖特木里乡光明村吉保洛布社有一处。

在阿都地区，有一个著名的莫魁集团，有吉都各各史勒、则加加纳比、布子来九、子尔拉莫、舍联日热等。舍联日热就是后来暗杀甘多阿图的舍联火尾的父亲，他被其他四位莫魁杀了，因为他们的权力太大超过了其他人。舍联火尾是从小就在甘多阿图家长大的。而阿都地区民间最有名的三大德古不到场，案件就判决不了。这是指住在黑阿洛奎洛解嘎解（布拖则洛乡洛奎村）的吉狄各各三处，住只哈博是（布拖交际河阿牛角湾乡）的比补日国拉则，住日拍勒九（布拖火洛觉乡日拍村）的莫说拉土瓦勒这三人。与他们三人齐名的德古是住在书古日达的阿吉各各苏哈，是布拖西溪河乐安乡人。

阿都兹莫属下的八支黑彝是热尔、阿俄两家，比祖、帕产两家，莫说、吉妞两家，比补、吉狄两家。阿俄家修路，吉妞家捡石头，莫说家抬尸，吉狄家司酒，比祖家传话，比补家待客，帕产家带兵，热尔家修房。

期沙兹莫住期沙依乌，不属于古侯曲涅，是安宁河谷来的“日木地布惹”（即南边来的水田人）。主仆骑了七匹马而来，祖先叫叠，一是叠阿尔兹莫，是指且沙兹莫；二是叠里说莫说，属莫说黑彝；三是叠里说阿俄，是阿俄黑彝；四是叠雷比曲，属比曲；五是叠阿莫马波；六是叠阿丁期沙，兹支沙尺没有骑马，是走路来的，有沙尺拉达的地名在期沙洛泽地方，即现在的沙洛乡洛泽村地界。期沙史章属下，有阿子、尼福、吉里、吉列四家，称莫格惹尔，意即结盟的四家。

有格布惹夫分出的吉博阿坡尔果家，准备反叛期沙兹莫，便被期沙阿甘家逼迫强行喝血酒表示服从，而且按习惯赔偿，按马上有九副鞍、鞍上有九个人、九人有九串珠的规矩来向期沙兹莫赔款臣服。

六、利利兹莫、沙马兹莫与阿勒家

据说利利兹莫有九座衙门，一座在甘洛宁地目，一座在越西，一座在俄住则呷（德昌），一座在阿其比尔（冕宁），一座在西昌川西普（屋旁有一棵大树，彝族称斯尾波西，意花树旁），一座在安宁场，一座在普诗嘎拖，一座在美姑利美甲谷，一座在昭觉好谷拉达（好谷拉达现尚存四根石柱，是利利兹莫最重要的遗迹之一）。马阿且力尔家与者阿普索洛惹家是利利兹莫的苏兹（苏兹是彝语，即莫克），为兹莫派捐收税等是其主要任务。

利利书哈（岭邦正）和阿雷竹叶的母亲为呷朵家姊妹，他俩是兄弟。利利书哈也是个美男子，民主改革时在昭觉。阿吉土勒、阿吉国果萨则、阿吉安罗尔古三人护送阿雷卓莫日两兄弟去见他们的姨父利利书哈，书哈给卓莫日俩人四百元钱，其余三人各不等。共产党军队进入彝区时是虎年，到猴年猴月才开始搞民主改革。

沙马兹莫沙里支住瓦嘎所石，沙里木基（安登俊）无子，沙里本智（安登文）（子格三即安荣生）住金阳火口地普，被云南省比火兹莫暗杀，云南子土兹莫之女嫁比火兹莫，后被沙里木智拐走，比火家为此报复。

七、阿勒地区抗击阿鲁、马两支的侵犯

上几辈人的时候，义诺地区的阿鲁、马两家，为掠夺财产和土地，来攻打特久拉达地方。为此双方在战乱中死伤的人员不计其数，瓦多伙普山上横七竖八地躺着许多死尸，特觉拉达有不少房屋被烧毁。为占领瓦多伙普那片肥沃的土地，阿鲁马人曾把那里的土块撮回去用秤称试比重，看是否与别处不同。瓦多伙普，在纳吉甲谷乡境内，是苦荞麦生长的最有名的基地，荞子能长到一个人骑着马还能高过头，荞粒硕大，荞麦香甜。当地有句俗话，“瓦多的荞麦，父亲来了不让吃，母亲来了不让吃，只让自家的女婿吃”。第一次来时，马家三吉打洛被黑哈金史打死。马家借机再三进攻特觉拉达。再一次，马阿尔日则被打死，又一次，马力曲木呷死，后一次，马呷朵土坡死。特觉拉达百姓死伤也很多，阿吉火勒、阿吉日来木基有个弟弟就死在抗击阿鲁马的战斗中。

八、阿勒地区的阿吉家德古和俄地家德古

彝族传统法律习惯是彝族最重要的文化，也是古代彝族处理当地各种案件的重要手段。彝区的传统法律相当丰富，德古也非常众多。特久拉达地方四大家族，即阿吉、俄地、日勒、黑阿。每个家族都有大德古。阿吉家的德古有衣某火尔依呷阿吉吉都尔维支各各所哈，莫洛波火吉拉里子支车木吉来乌牛拿加，其尔各则日勒石惹，久功波西甲加古堵，后来的有阿吉阿作尔且、阿吉果里、阿吉乌萨、阿吉阿罗尔古等。俄地家有阿尔瓦土、日加史哈（此人是阿吉家外侄）、俄地阿博等。

以上述及的有关阿勒兹莫的家史，是笔者近些年来通过实地调查和翻阅资料写下的散记。把它发表出来，希望读者给予批评和指正。

西昌客家考察散记*

刘世旭

安宁河如同一条细长的绿色飘带，自北而南从大凉山腹地的西昌市境穿过，在黄联关镇和中坝乡一带形成一片甚为宽阔的河谷地带。在这片富饶的河谷内，分布着一支总数近万的客家人，他们都是清代初期至中期时“湖广填川”大移民的产物，入川后聚族而居，同姓相扶，迄今已有八至十二代人。由于迄今多半仍操客家话，由此成为四川250万客家中为数不多的典型客方言岛之一。

客家是我国汉民族中的一大民系，因其历史悠久、勤劳质朴、频繁迁徙、四海为家而被誉为“东方的犹太人”。据有关专家统计，目前全球的客家人已近亿，他们分布在全世界80多个国家和地区，并且涌现出了孙中山、朱德、叶剑英、郭沫若、李光耀等显要人物和一批著名实业家。四川是中国内地客家聚居的第五大省区，仅在成都东山地区就居住50多万人。近几年来，在四川省委、省人民政府的直接领导下，四川的客家调查研究和旅游开发等迅速崛起，取得了令人瞩目的成就，由此还推动了地方经济的发展和招商引资等，为海内外客属所关注。

也就是在这种背景下，作为一个四川客家后裔的我，踏上了酝酿已久的寻访西昌客家的考察之旅。

一、三识西昌客家

我对西昌客家的初识，最早可追溯到1979年的深秋，当时我刚结束了对盐源县城周边的考古调查，正搭乘长途班车返回西昌。车行至卫城时，上来了几位青年男女，看样子像是出外打工返乡的。开始时我并不在意，大约快到平川时，那熟悉的客

---

* 本文原载《凉山民族研究》，2002年刊，113页。

家话把我从似睡非睡中惊醒，由于此前并不知道西昌有客家，于是还以为是遇到了成都客家老乡，便主动用客家话向他们打招呼。他们打量了我好一会儿，脸上露出了吃惊的表情。但当我们彼此亲切交谈后，答案却使我们双方都感到了意外：原来他们并非成都客家而是来自西昌黄联东坪村，此番到卫城是利用农闲做点儿小生意。黄联的客家除东坪外，在毗邻的石坝、大德和隔河的中坝乡还有不少，且一直都在讲“广东话”（客家话）。而他们也从我的口中首次获悉在成都东山居住有大批客家人。就这样，我们沿途一直用客家话亲切交谈，直到车近佑君镇才依依不舍和他们挥手告别，透过车窗目送着他们向安宁河方向走去，那印象至今记忆犹新。

第二次的接触乃在九年之后的东坪村，事情的起因应追溯到1986年，当时我和凉山彝族自治州博物馆的同事在废铜拣选中获得了一件东汉五铢钱范（铸铜钱的铜质母模），这无疑是个重要发现。后从废品站获悉，此物来自西昌黄联，于是我们便多次驱车来到当地，希望能最终落实其出土于何地，又是谁卖给了废品站？但经多方努力后，仍无多大进展。继后到了1987年3月，新中国成立以来的首次全州文物普查在西昌进行试点，于是我便主动请缨率队来到了黄联。东坪村外成堆的废炉渣和不时出现的汉代残陶器，首先引起了我的兴趣和注意。为揭开这个秘密，我们一行一头扎进了东坪村，挨户家访，我的客家话和由此产生的客家亲情在这次调查中发挥了特殊作用，获得了许多重要的线索，其中包括那件一直查无下落的五铢钱范的确切出土地，进而还找到了一些东汉墓葬和各式炼炉等遗迹所在，不久由林向教授率领的四川大学历史系考古专业师生在此进行了正式考古发掘。就这样，沉睡于地下距今两千年左右的我国西南地区迄今最大的一处古代冶铜遗址就此得以重见天日。后经西昌市人民政府申报，又正式公布为四川省级重点文物保护单位。饮水思源，毋庸置疑，若无东坪村客家乡亲的鼎力相助，它的发现不知还要推迟多少年。这次文物普查，可算得上是我对东坪村客家的真正意义上的接触与了解。继之，我又以寻亲的方式，在黄联老街的一客家刘姓长者家，拜读了他妥为收藏的手抄《刘氏族谱》，从中获益不少，这是我对西昌客家的第二次造访。

如果说前两次的接触还分别带有巧遇、猎奇和求助的成分的话，那么第三次亦即本次的考察却是一次目的明确的有备而行。在这个断断续续进行的累计近二十个工作日的只身徒步考察中，我走村串户，对西昌客方言岛内各主要村落与姓氏，进行了类似“地毯式”的搜索，绝不放弃任何有价值的东西。采访中调查人次上百，查阅过的各式族谱有二三十部，每日穿梭于田间小路、河坝滩地或山间坡地上，早出晚归，时常连中午饭也顾不上吃。就这样通过辛勤努力与付出，终于完成了本次的田野考察，谨此献给我的西昌客家乡亲。

二、解读姓氏“密码”

姓氏是个人、家庭和家族用以相互区别的一种特有徽记与符号，同时也是古往今来构成人类社会发展的一个基本单位组成。从有关资料看，我国汉族姓氏的起源，最早可追溯到原始社会末期，自那以来历经数千年之变化，如今已派生出22 000多个现已使用过的各类姓氏，早已发展成一种独具特色和魅力的姓氏文化。该文化是中国传统文化宝库中的精华与瑰宝，它如同一本内容丰富和深藏不露的大百科全书，留待人们去发掘、认识、研制和解读，以便从那纷乱的历史迷雾中寻找正确的答案，借以恢复其历史的本来面目。因此，解读西昌客家的姓氏“密码”便成了此次考察的重中之重和当务之急。

由于行前已拜读过李星星和罗凉昭等同志有关西昌黄联和中坝乡客家的调查报告，这给我的考察提供了一定帮助。基于此行的目的主要是搞专题姓氏调查，这就要求我必须对生活在该方言岛内的所有客家姓氏和不同分支的历史及其现存状况等进行一次深入的“寻根”和全方位的追踪调查，以便对西昌客家的有关问题做出一个客观公正的判断。

调查表明，居住在今西昌黄联关镇和中坝乡境内的客家姓氏有20余个，而现有人数过百者仅10余个，其主要大姓有：黄、刘、谢、张、赖、林、骆、钟、蒋、周、袁、陈、余、邹、巫、蓝、曾、葛等。和成都东山地区的客家姓氏相比，乍一看似并不复杂，但鉴于上述姓氏有的支系较繁（即同姓不同宗），有的则因谱已毁，其历史情况和世系繁衍等多已不详，故真要解读起来仍颇费周折。好在有的碑刻尚存或知情者健在，一些疑难问题仍能从中得到破解。总之，整个调查犹如“破案”，时而线索初现，时而意外惊喜，时而“山穷水尽”，时而“柳暗花明”，直至最后“结案”。

通过对上述客家姓氏的逐一解读，现在我已初步掌握了这个孤悬于四川西南部并为海内外客属所瞩目的客方言岛的如下基本历史情况。

首先是有关西昌客方言岛的客家来源，亦即从何地入川的问题。已获证据表明，他们中的95%均自广东迁入，故在未听说“客家”一词前，他们一律均以“广东人”自诩，由于其所操客家话与广府话截然有别，故当地别的移民至今仍多称其为“土广东”，而他们也从不以为然，听之任之。在这批广东入川者中，来自龙川县者占有相当的比例，如黄联关镇新镇村的大姓黄氏、刘氏和大德村的谢氏等，即系其中的代表。余系来自广东兴宁、五华、永安、河源、平远和潮州等市县。继广东迁入者外，还有来自江西者，如大德村邹氏，即原居于“江西抚州府永安县乐安乡”，继迁湖南湘乡居住，而后再由湘乡入川至三台县，最后由三台迁昌至大德。还有的来自福建，有的已被当地人称之为“保十三”，如中坝乡大树村的葛氏即系一例，但他们现在都属客家人范畴，且讲客家话，只是某些称谓及部分习俗稍有差异而已。

究其入川迁昌动因，资料显示，大多系囿于原籍人稠地窄，难以长计久安，于是受“湖广填川”移民大潮的影响和推动，“闻听川省地广人稀，物产丰茂，适宜发展”，毅然背井离乡，扶老携幼，跋涉数千里，来到四川落业，其创业精神实属可嘉。也有少数是出于经商或打工来到西昌定居的。如居住在中坝乡大树村和马厂村的一支刘氏，其入川始祖刘详增即木工，入川后沿途打工，到西昌中坝乡后见马厂村一带环境甚好，适宜农耕，遂就此落业，至今已有八代人，属较晚迁昌的一批。还有的则是寻亲至此尔后落业的，但这只是少数个案而已。

在迁徙路线和方式上，从族谱所示和碑刻记载看，主要有以下三种：一种是先从原籍经湖南、湖北，沿长江而上入川，进入四川腹地各县定居一段时间后，再分迁至西昌的。另一种则从广东原籍直徙西昌落业，如黄联关镇东坪村的黄氏，其迁昌始祖世选公，即于清嘉庆初年从广东龙川县白石村直徙黄联东坪村的，落业至今已有九代人。但此类人家不多，多数仍取前一移徙方式，如已知从四川内地分迁至昌的，除前述的黄联大德村的邹氏外，还有鹿马村的蓝氏、王氏，石坝村黄氏和中坝乡大树村的钟氏等，他们均分别从资阳、简阳、温江和资阳临江寺分迁到昌，这一点在我所见的成都东山客家族谱中多有记载，足资佐证。还有一种是少数姓氏则是入川先在四川内地定居，后迁至米易或德昌等地，最后才分迁至西昌的。如大德村曾氏，即先从简阳草池堰迁米易掛榜乡，继后到清道光六年（公元1826年）时才分迁至大德，至今已历九代。这说明第一种迁徙方式才是主流。

在入川时间上，已获资料表明，迄今所见的最早记录为康熙五十九年（公元1720年），余为乾隆十六年（公元1751年）、乾隆二十年（公元1755年）和乾隆二十四年（公元1759年），直至乾隆中晚期。此一时间排列显示出，西昌客家的入川时间较之成都东山客家略晚，主要姓氏的迁入多在乾隆时。

至于迁昌时间，有文字可考的最早记载为乾隆二十八年（公元1763年），即黄联关镇新镇村二组的黄氏。接下依次为乾隆四十年（公元1775年）、乾隆五十三年（公元1788年）、嘉庆九年（公元1804年）和道光六年（公元1826年）。此暗示出，西昌客家的迁昌时间，主要集中在乾隆中后期至嘉庆初，晚则可至道光时。

通过对姓氏“密码”的解读，我既对西昌客家的历史来源、入川迁昌情况等有了一个较为准确的总体认识，同时还可就此进而研究其人口增长、世系演变、现有分布、宗法制度和民风民俗的变化等，这对兴起的四川客家研究和未来的旅游开发，都具有十分重要价值。

在此还需特别提及的是，有关谱牒和碑刻的抢救保护问题。谱牒和碑刻是研究西昌客家历史的重要遗物，但遗憾的是，考察中得见，由于长期以来各种原因的损毁，时至今日已所剩无几。在此情况下，加之不少年轻人对此多半不感兴趣和不予重视，而持有者现又大多年过花甲，虽然他们认识到这些东西的重要，甚至有的还把它作为“传家宝”妥为保护和保存，但苦于目前“无力回天”的后继乏人，于是都表现出了程度不等的无奈与担心。好在在四川省政府的直接关怀下，有关地区和部门正积极筹建“四川客家博物馆”；而另有一些有识之士也已自发组织起来续修族谱或保护好家族中现存不多的遗迹和遗物。相信这个问题在不久的将来一定会得到妥善解决，以便让这些珍贵遗物得以永续流传。

三、乡音依旧，风俗渐改

客家话是客家人的一个重要文化标志，同时也是其区别于其他汉民系的一个显著特征，客家人视此为“命根子”，所谓“宁卖祖宗田，不失祖宗言”就是在此一思想指导下的产物，有的甚至还把它作为“祖训”写进了族谱，如此一来，使得多数的客家人不管走到哪里，总是“乡音”难改。在这一方面，西昌客方言岛算得上是四川客家中的典型。

这个客方言岛的核心，系由黄联关镇的石坝村、新镇村、东坪村和大德村的大部、鹿马村的一、二、八组，以及隔河相对的中坝乡的大中村和大树村的局部构成，其地域范围南北长约 8 公里，东西宽约 6 公里。在此区域内，无论走到哪里都能听到熟悉的客家话，这对一个四面处于湖广移民包围，历经两百多年融合，至今“乡音依旧”的“孤岛”移民来说，要做到这一点实属不易，足以证明客家人对客方言之看重。

当然这绝非等于说，事情会一成不变，即便像西昌客方言岛这样的典型，仍在不知不觉中悄然发生着变化，并且最终会走向语言的统一，这是历史发展的必然，谁也难以抗拒。如在采访中发现，那些身居客方言岛外的客家人，如高草、佑君镇、黄水和阿七等乡镇的客家后裔，如今已基本不讲客家话了，甚而不少中年以下者连听也听不懂了，唯有其对父母的称呼，至今多半予以保留，如称父亲为阿爸，呼母亲为阿妈、阿娘或阿咪等，仅此证明其“根”确系客家。继之，即便其家居客方言岛内，只要其所在社区主要在讲西南官话，于是当地客家，特别是年轻人也就多顺其自然跟着去讲西南官话了，天长日久，作为母语的客家话也就逐步淡忘或基本予以放弃了，这一点在中坝乡的大树村、大中村和黄联关镇的大德村和新镇村的部分客家中表现尤为明显。此无疑暗示出：在这个客方言岛上作为重要民系标志的客方言在今后相当长的一段时间内显然仍能得以世代维持延续；但另一方面，随着语言统一步伐的加速，客方言的传播范围和使用人群也会越来越趋于缩小，直至最后消亡。话虽如此，但目前呈现在我们面前的西昌客方言岛却依然是一个“乡音依旧”的客家世界。

和客方言相比较，西昌客家的原有信仰崇拜和风俗习惯等却受到了较大的冲击与改变，尤为突出地表现在以下三个方面：

其一，家神神位和祖联的书写格式内容，已明显发生变异并渐自背离客家传统做法。

客家人历来盛行祖先崇拜和慎终追远，故历史上各大家族除设有专门的祠堂（有总祠和分祠两种）供族人每年春秋两次大祭外，一般说来各家各户都还要在自己居家的上堂或中堂内设有专门的祭堂，供家庭成员岁时节庆和早晚的祭祀之需，西昌客家谓此供奉家神。新中国成立后，随着各种政治运动的冲击，此俗虽大有收敛，但在西昌客方言岛内，年长者出于缅怀祖先的需要仍常有供奉，只是和过去相比所有一切陈设和仪规都已简单化，有的甚至只具有象征意义。在这类祖堂内有两样东西最具代表性，这就是祖先牌位和堂联。在四川最大客家聚居区内的成都东山，当地客家祖先牌位的书写格式和内容都是“×氏历代堂上蟲神位”或“×氏历代堂上高曾远祖蟲香位”，这与当地湖广移民神位上的“天地君亲师人氏蟲神位”的传统写法形成鲜明对比，且从不混淆，让人一望而知户主是客家人还是湖广人。但在西昌客方言岛内，除部分客家的祖先牌位基本保留了此一传统写法外，另有数户已全部写成了“天地君亲师”，与湖广移民混为了一体。问其原因，原来是请人代书且不知个中的区别所在。接下来另一显著的变化还发生在祖联的书写内容上。祖联，四川客家俗称为神榜，实则是张贴或悬挂于祖先牌位左右两侧及额顶的一副堂联，此类祖联过去一般都用优质木材雕刻而成，黑漆底、贴金字，书法精美，做工考究，仅贫穷之家用大红纸书写张贴。内容或反映本姓氏的悠久历史与来源，或突出其古往今来的杰出人物与嘉行懿事等，且诸姓间各不相同，仅横额上有时会出现“祖德流芳”一类的通用语。总之，特色突出，泾渭分明，另配之以特定的堂号，将主人所在姓氏和家庭的光辉历史等高度概括和浓缩于其中，让人望而生敬，借以达到光宗耀祖和缅怀先祖之目的，故客家人历来十分看重并倾力为之，如在成都东山的客家人中就至今还保留了这样一批传世佳作与瑰宝。但遗憾的是，在西昌客方言岛内，原有的木刻祖联几乎无存，取而代之的是近年来在春节期间陆续用大红纸新写的祖联，联文格式各自标新立异，内容就更是缺少特色，甚而变成了各姓间均可相互通用的颂词或祭词。如常见的有：“祖德源流远，宗功世泽长”；“人于明中诚敬，神自暗里扶持”，横额为“思神求佑”，要不就是“香结平安两字，灯开富贵双花”一类的套话，读后让人感到甚是乏味，它和一般的春联内容已可等同。好在此一传统还没有全部绝迹，黄联关镇的大德村谢家，主人的祖联虽系年前新写，但其内容和格式都还充分保留了客家人固有的做法，其联文为“申伯分封初创国；陈留立郡始兴家”，横额为“宝树留芳”，谢氏数千年的光辉史迹尽现其中。还有的则局部做了保留，如中坝乡大树村五组一张姓家神榜的横额即为“清河世德”四个大字，而左右两侧的联文却与张姓的历史发展没有多大直接关系了。虽如此，但透过横额仍可让人一眼看出，该支张姓应源于古代的清河流域，且尊传说中的黄帝之子或孙张挥为受姓始神，故其堂号应为“清河堂”。

上述事实说明，他们原有的传统习俗正在逐渐走向消亡和丢失，甚至连过去公认的最为保守和庄严的祖先牌位和祖联等也在悄然发生着惊人的改变，这是值得注意的。

其二，成都东山客家婚俗中的“开脸”仪式和过礼中必备的“猪头扁尖鸡”，在这个客方言岛中早已消失。

成都东山客家婚俗中的所谓“开脸”，系指新娘在出嫁前一日的黎明，在母亲或女性长辈的陪伴下，须于闺房内用丝线或金属夹子拔去脸上和额部的汗毛，以此表示姑娘时代的结束和将为人妻的开始。伴随着“开脸”仪式始终的是女方的“哭嫁”，其内容有泣别爹妈、哥嫂、姊妹、血亲长辈，直至诅咒媒婆等。曲调哀怨婉转，歌词生动，比喻贴切，寓意深长，其对包办婚姻的不满在“骂媒”中更是入木三分。婚礼的高潮也由此拉开序幕。

成都东山客家婚礼中的又一重要传统礼俗是，在接亲的当日，男方向女方家过礼的礼品中必须有一道特制的“猪头扁尖鸡”，专供女方接亲时祭祖之用。其猪头为去毛洗净对剖压扁的生制品；鸡则为取其内脏煮熟之红公鸡，另在鸡翅和鸡尾处特意留上几根大毛，然后用铺有大红纸的两个托盘分别盛之，供于祖先牌位下。与此相反，成都东山周边的湖广移民在婚礼中则从不使用此祭品，而是捉活鸭一只代替“猪头扁尖鸡”，且至今区别明显，从不混淆。

值得注意的是，无论是“开脸”，还是“猪头扁尖鸡”，在西昌客方言岛内，除60岁以上的部分老人，经笔者提起还依稀记得外，对他们中的多数人来说均已闻所未闻。此暗示出，这两种习俗在当地的客家婚礼中过去曾经存在过，但那至少是20世纪40年代以前的事了，以后再也没有这样做过，且其婚俗也与周围其他民系的移民混为一体，早已不具备任何客家特色了。

其三，客家人崇尚的“捡金葬”，在这里至少绝迹近百年。

客家人对于“捡金葬”可谓是情有独钟，究其原因，盖因这样做既可满足其对祖先灵骨的崇拜和历史上的频繁迁徙以及迁葬的方便之需，同时还可通过“捡金”

迁葬不断改变“风水”，进而达到趋吉避凶之目的。故长期以来，“捡金葬”在我国的客家聚居区十分盛行。以成都东山客家为例，直到彻底实行殡葬制度改革后，此俗才基本得到扭转。

从考古学的观点看，所谓的“捡金葬”实则是一种二次葬或多次葬。即人死后先装棺掩埋谓之血葬，待3～10年尸体腐烂之后，择日破坟开棺，并请职业“捡金师”将死者遗骨逐一取出去净杂质后再按特定的姿势（多做屈肢状）全部装于特制带有双层顶盖的陶罐内择地掩埋，此谓之“捡金”。更有甚者，不少人家甚至还要对同一死者进行多次“捡金”，直到认为寻找到好的“风水宝地”为止。对死者的“捡金”时日和迁葬地点等都要写进族谱，以备后人查寻。与此同时，如果主人需要将“金骨”迁徙他乡，则或将“金罐”取出一同随迁；或等在新的迁居地安居后再派专人返回取走另行安葬。但无论采取哪一种方式，迁徙途中的“金罐”均需主人自己亲自背负或担行，切忌雇人代劳，否则将被视为不孝，其情之感人，难以言表，并屡见于谱牒所载。

但在西昌客方言岛中，就是这样一种典型的葬俗，在我采访过的老人中却无一人知晓。仅有一位五十开外的男子曾经言及，数年前他们在修复被毁的祖坟时，见到过这种内装有遗骨的陶罐，这是西昌客家过去曾经实行过“捡金葬”的口碑证据。继后，笔者又在一通清光绪六年（公元1880年）刻立的曾氏夫妇合葬墓碑上找到了更为有力的证据。碑文清楚地记载了墓主夫妇死后先行血葬，而后“今迁吉地，捡筋（金）共穴”埋葬一事，且其墓葬和碑刻至今保存甚好。这说明，在过去，西昌客家不仅同样实行“捡金葬”，而且直到清光绪时依然如此，也许是进入民国初年后此俗才渐次废止并统一改行一次性土葬，因而使得如今健在的老人对此都毫无印象，这是他们的习俗已渐自融入其他民系的又一重要铁证。

概言之，时至今日，西昌客家所保留的客家传统习俗已所剩不多，虽如此，但稍加留意却仍有迹可寻或区别尚存。

四、寻找张耀堂的后裔

张耀堂是辛亥革命中西昌叱咤风云的一位杰出人物，他出生于中坝乡大树村的一户客家之家，本名张国正。清末时先在本地秘密组织反清的“太阳会”，后因所率黄联民团截留了法国传教士偷运出境的文物并杀死其随从，引起外交公案遭追查，遂于清宣统三年（公元1911年）农历九月初五被迫提前举行起义。继之，又率领汉彝群众智取西昌城，杀了十恶不赦的县令章庆（俗称“章剐狗”），演绎了轰轰烈烈的反清一幕。然因斗争经验不足，在受骗退守泸山刘公祠后，错失良机，加之内部意见分歧，致使起义惨遭失败。被俘后处以极刑“凌迟”致死，誓死不屈，成为四川辛亥革命中最早率众起义向清王朝打响第一枪的仁人志士，真不愧是西昌客家的骄傲和西昌近代史上的一面旗帜。

有关他的英雄壮举与事迹，早在“文化大革命”前笔者就略知一二，以后调入博物馆后，由于工作原因也就更加熟悉。但唯一使我感到意外的是，直到两年前才从有关报道中获知，他居然也是客家，这更增加了我对他的崇敬之情，故早在准备此次考察前，就把寻找张耀堂的后裔及其相关遗物作为了此行必须完成的主要任务之一。

十月上旬西昌客乡的稻谷尚未收割完毕，我所见到的第一位张耀堂直系后裔便是其外孙黄正国。老人现年 79 岁，家住黄联关镇石坝村四组；操一口流利的客家话。在与他的摆谈中获知，张耀堂牺牲后遗有四男二女，如今均已相继去世。他的母亲张友兰是张耀堂的幺女，也不幸于 1976 年农历的四月病逝。张友兰生前共生有四子：黄正国是老大，老二、老三早已离开人世，老四黄正明，现年 67 岁，采访时也在场。如今黄正国老人已三世同堂，身体看起来尚可，只是不甚健谈。有关外公张耀堂的事迹，他曾从母亲口中陆续听到过一些，从其所述，尚不如在场的邻居长者知道得详细，想必是年老记忆不清所致。临别时我提出要给他拍张照片作为纪念，老人欣然允诺，一旁的老伴急忙为他更换了一套上装，在其居家的小庭院内我迅速按动了快门，老人那布满皱纹的脸上顿时露出了一丝丝慈祥的微笑，他使我想起了九泉之下的英烈张耀堂及其他英勇斗争的人们。

时隔半月后，在隔河相望的大树村七组，我所见到的张耀堂的第二位直系亲属是其孙女张德荣。张德荣现年 57 岁，在家务家，顺便帮助儿子照看一下村内开设的一家路边小商店，身体看上去还挺结实，态度也十分友善和蔼。她的父亲是张耀堂的亲生儿子张友钦，后来她和本村的客家钟绍德结了婚，并生有三子，如今也已三世同堂。对于“阿公”张耀堂的事迹，她也早已从父辈处听说过，并知道“死得很惨”，但具体情况却多语焉不详。采访结束时，我依然为她和她那个长得挺高且帅的长子钟起材拍了一张母子合影照，而后，在谢大爷的带领下，向张耀堂族人聚居的大树村五组进发。

大树村的主体部分被称为小中坝，这是安宁河西岸一级阶地上的一处地势开阔平整的河坝地，西靠磨盘山，谷地内沟渠交错，农田毗连，一望而知是个鱼米之乡，这是一个较大的客家聚居村落，村内分布着大树五组、六组和七组的一部分，且设有小学一所。然而在历史上，这里却是洪水时常泛滥、风沙肆虐无度的有名的“风口”之一。是客家人落业当地后与别的移民一道，战胜了这些天灾，并用辛勤的汗水把这片昔日的河坝地开垦成了良田，特别是近几年来，随着绿化带的增加和大桥水库的建成，这一切基本得到了有效遏制和改观，相信伴随着整治力度的加大，以后这里的环境会变得更加美好。

张耀堂所在家族的成员主要集中在五组，是村内的首姓（余为谢、赖、陈三姓，均属客家）。除此，六组也有部分，据悉总人数约有 180 人，有关张耀堂的事迹，上了年纪的人都听说过，且充满了各式传奇色彩。当听说我是专程而来时，都表现出十分的热情。

此行的重点原打算采访熟知族内情况的张德琛老人，不巧的是，他到西昌未归，故未如愿。好在族中现年 64 岁的张德才老人等也略知一二，于是采访的对象也就自然转到了他们身上。有关张耀堂家族的情况，张德才和张德俊两位老人做了如下简介：他们原居广东兴宁县，从字辈上看最早的入川始祖是鼎凤公，但实际是其子复兴公先于父上川做生意，后鼎凤公从原籍寻子来到西昌黄联落业于此。初居东坪，继迁石坝，之后再迁小中坝，繁衍至今已有十一代（按：据此推测，其上川时间似在乾隆初）。他们的原有字辈为“鼎复天凤成，国友德文正”，后因此一排行已使用完毕，于是又续排了十个字。目前健在的最高班辈为“友”字，而最小已到“春”字辈。当谈及张耀堂与他们房人的关系时，他们称：在张耀堂的祖父一辈，即凤祥公时（一说在父亲一辈，即“成”字辈时）为亲兄弟，后分成了四大房，本房的祖父为张国钧，是张耀堂的堂兄。凤祥公死后葬于黄联鹿马山，墓很大，墓门前有三碑六柱，雕刻精美，可惜后来被毁。继后笔者又在其带领下，分别参观了他们三家祖堂内供奉的家神和村内的周边环境，从而对张耀堂所在家族的历史及其现存状况有了更加深刻的了解。

但遗憾的是，有一个重要任务至今没有完成，这就是寻找张耀堂祖族的族谱，为此还颇费了不少时间与周折。究其原因，推测极大可能是起义失败后，为防备清军搜捕，族人已将谱牒藏匿、转移，甚而销毁。总之，对所有调查者来说，这依然是待解之谜。

皇天不负有心人，作为补偿，我却意外地发现了两通与此相关的碑刻：一通是近年来新刻立的张耀堂之母谢氏墓碑，碑文上简略地记载了谢氏生卒年月（尽管所记有一些明显错误）及起义失败后，其妻黄氏“孤携幼子，迫于生计，改嫁蒋家”一事，而立碑者的名单中也大多为蒋氏后裔，仅此就足见他们至今仍对这位已逝祖婆的无限敬重。另一通是清光绪二十八年（公元 1902 年）冬月初六刻立的袁氏墓碑，在墓碑上发现了七位因参与张耀堂起义，事败后为避迫害，族人将其落款署名从碑上有意铲平的旁证。结合调查所知，事实上张耀堂的起义首先是以西昌客家为主体，兼及周边其他汉彝群众而发动的，故当地的所有客家大姓都无一例外积极参与，且事败后均程度不同地遭到了清廷的残酷迫害与打击，这通碑刻所示便是其中的最好佐证。好在这一切为时短暂，不久随着民国政府的成立，所有迫害均告结束而成为了历史。

继后，我又特意对黄联老街原禹王宫后的张国钧墓做了调查，透过张德琛老人撰写的碑文，对于墓主及所在家族的情况也就有了更多的了解，此弥补了因未找到其族谱而带来部分遗憾与不便。在返昌的路上不知为什么，我的脑海中总是一直出现着张耀堂的名字，仔细想来这在很大程度上恐应归结于对这位西昌客家英烈的由衷钦佩与崇敬，因为以上采访所获，会顿使你想起九十年前发生在西昌城区外的那场殊死搏斗与较量，并且长久抹之不去！

五、客家重镇黄联关

黄联关是西昌城南108国道上的一个热闹重镇，同时也是西昌方言岛中最具代表性的一个典型农村集镇，现辖1个集镇和6个行政村，总人口11 300余人，辖区面积54平方公里。

翻开西昌地方志，黄联建场的历史似乎不算太长，即顶多可上溯至清后期，仅因当时这里盛产中药材黄连，故清末时才于此始设税关而称黄联关，沿袭至今，然而，当东坪村汉代大型冶铜铸币遗址和摆摆顶古铜矿采矿洞得以相继发现，进而证实这就是《汉书·地理志》等所载的有名的“邛者，南山出铜”地时，黄联关镇的历史也就此大大改写并揭开了新的一页。

新中国成立后，随着地方经济的发展和成昆铁路的通车，黄联关镇的面貌发生了较大的改观，特别是近十多年来，随着西昌土林的正式对外开放，西昌客方言岛陆续见诸报端，西昌至黄联高速公路的即将竣工，以及新的集市的建成等，从而使这个川滇古道上的客家重镇重新焕发了青春，并在外界已具有一定的影响和知名度。

今天当你漫步当地时，黄联关镇的百年历史沧桑将会通过现存的三条新老街道的变迁（实际上是代表了三个不同历史时期的发展变化）逐一呈现在你面前。驻足于此，思绪万千，作为一个客家后裔，首先想到的是黄联未来的发展——特别是在旅游业方面，应该说在这一方面还大有潜力可挖，大有文章可做，尽管内中还存在不少困难。但不管怎样，当地的客家文化无疑是未来可予开发的一项重要文化旅游资源和可以推向海内外的一个知名品牌。除此之外，还有东坪村的汉代冶铜遗址、摆摆顶和安宁河沿岸的自然风光、新兴的已渐成规模的大德村和石坝村的石榴种植生态农业观光园等。若把这些资源予以统一规划、调配，分期分批推出，并在“硬件”上和宣传、组织上加大力度和投入，这样就能尽快改变目前只有西昌土林可供游览的单打一被动局面，并使黄联最终成为未来西昌旅游业发展中的一个颇具特色的新亮点。对此，我充满了信心，并且由衷期待着这一天的早日到来！

红河彝族支系及其历史源流略考*

龙倮贵

红河彝族是红河哈尼族彝族自治州（简称红河州）的主体民族，全州13个市县均有分布，呈大杂居、小聚居状况，共有100多万。人口在10万以上的有弥勒、石屏、建水三县（全省有五个县），云南省彝族人口超过万人的有58个乡镇，其中红河州就有22个乡镇。这样人口众多的自治州主体民族，有无支系可分？有多少个支系？且哪些是自称？哪些又是他称？20世纪50年代初，我国大规模的民族调查、识别以来，众说纷纭，聚讼不休，甚至有的学者从服饰的质地、款式、颜色及着装的习惯，标新立异地比解放前夕增设彝族支系，如花腰、乃苏、花彝等，造成这种混乱状况，其主要原因还是缺乏认真的调查研究。与此同时，对红河彝族各支系历史源流的探讨也存在公说公有理，婆说婆有理的现象，即北来说、南来说、土著说等，造成这种状况的原因是解放前历代统治阶级将这块红土地，特别是红河南岸视若荒野蛮地，加上国史、地方史志中记载也是寥若晨星，官府文献资料中一鳞半爪。近几年来，各市县的县（市）志、民族志和民族概况已相继编纂出版问世，但对彝族支系及其历史源流也是简单描述，甚至他称和自称不分，尚未谈及各支系的由来、变迁及其历史源流。即使有些学者曾阐述过这方面，也是仁者见仁，智者见智，甚至难自圆其说。笔者掌握资料相当局限，不揣浅陋，写此拙文，从目前所悉调查材料的基础上，又积极利用现存彝文文献，并结合近几年来有关这方面的研究成果，试图对红河彝族支系及历史源流做粗略的探讨，以期抛砖引玉，并为编纂《中国彝族通史》提供红河彝族有关这方面的材料。

---

* 本文原载《凉山民族研究》，2003年刊，189页。

一、纷纭复杂的自称和他称及其含义

关于红河彝族支系，《云南省红河哈尼族彝族自治州民族志》① 记载："彝族有许多自称和他称，自称有：尼苏泼（他称'罗罗'、'三道红'、'花腰'、'母基'等），尼泼（他称'撒尼'、'阿哲'），葛泼（他称'白彝'），斯期泼（他称'大黑彝'、'小白彝'），阿细泼（他称'阿细'），朴瓦泼或普勒泼（他称'朴拉'），阿鲁泼（他称'阿鲁'），勒苏泼（他称'山苏'），罗泼（他称'阿务'、'老务'），香堂泼等。"据笔者调查所悉，红河彝族自称有：尼苏颇（他称为聂苏、花腰、三道红、倮倮、罗罗、花彝），阿细颇（他称为阿细、阿系），阿哲颇（他称为阿哲、阿者、阿车、阿则、阿扎、阿查），阿务颇（他称为鲁务、阿务、阿武、罗卧泼、老吾泼），濮拉颇（他称为濮族、朴瓦族、花濮拉、筲箕仆、黑仆），撒尼颇（他称撒尼、撒梅、明朗），斯期颇（他称为小白彝、查依颇、明岔颇、斯期泼），腊鲁颇（他称为香堂、阿鲁、罗颇），吉输颇，母基颇（他称为母几、老母几、母机、母鸡族），倮倮颇（他称倮倮、白倮、花倮倮），葛颇（他称为白彝、大白彝、小白彝、干彝、甘彝、阿灵颇、葛着颇），阿普（他称为阿仆、黑仆），勒苏颇（他称为山苏、扯苏、车苏、撒苏），等等，还有一些辱称如"猓猓""猡猡"等。

以上提及的如此众多的他称和自称，大多都有其来源和含义，我们不妨阐释，以供有关专家学者参考。

1. 尼苏颇。有写作"聂苏颇"，与其他地州省区彝族自称"诺苏""乃苏""纳苏"相同，红河州的石屏、元阳、建水、红河、绿春等县大部分彝族属于尼苏支系，个旧、蒙自、金平等县也少量分布，其他地州，如新平、元江、江城、墨江、江川、通海、华宁、双柏、易门、玉溪、澄江、牟定等县市的彝族大部分也是尼苏支系。语言、习俗、彝文及彝文文献同，服饰各异。人口约130万人。"彝文文献记载，彝族最先自称为'尼'，具有天、母、女的含义，'尼'字古音与'夷'相同。彝族自称'尼'起源于母系氏族社会对女祖魂的崇拜。彝族共同体的族称为'尼颇'即尼人"。"是天（母）之子"之意。② 传说是彝族始祖笃慕，在洪水泛滥中，因天神沙生的指点而幸存。后与天神沙生的三个妹妹（有的说三个姑娘）成婚，生六子。滇南彝族尼苏颇古语称"天"为"尼"，于是笃慕后代的尼苏颇认为他们是天之子。根据史学家方国瑜先生考证，"'尼音'在古代与'夷'音相同，夷（尼）在秦汉时期是对滇

① 《云南省红河哈尼族彝族自治州民族志》，昆明，云南大学出版社，1989。

② 参见师有福：《彝族文化论》，昆明，云南民族出版社，2000。

川黔桂等地彝族先民的称谓，即‘西南夷’和‘白狼夷’等。彝族‘尼’的称谓在秦逼羌人南下前，就产生了”①。而且，“汉史记‘尼’为西南夷在秦汉时开始的……汉史志中，西南夷地腹中心又叫‘南中’，‘南中’一词的含义与后来唐代‘南诏’国相同，均为‘尼国’（彝国）之意，为彝族先民所建立。②。“尼”为天、母、女之意，“苏”和“颇”为人、者、族之意，尼苏颇为天母女之子的人。但近年来，有的学者说，尼苏颇为聪明、灵巧的黑人，简称黑人说和尚黑人说，如《云南省红河哈尼族彝族自治州民族志》记载：“尼颇，意为聪慧，有文化的人。”③ 尼苏，有的写作“诺苏”、“纳苏”或“聂苏”，尼、诺、纳、聂，都是彝音“尼”的汉语音译，本意是“黑”，所谓“黑彝”就由此得名，“苏”本意指人或支系。④ 因为彝族尚黑，以黑为至高无上，为贵为美。“尼”与黑色之“黑”彝语同音，“苏”与灵巧、聪慧彝语同音，其结论纯望文生义，不切实际，结果以讹传讹，甚至充斥于各有关报纸杂志和辞典辞书。“彝族自称‘诺苏’、‘尼苏’‘洛苏’、‘黎苏’，‘苏’和‘吐’的概念为‘人’。其实凡称‘纳苏’、‘吐苏’的‘纳’和‘吐’，原义非指‘黑’和‘白’，当是‘看’和‘管’，即‘纳苏’、‘尼苏’义为看守者和管理者”⑤。“尼苏”据彝文文献记载，是“尼浅苏”的简称缩写，其意为天母之村人，即彝（尼）村人。因此，“尼”与黑色之“黑”系同音不同义的两个词，“苏”亦如此。

2. 阿细颇。《开化府志》写作“阿系”，《伯麟图说》和《云南通志》写作“阿西”。红河州主要居住在弥勒、泸西及开远市，其他地州，如丘北、昆明、石林、宜良、陆良、罗平、师宗、武定等县市也有居住。语言、服饰、习俗同，有语言而无文字，与阿哲支系语言相近。人口约 12 万人。传说其祖先是从滇西大理那边搬来的，到弥勒西山定居已有一千多两千年的历史。因而有学者提出，“阿细”就是南诏六诏之一的“越析诏”，是越析诏的后裔。另一说其原始自称为“古若”，现今自称阿细颇是对古代先祖英雄阿细的崇拜。流传于弥勒西山阿细颇中的《飞马的故事》和《昂土司的故事》，说的都是先祖英雄阿细一生的经历和其丰功伟绩。阿细死后，“古若”都说自己是阿细的后代，并自称阿细颇。⑥ 又有人说，阿细颇是唐南诏前阿欲部

---

① 参见师有福著：《彝族文化论》，昆明，云南民族出版社，2000。

② 参见师有福著：《彝族文化论》，昆明，云南民族出版社，2000。

③ 《云南省红河哈尼族彝族自治州民族志》，昆明，云南大学出版社，1989。

④ 参见戈隆阿弘：《红河彝族支系考》，载《红河社会科学》，1988（3）。

⑤ 陈英：《关于“六祖”、“罗甸国”等问题的调查》，见《四川贵州彝族社会历史调查》，昆明，云南人民出版社，1987。

⑥ 参见石连顺：《浅谈彝族阿细颇（人）源流初探》，见《红河彝学研究论文集》，昆明，云南民族出版社，1999。

的后裔。中国社会科学院民族研究所武自立研究员认为，阿细是一个古部落首领之名，生活年代约汉光武帝时期，其后裔以自己的部族首领作为自称罢了。

3. 阿哲颇。有的学者写作“阿者”。主要居住在红河州的弥勒、泸西及开远市，其他地区，如罗平、师宗、文山、双柏、易门及贵州的毕节、大方、赫章、威宁等县也有分布。语言、习俗、彝文及彝文文献同，服饰有异。人口约13万人。大多数学者认为，阿哲原是一个民族英雄的名字，后来便成为一个家支、部族和支系之名称。东汉时居“獠”（今东川一带），汉晋时期，其头人被封为罗甸大臣，住在贵州毕节地区大方一带。具体地说源于蜀汉时助武侯征贵州水西有功封为罗甸国王的妥阿哲(汉名济火)。

4. 撒尼颇。他们自称“尼颇”，与以上提及的“尼”同。主要居住在红河州的弥勒、泸西，其他地区，如石林、罗平、丘北、陆良、宜良、昆明、武定等县市也有分布。语言、习俗基本同，有彝文及彝文文献，服饰有异。人口约18万人。《皇朝职贡图》云：“阿者罗罗，东爨乌蛮之苗裔，唐南诏蒙化为师宗、弥勒、胸摩三部。”撒尼颇，蜀汉两晋时洱海附近的“叟人”部族，宋大理时滇中“些么徒”的“撒摩部”。撒尼颇有“底毛”和“撒毛”之别。红河州撒尼颇大多为“撒毛”支，但也有“底毛”支，却不多。云南省民语委毕云鼎副译审认为：“彝族支系中的‘撒尼’为他称，‘尼’为自称。‘尼’在撒尼语中有开化、进取、欢快的意思。并撒尼人的自称‘尼’，作为一种人类种族群体的称谓已是很久的了。”① 历史上自称为“尼滇”“撒尼泼”“叟尼”等，他们互称“滇么”和“爨么”两种，“爨么”为石林之意，“滇么”为平坝之意，“叟尼”为山林中的人。② 富民一带的彝族自称“撒尼若”，武定彝族也有自称“尼泼”，可能与撒尼颇有渊源关系。昆明东郊自称“子君人”即史书上称为“撒摩部”（撒马部）也曾居住过撒尼颇，因而历史上撒尼颇与昆明东郊的撒梅人、子君人属于同一族源。

5. 阿务颇。据《泸西县志》（旧稿）记载：“阿乌，《南诏野史》云阿乌倮倮，好猎，多畜牛羊……”主要居住在弥勒、泸西，其他地区，如罗平、丘北、西畴、祥云、镇沅、师宗等县市也有分布，语言、服饰、习俗基本同，无彝文彝经，人口约18万人。据考证，阿务或阿乌是由部落酋长或首领之名演变而来，生活年代相当于汉光武帝时期。

6. 濮拉颇。红河州开远、蒙自、屏边等县市彝族大部分为濮拉支系，红河、石

---

① 毕云鼎：《彝族撒尼人的自称及其传统文化》，见《云南彝学研究》（第2辑），昆明，云南民族出版社，2001。

② 参见杨毓骧：《路南撒尼人的社会与文化考察》，载《彝族文化》，1993（2）。

屏、元阳、建水、金平、个旧等县市与尼苏支系和其他民族杂居，其他地州，如文山、砚山、陆良、宁良、马关、元江、新平等县也有分布，语言、习俗、服饰各异，无彝文彝经。红河流域的彝族濮拉颇语言与尼苏颇相近。人口约28万人。《元江志稿》记载："濮喇一名濮脑，古蒲那，九隆之苗裔，南诏蒙化为寻甸部，至元初内附今临安（今建水）、广南（今文山）、广西（今泸西）、元江四府，俱有此种。"据笔者实地考查，一说"濮拉"为虎祖，"濮"为祖，"拉"为虎，说他们的始祖为老虎，他们是老虎的子孙。一说"濮拉"为祖先分支的人，"濮"为祖，"拉"为分支或分杈，说他们是祖先分支出来的一杈枝人，是尼部的后裔。濮拉与尼苏等支系分支时间，还远在彝族六祖分支之前。濮拉支系是最先在滇南地区生息的彝族先民之一。①史学家方国瑜先生在《彝族史稿》中说："彝族濮拉支系可能是彝语支民族哈尼族、纳西族尚未从西南夷（尼）分支出来就分支出来了，他的分支比彝族和哈尼族分支早得多。""古代彝族尼、濮、罗颇三大支分流情况，罗部还没有从尼部化分出来前，濮部从尼部中已分出来了，濮以表示男祖魂的葫芦为崇拜对象，是彝族进入父系社会以后，从尼部分流出来的。""洪水泛滥以后出现了濮。"② 有的学者说，濮拉为濮人、濮族，是濮水（滇南红河江）的濮人濮族，是古代濮人的后裔。《汉书·地理志》记载："仆水（濮水，指滇南红河江）出徼外，东南至来唯入劳。"朱希的《云南濮族考》说："余谓仆族（濮族）因仆水（濮水）而得名，不如谓仆水（濮水）因仆族（濮族）而得名，犹如僰道因僰族得名也。"《中国民族史》云："濮，今称倮倮。"《云南民政概况》云："濮蛮，此类夷人，散居山谷，普思沿边极多。红河一带谓卜拉（濮拉），金河一带谓之蒲拉，大概系同种。"

7. 诺苏颇。与滇川大小凉山彝族诺苏支系相同。主要居住在弥勒、泸西，其他地州，曲靖、大理、石林、宜良、昭通及四川省凉山彝族自治州、贵州省毕节、金沙等县市也有。各地语言基本同，服饰、习俗有异，有彝文及彝文文献。人口约24万人。解放前夕，红河诺苏颇还与大小凉山诺苏支系联姻通婚。其意与尼苏同。

8. 斯期颇。有的称作查依颇或明岔颇。主要居住在弥勒县，其他地区，如武定、禄劝、祥云、昆明等县市也有分布，语言、习俗、服饰因居住环境不同而有异，无彝文彝经。人口约9万人。传说是以部落、氏族首领或酋长之名演变而来。

9. 腊鲁颇。有的记作罗颇、阿鲁。主要居住在金平、绿春、元阳县，其他地区，如景东、景谷、普洱、江城、墨江、云县、临沧、保山、华坪等县市也有分布，语言、服饰、习俗各异，无彝文彝经。人口约26万人。（康熙）《云南通志》卷之三十

---

① 参见戈隆阿弘：《红河彝族支系考》，载《红河社会科学》，1988（3）。

② 参见师有福：《彝族文化论》，昆明，云南民族出版社，2000。

七载："鲁屋罗罗……独临安鲁部村有之。"他们说他们的祖先是老虎，他们是老虎的后代子孙，是虎氏族的后裔，并以虎为氏族的图腾和徽号。

10. 母基颇。主要居住在红河州的个旧、蒙自、金平、屏边等县市。语言、服饰、习俗基本同，无彝文彝经。人口约7000人。有的学者说，母基颇是尼苏颇的另一种自称，因他们住在高山，离天近，母基颇是住在高寒山区尼苏颇的一种自称。又有人说，母基颇是濮拉颇的另一种自称或他称。还有学者说，母基颇是彝族的另一种支系。众说纷纭，莫衷一是。笔者认为，母基颇的自称来源相当久远，其义为住在天边或天界的人或种族。"母"为天，"基"为边或界。因此，母基颇不是尼苏颇或濮拉颇的另一种自称和他称，而是一个独立的彝族支系。

11. 倮倮颇。主要居住在开远、个旧市，其他地州，如楚雄彝族自治州、大理白族自治州、保山地区、普洱地区等均有分布。语言、服饰、习俗基本同，无彝文彝经。人口约6万人。倮倮意为龙虎，来源有两种说法：一是彝族崇拜龙虎而把自己称作龙虎人，即倮倮颇。《元江志稿》载："倮罗土著之乌蛮也，为哀牢夷九隆之裔。"明《滇志》卷十三云："有号：鹿卢（倮倮）。"陈久金等《彝族天文学史》说："彝族自称罗罗，意为虎族。"尤中《云南民族史》中说："南诏北部'乌蛮七部落'中有一个部落称为'鹿卢蛮部落'。往后，'鹿卢'被译写作'罗罗'，成了这个近亲集团的称呼。"马学良《云南彝族礼俗研究·自序》说："倮罗，即龙虎的译音。"清代著名学者严复说："图腾者，蛮夷之徽帜，用以自别于余众也。彝族的虎图腾，明显地视黑虎为共同祖先和保护神，自命为虎族，因而自称与对虎的称呼相同。"二是相传历史上彝族中有个首领被封为"龙虎大将军"，就把自己称为"龙虎人"。也有学者认为，远古彝族有尼、濮、罗三大支，倮倮是罗支的后裔，"罗"为虎为太阳。并认为罗部后裔包括阿勒颇、老务颇、阿务颇、腊鲁颇、阿鲁颇等。

12. 葛颇。有的称作阿灵颇、葛着颇。主要居住在泸西、弥勒县，其他地区，如师宗、罗平、丘北、石林、宜良、富源、禄劝、会泽等县市也有分布。语言、习俗基本同，无彝文彝经，服饰各异，人口约18万人。其自称来源与古地名相同。他们称昆明为"葛滇咪"，意即古滇地，他们自称为葛滇葛颇，意为古滇国人，后逐渐演变成他们后裔的自称，说他们的祖先是葛滇咪（古滇国地方）的葛滇葛颇（古滇国人）。彝语"葛"跟汉语"昆"发音较为接近，于是把"葛"，写成"昆"，葛弥写成昆明，彝语的"葛弥"或昆明就是指彝族"戈"（葛颇）支系住的地方。①

13. 阿普。有的称作阿仆或黑仆。主要聚居在红河州金平县马鞍底乡及越南北部南常一带。语言、服饰、习俗完全相同。人口约200人。笔者认为，阿普可能是濮拉

---

① 参见李红昌：《"昆明"考》，载《彝族文化》，1997（2）。

颇的另一种自称，并与其传统服饰有关，因为与濮拉颇语言、服饰、习俗基本相同。他们的女子传统服饰全身着黑布衣，并着筒裙服。

14. 勒苏颇。主要聚居在红河州石屏县、玉溪市的峨山、元江、新平县的交界处及楚雄彝族自治州的双柏县。语言、习俗、服饰基本同，且与彝族尼苏支系较为接近。人口约1.7万人。《元江志稿》云："……又名扯苏。扯苏爨蛮部之别种，朴陋似黑倮倮，……近楚雄、普洱二府有此种。"元江洼垤彝文创世诗史《笃慕的故事》就以神话般的形式记载了远古洪水泛滥时笃慕的后代有一个儿子演变成勒苏部落，描述他们当时的面容姿态不美，不善梳妆打扮的特征。史诗中记述："笃慕的第三房，生有三个儿子……铁阿吾苏捏有两个儿子。没有对象，去高空中寻找，找到月捏额之女，月捏额之女嫁给了笃阿度盆，他们变成了彝族母基颇和勒苏颇等九族的鼻祖。"勒苏意为住在高山上的人或生活在原始森林边的人。解放前夕，他们还处于原始氏族社会末期，生产力十分低下，所居无常，刀耕火种，地种到哪里，人也就搬到哪里。新中国成立后，勒苏颇同彝族其他支系一道步入社会主义社会。

15. 吉输颇。其来自古代部落名，弥勒部落同时代，在今弥勒与泸西交界处还有其部落的遗址。后弥勒部强盛，吉输部便依附于弥勒部，但并没有吞并，只是依附和隶属关系。吉输部就靠弥勒部这个保护伞，得以生存和发展，最后被纳入南诏三十七蛮部之中。今有学者提出，阿细支系乃南诏大理国时期东方黑爨三十七部中的一个部，也就是说阿细颇是吉输部的后裔。《云南志》卷七《弥勒州》载："志元中，以本部（弥勒部）为千户总把，领吉输、亵恶、步笼、阿欲四千户。"可见南诏大理时，吉输、阿欲为两个不同的部族。因此，吉输部的后裔不完全是阿细颇。但由于时过境迁，吉输部有的后代融入阿细颇中也是历史事实。①

以上仅是对彝族自称的简单阐释，下面阐释有关他称的含义和来源。

江外哈尼族对彝族称"哈窝"。相传，哈尼哈窝为两兄弟，哈尼为兄，哈窝为弟，因而民间今有这样的谚语："盐巴辣椒一起舂，哈尼哈窝一娘生。"有的哈尼族称彝族为"窝濮"（即火烧之人）。说彝族是用火烧的民族，即火葬之民族。旧时彝族盛行火葬，今川滇大小凉山彝族仍盛行火葬。

有的他称是因服饰的款式、质地、颜料及着装的习惯而称呼的。如居住在石屏、建水一带的尼苏颇姑娘因两条盘在头顶的乌黑的发辫上有三道红的发绳，故称他们为"三道红"；石屏龙武、哨冲一带的尼苏颇女子，因全身着鲜艳醒目的红色为主的花服饰，故称他们为"花腰"；红河、元阳一带的未婚尼苏颇女子因佩戴呜呜啼叫的公

① 参见石连顺：《弥勒、吉输考》，见《彝族古籍研究论文集》，昆明，云南大学出版社，1993。

鸡型梅花银泡帽，故对他们称“公鸡族”；绿春牛孔、红河车古的尼苏颇女子传统服饰因绣精致的红绿花图案，故对他们称“花彝”；对着花衣服的濮拉颇称花濮拉，对着黑衣服的濮拉颇称黑濮拉。

有的因居住地域不同而他称也有异。住在水边的濮拉颇他称为水濮拉，住在无水的干热河谷地带或无水的山梁上的濮拉颇他称为干濮拉，住在森林边或山箐边的勒苏颇他称为山苏或车苏。

有的他称来自奴隶社会，是彝族历史上阶级斗争的一种产物。如他称白彝，白彝之“白”原意来源彝语的“波”，汉语意为换或买，“彝”即夷（尼），白彝就是换来的（尼），或者买来的（尼），或者可以交易的（尼），即奴隶。“波夷”说成白彝，是翻译的错误。同样，尼苏、纳苏等翻译成“黑彝”，也是翻译上的最大错误，是一种望文生义的翻译和观点，甚至是一种标新立异的一个历史名词术语。

至于猓猓、猡猡等他称是辱称，是解放前汉族反动文人对彝族的一种辱称，意思是说彝族为尚未进化的野蛮的民族。如同称瑶族为“猺子”，称苗族为“苗子”。

二、复杂多样的迁徙线路和历史源流

红河彝族主要集中在红河北岸和南盘江水系流域。据彝文文献记载，夏商之际彝族先民的一部分就从南盘江流域进入金沙江流域，北上至陕、甘、青地区，大部分继续留居在古夜郎、古滇国周围，创造了古夜郎文化和古滇国文化。约公元前 3000 年前，彝族一首领仲牟由（笃慕）避洪灾从巴蜀一带取大葫芦作舟，跨过金沙江定居于乌蒙山一带开始，第一次彝族内部原居先民与北上又南下的先民大汇合，之后人丁兴旺，分支开疆扩土。尔后在古滇国地区先后出现了以俄木罗（开远）、俄罗（楚雄）、纳特（疑指令晋宁）为中心的部族联盟制的政权体系，并把社会分成等级进行统治。秦始皇兼并天下囊括四海，开五尺道入滇之后，特别是武侯在南中地区确立酋长制以后，彝族政权结构体制改体，以鬼主、酋长、大姓、土司、宣抚司、土目、土把总、土巡检的官职从蜀汉延续至清末。元明土司制的设立，使红河彝族历史上民族形成的行政职级消亡了。从汉晋开始，红河彝族地区正式纳入中央领土的益州、牂牁二郡。南诏大理国设立督、府、部作为地方行政管理体制名称。元明清设土司又改流，把红河彝区的政治、经济、文化管理体制完全统一在中央王朝之中。特别是尼苏颇聚居的建水、石屏异龙湖周围，濮拉颇居住的开远坝、大庄坝、蒙自坝，弥勒部、阿鹿部居住的泸西坝、弥勒坝、虹溪坝，在明洪武及其以后变成了军屯民屯的地区，因内地迁入的人员增多，彝人渐少，部分向江外和内地山区流迁，开始形成支系之间交错杂处的现象。从大量的彝文文献经典及《指路经》《饯行经》《家谱》看，红河彝族尼苏颇是世居建水、石屏的古老土著民族，部分从外地迁入，宋元明之际往江外或向内地山区大量流迁。濮拉颇包括母基颇、倮倮颇、阿普等支系是世居蒙自、个旧、屏边、开远等的土著彝民，明清之际流落江外及越南北部山区。

解放前夕，红河南岸彝族处于封建土司经济社会，红河北岸及南盘江流域的彝族处于封建地主经济社会，特别是石屏、建水一带的彝族已萌芽了新兴资本主义社会经济。居住在石屏西北部的勒苏颇还处于原始社会残余经济。又红河彝族先民的迁徙史，在汉文文献中记载较少，而彝文文献中记载较详细，然而，由于各支系不同，自称有异，即使是同一个自称，因地域不同，故有不同的迁徙线路和历史源流。下面分别述之：

1. 尼苏颇。尼苏颇为红河彝族人口最多的支系，主要居住在红河南北两岸石屏、建水、个旧、红河、元阳、绿春、金平及蒙自等市县。如前所述，红河尼苏颇是世居建水、石屏的土著彝民，部分从外地迁入，元明清之际逐渐向江外和内地山区大量流迁。至于在建水、石屏居住之前，尼苏颇先民居住在何地，各地《指路经》、《饯行经》及《家谱》里有详细记述。

石屏县龙武乡柏木租彝村李氏家谱中提到的迁徙线路是，从“纳特”到昆明，经晋宁、江川、通海、高大、曲江、建水、建水苏租、建水官厅、石屏、峨山八保村、元江三台坡、元江城、元江青化龙厂、铜厂、磨盘山、扬武、化念，最后定居于今石屏龙武柏木租村。

金平保山寨彝村《饯行经》中提到的迁徙线路：从金平保山寨指向分水岭，经个旧蛮耗、个旧卡房、蒙自、建水、石屏、通海、峨山、晋宁、昆明，最后到“纳特”。

《元阳县志》记载：本县彝族尼苏颇“唐南诏和宋大理时期，曾在通海、蒙自、建水一带居住，部分南渡红河，大部分在境内的芭蕉岭、牛角寨、沙拉托、水卜龙等村寨居住”。“一支在公元21年西汉王莽执政时在石屏异龙湖一带反王莽被镇压后，流落到元阳地区。一支是在宋赵恒时期，云南大理国消灭南诏国时发生民族战争而从通海、建水一带流落到元阳”。①

据绿春牛孔四大寨施氏长老说，他们施氏祖先未迁入牛孔之前，官府派施氏祖先带兵去驻守南掌（今老挝琅勃拉邦）时，路经此地，当时就看中了这块美丽富饶的宝地。到清雍正五年至十一年，施氏施腻勒和施糯利两兄弟，带着儿子和兵马随征茶

① 参见马理文：《浅谈元阳梯田形成的条件及现实意义》，载《彝族文学报》，2002年第三期第三版。

山、镇沅、威沅、普洱、思茅、元江、新平等地，云贵总督鄂尔泰分别发给施腻勒土千总委牌和施糯利土守备委牌。其后施糯利的子孙，去牛孔察看自己辖地的庶民。每次到牛孔都住上一两个月，早晚察看庶民，白天到牛孔河拿鱼摸虾游玩。久而久之，施氏的一部分子孙留居在元江空蒿村（科旱），一部分带着眷属和兵马正式迁入牛孔四大寨定居，管理下六村地盘。但其祖先源流有多种说法：一说是南诏时，施浪诏诏主施望欠被迫将女儿嫁给蒙舍诏皮逻阁，施诏主带部分子民迁徙流落到永昌之后，一部分留居在永昌境内，一部分从永昌迁徙到昆明郊区。明初，施伯川之祖父又从昆明迁往石屏、建水一带。明末清初从石屏迁入元江府。到元江府辖地后，官府派施王子驻守南掌，清雍正五年（公元1727年）都督下令，驻守在老挝的施王子之孙施腻勒和施糯利带兵随征茶山、镇沅、威沅、普洱等地。到雍正十一年（1733年），施氏子孙施永勒和施永中迁入绿春牛孔四大寨。抄于清道光年间他们家族中现存的有两本家谱，可在“序”中记述的祖源却不同。施期祖收藏的家谱中记述的源流为“原籍江南清河县人氏”。而纳卡施氏收藏的家谱中记述的源流为“先居南京应天府，走四川，走云南，下石屏，走临安，走元江勐，往走牛角寨，下麻栗树，下外国科旱，走角惰，走土嘎，走八岩，上阿谷，走曼落，下白林谷，下纳卡，上贵龙”。但在其施氏彝文文献《饯行经》中提到的迁徙线路是“从牛孔到角惰，经科旱、外国南掌、麻栗树、牛角寨、勐龙、元江城、建水、石屏、昆明，最后到‘纳特’”。该村杨氏家谱记载：从开封迁居昆明，经建水、石屏、元江、也么灯、老挝、元阳牛角寨、各东白、土嘎，最后在该村定居。

红河县尼苏颇的迁徙线路和历史源流，笔者另有专文，① 故在此不再赘述。

红河彝族尼苏颇中，有相当一部分，说他们的祖先不是彝族，而是江浙一带的汉族。如石屏县陶村镇六谷冲彝族李氏家谱“序”中说：“李氏祖籍在南京应天府江宁县老垦脚地，明洪武年间服役来云南。”红河县车古彝村施氏家谱“序”中说：“施氏祖籍南系太白山，由于与他族争战失利，首领方章率众流入云南，又与当地土著人氏争战，败逃临安（建水东坝、南庄一带），后经元江洼垤渡红河，于清雍正七年（公元1729年）定居于车古。”有该村杨氏祖籍系浙江九江府杨柳树大垦脚之说。红河县乐育乡阿布彝村何中周家谱说：其始祖由南京入滇，先在临安命念村驻扎，三年后迁徙石屏牛街乡扯止、阿勇山等地，至何纵正分支后，分别迁入红河县境内阿布、虾里、垤娜、迤萨等地定居。

以上提及的“江浙”说，很大程度上与元明清军屯、民屯、商屯有关。《云南通

---

① 龙倮贵：《红河县彝族族称及历史刍议》，见《红河彝学研究论文集》，昆明，云南民族出版社，1999。

志·兵食志》记载，云南省军屯人数29万之多，军屯田土面积130多万亩，占全省耕地面积312万亩的42%。建水为全省军屯36卫所之一，驻5个千户所共2340余人，有屯田面积4355亩。1384年明朝廷又江西大姓充实云南，两年后沐英又把留戍云南的江西、浙江、湖广、河南四司兵部家眷迁来云南，相当一部分到建水、石屏等坝区屯垦。军屯、民屯、商屯甚至其子女与当地土著尼苏颇通婚，逐渐成为彝族尼苏颇。与此同时，元明清军屯、民屯、商屯的踏入，这个地区政治、经济、文化管理体制完全统一在朝廷范围内，更加快了这一地区彝族尼苏颇政治体制的解体，且迁入的人员增多，尼苏颇只好忍辱负重地向红河江外和向内地山区大量流动迁居。至于这方面从《红河县志》、《金平苗族瑶旅傣族自治县志》、《绿春县志》、《元阳县志》乃至《江城哈尼族彝族自治县志》、《元江哈尼族彝族傣族自治县民族志》等方志和文献中可找出佐证。

2. 阿哲颇。据有关资料表明，阿哲颇源于蜀汉时期助武侯征贵州水西有功封为罗甸国王的妥阿哲（汉名济火），汉以前居昆明北郊，部民遍布滇南，分布于文山（叫阿查）、易门、双柏等地，蜀汉时部分入黔。唐宋时内乱纷争，离黔地水西入滇盘江北岸。元明之际“改土归流”，又逃于原阿哲合居长山（今弥勒五山）至今。明天启《滇志》和《南诏野史》记载，唐宋时阿哲颇为东爨乌蛮之一部，居滇南地区，后辗转迁徙至弥勒境内定居。弥勒县阿哲颇彝文文献《指路经》记载：弥勒麦塘村为起点，路经罗斐直岩（乌崩金子洞坡）、建水磨阳山，直上昆明为终点，五山杨氏李氏家族指到建水沙拉河，范氏指到建水阿朋寨，师氏指到建水利民，普氏经开远转建水缅甸，昂氏指回石林县，童氏指向通海，黄氏指向建水临安镇，巡检司核桃寨杨氏指回泸西雨蒲。而阿哲颇女子挽歌中指路指到“咪力于尺”（昭通葡萄井）附近，也有指向今贵州赫章、毕节一带的施红山（疑指赫章与威宁两县交界处），弥勒、开远、华宁等阿哲颇家谱记载，由于内部纷争，唐宋时离开贵州毕节、大方，经赫章、威宁、宣威、曲靖、罗平、师宗、石林、宜良、澄江、通海、峨山、建水利民，后又东渡盘江定居于弥勒五山。再以后由于其他原因，这部分阿哲颇又迁至他乡，现居于弥勒五山的阿哲颇，是元明清之际设土又归流后从建水、华宁、开远、通海等地迁来的。总之，他们的《指路经》大多指向终点昭通、毕节一带，有少部分《指路经》指向昭通北上还有七八个地点。弥勒、开远等地彝文文献《指路经》载：亡魂通过火狱洗礼后，经通海、昆明、寻甸、会泽、鲁甸、东川等地，到昭通与祖先派来的阴魂相会后，一起跨江过河，经川西南去遥远的北方，归到祖先原居地。

3. 阿细颇。据《西南彝志》记载：“古夷人武德本、武古笃、武陀尼、武濮所等部族不是彝族‘六祖’的后裔，不能列入‘六祖’系统。云南弥勒一带的彝族阿细支系，相传他们的祖辈很早住在罢第赫（贵州威宁草海），继与濮人争夺，转战至哪液（金沙江），然后转徙于今弥勒一带。”“又说其祖先号称为‘古’的部族，当与武古笃有关。”① 有一个传说是这样的：古时候，有一部分阿细颇居住在今宾川和大理洱海畔，为南诏建国前的六诏之一越析诏。唐玄宗开元年间，朝廷派御史严正海协助蒙舍诏统一洱海地区。在统一斗争中，越析诏与蒙舍诏发生冲突。越析诏失利，诏主波冲之兄于赠率残部败逃金沙江北岸，最后被阁逻凤消灭。诏主和大臣及亲随们虽被消灭了，但其部属子民们为躲避战乱和灾难，忍辱负重，扶老携幼，沿金沙江而下，谋其生存，图其发展。若干年后，终于来到昆明，与原先生息繁衍在昆明的阿细颇融合为一处。由于曾经有过这样一段艰难的历程，至今念念不忘。也曾经在洱海畔繁衍生息，后又曾经沿金沙江躲灾，时至今日，他们仍称大理洱海为“弄栋海子”，称金沙江为“沙那依么”。②

弥勒阿细颇口碑《指路经》所唱述的迁徙线路和亡灵归宗路线有两条：一条是从弥勒出发，经石林、陆良、宜良、呈贡，最后到昆明；另一条是从弥勒出发，经华宁、江川、澄江、玉溪，最后还是昆明。有人说阿细颇古时候曾生息繁衍在彝族传说中的阿着底。但阿着底在哪里，一说在川西北，一说在滇西大理，一说在滇东南宜良或曲靖，尚未定论。

总之，阿细颇迁徙流动主要与以下两点有关：一是由于阿细颇兵败而被迫迁徙流动，以上已基本提及，在此不再赘述。二是被调征战。据说唐王朝企图打通“步头路”，从今宜宾南下，经步头（今建水），沿红河水道南下安南都护府，但遭到“爨区白蛮”贵族们的竭力反对和阻止，后弥勒部酋长奉蒙舍诏诏主阁逻凤之命，亲率大军兵分两路，大举南下，到巴甸后与原先居住在巴甸等地的阿细颇汇合且定居下来。据阿细颇老人说，这是阿细颇历史上最大的一次流动迁徙。再则说他们争战失利，顺金沙江而下，最后到昆明，又东渡南盘江逃入弥勒西山定居下来到今。今弥勒、泸西阿细颇有过年过节时，派人专程前往几百里的澄江购买抗浪鱼回来祭祖之俗。这不能不说是阿细颇对千百年前先人曾在抚仙湖畔生活的追忆。

4. 濮拉颇。《开远市志》载：开远彝族濮拉颇古时从昆明方向流入。《屏边苗族自治县志》记载：屏边彝族濮拉颇老人讲，远古时代，他们祖先居住在大河淌水的地方（疑指今金沙江流域），后迁居昆明，又由昆明以部族、宗族分两路集体迁徙。一路从昆明出发，经通海、建水、石屏、红河、元阳、蒙自、弥勒、开远、个旧、屏

① 陈英：《彝族六祖源流及其年代问题》，见《四川贵州彝族社会历史调查》，昆明，云南人民出版社，1987。

② 参见石连顺：《浅谈彝族阿细颇（人）源流初探》，见《红河彝学研究论文集》，昆明，云南民族出版社，1999。

边，属于曲线迁徙线路。另一路经昆明、呈贡、宜良、罗平、泸西、弥勒、开远、蒙自、屏边，基本上是直线迁徙线路。红河县亏容地区濮拉颇张氏、普氏口传，他们的祖先于明末清初从宁州（今华宁）出发，经开远马者哨、石屏斐尼、小冲、者孔、尼么贝堵等地，再从小河底河顺河而下，渡红河定居于红河南岸的亏容山梁到今。“七个民族除彝族中濮拉支系自称是自古就生活在红河两岸海拔 900 ~ 1100 米地区外，其余均由外地迁入”①。红河县濮拉颇部分姓氏口传，一说是他们的祖籍在点苍伯脚（今大理点苍山），顺“濮水”（今红河）流域巍山、双柏、新平、元江而下，渡红河散居于红河南岸的干热河谷山梁上。有的继续顺江而下，在元阳、个旧、屏边、金平定居。一说是他们的祖籍在大河淌水（疑金沙江）地方，后迁居昆明，经通海、建水、石屏、元江，定居于红河两岸干热河谷地带。如前所述，濮部就从尼部中分出来了，是彝族进入父系社会以后，从尼部中分流出来的。因此，至今居住在红河两岸的濮拉颇，大多不知笃慕为何人，也不知“六祖”分支之事，只知道他们的祖先是很早很早以前从彝族中分出来的。“在滇西和滇南一带的彝族，较多的部分没有‘六祖’的概念。足见他们多属于‘六祖’的旁系，甚至有的连旁系也不是，而是从古夷人的其他部族融合的”②。故笔者认为，红河濮拉颇可能是“六祖”的旁系，但有的连旁系都不是，而是从古夷人中其他部族融合的或笃慕前就分支的一个独立支系。

5. 其他支系。一是母基颇，个旧市母基颇口传，他们的祖先，远古时从滇池周围南下滇南，明清时从蒙自、开远等地迁居个旧市境内。金平水头寨母基颇口传，他们的祖先先居文山，经屏边、蒙自、个旧蛮耗、金平阿得博，最后定居于此村。

二是扎依颇。居住在弥勒县境内的扎依颇口传，他们祖先先居禄劝，清时随军迁居弥勒县境内。而有的清初时，从省城昆明迁居弥勒县法克村至今。

三是阿务颇。阿务颇来大理时为罗婺部，明代“改土归流”，更多的阿务颇迁入弥勒县境内。有学者认为，阿务即“罗婺”的自称，是“龙虎”演变而来。绿春县老务颇，大多不知自己的祖先从何地迁入绿春定居。但坪寨陆氏宗族陆小二长老讲，他们的祖先先居开远，经蒙自、元阳南沙、元阳大乌寨、金平团结小寨，最后定居与此村。可何时迁入不详。

四是阿灵颇。据他们口碑相传，近现代时他们的祖先从石林县板桥迁人弥勒县与阿细颇杂居相处。

---

① 马理文：《浅谈元阳梯田形成的条件及现实意义》，载《彝族文学报》，2002 年第三期第三版。

② 陈英：《彝族六祖源流及其年代问题》，见《四川贵州彝族社会历史调查》，昆明，云南人民出版社，1987。

五是阿普。主要居住在金平县马鞍底乡。他们大多不知自己家族的祖先从何迁来。金平地西北村侯氏家族老人说，他们始祖先居广西，经蒙自、金平阿得博、金竹寨、地西北、越南南常蔓地村、金平八底寨、荔枝寨，最后又迁回地西北村定居至今。

六是葛颇。据考证，他们的先祖约在西汉时期，从昆明一带迁出，经罗平、师宗进入泸西境内。相传他们是古滇国人的后裔。弥勒县棚普镇的彝族，他们自称“古滇国”的“葛颇”，说他们是昆明搬来的。寻甸县境内的彝族包括葛颇在内大部分都是昆明搬来的。另自称为戈弄颇的彝族，说他们的祖先是昆明官渡迁徙来的。葛颇妇女上衣绣的大方块套小方块的图案，是代表大坝子或田地，又代表城。意思是他们的祖先曾住在大坝子，有田地，也有城，这个城就是今昆明市。

七是倮倮颇或倮颇。金子罗盘上寨倮颇说，他们的祖先是从卜龙、民江（疑今普洱、墨江）迁徙而来。绿春大水沟中寨罗氏的迁徙线路是：从俄莫沙安（疑今大理）出发，经景谷、景东、柳树湾湾、老埂脚脚、谷路者依、马鲁塘、老熊寨、丫壹三头街、王周兵等地，清朝中叶迁入绿春大水沟中寨。

八是撒尼颇。据有关资料表明，蜀汉两晋时是洱海附近的“叟人”部族，宋大理时为滇中“些么徒”的“撒摩部”，其后裔部分南迁“落蒙部”（今石林县）辖内。弥勒内瓦本，卫泸的撒尼颇为元明时移居石林县圭山的“撒毛”支，而磷马撒尼颇为“撒摩部”后裔南迁石林县的“底毛”支。泸西撒尼颇于明清之际从石林县迁入，定居于午街铺、金马等地。据民间老人讲：姓赵、姓昂原居大理“阿着底”，后来迁居陆良，再迁入圭山，据圭山尾则碑文记载：姓李、姓普最早居于大理，以后迁入大板桥，再迁入圭山；而姓普则认为是从贵州一带迁来的。撒尼颇死后送魂，由圭山起送至昆明西山，最后还是送到“阿着底”。

结束语

以上笔者粗略考证了红河彝族他称和自称的由来和含义，也粗略地考证了各支系的历史源流。本民族的历史文献和口碑中虽有分支的原因和地点较明确，但由于时空跨度较大，加上无确切的或大多没有分支的时间和迁徙源流，于是难以考证确切的分支地点和分支的具体年代，以及迁徙的具体线路。除此，各支系迁徙的具体线路的地名全为彝语地名，与汉语特别是现代汉语地名很难对应，有的地名多有不实，给我们考证红河彝族历史源流带来一定的困难，这是其一。

第二，红河彝族乃至滇南彝族尼苏颇《指路经》《饯行经》及家谱中提到的“纳特”这一地名。有人说，“纳特”是古代彝族君王所在地；有人说为今南京市；有人说是在金沙江沿岸的崇山峻岭中的岩洞，即元谋、禄劝等县内的山洞；有人说从古代彝族氏族或部落名称演变而来，其具体地理位置在今晋宁县城以西故阳城堡。如果我们能确切考证“纳特”的具体地理位置，那么我们已考证清楚了红河乃至滇南彝族尼苏颇的历史源流。

第三，濮拉颇、阿细颇等不是“六祖”之列，仅是一家之言，我们应进一步考证。

第四，红河阿哲颇、阿细颇、撒尼颇《指路经》中常提到的“阿着底”具体在何处，也是自圆其说的多。

总而言之，拙文仅仅是对红河彝族各支系自称和他称及历史源流的粗略考证，且是一个侧面，甚至是个人的一些观点和看法，而个人的这些观点和见解也不一定正确和成熟，可能失之偏颇。尽管如此，如果个人的这些见地能在彝学研究，特别是红河彝学研究中能起一个小小的浪花，能在目前正在编纂的《中国彝族通史》中提供一点史学材料，愚肯定感到欣慰。

克智与勒俄：口头论辩中的史诗演述*

巴莫曲布嫫

代引言：慕莫哈玛拉波①（口头诗歌的来历）

我家的慕莫哈玛，是祖辈亲口咀嚼后吐传给子辈，是父辈亲口咀嚼后吐传给儿辈。白纸写成的书是祖辈的遗产，黑墨写成的书是父辈的遗产。没有什么书卷能比得上它，即使有某一卷与它相似，另一卷也不能和它相比。就像荞株长得一样，荞粒结得不一样。

我们的慕莫哈玛很神奇，坐着像猫大，站起像虎高，卷起像背桶粗，展开比路还要长。这或许有点夸口，这或许有点夸张，我们就是这么说，我们也是这么赞，请不要听话不听音。

我想来说说慕莫哈玛的来历，又怕吓得青年人连滚带爬；如果不说它的来历，又难投合贤达者的心意。

你可知道我们这家人，祖祖辈辈都有名望！有的人世代都隐姓埋名，愈是隐埋愈湮没无闻，愈发不敢和亲家论辩。

慕莫哈玛是从哪里来的呢？在瓦曲来勿是从色达毕惹的口中出来的，在史觉拉达是从拉多勿哈的口中出来的，在勒着甲谷是从达祖史拉的口中出来的，在拉巴果俄是从尔哈迪曲的口中出来的，在勿合来勿是从史赫果吉的口中出来的，在三河依达是从合勿利合的口中出来的，在阿居博勿是从久博涅尼的口中出来的，在车之尔拖是从则

---

* 本文原载《凉山民族研究》，2003 年刊，40 页。

① 这是流传在义诺彝区的一首克智辩说词。“慕莫”（mupmop）泛指文学，“哈玛”（hxama）直译为“舌头上的话语”，泛指口头语言。“慕莫哈玛”可以理解为话如珠玑的美妙辞章，主要指口头传诵的诗歌和辞令，相对于书面文学“慕莫布尔”（mupmop bburlu）。

体沙蒙的口中出来的，在尔吉来勿是从瓦尔达仁的口中出来的，在布布乃拖是从尔哈日和的口中出来的，在拉古依达是从朝波拉铁的口中出来的，在久都来勿是从木利依莫的口中出来的。①

我们这家人，在阿嘎迪拖牵着马笼头套，首次将它传播；在兹兹普吾骑上马背再次将它传播；在洛俄嘎比集会处策马驰骋，三次将它传播。②

一、“克智”论辩：史诗的口头传播载体

“克智”作为民间的口头论辩是一种对话关系中的言语行为。“言语行为”(speech art）理论是英国语言哲学家奥斯汀（J. L. Austin）提出的。③ 这种理论认为，当人们说出一串话语的时候，他就在完成一种行为。辩论这种言语行为是要在一定的语境中有效地使用语言，以达到辩胜对方的目的。因此，口头辩论必然涉及语用学(pragmatics)④ 的问题。论辩，通常亦称作辩论，作为一种独特的人际交流方式，它与社会互动中的口语传播有密切关联。在中国、印度和古希腊，历史上都出现过规模宏大的论辩思潮，形成了世界古代三大辩学体系。在我国少数民族本土文化中孕育出

① 这段“克智”（kepnrep）论辩词所引均为地名加人名，即某某地方的某某人，实际上是口头程式表达中的一种范式。除“拉巴果俄”（latbaggopop）这一地名无考外，“瓦曲来勿”（vatqulivut）在越西县境内；“史觉拉达”（syrjjopladda）在甘洛县境内；“勿合来勿”（vutholivut）在昭觉县境内；“三河依达”（sahoyydda）在美姑县境内，即今巴普镇三河村；“阿居博勿”（atjjubbovut）即美姑境内的狐狸山（汉语称为龙头山）；其余的“勒着甲谷”（lerrojjiepggu）、“车之尔拖”(cezhylurtot)、“尔吉来勿”（lurjjilivut）、“布布乃托”（bbubbuplitot）、“拉古依达”（lagguyydda）、“久都来勿”（jotddurlivut）等地也都在美姑县境内。由此可见，美姑是口头传统得以保持与传播的主要地区，而论辩词中所列人名均为历史上著名的克智能手。这段辩词出自凉山彝族自治州文化局编印的《克智》资料本，经巴莫尔哈和笔者仔细推敲，重新翻译。但在彝汉两种文字之间，依然难以传达其丰富、深刻的原初语义与文化内涵。

② “阿嘎迪拖”（aggatndiptot）泛指云贵高原；“兹兹普吾”（zzyzzypuvut）指云南昭通一带；“洛俄嘎比”（hnewoggabi）在雷波和美姑交界处，是过去头人集会断案的地方。其实从云贵高原到昭通再到美姑，正好是诺苏彝族先民由滇迁徙进入今天凉山的历史路线。

③ 在口头传统研究的一个平行方向，奥斯汀（J. L. Austin）于1962年在牛津大学开始关注于探讨表演性演说的句法（speech art）。其代表作是 *How to Do Things With Words*，Cambridge，Mass.：Harvard University Press，1962。这是美国高校民俗学专业的必读书之一。

④ 语用学（pragmatics）这一术语是莫里斯（C. W. Morris）最早提出来的，他将符号学（semiotics）分成三个学科，语用学即是其中之一。语用学家着重探讨以下四个问题：①言语行为的类型及其进行的条件；②如何从语用的角度去解释话语；③使用语言的人所起的作用；④如何建立必要的交际准则。语用学研究的目的在于帮助我们深入地了解语言功能，更精确地掌握话语的含义，提高我们理解和运用语言的能力。

来的论辩传统则有藏族的辩经传统、维吾尔族的论辩诗歌和哈萨克族的阿肯弹唱，前者出于佛教经院的教育制度，后两者则与民间口头传承相关。诚然，对不同族群文化中的论辩传统做一些对比分析，有助于口头论辩实质的认识和理解，也有助于对彝族源远流长的“克智”论辩做进一步的研究。基于本文的主要工作方向，我们对此不做过多涉及。

需要指出的是，我国学界研究的辩论、口头辩论或辩论术，一则多属逻辑学、修辞学范畴；二则往往忽视民间口头传承中的论辩传统。在西方当代的口头传统研究中有人开始关注这个问题，为区别于逻辑学、修辞学中的辩论术，① 他们往往使用 the ritualistic flyting 或 verbal - dueling（舌战）一词来取代 dialectic（论辩术）一词，值得我们借鉴。笔者多年前开始搜集彝族民间口头论辩的资料，后来在哈佛大学访学期间也注意到平行学科的相关研究，比如近年来国外史诗研究界已有学者专注于探讨古代希腊史诗与口头论辩的关系。② 本文探讨的“克智”论辩作为民间口头传承事象，与国外民俗学界采用的术语 the ritualistic flyting 或 verbal - dueling 侧重于强调的口头言语行为更为接近。这里，我们根据田野观察资料，先就“克智”论辩的口头民俗情境与口头传承特点提出一些看法，以期说明诸苏彝族口头论辩的民族特色与史诗演述的文化语境。

（一）“克智”释义：口头论辩

在诸苏彝族的口头语言民俗中，独具一格的“克智”论辩以民间口头传承的方

---

① 对于什么是辩论，至今似乎并无精确而全面的界说。根据当今有关著作的论述，通常所说的辩论，是指对立双方，即辩论者围绕某一事物或问题展开论争以形成关于该事物或问题的正确认识，并以对该事物或问题的支持者和反对者的胜负为终结的一种直接对话。（参见蒿清田主编：《今日逻辑科学》，201 页，天津，天津教育出版社，1990。）然而学界关于“辩论”的探讨，集中关注世界三大辩学体系（中国古代的名辩学、古代希腊的论辩术及印度的论辩传统），大都无涉于民间口头辩论，而彝族“克智”口头论辩有自己的规程与胜负判断的标准，上述定义不完全适用于这种论辩活动。

② Ward Parks. *Verbal Dueling in Heroic Narrative: The Homeric and Old English Traditions*. Princeton University Press，1990，pp. ix，240。美国学者沃德·帕克斯在这部专著中，从荷马史诗中援引了大量的口头论辩场景（flyting scenes）来分析史诗叙事中的“论辩范型”（contest paradigm），在《伊利亚特》中主要是战争中的武士舌战，如阿基里斯与阿伽门农、阿基里斯与赫克托；在《奥德赛》中则是主—客双方（on the guest - host relationship）的口头论辩。由此出发，他从比较研究的角度对《贝奥武甫》、《摩诃婆罗多》、《罗兰之歌》、《高文爵士》（亚瑟王圆桌骑士之一）、《绿衣骑士》等作品中的口头论辩进行研究，并与当代美国黑人社区青年人的口头论辩，乃至政界的论战和学术界的辩论交相联系，揭示出口头论辩既是人类言说的普遍现象，也因各自的文化传统而具有特殊性。因此，彝族口头论辩的比较研究如能展开，当能为国际学界提供生动鲜活的当代案例。

式广泛流传在四川大凉山彝区的村村寨寨，成为家喻户晓、老幼皆知，并深为民众所喜爱的口承文学事象。克智论辩活动的长期盛行，产生了众多的克智辞赋（kebur hxaxjo）。正如论辩手在比赛中说："天上千颗星，克智数不清；地上千棵草，克智数不完。克智要用箩篼装，箩篼下面有漏洞，说了三天三夜，说的没有漏的多；克智有如牛毛多，说了三年零三个月，没有说完两个牛耳朵。"至今诺苏彝人在赛歌时还有用筛子来装歌的风俗，即唱一首歌就插一草杆在筛子眼里，插满筛子但歌还没唱完。沿传至今的这一古老的歌俗在《西南彝志·人文志》中就有相类记载："歌师宣雅颂，歌师讲论文，雅颂与论文，筛子眼样多。"

在大小凉山，以美姑县为中心的义诺方言区，因"克智"活动长期盛行，"克智"能手辈出，被人们公认为"克智的故乡"。"克智"不仅是一种带有竞赛性和娱乐性的口头论辩活动，也是史诗演述的形式载体，它不仅造就了一批批崇尚口头艺术的辩才，也为一代代史诗演述人提供了天然的舞台，为史诗传统的世代相承拓展了广阔的文化空间。正是在"克智"论辩得以弘扬光大的义诺地区，史诗"勒俄"的演述作为一种鲜活的口头表演艺术一直经久不衰。从另一角度看，史诗演述本身也是论辩活动的有机构成部分，在整个表演过程中占据着攸关胜负的重要地位，因而成为众多论辩能手较量传统知识与口头表演技巧的一个关捩。

> 彝族在西南各族中是最富有历史知识的民族之一。他们自己创造了彝文，其经典，主要由巫师（毕摩）掌握。彝文经典虽然是为祭祀祖宗和鬼神服务的，但有许多经典或祭祀经典里的若干章节记载了历史的事实。经典以外，彝族中还有一种能说会道的"说客"，他们的历史常识特别丰富，每当婚姻、丧葬、过节、过年，或集团会议之时，这些说客们便在群众面前举行"口赛"。我们可以在其间听到许多古往今来的生动史实。①

20 世纪 30 年代，马长寿先生就到凉山彝区进行实地考察。上述文字是其箧中遗著的开篇，他回忆了当时"克智"活动及其论辩者群体的一些基本情况。该书手稿大约完成于 1960 年前后，其间提到的"说客"与"口赛"无疑就是今天依然活跃在民间的"克智"能手与他们的表演活动。要正确认识"克智"论辩的口头本质，关键要明确"克智"一词的含义。"克智"是彝语 kepnrep 的音译，"克"（ke）义为"口""嘴巴"；"智"（nre）义为移动、搬迁、退让。"克智"即一种"口之为言达"的言语行为的综合表述，具有灵活性、机动性。然而，"克智"这一术语历来有多种

① 马长寿遗著，李绍明整理：《彝族古代史》，1 页，上海，上海人民出版社，1987。

汉译，比如“斗嘴”“舌战”“辩论”“夸口”“赛说”“比口才”“盘古”“赛诗会”，等等，人们往往莫衷一是。实际上，“克智”作为一种口头表演活动也好，作为一种口头传承也好，本身就包含着多重意蕴，在民间话语中还有以下多种约定俗成的说法：①

1）“克斯哈举”（kesy hxaju）：“克斯”即娴于辞令、巧于言谈；“哈举”即舌头灵便、巧舌如簧。“克斯哈举”可直译为口才敏捷、舌灿莲花。

2）“克格哈查”（keggep hxaxcha）：“克格”意为耍嘴皮、说笑；“哈查”直译为用舌头阐述、舌辩。“克格哈查”可直译为口角生风、口若悬河。

3）“克博哈险”（kebot hxaxxie）：“克博”，辩白、辩驳；“哈险”，以舌头啃。“克博哈险”直译为论辩交锋、舌剑唇枪。

4）“克博哈里”（kebot hxalyt）：“克博”，辩白、辩驳；“哈里”，以舌锋论理，谓言词犀利。“克博哈里”可直译为相互辩诘、辩难质疑。

这些词汇已经成为民间谈论“克智”的俗语、套语，皆是从“克智”论辩活动中发展出来的专门语汇，它们以彝语传统的四音节骈俪词为构词法，每一种“说法”都离不开“克”（ke 口）和“哈”（hxa 舌），彝语中的“克哈”（kehxa）指的就是“口才”。正如“克智”能手在论辩中所说：

木史火普地方，有驰名的九舌羊。舌头分九岔，九岔发出九种音响。你搬得弯这岔搬不弯那岔，等会儿我们借来接在舌头上，舌头灵活话语强；等会儿你们借来接在舌头上，玩不转九根舌头开不起腔。

安宁河畔，有四个大石墩，稳固在四方。我用两个来垫脚，愈站愈发显高强；我拿两个给你来垫脚，说不定你会滑跌到石墩下。依木所洛地方，有四只鹦鹉，鸣啭在四方，叫声不一样，等会儿借两只来代替我的舌头，另两只会把你们辩驳得口难张。

这些强调“口”“舌”的惯用词语，不仅具现“克智”这种民间表演活动的口头特质，也从各种角度反映出“克智”论辩的创作过程与论辩技巧。可以说，我们在汉语中很难找到一个与“克智”原义完全相符的词汇。本文在汉译上采用“口头论

① 这里参考了阿鲁斯基老师的相关研究，见阿鲁斯基、阿鲁金洛：《彝族“克哲”翻译》，自印本《序》。

辩”旨在从整体上总括这种民间言语行为与对话艺术的竞赛性、对诤性和辩议性。

（二）“克智”论辩的民俗传统

彝族先民十分崇尚辩论，好辩与善辩也是各地彝人的特点，历史上发生过许多著名的论战事件，也出现了许多名载史册的辩才与辩士。据老人们讲，过去每逢有战事发生，血族复仇或是冤家械斗，开战在即，或相遇交战，彝人武士“惹阔”（ssakuo）往往要先与敌方进行一番舌战，以鼓舞士气、压制对方；而且舌战也有相应的规矩，禁止“骂阵”，认为“断不了案的头人，成不了真正的德古；骂阵的勇士，成不了真正的英雄”。（克智论辩词）

彝文古籍也有相似记载，彝族默部后裔中出现的英雄人物俄叔必额，曾向武部暴君武阿那宣战，并攻取武部十个城池，俘虏武阿那及其大帅们。武部武阿那在强大的攻势下不得不在最后的危城城墙上与俄叔必额展开辩论，舌敝唇焦之后只得喊降，表示愿以“九匹宝马”“银龙宝座”“金鸟金花”“布帛彩缎”“戈戟甲胄”“青枣骝马”等奉献，让俄叔必额退兵。俄叔必额回答是：“给天上的太阳，我也不要的。要你的住处，作我的地盘；所有的荒土，我们都要开。”这段论战使这两个彝族人物性格跃然而出，也反映了彝族古代部落之间频频发生的战争往往伴随着口头论辩的舌战之风。①《西南彝志》卷八也有记载，默部后裔德施支系中的黑彝阿于德部（世居云南东川的阿于部）与白彝家支阿佐赤（世居云南东北部的沾益）发生了土地纷争。阿于德家四方召请，最后选派了三位善辩者已本阿娄、德初阿孟和阿朔益密与阿佐赤家的九十骑勇士展开论辩，初战失利，部族君长默阿德（慕齐齐的第11世孙）不得不亲自出战，商榷微言，妙辩敏捷，终于转败为胜，“赤家九十骑，无言可答对，服德额之论，杀牛而议和，理实勺根柢。德额的文才，非人所能及”。因两部都是远古部族实勺的后裔，论战结束后，两部议和，杀牛叙谱，清理共同的根谱，不再相互为敌。默阿德由此成为后世颂扬的一位英才和先哲，被人们尊称为“德额”。②

而在毕摩文化发展史上，也出现过名毕论战的历史事件，发生在毕摩大师木毕史楚和体毕乍穆之间，争论起于先祖兹敏为母亲做安灵祭仪式“玛都果”（maddumgo，直译为做灵牌），双方就仪式用牲、祖灵灵位质料及神枝种类发生对诤。当时木毕史楚是“木哈毕”（muhxatbi），即上界毕摩，他坚持要用金银来插神枝，鹿獐来做牺

① 参见贵州民族研究所、毕节彝文翻译组：《西南彝志选》，202～216页，贵阳，贵州人民出版社，1982。

② 参见贵州民族研究所、毕节彝文翻译组：《西南彝志选》，214～217页，贵阳，贵州人民出版社，1982。

牲，锦鸡来做供品，天鹅来做卦卜；体毕乍穆是“木机毕”（mujjybi），即下界毕摩，他反驳了木毕史楚的做法，认为应该用牛羊做牺牲，猪鸡做供品，用鸡骨做卜，用杉柳插枝，不然的话，“父辈能办到，子辈做不到”。这场争论以体毕乍穆获胜而告终，先祖兹敏请他来执祭，“诵经来超荐，祖灵挂家中”。从此以后，彝人作毕的方法按体毕乍穆的建议来进行。实际上，这是毕摩发展史上主张仪式从重从隆或从约从简的两大学派之间的辩讼，同时也反映了彝族祭祀牺牲、卜筮、仪轨等方面的历史演变。在今天的毕摩仪式活动中，我们依然能看到以对话为言语行为的仪式论辩。

关于民间“克智”论辩活动的由来，于史无考，凉山流传着种种说法。比如，在“克智”比赛的考问辨诘中，双方对手也会设问对答，如果一方问及：“克智是哪个先哲创造的?”另一方将会回答：“是金沙江对岸的阿尔比日创造的。”阿尔比日确有其人。中央王朝自元代起在川、滇、黔、桂彝区建立的土司制度，一直延续到清代。在这些土官中，以沙马宣抚司、邛部宣抚司、阿都长官司和雷波千万贯土千总为最大，号称凉山“四大土司”。这里提到的雷波千万贯土千总，即今义诺地区雷波县马井子区千万贯乡。元明时期，金沙江对岸的彝区以乌蒙①宣抚司为最大，其下辖的地区叫大关巡检司（今大关县），而这个司就是彝族阿尔家支的地盘，阿尔比日当时在大关巡检司里任“莫魁”（mopko，总管事）之职，协助土司调解纠纷、处理案件，是土司的左右手，其职事与民间的德古相当。由此可以推论的是，“克智”论辩活动至迟在元朝兴起高潮，到清初形成了比赛论辩的体系，而阿尔比日可能是当时杰出的论辩手和雄辩家，也有可能对“克智”论辩程式做过规范，因而人们将这一创造发明权赋予了他，有的传说认为他还是天下无敌的大论说家。而据云南和贵州的彝文古籍记载，这种基于传统婚丧仪礼的口头竞赛活动起源于彝族父系始祖阿普笃慕②时代的歌场制度，距今至少有两千多年的历史。③

口头论辩的勃兴、传承与长久不衰，与彝人的民俗生活和社会生活有着直接关联。彝族的婚丧嫁娶习俗及其仪礼活动是由一整套相互衔接、相互配合的仪式、习

---

① 乌蒙宣抚司，即彝人乌蒙部，在今云南昭通地区，彝语称为德歹濮卧。在恒部慕雅卧到第八世恒雅妥之前的八代内，与“濮人”的征战十分频繁，并与滇部落发生接触。第八世恒雅发，又作赫阿通，汉文记作阿统（《蜀中广记》），相当于汉武帝元封年间（公元前110—前105年），势力强盛，创下300年的基业。十一世孙德赫隆，汉文记作乌蒙（《蜀中广记》），有兄弟两人，其弟德赫辉为父所爱，欲传位于辉；辉让位于隆，乃东渡白水，后为扯勒部（今四川境内）。隆世守德歹濮卧，后为乌蒙部。

② 阿普笃慕，凉山彝语称之为“居姆吾吾”，在史诗“勒俄”中也有详细记载。

③ 参见巴莫曲布嫫：《鹰灵与诗魂——彝族古代经籍诗学研究》，260～290页，北京，社会科学文献出版社，2000。

俗、观念、信仰构成的体系，与以血缘为基础的家支社会结构是分不开的。彝族是山地民族，由于耕地、水源、牧场以及山地的地形地貌的限制，人们一般散居在二半山上，村落规模不大，大多二三十户人家，小的村落由三四户或四五户人家构成，平日为高山深壑所阻隔，人际交流并不频繁。而忙于劳作的人们，相互的往来一般以家支仪式活动为契机，尤其是像婚丧嫁娶这样的民俗生活仪式颇受人们重视，只要得知亲友家中有丧事或喜事，不论多远，人们都会跋山涉水前往参加。

> 云朵汇集在山头上，白雾汇集在山谷里，风暴汇集在山梁上，雨水汇集在吉觉火哈，河流汇集在大河的尽头……老虎汇集在石沟里，骏马汇集在金曲拉达，五谷汇集在安宁河畔，羊群汇集在黑果洛莫，耕牛汇集在阿嘎迪拖，你我两亲家汇集在姑娘的婚礼上。
>
> ——《克智·说相聚》①

这样，民俗仪礼活动通过特定的时间和空间聚合起一定范围的社群，仪式的参与者按血缘、亲缘、地缘等关系都会出现在这样的社会公共生活里。仪式使人与人、个人与群体、群体与群体之间发生互动，就像黏合剂把人们连在一起，成为社会聚合、人际交往的重要场所。在仪式上，人们为了共同的目的同悲欢、共唏嘘，一起舞蹈、一起歌唱、一起祝福、一起祈祷，相互表达良好的祝愿，吐露心曲，交流感情，分享信息，增进相互的认同，加强团结与和睦。仪式生活成为人们之间的亲和力，从而在彝族山民的社会中起着社会交往和族群凝聚的作用。“克智”论辩正是在这种浓厚的民俗生活氛围中产生的，成为彝族社会公共生活的一个显著特征。

以美姑为中心的义诺彝区，民间社会对“克智”这种论辩活动及其语言艺术一直保持着浓厚的兴趣，长期以来也得到人们普遍的喜爱与高度重视。“克智”论辩的进行方式是由参赛的双方临场说/唱即兴创编的诗歌或辞赋，互相辩驳、褒贬，谈古论今，引经据典，诵唱史诗，以能够达到“穷百家之词，困众人之辩”者为胜。通常整个“克智”活动气氛活跃而紧张，双方的较量犹如龙争虎斗，扣人心弦，引人入胜，听众云集，给仪式活动增添了热烈的民俗氛围。正如“克智”能手往往在比

---

① 文中引述的“克智”辞赋，主要有以下的文本来源：①阿鲁斯基、阿鲁金洛：《彝族“克哲”翻译》（上下），自印本；②美姑县民间文学三套集成资料（油印本）；③凉山彝族自治州文化局编印《克智》（油印本）；④曲莫伊诺口头演述资料与“克智”辞赋写本（勒格扬日初译，笔者审定）；⑤已故彝族青年学者吉觉王铁生前提供给笔者的相关资料；⑥美姑县语委搜集整理的《克智》彝文资料。有关“克智”的研究则主要参考了马拉嘎、阿委、王昌富等学者的论文。在此向以上的机构和个人致以由衷的谢意。

赛开始之际都要说的一段静场说白，生动地道出了民众对传统口头语言艺术的热爱之情：

头发灰白的老人，髻发长长的老人，前额宽似晒坝的老人，耳垂大如竹筛的老人，耳圈粗若手指的老人，腰佩麂皮肚兜的老人，手握白玉烟杆的老人，请你们上方端坐。头绾英雄髻的长者，髻发黑黑的长者，头帕能遮阴的长者，额宽能耕七头牛的长者，大裤脚拖地的长者，宽袖口迎风飘的长者，穿着白袜子的长者，请你们安坐。髻发九拃长的壮年，手臂九抱粗的壮年，腿脚似小船的壮年，请你们安坐在下方。

发辫粗又粗的妇女，头帕展鹰翅的妇女，披毡蓝悠悠的妇女，彩裙飘曳曳的妇女，衣袖塞花簇的妇女，身材修长的妇女，牙齿雪白的妇女，手掌簸箕大的妇女，手指九庹长的妇女，眼珠似酒杯的妇女，眼窝似明月的妇女，睫毛黑又翘的妇女，脖颈细又长的妇女，美丽贤惠的妇女，请你们安坐。

迎接客人似锦鸡奔走的年轻人，能言会道似云雀欢歌的年轻人，传盏敬酒似蜜蜂穿梭的年轻人，举刀剁肉似冰雹溅落的年轻人，前后照应似骏马奋蹄的年轻人，所有忙碌着的年轻人，请不要高声喧哗，请不要叽叽喳喳。

天欲放晴阳光出，河要涨水泛浪花，春天来临雏鸟唱，我们来说克智，先道两句静场白。

——《克智·莫嚷》

在彝族传统社会，“克智”作为口头论辩活动，既是一种言语行为，一种对话艺术，也是人们讲述传统、探求知识、明辨事理、叙述历史的一种口头交流和传播方式。这是“克智”辩论既有别于演说、日常谈话等言语行为，也有别于“阿普布德”（apubbudde，神话、传说、故事）和“呀嘀”（yithxop，歌谣）等其他口头文类的显著特征。如果没有不同思想观点之间的对抗，就不能产生辩论。而在实际的辩论过程中，辩论者双方都要确立自己的主张，并促使对方和听众承认并接受自己的观点，方能获得辩论的胜利。这就要求“克智”能手不仅要提出充分的论据、理由证明自己的观点，并尽力使之完美，无懈可击，而且要就对方的认识、话题做出及时回应，给予击破，以确立己方论点。击中对方要害、破斥“斯确”（sypqop，论友）① 的主张是辩论的核心所在，它直接关系到辩论的胜负。因此，“克智”作为诺苏彝族的口头辩论，与我国古代的“辩”，与古希腊人对“论辩”的理解及今人所论及的辩论或论辩，是大致相当的。但是，由于“克智”始终植根于山地社会，“克智沃布苏”（kepnrep obbusu，论辩手）始终来自民间，“克智”论辩活动始终与彝族山民们的仪式生活融为一体，这种极富民族特性与地方色彩的口头艺术，就有其深厚的文化土壤与鲜活生动的民俗情境，尤其是其中的史诗演述攸关论辩竞赛的胜负，由此更张扬出彝族口头论辩的传统风格与民族形式。

二、“格比”和“玛子”：即兴辞辩与史诗演述

“克智”作为诺苏彝族文化传统中的言语艺术综合体，包括众多的口头文类样式与传统表达方式，迄今尚未在学界得到充分的认识和深入的研究。就笔者读到的四五篇专题论文而言，也反映出人们对“克智”一词的界说，对论辩文学传统的认识，以及对口头艺术的理解都流于现象的表层，而不深究过程与细节，更无本质性的学理阐发。大家往往以一般民间诗歌的评价尺度来框定这一特殊的口头竞赛活动，在“克智”的语言艺术与表现手法方面虽有一定的见地，但缺乏符合民间论辩表演程式的细描与分析，对口头对话艺术及其言语行为的民俗学阐释尚未展开，尤其是将“克智”辞辩与史诗传承截然分开来对待成为一种普遍的观照态度。同时，也有学者在研究“克智”文学的过程中提到了凉山彝族两大文学传承，即史诗“勒俄”与训喻诗歌“玛木”，但一则没有将口头论说与史诗演述视作一个连续性的口头文学过程来加以同步的研究，二则将“克智”活动中的“勒俄”演述视为一种基于史诗文本的“背诵”或“复述”。这两种取向，无疑都忽略了史诗活形态的口头表演特征，也抹杀了史诗传承人在口头演述过程中的主体能动性。本文无意对以上研究进行具体的概括与评价，这里仅根据田野研究的工作方向，来具体探讨嵌入“克智”口头论辩活动中的史诗演述流程及其叙事原则和口头演述特征。

在以美姑为中心的义诺地区，“克智”论辩活动一直按照当地的表演规范传承在

---

① 辩友，有的译为“话友”“论友”，彝语为 sypqop，直译为“论说的伙伴”。此外，两个论辩人相互还以“木嘎”“木基”相称，“木嘎”直译为“第二大的星星”，“木基”则是“小星星”；彝族常常称能人、英雄为“木嘎”，因此在“克智”比赛中，主方为尊敬客方并表示谦让，就称对手为“几西木嘎协”（“亲家那边的木嘎”，与“火塘上方的辩友”换用），而客方则称主方为“几西木基协”（“亲家那边的木基”，与“火塘下方的辩友”换用）。

民间的婚丧嫁娶活动中。不论是婚礼、葬礼还是送灵大典，“克智”论辩都有相对稳定的论辩原则、论辩技巧和论辩程式，以及胜负评判的民间规约。在进入表演传统的阐述之前，我们结合史诗演述场域的不同，先将美姑地区口头论辩的基本表演程式做一简明扼要的图示：

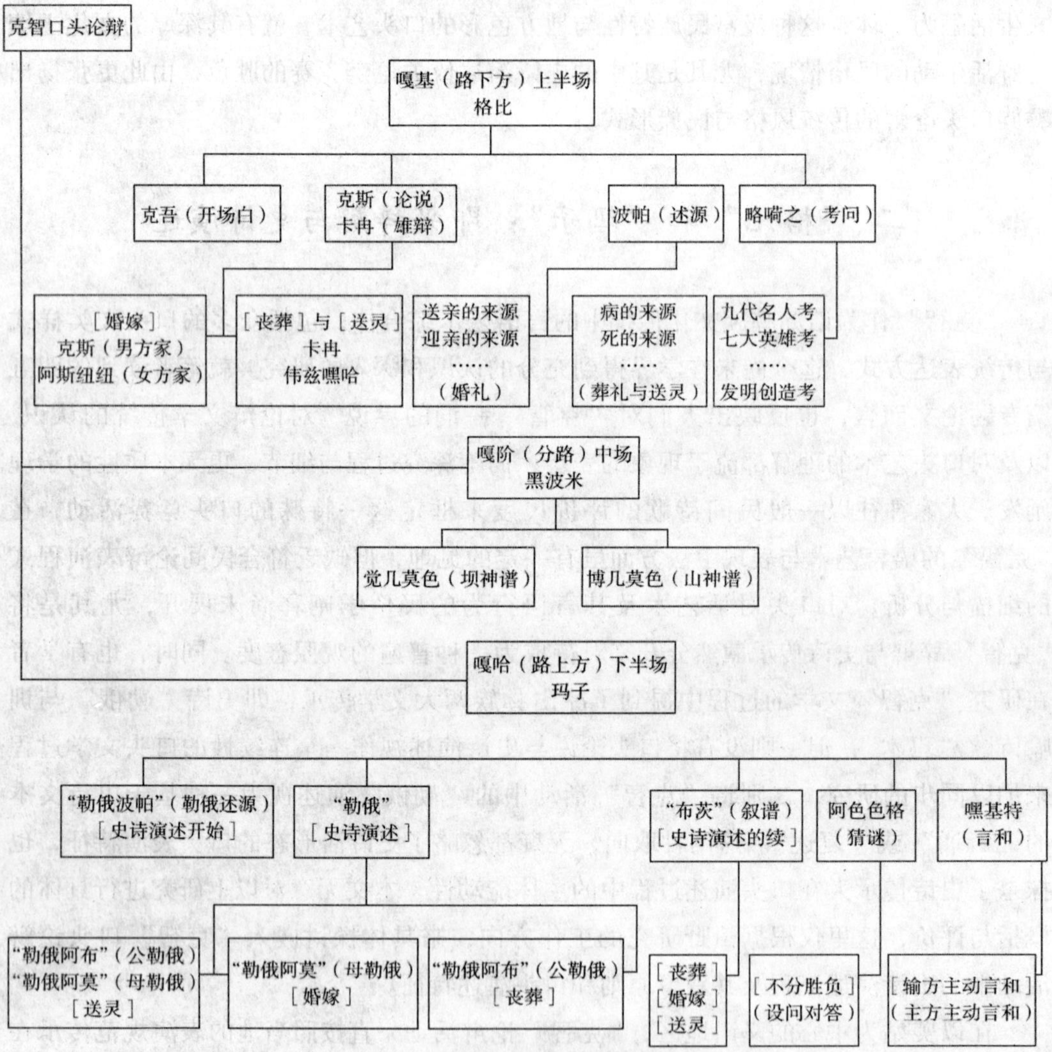

美姑地区“克智”口头论辩程式

这里先对这一图示做如下说明：

（1）由于“克智”论辩在大小凉山的三大方言区（义诺、圣乍和所地）都有基本相似的民俗传承表现，其中义诺地区最为盛行。但各地的方言有较大的差异，论辩程序也有程度不同的地方性色彩，① 这里的图示仅以笔者在美姑的田野观察为述例。

（2）从图示可见，“克智”论辩活动由上下两场组成，上半场彝语称为“嘎基”（ggajjyx，路下方），为即兴辞辩比赛；后半场则称为“嘎哈”（ggahxat，路上方），即史诗演述比赛；两个半场之间有一个小回合，称为“嘎阶”（ggajjie，分路），嵌入“黑波米”（hxepbbomit，去看呀）以完成中场过渡。

（3）这个图示只是一般意义上的“克智”比赛程式，我们称之为口头论辩的“常式”；针对不同的仪式、仪礼背景与具体的表演情境，比赛过程还会出现内容不同、细节不同、论辩人角色不同的即场变化，我们称之为口头论辩的“变式”。作为田野研究的观察者，在面对具体表演事件时，必须在“变”与“不变”之间悉心关注史诗演述的即场变化，这主要取决于对“演述场域”的把握和确定。

下面，我们结合实地的田野观察资料，沿着民间话语及其相关语汇的线索，并依据嘎基（路下方）与嘎哈（路上方）两个赛段的论辩过程，对“克智”活动中的“格比”（ggepbi，即兴辞辩）与“玛子”（mazyt，史诗演述）做较为系统的比较和分析，以厘清口头论辩传统中同时出现的两种话语风格及其间的内在联系与外在界分，从而帮助我们进一步理解史诗“勒俄”的演述传统、叙事原则和口头性本质。

（一）“嘎基”和“嘎哈”：路下方与路上方

“嘎基”与“嘎哈”在义诺彝区是一种传统的分类方法。按字面意思，应分别直译为“路下方”和“路上方”，毕摩的宗教仪式就归纳在“嘎基”和“嘎哈”两个基本范畴之中。在宗教仪式的分类体系中，所谓“路下方”与“路上方”之分，是将各种仪式划分为两个不同的层次：“路上方”主要指送灵大典“尼姆措毕”（nip-

---

① “克智”论辩活动在大小凉山诺苏彝族的各地区都有流传，有的译为“克哲”。以次方言区为界，所地地区的观察资料一向少见，而义诺地区的表演程式也与圣乍地区有所不同。比如，在喜德、甘洛、越西、昭觉等地，“克智”有时被称为“格比”，多在婚嫁场合进行，论辩程式也有其地方特点，有不同的说法。但学界的一些观点是混乱的，也是不准确的。比如，有的学者认为，“克智”的表演程式是按“格比”（开场白）、“黑波”（试探）、“尔比”（论理）、“举此”或“足比”（叙史，即史诗“勒俄”的演述）、“玛子”（决出胜负的关键）五个阶段来进行的。参见马拉嘎和阿委：《彝族“克智”诗初探》，载《金沙江文艺》，1983（2），79～83页。此外，凉山彝族自治州文化局编印的《凉山彝族自治州文化艺术志》送审稿（111～113页，1994），也持基本相似的看法。其他学者对此则各执一端，往往忽略了这种口头艺术的地方性。本文虽以美姑地区的“克智”论辩活动为述例，但根据笔者从各地搜集到的“克智”资料来看，可以肯定这里的概述基本上反映了义诺地区的表演程式，也能对照性地说明圣乍地区的“克智”程式与特点。后文我们将从辩论过程对“格比”“比尔”“黑波米”“玛子”等关键术语进行分析与阐释，以矫正上述看法中的偏颇与错置。这些问题也说明，术语与概念的混乱，在凉山彝族口头传统研究中是一种非常突出的现象，令人担忧。

mucobi，简称措毕 cobi），这是彝人普遍高度重视的宗教仪式活动，对毕摩要求很高，一般只有世传毕摩才具备祭祖送灵的资格。而能否主持或具体操行这种仪式，也是考验一位毕摩水平和能力的一项重要指标。其余仪式皆可归为"路下方"，大体又分为占卜、祈祝、驱遣、禳解、治病、除秽、赔偿、防卫、招魂、调和、祭祀、祈愿、盟誓、神判等十多类。同样，毕摩的经书典籍也以宗教活动的划分为依据，将仪式用书分为"路下方"与"路上方"："路上方"的经书主要用于送灵大典"尼姆措毕"，其余经书都可归为"路下方"。① 但是，仪式也好，经书也罢，"路下方"与"路上方"之间也存在着种种联系，比如说，"略茨日毕"（nyocyssypbi，咒鬼）仪式属于"路下方"，而在"尼姆措毕"这样的宗教大典上，这个仪式往往是整个活动的先声。② 换言之，许多"路下方"的仪式也是"路上方"仪式的基础环节，对毕摩而言，只有掌握了基本的仪式知识与技能才能够驾驭大型的宗教活动。

那么"克智"论辩活动中的"嘎基"与"嘎哈"之分，也是基于相似的观念。"克智"论辩者在自己的辩说词中，将"路下方"的论说辩驳与"路上方"史诗演述，或比作一棵大树上的"树叶"与"枝干"，或比作一条江河中的水滴与主脉。"我方重视的是点滴，点滴才能汇江河"。也就是说，只有涓水成河，才能进入激扬飞溅、汹涌而来的史诗演述大潮。正所谓"大房的下面，我和话友同口径，语翼却在转弯子。半夜以前呢，辩辞宛如木屑碎石飞；半夜以后呢，诗语恰似滔滔大江流"。对"克智"比赛中的辩手而言，"路下方"是通往"路上方"的必经之路，只有顺利赢取了"路下方"的比赛，辩手才能进入"路上方"以决出最终的胜负。这是问题的一个方面。另一方面，嘎基（路下方）与嘎哈（路上方）在论辩方式与话语关系等方面也是有区别的，这是我们考察史诗演述为何长期"栖踪"于"克智"论辩活动的一个关键。

> ……村前有许多河流，不会有哪条空闲：要么水头有水獭跳，要么水尾有水鸟飞；要么水底有鱼群游，要么水面有碾磨转。村边有许多悬崖，不会有哪座空闲：要么有奇峰异石，要么有瀑布清泉；要么有雄鹰腾空，要么有蜜蜂穿梭。在座的无数青年，不会有哪个闲坐：要么品尝美酒，要么倾心聆听；要么叙说历史，要么赛说"克智"。这里比"克智"的人，没有哪个在

---

① 在义诺彝区名毕曲比索莫留给后代的读经笔记本中，我们见到了老人对其家传经书的分类和编目，其中嘎哈（路上方）类经书计78册；嘎基（路下方）类经书计87册。笔者存有复印件。

② 凉山彝族咒鬼仪式的概称是"略茨日毕"，"略茨"是一个集合名词，即代表所有的鬼；"日"为咒仪的一种形式，"毕"即为毕摩诵经之意。彝人俗信"百病祸端源于鬼祟"，故而凡做一次较大规模的宗教活动，都须先行咒鬼仪式，将各种鬼怪驱除，意在为后来的仪式活动扫清道路。

说空话：前半夜诵诗论理，像走不完的山路；后半夜讲述“勒俄”，像不停的滚石。

——《克智·不空闲》

这段诗体辩词出自“克智”论辩中的赛说，以“走不完的山路”与“不停的滚石”形象地说明了论辩过程中上下两场之间的连续性，其间以中场过渡“黑波米”为嘎阶（ggatjjie，分路）的分界点，由此引出论辩过程的转折；进入史诗演述后，双方的对话方式与话语关系也随之出现截然不同的言语行为。用本土的口头语汇来进行表述的话，嘎基（路下方）总括为“格比”（ggepbi）——即兴辞辩；嘎哈（路上方）总括为“玛子”（mazyt）——史诗演述。正如“克智”论辩手曲莫伊诺在下半场开场时的一段辞辩所说：

会讲的就讲，会唱的就唱，爱听的就听。老人不传授，中年少见识，青年如蒙童。不调解纠纷成不了德古，不舞刀弄剑成不了英雄，不擅长格比玛子成不了克智阿莫。①

——曲莫伊诺史诗演述·开场白

显而易见，嘎基（路下方）与嘎哈（路上方）之别，也就是“格比”（即兴辞辩）与“玛子”（史诗演述）之分。虽说都是特定时空范围内的一次性口头竞赛活动及其事件序列的连续迭出，但其间的口头表演从内容到形式都出现了不同的反差：嘎基（路下方）部分的比赛主要通过即兴发挥的论说、辩议来完成，而嘎哈（路上方）部分则主要是基于史诗叙事的即场演述。因而，对“克智”的论辩原则、要求、技巧和方法等问题的探讨，关乎史诗演述的具体流程。

为总括口头论辩的整体风貌，以彰明史诗演述的口头情境与叙事特征，下文我们根据此行田野研究的多次实地观察，以“嘎阶”（中场过渡）为界，通过分述嘎基（路下方）与嘎哈（路上方）两个赛段之间的言语行为表现和论辩双方的话语风格，在两相比较中讨论“格比”（即兴辞辩）与“玛子”（史诗演述）之间的区别与联系。这是我们正确理解史诗演述之所以嵌入口头论辩的一个重要角度。

（二）“格比”：即兴辞辩

从论辩方式上看，彝人将论辩的上半场概括为“格比”。“格比”既是一种论辩

① “阿莫”在这里意为“大”，“克智阿莫”即大论辩家。

方法，也是一种修辞手段，采用这种修辞辞格，或通过这种论辩方法产生的口头辞赋，同时也被人们视为一种地方口头文类。① 其论说程式为克吾（kevu，开场白）——→克斯（kesyp）/卡冉（kara，论说/雄辩）——→波帕（bbopat，述源）——→略嗬（nyohxo，设问辩诘）。我们不难看到，在嘎基部分，论辩者根据不同的表演情境，分别在不同场域采取说、唱两种方式来驾驭各自掌握的口头文类与传统曲库，因而是克斯（论说）、波帕（述源）、尔比尔吉（lubytluji，谚语格言）、玛木（hmatmu，训喻诗歌）、略嗬之（考问），乃至阿色色格（atsypsytgie，猜谜）等口头样式的即场发挥与综合运用。论辩者除遵循一定的论说程式外，还要善于运用彝族传统的口头表述方式与修辞技巧，有时说理，有时反诘，有时相讥，风格恣肆，语言犀利。因此，论辩的技巧和方法成为辩论中取胜的要诀。通观上半场的论辩过程，可以看出双方往往通过论与说、辩与议、释与原等方法，充分发挥自己的口头论辩技巧，扬己之长，克彼之短，确立自己的主张，破击论友的观点，以达到取胜的目的。

1. *克斯卡冉：论说与雄辩*

“克斯”kesyp，直译为“论与说”，ke 义为口、嘴；syp 为说、谈论、传述。“论说要有章节，像山边云雾整齐，像河水有起有伏，像悬崖层层叠叠”。（克智辩论词）也就是说，在说理时，要有条有理，娓娓道来，逐层推进。论则重论理、剖析，说则重说明、申释。而“卡冉”kara，直译为“雄辩”，“卡”ka 是 ke“口”的音变，“冉”ra 义为“嚷”，高谈阔论，在说理时体现为以激烈的言辞、跳跃的节奏和高亢的声调进行辩论，甚至可以加上身体、姿态的剧烈动作。“克斯”与“卡冉”是两种约定俗成的论辩方式，两者之间的区别主要取决于仪式语境，前者用于婚礼，论辩者必须坐下来以文雅、稳重的姿态与对方较量；后者用于丧葬和送灵，雄辩者随着辩论的白热化可以采取站或坐的姿势进行论辩，甚至走动几步、跳跃几下，或加上夸张的

① 有的学者认为，诺苏彝族的“尔比尔吉”是一种类似于谚语的文体，而“格比”则是“尔比”的发展，可称为“谚语诗”。参见萧崇素：《萧崇素民族民间文学论集》，166～169 页，成都，四川民族出版社，1999。笔者则认为，“尔比”（又作“尔比尔吉”）与“格比”首先都是不同的修辞手段，从构词法就可看出它们均是“宾动关系”，因此人们常常说“尔阿比”（不说尔比）、“格阿比”（不说格比），换言之，“尔比”与“格比”都是言语行为，也是说话方式。通过这些言说行为产生出来的口头作品才是“谚语”或“谚语诗”。不过，笔者认为“尔比尔吉”相当于“谚语格言”；而“格比”产生出来的口头作品，作为特定的文类来看，近似于汉语中“辞赋”而非“谚语诗”（谚语就是谚语，体裁短小精悍，没有必要将之诗化），其篇幅可长可短，常常采用大段排比进行铺陈，以利于说理、议论。更确切地说，“格比”是一种连珠体的辞赋，主要从“克智”论辩活动中产生，并在“克智”论辩中沿传。不过这些作品大都是“民间物”，而非文人拟作。

手势、动作和表情也不算违规，总之是以气势压服对方。所谓“克斯哈举”（kesyp hxaju）、“克格哈查”（keggep hxaxcha）指的都是论说时的伶牙俐齿、口角生风、口若悬河。论是论断事理，而说却有不同，用口舌以说动人，令人心悦诚服，说明性、解说性较强，同时调动敏捷的文思来加强语言的动听效果，使自己的陈述富有说服力。因此，当辩论人采取“克格”（耍嘴皮、谐趣语）及“克依”（说大话、夸张）等语言技巧时就有不少绚烂、耸听的言辞：

主方——

火塘上方的亲友们：你方所说的，句句有道理。心中欢畅时，清水也能当酒饮；话语投机时，圆根也能当肉吃。① 美妙的克智在何处？既不在蓝天上，被老鹰驮着飞；也不在地洞里，被老鼠拿去藏；绵羊不曾驮上岭，老虎不曾带进山；更不会被老婆孩子藏进心房。那是来自心中的语言，自己的衣服自己穿着合适，自己的话语自己说出来才动听。贤能的辩说家，如果你愿意的话，我们应该像掀开瓦板那样，让克智从房顶上泻下来；我们应该像凿开墙壁那样，让克智从墙洞里涌出来。然后关上门来，把那美妙的辞令，洋洋洒洒地一人说一段。

客方——

火塘下方的亲家们：你方所说的，句句是至理，从不说没有道理的话。不过我是这么想的，用不着关起门来说。我们是这样好汉，要说俊美，就像西昌庙宇里的塑像；要说勇猛，就像山林中的老虎；要说智慧，胜似阿史木嘎；要说贤达，胜似阿依措琵②。手脚麻利，胜似狸猫；口齿伶俐，胜似黄颈鸟；临空飞翔，胜似鹞鹰。我们这家人啊，论口才不会输给姻亲，论才干不会给家族丢脸，论摔跤不会输给表兄弟，论征战不会败给敌人。如果赛克智输给了亲家，那才是从不会有的怪事，怪得无法想象的怪事。

主方——

贤能的辩友：你怎么这样说？你怎么这样讲？你说你俊美胜似庙宇里的塑像，依我看起来，塑像并不完美，塑像不会呼吸，塑像不会说话。坐着的站不起来，站着的又不会走路。照这样看来，塑像空有一个美的名声。你说你手脚麻利胜似狸猫，狸猫不如土猪会爬悬崖；你说你勇猛胜似老虎，再凶

---

① 圆根，凉山彝族地区主产的蔬果类植物，即蔓菁。

② 阿史木嘎和阿依措琵是一对夫妇，他们是凉山历史上著名的智者，学识广博，民间有很多关于他们的传说。

的老虎也怕豺狗；你说你智慧胜似阿史木嘎，占卜吉凶阿史木嘎得问我；你说你贤达胜似阿依措琵，阿依措琵在父母面前是懒虫。依我看来啊，胸腹内联想翩翩，说出口还得仔细掂量。正如刚才所说的，自己的衣裳自己穿着才合体，自己的话语自己说出来才动听。

这段论辩充分代表了“克智”论理的风格，具有民间口头话语的言谈色彩。双方论辩波澜起伏，言辞淋漓酣畅，可谓滔滔而言，其势不可犯，其理亦无穷。除讲究说理透彻、语言生动外，还要气势充沛，情理兼备。论辩者在展开论说时，往往带有某些杂感，或述一时感触，或表一得之见，论题或小或大，行文或长或短，较为自由随便。

“克智”辩论中的论说部分，除了对事物认知的程度、辩论技巧和方法的运用等多种要素而外，还往往采用高度的夸张、形象的比喻、生动的拟人、连续的排比等语言修辞手段，说理之外，也兼具抒情色彩。在实际论辩中，辩论者为了说服对方，往往尽可能多地提出支持自已辩题的论据、理由，追求论辩手段在直觉上的有效性，而不特别地去刻意追求一种推理形式上的规范性、严密性。简单、灵活、实用且富有感染力的论辩方法为“克智”能手所惯用。比如，“比”作为一种论辩方法，不仅能表现辩论者的机智，而且能起到启悟的作用，给论友及听众以更加深刻的印象。因此，譬喻称物、摹略万物、类取比附在论说中经常出现：“克智矛杆似森林，克智矛头似星星，克智盾牌似岩石。左边德布来了要抵抗，右边德沈①来了要歼灭。”“绵延的山梁，再长有尽头，克智没尽头；长长的山谷，再长有尽头，克智无止境。”“不知东西方，察看日与月；不知南和北，细看雁儿飞；不识亲和戚，详看姑娘走哪家。”“比”的逻辑论证性虽不强，但却是提高说服力的重要论辩手段。再如，反复使用排比，也是推进论说的一个手段：

主方——

我向岩上说一首，说得岩石大垮塌，三百只蜜蜂消亡，草原上的花没蜂采，那可不怪我；我向河水说一场，说得河水变干涸，三百条鱼儿晒太阳，獭儿无处寻食粮，那可不怪我；我向山林说一段，说得暴风进山林，三百只獐麂无处藏，猎狗无猎追，那可不怪我；我向草原说一节，说得草原乱纷纷，三百只蚱蜢四处逃，草原云雀无食粮，那可不怪我；我向辩友说一场，说得话友头晕又目眩，三百辩友无话答，婚礼显得不热闹，那可

① 德布、德沈，古代两个强大的彝族部族名称。

不怪我。

客方——

山上白雪有多厚？派了三只狐狸去探测，三只狐狸回来说，积雪并不厚，还看得见兔子的脚印；山前河水有多深？派去三只水獭去探测，三只水獭回来说，河水并不深，还淹不过獭的脊梁骨；天空雷神有多凶？派了支格阿鲁去探测，支格阿鲁回来说，雷公并不凶，雷公最怕的是铜铁；天空星星有多亮？派了月亮去探测，月亮回来说，星星并不亮，星星眨眼忽隐忽现；约而乃阿牧场有多少头羊？派去三只老虎去探测，老虎回来说，羊儿并不多，一只虎也能破羊群；玛史居列竹林有多少根竹子？派去三头黑熊去探测，黑熊回来说，竹子并不多，熊搬竹笋都不够吃；辩友有几多知识？派去三首克智去探测，三首克智回来说，辩友知识并不多，一首克智他都难回答。

主方论辩中连用了五个排比段，客方则连用了七个排比段，使各自的论说一环扣一环，层层深入，逐次加码，反复强调，行云流水，气势雄浑，流畅自如，以音节的和谐和句式结构的整饰，容易引起人们的联想，既能打动听众，也能压制对手。辩论推理之所以是一种或然性推理，辩论的论证之所以是一种可能论证，原因就在于辩论所追求的是一种说服力。

2. 克博：辩与议

“克博”kebot 即辩驳、质疑。辩即辩论、辩驳；议即驳议、辩论。辩议合契，重在见解深刻，既要合乎道理、事理，也要合乎义理、情理，以达到言之有物、以理服人的辩胜目的。正所谓“草木千万种，有根才发芽；言语千万句，有理才能辩”。辩论既要变化多端，又要把道理讲得完满通达。所谓“克博哈险”（kebot hxaxxie）、“克博哈里”（kebot hxalyt）都指的是论辩交锋、舌剑唇枪，强调相互辩诘、辩难质疑。辩与议的目的都是教给人们以基本道理，因此，辩要得道、中理。在具体的论辩过程中，双方也常常围绕辩论的原则和要求阐发个人的主张，进行辩论，具体涉及论说的组织、论据的展示、言语的表达以及辩论者的态度、风度、素质等诸多方面，这些都是研究彝族口头论辩的生动资料。

在论辩中，双方赛手为论证自己的主张或观点，常引经据典，借古义以明理，援用先贤之言、祖训遗范，强调品德、情操、行为等方面的修养和提高，为其立论推类辨物，夹叙夹议，明辨对错，其间曲折抑扬，与论说互为表里。实质上论辩中的训谕言论，绝大多数援引自《玛木》（训喻诗歌），是彝人数千年来汰选而得的生产生活经验的总结，认识自然、认识社会的心灵结晶和哲思集粹。比如，婚丧嫁娶场合往往要突出社会人际关系的准则，不仅强调家支和姻亲的重要，也强调乡邻的友好相处。古老的氏族原则在彝族社会依然是牢不可破的信条："莫绝家支情，家支是后盾，若断家支情，犹如捻线离毛团，谨防流落到汉区。""莫绝舅家情，舅的援助是强力；若绝舅家情，谨防变成藏人或汉人。蕨草无舅舅，草头弯下直不起；杉树无舅舅，杉树任人砍；竹子无舅舅，竹梢弯两节。"彝族社会维护家支利益和尊重舅权的传统在此都得到了反映。"莫打邻居狗，打狗伤主面……好汉不告邻居状，好狗不咬邻居猪。小人当做小朋友，大人当做大朋友，朋友多的好，敌人少的好。"彝族社会过去家支林立，冤家械斗频繁往复，一日反目，世代结怨，子复父仇屡有发生，据《玛木》提出"以和为贵"的思想："世上的人们，要给儿子立规矩，莫给儿子破规矩。……莫撞冤家给儿子，把冤家和解给儿子。惹上一天的敌人，就会招致十天的敌人，就会招致一生的敌人；惹上一生的敌人，直到白发有敌。黑发一生苦，白头二世苦，脚被敌探砍，好汉被鬼缠。"这些都透露出社会共同生活中的人与人之间、人与社会之间的道德规范和原则，言迩近而义深远。

主客双方还善于在说理和辩论的同时，化用《玛木》和《尔比》（谚语）的思想精粹，"以近论远，以小论大"，通过剖析事理，以浅显易懂的道理来说明自己的论辩主张，其说理的明晰和深刻寓于对一般事物的普遍规律的高度概括和总结之中：

主方——

火塘上方的亲家辩友：为何这般言？忠言三年铭记于脑海，恶言三年臭味熏心底。赖账会伤人，赖理会害人。……晒坝有坑伤扫帚，扫帚粗蛮吓飞那粮粒；人恨便绝宗，狗猛便短命；恶言不过夜，善言行千里……骏马能否慢慢骑？

贤能的亲家木嘎：依我想，我俩应像一对竹蝗并着跳，跳进草林去遨游；应像一对蝴蝶并着飞，飞进山野去采蜜；应像一对猛虎并着奔，去分享惹夫峨吉地的绵羊；应像一对老鹰并着翔，去分享阿依子觉地的崖鸡；我俩应像高山杉木并着长……

贤能的辩友：愿你不是迷路的大雁飞进那云层，愿你不是迷路的鱼儿游进那石缝，愿你不是迷路的羔羊自投那虎口，愿你不是迷路的雏鹰落下那悬崖……

客方——

火墙下方的亲家辩友：依我想，马驹奔不上高坡，牛犊耕不开地埂，少年作不出长诗，这不知是与否？……有人手握斧子自劈脚，有人手握镰刀自割手。有人好似黑乌鸦，落在树梢观全景；有人好似癞蛤蟆，蹲在池里思万千……

火塘下方的亲家木基：荨麻蓑衣越披越刺人，沃则呵曲山的冰凌越晒越见小，狗熊苦胆越吃越苦心，那可怎么办？尺库山脚下的姑娘一人一口弦，一样拨动奏法却不一；瓦岗所舍地的少年一人一竹笛，一样吹奏调子却不一；加子依达地的姑娘一人一红裙，一样身穿美丑却不一；贡哈所克地的武士一人一把剑，一样佩带使法却不一。

贤能的辩友：愿君莫要拉扯黄蛇的舌头，愿君莫要抚弄猛虎的胡须，愿你莫要无弓去打熊，愿你莫要无粮去跋涉……

这段论辩的主旨是在论述双方应当采取的辩论方式，较量中双方各执己见，分毫不让，相互贬抑，不甘示弱。尤其是客方为驳斥对方，言辞犀利，扼要简明地引用了“尔比”之后，用了一个设问转折“那可怎么办”为发抒己见敞开了广阔的议论天地。下文则有叙有议，采取排比引证进行推理，针对对方提出的“一对”（实则强调双方并进），紧紧围绕“不一”（坚持不同意见）二字发挥，就如同劈柴一样，能够顺着纹理下斧头，使之顺理成章，一语破的。其间揣情度理，有驳有论，气势纵横，顿挫有节。

3. 波帕：述源

“波帕”（bbopat）即述源。进入这个阶段后，论辩风格开始有了张弛间的变化，走向舒缓、迂回。凡以“波帕”开头的论说，大都根据一个起源问题，做简明扼要的推源，重在叙述事物的来源，通幽发微，释决有关婚丧嫁娶、文化传统、发明创造的疑难，正所谓“溯源于本始，致用于当今”，因而也要求论辩者“贤明人乃知识广，知识广而言谈深”。述源进入口头论辩，也在一定程度上反映了彝人世世代代对客观世界和社会现实的不断探索和总结，反映了彝人对于知识的重视和求知的愿望，也反映了论辩能手作为彝族社会的智者，他们也在通过自己对事物发生、发展规律的认识和求解，在仪式上给人们以符合“逻辑”的解释，这个“逻辑”就是人们能够理解、认同、信服的“述源”，即叙述事物的起源。由于波帕述源大都涉及起源问题，所以这个环节的论辩包容着许多神话和传说。

述源与仪式背景有着密切的关联，论辩双方都必须根据仪式场合的不同来选择述源的论题，并按主方与客方来进行分述。一般婚嫁场合大多要叙述有关婚姻制度、婚嫁礼仪、姻亲关系的来龙去脉，也要涉及诸如新娘的头盖、胸佩等物品的来源；而丧葬仪式上则以叙述疾病与死亡的由来为主，还要叙述《马的起源》（给亡灵归祖的乘骑）、《牛的起源》（祭祀亡灵的牺牲、聚餐的牺牲）等；而送灵仪式则以叙述措毕（送灵）大典的由来为主，还要叙述铠甲、剑、矛等古代武器（与为亡灵归祖开路有关）的来源，还有《水的起源》（给祖灵献水）等。也就是说，有一些特定的述源问题必须依循仪式的传统，不能混淆仪式之间的界限，而这种界限是民间约定俗成的“节威”（规矩），比如《马的起源》和《牛的起源》就不能在婚礼上说，除此之外，大部分的述源问题是各种仪礼活动都可以涉及的。①

4. 略嗬之：考问

“略嗬”（nyohxo），直译为“对答”，“之”（nzy）意为“考”。“金石有声，不考不鸣”。（《庄子·天地》）论辩双方采取主客设问对答的方式，考量彼此的传统文化知识，如任何一方的回答出现了某种疑问或疑惑，另一方可以提出质疑，并进行辩难与诘问，如果对方理屈词穷则败。如本文跟访的史诗演述人曲莫伊诺所诵的“九代名人考”：

九代建大房的，是玛卡哈诺的约嘎格达家；九代驰名马的，是金曲拉达的格鲁机几家；九代做德古者，是格峨勒武的果哈石格家；九代养百牛者，是纳策拉达的拉格洛洛家；九代收百石荞者，是色牧布约的舍图嘎嘎家；九代牧百双绵羊者，是诺古拉达的杜夫拉铁家；九代放百双山羊者，是莫兹旁边的阿尼几黑家；九代出兵征战者，是阿孜依觉的达莫尔铁家；九代穿锦鸡毛蓑衣者，是大街下方的瓦则比尼家；九代驯老虎者，是义史伟洛的依合果果家；九代驯狗熊者，是特子山下的迪子惹依家；九代驯养大象者，是施合地区的苗子苗瑶家；九代收百石苞谷的，是三河依达的萨史乌铁家……

这个环节的论辩往往都借一问一答的形式来推进相互间的论辩，其间的设问论题都是民间普遍知晓的历史知识、人文传统，涉及面非常广，有的问历史人物，有的问历史事件，有的问名山名水，有的问名产名物，比如“九代名人考”“七大英雄考”“出生地考”“吉尔②问”“发明创造考”，等等。“略嗬之”要求提问者要言简意赅，对答者要反应敏捷。原则上双方都不展开议论，大有短兵相接、速战速决的意味。

---

① 美姑毕摩文化研究中心的吉尔体日先生搜集的各类“述源”诗歌已近百种（首），除去同题异文者，共计82种。笔者这些年整理、汇集的述源诗歌也有200多种（含川、滇、黔彝文经籍诗歌）。

② “吉尔”（jjyplup），彝语音译，是彝人崇拜的灵物，相当于“家神”。参见巴莫曲布嫫：《“吉尔”考——凉山彝族灵物崇拜之综观》，载《民族艺术》，2003（3）。

（三）“玛子”：史诗演述

在诺苏彝族文学传统中，“玛子”（mazyt）是一个特定的术语，学界的理解和阐释一向较为混乱，也在某种程度上造成人们对史诗演述的误读。笔者在田野调查中，经反复向头人德古、祭司毕摩、“克智”能手、地方学者征询意见，现解释如下：“玛子”（mazyt），直译为“竹节”，取义为茎杆有节之竹，本义是指竹竿间坚实结节的部分，引申义为节次，即依次、陆续，或程序、规程；其喻指义是关键的环节或时机。正如彝谚所云：“ma li zyt go hxep da zyt，ddop li hmyp go hxep da hna（破竹要破竹节，听话要听结尾）。”在民间了解到的还有，在“克智”论辩中，进入口头叙述中的“勒俄册古阶”（hnewo cixggujjie，勒俄十九枝）与布茨（bbucyt，叙谱）都叫“玛子”，如果辩者不胜，则于整个竞赛的大关节不利。显然，“玛子”一词用于概括史诗的口头叙事，一是指不能随意更改、擅作的史诗叙事；二是指论辩胜负的节骨眼、关键所在便是史诗演述。因此，也要求辩者要应节而述，将史诗作为一个整体的叙事，而各个“章节”的分述则是由史诗整体分成的“阶”（jjie 枝、枝节）构成，并延伸为史诗叙谱“茨沙”（cytsha，按代叙述）。①

通观“克智”论辩，嘎基（路下方）的基本程式主要由以上四个环节构成，而嘎哈（路上方）则以史诗演述为核心，其论辩线索须按“勒俄波帕”（hnewo bbopat 史诗的来源）——→“勒俄”（hnewo 史诗演述）——→“布茨”（史诗叙谱）三大环节进行。作为论辩比赛的整体性过程，上下两场是紧密相连的，都兼纳了“克智”一词的基本义项，即皆以言语之间的对抗为特征，通过论说、争辩、驳议、诘难、考辩等方式决出最后的输赢。这里我们从比较的角度来分析和阐释即兴辞辩与史诗演述之间的界分。具体来说，嘎基（路下方）与嘎哈（路上方）至少存在如下一些主要的不同之处：

第一，要求不同。

与嘎基（路下方）不同，嘎哈（路上方）部分的论辩比赛紧紧围绕史诗“勒俄”来展开，因此也就有了不同的要求。辩论是两个认识主体之间的直接对话。在辩论中，辩论者要使论友及听众接受并承认自己的观点，获得辩论的胜利，就必须说服对手及听众。辩论的过程，也就是辩论者之间说服与反说服的过程。如果辩论的一方不能说服对方，就必然被对方所说服。彝族毕摩文化史上木毕史祖与体毕乍穆的“祭

① 彝族学者马尔子在访谈中认为，“玛子”在“克智”论辩的语境中也引申为“言如子弹”，因此，史诗演述在竞赛中出现争论、质疑、辩谬时，辩者的持论要“言如子弹”，才能击中对方要害，此言深中肯綮。

祀礼制之辩”，被人们称为彝族辩论史上的千古绝唱，从中可以看出说服力这一因素在辩论中的重要作用和突出地位。可见，“说服力”是辩论中极其重要的一个方面。

“玛子”这一特定的口头论辩术语告诉我们，史诗演述强调的是叙事的“此果阿册卓直苏”（cypgoapci rrozhisu，原原本本）与“觉波基俄”（jjobbo jjio，原本的述说），我们概括为史诗演述的原典性。原典性主要表现为论辩话语与思路必须合乎史诗本身的叙事逻辑，按史诗的叙事程式进行推演与表述，这为我们探讨史诗这种神圣性叙事“变”与“不变”（“流变性”与“稳定性”）提供了一个基本视角。史诗叙事的原典性，具有两个层次的含义：一是指作为史诗的口头演述，对民间传承的史诗传统而言必须具有原典性，主要是指史诗本事与叙事程式必须符合“勒俄”的传统规定性。二是在论辩活动中，双方辩者的史诗演述必须符合原典叙事的正确性，即在相互竞赛的过程中如果出现争议，要求双方在辩谬、推演的环节上具有不能辩驳、无法推倒的正确性，以防止擅作或诡辩。可以认为史诗演述的原典性准则是我们探讨史诗异文现象的一个基本前提，尤其是针对“史诗”这一重大文类来辨考异文现象的话，原典性对维系民间叙事传统及其口头表演规程有着强固的约束力。

史诗演述的原典性，是下半场论辩是否具有说服力的一个重要因素，叙事的章法与演述的娴熟，可以增强其论辩的说服力。但是，上下两场的说服力是有区别的。嘎基（路下方）阶段辩论中的说服力，除了辩者的论说、驳议、释原等因素外，还包括语言修辞、对事物认知的程度、辩论技巧和方法的运用等多种因素，因此辩者在调用自己的修辞技巧的同时，其说服不仅可以采取名副其实的证明方法，也可以采用作用于对手与听众的意识的其他方法，去影响人们的感情与联想、利害关系等，如高度的自夸与他贬，只要这些方法能产生心理效果，辩者就非常自信地掌握了对手与听众的心理状态。进入下半场之后，可以说，辩论中获胜的一方，主要是凭借自己对史诗内容的全面掌握，运用娴熟、流畅的史诗语言，疾徐应节，使自己的叙事行为有据可依，同时发挥自己的口头创编能力，使之在符合史诗叙事法度的前提下，不露任何破绽，不出任何脱节，才能说服对方，也才能最终取得辩论的胜利。

第二，内涵不同。

总的来说，嘎基（路下方）部分，双方开展辩论，目的在于区别事物，明辨事理，弄清是非，达到对客观事物的正确认识。嘎哈（路上方）部分则不同。史诗演述是依据史诗本事的正确叙事，其目的在于为人们唱述史诗、思考历史的合理运演提供一套行之有效的回忆图式并映射人们对史诗传统的“预期视野”。因此，史诗叙述的竞争必须按史诗传统所规定的可遵可循之叙述规则来传达，论辩双方按史诗本身的叙事结构去建立由一“枝”过渡到另一“枝”的演绎和推导。至于一种具体环节究竟是属于对史诗的正确认识，还是错误认识，演述当中双方都可以予以追究，甚至出现辩论。如果说嘎基（路下方）阶段人们辩论的目的在于"明是非"，在于求得"事实"，在于推论的"合理"，那么嘎哈（路上方）阶段则主要在于求得印证史诗叙事是否符合史诗传统的原典性。因此，双方进入这个阶段以后，论辩活动本身也为人们重温史诗、回忆历史和获得教育提供了一种途径与氛围。

嘎基（路下方）阶段的论辩是各种知识的综合运用与阐扬，涉及的论题和因素很多。除按基本的论说程序来调用特定的传统文类外，论说中还要具体涉及婚丧嫁娶仪礼、道德伦理规范、历史地理知识、社会人际关系、文化发明创造等众多传统领域的问题，大有别天地之行、具天下之物的特点。论辩者享有相当的自由，无需先虑，也无需早谋，发之当发，成言即出，应变不穷，或以辞胜，或以理胜。嘎基（路下方）辩论中的许多问题在嘎哈（路上方）阶段是不涉及的；而嘎哈（路上方）的史诗演述内容有一部分为嘎基（路下方）所共用，但采取的方式不同，往往只作为援用历史叙事，或引经据典，只点到为止，不做更多的展开。进入嘎哈（路上方）阶段之后，基于史诗演述强固的规范性，论辩双方必须围绕史诗本身进行即场演述。因此，史诗的叙事程式也就是这个阶段的论辩程式，双方涉及的内容相对比较固定，叙述性强于论说性，竞赛过程也要显得单纯一些。由于史诗演述不能为个人判断、价值观念、好恶取舍、辩题选择、命题态度等方面的因素所左右，因而，论辩双方与听众更关注的是史诗叙事的主线及史诗各个段落之间的逻辑联系，其叙事演绎的有效性、原典性与娴熟程度是获胜的关键。

从前述的论辩过程本身而言，论辩内容的不同是显而易见的，做出划分的意义并不大。但由于"克智"传统已经成为一定规约，以确保双方适时地将论辩比赛推进到史诗演述过程中，从防止和反对论辩迂回不前的角度，来区分论辩的内容，也反映了人们对史诗演述的高度重视。因而，上述区分，对于探讨口头论辩中的史诗演述的展开是必要的。

第三，话语方式不同。

论辩是一种对话艺术，常常在竞赛的双方之间展开。从话语关系上看，嘎基（路下方）阶段主要通过双方轮流的对诤、互相之间的论辩体现为论证与反驳、质问与回答、争辩与反诘等方面，其最佳的接续形式一般是诗行结构尽可能对称，一方的尾白要把论辩的话题从己方引向对方，这样双方交替辩论，就产生出更加强烈的戏剧化对话效果。此外，各个分段的尾白则常常求其变式，即每段说词的最后一句要有变化，一般无定式，双方都要善于引出不同的话题，以推进论辩的发展。嘎哈（路上方）阶段则不同，论辩双方必须根据史诗"公勒俄"的"七枝"或"母勒俄"的"十二枝"，按史诗本事的先后顺序"一枝一枝"或"一双一双"地进行比赛。比如说，在一方说完"第一枝"之后，另一方也要说"第一枝"，然后进入"第二枝”……如此循环轮流地进行对说。在每一枝结束之际，论辩者往往会以“这是母勒俄的第×枝”来做一段比赛的尾白。因此，在彼此的接续过程中，不能加入其他话题，更不能在史诗叙事主线上横生出其他的枝节来。

从对话者的“说话”角度而言，在嘎基（路下方）阶段，由于论辩是在双方的直接对话中即兴展开的，常常使用第一人称“我”① 和第二人称“你”②：

> 我呼唤一声，传遍九霄云；我蹦跳一下，越过九条江；我举目望山头，“克智”滚滚下山来；我挥手向天空，“克智”雨点般洒下来。
>
> 我贤能的辩友，话头你在提，话尾你在收，翻前山羊皮，翻后绵羊皮，像生蛋的母鸡，老是生不完。重说不好听，重煮汤不鲜。

在嘎哈（路上方）阶段的史诗演述中，以上的第一人称、第二人称都不复出现，论辩人双方都隐退到了叙事的背后，也就是说完全依循史诗本事来进行叙述。史诗叙事中也有对话场景，论辩人也必须用史诗人物的口吻来进行分述，比如石尔俄特与兹尼史瑟两人的长篇对话。也就是说，论辩实际场景中乃至现实生活中的人物关系一概不能进入史诗叙事中，论辩人必须保持严格的叙事界限。实际上，这个阶段的对话关系已经发生转变，双方的叙事角度基本趋于同一，也就是以史诗演述人的角度进入叙事。这种话语关系的转变受制于史诗演述的语境，也是史诗叙事情境的直接产物。

第四，辞辩形式不同。

嘎基（路下方）阶段的论说常常使用大量的“格比”来进行辩论的推演，因此，上半场的论辩活动往往又被视为“格比”。仅从论辩方法与辩辞形式上看，“格比”实际上是一种基于论辩推理而采纳的连珠体辞辩，往往为彝人所喜闻乐见。在论辩活动的具体开展过程中，双方的进言方式对于以辞胜为特点的对诤而言，“格比”的辞辩效果起着极为重要的推进作用。“格比”有两段、三段、四段乃至十数段，甚或数十段论式，有的“克智”能手往往能够一连使用“格比”进行长达几个小时的论说与推理。各种论式中，又各有简单与复杂的区别，但总体上在进行推演时又无定式。

---

① 有时换用“我们”、“我们这一家人”。

② 有时换用“你们”、“亲家那一边”。

亲家木嘎哪，木嘎有三种，名叫木嘎的不都是木嘎。①

有手臂细如竹笋的木嘎，有腿脚细如树枝的木嘎，有英雄髻细如草茎的木嘎；

有眼睛大如木碗的木嘎，有耳朵大如竹盘的木嘎，有舌头像豪猪刺的木嘎；

有人前应酬自如的木嘎，有赛马场上骑技超群的木嘎，有手舞刀矛冲锋杀敌的木嘎；

有从不弯腰谄媚的木嘎，有见了朋友热忱关怀的木嘎，有见了仇敌从不手软的木嘎；

有随身带着九背篼诗歌的木嘎，有说“克智”滔滔不绝的木嘎，有说“勒俄”流利酣畅的木嘎。

今晚当着大家的面，不说几段“克智”的，也能叫他木嘎？

——《克智·说能人》

这一论式包含前提与结论两个部分，是一种类比性质的七段连珠。第一段是论题的提出，由此推演出五个排比段，以辞句的连续，如珠结排的逐层推演，最后推出第七段，即为本连珠的总结论。这种推理论式，往往综合了演绎、归纳、类比等方法于一体，展现了“格比”的文采风貌，体现了“克智”论辩的逻辑性结构。

嘎哈（路上方）阶段的史诗演述以双方“证明”各自的史诗叙事艺术水平为辞辩竞赛的外在形式。所谓证明，指彼此的史诗演述能证明辩者的史诗知识、叙事能力与语言技巧，其前提必须要合乎史诗传统的原典性，因为史诗本事已先于演述结果而存在，并为听众所熟悉。当辩手的史诗知识来自传统叙事的前提可以得到肯定时，并被听众普遍接受时，其演述就基本成功了，其叙事本身也就成为证明。在彝人看来，要达到对史诗传统的正确演述，辩论者应当依据史诗本事之所然和所以然，而不能离开“史诗的根谱”擅作、妄说。在辩论过程中，双方必须依据史诗本事与仪式场合的类属关系（婚礼、葬礼、送灵），按史诗章节的顺序进行，不能模糊“黑勒俄”与“白勒俄”的界限，否则就要产生悖谬和混乱。因此这个阶段的论辩形式，首先体现为单纯的史诗叙事，双方要善于抓住叙事的主线，也就是史诗的本事，不能舍本而理末，更不能本末倒置，力求脉络清晰，以枝带叶，叙事饱满，语言生动。如果出尔反尔，颠三倒四，自相矛盾，自语相违，事后任凭怎样巧辩，也难逃对方的挑剔与听众

① “木嘎”（mugat）在彝语中泛指“能人”“英雄”，因此在“克智”比赛中，一般主方辩手谦逊地称对方辩友为“木嘎”。

的哗然。

然而，这个阶段也是论辩过程的一个有效阶段，也同样具有竞争机制，也同样会出现对诤，主要体现为史诗演述中双方展开的辩谬，也就是说原典性非常重要。此方在考察和审度彼方某一“枝”的史诗演述的基础上，对其叙事中的谬误和缺点进行及时破击，双方也可展开具体的辩论。在判断谬误、错置、遗漏、删减的标准上，听众一般都主张视双方的叙事演绎得当与否，故事性完整与否，原典性程度把握得如何，总的说来要以是否与史诗本事相符为断。

第五，胜负判断不同。

辩论是以对话双方的胜负为终结的，没有胜负也就不存在论辩。“我羡慕一个会说克智的人，舌头在飞旋，语言似利箭。半夜以前和风细雨，半夜以后竖眉又瞪眼，面红耳赤争输赢，有的挥胳膊，有的抓烟火柴，看了这情景，说克智的人，我再也不羡慕了”。这是一段“克智”说词，讲的就是论辩双方在史诗演述阶段出现的“争输赢”，并委婉地批评了双方的无礼言行。嘎哈（路上方）部分的史诗演述也同样有胜负之别，这与嘎基（路下方）部分判定辩论胜负的标准通常是不一样的。它不仅与听众所能接受的史诗观念、叙事规程紧密相联，而且与辩论者在辩论中的表现，如演述方法的得当、语言的灵活运用、对史诗的认知程度等密切相关。不过，不论依凭何种标准，对最终辩论的胜负判定，都要落到听众的评判与大多数人的观点上来。

通常，在论辩活动即将结束的阶段，双方相互敬酒，输方或主方赛手诵说一些谦和之词，彝语称为“嘿基特”（hxipjjytte，言和），表示来日方长，后会有期，有握手言和的意味：

主方——

贤能的辩友：俗说好马不吃回头草，智者不走回头路；明哲不言冗长词，志士不吐酸楚语。可今朝，江水已经越渡越深，克智已经越说越玄。初出茅庐时的我，也与你一样，有着一股狂热劲，欲与蓝天比高低，欲与江河比深邃，欲与蜂萤比锋利。可今宵，锐气已衰减，但愿世上能有治愚药，使你能治好我的无知。

一般说来，如果双方水平悬殊，一般在嘎基（路下方）的论说阶段就可能淘汰出负方，在此阶段以能炫耀自己、抬高自己、贬低对方，并使对方陷入自相矛盾、理屈词穷者为胜。如果双方均是高水平，在上半场就会出现不相上下的局面。进入嘎哈（路上方）的史诗演述阶段后方可定输赢。在下半场必须以史诗演述为论辩的主要内容，词忌枝碎，能洋洋洒洒、酣畅淋漓、声情并茂地进行演述，没有错漏，同时也能对答如流、辩出对方谬误与跌失者为胜，否则断续不接、凌乱芜杂，或擅作妄说、对答不上，或答非所问的词穷者（hxapgoapssop）为负。

需要强调的是，义诺彝区长期以来论辩之风盛行，“克智”活动的实际开展都是基于传统的婚丧嫁娶仪礼活动的需要而出发的，而“路下方”与“路上方”之分，一则与具体辩论过程的推进相关，二则与考量辩论者的知识构成相关，三则与传统社区通过仪式活动进行文化认同、历史教育、知识传播，以及促进家支与家支之间、人与人之间的互动交流相关。实际上，将史诗演述纳入口头论辩，也是彝族民间根据对历代传承的论辩经验、对各种实际辩论的反思和总结，对各种辩论程式做出的规范。由于婚丧嫁娶活动一般持续两到三天，而口头论辩比赛通过对话的时间与空间，成为沟通人际交流、活跃仪式气氛、传播知识礼仪的重要方式，其间史诗作为宏长的口头叙事，往往都是深夜时分开始，这是吸引仪式参与者坐夜倾听、观看表演，甚或积极投入的一种磁力场，因此“路下方”的激烈论辩作为铺垫与渲染，对“路上方”的史诗演述有着直接的引发和推力作用。

三、论辩能手与史诗演述人

在诺苏彝族史诗的研究中，基于表演传统的观察与记录很少得到重视，同时在创作、表演与传承的几个相互联系的环节上，则深深地打上了一道集体性的印记，因而对史诗演述人及其群体的关注也几乎在集体性的强调中被人们淡忘了，对此，前文已经做出了相关的讨论。那么，在田野研究中重新揭示文本背后的活形态史诗传统，在某种意义上讲，也取决于我们的实际工作能否让传承人这一创造性主体从文本阐释的历史封尘中凸显出来，能否给予这一特定的史诗演述人群体以公允而客观的评价。我们深知，仅仅发现一个曲莫伊诺是不足以说明史诗传承的本质性规律的，而建立更多的传承人个案，势必会，也应当会逐步进入我们的田野视界中来。正是义诺彝区的“克智”论辩活动为我们提供了天然的有利条件，这种建立在对话关系中的口头艺术表演形式，使我们在美姑的田野研究中得以对“克智沃布苏”（kepnrep obbusu，口头论辩能手）和“勒俄沃布苏”（hnewo obbusu，史诗演述人）进行同步的实际观察，并建立了初步的追踪线索，基本实现了这次史诗田野的预设目标：从一位演述人的发现去关注一个演述群体的存在；既将田野跟访的史诗演述人视为一位独立的表演主体来进行重点观察，同时也从他与他所属的那个史诗演述人群体的关系中来加以考察。

（一）“克智沃布苏”：口头论辩能手

在义诺彝区，各村落、各家支都有自己出色的“克智”能手，凡遇婚丧大事和送灵活动，人们便选派声誉最高的“克智沃布苏”出面应战。作为赛手，论辩人各自代表着姻亲双方，有一种特殊的使命感和责任感。“克智”论辩作为竞赛，往往以对抗为前提，以立破为核心，以胜负为终结。虽然论辩比赛通常是作为两个具体主体之间的一种直接对话，辩者的言语行为与表演技能却往往关乎到家支与家支之间的社会互动，① 关乎到家支的荣誉、家支力量的显示，成为彝人自古相尚的社会风气。而论辩之风也与彝人历来崇尚知识和传统、重视声名与威荣、敬仰贤哲与智者等社会文化心理紧密相关。正如“克智”辩手的相互“挑战”：

主方——

贤能的表兄弟，看天天色好，看客客精神。今晚是论说的吉时，今晚是辩论的佳机。牛羊叫声欢，听见就动心；亲朋多华贵，见了就动情。是真正的英雄，不会放走敌人；我们有九背克智，专和你们来对说。我们的论说有头有尾，头头尾尾都清楚；说得天神乐滋滋，说得地神笑眯眯。我们的论说像狂风，如果你们不注意，谨防被它吹上天，谨防被它吹下岩。我们的论说像野火，火光映红几片坡，若是你们不注意，谨防被它烧成伤。场坝本无火，我们的论说使它燃起火，河里本无火，我们的论说使它燃起火。

客方——

我们这家人啊，伸一伸手有财富，跺一跺脚出金银，所到之处飞克智。我们说的克智，就像母女在织布，织了一匹又一匹；就像父子编箩篼，编了一摞又一摞；赛场骑手赛骏马，愈赛愈是跟得紧；战场英雄报姓名，愈报愈是逼得近。今晚是个欢乐的夜晚，我们比赛说克智，一个说完一个来接上，只要你们愿意说，我们的克智无穷尽。

---

① 在美姑，一般比赛结束回家后，父老乡亲首先问的是“克智”哪方赢。如果“克智”说输了，便要受到老人们的呵斥与责骂。因为在彝族传统社会中，联姻的两个家支往往既是至爱亲朋，又极容易发展成势均力敌的对抗实体。历史上的冤家械斗，以迄今天的重大社会纠纷，常常发生在两个开亲的家支之间。由于家支是一个巨大的、复杂的社会关系网络，“克智”论辩本身牵涉到的社会关系也是极其复杂的。比如，婚礼上的论辩输赢，其实有一个人人皆知的“隐喻”，那就是以己方的势力来提示或警告对方家支，不能欺负和亏待本家支的人（尤其远嫁他乡的女子），不能背叛双方达成的神圣婚姻，同时也唤起双方共同关注家支之间的利益得失。因此，论辩的胜负至关重要，并不像论辩者在“言和”时表现得那么谦让、豁达，当然也确有虚怀若谷的辩士。

辩论是一种独特的言语交际方式。因此，基于这种对话的艺术的史诗演述就有其特定的表演形式。赛手的素质、修养、机智、幽默、知识、仪表、风度、技巧等，也在每一次口头论辩的回合中经受众人的检验和评判，胜者或潜在的胜者往往可以收到立言功成、声名远扬的社会效应，因而成为彝族男子获取美名与殊荣、立身正名于社会的利机。实际上，口头论辩蔚成风气，也与彝人传统中崇尚家支的威荣（onyit bbuop luow）与追求个人声名（hmindit hmisot）的社会心理有关。获得荣誉与保持荣誉始终是“克智沃布苏”活跃在民间的内驱力。吉克老毕摩在自己的回忆录里就以“学史文，比技艺”为题，生动地叙述他年轻时参加“克智”论辩的一些经历，从中可见当时民间崇尚论辩的某些社会心理，同时也说明史诗“勒俄”在其掌握论辩技巧、赢得比赛的经历中显得十分重要，而且也以极为生动的“口述史”直接回答了“毕摩从来不演唱史诗”的妄断。

在近四十年的奴隶制社会生涯中，亲友们认识我的人较多，知道我名字的更要多一点。如实地说来，虽然经历过一些救助人、求救于人及加害于人的事，但比起同时代的朋友们是望尘莫及的。只有两方面的学识，我自己也曾感到骄傲过。一是做各种传统流传下来的道场和法事的规矩和方法。纵使有的著名祭司在某一项内容上超过我的也不少，但把各类综合起来谈，我从没有在哪个场合、哪个人物面前屈膝过；二是在婚丧喜事盛会上，亲戚间进行各种比赛中的首要一项是比“说唱技艺”时，也从来没有在任何参赛的大小场合被人说输过。年轻的时候，我几乎熟背了凉山彝族中流行的《勒俄特衣》（史谱）。①

虎年（1938 年），冕宁县东林乡我一舅表妹出嫁喜德县中坝的依伙氏族家。我的表哥们要我同他们去送亲，好跟对方争、比技艺。舅舅们也凑我的气说，那里是技艺知识人才成堆的地方，你去学学对你有好处。那时候，我正是神气十足的年华。心里却暗暗对舅舅们还没有把我放在眼里而感到不快。

到了中坝依伙家时，对方果真很厉害，确实难以对付。他们那里的风气

① 至于这里为什么提到的是“《勒俄特依》”，一则与老人年轻时通过记诵史诗抄本来学习和掌握史诗本事有关，一则大概也是整理其回忆录的人（其子）受了《勒俄特依》汉译本的影响所致。具体的原话是怎样的情形则不得而知。但就史诗文本分公/母这一点而言，毕摩提及具体的抄本时，往往都要限定为《勒俄阿嫫》（母本）或《勒俄阿补》（公本），如果其抄本是集公/母为一体，称作《勒俄特依》也可以理解。但在口头表述中，人们往往只说“勒俄”，不会加上“特依”二字。

跟我家乡相比，上场比赛的人占有特殊的优越性：不论男女老少人人都懂一点，出场比赛诵唱的若有点遗忘时，下面的众人立即添补；我出点差错时，他们起哄、糟蹋、干扰、七嘴八舌地说各种讥言讽语，弄得我十分生厌。正规比赛规矩，喜事丧事比技艺的，中间腾让出一圆形空地，观看者围坐、站在周围，每方每组两个正副手，彼此各上场唱演一首为一回合。上场诵演的人不仅必须记熟唱词，也得讲究唱腔和调子，还须转来卷去地做姿伴演述（丧事上还佩戴宝剑、斗笠及披上牦牛尾服等奇装彩服）。我觉得这样拖下去对我不利，到第二天也可能成个到输不赢的结局就收场。于是就向对方提出了一种新方法：外表的表演已够观众饱尝了，腹中的学识大家都还有余，现在我们坐下来直诵，我们自己也省力省时，观众也会听得更清楚。比赛规矩由你们定，“引牵”或“寻踪”的次序由你们选：“一前一后相互跟踪”、“一一相对”我都随便。征得他们同意后，我们就坐下来各自一首一首地诵。

对方的确也通，又狡猾。约定好的比赛规则随时被他们以某种借口进行变换。我把握住我的，任凭他们变化，也不拈他们的小漏眼儿。

到了第二天晨鸡啼时，他们换场人物已达十几个了。最后，有个人拿出本小册子，叫人递给我并声明说：“吉克小伙子，你把这小册经谱念得远，就算你赢了！”我接过来一看，那在他们看来很神秘的经谱，是我早就背得滚瓜烂熟了的。我在若明若暗的松明火光下顺口地念下去。没念几页，对方一个孩子走到我面前，一口猛气把我表兄手中的松明火给吹熄。我又气愤又好笑，丝毫没有理睬他们，仍旧滔滔不绝又流利地背诵下去，一口气就把他们那本自以为了不起的小册子的经谱全都差不多一字不漏地诵完。

霎时，整个场合鸦雀无声地寂静片刻。过了一会儿，主人家抱出一坛酒，斟了满满一碗敬我，表示认输。①

一般说来，“克智”论说过程中有一套俨然如“进攻—防御—进攻”一样的战略战术，有进有退，有攻有防者方能百战不殆。进攻时，论辩的基调须高亢激昂，气势磅礴，有气吞山河、叱咤风云的气魄，犹如风驰电掣般长驱直入，迫使对方防不胜防，无处逃遁。防御时，论辩的调子则须凝重含蓄，深沉精练，稳如泰山，严阵以待，并要注意旁敲侧击，抓住对方的弱点，出其不意而攻之。因此刚柔相济、以柔克

① 吉克·尔达·则伙口述，刘尧汉整理：《我在神鬼之间——一个彝族祭司的自述》，153～155页，昆明，云南人民出版社，1990。

刚是赢得胜算的基本技巧。“克智”论辩在其传承过程中，对论辩者提出了较高的要求。

我们的观察与田野访谈中人们对“克智”能手的普遍评价基本一致。通常来讲，能够出面代表家支参赛的论辩手必须具备以下几个方面的条件：口若悬河、对答如流、巧舌如簧的口辩之才；语言幽默而含蓄、风趣而诙谐；声音洪亮、从容不迫、抑扬顿挫、吐字清晰；知识渊博、博古通今、熟知彝族传统文化中的典故和成语，能够准确地引经据典，善于运用比喻、夸张等艺术手法；思维敏捷、判断力强，善于在瞬息之间抓住要害，随机应变，破击对方。此外，还需“诙谐而旷达”，以开阔的心胸、平和的心态面对激烈的竞争，力免出现恶语伤人的失礼之举。因此，在德艺两方面，民间对“克智”能手们都有比较一致的要求。

从语言技巧上看，“克智”论辩有着异常丰富的修辞格式。据不完全统计，大体上经常使用的有夸张、比喻、对偶、顶针、对比、比兴、比拟、双关、排比、反复、移就、映衬、层递、拟声、设问、白描、押字、谐声、叠韵、回环、错综、拆嵌、摹绘等多种辞格，因此，论辩活动本身堪称是彝族口头艺术的荟萃之园，反映了“克智”能手生动、鲜活的口头语言技巧：他们时而平铺直叙，时而设问对答，想象与写实结合得天衣无缝，论说与辩驳浑然无迹，描写奇谲不羁又淳朴厚重，体现出彝族口头传承粗犷、雄奇的民族特色，显示出独特的美学风格。正如“克智”论辩词所说：“到山里去搜寻，或许会猎得成百的獐麂；到水里去搜寻，或许能捕到成群的鱼儿；到泥土里去搜寻，或许能够收获成囤的荞麦；到亲家那里去对说，或许能够听到优美的音词……”这些都说明“克智”论辩能手善于学习、传承、创作和传播具有本民族特有的言语表达方式，积累了丰富的口头创作经验，并借鉴各种口头韵语歌唱技能的种种表现方式，进而将民间诗风传统所给予的歌诗禀赋引入自身的即兴表演和史诗演述中。

> 把堂屋扫净，“克智”要来打滚了；把簸箕擦净，“克智”要来揉荞饼；关上大门，“克智”要来舂糍粑；驱走山上的乌云，“克智”要来绕山转；赶走山谷里的雾，“克智”要来荡漾了；劈开山垭现大路，“克智”骏马来驰骋；移走河里的暗礁，“克智”大船来航行；铲除低山的野草，“克智”禾苗要生长；掀开深山里的密林，“克智”猎狗要来撵山跑；驱散漫长的黑夜，“克智”太阳要来放光芒；站坐的人群快让开，“克智”木嘎要来拼搏一场。

“克智”论辩手气势磅礴的辞辩总是让人流连忘返，在这若决江河的豪情壮语中，我们仿佛听到了史诗“勒俄”那悠长而激扬、深沉而庄严的潮响。正是“克智”这一口头论辩传统的长期发展，深刻地影响了史诗“勒俄”的口头传播，也不断酿造出甘醇的“史诗琼浆”，培育了一代代的口头辩才和史诗演述人。那么，作为民族文化的重要传承人，他们在诺苏世代相承的口头艺术活动中，又从哪些方面折射了史诗演述人这一群体的历史传承与发展状态呢？我们接着进行讨论。

（二）“勒俄沃布苏”：史诗演述人群体

史诗传承人往往是从“克智”论辩者群体中脱颖而出的，而“克智”论辩手却并不一定能成为史诗演述人。这是田野过程中根据对史诗演述人群体及其各自的表演能力进行现场观察得出的结论，而有关这一结论的推理细节，在某种意义上说，也是随着跟踪曲莫伊诺的参赛活动而逐步变得丰盈起来的，同时也是我们在与上一代“克智”能手的访谈过程中体会出来的：①

曲布嫫：……嘎基到嘎哈，一步一步进行比赛。那么不晓得啥子原因，不晓得是不是懂得勒俄的人不多了吗，婚礼上只说两段三段……就不说了，我现在调查的呢，嘎基那部分还可以，还说得起走；嘎哈那部分，能说的就少了。那么是否“克智”的传统在衰落，你觉得传统是不是在走向衰落？

恩扎：他说的时候一知半解，不完整他就说下来，有些嘛不适用现在，但是他伪装，说假的，说他知道。但真正说起来，又说不起，有些他又不知道。你说了嘎基是克斯，克斯你家说你家凶，我家说我家凶，克依（keyy，大话），说大话耍，你家才行，我家才行，才厉害，说大话，吹。说起来又好听，克斯一般说来是好听的一种。克智有尔比尔吉（谚语格言）的，有克斯（论说）的，我看会耍的呢耍起来时，这种克智还是好听的一种啊。唉，到了嘎哈时说勒俄、布茨，并不那么容易，两个人同台叙说起来，一人说你这是不对的，一人说我哪不对？所以说“勒俄”里面就有柴火子②了，两个人就叫起来了，互相辩起来，就像要打架的样子。以前没有解放的时候，我在许多地方说过、赛过，我一般不大同别人争论，我说的同别人说的不知道谁的才对，你说的和人家说的不一样，我把自己说的向人家说清楚

① 以下对话来自笔者2003年1月在美姑县人大进行的《“勒俄”访谈：恩扎伟几、恩扎颛也》。

② “柴火子”，指烟火味道，比喻竞争激烈。同时也是说双方争辩起来时出现过抓起火塘中的柴火灰撒向对手的无礼行为。

后，人家也就清楚了。但说起波帕（述源）时，他不清楚，你说清楚了是怎么回事后，他也就懂了，所以他就主动承认自己输了。有的人赖账，（事后）还说我不如他，怕他，打罐酒请他喝。现在最重要的是，过去我们写的、收（藏）的也没有了，还有我们这些善于口辩的人，跟着政府走后，也要忘记完了。

达夫：过去是依次一段一段地从嘎基说别嘎哈，刚才听曲布嫫说来，现在随便说说，嘎基说两段、嘎哈说两段就没有了。

恩扎：现在问，你们克斯不？有的一家一家说会说，有的家说不会说，就算了。过去在特觉洛莫，我和一个名叫木坡苏博（muposubbo，史莫）的，我们两个婚礼上辩，从头天晚上到第二天早晨，新娘都背到很远很远的高山上去了，我俩还在岩底下说……

我们两个后来又回到家门口，到院里继续说辩啊。过去在合姑洛，上上下下的人们见我都说：听说你克斯很厉害的嘛！有一次我们在合姑洛杀牲，在那里克斯，说了一天一夜，吴奇家轮流换了九个人同我说辩，九个都干不过我，我那时最厉害。吴奇家的苏易、德古阿莫们为处理和调解一起民事纠纷也聚在那里听我们克斯辩说，都赞扬我说："啊，没有见过这样聪明睿智的后代!"

达夫：你年轻的时候，人家都说你一表人才，长得高大英俊出了名，说你是个美男子，有人还从老远老远专门背上干粮来看你呢。

恩扎：是，是，过去可能人家也（那么）说……吴奇家的头人们，不是同我说克智，而是一句一句地问我玛（hma）① 家的根是和哪个家相连的？用这些来问我。我说：玛，古侯说是古侯家的，曲涅也说是曲涅家的，你说你的，我说我的。我说，我也不怕你，我认为哪家的都不是。他是从"斯惹色惹"（syssesisse）② 那里飞出来的。古时，一个红色的娃娃被行猎的人发现后得来的：当时娃娃嘴里还咬着一根竹子③，猎人发现他时，往上一看，上面只有一个"必俄"（biwo）④ 在飞翔，再往空中看，只有一只鹰在飞翔。这是"茨沙"（cytsha，叙谱）：祖俄、迪朴、迪涅、必俄、乃扎、马尔、马扎、马楚、吉西、俄帕、俄马……（以上都是人名）这样叙的谱。

---

① 玛（hma），彝族黑彝家支的姓氏。凉山彝族除"双姓"现象中有单姓外，这种彝族的传统单姓情况很少，比如还有甘（ga）姓。

② "斯惹色惹"，天上的众神灵。

③ 竹子之竹（ma）与姓氏之玛（hma）是谐音字。

④ "必俄"，一种鸟。

他们听后有个名叫吴奇史土格合的老人感慨地说："阿波！你怎么知道的呢?""史博"（shybop，古史）经书上这样记载的，人家跟我争论，那的确是真的了。是这样的，经书是接近汉区雷波的嘎哈土司家，也是作毕的，经书都是从他家那里出来的，他家还有"顶宇洛萨"（dizzyplotsa，皇帝封的官印顶戴）。经书上什么都有，毕摩的法器……

曲布嫫：你就利用"谐音"取胜了?!

在史诗演述人及其群体的考察中，我们注意到一个比较突出的现象，那就是民间确实有不少高水平的论辩能手在嘎基（路下方）的竞赛中表现得非常突出，然而他们中间出类拔萃的史诗演述人并不多见，有的从未正式进入过嘎哈（路上方）的史诗演述竞技。像曲莫伊诺这样杰出的论辩能手往往在中场过渡的时候才发现自己找不到对手，而当论辩按听众的要求还得继续时，双方只好跳过史诗基干情节的叙事，直接进入"布茨"（叙谱）比赛去跟对方论高低。换言之，当论辩比赛进入下半场的实质性阶段之后，如果双方派出的论辩人之间不能形成相互匹敌的竞争机制，史诗演述则无可能得以完整地展开。因此，我们在田野追踪的过程中对这一群体的关注，也直接关系到对史诗传承与发展、史诗演述与异文现象等问题的认识和理解。

除了尔口村两位年轻的史诗演述人之外，与曲莫伊诺直接在论辩赛场相遇的"克智"能手①，一共有10位，分别来自美姑、甘洛、越西三个县的乡村，年龄在23岁到66岁之间。从他们各自的表演能力和史诗演述水平来看，我们大体上对这些擅长口头技艺的论辩能手进行了初步的评估，并划分出以下三种类型：A类，会唱不会说的歌手型，即只能以歌唱或跟唱方式来参加比赛的"克智"能手（少有会说不会唱者）；B类，擅长即兴辞辩的说/唱型，即在上半场的比赛中说/唱兼行，但由于没有掌握史诗知识，也谈不上史诗演述技能的高低，也就不能进入下半场的较量；A/B类，基本上能以说/唱两种方式来进行即兴辞辩与史诗演述的双项能手型，但他们之间也有程度、水平、心理素质等个人方面的差异。

诚然，我们在田野观察中遇到的"克智"能手人数有限，但从上表统计的情况来看，也反映了一些基本的传承人问题：在这13位"克智"能手中，凡擅长史诗演述者，要么有毕摩师承的教育背景，要么掌握了彝文，有书面知识的积累。因而，他们与老一代的"克智"能手如恩扎伟几、金曲阿加、吴奇果果等人的习艺过程与表演实践相似，同样是在口承与书写这两种文化传承中成长起来的史诗演述人，其中不难见出文字能力无疑是他们全面获得史诗知识、提高演述技巧的有利条件。

① 不含仪式诵经中的毕摩。

"克智"论辩能手与史诗演述人基本情况一览表①

个人基本情况				书写能力		表演能力		
序号	姓名	年龄	籍贯	毕摩	彝文	A/B	B	C
1	曲莫伊诺	27	美姑县拖木乡尔口村	√	√	√		
2	曲莫尔日	31	美姑县拖木乡尔口村	√	√	√		
3	曲莫布古	33	美姑县拖木乡尔口村	√	√	√		
4	曲比拉哈	23	美姑县拖木乡吉和莫村	√	√	√		
5	海来惹机	33	美姑县牛牛坝乡基伟村	√	√	√		
6	吉索日布	36	美姑县哈洛乡哈洛村			√		
7	吉索达戈	46	美姑县哈洛乡哈洛村				√	
8	阿洛克古	43	美姑县龙门乡千哈村		√			√
9	勒格阿哈	45	甘洛县普昌镇桥边村					√
10	俄勒索布	40	甘洛县普昌镇桥边村					√
11	苏都约日	61	甘洛县普昌镇桥边村		√		√	
12	巴莫瓦达	57	越西县上普雄尔赛村				√	
13	巴莫克其	66	越西县中普雄布吉洛村		√	√		

关于以上史诗演述人的具体情况，本文不拟过多涉及。这里我们不妨讲讲其中三位"克智"能手的"小故事"，以期通过实地的调查资料和具体的表演事件，对这些民间艺术表演者的个人背景、成才道路和表演能力予以呈现与彰明。②

故事一：海来惹机（33 岁）

没想到，这次史诗田野调查中的第一场实地观察点会在县城机关的宿舍大院里。2003 年 1 月 23 日晚上，曲莫伊诺应邀前往县林业局的家属院参加沙马夫铁家的席莫席（xypmopxyp，迎亲）仪礼，在主人家楼下的院坝里，他代表客方（ddipvip，女方，即吉克家，住峨曲古区炳途乡石普村，因吉尼曲莫家与吉克家为姻亲关系）与主人家（vipsi，男方，即沙马家，原住新桥区地堡乡）请来的克斯能手海来惹机展开了克斯口头论辩。这也说明美姑地区，不论是县城还是乡村，不论是机关干部还是一

① 这里的年龄均按彝族习惯统计为虚岁，即比实际年龄长 1 岁。

② 以下三则"故事"摘自笔者 2003 年 1 月的田野研究笔记《田野观察：史诗演述人和他们的故事》。

般的普通民家，人们都一直沿传并恪守着传统的婚嫁仪礼。在史诗演述开始后，伊诺作为客方赛手，从史诗述源说到“白勒俄”第一枝后，停了下来，轮到主方赛手接续。结果，惹机有不同看法，提出“勒俄阿曲”只有四枝，双方辩论起来……大家见势也议论开来，大多数人认为客方正确，德古沙马曲比依夫（47岁）出面评断说：“勒俄十九枝，黑的七枝，白的十二枝，客人家是对的。”众人依然兴致勃勃，不愿意就此停止比赛，主人家沙马夫铁出来圆场说：“既然意见相左，不如跳过‘勒俄’，直接比赛‘布茨’（谱牒）。”

2月14日，曲莫伊诺又在觉洛乡典阿尼村的婚礼上与海来惹机相遇，克斯开始后，曲比拉哈与海来惹机先进行了一番比试，我发现惹机这回却说到了第六枝。下来，我问他为什么上次他坚持说只有四枝，他回避了我的问题，而径直提到他小时候也学过毕摩，原来家里也有“勒俄”抄本。我估计是那次比赛“刺激”了他，回去之后大概是重新温习了史诗本事，20天之内他的这番“变化”足以说明问题。同时，惹机是美姑县城范围内有名的“克智”能手，史诗演述技艺的“退化”也与他遇到的对手大多不会史诗演述有关。如果一位演述人长期没有受到过挑战，他的演述能力和水平自然是今不如昔。但惹机很快从上次的失败中找到重新开始的起点，让我也颇为他感到高兴。此外，他的演述风格与伊诺大相径庭，我曾把他们俩比作一头勇猛善斗的黑虎（惹机）与一只机灵却又温文尔雅的岩羊（伊诺）的相遇，在上半场的即兴辞辩中，惹机往往发挥得非常出色，而且相当投入，他的那双眼睛也充满着对抗的神采。但一进入下半场的史诗演述，伊诺却不费吹灰之力地就占了上风。比赛结束后，我向惹机初步了解到以下基本情况：

海来惹机，33岁，属狗，牛牛坝乡基伟村人，现受聘于美姑县公安局城关派出所。他7岁开始跟着父亲海来伍惹学毕，8~9岁之间开始学习彝文，13岁时出师。他家的毕摩职业传承已经6代，但“克智”论辩传承却有10多代了，祖传的“勒俄”抄本也同时传了10多代，原本已部分破损，后来重新抄过。9岁开始学“克智”论辩，一是在婚丧仪礼活动中观察，二是跟着父亲学习。第一次正式参加比赛是在子威乡依子居村的婚礼上，代表其兄弟海来尔洛家出任辩手，赢了对手狄狄格加（30多岁），开始出名，此后专心致志地学习口头论辩技巧，名声也大了，白彝、黑彝都来请他。

故事二：曲比拉哈（23岁）

我很多年前就认识了拉哈的哥哥尔日毕摩（现年33岁），并跟他成了好朋友。这次田野研究跟访对象——曲莫伊诺的“发现”，就归功于这位年轻有为的毕摩。从7年前尔日用彝文撰写的“家史”中，我们能够直接了解到这个世传毕摩家支的历史：

“犁耙出于木，铧口出于土；斧头出于铁，白彝出自兹[①]”。我们沙马曲比家来自沙马土司耶古苏布系分衍出来的一个白彝家支。为什么从土司变成白彝呢？据说我们家的先祖耶古苏布娶了一个黄琅土司（居住于雷波黄琅一带的一家著名土司）家的女儿，但是在结婚的过程中，这个带着七个陪嫁丫鬟的土司家之女儿不幸在路上被猎人设下的暗器射中而身死野外。接送新娘的人怕耶古苏布怪罪下来，便经商议后从陪嫁丫鬟中选出了一位最为漂亮的来冒充新娘嫁给了苏布。后来苏布发现其妻为假冒的时，已经生了一个儿子，但因这个丫鬟是额其家的，属于白彝，故其子就再也没有资格做土司了，于是就将这个儿子取名为玛额（mapnge，彝语义为“不是”，即指他已经不是土司了），让其从小从师学习毕摩，并将其地位降为白彝。后来就自玛额而繁衍出了我们这个家族。以上就是我们沙马曲比家为白彝的历史原因。自玛额开始，我们家族世代作为毕摩，“度祖入祖界，治病于世间；保七十之命，纳八十之户[②]；饥时签筒当锄头，渴时神签吸水饮”。正因为如此，“毕宗出毕徒，毕徒负签筒；不负签筒时，半身寒悚悚；不带神扇时，双手不自在”，我们这些后生也就继承了先世的这种传统职业。下面是我们家的谱系：曲涅→曲补……母乌→日俄→领欧→阿次→阿色→阿海→阿都→尔普→吉母→耶古→苏布→玛额→都拉→都地→约地→阿祖→坡乌→坡也→嘎阿（三子）→尔共→毕惹→有拉→有特→吉比→哈坡→吉合→说鲁→莫格→俄尔→比普→拉合→兹嘎→张家→拉果→尔日。尔日就是我，属猴。从耶古世到我已经26代了。

后来尔日告诉我说，他父亲曲比拉果收藏有一本祖传的“勒俄”抄本，如果算到他和拉哈这一代已经20多代人了。但这个“古本”在“文化大革命”期间上交了，家里的“今本”则是其父请人从曲比依疋那里“抄回来”的，到现在也有30多年了。为什么说是“抄回来”的呢？因为曲比依疋小时候是其父亲的毕徒，在学毕过程中抄写了他家的“古本”，因此“今本”可以说是“古本”的失而复得。据美姑毕摩文化中心的嘎哈石者先生说，尔日父亲的抄本大概在美姑也算得上是最好的本子了。尔日还讲道，“文化大革命”时期，他的叔叔曲比拉克和一位名叫阿侯瓦尔的黑彝在一起读“勒俄”，被红卫兵发现后，他们将拉克毕摩的“勒俄”抄本拴在这位黑彝的椎髻（俗称“天菩萨”）上点火烧毁了。这个抄本同样是从其父亲的“古本”上抄下来的。

为参加2月14日在典阿尼村举行的迎亲活动，曲莫伊诺提前一天让尔日毕摩把拉哈从拖木乡的苦火莫村叫到了县里。见面后，我们几个在一起聊了起来，拉哈自幼

---

① 兹，即权力之义，这里引申为“土司”。

② “保七十之命，纳八十之户”，是指为许许多多的民众谋福利。

跟爷爷和父亲学习“勒俄”和“克智”。爷爷曲比张家（现年93岁）老毕摩年轻时曾到过越西、雷波、昭觉、甘洛、峨边、马边等地去主持很多次祭祖送灵活动，因其作毕水平很高，经常在外游毕，足迹遍及凉山各地。同时，他还是个多才多艺的人，年轻时既会做生意，又会调解纠纷，成为跨家支的德古。他也擅长“克智”的说/唱技艺，并一手培养和教育了尔日、尔布和拉哈三个孙子。三兄弟的父亲曲比拉果在美姑也是出名的大毕摩，在张家之子中作毕水平最高，现年59岁，已经主持过60多次祭祖送灵活动了，对幼子拉哈的栽培更是倍加有心。拉哈与尔日都擅长“克智”论辩，但尔日认为自己的“夫必”（fupbbip，声音）不好听，所以学到一半多，就没有再坚持下去，而全力以赴去发展毕摩的技能了。拉哈认为“勒俄”好听，也好记，熟悉内容之后，甚至比记忆毕摩的“口诵经”还要容易，而看着书本去记忆容易掉句、忘段，在仪式、仪礼活动中跟着父辈们学习，则是水到渠成的事。尔日接着说，25岁以前他记住的“勒俄内容”（即史诗本事），大概七老八十也不会忘记的。

但记忆与遗忘可能并不能完全说明史诗演述能力的掌握。在婚礼的克斯比赛中，曲比拉哈作为主方赛手，与临场替换海来惹机的曲莫伊诺成了对手，在伊诺演述完“白勒俄”第九枝时，拉哈没有再接续下去，只见他起身一边向客方辩手敬酒，一边说“孜莫格尼，孜莫格尼！”（zzymoggehni，吉祥如意），随后巧妙地将话题一转说：“现在我来给大家说说《汁波汁帕》（nrybbonrypat，酒的起源），酒的起源呢，要从史木木哈（shypmumuhxat，上界七地）开始说起……”我正在纳闷，“勒俄”还没说完，怎么就跳到“酒的起源”上去了呢？伊诺显然是比我“老道”多了，他赶紧附和着说：“说吧，说吧，今晚是个吉祥的夜晚，说说‘酒的起源’，给主人家庆贺庆贺。”这时我恍然大悟，拉哈大概知道自己只能说到第八枝，不能再住下接续，所以借敬酒服输之际来说“酒的起源”，以免演述突然中断的尴尬。而伊诺他们本来就是同乡，拉哈也是他专门约来的，事先也没想到自己会跟拉哈作对手，所以也帮着圆场。拉哈说完后，听众也在一边说“好听，好听”。伊诺也端起酒碗回敬了拉哈。这时，一位中年妇女开口说话了：“好多年没听到这么好听的‘克智’了，两位小伙子都不错。火塘上方的年轻人，我看你还能说，就接着把你的‘勒俄’说完吧。大家想听不想听？”在众人一致叫好的声音中，伊诺接着说起了第十枝，中间没有再停下来，一直说到“勒俄十二枝到此结束”为止。人们也没有再去论谁输谁赢了，我想这是在婚礼上赛说，双方的亲友也会表现得比较随和、谦让一些。

比赛结束后，我问拉哈为什么只演述了“八枝勒俄”就停下来了呢？而他事前跟我在聊到“白勒俄十二枝”时，明确地告诉过我，虽然他尚未完全掌握，但他肯定能演述出其中的十一枝，布茨（谱牒）以下则一点问题也没有。拉哈看我跟他较真，有些不好意思，想了想解释说，一则是好久都没有说过“勒俄”了，有些“口生”；二则他在伊诺演述时，专心地听了，发现伊诺说的好像与他说的不太一样，特别是在“枝”的顺序上有明显的不同，他知道伊诺是高手，怕自己再说下去就会出错，所以干脆换个话题。的确，后来我反复听了比赛的录音，发现他们俩的演述确实不太一样，或许是因为他们学习的“底本”本来就有不同，或许是个人的发挥起了作用。

故事三：阿洛克古（43岁）

阿洛克古是县里有名的“歌唱家”和“克智”能手，声音非常特别，有一种磁性，更准确地说，他是一位多才多艺的“艺人”，能歌善舞不用说了，还会弹月琴和口弦，马布（matbu，类似唢呐）和笛子也吹得很好。他从小接受了汉语教育，1977年毕业于凉山布拖师范学校，此后的14年一直在美姑的一所乡村小学任教；1991年至2001年在县里的城关小学任教；2002年调到美姑毕摩文化研究中心工作。他自幼擅长歌艺，与其爷爷和父亲的熏陶有关。他的爷爷是美姑一位有名的民间歌手，同时也会摆弄各种民间乐器。克古9岁时就学会了月琴和马布的演奏，10岁开始学习“克智”和民歌民谣的演唱，15岁学会了吹笛子、吹木叶、弹口弦等。他还多次在县里和州里的民间文艺调演中获得各种奖项，也经常被请到各地去参加“克智”比赛，到过雷波、盐源、峨边等县。总之，克古的民间演艺水平是为人们公认的，在美姑经常听到大家夸他。

但意想不到的是，他只会“唱克智”，不会“说克智”，这是我们这次史诗田野中遇到的比较“蹊跷”的事儿：在典阿尼村的婚礼上，“阿斯纽纽”转唱进入下半场之后，伊诺和拉哈（当时还是搭档）开始演唱史诗“白勒俄十二枝”，一枝唱毕，对方的赛手阿洛克古明确表示他不会“勒俄”，由于史诗的古词古语很多，即使他跟着海来惹机复唱也肯定要出错。看来他是真不会了，只见他转过身去问“线木”（男方家来接亲的小伙子们）有没有能上场接替他的，那些小伙子都摇着头说“不行，不行”。这样，客方就不能接续史诗演述的比赛了。克古不愿意“尝试”着跟唱，大概也可以理解为绝对恪守史诗的演述传统吧？其实，当时我在想，以他的水平，应该能够与惹机配合的，但看他非常坚定的样子，大有不会就是不会，绝对不能贸然上场的意思。

以上几位“克智”能手的“故事”传达给我们的基本信息，远比这些讲述性的文字更为丰富和深刻。实际上，关于演述人群体的考察，又回到了前文已多次讨论过的口承与书写之间的交互关联上来，并且他们个人的背景及其在实际表演过程中的诸多细节，消除了悬置在二元对立观照中的根本分歧。基于这一群体的实际状态与整体表现，我们还是应当强调彝族史诗传承集口承与书写为一体的基本特征，同样有其历史文化的传统规定性。与其他一些少数民族的史诗传承人群体有所不同的是，书写文化在诺苏彝族史诗演述人的成长历程中发挥着重要作用，在他们基本掌握了史诗本事与相关知识之后，口头表达能力与叙事技巧的提高渐渐取代了书写的地位，进而在表演实践中完全隐退为史诗叙事的记忆链条，成为一种被杭柯称为的“大脑文本”(mental text)，而这种“大脑文本”能否在竞争性的对话过程中被激活，进而转换为一种泉涌般的口头叙事资源，则同时取决于多方面的因素。不论怎样，对这些有彝文书写能力的演述人而言，文字的掌握无疑是他们解读古雅深奥的史诗文本、掌握大量古代语汇的前提和条件；同时，在史诗的习得、传承与演述能力的提高中，民间的歌诗传统、各类口头艺术形式如叙事长诗、抒情长诗、谚语格言、仪式歌调等，尤其是口头言语技巧的娴熟掌握与综合运用，也产生了不可低估的影响。因此，从史诗的传播—接受的动态过程来理解口承传统与书写传统的二重统一，乃是极为重要的一个视角。

（三）史诗传承人与异文研究

到目前为止，我们对史诗演述人这一群体的考察和研究还远远没有结束，我们所重点描述的一位史诗演述人——曲莫伊诺，具备书面文化的读写能力，也掌握了娴熟的口头表达技巧，书写知识与口承知识的吸收、训练与融会，始终贯穿在他的演艺实践——“克智”论辩活动中。不论毕摩的书写文化对他有多大的影响，他依然是一位口头的史诗演述人。在对曲莫伊诺的跟访过程中，我们也发现了史诗演述人这一特定的传承人群体，而对他们各自的观察和初步的访谈，也逐步深化了我们对史诗传承人群体及其内部的互动、史诗演述者个人的表演能力、创造性潜能等方面的认识和理解。

这里，我们再回过头来看看曲莫伊诺——我们的跟访对象。在一系列的对赛活动中，我们对这位优秀的史诗演述人所做出的基本评价一次次得到了印证之外，他的每一枝的史诗叙事都呈现出一种个人化的口头演述风格，而他的即场发挥、应变能力、胸有成竹，也给我们留下了深刻的印象。而且令人惊讶的是，在他的表演中，我们发现他非常善于用简明易晓的言词来替换一些常人一下听不明白的古词古语，而他常常采取的方法就是拆句或者拆词，以重新组构诗行，同时使用叠声、叠韵的辞采和一些富于节奏的衬词、虚字将自己的叙事装饰一番。因此，他的史诗演述，在叙事的色彩——风格、语调、选词、润饰等方面，在义诺彝语特有的地方格调中不断深化笔者对表演个性与临场发挥的体会和认识。后来，我们将其演述本与其写本进行对照，也同样验证了观察中对其表演的直觉感受并没有错，进而在叙事过程的变化上也找到了某种规律性的“痕迹”：在支格阿鲁、阿略举日、石尔俄特、居姆吾吾、合侯赛变、阿都尔普和阿苏拉则这种以人物为主线的情节基干和故事母题上，他的口头演述往往比写本更为丰满；然而在关于天地开辟、人类起源的古事纪与相应的场景描写上，写本却比演述本更详细。而他在一次访谈中无意地总结了自己在竞争中的演述经验：史诗叙谱发展至“阿苏拉则之谱系”（ap su lat zzi cyt）时，有一故事母题要涉及这位毕摩大师的种种神绩。一般论辩过程中，对手往往只叙及他的一些基本事迹，至多数十行；而伊诺说，如果比赛那天他情绪比较高昂，也想与对手多周旋几个回合，他的演述就可能要延伸为几百行。说到这里的时候，他确实说起阿苏拉则的“故事”来了。事后笔者根据录音做了统计，这次演述的诗行一共为296行，确属一独立完整的叙事性演述；而其现场演述的59行中仅有9行为故事情节，其余均为谱牒的连续迭出。而类似的现象则出现在其“黑勒俄”的在场演述中，“天地的谱系”（开天辟地）的口头演述在两次表演事件中分别为190行与150行，相差了40行，而这40行之差则是因为“丢”了西方的开辟所致。

问题纷至沓来：史诗传承人对史诗本事的掌握、在演述能力上存在的个体差异，以及他们在实际表演情境中的即场发挥、个人情绪、心理状态，尤其是在对话关系中形成的竞争机制，在相当大的程度上，就是从表演——这个文本发生的基础环节上就决定了史诗异文的产生和变体的出现——而这正是我们解释异文现象和重新开掘异文研究的意义所在。

“异文”① 本身既是民间文学的一个核心现象，也是口头传承的一个重要特征。人们已经达成一种基本共识，认为变异性或流变性是口头传承的生命力所在，异文也被视作区别口头文化与书面文化的主要特征：口承“作品”是流动的，而书面著作却有着一种长期稳定的载体形式。尽管异文是民俗学和民间文艺学的一个基本概念，但实际上人们对异文或变体的普遍接受程度可谓“不假思索”，因而在民俗学理论研究中“异文”成了一个长期被忽略的概念，没有得到更深细的界定与考察。正如劳里·杭柯教授指出的那样，正是基于异文比较的文本批评模式，芬兰历史—地理学派的民间故事类型研究曾经面临的诸多困境及其方法论的再三检讨，已经表明民俗学者或许尚未完全理解什么是口头民俗传承中异文的基本特质。他进而指出：在口头传统中，一个叙事主题的单独存在，不可能取得一种“杰作形式”的位置而取代这种叙事主题或母题的其他所有的变体形式，因此口头文本不具备“权威本”或“标准本”这样的属性，当然这也是来自口头理论的启发。由于表演本身不具备同一性，每一次

---

① “异文”是民间文艺术语。我国学界的相关定义和理论探讨，大都基于民间文学的“集体性”或“历史地理学派”的文本解析观点来对待“异文”问题的研究，取得了相当的成就。与此同时，我们还应高度关注某一个传承人（个体）在“这一次”表演与其“每一次”表演之间出现的“异文”现象，以及传承人之间的不同表演导致的“异文”现象及其变体。因此，“异文”的当代研究，需要考虑表演与文本之间的关系，并纳入文本化的具体过程中来加以辩考和阐释。

表演都会产生不同的异文，在口头创编本身的过程中变异不断地呈现，既分又合。即使这种变异现象对外部观察的分析者而言依然是一个值得研究的学术问题，而对史诗演述人而言，变异却是再正常不过的事，只是在发现变异之前他自己并没有在意。

在笔者与史诗演述人曲莫伊诺的访谈中，我们会看到，在其表演的生涯中，在他自己将自己的史诗演述制成盒带之前，他一直确信自己没有改变什么，因为“一切都在我自己的脑袋里”；当我们在一起记录他的口头演述时，开始他非常坚定地认为自己的记录，肯定不会写错，顶多丢掉一两个字，没一会儿我们重新放录音来一行一行地进行对照时，他只好吐舌头了；而当我们将他的演述本与其写本进行比较时，他更是吃惊地认为自己犯了比想象中还要多的“错误”。[①] 此前他对“变异”也还谈不上什么理解，变异却一直潜伏在表演本身持续的链环上；或许他当时就认为自己每一次的表演就是史诗本事的“全部事实”的最佳实现，尽管他已经或多或少、或大或小地改变了许多地方。杭柯认为，这主要是因为表演者不会去频频回顾自己过往的表演，而让自己径直走向下一次的表演。表演者是否去设想自己每一次表演中的变异，大多数时候这完全是一个值得探寻的问题。[②] 按笔者对其看法的理解，民俗学意义上的异文应当来自于当代的史诗口头演述活动，既可来自于同一位演述人的不同表演，也可来自于不同演述人的表演。只有当我们积累了大量口头文本的“忠实记录”之后，史诗异文的比较研究才能在“这一次”表演与“每一次”表演之间，同时在“这一位”演述人与“每一位”演述人之间，在上一代与下一代演述人之间逐渐走向深入。

与此同时，除了必须从表演者个体及其表演环节来进行深细的考查、辨析之外，对于今天的史诗传承研究而言，我们还需要从哪一方面来高度关注史诗的异文现象及其学术阐释的伸展方向呢？笔者认为，异文研究还应该针对不同的口头文类来设定不同的研究对象。对于神圣性叙事的史诗传统及其阐释而言，异文研究的目的不仅要告诉人们口头演述的差异性特征，更要彰明口头叙事的稳固性特征，因为史诗演述毕竟不同于故事、传说，在诺苏的口承传统中，其规范性要大大高于“阿普布德”（atpubbudde，散体讲述）[③]。建立在既有写定文本基础上的史诗解读与批评模式值得我们深思，这与民间口头传承同时具有的流变性与稳定性是脱节的：一方面，写定文本中出现的变异并不等于口头史诗在演述实际中的变异；另一方面，不论是书面文本还

① 引自笔者《田野访谈：史诗演述人曲莫伊诺谈其学毕习艺经历》。

② Lauri Honko. *Thick Corpus and Organic Variation*. FFSS99 Preprints，No. 1，Finland：Turku University，1999，pp. 1～4.

③ “阿普布德”，散体讲述形式的总称，包括神话、传说和故事。在诺苏社会，神话讲述不具备神圣性，在火塘边、大树下、山野里都可以进行“阿普布德”的讲述活动。“阿普”意为老人，指的就是老人讲的故事性较强的叙事文类。

是口头文本，民间记忆与民间技艺的变异性与强固性应当同时得到关注，尤其是像史诗这样重大的传统口头文类，其文本乃至口头演述的神圣性、规范性到底在多大程度上制导了史诗传统的“变”与“不变”，都需要我们去做更深细、更审慎的考察与辨析。与此同时，古籍整理工作中的《勒俄》文本，连同民间流布的“勒俄”抄本，作为业已定型的异文对我们今天的史诗研究依然有着重要的参照价值。在史诗传统历时性的维度上，通过这些文本与史诗演述本的比较，我们能够看到“勒俄”作为诺苏彝族的口头传承，其叙事的“变”与“不变”有着极其清晰的轨迹，因而史诗叙事的流变性与稳定性也当能够通过具体的比较而得到呈现。

综上所述，由于史诗演述主要是在“克智”论辩活动中孕育、成长，并不断得到发展和弘扬的，史诗演述人“勒俄沃布苏”也正是从“克智沃布苏”中产生的，他们往往成为民间论辩能手出类拔萃的口头艺术表演家。史诗演述人不但继承了本民族蔚为观止的歌诗传统，同样也继承了文化古制中的毕摩口诵传统，他们秉承着传统的诗艺手段，以民间论辩能手特有的精神范式，在口头传承与书写文化之间搭建起了古老传统与现实生活之间看不见的审美通衢。然而，目前史诗演述人这一群体的传承和发展状况，在某种意义上说，也是古老传统正在走向衰落的明显表征。怎样面对这一业已式微的口头叙事艺术，也应当作为学术问题纳入我们今后的田野追踪研究计划中来加以认真对待，同时也需要学界积极主动地与当地政府和文化部门进行协调，早日促成切实可行的学术性策略来加以文化的保护。这是我们这一代学人的历史责任，不容旁贷。

小　结

“克智”论辩负载着史诗演述，延续至今，也经历了千百年的历史汰选、锤炼，在不断发展变化中成为彝族的文化瑰宝。可以说，相形于“克智”文学传统的悠久历史及其口头艺术的恢宏成就，过去的学术研究显然是后滞的，加之，由于缺乏实际的田野观察，相关的理论阐扬也是不到位的。笔者之所以对此不惜篇幅地进行描写和分析，首先是为了揭示史诗“勒俄”的口头艺术过程，这样才能真正走近文本背后的史诗传统去发现这一“民间叙事生命树”的文化根底与气韵生动的民俗生活“表情”；同时，笔者也希望本文从田野研究中做出的梳理与归纳，从口头传统研究理念中提炼出来的相关表述，能为将来通向其他彝族地区（圣乍和所地）的口头论辩和史诗演述，提供一种比较研究的途径。那么，这里我们将本文的基本内容概括如下：

第一，地方术语的界定与学术转换。我们从概念上对相关的地方语汇和专用术语进行了重新的界定与阐释，并转换为系统的学术表述；同时针对不同表演情境中的“克智”论辩活动，从论辩方法、论辩程式、话语风格、竞争性质等有关这一表演艺术的基本环节着手，阐述了始终建立在双向对话关系中的史诗演述及其运作方式。

第二，口头论辩与史诗演述的双重表演结构。基于口头论辩这一特定的民间言语艺术及其口头传播—交流模式，我们对“格比”与“玛子”这两个关键性术语做出的解析，从论辩话语的内在实质与外在形式，揭示了即兴辞辩与史诗演述的双重表演结构。从“克智”论辩过程的嘎基（路下方）和嘎哈（路上方）互为区分又互为关联的两个表演阶段中，我们分析了即兴辞辩与史诗演述之间的交互联系，说明民间的史诗演述与口头论辩活动始终是融为一体的，始终是在主方与客方的对话关系中进行的，史诗“勒俄”的声音传达，不是高坡上行吟诗人的自我独白，更不是山风中飘来的一阵咏叹。用史诗演述人曲莫伊诺的话来讲，“勒俄”从来不是一个人的“之波嘿”（zzytbboxip，独说）。这是我们考察诺苏彝族史诗传统的一个至关重要的基本环节，脱离“克智”论辩去讨论史诗的口头传播，无疑就割裂了史诗传统与其文化生态的内在关联。

第三，史诗异文的研究方法与目的。在我国的民间文艺学研究中，过往的异文比较，使人们将流变性而非稳定性当做口头传承得以持续的一个关键。实际上，研究任何异文都应该充分考虑具体文本的口头文类性质，比如说，史诗这种重大文类在口头传承中就有强固的“不可变性”，史诗传统内部的法则，包括本文讨论到的史诗叙事的原典性原则等，阻止着史诗演述离开表演的传统规范，或出现叙事的无序与混乱的可能。因此，史诗传统的研究，应当将源文本、异文和各种口头演述本一同纳入史诗的实际表演语境中来进行思考，不能从文本到文本，就异文研究异文。离开表演者与听众、离开演述人之间的即场互动，也就脱离了叙事语境、表演事件和叙事意义等口头交流与传播的基本环节，如此去研究异文将会离传统事实更加遥远。而一旦将民众表达形式及其文化蕴涵与其表演传统割裂之后，就会出现似是而非的文本混淆，并在很大程度上不能阐释异文出现的原因。我们必须尝试在其文本衍出的表演情境中，在文本得以呈现的演述场域中去捕获口头叙事的“变”与“不变”等本质性的规律。

第四，对史诗演述人群体的关注。“克智”论辩的兴起和传承，在客观上激活了史诗演述的口头传播和动态接受，使这些史诗传承人脱离了各种文本的制约而走向面对面的社群，融入民俗生活的文化情境中，并在特定的竞争机制中不断提高自己的口头创编能力与表演艺术，从而也促进了史诗传统的长期流布和动态发展。这与大多数中外史诗研究中所关注的歌手问题有着明显的不同。就中国境内的三大史诗而言，歌手大都与书写文化无缘，藏族的格萨尔艺人、蒙古族的江格尔奇、柯尔克孜族的玛纳斯奇，绝大多数的史诗艺人都是口头诗人，即便是他们中的个别歌手，像柯尔克孜族的著名史诗艺人玉素普·玛玛伊，既通晓本民族的文字，也懂得邻近民族哈萨克的文字，但学界似乎尚未从理论上进行探讨，尤其是对书写与口承之间的关联，以及书写对于一位以口头方式学习、掌握、表演史诗的歌手到底发挥着怎样的作用，也尚未做出比较全面的阐释。① 因此，诺苏彝族的史诗演述人群体为我们提供了鲜活生动的当代案例，值得进一步追踪研究。

［作者鸣谢］ 本文是作者的博士学位论文《史诗传统的田野研究：以诺苏彝族史诗“勒俄”为个案》的一章。在论文的田野作业与写作过程中，笔者得到了家乡多位学者和前辈的大力支持和无私帮助，在此要特别地向吴奇果果、恩扎伟几、吉尔体日、马拉嘎、阿鲁斯基、冯元蔚、曲比石美、摩瑟磁火、吉觉王铁、马尔子、勒格扬日、阿于铁日、嘎哈石者等老师和同仁表达我心中久有的谢忱与感恩，他们的热心扶助是怎样评价都不过分的；向父亲巴莫尔哈、母亲刘玉兰、姐姐巴莫阿依及我的家人长期以来给予我的关爱与支持表达我无时或释的亲情与思念；向我的田野跟访对象、史诗演述人曲莫伊诺、曲莫尔日、曲莫布古、海来惹机、阿洛克古、曲比拉哈等才艺杰出的“克智沃布苏”表达我由衷的钦佩与敬意。我还要特别向溘然辞世的阿鲁斯基老师遥致我永远的爱戴和怀念，尤其是文中引述的“克智”辞赋大多出自他和女儿阿鲁金洛搜集整理、自费出版的《彝族克智》，这是要特别申谢的。最后，我愿意在此向我的两位导师钟敬文教授和刘魁立教授，向美姑的毕摩、德古和乡亲们，以及那些为此项研究做出了这样或那样的贡献而又无从具名的人，表达我深深的谢意。这篇研究报告及学位论文的完成，与其说是“我”的文字表述，更毋宁说是“我们的”合作成果——是众多彝族学者和民间智者共同劳作的结晶。由此，在行文中，“我们”一直在沿着研究的推进而不断出现，也将沿着我今后的工作而贯以我学术生涯的始终，我将以自己加倍的努力来从事本民族口头传统的研究，来回报大家给予我的鼎力支持，来报答家乡大小凉山的养育之恩。

---

① 口头传统研究的独特视角及其学术成果，尤其是 Oral Formulaic Theory（又作“帕里—洛德理论”，是由两位北美学者米尔曼·帕里和艾伯特·洛德发展起来的一套分析口头传统的理论，John Miles Foley. *The Theory of Oral Composition*: *History and Methodology*. Bloomington and Indianapolis: Indiana University Press, 1988）。这一理论，不仅使人们深入到了古老史诗传统的中心，而且也使人们深入到了 20 世纪活形态的口头传统的中心，对我们思考当代彝族史诗研究中的诸多问题无疑有着重要的启示意义。然而，这一学说是建立在观察无文字社会的口述传统中研究歌手的传承，观察他们如何在不借助阅读和书写的情况下习得和表演他们的艺术，以及这一切又是如何影响了口头诗歌与口述传统的形式，等等。因此，我们可以参考这一理论成果，但不能将之直接移植到彝族史诗演述人的研究工作中来。

仪式与季节：春季反咒·秋季转咒·冬季招魂*

——义诺彝区巫术仪式与年中行事之民俗学考察

巴莫曲布嫫

一、背景综述：彝族岁时民俗与原始宗教仪式

在民俗学范畴内，年中行事的主要研究对象是岁时民俗，即一年之中，随着季节、时序的变化，在人们生活中所形成的不同的民俗事象和文化传承。历法是人类文明史的重要标志之一。十月太阳历是彝族先祖创制的一种特殊历法。作为彝族先祖的文化传统，它曾盛行于川滇黔桂广大彝区，至今仍遗存在大小凉山民间。在十月太阳历通行的历史时期，形成了彝族两个重大的传统节日：一个在冬季，叫“彝历年”，又称“十月年”，彝语称“测勒觉”，即转十月；一个在夏季，叫“火把节”，也叫“星回节”。彝族先民以观察太阳运行的方位来定季节，彝族古墓“向天坟”②曾是彝族先民据以观测太阳运行定冬夏和北斗指向定寒暑的观象台。凉山彝族把年称为“库”，其意为“轮转”“转回”，以“转”一轮作为一年。太阳南至为冬至，彝人称为“补姑”，意为“太阳转回”；太阳北至为夏至，彝人称为“补迥”，意为“太阳回归”；故彝谚有曰：“补迥后昼长夜短；补姑后昼短夜长。”又或选择北斗星“沙聂”为星回标志的星座，每当北斗的尾巴（北斗柄）上指或下指的时节，就是星回节到了。北斗柄指下则为大寒，指上则为大暑，以大寒、大暑为元日；大寒之际也就是“补姑”时过十月年，大暑之际也就是“补迥”时过火把节。

---

* 本文原载《凉山民族研究》，2002 年刊，70 页。

② 彝族古代，人死后进行火葬，并将其遗骸余骨捡起装在一个骨灰罐里，再埋入地下，其上复压一块“三台八方”的石头球柱，这就是“向天坟”。这种唐代南诏王国时期的塔形火葬墓就是在大凉山彝区出土的。

不论十月年还是火把节，都是从彝族古老的原始宗教信仰体系中发展、演变而来的，彝年以祭祖为中心事件；火把节则以照岁祈年为主要特征。火把节和彝族年主要以祈求五谷丰登、六畜兴旺、狩猎丰收、森林茂密、房屋清洁为目的，已发展成了具有族群性、超地域性的传统佳节。学界有关这两个重大节日的研究已较深入，但值得注意的是，义诺彝区并不过在川滇黔桂四省彝区通行的火把节。据传说，这一地区原来也是过火把节的，后来有一年在节日期间，天上下起了红色的雨雪，而这一年庄稼收成不好，成了灾年，当地彝人认为这是老天不喜欢他们过这个节日，从此这一带的彝人就不再过火把节了。因此这也给我们留下了一个岁时民俗发生地域性变异的奥秘，尚有待进一步探讨。

从整体上来看彝族的年中行事与岁时节日，我们可以发现，彝人往往赋予时间——季节变换以神圣的仪式，从而也赋予岁时习俗与年中行事以神圣的含义。彝族古老的十月太阳历就是明证，说明自古以来，彝人就一直将神圣的宗教仪式和一年时间的周而复始相联系，而一年的周期，又以季节、自然、动植物现象及天象的循环变化来估算，其估算的方法是简练而科学的。故而彝人的社会生活及宗教生活与自然——季节岁时紧密相关，并围绕季节通过仪式而产生社会互动。太阳及太阳变化的周期以及由此而划分的季节仪式在山地彝人社会中是非常重要的，甚至于今天也在彝族几乎所有的岁时体系及其民俗中看到仪式历的痕迹。

对于山里的彝族人来说，仪式是一种生活的规范，有着非常重要的功能和意义。在边远的义诺彝族山村，在彝族居住的腹心地带，人们还在相当程度上保存其固有的生活方式，彝族的民族文化仍然保留着古朴、独特的面貌，传统的宗教仪式生活仍然是山区彝族岁时习俗和年中行事的重要组成部分。

在彝族山地社会，大凡祭祖祀神、招魂治病、驱鬼除秽等直接与神鬼打交道的原始宗教仪式，可以说在山民的社会生活中是最为多样、最为复杂、最为频繁的。名目繁多、数以百计的宗教仪式可以粗略地分为这些类型：清洁仪式、平安仪式、治病仪式、祭祖仪式、祀神仪式、送鬼驱鬼仪式、诅咒仪式、招魂仪式，等等。每一种类型又包括数种、十数种甚至数十种不同的仪式。举行宗教仪式的原因、目的很多，总的来说不是为了追求内心的解脱、灵魂的永生，而是为了去祸纳福、趋吉避凶，为了个人的健康、家支的繁衍兴旺，有强烈的功利色彩和现实目的。原始宗教仪式是处理人与神鬼关系的行为方式，折射着彝族人崇拜祖先信仰鬼神的宗教观念，体现了彝人对祖先、对鬼神敬与惧、爱与恨、即与离相互交织的矛盾的情感心态，反映着彝族宗教仪式活动中巫术与献祭并行不悖、控驭与祈祝相得益彰的行为特征。彝人要控制鬼怪、操纵神灵是其宗教仪式的主旋律，而在控制和操纵神鬼的背后潜藏着这样的一个心理情结，人们最终想要控制和操纵的是自己所处的世界，自己所在的自然以及自身的命运。

在以美姑为中心的义诺彝区，① 山民们一年之中都生活在频繁的巫术仪式活动中。当地彝族的巫仪林林总总，例如："晓补"——春季反咒；"吉觉"——秋季转咒；"伊茨纳巴"——冬季招魂；"涅茨日毕"——咒鬼仪式；"措日毕"——咒人仪式。而咒鬼仪式又因所咒的具体对象不同而分门别类，如"确洛毕"——送"确洛"（致使小孩夭折、大人生病的缠身鬼）；"涅日比尔毕"——诱送"涅日"和"比尔"（未婚女子死后变成涅日鬼，未婚男子死后变成比尔鬼）；"博斯卜洛毕"（又名"博俄毕"）——送病鬼（九种使人久病不愈的病鬼）；"斯泽色择几"——送"泽"（使人致哑的一种鬼）；"施儿寄"——送"施色鬼"（风湿病鬼、头痛病鬼等小病鬼）；等等。仅就最为普遍的咒鬼仪式而言，"涅茨日毕"② 一般多在冬季举行，因为毕摩行此仪式时，要延请各路神祇前来助法，会把风神、雨神也召请来，如果春夏之际举行就会引起暴雨而易导致山洪之灾。届时，根据毕摩的占卜来决定仪式举行的时间和需要的牺牲，并选择具体的日期。此外，一般小型的咒鬼仪式只需一夜，如咒病魔——"阿色阿布"；中型的咒仪要二至三天，如咒缠身鬼"确洛"和"阿萨"；大型的咒仪长达九天，如咒大鬼"尼木渥普"（使人久病不愈的鬼，如肺结核及不治之症）。

由此我们可以看到，大凉山彝族仪式生活的频度颇高，种类繁杂，多为临时性的危机仪式，也有固定性的岁时仪式。可以说，仪式将彝族山民的社会生活切分为两个部分，一个是日常生活，另一个是仪式生活，日常生活与仪式生活一起构成了彝族山民全部的社会生活。彝族山民的仪式实际上就是他们争取生存和发展的一种活动的形式，这种形式具有它自身的一套民俗传承和信仰规范，从而与日常生活有相当的区别。

二、仪式描写：义诺彝区仪式生活的季节性特征

"季节"一词是本文的出发点，"特计"这个词在凉山彝语中既指"季节"，又指"时令""季候"。而凉山彝族对季节的划分有其独特的民族特色和地方特色，表现在

① 中国彝族分布广阔，支系众多，凉山彝族从整体上按其方言土语划分为三大支系，即义诺、圣乍和所地；按男子服饰区分，俗称大裤脚、中裤脚与小裤脚。义诺彝区即操义诺土语，俗称大裤脚的彝族地区，包括四川美姑、雷波、马边、峨边等县和昭觉、金阳，云南巧家、永善等县的部分地区。

② "涅茨"是一个集合名词，即代表所有的鬼；"日"为咒仪的一种形式，"毕"即为毕摩诵经之意。

如下三个方面：一是没有明确的季节分界日，既没有汉族的三月一季，也没有二十四节气的概念。彝人仅凭对草木生长和日光投影、昼夜长短变化等，推算大概的季节，或根据物候现象确定农时，如姿仔瓦渣鸟叫，春天来到了；处诺树开花，彝家忙备耕；布谷不叫了，开始割荞麦；等等。二是民间普遍以一年三季而论，分别是春(包括夏季)、秋和冬。三是各地一年三季的时间各有长短，并不等分，这是由于凉山地区地势起伏较大，各地气候并不完全相同。如义诺地区（美姑）是春季四个月，秋季三个月，冬季五个月；所地地区（普格）则是春季五个月，秋季四个月，冬季三个月。

义诺彝区的岁时民俗随着人们的生产活动和社会历史的发展而不断形成和发展着，其中最为重要的发展走向与存在表征便是与彝区长期沿传的仪式生活紧密联系。季节性的仪式生活及年中行事，每年都周而复始地进行着，当地彝人对之有着深刻的体验和感受。随着一年到头的季节变化，畜牧生产的发展，农作物的种植收获及人们生活愿望的心理需要，逐渐形成了一系列的民俗惯习，仪式既是彝人关心生产、希冀人寿年丰的心意民俗的反映，同时也关系到农时、耕牧、天文、占候、卜吉凶、祈发展一系列岁时民俗现象。由于义诺彝人根据季节的转换，按时举行与季节变换相同步的原始宗教仪式活动，故而义诺彝族的传统历法可谓是典型的、历时性的仪式历。也就是说，以美姑为中心的凉山义诺地区的彝人，根据当地的气候特点把每年的季节划分为春、秋、冬三季，而每年固定的、普遍举行的季节仪式活动就有“晓补”——春季反咒、“吉觉”——秋季转咒和“伊茨纳巴”——冬季招魂的三大仪式，这是美姑彝族村村寨寨、家家户户年中行事中必须举行的三个仪式。这些仪式以一家一户为单位，皆由彝族原始宗教祭司毕摩主持，有相对固定的仪式时间与较为稳定的仪式群。以下分而简述之。

（一）春季反咒：“晓补”

每年春天的三、四月间，树木开花以后，彝寨里的每家每户都要举行反咒仪式“晓补”①。彝语“晓”是“西沃”的合音，意为由别人施咒而来的鬼魔邪怪；“补”为使动用法，意为“使返”。“晓补”即将所有因别人施用咒术、咒语而产生的各种鬼怪反咒回去。因彝人认为外人施用咒术、咒语会导致鬼怪的产生，是引起各种凶

---

① 义诺彝区的春季反咒仪式“晓补”为固定性的岁时仪式，从仪式时间的固定化而言，不同于临时性的危机仪式“晓补”，后者多在以下几种情况下针对具体的当事人临时进行：生疮、被狗咬、被刀砍、挨了枪子儿，以及梦见蜂和山羊等。参见巴莫阿依：《凉山彝族的“晓补”反咒仪式》，载《世界宗教研究》，1989（3）。

兆，甚至病痛和死亡的重要原因。仪式目的，一是入春之际将鬼怪反咒回鬼山，驱鬼禳邪，以求得吉利，保证家人一年平安；二是这个季节家家户户都在举行反咒仪式，为预防自己被咒，或是别人家所驱咒的鬼来到自己家，就必须进行反咒。仪式牺牲或羊、猪、鸡三牲并用，称“约（羊）晓补”；或猪、鸡并用称“渥（猪）晓补”；或仅用鸡亦可，称“瓦（鸡）晓补”，不论什么样的规模，都必须有鸡。仪式日期由户主选择，一般以鸡日、狗日、马日、羊日、牛日为吉；猴日、鼠日、蛇日不作。仪式地点一般在家中火塘下方。

仪式准备：先扎四个动物鬼草偶，分别是食猪鬼、食鸡鬼、食山羊鬼、食绵羊鬼；再扎两个草鬼骑于羊背上；备三把“茨柒”，用不带叶的柳枝、桃枝做成，一端削尖，草鬼架其上；再备几支“干洛”，即插鬼矛，用于刺杀鬼怪，数目必须是奇数；用白柳枝削成“曲达”木屑，用以打鬼；再用带叶柳条做成“则果”“古初”两种神枝合成草把，称“觉并古”，置于毕摩的上方，代表天神、地神、山神和毕摩祖神等众神灵的神位；主事者全家的脖颈上都要戴一线圈，男性用麻线，女性用羊毛线，以示鬼和晦气缠身。

仪式过程：（1）“蒙古茨”：放神烟，在房前将一块点燃的木炭放入草堆（不可出火光），让袅袅升空的烟子通报神灵前来助法。（2）“尔搽苏”：除秽，用一块洁净的石头放在火塘中烧红，再放入盛水的木碗中，然后由毕惹端着在火塘和房内四周转一圈，意在用腾起的热气清洁家中的污秽与晦气。（3）“莫色木”：报人丁，毕摩向神灵报主事者家中的人名。（4）“慕色毕”：请各座名山的山神，毕摩口诵《请神经》，并延请各路神灵前来护佑自己作法，以保仪式成功。（5）“卡次卡哈布”：返口舌是非，毕摩口诵咒语，将各种口舌是非鬼和他人对主人家的口头攻击驱遣回去。（6）“迪尼伟”：祛邪，将“曲石”木屑丢向门口，以示将苏非（凶兆）、鬼怪、疾病、秽气驱逐出去；（7）“欧才亥”：绕头除邪，用牺牲在主事家的头上朝反时针方向绕圈，羊或猪绕七圈，鸡绕九圈，目的是将人身上的各种疾病、祸祟绕走，转嫁于牺牲之上。（8）“尼几”：钻身，用鸡在每人肩上触碰几下，然后两人抬起猪或羊，让当事者从牺牲的下方钻过。（9）“则莫迪”：打牲，主人家先将绵羊捏死，或将猪杀死，毕惹用柳条蘸牲血淋于“觉并古”神位上，以示祭献前来助法的神灵。（10）“瓦都瓦古”：打鸡鸣鸡，毕摩用刀将鸡打死，用刀割开鸡嘴，将鸡血淋到草鬼上，以示祭鬼，然后折断鸡翅，再用嘴对准鸡的肋骨下吹气，使死去的鸡发出啼鸣，仪式过程中要让死鸡啼鸣三次。（11）“涅茨多”：毕摩将草鬼掷向门口，以示撵鬼。（12）“瓦多”：毕摩将鸡掷向门口占卜，以鸡头朝外为吉；主人用左手执柳条拍打羊或猪的身体后，将柳条丢在牺牲的背上，以示把鬼赶。（13）“伊茨纳色”：找魂，将主人家的灵魂找回来。（14）“色福西”：剖开羊或猪，将苦胆取出交与毕摩占卜，以形长、黄色、汁多为吉，再献烧肉，用在火塘中烧熟的牲肉祭献神鬼，毕摩口诵《色福西》献词。(15)“拉西”：献茶，用牺牲的肉汤祭献神鬼，毕摩口诵《拉西》献词。(16)“伊库”：唤魂，用一只黄色母鸡挥动三次，毕摩口诵《唤魂经》，将主家的魂喊回来。(17)“总砍”：断线祛邪，将主家颈上的麻线用刀割断，再缠绕到草鬼头上，以示与鬼和一切祸祟断绝关系，并转嫁到草鬼身上。最后，将草鬼、草把、神枝等收集起来，一并送到通往鬼山德布洛莫①方向的路边，挂到树杈上，仪式结束。

仪式特例：一般情形下均举行“晓补”，有三种特殊情况下则改行规模更大、时间更长的“则苏”（还债）咒仪：一是家中有人身体欠佳者；为顺便让毕摩为病者治病，要在家外加行一个祛污仪式。二是家中有特别出名的人，如毕摩、工匠、扎夸（武士）、德古和苏易（彝族传统社会的两种头人）等家庭；还须在户外加行一个遣咒仪式。因彝人认为“树大招风”，大凡有名望的人家，总会受到别人的评说，或妒忌，或亵渎，甚至是谩骂与诅咒。在彝人的宗教观念中，认为所有这些议论都对人不利，若不给予遣返就会导致困败，并会招临灾祸。所以都须经常举行这种遣返仪式。三是家中有非正常死亡者②；因彝人认为其灵魂通常已经变为鬼，且常返回家中作祟于家人，必须进行驱遣。

（二）秋季转咒：“吉觉”

每年七、八月间，春荞刚刚可以收割时举行“吉觉”仪式。“吉”意为敌人或敌咒，“觉”意为“转”“返回”，这里也是使动用法，引申为“使转”“使返回”，“吉觉”意为“转回敌咒”，在信仰观念上基本类同于春季反咒，其仪式目的在于遣返各种祸祟和他人的咒术攻击。据勒格子坡毕摩所述，这个季节举行“吉觉”，主要是因为一年的时间已过了一半，不知后半年吉不吉利，无论贫富，每户彝家都要举行这个仪式以求平安和消灾免祸。仪式规模根据牺牲而定，大者用羊，中型者用猪，小者用鸡。也可三牲并用，或猪鸡并用，但不能用了羊或猪而不加鸡，故鸡是必用牺牲，而且必须是当年出窝的才行。仪式所用的粮食也必须是当年产的新粮。仪式日期多由各户择吉日而定，但不能超过七、八两月，一般住在同一个村寨的同一个家支必须在同一天举行。

仪式准备：开始前在毕座（毕摩主持仪式时所坐的位置，一般在火塘上方）旁

---

① 德布洛莫鬼山在美姑、甘洛、越西三县交界处，在凉山彝人的观念里，此山是魑魅魍魉汇聚之地。

② 调查地点：美姑县峨曲古乡勒觉莫村三组吉日伊尼户；调查时间：1992年3月26日，牛日；主持毕摩：勒格伍略，23岁，勒格阿扎，21岁。

插“鹫毕神枝十二组”（代表毕摩的护法神，实用是十二星神）；由毕惹（习毕者，即未出师的毕摩学徒）用草扎食鸡鬼、食猪鬼、食羊鬼、食马鬼等草鬼，统称“茨柒”，即草鬼把。

仪式过程：（1）“蒙古茨”；（2）“尔搽苏”；（3）“莫色木”；（4）“慕色”；（5）“卡次卡哈布”；（以上五个仪节与“晓补”相同）（6）“迪伟洪伟”：袪孽净孽，毕摩口诵咒语“迪伟百二十，洪伟四十八”（意指咒语无数），将各种孽障驱逐清除；（7）“欧才亥”：绕头除邪，用牺牲在主事家的头上朝反时针方向绕三圈，目的是将人身上的各种疾病、祸祟绕走，转嫁于牺牲之上，然后打杀牺牲；（8）“莫弄莫闪”：报牲献牲，将牺牲的尸头朝门平放于地上，毕摩口诵《报牲经》，向鬼报送牺牲，让神鬼欣然前往笑纳享用；（9）“瓦都瓦古”；（10）“涅茨多”；（11）“瓦多”；（12）“色福西”；（13）“拉西”仪节与“晓补”相同；（14）“则克西”：防同食，即防止各种污秽之鬼来与人同食而污秽于人，口诵《则克西经》（《防同食经》）；（15）“孜斥”：断鬼腰，毕摩向一根蒿草秆念咒，然后将蒿秆折叠为几段缚于草鬼身上，以示折断鬼腰，并与鬼断绝关系；（16）“总砍”：断线袪秽，仪式开始时要在当事人脖颈上绕上线圈，男者为麻线，女者为羊毛线，代表鬼怪祸祟缠身。此时用刀割断颈线，将这些线绕于草鬼把“茨柒”上，然后喷水于当事人头上，以示当事人与各种鬼怪、祸祟、疾病断绝关系，并转嫁到鬼的身上。最后，将草鬼把“茨柒”送到村外通往德布洛莫鬼山的路边，放于树杈上，以示将各种祸祟、鬼怪、疾病驱逐回鬼域。毕摩班师，收“毕鹫十二神枝”，送各路神灵各归其位。

仪式特例：如果一个家支内部，哥兄有患麻风病、肺结核等顽疾者，或有因打架受伤者，毕摩还要抄一段《则克特伊》（《防同食经》）和《干比特伊》（《护身咒经》）下来，经口诵后给当事人放在家中起保护作用。次年举行“吉觉”仪式时，必须再拿出来让毕摩诵念，以保持其灵力继续有效和灵验。①

（三）冬季招魂：“伊茨纳巴”

每年秋末冬初的枯水季节，在农作物收获以后、十月年以前，每家每户都必须举行一年一度的大型招魂仪式“伊茨纳巴”，“伊”意为“灵魂”，“茨”意为“赎回”，故而，这个招魂仪式的手段主要是以牺牲赎回离体的灵魂。因为彝人俗信在过去的一年之中，由于出行、放牧、耕作、狩猎、送灵等户外活动较多，自己的灵魂极易离体而游荡在山野谷地之间，而被凶鬼囚禁在想象中的鬼域。故而在辞旧迎新之际，必须举行招魂仪式，以牺牲向鬼赎回灵魂，才能平安地进入新的一年。

---

① 调查地点：美姑县峨曲古乡；调查对象：勒格子坡毕摩，时年75岁。

迄今彝族民间仍普遍盛行自古沿传下来的招魂习俗，毕摩经籍中也保存着大量用于招魂仪式的经籍，充分反映了彝人古朴的灵魂学说及其万物有灵观的泛灵论思想。“灵魂”一词在川、滇、黔三省的彝文典籍中均用“十”字来表示，音译为“伊”。“十”有多种大同小异的变体字形，均代表“影子”“像”“魂”三个意义，另外祭祖诗《裴妥梅妮》中也以同一个字表示“影子”“名字”“灵魂”三个意义。从中我们可以发现彝族灵魂观念的最初发轫与影子、像及名字有着密切的关系，其中“影子”是灵魂观念中最原始的含义。送灵诗《指路经》（云南罗平本）是这样叙述灵魂的出现的：“太阳最先出，影子跟着生，日出红彤彤，魂从影子生。”《裴妥梅妮》也说：“世间有影子，灵魂也出现”，“你影跟着走，灵魂附在身”，“无影不会生，无魂不会活”，“影子不见了，灵魂进西天。”可以说彝族先民灵魂观念的产生，与对影子的认知有关，影子是灵魂产生的具体表征，灵魂依附影子而存在，并通过影子来反映，无影则无魂。影子即为灵魂的观念，在彝族人的日常生活中也形成了相关的习俗和禁忌。如凉山彝族特别忌讳别人踩踏自己的影子，认为这样会伤及身体乃至生命；云南禄劝彝族也有同样的行为禁忌，若一方踩踏另一方的影子，被踩者一定为此而报复对方；云南弥勒彝族则俗信大年初一上午在水里见不到自己影子的人，当年必死无疑。可见，彝族先民关于影子的认识，不仅使他们产生了灵魂可以脱离身体而独立活动的观念，而且由此也推论出灵魂的表现形象就是影子，如果影子被踩或是影子消失，则意味着灵魂受到伤害或是灵魂走失脱体，直接危及生命。灵魂观念导致了彝人在相信生命与灵魂不可分割的同时，也笃信灵魂可以游离于体外，即相信在人的躯体之外，存在着能离开人的身体而四处游荡的灵魂。一旦人的灵魂离体，当事人或发生疾病，或面临死亡；同时此种脱离肉体、游荡世间的灵魂，多能作祟于人，极易受鬼怪的纠缠而沦为鬼灵，或摄走他人灵魂，或危害他人。基于如此信念，招魂术及其相关的仪式活动便应运而生了。

在毕摩的招魂术中，最为注重的是招生者之魂（由于笃信人死而其灵魂不死，彝人招魂除为生者而招以外，也有为死者而招，即为去世的亡灵之魂而招，而后者又多见于“安灵”仪式和祭祖送灵仪式上）。彝人往往在家人遭遇疾病或生活发生灾变时，就要延请毕摩通过占卜寻找原因，并根据占卜结果举行相应的招魂仪式。基于此，凉山彝族毕摩有各种不同的招魂仪式，一般依据占卜，判断灵魂走失的不同原因而举行不同的招魂仪式。其一是“伊茨”（赎魂），即卜定人的灵魂被鬼弄到鬼域或野外，要用牺牲赎回，失魂者方能生存；其二是“伊拱”（引魂），多在人的灵魂因受惊吓或其他原因离体而四处游荡时，毕摩诵此经将其失魂牵引回来；其三是“尼木伊阶”（送灵招魂），多系毕摩在送灵仪式上超度祖先灵魂归祖时，惧怕生者灵魂因依恋祖先而随祖灵离去，于是在举行送灵仪式的最后环节，往往诵此经书将生者的灵魂于途中招回或喊回；其四是“伊嘿”（绕魂），多系孩童在野外坠崖、溺水或摔跤，受到惊吓后，其灵魂脱离其身而被囚禁于事发处，故此，须前往出事地点用鸡在地上绕三圈将灵魂取回。

综上所述，彝人一年之中常常举行各种招魂仪式，多为临时性的“危机仪式”；而一年一度的“伊茨纳巴”则是固定性的岁时仪式。因为，在当地彝人的观念中，一年之内自己的灵魂可能会在某一时段或因某一事由已经离体，而自己并不知道，如摔了一跤、丢了衣物、影子被人踩踏，或是参加丧葬活动或送灵仪式时，灵魂已跟随亡灵一同归赴祖界，也许尚未到达祖地，或尚未被祖界收留，可能就会在途中被囚禁在想象中的鬼域，等等。故而秋末初冬的枯水季节举行这个仪式多属补救措施，否则将会把不测之祸带到下一年，走失的灵魂因长时间不能复体就可能酿成难以挽回的祸端。

仪式准备：“伊茨纳巴”的仪式牺牲必选用一头阉过的肥壮的公绵羊用以赎魂，由童子牵住；仪式日期由各户择吉日而定；仪式地点在屋内火塘下方用招魂神枝插成赎魂仪式场，以示魂失的野外“森林”；舀一碗清水放于神枝场尾部，象征“湖泊”，将招魂草和一根白线装在一个蛋壳中使之浮于水面，插一根针在一块白布上象征“拐杖”，然后装入一个盛有蛋壳和荞粑的碗中置于神枝场首端，并将蛋壳中的线穿于针上，这样上下连接的白线即表示魂归的“路”，称为“依克”，并在线上搭三组黑、花、白的木条象征“格则”凶鬼抓走灵魂的刑具“枷锁”“镣铐”“铁丝”；再扎一草鬼像放在神枝间，以示纠缠灵魂的“格则”凶鬼在此受罚；毕摩坐在火塘上方，身前放一装有招魂草的木钵。

仪式前奏：仪式正式开始前必须先行一个小型的反咒仪式“晓补”，即招魂前必须先用一只公鸡进行“晓补”，该仪式具有反咒、解咒、防魔、祛邪、净宅之意，似为所招之魂扫除一切障碍，以便使走失的灵魂欣然地平安归来。

仪式过程：放神烟、除秽、报人丁、诵牲说牲、请神灵、祛孽净孽等过程（与上述“吉觉”相似）。结束后，进行名为“洛以色”的触水纳员仪节，即先由仪式当事人用自己的手碰触一碗水，男性用左手，女性用右手，触手于水时，毕摩口诵《触水纳员经》，表示将触水之人纳入了仪式范围。这时毕摩转到神枝旁把一碗水倒在羊身上，然后用一根蒿枝在羊的身体上从头至尾绕一下后弃之，之后再报一次人丁，口诵《湖精山灵》诀语，以示在山河湖海间寻找失魂；毕摩诵《伊茨特伊》（《赎魂经》），同时观察绵羊是否抖动以占卜灵魂归来与否（报人丁前抖动则视为不吉），一般必须抖三次方示魂归，若不抖，就继续诵经，直到绵羊抖动为止，此时如有蜘蛛爬进更为吉利，因彝人认为“蜘蛛是魂君”，出现蜘蛛则意味着魂已归来。接着进行“毕叶”，即歌颂历代毕摩先祖，向失魂报告魂归路线，一站一站往回喊。招魂经的主要内容都是极言四方、野外阴森艰险，魂不可留，历数家中、世间的安乐，唤魂归来。经中往往采取对比手法描述阴间的险恶和人间的美景。然后用一张圈羊的竹篱在院中将主人家围在里面，牵绵羊在竹篱周围顺时针方向转三圈，边转边喊："哦呵！去到天界赎回主人魂，换回主人魂！"转完后，主人家随毕摩绕竹篱周围反时针转一圈，再从绵羊颈上的草绳下钻过，遂将绵羊牵出以示换魂。再过"伊克"魂归路，边过边用刀砍开神枝间的"枷锁""镣铐""铁丝"等刑具，将"格则"鬼砍倒，每人要摸一下白线和白布。此后，毕摩边诵经边盖上招魂木钵，帮手将魂路两旁的神枝分别收集起来挂于门的两侧，将"枷锁""镣铐""铁丝"等刑具、蛋壳和"格则"草鬼一起送出，用石头压在通往德布洛莫鬼山方向的道路上。最后将荞粑取出分给主事者全家吃，象征给归魂吃。男主人将招魂木钵放到内室的神龛上，三天后揭开，仪式完毕。①

综上简述的仪式过程，义诺彝区地域化的年中行事一般以春、秋、冬三季为序，而春反咒、秋转咒、冬招魂便是一年之中的重要仪式生活，其季节性特征相当明显。值得注意的是，以上仪式均与咒鬼之巫术紧密相关。

三、仪式研究：原始信仰与季节仪式的功能衍变

诚然，根据天文历法知识来划定一年中的时序节令，将生产活动和日常生活纳入自然规律之中，是逐步形成不同的岁时民俗的一种文化传承。从民俗角度来看，以天象的变化指导农事生产和生活，是汉族农耕社会的一大特点。一般说来，中国汉族最古老的节日当是农事节日，即大多年中行事与一年分为四时八节二十四节气相关。而处于山地社会的彝族，其最古老的节日，如十月年和火把节的产生却与农事节气没有直接的关联，而与山地社会的宗教仪式——祭祖祈福与占岁祈年交相同步而发展。故而，彝区的年中行事也随着季节、时序、气候、物候的变换在民间自然形成了长期沿传的宗教仪式活动，其仪式化的岁时习俗也就附上了浓厚的原始宗教氛围。其中根据季节的转换，定期举行地域性的巫术仪式活动，便是义诺彝区年中行事的重要特征。

（一）季节仪式与鬼灵信仰

我们知道，许多民间节日最初就形成于各民族的宗教信仰、宗教行为和宗教祭祀

---

① 调查地点：美姑县政协和峨曲古乡；调查对象：曲比索莫毕摩，时年79岁；勒格子坡毕摩，时年75岁。

的一系列的仪式活动之中，并作为民间习俗传承下来。所以在探讨节日民俗起源时，有人认为它是退化了的宗教。从诸多民族的宗教性节日来看，许多节日属于祭祀性节日，与祭祀神灵与祖先有关，也是从原始宗教信仰派生出来的。但在义诺彝区，正在走向节日化的季节仪式与祭祀神灵或祖先的关系则显得十分淡薄，而与一系列巫术色彩颇为浓厚的祭鬼驱鬼仪式发生着紧密的联系，从而隐显着更为古老的原始崇拜内涵。

鬼灵崇拜在彝族民间是一种普遍的宗教现象，彝人凡遇家境不顺、收获歉丰、疾病缠身、出行不利、口舌不解、冤家械斗等情况，皆以为是神灵不佑、鬼怪为殃，届时必延请祭司毕摩举行驱鬼咒鬼仪式，或延请巫师苏尼跳神逐鬼。灵魂观念的滥觞导致了鬼灵崇拜的愈演愈烈，彝人不仅相信世界存在着山鬼、水妖、林怪、岩魔等自然界中的魑魅魍魉，也笃信因非正常死亡而变成鬼的形形色色的人鬼，如凉山彝族就认为夭折的婴儿容易变成婴儿鬼、溺水而死的人要变成水鬼、上吊而死的人要变成吊死鬼；此外还有无头鬼、九头鬼、独臂鬼；等等。毕摩文化中所反映的鬼灵信仰十分突出，据摩瑟磁火先生提供给笔者的一分资料表明，凉山彝族毕摩经籍中所记载的鬼名和鬼类多达两百余种，鬼灵的类型和形态也是纷繁多样的。可见，驱鬼送鬼也是毕摩宗教活动中的重要职司，由此产生了相应的临时性危机咒仪，与此同时，也形成了相关的季节性岁时仪式活动——春季反咒、秋季转咒、冬季招魂。

从仪式内涵的角度来考察这三大仪式中的祝咒活动，不外乎包括诅咒和祈祝两个方面的意义指归。而在具体的仪式环节中，这两方面的内容往往又是交织在一起的，难以分解开来，通常都是先祀神祭鬼，以达到最后的降神驱鬼之目的。如前所述，春季反咒的对象是四个动物鬼草偶，分别是食猪鬼、食鸡鬼、食山羊鬼、食绵羊鬼；秋季转咒的对象也基本上类同于春季反咒：食鸡鬼、食猪鬼、食羊鬼、食马鬼等草鬼；这里，鬼的偶像通常以鸡、猪、羊、牛、马等动物来模塑，这与彝人历史上重畜牧、轻农耕的传统观念有关。而冬季招魂虽为招生者之魂，但仪式前奏必先咒鬼，仪式环节也主要导向于咒“格则”凶鬼，赎回人魂。可以说前两个仪式主要针对的是“物”，即与人的生存有直接关联的物质生产资料，事关六畜兴旺；而后者则主要针对的是“人”，即生存着的人之生命本体。故而，三大季节仪式都共同指归于驱鬼。而“鬼”在此已经不是临时性危机仪式上所驱咒的具体的鬼，而是泛指一切祸祟、灾难、疾疫等非吉而凶的代指概念或仪式象征。

究其信仰之实质，我们可以见出：在远古时期，彝族先民的生存焦虑在于人自身的生存和繁衍。而大自然无常反复，生活颠顿风险，人们皆以为“鬼劳我以形”，“鬼厄我以遇”，人生坎坷，世路崎岖，皆由不可捉摸的魑魅魍魉所为。在人的主观能力与客观世界自然力以及社会生产力的比差相当悬殊的情况下，彝人通过巫术祝咒等有形活动，激发并增强对自身能力的认识与信心，且笃信通过自己的巫术手段可以达到征服自然的目的。这种对巫术、对咒语的信力，反映着彝人早期的原始心态和对客观世界的控制意识。究其宗教之性质，义诺彝区三大季节仪式无疑是原始宗教中白色巫术的传承之继续。巫术仪式与祭祀仪式是原始宗教的两大实践手段，人们通过这两大手段，以幻想控制或祈求超自然力来满足自身无力实现的愿望。两种手段的主要区别是：祭祀仪式以祈求超自然力恩赐为主；巫术仪式以强制与控驭超自然力为主。如上所述，春季反咒、秋季转咒、冬季招魂均以祭神祭鬼为手段，以咒鬼驱鬼为目的，属于白色巫术范畴，是凉山彝族原始宗教活动的重要表现方式。具体而言，草鬼偶像是模仿鬼怪之状扎缚而成，在仪式行为中的驱鬼则以遣送草鬼为象征；折断草秆则象征着斩断鬼腰；插鬼矛则是与鬼魅进行斗争的有效武器……这些手段不啻是弗雷泽（James C. Frazer）所谓的模仿巫术（imitative magic），即无生命的事物也可以像动植物一样对靠近它们的事物散播祸福，同样感染巫术（contagious magic），也同样通行于仪式活动之中，如仪式牺牲有代罪之意，与犹太人的“替罪羊”（scapegoat）的观念相同，而更为典型的方式莫过于“晓补”仪式中的“反咒链”：彝人称之为“九节链”——古普纳纳，即取鸡毛、鸭毛、猫毛、门槛木、竹烟杆、中柱、草鞋、扫把、木屑九种东西各些许（现已简化），一并系于麻绳（男性用）或羊毛绳（女性用）上做成“项链”，挂于仪式参与者的脖颈上，最后以刀割断再缠于鬼板或鬼草把“茨柒”上，以示将全家的病灾、祸端都转嫁于鬼。以上物品皆为日常生活经常接触到的，因而被认为具有普遍的巫术效能，此乃属感染巫术之例。

（二）季节转化与心理补偿

病疫、灾祸和死亡是人类面临的最大疾苦，在彝族人的观念里，人们遭遇此等不幸，皆系鬼怪所为，都是因鬼魂缠绕、凶兆降临等原因所致，即“百病百灾源于鬼祟”。为了五谷丰登、人畜安康，人们就要延请毕摩诵经作法以解各种天灾人祸，故在毕摩的宗教活动中便产生了分门别类的咒鬼仪式和招魂仪式。以上笔者所述的三大巫术仪式，总是与一定的季节转换相关联。也就是说，举凡一年之中每到一个新的季节来临，义诺地区的彝人必举行一个以户为单位的固定仪式。这些仪式由于举行时间的相对固定而有严格的季节规定性，俨然已经成为岁时仪式，而非临时性的危机仪式。

著名民族学家林耀华教授在20世纪40年代深入义诺彝区的腹心地带美姑县三河乡进行田野调查时，也曾注意到了当地彝人一年之中的这三大季节仪式：“夷人疾病及一切不幸遭遇，皆以鬼怪作祟，所以每年阴历三月、七月和十月至少送鬼三次，目的都是去除鬼怪，使家宅平安。"① 可见，这三大仪式皆与季节转换同步已有久远的历史，故而季节与仪式的内在关联便成为索解义诺彝区年中行事的一个关键所在。笔者认为，在分析这三大仪式时必须思考季节及季节的转换意义，因为义诺彝区的人们都以季节仪式来标志一年的时间变化与生活的周而复始，并在季节发生转换时沉溺于仪式，笃信通过仪式活动的举行可以预防生产生活乃至生命将会面临的某种危机，或通过仪式可以使某种业已降临或即将降临的灾难出现逆转。故而季节转换与仪式象征之间存在着一种潜在的因果链。

据笔者访问的著名毕摩曲比索莫老人讲，按古时的传统，也应将一年分为四季，即"木尼"（春）、"木社"（夏）、"木初"（秋）、"木促"（冬），并且每至季节转换时分别举行一个宗教仪式，在毕摩的宗教仪轨中称之为"尼都尼则苏，社都社吉觉，初都初伊茨，促都促果尔。"② 意即：春夏之际反咒，夏秋之际转咒，秋冬之际招魂，冬春之际除孽债。他认为现在大多数彝人并不对时间或季节进行精确计算，民间大都以一年三季而论，而冬去春临（相当于一、二月份）之际的"果尔"——除孽债仪式则一般很少举行；春季"则苏"（还债仪式）则大都改行"晓补"反咒，特殊情况下才进行"则苏"。所以根据季节转换的意义而言，义诺民间古代举行的地域性季节仪式应是春夏之际反咒、夏秋之际转咒、秋冬之际招魂、冬春之际除孽债当更为准确。只是随着时间的流逝，当地彝人生活在自已年复一年、习以为常的劳作节律之中，并不关心具体的时间概念，季节确分与仪式规范也随之发生一定程度的演变，沿传至今的季节仪式活动中大都省略了冬春之交的禳解类仪式"果尔"，从而也可能就省略了一个季节。

春（夏）季反咒在当地彝族民间有一句十分生动的口头语："解春愁"。推其缘由，大凡彝人认为一年之中的春天是万物萌生、草木生长的季节，由此，也认为一切魑魅魍魉也从冬眠之中复苏过来，并在春意融融的时节开始活动，进而危逼人的生产生活。"尼都尼则苏（晓补）"，即春季当反咒，这句话实质上便有其内在的象征意义，"尼"字在古彝语中原意为"青红"，引申意为春季，表示春季草木葱绿、开花泛红之意。故而举行反咒仪式的目的在于预防一年之中的不测。勒格毕摩向笔者解释这一仪式时，反复强调的便是要在一年之春占卜年中吉凶，以防止一切祸祟，仪式名称中的动名词"补"（反），即体现出仪式的预防性指归。

秋季转咒在当地民间被认为是"去秋惑"，即转移一切已然或将然的祸端。

---

① 林耀华：《凉山夷家》，97～98页，上海，商务印书馆，1947。

② "果尔"属禳解祓秽类仪式，"果"意为孽债，一般指因见禽兽和家畜的腐尸而致病的孽债；"尔"意为"脱掉"或"卸除"，故译为"除孽债"。

"觉"（转）的含义十分准确地道出了这一仪式的心理功能。大凡举行转咒仪式时，当地彝人的主要农作物春荞已近成熟收割。"社都社吉觉"，即"秋临当转咒"，"社"音与"斯"谐音，"斯"原意为"黄"或"金黄"，也是从农作物成熟之色泽来表示季节的变化，仪式牺牲与仪式祭食也必须用当年出产的六畜和粮食。转咒仪式举行之后，大多数农家才开始点播下一季的秋荞。勒格毕摩对这一仪式的阐释也主要针对此时已是一年之中间过渡时期，即一年已经度过了一半的时间，转咒意义便是将上半年已经发生及下半年将会发生的祸端转移开，以期消解上半年的灾难，求得后半年的平安。

至于入冬便咒鬼赎魂，则属于一种补救性的措施，彝人认为此时举行招魂仪式的目的是辞旧迎新，主要针对已经过去的一年之中业已发生的灵魂走失与"格则"凶鬼囚住灵魂及其将要带来的灾难而举行消灾仪式，并为即将进入新的一年而扫除心理上的障碍。另据毕摩解释，"初都初伊茨"还有一层深意，即秋去冬临，河水干涸，草木凋零，山地一片凄清苍凉，大凡彝人也由此产生联想，认为人的身体也在走向衰弱，并将其导因归结为灵魂走失后被鬼怪囚禁在鬼域所致，只有举行咒鬼赎魂的仪式才能使灵魂复体，从而渡过危难，顺利地进入新的一年。故而"赎魂"之"赎"便有了关键性的指归意义，而仪式前则必须先行"晓补"反咒，为灵魂回归铺平道路。我们可以用下列图式表明这三大仪式的时间轴线与仪式的精神补偿功能：

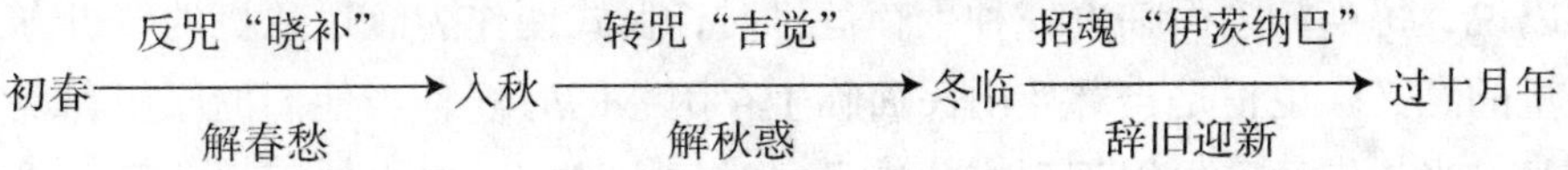

从总体上看，这三大仪式虽各有具体的、不同的意义和功能，但实质上三者之间互为关联，相辅相成，不可或缺。同样都作为一种巫术仪式，或预防灾难，或转移灾难，或补救灾难，其功能皆与季节的转换与延续相关，且各个仪式大凡都同样以祝咒活动为主体，一般都导向于驱鬼禳灾、祛病逐疫、袚污除秽等仪式目的，其思想指归都在于驱鬼祈福，其实践方式往往就是通过毕摩之口诵念有着"神语"魔力的祝咒经，加之具体的与神鬼可以产生"互渗"的仪式行为，便可在季节转换之关口，转危为安，化险为夷，或防患于未然，从而求得心理的或精神的平衡与自慰。笔者在美姑调查"吉觉"仪式时，河古洛乡洛觉村女德古（头人）曲比玛玛的儿子金曲勒石正好从东北沈阳打来电话，询问家里是不是已经举行了转咒仪式？老人问儿子怎么知道的，已经在外工作多年的儿子说："我自己有感觉，这几天情绪也特别好，身心都感到格外轻松。"此乃精神补偿与心理慰藉之一例。

正如埃德蒙·R. 利奇在其《关于时间的象征表示》一文中所指出的那样："时

间的其他一切方面，如绵延和历史连续性，都只不过是从以下两种基本的经验中延伸出来的衍生物。这两种经验即是：一、某些自然现象自身重复；二、生命变化不可逆转。”① 可以说，大凡彝人从自然——季节的变化推知世事与人生的变化，每当季节开始呈现不可逆转的物候现象时，彝人便认为自己的生活也面临着一个变化的关口，由此产生心理上或精神上的危机。其最为突出的表征便是：彝人认为每到该举行以上仪式时，每家每户都必须严格地按照毕摩所占卜的吉日进行，因为倘若自己家不举行相应的仪式活动，别人家所驱咒的“鬼”就会进入自己家的门户，从而带来灾难。故而每逢这三大仪式普遍举行的周期内，黄昏以后家家都关门闭户，以防别人家所驱咒的鬼怪错入自己家中而招致祸端。这也是各家各户均必举行相应仪式的原初心理动机和集体心理互感。

义诺彝区的三大季节仪式之长久传承，到此便可做一简要的诠释。美国的社会学家森纳指出：“原始人类在为满足需要开展活动的同时，也发展了思维。因为他们感受自然界的压迫与心理的痛苦，经过长期磨炼，形成选择的能力，这种能力乃属于团体而非个人的，因而大众都能利用他人的经验，达到一种共同的目的，由共同的目的逐渐变成民俗与同一模型的生活方式。”从中我们或许可以这样理解，原始先民的生产活动主要感受的是自然界的压迫，而生活活动主要感受的则是心理上的痛苦。为了免除或减少这种压迫和痛苦，人类无论在生产方式上还是在生活方式上都进行着选择。以上巫术仪式及仪式活动作为民俗现象之一，正是彝族先民选择的结果。

可以说，每当彝人面临着一种生存危机时，仪式便作为渡过危机的转折方式有了举足轻重的意义。也正是当彝族山民面临生存困惑的时候，当他们的愿望和现实不一致的时候，当他们的需求得不到充分满足的时候，他们就会自然而然地寻求仪式的帮助，让仪式带着他们渡难关向吉顺，让仪式带着他们实现梦想，并笃信通过仪式可以与主宰命运的神鬼进行沟通，从而达到人—神—鬼之间的和睦相安，可以求得与大自然的和谐与统一，如此便能一次次地渡过生存的危机。仪式活动实际上是人类文化的历史产物，是意识形态的外化。因此任何民俗行为都是人的主体精神和客体社会或自然相互作用的反映与表现。可以说，山地彝族的季节仪式最完整、最丰富地保留着人类群体文化演进的历史轨迹，其主题一向是对人类生命繁衍的讴歌，对族群生活理想的希冀，故而成为研究彝族文化史和思想史的珍贵材料。

（三）从娱鬼到娱人：巫术仪式的节日化演变

在凉山彝族众多的仪式民俗中，季节性仪式已体现出节日化的发展走向，这是引

---

① 史宗主编：《20世纪西方宗教人类学文选》（下），489页，上海，上海三联书店，1995。

起笔者关注的原因之一。年中行事与岁时节日的形成原因是多方面的，有时还是极其复杂的。在大凉山义诺彝区的田野考察中我们发现，年中行事中，地域化的集体民俗传承基本上处于季节性的仪式活动之中，而且总是与山地的宗教生活与民间信仰发生着密切的关联。从某种意义上说，以上三大季节仪式也体现了义诺彝区宗教仪式向节日民俗过渡的历史发展之走向。

我们知道，单一的家庭和个人生活习惯是无法被称为民俗的。所谓民俗，必须是具有地域性和普遍性、符合民众的心理愿望和生存条件、带有久远的传承性和多元化的一种文化形态。义诺彝区的三大季节仪式作为年中行事，更为典型地体现着这一定义。我们可以想见，若没有仪式活动的维系，原生意义上的部落群体——家支就不会产生，大的社会集团——义诺支系的形成绝不可能成为现实。与此同时，山地社会的出现和发展，又成为仪式传承和发展的依附条件。凉山彝族林林总总的仪式活动直接表现了彝人自古相沿的各种原始崇拜心理和民俗文化内涵。义诺彝区的三大季节仪式便直接导源于彝人的原始信仰——泛灵观制导下的鬼灵崇拜和灵魂离体观念，并在仪式活动中体现得较为突出，且保存得比较完整。但是，由于长期的历史发展和演变，使得这三大季节仪式呈现出的民俗文化内涵已经不再是过去那种单一形态，而是复合形态。

仅就春季反咒与秋季转咒而言，因为“夷人相信鬼魔作祟，由于冤家诅咒陷害所致，解除之法即送鬼反咒，其为害则及冤家仇人”①。这两种咒仪的最初发端与过去凉山彝族奴隶制社会的“措日毕”——咒人巫术有直接关联，是随着彝族社会的分化和发展，随着奴隶制战争和征伐叠起叠覆的现实需要而出现的，是原始咒术的支配对象从超自然物转向社会的产物。“措日毕”是过去凉山彝族社会规模最大的咒人巫仪。“措”意为“人”，“日”意为“咒”，“毕”意为毕摩诵经作法。据笔者访问过的甘洛大毕摩吉克萨达所言，“措日毕”仪式通常由家支共同举行，属攻击敌对势力的大型宗教活动，历史上还有一种相似的咒人仪式，名为“博俄日吉觉”。大型咒人仪式通常是在欲报杀父之仇或夺妻拐女之恨而又实力不足、交涉无效时举行，所以诅咒对象十分明确，在“血族复仇”的原始观念制导下，也会得到家支的通力支持和协助，往往成为冤家械斗或家支战争的前奏与导火索，从而它又是公开性的。对方可能前来实战还击，因此本家支施咒后也要严阵以待，准备刀兵相迎。过去在“打冤家”之前也往往主动举行咒人仪式以求战胜对方，故而这种巫术仪式多发生在从前冤家械斗频繁发生的历史年代。现在我们从春季反咒与秋季转咒仪式的名称上（“晓补”——反敌之咒，“吉觉”——转敌之咒）仍可见出这种交相类同的咒鬼仪式

---

① 林耀华：《凉山夷家》，97～98页，上海，商务印书馆，1947。

与咒人巫术有关。而解放后由于冤家械斗之事很少发生，大型的、公开的咒人巫术仪式已不多见。在凉山的圣乍和所地地区，地域性的“吉觉”仪式也较少见到；而反咒仪式也仅在偏僻地区尚未绝迹，且多属临时性的危机仪式，与义诺彝区大不相同。

现行的季节性咒仪，从驱咒对象而言，已经演变为咒鬼而非直接咒人，从仪式过程来看，施咒者不一定只是与自己家有深仇大恨的人家，更多的是自己的家门、亲戚、邻里，甚至是同一家庭中的夫妻、父子等。正如反咒仪式上毕摩所诵的《卡次卡哈布经》，其大意是：

> 从前祖父作恶，而今子孙遭咒，今日反咒走；从前祖先为争银锭与人结仇，为争田地与人结怨，而今子孙遭咒，今日反咒走；从前祖先不贤，拐人妻夺人女，而今子孙遭咒，今日反咒走；从前清晨捉咒牲，正午放神烟，下午打牲咒，半夜送咒牲，今日反咒走。父咒儿子死，妻咒丈夫亡，今日反咒走；丈夫与妻子，不仇也相仇，为荞粑未熟而相仇，酸汤不热而相仇；邻里两户间，不仇也相仇，你家母猪吃了我家的庄稼，我家母鸡啄了你家的菜园而相仇：相仇就相仇，今日反咒走。而十四家黑彝的咒语，无数白彝的咒术，今日反咒走……

此经最后诵道“反咒咒至敌家去”，然而仪式上所咒对象已不是确定化的敌对家支或仇人冤家，只是泛指人际关系不和而导致他人行咒所带来的鬼怪与祸祟；同时，咒鬼送鬼也成为一种象征性的仪式行为——将草鬼或鬼板送往通向德布洛莫鬼山的道路上，实则其功能取向于化解矛盾、去除不吉、求得平安。也就是说，经过极其漫长的历史发展过程，咒仪不断被人们赋予不同时期的文化内容，使其内涵呈现为多重性与多旨义并存的复杂状态，其原初的诅咒敌方涵义日渐被历史所淹没，或是演变得十分模糊了。

原始宗教仪式是主要趋向于为着满足人们的物质生活和精神需求而人为地、历史地创造出来的一种生活方式、一种信仰民俗。而现行仪式的目的则主要是为了调节生活，使精神得到慰藉和补偿。在凉山彝族地区，一年之内除连续不断的各种临时性的宗教仪式外，每隔一段时期便有一个全地域性的重大仪式，这便是一年一度的三大季节仪式。在这三大仪式活动中，义诺彝区经纬交织的时空布局把各个村寨的人们的生产生活活动有机地、和谐地组织在一起，使人群之间产生有效的社会互动，客观上形成了一定范围内的社群聚集，从而使仪式向民间节日化方向发展。这是义诺彝区三大季节仪式的一个突出的民俗现象。其节日化表征主要体现在以下三个方面。

其一，人情交往。过去凉山彝族地区十分闭塞，居住分散，文化生活贫乏，除了每年有数的一两次大型节日外，① 季节性的巫术仪式就成为了彝人聚会活动的适宜场合。不论是“尼都尼则苏（晓补）”的春季反咒、“社都社吉觉”的秋季转咒，还是“初都初伊茨”的冬季驱鬼招魂，按仪式惯例，家庭成员都必须参加。届时，每家每户一家老小相聚在一起，共享家人团圆的天伦之乐。每届仪式举行之际，远在他乡的彝人都会不辞辛劳，想方设法赶回家来，即使万不得已不能回家，家人也要以未归者穿过的衣服代替其本人参加仪式。仪式举行之日，邻里与亲友也会自动聚集到主人家帮忙，并随意参加仪式聚餐。故而仪式便成为人们互相表达良好祝愿、联络感情、化解矛盾、增进友谊、加强团结的纽带和桥梁。同时也由于平时劳作辛苦，时间紧张，人们之间缺少来往，加之彝人平日禁忌杀牲食肉，② 因此也利用仪式加以各方面的补偿。所以仪式之日的互助、聚餐、坐夜听经、宴请亲邻等都是人情交往、礼尚往来的重要内容。

其二，身心愉悦。在季节仪式中，惊心动魄的驱鬼仪式有如引人入胜的一场戏剧表演。表演者不仅是毕摩本人，还有仪式参与者。毕摩所诵咒经是通贯全篇的五言诗句，尤其是以连续迭出的诗段直贯而下，声色俱出，优美动人，往往一唱几叹，往复回环，增强了艺术感染效果。加之在庄重肃穆的仪式上进行唱经传演，并辅之以绘画、祭品、法具等各种文化象征符号，形成了一个整体的“戏剧”审美结构：毕摩宏沉悲壮的吟咏声，时缓时疾的咒语口诀，清越悠远的法铃声，凄厉高亢的鸡鸣声（恰似杂技表演）；众人在打鬼送鬼时那神秘诡谲的转头，持“叉”执“矛”的砍鬼和欢欣鼓舞的齐吼助威，构成了程序化的动态传演形式；绘有各种形象的鬼板与各种面目、各种神态的草像，以及袅袅上升的青烟，则构成了幕景化的静态传演背景；这样使毕摩的吟诵与仪式参与者的接受互为交织，浑然一体，全场沸腾，将激烈的“剧本”（长篇咒经）“上演”成一出虚实相生、动静谐和的人间戏剧，确有一番“演剧”的艺术情调，从而强化了仪式的娱乐氛围。仪式从祭神祭鬼到人神共食，从娱神、娱鬼到娱人，成为人们娱乐生活的一大补充，起到了一定的调剂精神生活的积极作用。

其三，情感宣泄。彝人在仪式上自然地宣泄自己内心的情感，而且表现得十分强烈。毕摩诵经即以独到的抒情形式，用时歌时咏的形式把仪式参与者心中对鬼的怨恨、愤懑，对人生的悲凉、痛苦，对生活的愁思、哀怨，对家人的眷恋，对乡土的热爱等情绪化为诗的语言，如泣如诉，细腻感人，将彝人试图控驭生活、掌握命运的内心世界展示得淋漓尽致。如在“晓补”的送鬼这一仪节开始时，由“曲木洛伍”（帮

---

① 义诺彝区的大型民间节日主要是十月年和剪羊毛节（每年九月）。

② 凉山彝族的饮食习惯中无故不得杀牲，通常只在以礼待客与宗教仪式活动中方可杀牲。

忙者）一人拿“叉”、一人持“矛”（即押解送鬼之意），三人各拿一草鬼居中，一人拿鬼板在前，列队而行，先转火塘一周，再到主人家头上转七圈，然后送出门外。此间毕摩打牲咒鬼、驱鬼，众人随着毕摩的诅咒，齐声吼叫以示助阵，全场顿时沸腾起来，仿佛鬼真的在眼前。当送鬼者出门时，毕摩和助手把水喷洒在每个人身上，众人高呼“喔呵，喔呵！”以示用吼叫声赶走鬼怪。人们即是通过吼叫来达到宣泄与认同，随之补偿进来的便是心理的平衡与愿望的满足。

总之，义诺彝区的三大季节仪式已明显地呈现出向民间节日方向发展的趋势，当地彝族民间也日渐将这三大仪式活动视为“过节”，并加以高度重视。美姑彝人有云：“所地过火节，义诺过吉觉”，即义诺彝区的“吉觉”仪式有如所地地区的火把节，而其中又以冬季招魂的节日化趋向最为突出——辞旧迎新。其实，节日的产生与巫术仪式活动历来就有直接关联，例如汉族的五月端午，原为巫节，诸多记载都说明这一节日重在去病除邪。如《荆楚记》所云：“荆楚人，以五月五日并蹋百草，采艾以为人，悬门户上，以禳毒气。”实为一种巫术作法。九月九重阳节之一俗尚折茱萸以插头，言辞除恶气以御初寒。已故的民俗学家张紫晨教授认为：“重九之节，有两点最为重要，一是登高，一是饮菊酒，其开始可能出于辟除恶气，御秋之初寒。”①而现今延传在凉山义诺彝区的三大季节仪式可谓正处于演变中的中间形态的巫节典型。

四、结语：季节仪式的研究价值

通过以上考察，笔者认为可以初步从以下两方面来探讨义诺彝区季节仪式的研究价值：

其一，季节仪式是年中行事的主要表现方式。可以说，义诺彝人延用原始宗教仪式来界定季节，用仪式作为每个季节的开端，用仪式牺牲来作为每一季节生存关口的过关措施，而驱鬼赎魂则作为结束旧的一年而进入新的一年的必要举措——辞旧迎新。在传统的重大节日中，彝人同样也用类似的原始宗教之仪式行为来标志类似的划分，比如火把节与十月年。必须强调的是，以上巫术仪式有各种功能，其中一个很重要的功能就是安排时间——季节。同一类型的巫术仪式前后之间的间隔是一段“时期”，即当地的一年三段划分：春季、秋季和冬季。如果没有仪式作为标志，这类“时期”就不会存在，社会生活、劳作生息就会毫无秩序而出现混乱。这也是冬春之

① 张紫晨：《中国民俗与民俗学》，164页，杭州，浙江人民出版社，1985。

交的“果尔”仪式被后人忽略后，古代的四季划分在现今民间遂即演变为三季的原因所在（诚然这也不排除古今气候发生了变化）。由于没有明确的季节分界日，普通山民也没有清晰的季节概念和准确的计时习惯，彝人便是通过创造仪式生活的间隔来界定季节，在仪式举行之前是没有时间可以准确地予以测量的。这便是义诺彝区的年中行事与季节仪式的必然关联，也是地域性的年中行事通过季节仪式而表现为集体民俗传承的行为模式之典型。

其二，原始宗教仪式向民间节日的历史演变。综上所述，我们可以从义诺彝区的三大季节仪式的节日化趋势来反观彝族全民性的、族群性的重大节庆——十月年和火把节的来源与发展。十月年是彝族祭祖的年节，这在学界已取得基本的共识，不复赘言。而关于火把节的起源，有三种看法值得注意：一是认为火把节习俗起源于彝族先民对火的原始崇拜；① 二是认为火把节实为彝族十月太阳历的小年节，② 而十月年则是大年节；三是认为火把节与彝族星月历有关，是通过所观测到的星相的变化而定的过年日。③ 实际上，后两种看法不过是针对不同地区的不同情况而言的，其实质都是相同的，即都认为火把节的起源与彝族的历法纪年有密切关联。这三种看法其实有着共同的联结点，虽然一是强调其火崇拜的因素，一是强调其与年节的关系，但都不约而同地切中了火把节是通过火崇拜的仪式来祭岁、除秽、祈年的。原始宗教仪式最终向节日化发展的形成过程，火把节无疑是最典型、也最富特色的演示范型，颇能说明彝族重大节庆的发生和演变的过程。而义诺彝区的三大季节性仪式可谓正在发生演变的过程之中，故而为我们提供了原始宗教仪式在现今社会正向民间节日发展的中间形态之活态样板。

---

① 参见秋浦：《火与火把节》，载《思想战线》，1985（5）。

② 参见杨和森：《楚雄彝族概况》，载《彝族文化》，1990。

③ 参见李世忠、孟之仁：《彝族星回节源流考》，载《云南民俗集刊》第2集。

凉山彝族传统文化和宗教信仰对生物多样性的保护*

——以《勒俄特依》和古则鲁则仪式等为例①

马尔子

彝族是中国西南地区人口最多的少数民族之一，主要居住在云南、四川、贵州三省和广西境内。凉山彝族通常指操彝语北部方言的彝族人，主要分布在川滇结合部，除四川境内的彝族外，还包括云南省丽江地区、迪庆藏族自治州及昭通永善县、楚雄彝族自治州元谋县境内居住的一部分人。人口约有300万。直到1956年民主改革时，这一区域内居住的彝族还相对封闭，与外界的联系少，保持着有别于其他彝族地区的社会形态，学术界称为奴隶社会形态。这个方言的彝人，多数人只会用单一的彝语。民主改革前他们通过自己的习惯法和传统的父系血缘等级制度对内部社会秩序进行有效的控制，通过训世诗《玛牧特依》和史诗《勒俄特依》来规范人们的思想行为。大家都信奉毕摩的宗教活动，毕摩涉足的宗教活动内容很多，包括作斋、送魂、招魂、赎魂、占卜、诅咒、反咒、驱鬼、除秽、禳解、祭祀、合婚、神判等类。民主改革以前，凉山彝族的婚丧嫁娶或遇到祸凶、疾病等都要请毕摩做隆重的宗教仪式，即使是通常情况下，每户每年都要请毕摩做3~4次“晓补”xuobu仪式，“晓补”xuobu指反咒、解咒、断口嘴等仪式。所举行的宗教仪式活动必然成为一种法力影响到民众生活的各个层面，使人们在自觉与不自觉中产生什么事该做、什么事不该做的心理定式。也就是说，对人们的思想及行为产生较强的约束力。这种约束力是具有神性

* 本文原载《凉山民族研究》，2003年刊，1页。

① 本文是在《凉山彝族文献〈勒俄特依〉所反映的生物多样性及环保理念》的基础上修改而成，原文已收录《多样性景观：东南亚大陆山地的传统知识、可持续生计和资料管理》（英文版）文集中。

的，它超越了世俗化的家庭和社会行为教育。直到今天，凉山彝族中的大多数人仍然信奉自己的宗教信仰。仅以美姑县为例："约有87个姓氏作毕摩，占全县459个姓氏的19%左右，约有6850人作毕摩，约占全县男性人数85438人的8%，占全县16万总人口的4%左右"①。据美姑县语言文字工作委员会调查，全县毕摩及民间收藏的经卷达10万卷以上。② 有关彝族传统文化和宗教信仰对彝族生活的影响是很大的、很多的，不可能用尺幅片纸来把它描述清楚。因此以下姑且谈谈彝族的《勒俄特依》和宗教信仰对生物多样性的保护作用。

一、《勒俄特依》③ 所反映的生物多样性及环保理念

《勒俄特依》是一部在凉山彝族社会中广为流传的彝文经典史诗，它对凉山彝族社会生活等诸方面都有深远的影响。这里笔者仅以史诗所描述的雪族十二子为例，从人与十一种动植物本源亲近入手，说明人与动植物同源共生观对今昔彝族社区生活环境保持相对平衡所起的作用。

（一）雪族十二子

凉山彝族创世史诗《勒俄特依》中写到，世间万物起源于三场雪，天上下了三场雪后，慢慢地融化产生了雪族十二子，从此人与动植物之间相连相系，构成了一个相互依赖的实体。原文概译如下：

远古的时候，天上降了三场雪，雪盖地面上，化了九昼夜，欲化成人类，除掉脏物作祭后，结冰成骨头，积雪为肌肉，吹风作为气（呼吸），下雨成血液，星星成眼睛。雪生十二子，有血为六种，无血有六种。无血的六种是：一为黑头草类，二为柏杨树类，三为杉林类，四为比兹（一种植物）类，五为蓑草类，六为勒伙（一种长在山崖下的植物）。

有血的六种为：一为蛙类，二为蛇类，三为鹰类，四为熊类，五为猴类，六为人类。

---

① 参见美姑彝族毕摩文化研究中心办公室：《美姑彝族毕摩调查研究》（内刊），21页，攀西地质印刷厂，1996。

② 数据来源于《美姑县毕摩文化调查研究艺术专辑》，284页，西昌华昌马氏印务，2002。

③ 文中涉及《勒俄特依》所有译文均出自巴夫木木收集整理出版的彝文本，由四川民族出版社于1981年7月出版。

（二）雪族十二子的象征意义

或许说以上这些描述是毫无科学依据的，是祖先们虚拟出来的东西。不过上述这些动植物确与彝族居住的生活环境有着密切的联系。从有血的五种（除人外）到无血的六种给人们展现的是一幅立体的山地生物多样性图景。每一种植物和动物都象征着适应它们生长繁衍的地理区位。通过这些“科”“属”“种”来囊括彝族人生活的空间和环境。凉山彝族地区地形地貌很复杂，海拔悬殊，土壤和植被垂直分布明显。一般形成亚热带、暖温带、温带、寒温带等不同特点的森林、灌丛和草甸。所谓“一山四季”递变的气候影响，使森林和草场形成带状分布。用黑头草和柏杨树代替低海拔植物，用杉林和比兹代替高海拔植物，蓑草等代替中山温带植物是比较恰当的，这些物种实际上是地理区位的象征物。

有血的五种则描述得更具体。彝族人对动物的分类一般分为三种，即：①bbi ndi有蹄类，如牛、羊、獐、麂、鹿等。②vondi有爪瓣类，如狗、熊、虎、豹等。③ddur ndi有翅类。《勒俄特依》中所说的五种动物是具有代表性的。除有翅类动物外，有两栖动物，还有爬行动物和哺乳动物。这五种动物在《勒俄特依》中又把它细化。如鹰科又把它分出若干属、种。其分法与生物学上的分类有所区别，生物学上的鹰科指鹰属的各种鸟类，而《勒俄特依》中的鹰科则包括了孔雀、雁等有翅类。每种动物生活的地方诗中都做了具体的描述。选择这样的典型动植物纳入与人同时受造，其象征意义远远大于实际意义，它的宝贵之处在于把熟悉的动植物视为与人类本源亲近，从而为环保和保护生物多样性的理念铺路。我们顺着《勒俄特依》的章节慢慢梳理下去，这种用意就更为明显。

《勒俄特依》中常常安排了这样的故事，每当人世间发生较大的自然危机时，人们的庆典与惩戒往往都与保护动物与否息息相关。《勒俄特依》洪水泛滥章写道，远古先民笃慕之子三兄弟，在对待天界下凡而来的野猪“里底博史”拱翻他们的耕地一事上，发生了意见分歧：老大、老二态度强硬，建议立即打杀野猪。老三吾吾心地善良，提出问明缘由再做计议。天神阿格叶苦知道不久会发生洪水泛滥，于是建议老大、老二住在金属柜里，收集金银财宝放在里面。老三住在木柜里，收集食物和畜禽。结果待洪水泛滥时，恶有恶报，善有善报，老大、老二沉入水底被淹死。唯独老三在波涛中漂浮了二十一天后，靠在兹合尔里山上，并救下了各种小动物。后来通过这些小动物的帮助又与天界的人联上了姻，使人类又得以繁衍生息。这则故事似乎告诉人们，人是自然界中的一员，考虑自身的利益时，不要把所有的注意力都集中在自己的身上，不要忽略与人共生的自然，只有对自然界的基本平衡给予应有的关怀，人类才会在和谐中找到自己满意的生计出路。

（三）雪族信仰与禁忌对生态平衡起到的保护作用

雪族同源共生观给人与大自然一种和谐共存的信仰理念。既然与人同源，那么必然有与人共生的价值。凉山彝族信奉“万物有灵”论，认为山川河流、人和动物都有自己的灵魂。特别认为有血的动物都有灵魂附体，甚至人死后还可能转世投生为鹰、雁、熊、虎等。作为雪族的核心“人”，应顺应自然，善待自然，不能过度贪婪，破坏生态，否则这些被征服的动物的魂灵便会化作鬼怪作祟于人类，使人类生出病痛、遇上灾祸。可以说雪族十二子中有血的六种构成了凉山彝族信仰的基础，由此又产生了许多禁忌，制约着人们的思想和行为。蛙、蛇、鹰、熊、猴凉山彝人基本上是禁捕禁食的。食了这些彝人认为受了秽，不仅活着的时候被人嘲笑，即使死了不经过严格的解秽宗教仪式，其灵魂是不能升天的，不能与祖灵们共事来世幸福。从鹰科又延伸出不能捕食的鸟有鹰、鹞、雁、猫头鹰、乌鸦、喜鹊、麻雀等。后三种鸟虽与鹰无关，但它们与人类朝夕相处，从情感上似乎与人熟悉得难分难舍。因此凉山彝族用一种巧妙的谎言保护着它们——吃了这三种鸟肉，人会有狐臭。熊与猴在凉山彝族看来是属同类，称之为 vondi 有爪瓣类。这一类动物被彝族人视为近亲，包括狗、猫、猴、豹、熊、虎、狐狸等。这些动物自古至今彝族都不吃，这与雪族信仰与禁忌有很大的关系。这种观念形成传统文化后，对现实生产生活都产生了深层次的影响，包括人们的思想意识、审美观念、思维和行为方式以及基本的风俗习惯都深深地留下“雪族十二子”的印迹。

从民俗的层面，凉山彝族不仅对雪族动物有人性化的昵称，如巴哈阿支惹（蟒蛇阿支儿，阿支惹是男性名字），俄莫阿伍（熊大叔），拉里俄依（老虎大舅），古莫阿芝（雌雁阿芝，阿芝是女性名）等。而且取名时大都以动植物名来命名。其中用雪族动植物来命名的就很多。

（1）以虎命名的有：拉且（虎跳）、拉火（虎灰）、拉里（虎红）、拉惹（虎子）、拉祖（虎根）、拉哈（虎多）、拉达（虎壮）、拉止（虎牙）、拉则（虎双）、拉伟（虎花），“拉”是彝语虎的音译。

（2）以鹰命名的有：军落（鹰黑）、军惹（鹰子）、军莫（鹰大）、军都（鹰翅）、军哈（鹰百）、军几（鹰飞）、军伟（鹰花）、军且（鹰跳）、军达（鹰大），“军”是彝语鹰的音译。

（3）以熊命名的有：俄祖（熊根）、俄打（熊壮）、俄落（黑熊）、俄莫（熊大）、俄惹（熊子）、俄且（熊跳）、俄伟（熊花），“俄”是彝语熊的音译。

（4）以豹命名的有：日落（豹黑）、日哈（豹百）、日布（豹多）、日坡（豹主）、日伙（豹灰）、日打（豹壮）、日使（豹黄）、日莫（豹大）、日体（豹独）、日惹（豹子）、日则（豹花），“日”是彝语豹的音译。

(5) 以柏和杉命名的有：入且（杉叶）、入惹（杉子）、入伙（杉养）、入哈（杉百）、入打（杉壮）、书伙（柏养）、书哈（柏百）、书达（柏壮）、书且（柏叶）、书惹（柏子）、书落（柏苗），“入”是彝语杉的音译，“书”是柏的音译。

上述这样的禁忌和民俗事象在凉山彝族人的生活中比比皆是。禁忌的规则不外乎是为了保护这些动植物，给这些动植物赋予准宗教意义上的权力。通过宗教职业者毕摩主持的仪式，不断灌输“雪族十二子”本源近亲的思想。史诗的知晓又为保护雪族提供了宗教仪式的法力，否则这些动物很早以前就可能出现在彝族人的餐桌上。仪式生活又必然影响民俗生活，雪族共生观必然带来雪族的亲近思想，产生同类的感觉。彝族人对动物的昵称和以动植物来命名人不能不说构成了彝族的一大文化景观。凉山民间有句这样的调侃话：“鹰子怎能去捉鹰，熊子怎能去杀熊?”意思是说，取名为鹰的人怎能去擒鹰，取名为熊的人怎能去杀熊？名字虽是一种代号，但它的背后却反映了先辈的文化背景及其寄于后代的希望。以动植物来命名人，必然对所命名的人产生深远的影响，这种动因是人们预期不到的，它是一种文化的潜移默化。

二、宗教信仰对生物多样性的保护

彝族的许多起源神话都反复涉及不少动植物是与人同时受造，它们与人类都是本源亲近的。它们的灵魂都是由 mulumusi 支配的，mulumusi 没有开口是不能随便捕杀的，如随意捕杀，它们的灵魂就会加害人类。从起源共生的有血动物由近及远，列出了许多，严禁捕食；不能捕食，但不是很严格，可做松动处理的；可以捕食但要合乎自然发展的规律，即捕食要有行为约束。把这种约束提升到宗教禁忌的层面限制人的贪婪，去实现生态平衡的初始意义。如严禁捕食的有蛙、蛇、雁、布谷鸟、猴、大熊猫等；不能捕食的有鹰类，有爪瓣的如虎、狼、狐狸、熊等类，有喜鹊、乌鸦、麻雀等类；可以捕食的有麂、獐、鹿、野猪等类和锦鸡、雉鸡、斑鸠、画眉、云雀等类。

彝族认为去捕不该捕的动物，是违背了生活的准则，犯下了大忌。补救的方式只有一种，那就是“赔偿”。赔偿，彝语叫 zie，意为赔生命之债。赔偿的主体均以村寨或集体的形式出现，无论谁犯下的忌，均得罪了天意，不请毕摩举行赔偿仪式，天地就会降祸于这片土地。仪式不算复杂，届时每户摊点钱，买些酒和仪式所需牺牲，到野外进行咒和祭。咒的是打手，无论知不知道打手是谁，毕摩念咒时一般不报真名真姓，含糊地念打×者，如打雁者、打布谷鸟者等。施咒的言词非常激烈，通常念打×者绝、打×者死、打×者遇凶，如此等等，使参与者产生不寒而栗的感觉。祭的是上述不能打而被打的动物，毕摩用词比较哀怨，祈求通过赔偿来息怒，说明打手是些非法的人，他与这片土地上的人是格格不入的，不要因为这样的败类连累大家。大家聚在这里买酒杀牲赔偿，意在使你的灵魂得到安宁。zie 的仪式比较多，包括赔偿雁、龙（一种不会害人的小蛇）、布谷鸟、大熊猫等。[①] 赔偿这些动物生命的理由虽然背后都有一则不相同的故事，但是总的来看都与人们的生产生活息息相关。在它们的身上被人赋予了神性，从而限制人们去伤害它们。我们不妨列举两例凉山彝区过去和现在普遍举行的“赔动物生命”的仪式来做些浅显的分析。

（一）“古则”， gguzie

“古”指雁，“则”指赔，意为赔偿雁的生命。凉山彝族认为有翅动物数雁好，甚至传说从前赔偿最高等级兹莫的命金都只用一只雁就可以了。有关反映雁的谚语特别多，如：有翅类雁最团结，头雁翅朝向哪里，群雁也就朝向哪里；有翅禽类培育稚子，要数天上的大雁好，时刻啄子跟随群雁，因此能飞行南北；Vondi[②] 类培养子女，要算人最佳，随时指点孩子遵纪守法，从而能立于四方。雁在凉山彝族的生活空间占据着很重要的位置，有句有口皆碑的话叫“打大雁天空怒，打妇女家支怒”。雁和妇女都是善良的，天会保护大雁平安，家支成员会保护妇女的安全，这是凉山彝族人达成的共识，也是从小耳濡目染的训世教育。在这样的文化氛围中把雁人性化，视雁与人的生命接近，从而由人命赔偿的习惯法中延伸出赔偿雁命的宗教仪式——“古则”。

美姑县瓦古乡硕诺斯普村和吉义硕诺阿都波巫阿只吉觉地区直到现在都保留了“古则”的宗教仪式。[③] 1956 年以前，阿只吉觉地区“古则”时用一只白鸡做牺牲，斯普村则用一只白绵羊和白鸡做牺牲。斯普村属于阿尔马诺合统治区，毕摩系诺合马加甲主持，马加甲死后由其儿子马卓体主持。届时毕摩倒穿披衫，村里的男性成员牵着一只白绵羊，拿着一只白公鸡，扎着一只与雁大小差不多的草雁，拿草雁的人必须是世袭的，该村拿草雁的人名叫吉苦尔古车博，车博死后由其子祖义继承，祖义现在有 50 多岁。毕摩念咒道：“老天爷来看打雁的人，天神地神，山神水神来看打雁的人，打雁者太凶残了，打雁者手断，打雁者脚断，打雁者断子，打雁者绝孙。”念完咒把草雁和活的白公鸡掷于打雁处。然后继续念道：“打雁者不守规矩，犯下的忌是

---

① 参见美姑彝族毕摩文化研究中心办公室：《美姑毕摩调查研究》（内刊），47 页，攀西地质印刷厂，1996。

② 指有爪瓣类，包括人、狗、猫、熊、虎等。

③ 该资料系美姑县有名的毕摩底热尔曲先生提供，由笔者整理。底热尔曲现受聘于凉山彝族自治州语言文字工作委员会，从事古籍整理。访谈时间为 2004 年 2 月初，地点在西昌。

个人所为，请神灵不要转怒于当地的村民，祈求风调雨顺，人畜兴旺。”之后把绵羊宰来大家就地煮吃。白公鸡和草雁一并放在野外，如果有雁来啄鸡认为是最好的，称为 zie yo 意为接受赔偿。倘能如此，据说被打死的是雌雁，那么很快就会飞来一只雄雁，打死的是雄雁，那么很快就有一只雌雁飞来做伴。无独有偶，1960 年专司“古则”的诺合毕摩马加甲死时，他的坟场第二天就有两只雁飞来落在那里。从此给这里的人更加重了一层神秘感。如今这一地区更多的时间都听不到大雁的鸣啼，个别的年月才有雁的影子从上空掠过，但每逢六、七月雨水季节，遇到雹灾或淫雨时，人们习惯地组织起来扎着草雁、牵着白绵羊、拿着白鸡到山上继续举行“古则”活动，总是希望大雁和大雁的灵魂保护着这一方山水。这一举动如今一年一年地被淡化，逐渐转变为符号化的追忆，不知以后什么时候还会彻底地被贪得无厌、食无禁忌的现代人所吞灭。至少在今天看到这种举动，可以说对人类是一种嘲笑，同时对爱雁的人和爱雁的民族来说也是一个啼笑皆非的事。

（二）“鲁则”，lu zie

“鲁”指龙，通蛇，这里指一种小蛇，“则”指赔，意为赔偿小蛇的生命。

美姑县拖木乡库火莫村至今还保留着鲁则的习俗。① 该地方有一个叫车兹俄莫的山间小湖，大概有 3000 平方米，平视是一个连成一片的小湖，俯视则成为两个上下湖。因此人们把上湖称为公湖，下湖称母湖。夏天水深高到一人左右，冬天湖面完全结冰。湖周围半径几百米到了夏天就有很多小蛇生长在这里，这些小蛇从不伤人伤畜，当地人称之为“鲁”。每到六、七月雨水季节，出现雹灾或水灾，收荞麦时雨水不停，割了的荞麦湿得不能脱粒时，人们自然认为是不懂事的人打了这里的“鲁”所致，当地人称之为“鲁几”，意为打了这里的小蛇，惊动了神灵才出现雹雨和久涝现象。唯一的补救措施是通过毕摩举行赔偿的仪式才能得到妥善解决。

“鲁则”有经文，称为《鲁则特依》，美姑县世袭毕摩曲比尔日的父亲至今还保存着几本。经文内容不多，把附近看得见的山水名称念出来，请这些山神、水神来接受赔偿等。举行“鲁则”仪式时，村寨里的人户自觉带些鸡蛋，买一只或若干只鸡，到出事地点，请毕摩举行赔偿仪式。毕摩做一两根像小蛇样的木棍，边念边丢鸡蛋，让死去的“鲁”来享祭，同时拔些鸡毛撒在丢鸡蛋的地方。最后把木蛇丢在打“蛇”处，请“鲁”享祭后，反复强调不要迁怒于人，并祈求风调雨顺，牛肥马壮，粮食丰收。之后大家七手八脚宰鸡，烧熟后拿来下酒。

---

① 该资料由曲比尔日口述、笔者整理而成。曲比尔日是凉山世袭毕摩的后代，从耶古书补叙谱到他，已有 27 代家谱。现在受聘于美姑县毕摩文化研究中心。访谈时间 2004 年 3 月 10 日。

"鲁则"活动一般都是男性成员参加，女性回避。该湖直到今天大家都保护着它，尤其是雨水季节，附近的人不能在那里堆放脏物，不能在那里圈羊积粪，否则出现涝灾大家就怪罪他们。在这样的文化氛围中，人们不得不遵守规矩。这种规矩又是通过宗教仪式传承下来的，它的神性加固了保护它的根基。因此，可爱的不伤人、不伤畜的小生灵——"鲁"才能在如此车水马龙的生活空间得以生生不息。可以说在没有健全的动植物法律保护条例的情况下，靠一般的世俗文化做到这个地步是很不容易的。

以上的"古则""鲁则"活动并非只在这些村寨进行。凉山彝族把"古则"和"鲁则"连成一个词语——"古则鲁则"。一方面特指人对大自然理亏后施行的一种宗教补偿仪式，另一方面包含着让人们善待自然、与自然和谐相处的愿望和动机。彝谚有云："一窝猪带十崽，一夜不宰两只。一窝鸡带十崽，一夜不杀一对。土尔乃巫打'鲁'，不能再用'鲁'来赔，理当用蛋和鸡来赔偿。斯木补约打雁，不能再用雁来赔，理当用白鸡和白羊来赔偿。"意思是说，人对自然和动物要节制，不能因为它们不能说话就任意行事。主张人与人、人与动植物、动植物与动植物之间有节制地相处，在有规则的相处中实现互惠。所谓"杉树以礼待竹，其根部才不被寒风吹；竹以礼待杉，其头部才不被冷霜扎"。亏木、亏水、亏石是一种粗鲁的行为。人对自然节制行为失控后，自然也必然惩罚人类。这就是"古则鲁则"的真实意义所在。

除了"则"这种赔命仪式之外，凉山彝族还有一种宗教仪式叫 hi tu hi nre sur 狩猎还猎债。仪式一般分为两种情况：一是狩猎的人死后，认为欠下的猎物命债太多，如果不采取还命债的仪式来安抚所杀猎物的魂灵，那么这些被捕杀的动物就变成鬼怪伴随着他的灵魂，使其永不安宁。凡是成人男性死后都要举行这种仪式。另一种是活着的人，由于捕杀的动物太多，动物的灵魂变成鬼神跟他为难，使他经常生病。通过测算，认为举行还猎债仪式才行的话，生病的人就主动请毕摩举行"还猎债"仪式。还猎债的经文比较长，这里仅把美姑县底热尔曲毕摩口述的《还猎债经》简要地概述如下：

首先叙述鹿、麂、獐、锦鸡、雉鸡、云雀等禽兽的起源。其次派遣彝族各等级人物（包括兹、莫、工匠、毕摩等）和由大到小的动物向所猎动物还命债，让人与大小动物成为劝解猎物鬼怪的交通，推脱捕杀它们的并非是狩猎者，而是山神、地神开了口才去捕杀的，是山神、地神所为。还猎债仪式虽然把沾血的猎手转嫁给了山神和地神，但其仪式也严厉地告诫人们，乱杀动物的人，无论活着还是死后，血债不还的话，生不安宁死不安息。彝族有句这样的话：a li li suggi，ke si ma ggi，bbo ssu ssu ma ggi，shu yu ma ggi。意为深山唤狗的人绝，打猎的人先绝，丛中穿蓑衣的人绝，穿蓑衣猎雉鸡的人先绝。充分表达了彝族人对打猎者所持的原罪态度，从而约束着人们对大自然贪得无厌的欲望。

除了赔、还之外，彝区还盛行一种叫 Xi 的宗教活动。音译“西”，“西”的意思是咒，它纯属黑巫术。根据所用牺牲，具体分为“克西”或“瓦西”，“克”指狗，“瓦”指鸡，即鸡咒或狗咒。牺牲是鸡狗并用，则称为“克西瓦西”或“克低瓦低”，即鸡狗咒或挂鸡狗。牺牲不能食用，一般都挂在树上示众。施行这种巫术的动因是诸方面的。一种是相互仇视，认为不共戴天，于是双方请毕摩打鸡、打狗互咒，从此鸡犬之声相闻，老死不相往来。几代人后要求合好，也得先杀牛羊举行解咒仪式才能往来。另一种是开除家支成员时用鸡狗来咒。当家支成员犯了严重的族规，或杀同族人，或与同族人乱伦，则施行鸡狗咒，以示开除族籍。从此被开除的人走到哪里都不得承认其家族族籍，同家族人不得与他同饮同住同语。1956 年凉山彝族地区民主改革以后，这种巫术基本上停止使用。还有一种是某个村寨或若干村寨，为了保护森林或山水，共同商量约定，采取鸡狗咒的形式来保证短期（季节性）或长期使公共林木不受损而举行的巫术。这种巫术至今凉山还普遍使用，并从森林保护扩展到其他方面。可以列举的是：

例一：笔者在 20 世纪 70 年代，经过离家不远的一个高山水塘时，看到水塘周围没有一个牲畜出没，水塘边的一棵白杨树上高高地挂着一只鸡，向路人问明缘由时，才知道这是请毕摩念咒挂的鸡。该地属纯彝族聚居区，人畜饮水非常困难，唯一的水源就靠这个自然的水塘。虽然村社派专人守护水塘，但是稍不注意，各村各户的牲畜就会跑到这里饮水，并在水塘里拉屎尿，使水塘长期污染。无奈之下，村长与大家合计，同意以宗教的形式请毕摩念咒一只公鸡，悬挂在水塘边的柏杨树上，从此每户人家都把自家的牲畜管得严严的，再也不直接去饮水塘里的水了，保证了人们饮用水的卫生。

例二：2002 年农历三月，笔者回老家时，有幸参加了盐源县白乌镇羊圈村举行的一次“克西瓦西”活动。据他们说，每年农历三月三都如期举行一次。羊圈村有 60 余户人家，每户出两元人民币，买了一条小狗和两只公鸡，打了十多斤白酒，到“瓦西俄普”即专门举行“瓦西”活动的坡上，由一位长老主持念咒（没有毕摩）。其他人按念咒内容将狗和鸡分别打死后，向四方八位各丢一次。往哪里扔，头指向哪里就算顺，否则重扔，直到头指向正确为止，以此示防止新年雹灾，并祈求丰收。其次念咒反复强调不要在村内投放鼠药，以免伤及猫狗，谁投鼠药谁就像当场的鸡狗一样死去等内容。这些内容都是事先由村民们共同商量定下来的。念完咒后，将狗放在比较远的地方烧尽（彝族是严禁食狗肉的），把两只鸡单独烧熟后，大家边喝酒边吃鸡肉，直到喝完吃完才各自回家。通过上述活动，该村没有一例投鼠药的，因此一到傍晚人们常常会碰到叼着老鼠的猫到处穿梭。

例三：罗布合机在其《凉山彝族的树文化》[1] 一文中写道："1973 年，喜德县热柯依达乡汝洛村的大片自然林几乎被砍完了，森林中的动物因找不到食物而大批死亡和迁徙……一遇暴雨洪水泛滥成灾，无雨时又风沙滚滚，耕地沦为不毛之地。为生活所迫的村民们能搬走的都搬走了，留下来的村民在百般无奈之下，强烈要求大队干部打鸡打狗封山育林，最后大队支书同意生产队出一只羊、一只鸡请毕摩来举行封山育林仪式。后来，森林获得保护，水土流失得到了治理……"

例四：伍芝在其《昭觉县地坡洛呷村彝族传统习俗对森林的保护调查》[2] 一文中描述到，昭觉县地坡洛呷从解放前到现在都有保护森林的"克西瓦西"和"斯西马西"[3] 的仪式。1999 年 10 月 18 日她有幸参加了"打鸡"饮酒盟誓，遵守协议的宗教仪式，并详细地记录了仪式过程。最后记录到："所有周围家支偷柴、草的人无一例外将受到这次仪式的诅咒和处罚，受到神的处罚。无论白天、黑夜偷柴、草的都包括。打给这些偷柴、砍树的人（配合着打鸡的动作用刀背打）。之后，又反复念咒语直至把鸡打死，并扔得远远的。扔的同时，参加仪式的所有人跟着毕摩一起异口同声地喊'伙'。随后毕摩去看了鸡头的朝向，并说很好。"

三、结束语

近些年来环保和生物多样成为世界各国政府和学者们共同赞许和标榜的词语，不过对它的理解似乎多为横向的、直观的、现实的。人们忽略纵向的、客观的、传统的、与深层文化交织在一起的环保思想。笔者认为重新关注各民族传统的生物多样性及环保理念，对其进行反思过滤后，回收健康的环保思想，借助它来解决和排除来自本民族、本地区对环保不利或冲突的问题是具有强劲的说服力的。像上述的彝族传统文化和宗教信仰，长期以来伴随着这个民族跨过了漫长的时空隧道，借助史诗和神的力量告诫一代代人要善待自然，与自然和谐相处的生活哲理，始终默默地成为保护生态平衡的"思想警察"，维护着彝族地的生态平衡。我们倾听着诸如"雪族十二子""赔""还""咒"及其没有述及的"防""祭""圈护"[4] 等保护生物多样性的在外界人听起来极其微弱的凉山彝族史诗和宗教仪式声音时，人们的良知是否会在这微弱

---

① 罗布合机：《凉山彝族的树木文化》，载《大自然》，2001（4），13 页。

② 伍芝：《昭觉县地坡洛呷村彝族传统习俗对森林的保护调查》，载《凉山民族研究》，2000（10），104 页。

③ 原文用彝文，这里笔者进行了音译。

④ 参见美姑彝族毕摩文化研究中心办公室：《美姑彝族毕摩调查研究》（内刊），48～49 页，攀西地质印刷厂，1996。

的声音中产生一种山鸣谷应？笔者姑且不去追究《勒俄特依》所描述的雪族十二子到底有多大的科学意义和科学价值，也不去探求仪式的真谛所在和仪式的灵验有多大，只觉得通过开放的人文文化去搜编传统的、与深层文化交织在一起的各国家、各民族的环保思想，从而构建传统与现代法律相辅相成的环保理念，为实现未来的“天人合一”做出努力——开发出更多的能滋养生物多样性和文化多样性的源泉是值得提倡和行动的。

需要说明的是，以上所描述的凉山彝族传统文化和宗教信仰与生物多样性的关系都着眼于和谐的方面，其实在许多文献和仪式生活及其现实生活中，彝族与自然环境的紧张冲突也是明摆着的事。古往今来，不少彝族地生产生活的成就也是通过不和谐的手段来取得的，甚至自诩为成功或飞跃的一些生产生活充满了负面影响，给后代留下了无穷的后患。如凉山彝族地区自古以来盛行的一种土地拓殖的方法，彝语称之为ha nuo kie，直到20世纪80年代初都没有在凉山消失。ha nuo kie一般是自下而上地把森林砍倒成片，自然晒干，春种季节点火烧尽，简单地用犁锄刨一刨，种下农作物。一两年内，由于土地肥沃收成还不错，过几年后多数都因肥力不足被撂荒。这种短期农业生产的效益吞食了凉山大片的森林资源。ha nuo kie在凉山彝族地不是个别现象，民主改革前它是凉山彝族地普遍采用的生产方式，严重地破坏了森林植被甚至山地生态系统。民主改革后，这种生产方式并非彻底结束，合作社时期ha nuo kie的拓荒方式有增无减，甚至政治上的激进主义者把凉山彝族地传统的mu duo熏土①方式转化为烧土的形式，为了改变土壤，增加肥力，挖洞砍柴烧土，毁坏很多森林。到了合作社解体，包干到户开始时，社员们仍然没有摆脱合作社时期的粮食恐慌症，边缘地区不少社员偷偷地采取ha nuo kie的方式扩大自营地，使森林植被减少了很多。加上“木头财政”这一合法的森林之主用现代斧子和车子折腾了几十年后，凉山彝族地不再是巨木满山、密叶遮天了，过去与前辈们朝夕相处的动植物，后代们只能在影视中得到欣赏。从宗教的层面看，凉山彝族由于把狩猎作为传统的生计方式之一，仪式生活中始终少不了祭猎神的内容，所谓ke si bip hxi mgo bip就是通过祭猎神，使其永远帮助猎人、猎狗捕获猎物。有关凉山彝族的与生物多样性和文化多样性背时的生活方式远远不止上述这些，彝族人在与大自然打交道的过程中同样深深地领悟了“货悖而入者，亦悖而出”的法则。只是本篇的任务不是去检讨这些问题，也就不再赘述。

① 传统的熏土方式是找些树叶或草在新开的土地上成堆地熏烧一次，随后才播种。

凉山彝族生育魂崇拜观念*

蔡富莲

一、生育魂的作用及与此有关的求育法事

在凉山彝族民间信仰中，灵魂崇拜是其核心，认为人是有灵魂的，灵魂主宰和支配着肉体，肉体若失去灵魂的支配，人就会生病，失魂时间长了，生命就会有危险。灵魂与肉体是可以分离的，肉体是暂时的，而灵魂是永恒的，当肉体消失后，灵魂仍继续存在，并影响、左右着活人的生活，它或生活在人间成为骚扰人们的恶鬼，或与祖先们一起生活在祖界，成为保护子孙后代的善鬼。由此看来，彝族认为灵魂是积极的，而肉体则是消极的。

每个人都有一个主宰和支配着肉体的灵魂，而女人除了这个主宰和支配生命的灵魂外，还有一个专司生育的灵魂，彝语叫“格非”。它对女人至关重要，一个女人如果生育魂离开肉体，或生育魂势单力薄，力量不够，都不可能生育，要么怀孕后总是流产，要么即使生了孩子，也总是夭折，或生出的孩子是畸形。生育魂不强壮的就会出现几代单传，只生一个儿子，或只生育女儿，致使人丁不兴旺，乃至断根。彝族民间有这样的谚语：“牲畜要绝公的多，人类要绝女的多。”“生女一条空口袋，生儿一个重铁锤。”“不饲养鸡不贫穷，不生育女不绝嗣。”彝族传统观念认为，牲畜的兴旺靠雌性，而人类社会中，一个家族的兴旺昌盛虽然女性起着举足轻重的作用，但是彝族社会的家族结构是靠男性来维系的，这是因为凉山彝族至今仍实行父子连名续家谱的制度，有儿子者，父名连子名，子名连孙名，家谱绵延不绝。儿子多者，因分支众多，犹如一棵枝叶茂盛的参天大树，人口自然多。无儿子者，由于其名无处连接，家

* 本文原载《凉山民族研究》，2003 年刊，201 页。

谱便无法再往下延续，家谱延续不下去就不得不打上终止符号，那么，此支系就此断根。在凉山彝族地区，衡量一个家族是否兴盛是以该家族男性成员的多少为依据的，因此，这种重男轻女的传统观念反映在现实生活中，就是有儿子者普遍受到人们的尊重，被人们看做是十分吉祥的人，婚丧嫁娶中成为人们邀请的重点对象，死时，因儿孙多，葬礼办得隆重而为人们所传诵。无儿子者则处处受到歧视，葬礼冷清、简单，甚至死后，其灵魂的归宿和待遇问题也无法解决。平时，人们辱骂无儿子者最恶毒的一句话就是“即使杀了你，你身后也不会留下一棵蕨草”。意思即断子绝孙，没有为他报仇的后代。因此，每一个家庭、每一个家族都十分重视子嗣的繁衍，普遍存在重男轻女和多子多福的生育观。

在凉山彝族社会中，虽然家族结构靠男性维系，但是同时又看到后代的繁衍、人口的发展壮大与否，关键还在女人，即一个女人担负着使一个家庭、家族或繁荣或衰败的重大责任，而人口的兴衰完全取决于女人的生育魂，所以，彝族民间有这样的谚语：“女人一样生育魂不一样”。也就是说，每个女人的生育魂的情况是有区别的，有些女人的生育魂就非常健壮，能促使她们有旺盛的生育能力，不仅子女多，成活率高，而且儿子特别多。因为儿子多，意味着家庭、家族人口自然就壮大。而生育魂常离体、生育魂能力弱的女人则相反，为此，对于这类女人，人们便要围绕其生育魂采取各种补救措施，以使其具有旺盛的生殖能力。

在凉山彝族民间，与妇女生育魂“格非”有关的宗教法事有招生育魂、拉生育魂、赎生育魂、强取生育魂、调和生育魂等多种。法事中直接用生育魂命名的经文有《唤生育魂》《招生育魂》《拉生育魂》《牢固生育魂》《封锁势单力薄的生育魂》《偿还、驱除生育魂愚笨、衰弱之债》《调和生育魂》等。这些法事中，所谓唤、招、拉、赎、强取，是由于生育魂不附体而视个人的具体情况采取或唤、或招、或拉、或赎、或强取等各种有效措施，将其找回来，使它重新附于丢失生育魂者身上。

牢固生育魂，彝语叫“格非呜古”，其中的“呜”指女人小腹内胎儿生长的地方，“古”即牢固、稳固，所谓“格非呜古”就是牢固生育魂，将游荡在外、不稳固的生育魂牢牢地固定在女人身上，保佑胎儿不流产，保佑孕妇顺利生产，保佑孩子健康成长，使主人家养儿能娶妻、养女能嫁夫。

封锁势单力薄的生育魂，彝语叫“格非模珠”，“模”是少、弱、败之意，“珠”是封锁的意思。封锁势单力薄的生育魂，是因为生育魂力量不够、势力薄弱，意即将造成后代衰弱、人丁不兴旺、绝嗣断根的现象锁住。

偿还、驱除生育魂愚笨、衰弱之债是由于生殖功能反应迟钝、生育力量不够而造成出现后代多单传，或生育出愚笨、残疾的子女，或子女常夭折养不大的现象，因此要偿还、驱除造成生育困难、生殖功能反应迟钝等孽根。

调和生育魂是夫妻俩性功能正常，但不能怀孕或能怀孕却总是流产、夭折，则认为是由于夫妻俩阴与阳不协调所致，因而要给予调和，以求得子嗣。

二、生育魂的来源

凉山彝语称专司女人生育的灵魂叫“格非”，关于“格非”的来源，在流行于凉山各地的不同版本的彝文经书之中这样说道：“高高的天上，长有四棵格树，发有四枝格丫，结有四串格果。四串格果往下掉，一串掉进杉林中，杉树因此而茂盛，一串掉进江河中，鱼类因此而繁盛，一串掉进竹林中，竹笋因此而茂盛，一串掉在蕨草地，蕨草因此而茂盛，锦鸡因此繁殖快。”“格水就是那浓雾，阵阵地飘来；非水就是那细雨，轻轻地飘来，似阵雨地下。”“格”“非”源于天上，由天上降到地上的江、海、河、湖中，所以，“格水与非水，蓄于湖泊中，湖泊里面取”，说明天上的雾、云、雨等与地上的江、海、河、湖里的水有着天然的联系，这就是为什么凉山彝族一旦失去魂魄后就必须到水里去招、取、唤，有关生育魂方面的彝文经书中已折射出彝族观念中灵魂与水的必然联系。

彝族称灵魂为“依拉”，“依”是阴影、倒影的意思，“拉”字的彝文，从字的构造看，是由水和表示水波纹的符号两部分组成的。这是因为彝族人认为人来源于水，“为人类母，圣水孕先妣，母水诞生妣，人类源于水，六祖水中来”①。“人祖来自水，我祖水中生”。“凡人是水儿，生成自水中”②。所以用水和水波纹组合来表示魂，而人一旦失去了魂，就必须到水里去招。生命是水孕育而成的，因此凉山彝文经书中称精液是“曲依”（银水），称卵子是“史依”（金水）。云南彝族史诗也称卵子为金水：“妣水是金水，金水清又清，妣清人能言，妣清人智慧。妣水是金水，金水长又长，水长裔繁衍，水长育六祖……妣水是金水，妣水清又长，祖魂庇妣魂，妣裔妇人传……”③ 正是女祖先清、长的卵子（金水）孕育了彝族六祖，繁衍了善辩、聪慧的彝族后裔，因此，这清、长的金水之魂将永远受到祖先们的保佑，以使后代永远兴旺。

称卵子、精液为金水、银水，是将其视为人体中最宝贵的东西，因为它可以孕育后代。人一出生就与水结下不解之缘。凉山彝族每个人都有一个自己命中注定的方位，彝语称“西的”，意译命位，但男女有别，男子命位一岁在水尾（南方），女子命位一岁在水头（北方）。算法是母亲生产之年，年龄（虚岁）在东、东北、北、西

---

① 朱锯元等翻译：《赊宣榷濮》，6～7页，昆明，云南民族出版社，1987。

② 云南省社会科学院楚雄彝族文化研究室：《彝文文献译丛》（第5辑），47页、55页，1983。

③ 朱锯元等翻译：《赊宣榷濮》，6～7页，昆明，云南民族出版社，1987。

北、西、西南、南、东南八个方位，一年一个方位地转，若生的是男孩，就以南方为起点，按顺时针方向转，女孩则以北方为起点，按逆时针方向转，终点即为该孩子的命位。标准的命位是男的在南方，女的在北方，但是，由于母亲生产时各自年龄不同，因而不少人的命位就在其他方位上。每个人的命位是终身固定的，是不能更改的，因此，它在每个人的一生中起着举足轻重的作用。凉山彝族生活中，大到婚丧嫁娶，小到日常生活行为，都要占卜，而占卜的依据就是个人的属相和命位。彝族社会进入父系社会后，由于受父权制思想的影响，如果女孩的命位恰巧在男孩的命位南方时，认为这是抢占了父兄的位置，将会影响父兄的健康和地位，因此，必须在该女孩7岁、9岁或11岁等单岁时，提前给她举行象征性的婚礼，将其嫁给家中某一什物，如锅庄、磨子等。从此她便以姻亲的身份出现在家庭活动中，不能参加以家庭为单位的各种仪式。在彝族传统观念中，一个命位在水尾（南方）的男子娶一个命位在水头（北方）的女子是最完美的婚姻，认为水头、水尾相交定会儿女双全，子孙满堂。

正是基于以上人源于水和水与生育、灵魂之间的关系的认识，一旦丢失灵魂、生育魂时，必须到水中去招。人源于水，主宰人的生命的灵魂源于水，专司人间生育的灵魂源于水。

三、生育魂崇拜即女性生殖能力的崇拜

在民间生育信仰中，汉族主要借助生育神的力量求神赐子佑生，人格化的生育神成为人们达成愿望的主要祭祀对象，崇拜如送子观音、碧霞元君、张仙、多子床神等这些具体的神灵。凉山彝族的生育信仰观念还未发展到对具体神灵的崇拜阶段，表现为较原始的对女性的自身崇拜，所以，崇拜的是女人的专司生育的灵魂——“格非”。少女成年举行成年仪礼时要杀鸡或羊来祭祀其生育魂，妇女怀孕期间要祭祀生育魂，人们常常采取巫术方法和巫术思维方式来实现祈子佑生的目的。事实上，这些巫术仪式手段往往根植于古老的生殖崇拜、自然崇拜的观念，在仪式中借助象征多子的、繁殖快的动植物。彝族民间最大的法事就是为祖先超度灵魂，而祖先的灵牌就必须用新发的嫩竹做，以此期望子孙后代也如同春笋般兴旺发达。

凉山彝族“格非”崇拜观念是母系氏族遗留下的对女性生殖能力的崇拜，“格非”专管女性的生育，对于生育新生命起着至关重要的作用，彝族神话中有大量的无性的圣洁生育事例，云南红河元阳县彝族创世史诗《阿黑西尼摩》中这样讲述：“西伯木库，有个大金海，金海深无底，金海大无边，阿黑西尼摩，我们的祖先，生在金海里，长在金海边……阿黑西尼摩，喝了金海水，生下地和天，生下日和月，生

下云和星、雷、雨、风、雾、山川、牛马、禽兽、草树、稻麦……”凉山彝族神话史诗《勒俄特依》中叙述射日月英雄支格阿龙的母亲受孕，是来自鹰的发源地——大海中飞来的三只鹰滴下三滴血在她身上后怀孕的，这些感孕神话都排除了性的作用而强调神圣和超自然力的作用。《勒俄特依》中的“史尔硪特”一节讲述了史尔硪特八代生子不见父，为此，他要去找父亲、买父亲。在远古时代，原始先民首先看到的一个基本事实便是人人都是在母腹中孕育，然后通过母亲的生殖器诞生出来的，彝谚“五谷甜荞大，世人阿妈大”，世间万物皆由雌性所生，人们崇拜母亲，于是，把女性神圣化，把女性和其生殖器官当做生殖之神来加以崇拜，由此产生了当女人怀孕困难时，除了为她招生育魂外，人们还会想到产道是否受到了污染，进而请毕摩为她举行清除产道上的污秽的法事。而难产死的女人，在举行葬礼之前，毕摩要为她举行扩阴道的法事，彝语叫“阁活”，直译即“打开，扩开大门”，日后在超度祖灵的大型法事中还要再次为她扩阴道，目的是解除生产大门的一切障碍和困难，使其在祖界能顺利生产。在彝族民间，至今仍然保留着这样的习俗：未举行成年仪礼的女孩，如果与成年男子发生性关系，不论她是自愿与否，都被视为被强奸，男子的行为被认为是奸污幼女，事后必须请毕摩为该女孩举行清扫阴道受污染的法事，根本目的就是祈求不影响其婚后的生育。而该男子则受到传统习惯法的重处。习惯法即彝族民间法律，人们用法律的有效手段来保护幼女的生殖能力。

原始先民崇拜女性，首先崇拜的是她们的生殖能力，这就很自然地将崇拜重点放在女性身体的生育部位，在造型艺术中，特别要突出与生育有关的女性特征和生殖功能，如超度祖灵仪式中的求育法事，必须扎一个用于传宗接代用的女性草偶，其头部和脚部各扎九个分支，腹部异常夸张地突起，同时也分出九支。它象征一个女人要繁衍出无数个人丁，并祈盼被超度的祖灵在祖界也要三倍地增长，并以此感染后代，使子孙绵绵不绝。在毕摩的经文中，还有用石磨的磨口来形象地比喻女性阴道的宽与深，其中必定蕴含着丰富的寓意。

凉山彝族超度祖灵仪式中，祖先的灵牌最后被送到祖灵山的洞穴中，实际上，这洞穴就是孕育胎儿的母腹的象征，是生殖力与生命力的象征，将祖灵放回祖灵洞，就是让死者的灵魂回祖界，在祖界获得再生，并生育众多的儿女以感染其人间的后代，因此，当人间后代不兴旺时，人们还常常到祖灵洞去查看情况。母腹是婴儿诞生之所，因而成为祈求子孙绵绵的彝族先民的崇拜对象，而人们对于洞穴生活的记忆及洞穴与母腹相似的功能的相结合，产生了将死者灵牌放回洞穴是让其灵魂回归祖界，回归母腹的观念，此观念并非凉山彝族独有，它也盛行于其他民族如土家族生活中。①

① 参见向柏松：《土家族民间信仰与文化》，北京，民族出版社，2001。

凉山彝语中，“格”与“非”连用时才表示女性的生育魂，这应该是人们早期对女性生育的一种认识，认为生育与男子无关，但随着社会的进一步发展，人们思维能力的逐步提高，彝族人渐渐朦胧地意识到了在生育活动中，男子也起了不可忽视的作用，彝文经书中也就有了“阿爷射格水，阿妈射非水”的语句，《赎生育魂》：“天上有格，地上有非，天白有父格，地黑有母非”，“白天来拉格，夜晚祭祀非。掉下格掉下，天白格掉下；取下非取下，地黑非取下。”在《拉生育魂》中这样写道：“父亲的格跟父来，母亲的非跟母来，男人的格跟男来，女人的非跟女来。”彝族将万事万物分为雌雄两类，彝语中的“格”含有高山、山坡、尖状物、雄性的意思；“非”则有低谷、平原、宽阔、雌性的意义。虽然生命的孕育是“格”与“非”相结合的产物，但在实际生活中却仍保留了“格非”连用才指女性生育魂的观念。

关于生殖崇拜观念的发展，应是从女性生殖器崇拜到男女合生与男性生殖器崇拜，凉山彝族的生殖崇拜，也应是由妇女的生殖器官崇拜到其灵魂“格非”的崇拜再到男女“格”“非”分开的崇拜，所以这才有了调和夫妻“格”“非”的法事产生，这是男女合生崇拜的表现，但在目前凉山彝族民间，凡是与生育有关的法事主要还是以女人为主，男人只起辅助作用，甚至仪式中使用的经文都是与女人有关的内容，如有人们所熟悉的长篇叙事诗《妈妈的女儿》以及讲述一位情窦初开的少女，夜逃投奔意中人，因天亮而未到达目的地，不幸变成了一尊石头的《杉树的女儿》《神女峰》等。由此可见，凉山彝族民间生育信仰中，仍主要崇拜女人的生育魂，但也看到了正在向男女合生观念发展。

四、生育魂崇拜的基础

凉山彝族如此崇拜妇女的生育魂，既有客观方面的原因，也有主观方面的原因。客观上，生存的需要。恩格斯指出：人类生存与发展的两大要素是物质资料的生产和人类自身的生产即种的繁衍。在生产力极度低下的社会，人们依赖自然环境而生存，这就意味着人多才能获得更多的生活资料，才能战胜强于人类的毒蛇猛兽和天灾人祸。生产需要男子，战争更需要男子，解放前，凉山彝族各个家支之间常常因争夺奴隶、土地及其他事务发生械斗，甚至一些极其小的事也能成为导火线，彝族谚语“打不完的冤家，流不完的眼泪”正是这种现象的概括，而且战争持续的时间又长，少则一两年，多则几年、十几年甚至几十年，并认为子孙强大替爷爷报仇是件极值得炫耀的事情，而在械斗中男子的重要地位就更充分地得以体现。主观上，主要受传统观念的影响，即传统婚姻的制约。婚姻的直接目的就是生儿育女，犹如汉族的“为后也，非为色也”，而生儿育女的目的又是为了祭祀祖先。彝族谚语“父欠子债，为子娶妻；子欠父债，为父超度”，是每位男子终生奋斗的目标和应尽的义务。实际上两者之间是相互依存的，娶妻生子才能为父超度，亡灵安身了才能保佑后代的繁荣与健康。因此，人们为传宗接代、为祭祀祖先、为扩大家族势力而结婚，传统的多子多福和重男轻女的生育观以及父子连名制度等更加强化了彝族的多子观念。

凉山彝族自父系制度以来，实行父子连名续家谱，并以父系血缘为纽带组成各自的家支，长期以来，家支一直支配和左右着彝族的社会生活，对内，它能调整家支成员之间的相互关系，组织家支内部的生产和消费活动；对外，能调整本家支与社会的关系，家支头人代表整个家支实行对外交往，保证家支利益不受侵犯。个人、家庭依靠家支而生活，彝族谚语“鱼活靠河水，蜂活靠山岩，猴活靠树林，人活靠家支”“想家支想得流泪，怕家支怕得发抖”形象地概括了家支在彝族人生活中的作用。特别是自从农村实行家庭联产承包责任制以后，惯有的生产方式被打破，单干代替了集体，人们在生产生活上越来越依附于家支，家支内部得到了空前的团结，出现了同一家支搬迁聚居，各地搬迁户越来越多的居住新格局。过去人们归属村组集体的群体意识如今已被血缘家支所代替，家支观念越来越强，凡事均由家支出面解决，一个家支是否强大，主要是视其人口的多寡，而家支又是由男性来维系的。为了保持家支血统的纯正，彝族民间没有领养儿子的习俗，并还有与此相关的谚语，如“母鸡孵小鸭，枉费心机”。母鸡孵鸭蛋育小鸭，但它终究成不了小鸡。同样，养子与自己分属不同的血缘，再养育终将还是分属不同的血缘，成不了自己的骨肉，甚至本家支内部或亲兄弟之间也没有抱养的习俗，因此，在凉山彝族谱系中，绝没有养父养子连名的情况。男子为了能使家谱得以延续，无儿子可再娶，妻子持支持态度。

凉山彝族崇拜灵魂，认为人死了以后其灵魂还活着，而这灵魂必须经过其儿孙为其超度才能到达祖界，与祖先们生活在一起，女儿属于丈夫家的人，没有为父母超度的资格，因此，没有儿子就意味着其灵魂将无人为其超度，其灵魂也就无法到达祖界，终将成为孤魂野鬼，无人祭祀。由于凉山彝族至今仍盛行超度灵魂的仪式，无儿子者承受着巨大的精神压力，为了使自己死后灵魂能回归祖界，能得到儿孙们的祭祀，人们不惜一切地倾其所有来达到生育儿子的目的。在凉山，甚至从农村出来已经参加工作的国家干部，有些还是副县级干部，也因传统观念太重，不得不以身试法，最终受到严重处罚。

由此可以看出，凉山彝族崇拜生育魂的主要目的是为了生育儿子，而这又与男子在彝族社会生活中所担任的角色密切相关。

川西南彝族历史文化概貌及都市化变迁*

马尔子

一、川西南彝族地区历史概貌

这里所说的川西南彝族地区是指大渡河以南金沙江以西及雅砻江两岸以彝族为主体的民族区域地带，民主改革前通常叫大小凉山彝族地区，它包括四川境内所有的彝族地区和云南宁蒗彝族自治县及云南昭通永善县等。至今这一区域内估计有600余万人，其中彝族人口近300万。居住在这一区域内的彝族，均操彝语北部方言，其东、南与云南省接壤，西北与藏区和乐山、雅安等汉族地区相连。自古以来都在汉藏文化的包围圈内，形成了相对封闭和独立的社会经济形态。从彝文献记载和民间口头流传中人们可以感悟到，在历史上的民族文化相互冲击和碰撞中，彝族主要依靠得天独厚的地形地貌和山川河流保持了它的民族特点。其一，以地波伙依（大渡河）、阿合史依（金沙江）及（若水）雅砻江为彝汉藏的主要分界线，两江一河严实地把彝族地区包围在中间，构成自然的护（附）族水，使其他民族不能轻易地进入彝族地区，以封闭带来了民族的稳固性。其二，二江一河在高山峡谷中迂回流淌，沟深水急，两岸高山对峙，形成天然的第二道垣墙。民族间又都以两岸为界隔河居住，一般民众你来我往都很不容易，彼此的界线比较分明，多数地区都以河为界，构成诺木克（彝族地区）和蜀木克（汉族地区）或俄助木克（藏族地区）的格局。其三，整个凉山彝族地区布满了陡峭的山峰和无边的森林，境内气候多变，人口稀疏，又无统一政权，没有强大的军事势力和彝族权势人物及家支做后盾，其他民族进入彝族地区多半可能沦为家庭奴隶。上述这样的地理区位在非机械化的社会里，必然带来相对的独立性。因此20世纪初不少国内外学者或探险家都曾经称这一地区为“独立倮倮”。其

---

* 本文原载《凉山民族研究》，2002年刊，1页。

实，这些探险家和学者所说的“独立倮倮”都是基于这样的表面现象：凉山彝族地区有其统一的民族语言文字、典章制度，有其独特的生产生活方式，有其独特的礼仪和节日民俗，有其不同的宗教信仰和社会形态等。他们多数没有从彝汉文献记载中考察过“多元一体”这个共同的历史认同。凉山彝文典籍《勒俄特依》中描述到：远古洪水泛滥时，人间大地上，只剩下一个人，后来克服重重阻力，与天界开婚，生下了三兄弟。一个变成了汉族的祖先，一个变成了藏族的祖先，一个变成了彝族的祖先。分别居住在低地、中山地和高地，人间又从此繁衍生息。这种同胎兄弟起源故事一直维护着祖国的统一和民族的团结。在历史的长河中，无论彝汉关系的好坏与否都没有动摇过“多元一体”的思想观念。由于凉山彝族地区地处南方丝绸商道必经之地，是四川沟通西南边陲的重要通道，自古以来历代中央王朝都留心经营着这一地区。从汉以来，延续建置了邛都县、越嶲县、建昌城、建昌府、建安州、建昌卫、宁远府等。无可非议的是，川西南民族地区历来山高皇帝远，在移民实边的军屯和民屯尚未实施以前，当内地风调雨顺、天下太平时，自然重视治边政策，当政局不稳定时，朝廷在凉山的建制实际上是徒有虚名的，可以用“鞭长莫及”一词来概括。

两江一河的内岸多为彝族居住区，外岸则形成民族走廊。大渡河中下游至宜宾、金沙江至宜宾则形成汉彝交汇处。大渡河中游靠上、雅砻江下游则形成彝藏交汇处。在历史的你来我往中，汉族自古以来以儒释道文化并举为其精神支柱，以扎实的农耕家庭文化为基础，以军屯和民屯为移民手段，不断地向凉山的低地拓殖，逐步地在阿合妞依（安宁河）两岸扎寨安营，最终成为一股强劲的民族势力，成为朝廷联系凉山彝族地区的政治、经济纽带。藏族则以固有的游牧文化为后盾，以严密的宗教传播为先导，不断地从西、西北方向往凉山彝族地区延伸，成为凉山彝族地区西部和西北部一支重要的世居民族。①

两江一河内岸的彝族虽然都系古侯、曲涅的后裔，其间等级森严，家支林立，大体上以两江一河为地域基础，划分出义诺、所地、圣乍、田坝次方言。这四个支系无论从语言、服饰还是风俗习惯，都有一定的地方特点。义诺和田坝支系几乎居住在大渡河内岸，该河成为他们的象征；所地支系居住在金沙江内岸，金沙江成为他们的象征；圣乍支系则居住在雅砻江和安宁河两岸，两河成为他们的象征。从总体上看，两江一河把凉山彝族地区围成圈，各支系则像一瓣一瓣的大蒜围靠在其中，构成一个整体，腹心地带便成为凉山彝族各支系交错居住的轴心地。民主改革前凉山彝族地区基本上以父系血缘家支为前提，构筑了有别于其他任何民族的等级隶属及占有关系的社会共同体，依据血缘关系将内部社会成员划分为兹莫、诺合、曲合、阿加、呷西等若

---

① 参见李星星：《凉山大西南开发的制高点》，10页，成都，四川民族出版社，1997。

干等级。

有关等级、阶级的问题，先前的学者们已有足够的论述，大家一致认为等级界限森严，是不可逾越的。其实这一论断是以两三代人为对象横向观察得出的结论。如果我们从较长的历史中去考察，等级的升降不仅是在“被统治者”之间轮回，而且也在高低等级中出现。20世纪在凉山彝族地区就有一些在战争中被劫掳为奴隶的黑彝，一旦成为奴隶后，必然失去他的等级威望。原家族虽然知道，但势力不敌，当地的黑彝也不因为他是黑彝被降为奴隶而产生愤懑不平的情绪，大家都是顺其发展。而白彝升迁为黑彝的也不是没有，只是虚荣的等级观掩盖了这一事实，人们总是喜欢往高处攀。试想“作为统一政权，国家的形式从未形成”的社会里，胜者为王，败者为寇，怎么不是天经地义的事。民主改革前黑彝给白彝交猪头做贡赋的也不仅在某一地区才能看到。等级威望在凉山诚然是重要的，但经济威望和权力（势力）威望在凉山显得比其他任何威望都重要，也基于权势和经济地位，才出现了兹莫统治区、黑彝统治区、白彝统治区。像拥有百支左右枪支的人，人们还相信他在等级制度之内行事吗？他还愿意按其上等级的规矩行事吗？反过来说，其上的等级还能在他的头上指手画脚吗？本篇不讨论这一主题，这里不再赘述。

无论属于哪个等级，都必须依靠家支势力来巩固自己的地位，从某种意义上说，家支势力的盛衰关系到每个人政治地位和经济地位的高低问题。因为凉山彝族的社会组织结构，并非以一级管一级的严密的组织机构出现，而是以一沟一坝、一山一坡为据点，建立自己的势力或统治堡垒。虽然历史上不少兹莫等级受朝廷册封，曾几何时因内部的权力纷争出现“兹莫争印信，后嗣独为贵”的状况。可惜的是，家支势力由此逐渐衰落，最终城门失火，殃及池鱼。随着家支势力的弱化，兹莫（土司）的桂冠也日渐失去它的光彩，门庭若市的衙门也几乎变得冷冷清清，出现了一种依附外力，名存实亡的权力移变。而崛起的诺合家支则在彝族地区的政治舞台上崭露头角，逐步地建立起自己的山头。如果凉山的这种社会形态继续假以时日，那么诺合的内讧必然成为兹莫第二，这种局面实际上在民主改革前也初露端倪。

没有金字塔式的权力结构基础，整个民族没有全局这样的政治概念，体现在经济方面的情况也同样糟糕，社会分工不明显，除了单纯的糊口农牧业而外，尚未出现城镇经济。简单的山地农牧业和无序的社会控制，不得不把生存及发展的权利寄托给血缘家支组织。因此，视开除家支为死罪相同，充分体现了彝族社会的滞后。社会的滞后带来了社会的封闭，在彝族人的生活价值观中，视商人为不务正业，人们崇尚的是靠养羊、靠种荞子过日子的人，因此，怕商业生活，怕城镇生活。彝文《招魂经》中还经常提到彝魂在汉区城内的“不要受其惑，请随毕摩唤回家”这样的话。这就是说，不仅不接纳城镇化生活，而且视其为危险的地方。已往研究这种现象时，多数用封闭落后来概括了之，这不是不无道理。不过大家并没有深入地检视这种深层的文化基础到底扎根在什么地方，笔者认为它与凉山彝族地区的经济、地理有很大的关系。凉山彝族地区地形地貌很复杂，海拔悬殊，土壤和植被垂直分布明显，亚热带、暖温带、温带、寒温带等递变的气候，不仅适宜生物多样性的生长，而且适宜各种农作物的拓植和畜牧业的发展。所谓“黄牛身上要粮吃，绵羊身上要衣穿”“屋后有山来养羊，屋前有坝来种稻”就体现了这里的气候特点。有了耕牛到处可以开垦土地，一座大山从低地到高地可以种植水稻，也可以种植荞麦、燕麦。农作物品种齐全，保障了糊口问题。因此，凉山彝族地区尽管其社会制度滞后，生产技能低，但在其历史上尚未出现过饿殍遍野的年代。有了羊毛和麻类植物，穿的问题也得到了解决，拼凑几张毛羊皮，夜里谁怕寒风吹？捻毛纺毛和纺麻在凉山彝族民间生活中相当发达。夏季穿麻织品，冬季穿毛织品也勉强可以应付多变的季节。另外值得探讨的是栽桑养蚕和种植棉花与彝族人的生活关系。一般来说，外来的物种和产品进入彝族地区，多数用借词来称呼，但是栽桑—养蚕—吐丝—织丝绸，彝语都没有借词介入。桑树彝语叫bbuzza，养蚕彝语叫 bbuhxo，抽丝彝语叫 bbungo，丝织品彝语叫 bbumi，棉花彝语叫sale，棉织品彝语叫 musi。彝族在婚丧嫁娶时，姻亲之间互相吹捧如何如何富有，往往用这样的话来表达：你家多富有，听说你家用棉花垫鸡窝，用丝线当牛牵绳；肉类堆成小山，美酒积成湖水。优越的自然环境和气候条件以及足够的土地资源，使这个民族变得保守和知足，够吃、够穿或吃饱穿暖几乎成为每个彝族人的生活目标。这样的目标在凉山彝族地区气候条件下是不难实现的。在农业时期，外面的世界并非比彝族地区好多少，对它没有足够的吸引力。整个凉山有山有水有森林，有了木材几天就可以架起一座木结构的房屋。可能是这种原因，彝族人过去不太注重修房屋。常言道：“汉人富有修房屋，藏人富有买骡马，彝人富有买奴隶。”这不能不说与彝族地区畜牧样样养、粮食样样种有关。也就是说，其良好的经济（生存）地理使手工业和农业紧密地纠缠在一起。一年四季不外乎就是春种秋收，农闲纺织或走亲访友，缺乏进取和开拓精神。从政治制度到经济制度都没有向城镇化迈进一步。这与两江一河包围圈内优越的农业经济地理有重要的关系。

凉山彝族地区是四川沟通西南边陲的重要通道，自古以来，中央王朝都在这里设置郡县，委派官吏进行管理。历朝先后在这里设置郡、州、司、府及其县、路、卫、厅等。其辖区虽然时大时小，但不外乎都在川西南两江一河这个范围内。从目前的史料记载看，很难确切地说出汉民族何时移民该地，不过大体上还是清楚的。汉武帝元光五年，蜀人司马相如受命出使西南少数民族地区，认为邛可以设置郡县。尔后，《史记·西南夷列传》记载：“南越破后，得汉诛且兰、邛君，并杀筰侯，冉駹皆振恐，请臣置吏。及以邛都为越郡，筰都为沈黎郡，冉駹为汶山郡，广汉西白马为武都郡。”时隔二十年不到，《汉书·地理志》记载：“越嶲郡，武帝元鼎六年（公元前111年）开，（王）莽曰集，属益州。户六万一千二百八，口四十万八千四百五。县十五：邛都、遂久、灵关道、台登、大筰、姑复、定筰、会无、筰秦、三绛、苏祁、阑、卑水、潜街、青蛉。”这里所记录的人户和人口虽不一定全是汉族，但汉族占了相当的比例是肯定的。我们把这些地名连接起来就构成南方丝绸之路的重要通道。它纵贯凉山彝族地区的南北，通向云南至边关。这一条形的通道是凉山彝族地区主要的丘陵、平坝、盆地面积集中地带。年平均气温可达15℃～20℃。气候温和，土壤肥沃，物产特别丰富。因此，对外界产生了很大的吸引力。以拓荒为主的汉族移民涉足这一地域后，稻作文化就深深地扎根在这一地区。一方面朝廷加紧在这一区域内进行建制，另一方面以宗族文化为基础，移民们建立了自己的祠堂，不断地动员原住地宗族移民这里。再者都以同乡人为前提在各地建立了会馆，还有与之配套的私塾、文昌宫等。于是不少地方逐步建立起城镇的规模。彝称“尔苦”。以越西、西昌、会理为中心的城镇逐步成为移民的政治、经济、文化中心，成为历朝的社会、政治纽带，支撑着整个川西南民族地区。以此为基础不断地往周围扩张，沿路出现了这样或那样的驿站和铺子。铺子和城镇具有很强的商业功能，成为各民族交往的集点，推进了凉山各民族的经济发展和文化交流。城镇、铺子增多，移民站稳脚跟后，一系列的经济开发也随之进入彝族地区，安宁河沿岸的炼铁，顺两江一河的木材开发，盐源盐业开采，昭觉等地铜冶炼以及盐源、冕宁、木里境内的淘金等，逐步遍布凉山各地。到了明、清，大批军屯、民屯及商业移民接踵而至，昔日的阿合纽依（毕摩发源地之一），已成为以汉族居民为主的地区。南北汉族人口从南部会理和北部甘洛、汉源不断地往安宁河两岸迁移，形成密集型的稻作农业和商业网络，不断地输入和输出商业产品，与内地的联系也就畅通无阻。凉山有句家喻户晓的彝话，记录了商业通道和城镇之间的经济联系，即：“卫城山上马帮穿梭如蚁，拉布俄卓（西昌）城内盐块堆积如山”，“彝人离不开汉族的布匹盐巴，汉人离不开彝人的药材皮张”，这也成为一种必然现象。

二、攀西都市化发展途径

攀枝花市和西昌市是镶嵌在川西南民族地区的两大不同类型的城市。作为川西南地区古老的重镇——西昌和新中国成立以后拔地而起的新兴工业城市——攀枝花，自20世纪80年代以来，它们互相依傍，紧密联系，其特殊区位和不同的发展历程，为未来西南地区的都市化发展提供了可资借鉴的发展模式。正如费孝通先生所言：“我们在访问凉山彝族自治州及攀枝花市以后提出的建立攀西开发区，重建南方丝绸之路，开发大西南的设想也是从区域发展入手来推动民族发展的例子。我建议由彝族主要聚居区凉山的中心西昌和60年代起发展成为钢铁生产中心的攀枝花联合建立攀西开发区；并以此为中心，重建由四川成都市经攀西及云南保山、从德宏出境，西通缅印的南方丝绸之路，为大西南的工业化、现代化奠定基础。这可简称为‘一点一线一面’开发大西南设想。‘一点’就是指攀西地区，它资源丰富，能源充足，是对今后开发大西南具有强大启动作用的经济心脏。针对当前该地区在社会经济结构上存在的突出问题，我们提出‘四个结合’的对策：州市结合、工农贸结合、轻重结合和民族结合。‘一线’是指以攀西开发区为中枢的由我国大西南通往缅泰印孟的一条交通动脉，也就是重建历史上的‘南方丝绸之路’。有了开发区作为心脏，南方丝绸之路作为大动脉，大西南工业化和现代化就能由点逐步扩散成一片，这就是我们设想中所提的‘一面’。经济的辐射作用将波浪式由攀枝花的工业中心，从凉山地区向四周扩散到大西南的整个地区，基本上可以包括川滇黔三省，即云贵高原和四川盆地，使这一片区少数民族聚居区逐步走上工业化的道路。”① 加快西部地区城市化进程，是西部大开发和建设小康社会的重要组成部分，是缩小东西部差距的唯一途径。如何选择适合川西南民族地区城市化途径，关系到民族团结、社会稳定的问题。因此，对攀西地区都市化发展途径进行必要的回顾和省思是具有很大的现实意义的。

（一）飞来的都市攀枝花

“三线建设”是新中国成立后为加速国家工业化进程和防备战争威胁而提出来的。周恩来在第一届全国人大会议《政府工作报告》中说道：“第一个五年计划所以要集中力量发展重工业，即冶金工业、燃料工业、动力工业、机器制造工业和化学工业，是因为只有依靠重工业，才能保证整个工业的发展，才能保证现代化农业和现代化交通运输业的发展，才能保证现代化国防力量的发展，并且归根结底，也只有依靠重工业，才能保证人民的物质生活和文化生活的不断提高。”新中国成立后，在全国范围内，不仅恢复和巩固原有的工业基地，而且很快建起了一批新兴的工业基地。在建设工业国家和工业赶超战略的背景下，“毛泽东首次提出了按我国地理区域划分为一、二、三线，并强调加强以国防工业为中心的三线工业基地的建设。所谓三线，即沿海地区为一线，中部地区为二线，后方地区为三线，三线分两大片，一是包括云、贵、川三省的全部或大部分及湘西、鄂西地区的西南三线；二是包括陕、甘、宁、青四省区的全部或大部分及豫西、晋西北地区的西北三线。三线又有大小之分，西南、

---

① 费孝通：《边区开发论著·前记》，13页，北京，北京大学出版社，1993。

西北为大三线，中部及沿海地区的腹地为小三线”①。

攀枝花钢铁工业基地正是在这样的历史背景下建立起来的，它的建立既包含了几代地质学家辛勤的勘探，也体现了新中国开国元勋们的雄才伟略，同时凝结了几十万建设者的辛勤汗水。它是20世纪“三线建设”的杰作，标志着中国在工业化城市体系建设创新方面取得实质性发展，是推动西南地区工业化和非农业化过程中具有跨时代进步意义的产物。

攀枝花市面积有7434平方公里，辖3区2县，现有人口100万左右，少数民族人口有11万多，其中城市人口50多万，城市人口中98%的人是外地移民及其后代。由于20世纪50年代建立攀枝花钢铁公司的准备阶段到60年代中期至70年代中期建设阶段，攀市的建立都是以工业建设为纽带，社会、政治因素决定着都市化问题。攀枝花市尽管建立在偏远的少数民族农牧业地区，但农牧民的户籍都在农村，当时是不可能绕过非农业人口来招收更多的当地人口参与都市建设，因此只有从全国各地调动几十万工人及其受过教育的专业人员入主攀枝花市。世居民族参与攀枝花市的建设，最初都以农村基干民兵的身份出现，他们以突击队的形式，大战几个月或一两年后回到农村务农，继续扮演农民的角色。其实际成果给国家带来了很大的利益，也给城市人口提供了良好的就业途径，不过与当地世居民族的联系似乎很少，当地农村与新兴城市差距造成的失望是有目共睹的。按理说川西南民族地区发展的期望应当可以全盘地寄托给崛起的现代工业城市，然而并没有因为有了这个城市而使各世居民族（包括汉族农民）的经济良好地运转起来，它并没有对世居民族的需要做出应有的回应。人们看见一群群心情愉快的上班族来来往往，无忧无虑地在街上穿梭，看见一座座矿山随着火焰冲天的炉灶渐渐地消失之外，世居民族的户籍仍然厚实地垒在乡镇文书的户口簿中。直到1995年，全市有94万人，城市人口48万人，其中98%是工业移民及其后代，全市有少数民族11万多人，占该市农村人口的1/4。

到1995年，凉山彝族自治州全州还有11个贫困县、390个贫困乡镇、45.4万户贫困户、197.99万贫困农业人口，年人均纯收入仅316.35元，粮食489.82斤。这些令人不光彩的数据，虽与攀钢的建设没有直接的关系，但足以证明攀钢对川西南地区世居民族没有产生多大的影响，飞来的都市毕竟把这一片区的世居各民族排在城墙之外，长期以来的计划经济顶多让靠近城边灰色经济地带的农民卖点农副产品来圆发财的梦。城市生活虽然对世居民族有很大的吸引力，但是改革开放以前与生俱来的身份地位，决定农民及其后代不通过后天极其艰辛的努力是不能融入城市的。占攀枝花市城市人口仅2%的世居民族，多数的背景可能是在农村，这部分人没有一技之长是不

① 李星星、罗勇：《攀西裂谷上的生长点·前言》，1页，成都，四川民族出版社，1995。

可能成为城市人口的。而城市人口无论怎样，国家都通过各种途径安置工作。招干、招工、招生、招兵他们都有优先的条件，实在不行了，还可以顶父母的班。谁成了城镇人口，其子孙可以“滚雪球”似的在城里盖章签名拿钱。由于这样的特殊利益存在，无形中助长了城市公民的懒惰思想。从某种意义上说，攀钢在20世纪80年代以前，自身是与世无争的，无论企业的盈亏如何，它不存在出口创汇的压力，与其他钢铁公司一道能满足狭小的国内市场就可以了，整个城内的市民都高枕无忧。过分的国家公有制经济，抑制了攀钢自身的发展活力，也不能给攀枝花的乡村经济结构带来异质性变化。自身的潜力只有等待国家政策的调整。

20世纪80年代以后，国家的政策逐步得到调整，农村实行土地承包责任制，不仅使粮食得到增产，而且解放了很多劳动力。城乡之间的往来也逐渐地从松动走向全面开放，农村的剩余劳动力也可进入城市打工。1983年，攀枝花市第三次党代会做出了把乡镇企业作为发展地方经济的两大支柱之一的战略决策。随后陆续出台了各种优惠政策，乡镇企业和私营企业以及个体户的数量逐年成倍增长，打破了城市—农村、工人—农民这样的二元格局。攀枝花这样有基础的工业化都市就可以为本市农村剩余劳动力提供良好的就业机会，而农村社队多数都有集体办厂找收入的经验，如烧瓦、烧砖等，因势利导，很快办起了乡镇企业、集体企业、私营企业。我们通过以下这几段时期的发展来看看攀枝花的变化情况。“1985年时，乡镇企业在农业总产值中，与农业相比还只是0.68∶1，到1987年，乡镇企业总产值第一次超过了农业，而到1990年，两者比则上升到1.48∶1。1990年乡镇企业的总产值比1985年增长了269.39%，利润增长595.55%，税金增长369.55%，总收入增长391.1%。3200多个乡镇企业总产值达13252万元，占攀枝花地方工业总产值52165万元的25.4%”①。到1993年，其产值达到10亿元，已经超过地方工业的水平。工业化城市的辐射作用就凸显出来，从这种辐射经济中世居民族的利益得到了一定的补偿。

攀枝花市的农村人口依托工业化城市具备的物质技术基础和各种技术人才集中这一优势，农业人口有条件向非农业人口转移。市郊灰色经济地带的农民随着城镇面积的扩大，逐步融入城镇化人口中，各种业主不断地涌现出来。到20世纪90年代，“攀市就有企业7841个，其中乡办企业392个，村办203个，村以下办厂7246个，从业人员达34935人”②。该市的盐边县“从1990年到1993年的4年中，用于发展乡镇企业的资金就达6330万元，建成乡镇企业1560个，新增产值1.2557亿元。安

① 李星星、罗勇：《攀西裂谷上的生长点·前言》，1页，成都，四川民族出版社，1995。

② 李星星、罗勇：《攀西裂谷上的生长点》，成都，四川民族出版社，1995。

排农村富余劳动力4655个”①。由于逐步打破了城乡的对立化，农村劳动力可以脱离耕作或者土地而到城里谋求非农生活，他们的生活和思想不再被束缚在以往那种城乡固定不变的关系中，城乡人口的交融和职业的不确定性改变了每个人的社会身份，摆脱了传统角色关系构成的种种网络，从而带动了攀枝花市总体经济和社会的发展。

二滩电站的建设，淹没了雅砻江下游盐边、米易、盐源、德昌、西昌等两岸肥沃的河谷，淹没了葱茏的森林，也淹没了许多历史悠久的铺子及其古老的城镇。这里的各族人民不得不离开世代生活的家园，腾出连接祖祖辈辈的心路情结——“金窝窝银窝窝不如自己的狗窝窝”，把相续了几千年的家园文化断层地埋在了碧波荡漾的水底，这无疑是一种痛苦，然而也是一种千载难逢的机遇。二滩所涉及的移民地区有32个乡、71个村，淹没耕地3.27万余亩，人口4.2万余人，搬迁盐边县城和乡镇7个，改建公路340余公里。② 这些地区普遍的特点是交通闭塞，沟深坡陡，居住分散，医疗卫生及学校设施不好配备，涉及的贫困人口多。移民安置无疑打动了他们单纯的农耕思想，有机会去领略交通沿线及城镇化的生活。“在二滩工程概算中，移民费用经历了好几次变化，最初是2.6亿元，加到3.9亿元、7.8亿元，直到1996年国家计委再次核算为20.33亿元”③。通过移民工程，使这一地区发生了很大的变化，仅用两年零四个月的时间，便把盐边县移到桐子林，建筑面积达50多万平方米，全县共建起了4座变电站，输电线路达184公里，修筑环湖公路108公里，开通了近万门程控电话，使用了光纤通信。在搬迁中，对3500人实行了农转非，加快了都市化的进程。这就是工业城市对农村起到的辐射作用，都市生活的拉力和农村生活的推力，把人们从城市与农村的二元格局中逐步地引向一体化，互惠与合作的横向联系必然导致城乡的一体化，打破城乡分割。这就是人们看到的改革开放后攀枝花工业城市对川西南民族地区经济和文化的辐射作用。

（二）发展中的古城西昌

西昌彝语叫“拉补俄卓”，是凉山彝族自治州州府所在地，是凉山彝族自治州政治、经济、文化的中心。

西昌地处东经101°46′~102°25′，北纬27°32′~28°10′。市南北最长纵距约70公里，东西最长横距约43公里，总面积2655.21平方公里。居有彝、汉、藏、蒙古等34个民族，全市总人口615 212人，其中少数民族人口122 732人，市区人口201 751

---

① 李星星、罗勇：《攀西裂谷上的生长点》，成都，四川民族出版社，1995。

② 参见李林樱：《雅砻江的太阳》，350页，成都，天地出版社，1998。

③ 李林樱：《雅砻江的太阳》，成都，天地出版社，1998。

人，全市现辖36个乡镇、6个街道办事处、227个村民委员会。

西昌市与攀枝花市截然不同，自古以来它是通向西南地区的一大门户，历史悠久。自汉武帝元鼎六年（公元前111年）置越嶲郡、邛都县之后，它始终成为上一级政权机构的驻地，成为这一区域内政治、经济、文化的中心和军事要地。1950年3月解放西昌后，划宁属八县为西昌地区，设专员公署，隶属西康省。1955年，西康并入四川省，随即改隶四川。1978年经国务院批准，撤销西昌地区建制，并入凉山彝族自治州，州府于1979年从昭觉迁西昌。同时将西昌县所属城关镇和西郊、马道、小庙三个公社及喜德县四合公社一并划出，归西昌建市，其余各公社仍属西昌县。当时属于县、市并存。1980年，正式建立西昌市，成立西昌市人民政府。

西昌的历史源远流长，自古就有土城，土城建于何时，很难确定，不过到现在还可以看到土城遗址，东起姜坡，南经大石板，西经龙眼井，东河西河均穿土城而过，那时的城内面积在川西南地区算是不小的。后来据说为了避免水灾，把西河让出城外。到宣德二年（公元1427年），始加砌砖石。高三丈，周长九里三分，计一千六百七十四丈，城有四门，东为安定门，南为大通门，西为安远门，北为建平门。① 古代西昌的人口资料没有确切的记载，到了民国以后才有具体的统计数据，据《西昌县志》载：民国三十四年（公元1945年）八月至次年五月，西昌县人口普查，人口总数为129 230人，其中男64 288人、女64 942人。这个数据在当时的川西南民族地区算是比较多的。民国时期就拥有飞机场，一方面体现了西昌的军事地位，另一方面也体现了它的繁华。

西昌虽然较早地具有了城市的雏形，但在其历史上甚至改革开放以前都没有具备健全的都市功能。城内城外虽然也有一些简单的农业、手工业及工业分工，城乡的地域分离还是很模糊的，直到20世纪80年代初，每当下雨时，西昌城内到处都是泥泞的土路，时时刻刻都有骡马、水牛、黄牛及羊、猪、鸡大摇大摆地穿街而过留下的坑坑洼洼的足印。其城市的形态处于一种“乡村化城市”。虽然西昌地处凉山腹心地带，但对少数民族地区的经济、社会及政治影响并不大，城市人口的规模也比较小。尽管在西昌地区有不少民族聚居的县，如盐源、木里、冕宁等，但这些民族地区除了少量的干部在当地参加工作外，在西昌的人几乎没有多少，城内的少数民族干部和工人有多少，大家都叫得出名字。况且西昌附近农村都属汉族地区，民族地区远离城市，西昌又没有具备城市功能，尚未具备现代化城市的中心作用来向周边的集镇和广大农村以及民族地区辐射。居住在这里的居民，多数靠土地作为谋生手段，农村经济并没有受到很大冲击，城内的商业活动掌握在城镇国家工作人员手中。在长期的计划

① 参见《西昌县志》，成都，四川人民出版社，1996。

经济体制下，人们的生活方式和思想行为都被束缚在某些固定不变的关系中，农业化的“乡村心态”始终在西昌市民的思想上占了上风。当时城内的干部都围绕农村工作转，春耕生产干部下乡紧，秋收季节干部支农忙。总体上的城乡差别并不明显，可以说是城市乡村化。可是那时的城乡对立又极其明显，干部成为“政治职业者”，只搞思想意识形态等工作，商业活动被城里人垄断，农村社员只搞农业生产。当时在人们的心目中，城市人口生活过度富有，农村社员生活不断凋敝，形成明显的二元结构。

自1978年撤销西昌地区建制，并入凉山彝族自治州，州府迁入西昌后，西昌的都市化势头突飞猛进。一方面在20世纪80年代初期国家的政策不断调整，城市的活力得到了加强，商业活动不断活跃起来；另一方面恰好又遇到迁州进昌，大批的干部队伍随工作关系迁移西昌，与单位和干部人数相适应的生活、工作服务和其他配套设施迅速建立起来。西昌于是变成全州17个县市的政治、经济、文化中心。不仅牵动着安宁河谷汉族地区的变化，而且把许多工作的重心移到边远贫困的民族地区，特别是东部广大的彝族聚居区。西昌的历史尽管比较悠久，但是城镇人口长期以来都趋于单一民族化，在少数民族的心目中，西昌就是汉族的西昌，它的城镇人口和周围农村都是汉族人。解放以前，虽然也有个别彝族权势人物在西昌修建了自己的房舍，融入城内显赫人物的行列，但是从市民的层面上，能在这里安家立业的毕竟微乎其微。

少数民族移居西昌最多的当数凉山州府迁移西昌以后的事，多数是以工作关系移居西昌的。他们的思想道德素质和文化科学素质普遍都高于一般市民，这与凉山民族地区的社会发展有关。凉山民族地区民主改革前几乎没有城镇人口，民主改革以后才通过两种途径加入城镇非农户口。第一批干部是在民主改革中参加革命队伍的，他们当中有部分人属于本地区、本民族的头面人物，有部分人属于年轻有为的各阶层青年骨干，有部分人属于翻身解放的。大家都通过党和国家多种形式的教育和培养，成为民主改革时期各阶层的积极分子，被送到不同的学校、不同的地区进行深造后，返回民族地区工作，文化起点都比较好。他们的后代又都成为非农的干部子女，有条件受到良好的教育，在城镇谋到良好的职业。而从农村人口向城镇人口转移的少数民族，这部分人基本上是通过招工、招干、招兵、招生等途径来实现非农化。他们的家庭背景虽然都在农村，但都属于百里挑一，其综合素质和能力都比较强。这部分少数民族干部多数系男性知识分子，这与少数民族农村传统的尊卑观念有关。直到20世纪80年代，农村少数民族普遍认为男儿是支撑家族门面的人，女子长大了就得出嫁，就会成为别的家族的人，因此普遍重视男性的教育，对女性关怀是很不够的。她们的天资再聪明，没有受过教育就不可能离开农村，就不可能实现非农梦。不过当时民族之间的关系还存在着一定的距离，相互之间表面上很好，但文化差异等带来的是相互敬而远之。体现在婚姻关系的民族问题尤其突出，无论是民主改革时期参加工作的人，还是后来通过各种途径转化为非农人口的彝族，多数不愿意与其他民族，特别是汉族通婚。而非农化彝族妇女就显得很少，单位上彝族妇女就成为彝族男性成员的“抢手货”。实在不能在单位上找到彝族合适对象的男子，只好返回农村去挑选，于是在凉山州级各部门及县、区、乡各级国家干部和工作人员中，出现了大批的“半边户”，即男性是国家干部，女性是农村社员的家庭。这部分人在城里生活遇到很多困难，两地分居的问题谁也解决不了。城里面工作的单身男性家庭，几乎处于两难困境中：一方面，彝族男子从小没有养成做家务事的习惯，诸如烧饭、买菜等，即便学会了，也不好安排，不可能一个人一天围绕三餐转个不停。把妻子带到城里，不仅生活开销不够，而且农业合作社也不允许；另一方面，农村的家庭需要照顾，房舍修建还得亲自动手，一些农活必须帮忙才能完成，回去探亲单位能否准假还是一回事。不过他们亲身体验了农村与城镇生活的区别和悬殊，千方百计地把自己户籍在农村的孩子（当时户口都随母不随父）带到身边上学，与单位里的孩子们享受同等教育机会。“半边户”的子女，多数看到自己的家庭与双亲干部子女的生活区别后，特别用功学习，恢复大中专考试制度时，他们就成为出类拔萃的人，后来多数融入城镇生活中。尽管通过上述这些途径融入都市化的进程显得很缓慢，但对彝族地区农民的震动是比较大的，每户家庭都渴望自己的后代成为干部，于是克服不少困难，送子女上学。看到一些成功的例子后，相互效仿。农村贫穷的推力和城镇富裕的拉力，使民族地区家长和孩子们都不得不去苦苦追求，在这种利益的驱动下，20 世纪 80 年代，彝族农村不少家长卖耕牛送子女上大学的事被传为佳话。正因为如此，凉山民族地区民族的非农人口逐年增多，加剧了都市化的进程。仅以西昌市城区少数民族人口为例，就足以说明这一发展变化。西昌城区少数民族人口改革开放以前只有几百人，到 2002 年 10 月，城区的少数民族人口已达 24 546 人，其中彝族有 17 232 人。这批人事实上构成了彝族的精英阶层，对凉山彝族地区的发展起到举足轻重的作用。

毋庸置疑，凉山彝族自治州首府所在地西昌都市化发展的快慢，对凉山各县的影响是很大的，它的辐射作用直接关系到各县的都市化发展思路和进程。改革开放以后，应该说西昌的都市化是顺应了时代的发展，顺应了民族地区的实际情况，走出了成功的路子。首先，西昌从过去单一的汉族城市变为多民族的城市，它的发展直接牵动着凉山各民族地区的发展。其次，西昌从过去的城乡对立化中走出来，成了城中有乡、乡中有城的中等城市，打破了城乡分割的格局。这种城镇与农村的“杂交”过程，使农村与城市交界的灰色地带不断地往外移，迫使不少农村人口加入市区人口，又不断地给“新周围”的农民灌输准城镇思想，使个人的身份从单一农民转化为职业不确定化，或者亦工亦农，或者亦商亦农，使社会流动活跃起来，增强了城市化的活力。以下三组不同时期城乡人口的变化就足以说明西昌都市化发展的状况。

表1 民国三十五年（1946年）西昌各县乡镇常住人口统计表①

乡镇别	户数	共计		
		人口数（人）		
		小计	男	女
总计	23 088	128 936	63 978	64 958
城厢镇	4499	21041	11482	9559
礼州镇	787	3757	1822	1935
附城乡	1717	7147	3520	3627
高枧乡	1062	5775	2648	3127
川兴镇	830	9040	4463	4577
大兴乡	576	2796	1468	1328
瑶大乡	1665	6907	3626	3281
双龙乡	1083	7304	3611	3693
太和乡	763	3746	1849	1897
西宁乡	1248	9691	4704	4987
土坊乡	584	6235	3010	3225
樟木乡	1521	7441	3524	3917
礼北乡	1144	6343	3073	3270
礼南乡	639	4651	2160	2491
琅环乡	819	3725	1810	1915
羲安乡	1250	4970	2377	2593
南宁乡	461	3551	1760	1791
高草乡	595	3626	1855	1771
黄水乡	493	2443	1132	1311
经活马乡	805	5576	2723	2853
西溪乡	547	3171	1361	1810

① 参见《西昌县志》，138页，成都，四川人民出版社，1996。

表2　1990年人口普查西昌市城乡人口分布表①　　单位：人

地区别	市人口	镇人口	乡村人口
全市总计	106 227	22 781	352 188
城市工作办公室合计	106 227	—	—
东城街道办事处	32 402	—	—
西城街道办事处	35 497	—	—
北城街道办事处	20 573	—	—
长安街道办事处	17 755	—	—
城郊区合计	—	11 433	74 464
马道镇	—	11 433	5250
西郊乡	—	—	28 999
高枧乡	—	—	12 327
小庙乡	—	—	16 037
太和乡	—	—	8063
四合乡	—	—	3788
礼州区合计	—	3037	62 249
礼州镇	—	3037	18 686
月华乡	—	—	13 565
兴胜乡	—	—	16 533
琅环乡	—	—	7375
民胜乡	—	—	6090
西乡区合计	—	5517	54 751
锅盖梁镇	—	5517	17 201
西乡乡	—	—	15 819
樟木箐乡	—	—	12 159
响水乡	—	—	4570
开元乡	—	—	5002
川兴区合计	1245	34 821	
川兴镇	—	1245	20 056

① 参见《西昌县志》，140页，成都，四川人民出版社，1996。

续表

地区别	市人口	镇人口	乡村人口
大兴乡	—	—	5944
海南乡	—	—	5448
大箐乡	—	—	3373
南宁区合计	—	645	42 861
黄联关镇	—	645	8884
经久乡	—	—	13 216
西溪乡	—	—	12 028
黄水乡	—	—	5514
洛古坡乡	—	—	3219
盐中区合计	—	868	68 480
佑君镇	—	868	11 519
九龙乡	—	—	7104
裕隆乡	—	—	14 439
羊角坝乡	—	—	11 747
中坝乡	—	—	8127
阿七乡	—	—	6010
荞地乡	—	—	4130
磨盘乡	—	—	5404
巴汝区合计	—	—	14 562
巴汝乡	—	—	3096
银厂乡	—	—	3259
白马乡	—	—	3473
马鞍山乡	—	—	4734

2002年西昌市城乡人口统计①，全行政区总人口615 212人。城区总人口201 751人，镇人口30多万人。

城内面积扩大更为醒目。解放初，城区面积仅1.3平方公里，1990年城区面积

① 该统计数据系西昌民宗局提供。

扩大到14.6平方公里，1994年又扩大到18.2平方公里，2001年已扩大到23.7平方公里。房屋建筑面积1949年仅为31.5万平方米，1990年增至389.6万平方米。到2001年，市建委全年办理核发建设用地规划许可证38份，面积1612.18亩；核发建设工程规划许可证257份，建筑房屋面积约78万平方米，建设总投资5.9亿元。西昌城区街道从清代"九街十八巷"发展到1990年已有96条街巷，到2002年发展到一百几十条。

西昌不仅以城区扩大、城市人口增多来体现它的都市化，更重要的是它在攀西这个区域内走出与攀枝花工业城市模式迥然不同的、以农垦和现代工业及其科技旅游发展融为一体的多民族城市。它已经作为这一区域内社会、政治、经济、文化、科技、信息的中心，发挥着都市的辐射作用，从而带动凉山彝族自治州各县城及其集镇和广大农村地区经济、社会的发展。西昌的工业发展是引人注目的，民国前期只有一些手工作坊，到20世纪30年代才兴起了一些机械、造纸、印刷、制革、发电等工业。解放后对私营工业、手工业进行改造的同时，积极创办了一些国有工矿企业，70年代兴办了一批水泥厂、水电厂和农机厂等。改革开放后，工业企业得到很快的发展，乡镇企业也异军突起。到1990年，西昌市辖区已有中小型工业企业172个，总产值达3.45亿元；乡镇企业有1916个，产值达5031万元。到2001年止，全市有工业企业2873户，年销售收入500万元以下的非国有工业企业2837户，年销售收入500万元以上的工业企业36户。其中国有企业24户、集体企业113户、股份合作企业3户、私营企业177户、联营企业1户、个体私营企业2513户、外商投资企业3户、其他企业27户。全部职工人数13 448人，其中：集体企业职工3881人，股份合作企业职工548人，私营企业职工3386人，个体经营企业职工5120人，外商投资企业职工118人，其他企业职工395人；城镇工业企业职工9305人，农村工业企业职工4143人。全市工业企业累计完成工业总产值184 942万元，实现利润总额48 557万元。除此之外，教育、卫生、科技、能源、文化、体育、交通、旅游、商贸、金融等建设是极其显著的。

西昌都市化的水平不断提高，对凉山彝族自治州各县城和小城镇的健康增长起到了极大的推动作用。而小城镇的健康发展必将给民族地区的经济发展带来真正的活力，它给民族地区的农村人口灌输了"都市心态"，改变了农村人口永远停留在农村的观念，促使农村人口的社会流动活跃起来，使人们看到农村经济与城镇经济之间出现一种新的综合，即农业经济和工业经济的综合。与此同时，也使人们看到本土传统文化与外来科学文化之间的综合。可以说都市化的辐射作用给乡村人注入了"都市心态"，这就给乡村的民众提供了发展的机会。

（三）凉山彝族地区乡镇的发展变化——以盐源县白乌镇为例

凉山彝族地区解放前的城镇的概念彝民们都把它与汉族的居住地联系起来，基本上认为只有汉族地区才有城镇，城镇的象征则是城墙、街道等，彝族或称“尔苦”，或称“街沙”，或称“街嘎”，意即城内、街巷、街道。解放后，国家制定了一系列具有中国特色的民族政策来指导本国的民族工作。凉山彝族地区也和全国各地一样，在正确的民族政策指导下，使彝族地区的政治、经济、文化建设事业得到了巨大的发展。20世纪50年代，首先在彝族聚居区建立了一批县、乡人民政府，与县、乡配套的学校、卫生院及商业、交通、运输等部门逐渐地坐落于此。这些部门人员配备少，房屋比较简陋，设备非常简单，但确实是给彝族人的生活观念带来了很大的改变。把“城镇”“街道”“街巷”等场所镶嵌到所有的彝族地区，使彝族人逐渐地成为“街道”“街巷”的主人，使他们从以物易物的历史中走出来，迈入货币交换的年代。通过长期的努力，又迈向商品经济时代。这种进步如果在内地似乎是司空见惯的事，但在凉山彝族聚居区却是一种难以想象的飞跃。至少在当时，彝族地区是不可能通过本民族自己的能力很快结束以物易物的生活。虽然那时全盘的计划经济并没有给彝族地区新兴的“街巷”带来繁华的可能，但是它给当地奠定了基础，这种基础无可非议地影响到了改革开放后发展变化的速度。一开始，彝族地区的这些乡镇，一方面成为城市商业通向乡村的落脚点，另一方面又成为乡村经济通向城市的桥梁。改革开放以后，城乡互惠的合作更加加强了它们的横向联系，促成农村的商业化流动，使彝族地区不少农村社员逐渐贴近了城镇生活，从而逐步地向非农化人口转移。可以说凉山彝族地区星罗棋布的小城镇，不仅具有浓厚的地方民族特色，而且可能成为彝族地区彻底摆脱贫困状况和实现追赶型发展的根本途径。白乌镇的变化可以证明这种发展趋势。

白乌镇位于凉山彝族自治州盐源县的北部，海拔2600米，面积为646平方公里。全镇人口17 654人，彝族占92%以上。有彝族、汉族、藏族、蒙古族、纳西族等。驻地距盐源县城有35公里。

1952年建乡，取名白乌自治乡，1958年改名为白乌乡，1972年建立白乌公社，1992年撤销大林乡并入白乌乡，改建白乌镇。白乌镇目前在镇所在地的国家行政、企事业单位有：白乌镇党委、政府、工商所、法庭、派出所、医院、地税所、国税所、森经所、营业部、粮站、邮电所、兽医站、中学、小学等十几个单位，有300名国家职工。

白乌镇是典型的农牧业并举的镇，由于海拔高，不适应稻谷生长，适应当地生长的农作物有玉米、洋芋、荞麦、燕麦、豆类等。经济林木有花椒、苹果、核桃、梨、桃等。解放以前白乌曾经因为有过不少畜牧业大户而闻名于整个凉山彝族地区，其中有个别户拥有一百多头牛、几十匹马、一千多只羊，这一地区属于彝族和藏族结合部，人杰地灵，土地肥沃，宜农又宜牧。如罗洪阿尔宁都、罗洪伟且挖尔、的惹尼尼、阿利根伙、黑惹达达、舒把总等彝藏人物，在雅砻江中游彝藏地区都是小有名气的。因此白乌的变化始终牵动着周边彝族的发展。解放前的白乌尽管人口居住比较密集，富有阶层比较多，但始终没有商业场所，连起码的商店都没有一个，人们的生活必需品只有通过民间推销或到盐源县城才能买到。

自1952年建乡以后，办起了商店，人们可以在当地购买一些生活用品。各种机构不断增多，非农人口也逐步增多起来。在长期的计划经济指导下，农牧民除了在当地买到一些商品外，几乎被排斥在经商致富的大门之外。"文化大革命"时期不少有头脑的当地农民由于涉足经商活动，获得一些利润而被揪出来批斗，称他们为"投机倒把分子"，戴上了高高的纸帽，经常拉出来在各种场合上进行批斗，极大地打击了经商致富的积极性，也迎合了解放前彝族经商为耻的思想。粮食、牲畜是按指定的标准上缴，价格全由国家定，由粮站和营业部来统购，管理人员和经办人员都属于非农的国家干部和工人。与当地农民的身份和地位大不一样，他们有铁饭碗，形成当地的特权阶层。所有的农村社员只能懒懒散散地为村组集体劳动，外出一天也得请假。改革开放以前，白乌的情形是这样的：只有一个营业部开的商店，所有的杂货都在里边卖，内设四个柜台，算是专卖店。一个卖副食品，一个卖布匹、衣鞋等，一个卖农资，如农药、犁、锄之类，一个卖文体用品。大概上午9点上班，下午3点关门，从业人员4~6人。多数商品都需要票证才能买到。除了当地100多人的干部经常光顾这些柜台外，多数情况下是空无一人的。当地老百姓唯一可以赚钱的门路是抽空到山上采药材卖给营业部，或者早晚背点柴卖给单位伙食团，其收入是微乎其微的，顶多为家人买点鞋、买点盐就不错了。

改革开放以后，农村实行土地承包，社员们的农闲时间多了起来，到哪里都由自己安排。起初人们对商品经济、开放市场都比较陌生，大多数的人把空闲的时间花费在走亲访友上，社会流动方式与传统没有什么两样。不过，慢慢地干部家属们率先走出寨门，到丈夫所在单位试着做一些零星的生意。白乌参加工作的干部比较多，又都是男性，干部家属都分散在白乌各村寨。她们出去经商、做零工后，尝到了与种地大不一样的甜头，每个人又带动了原住地的农民参与各行各业的经济活动。白乌镇以20世纪80年代作为起步，个别的彝族人做起了商贩。不过他们并没有形成一种气候，经常被原住地的人冷嘲热讽，视为不守规矩的"浪人"。到1985年，白乌有8923人，其中非农业人口218人。个体工商户还未登记造册。到2002年，全镇人口17 654人（人口发展的因素是撤销大林乡并入白乌镇），有12个行政村75个生产队。

其中非农业人口392人。个体工商户达到68户，其中饮食业5户、商业户51户、加工业4户、运输业8户。这些个体户中，彝族50户、汉族15户、藏族3户。这部分个体户虽然属于农业人口，但他们已与农村的土地无关，实际上是脱离了土地的商人，应该属于城镇人口。他们的雇工平均不低于4人，照4人计算也有272人。还有两所私人诊所，他们与国家办的医院不一样，只要有病来求医，他们可以谁叫随到，深得老百姓的赞誉。除此之外，季节性的商人特别多，农忙时他们在家务农，农闲时走出去打工做生意，用当地老百姓的话说就是“手闲就成为城里的商人，手忙便成为村里的农人”。加上苹果专业户、牧场主，实际上白乌镇被视为农民的非农人口至少不低于500人左右。加上健全的国家行政、事业单位的人，非农人口占的比例还是可观的。凉山彝族有句这样的话：“没有见过勒吉，就不会梦见勒吉。”比喻如果无法知晓某种事物于己有利的话，怎能凭空去追求它呢？彝族地区的人们对城镇化的认识是比较片面的，民主改革以前城镇化在彝族地区不仅不能接受，而且受到排斥。彝族认为除非家支或个人在彝族地区的生活中出现严重失误，正常的情况下是不会迁移到汉族地区和城镇的。只有失去了在彝族地区生活的基础，受到彝族人的排斥或攻击，处境极其困难的人才因心虚而去汉族地区。

人们真正对城镇化生活的认识可以说始于民主改革以后，主要通过以下两种途径来获得城镇化的好处：一是通过各种渠道参加工作的干部、工人和商人，他们属于非农的国家工作人员，除了手上有钱外，知道城镇与农村生活差别之大，生活在城镇里生活交通条件、医疗卫生条件等都与农村有着很大的差距。二是通过城镇周围居住的彝族农村人，他们深知他们与城内人口在生活上的悬殊，发现只靠种荞养羊的传统生计方式是很难摆脱现实的困境过上美好生活的。他们在亲身经历和亲眼目睹中对几千年的彝族生计方式产生了动摇，并且自然而然地产生设法挤进城镇生活的思想，使彝族地区的劳动力出现了向非农化转移，推进了彝族地区城乡互动发展的局面。这里我们仅以白乌镇羊圈村与城镇经济和社会互动关系来谈谈如何培育彝族地区城镇化建设的一些问题，虽然它属于一个很小的个案调查，但在彝族地区具有普遍的代表性，类似的情况仅白乌就有三棵树村、麦地村、面坝村和柯登等村。

羊圈村距白乌镇所在地有3公里，该自然村有100多户，多数系民主改革以后，即1957年农村实行居民点时从四周集中迁移到这里的。直到民主改革时，这里除了两位读过私塾的学生能说一些简单的汉语外，其他人都不懂汉语。可能受语言障碍及社会治安不稳定的影响，民主改革前村里有个别的人去过盐源县城外，其他人的生活半径都被限定在方圆几公里以内。

大家都习惯了用传统的生产生活方式来养育自己，对外界缺乏认识和了解，认为够吃够穿就知足了。成立高级农业合作社后，大家成为合作社的一员，集体劳动、集体分配，分得的粮食都差不多，生活都非常困难。唯有几位先后参加“革命工作”的人，自己穿得好，吃得好不说，其家属随时还可以沾他们的光，到县城或区乡所在地去探亲，回家时常常背着一箩箩好吃的东西。村里人自然羡慕干部和干部家属，知道山外有山楼外有楼，直观地意识到农村和城镇、农民和干部的区别。有些人为当初（1956 年）人民政府动员他们参军、当干部和当工人都不去而感到后悔，自责聪明反被聪明误。称村里在外工作的人运气好，有福气。后悔莫及的同时，认为本人这代就这样结束了，滋生出千方百计为后辈创造条件挤进城镇人口的思想，纷纷送子女上学。渐渐地，毕业成才的人多了，又影响和促进更多的家长去投资教育。直到 20 世纪末，羊圈村通过招生、招干等途径进入城镇生活的工人、干部和知识分子有 40 多人。这批人身在城镇心在羊圈，除了报答父母养育之恩外，还乐意照顾许多亲戚朋友的孩子进入当地较好的学校去上学。本村人到城里来做生意，他们尽可能免费提供吃住，甚至主动为他们提供信息，帮助他们疏通关系。改革开放后，干部家属多数来到城里帮助丈夫料理家务，孩子自然随父母进城学习。截至 2003 年 3 月底，笔者调查到羊圈村籍在州、县、乡参加工作的双职工有 11 户，妻子无职业而随丈夫迁到县城或西昌的有 14 户，迁到乡、镇的有 5 户，仍然住在羊圈村的只有 5 户。无论双职工也好，单职工也罢，只要是羊圈村出去的，思想上和经济上都与羊圈村保持着密切的联系，他们都不得不帮助曾经养育他们的父老乡亲。除了物质上的帮助外，他们还不断地把外界的许多生活方式、先进思想带进村寨，对村寨的家属和社员们起到了潜移默化的作用。因此，羊圈村的思想观念和其他彝族地区有较大的区别，他们的思想和行为不再完全受土地的约束和支配，具有一种“准城镇”的色彩。干部家属们在农村是社员，在城镇又算非农经营者，他们成为农村经济与城镇经济联系的纽带。一方面动员农村社员带农副产品到城镇来卖，从中合伙获利；另一方面把城镇的很多产品批发到农村去赚钱。社员们在他们的影响下，学会了很多找钱的门路。羊圈村除干部家属外，目前在州外、州内（更多的是在县城和乡镇）从事经商的人有 15 户，其中有 5 户在乡镇修了自己的商铺，有 10 户在城镇租了商房。他们有的从事修理业，有的经营出租车，有的经营磨面机。多数人则长年累月从事零星的生意，收购皮张和土特产，批发一些当地紧缺的商货。除此之外，羊圈村内还有 4 户开了自己的小商店，零售羊圈村人所需要的日用品。在这批人的带动下，居住在羊圈村的其他人，多数根据季节的变化参加不同的劳动。农忙时，他们集中精力抓农业生产；农闲时，他们抽空去做生意。从单一身份变为身份的不确定化。从思想上接受农村与城镇互为依托的现象，使农村与城镇经济出现“村中有镇，镇中有村”的交融状态，推动了彝族地区城乡互动发展的可能。正因为有羊圈村这样的示范作用，白乌镇的城镇化建设从速度到规模都呈现出良好的势头，从 20 世纪 80 年代初街道上只有稀稀疏疏几间商店，从业者只有10多个人，发展到今天已拥有商店50余间，从业人员达几百人。常住和流动人口每天都不低于1500人，这在贫穷边远的彝族地区实属不易，它给彝族地区的经济带来了活力。如今，彝族人把白乌镇视为通向商业、通向城市、通向非农的服务平台，作为一个跳板，积累了一定的资金后就往大的城镇迁移。从某种意义上说，羊圈村与白乌镇的互动关系为彝族地区的城镇化开创了引人注目的发展模式。

（四）盐源县白乌镇宝清农场的启示

宝清农场在白乌镇的南端，与汉族地区接壤，该地原名叫曹家坟山，系兴隆汉族地区颇有势力的一姓曹大户的宗族坟地，海拔2450米，年平均气温12.9℃，平均降雨量785毫米，到20世纪60年代初仍然是一片荒地。60年代末周围的彝族陆续从杂拉山、面坝村、长麻村、核桃村、马道村等搬迁到这里，成立了一个曹家坟山生产队。70年代末迁来这里的彝族共计89户487人。该生产队虽比山区好一点儿，但生产生活条件也很差，交通闭塞，饮水困难。实行家庭联产承包责任制时，十多家农户才分得一头耕牛。80年代初由于人户的增加又分成了几个生产队，原生产队只有4头母牛和2匹马，不好分，只好卖成钱来分配。包干到户后不久，许多住户实在过不了这种穷日子，依靠亲戚朋友举家迁到本县各地和西昌、云南省兰坪县等，只剩下没有能力迁移的42户222人。

改革开放后，该村籍社员何正清涉足商潮，通过养蜂积累资金，成为彝族地区第一批万元户之一。生意越做越大，经营的范围越来越广，当地的许多亲戚朋友也跟他出来养蜂，做生意。到20世纪90年代，他已拥有上千万的固定资产。何正清富裕后不忘养育他的贫穷山村，投资进行公路、饮水、通电等建设，带领乡亲们走上富裕的路。1993—1994年，由他投资并发动老百姓投工投劳修通了盐源果场8公里路程，架起了“团结”“改革”“友谊”三座桥。1995—1996年，修建了小学、医疗点和宝清农场场部，架了20多公里的高低压线，解决了读书难、就医难、生产生活用电难问题。1996年年初，从16公里以外的山上引来了铜产沟的水，彻底解决了长期困扰居民的人畜饮水问题，1996年6月16日在这里召开了水、电、路“三通典礼”，引起了州、县、镇各级政府的高度重视。

1996年1月18日，一个公司加农户的农场——宝清农场正式挂牌成立，从此曹家坟山这个名字就被具有发展意义的宝清农场所淹没，以致这里的人都很快把长期挂在嘴边的曹家坟山这个名字忘得一干二净。

宝清农场挂牌意味着一种新的经济模式出现在贫困的山区，它是具备了一定的社会和经济基础才出现的。自从20世纪80年代中期企业家何正清发家致富后，他一直关心和支持家乡的发展和变化。他首先向过去支持和帮助过他的亲戚和朋友们提供有偿和无偿的帮助，让他们开荒种植苹果等经济林木，购买牲畜喂养，修建瓦房，修建厕所等。到了90年代初，在何正清的倡议下，自发地成立了“关于改变曹家坟山家乡面貌的筹备小组”，由何正清任组长，村长胡正元任副组长，7个成员系各生产队有威望的社员。筹备组明确提出了五年内家家瓦房化、果园化，户户电灯亮，有厕所，十年内把曹家坟山变成花果山的目标。何正清自己也廉价地购买了几千亩的荒山荒地，种植了千亩果园。社员们可以在他的果园内打工挣钱，解决生活中很多实际困难。每家每户剩余的农肥可以卖给他的果园，有的社员仅向他的农场买卖肥料都可以得到一笔很高的收入。到了90年代中期，通过上下共同努力，艰苦奋斗，筹备小组提出的目标真正成为现实，温饱问题不再是社员们谈论的主题。于是1996年一个公司加农户的宝清农场就悄然出现，社员和老板思想上形成了一种合力，经济上形成了一种规模。农场与村委会实行两块牌子一套班子，老百姓既是场民也是村民。

农户与公司互为依托，明确提出“国家有搞头，农场有奔头儿，场民有想头”的原则。农场的规模日渐扩大，总面积达到6万余亩，其中耕地面积6900亩，林地面积3万多亩，草场面积2万余亩。有经济林木16万株，其中苹果13万株、花椒2.2万株、核桃1万多棵、红梅8000株。农场和村委会进一步提出以法治场，以教兴场，创业富民的指导思想，用朴实通俗的话，号召大家“借梯上楼，搭车出山”，并理出了“六改”“六变”“六到”的思路。六改：改住一山秃一山的落后面貌；改穷有理懒应该的思想；改种一片，收一箩，人哄地皮，地哄肚皮的经营方式；改人畜不积粪，片山捡牛屎的习惯；改养畜不上市，留着客来吃的生活习惯；改人畜一间屋，庭院一堆粪的居住习惯。六变：荒山变森林；空地变草场；瘦土变肥地；穷山变富村；贫民变强户；懒人变勤快。六到：水到锅头；电到家头；路到村头；医疗、学校到场头；广播、电视到户头；移动电话到手头。

宝清农场设四个部，即农管部、林管部、畜牧部、公园部。这四个部既是宝清农场下设的四个生产单位，又是原曹家坟山四个生产队的社员视其农场需要重新组合起来的固定和不固定的职工。农场的村民都有双重职业，有些属于固定工，这部分人在农场拿的收入较高，他们白天在场部工作，早晚在家里干活。有部分属于季节工，农忙抓自家的生产，农闲到场部找收入。还有一部分人属于代管员，它是彝族地区传统的一种牧业生产方式，通常采用合伙代牧或请人代牧两种。合伙代牧是指两户或若干户邻居白天把牛或羊赶在一起，合伙者商定好轮流放牧日期，进行轮流放牧，晚上放牧归来各自的牛羊回各自的圈舍，这样可以节省许多劳力。请人代牧是指请牧人长期代牧，请牧者按期给牲口喂盐，羊毛由牧者得，视其代牧头数给予一定的报酬或按一定的比例抽牛羊产子。一般来说，牧者本身没有多少羊，但总需要专人管理，有人请他代牧，就会增加收入或发展牲口。宝清农场除了发挥代牧的传统方式外，林业管理上也请了不少林业代管员。这样业主减少了很多费用，林牧代管员也有举手可得的收入。这种传统的协作方式又容易被双方接受，加深了雇主与被雇者之间的情感联系。宝清农场目前请的林业代管员有9人，这9人都分别居住在林区周围，他们负责看守居住地周围的林木，每人每月发给补助费50元，由专职林管站长、林管员全面负责。畜牧代管员有8人，每月发给补助150元，包括喂盐的费用，由专职的畜管站长、畜管员全面负责。形成了公司加农户、土地联办、牲畜包养、家庭和公司收入双不误的经济模式。宝清农场的农牧等不断得到发展后，在盐源县城修建了一个苹果蔬菜保鲜库，宝清人的剩余劳动力几乎被它消化。知书识礼的人都在宝清商城服务，成为盖章签名拿钱的合同工或临时工。没有文化基础的人，平时经营自己的土地，一旦农闲便在宝清农场打工。很快，当地人富裕了起来，改变了过去的面貌，走出了一条彝族聚居区农民通向致富和通向城镇化的路子，克服了长期以来困扰彝族农村丰收不增收的困境。它以公司加农户的模式，让农民的生产成果与不断变化的市场经济迅速对接起来，通过保底价解决了农民的后顾之忧。同时使农民的剩余劳动力不断地向城镇转移，成为亦工亦农亦商的人。职业身份的不确定化，改变了一生农到底的命运。2000年8月，笔者到该村做过一些调查，本村人长期受雇于宝清农场的就有30多人，最高工资800元，最低工资50元。他们自称双不误：工作不误、家庭经营不误。家庭农牧业收入和农场的工资收入成为他们经济的双保险。有的还说若是能够长期这样，去当个干部干什么？我们自己已经说不清楚自己是农民还是干部，已经不知不觉地站在了似农非农的行列里。2003年2月，笔者又到宝清访谈时，发展变化更大。月收入跨千元的宝清人已不在少数，多数职工能拿到400元以上。受雇的人增加了很多，还惠及了其他村社的人。每天开通了一趟班车，各种车辆进进出出，具有一种乡村城镇化的味道。

宝清人认为要获得真正的发展，必须放眼市场，着眼于未来，在何正清、村委会和场长们的共同努力下，农场又顺利地并入了禾嘉集团，成为盐源县禾嘉宝清农业综合开发科技示范基地。自2002年10月以来，他们按劳力的强弱，把宝清人编为一队、二队、三队，每队为三个班。这三个队均属于比较稳定的固定工。一队月工资为500元，一班有何拉体、沙吉华、陈志贵、沙志明、杨清志、何正强；二班有杨正里、何子贵、何体古、王阿破、何巫甲、沙尔史；三班有何吴洽、陈歪莫、何子古、李尔歪、陈干部、何勇华。二队每人每月工资为450元，一、二、三班共18人。三队每人每月工资为400元，一、二、三班共18人。

本村人在禾嘉宝清农业综合开发科技示范基地的固定工、职务、姓名及工资待遇如下：

（单位：元）

姓　名	职　务	工资金额	姓　名	职　务	工资金额
何正军	主任	1500	陈文志	看守员	350
何正体	副主任	1000	沙水峰	看守员	250
陈阿达	副主任	900	何如哈	看守员	350
何阿干	林管站长	900	米木几	放牧员	400
毛巫卡	农部部长	800	沙洪发	农管班长	500
毛补哈	水工员	500	刘阿散	农管班长	500
何正发	林管员	550	马正华	农管班长	500
何正华	林管员	500	乔正科	农管队长	500
杨玛倮	林管员	500	沙正友	农管队长	500
何明华	林管员	500	马正友	农管队长	500
沙巫呷	推土机学徒	200	刘巫各	农管队长	500
沙歪拉	班长	500	胡尔火	农管队长	500
何阿呷	售货员	500	何秀英	服务员	450
马兴华	炊事员	600	王尔且	服务员	450

宝清的发展变化的确是引人注目的，笔者从20世70年代初期到现在都因工作关系和亲戚关系，年年穿梭于宝清，从研究视野出发，可称得上费孝通先生所说的“行行重行行”。回眸收录在笔者眼底的宝清历程，其发展与变化无疑是值得佩服的。70年代整个宝清不仅没有一间瓦房，而且连像样的木板房都没有几间，低矮而零星的草房与周围四处可见的坟墓构成令人望而生畏的村落。那时笔者屡屡听到曹家坟山村白天或傍晚毕摩或苏尼嘶哑的咒鬼声和举行仪式的主人站在门口放火药枪送鬼的声音时，总在无语中为他们的处境和未来感到心酸。正是这种山穷水尽的生活环境所逼迫，当80年代初农业合作社的户籍出现松动的时候，曹家坟山村的人都想方设法向外地搬迁，贫穷的现实不得不把更多的人户推向陌生的他乡，全村89户死守家园的只剩下42户。然而通过它的变化也使人真正地领悟到“天时不如地利，地利不如人杰”的道理。在何正清和村社干部的带领下，90年代以来该村不仅解决了温饱问题，而且解决了水、电、路、学校、医疗一系列问题。农民手中的现金多了以后，他们有条件购买一些中高档的耐用消费品。贫困山区彝族村民不敢问津的商品在这里似乎销路不错。到2003年2月中旬，该村102户拥有的耐用消费品数量为：彩色电视机46台、电冰箱4个、洗衣机2台、长安汽车和农用车4辆、小四轮拖拉机8辆、摩托车

1辆、推土机1辆、抽水机4台、磨面机6台、电焊机1架、台球桌3张，自行车和手表、收录机等数量就相当多。除此之外，该村有15家小商店、2个歌舞厅、5个鱼池，拥有20双以上山羊或绵羊的有10多户。前面谈到宝清人过去的住房多为传统式样的茅草房，房子全是土木结构，面积也比较小。如今，茅草房一间也没有，全部盖起了瓦房，而且都是四合院式，堂屋显得宽敞明亮，多数铺上了三合土，卫生条件比较好。宝清人不仅解决了温饱问题，而且手中的现金和固定资产也多了起来，更主要的是，他们许多消极的思想观念逐渐地得到改变。访谈中，宝清人把孩子的教育问题放在重要的议事日程上，家长们都说，除非孩子实在不想读，只要想读，他们都支持孩子上小学、初中、高中，直到大学。

宝清的发展在内地的确算不了什么，不过在一个毫无基础的彝族贫困山区，能在二十多年内发展到现在的程度还是很不容易。可以肯定被视为农业人口的非农人口已接近该村人口的三分之一。我们应该结合凉山彝族地区的实际，对凉山彝族地区都市化或者城镇化基本途径和方式做一些探索，以此来理出凉山彝族地区如何实现追赶型、跨越式经济发展的思路。笔者认为宝清农场的发展可以给凉山彝族地区的经济建设提供如下启示：

在凉山彝族地区很快实现城镇的工业化和都市化是不容易的。不应该过分强调城镇的规模、人口、工业化等指标，应该把工作的重心放在小城镇的建设上，不仅巩固和发展原有的小城镇，而且要有意识地培养一些有潜力和具有辐射作用的村寨加入城镇化的行列，使更多的人产生城镇心态，从而积极接纳和融入城镇的生活中。不要片面地强调住进城里才算城镇化的思想，让原有农村社员始终产生“富在凉山有远亲”的感觉，对周围的社员产生吸引力，从而稳定农村人口的盲目流动，减轻城市的人口压力。笔者认为，可以集中使用一些政策性资金，依托山地丰富的生物多样性资源及特殊的农副产品资源，因地制宜地搞一些农副产品加工企业，把农牧民的生活卷入商品经济中，以城镇为商业基础来调节当地人的生活资源和劳力资源，提高非农化进程，这样才能使贫困的彝族地区尽快地脱贫致富奔小康。

参考书目

［1］李星星，罗勇．攀西裂谷上的生长点．成都：四川民族出版社，1995.

［2］西昌县志．成都：四川人民出版社，1996.

［3］西昌市年鉴．西昌市人民政府，2001.

［4］西昌市地名录．西昌市地名领导小组编印，1984.

［5］李林樱．雅砻江的太阳．天地出版社，1998.

［6］盐源县地名录．盐源县地名领导小组编印，1984.

迁徙与发展*

——百合沟彝村的变迁

摩瑟磁火

“百合沟”是个纯粹的汉语地名，地处凉山彝族自治州南部德昌县城的东郊，与县城隔安宁河相望，因从螺髻山西麓流出的一条小河而得名。这条小河从螺髻山腰的悬崖上直泻而下，形成一条从远处就可见到的白色瀑布，成为此地一道美丽的风景。沿安宁河两岸延伸出来的谷地一年四季都是绿油油的。这里雨水丰沛，气候温暖，日照充足，物产丰富。从河谷的水田到山脚之间，是成片的荒地，偶尔间杂着零星的小块水田。百合沟村就坐落在这个靠近山脚的地方。成昆铁路穿过108国道公路靠百合沟的一侧沿安宁河畔向南北延伸，从108国道垂直地往东方分出一条马路，顺着缓缓的谷坡而上，通达百合沟村直抵山足，勉强可以通车。从百合沟村到德昌县城约有4公里，距西昌64公里。德昌县政府驻地在德州镇，是全县的政治、经济和文化中心，其发达程度高于凉山的大部分县城，仅次于凉山彝族自治州首府西昌。

德昌县是凉山彝族自治州境内以汉族为主的一个县，彝族只占该县人口的五分之一左右。河谷和平坝一带大多居住着汉族，彝族则大多居住于山里和半坡。谷地的彝族较少，且都分布在像百合沟这样的“灰色地带”。大部分的良田沃土均为汉族所拥有。乍看起来，很容易给人一种彝族人被挤到边角地带的感觉，但情况并不完全如此，这种居住格局与历史和彝族人的传统密切相关。从文化上来看，德昌县的彝族比较混杂，处于“圣乍”① 和“所地”的混居地带。

---

* 本文原载《凉山民族研究》，2002年刊，45页。

① 人们往往将凉山彝族分为义诺、圣乍、所地三个方言区。

一、彝族迁徙百合沟的过程

大约在20世纪50年代初期，曾有一户姓曲莫的彝族在百合沟靠近山脚的地方住过一段时间。据说，当初他家仅靠卖辣椒就非常富裕。在那个年代，附近的汉族人曾在百合沟这片土地上改土改田，留下了至今仍存的大约100亩旱地和60亩的水田。50年代末，这里被选为攀枝花钢铁公司职工的一个生活区，工人们在这片土地上建起了许多房屋，使这里成为一度非常热闹的地方。到70年代末又迁出，能撤走的设施全被撤走，留下了成片的废墟和一个大水库及一些被破坏了的水利设施。

早在工人们还住在这里的时候，如今的百合沟村民中最早迁至此地的两兄弟就已经在此依山而居了（确切的时间是在1974年），另有几户同家支的人则住进了百合沟背面的山里，他们为后来的彝族人往这里搬迁架起了桥梁，工人们搬走又为后来的彝族往这里搬迁创造了条件。那时候，正值中国政府在农村实行改革，实行家庭联产承包责任制。改革打破了原来农业合作化时期的僵局，农民们开始有了自由搬迁的可能，政府也在一定范围内允许所谓“单干户”的存在，这又为好搬迁的彝族人提供了比较宽松的环境。正是在这样的背景下，一些由于各种原因对其原住地不满意的彝族人就开始四处寻找新的落脚点，并通过彝族传统的家支网络关系，陆续地搬迁到了这里。起初，彝族人们受到了当地汉族人的排挤，居住并不稳定。要想在这里常住下去，跟当地的汉族，特别是那些村落“领袖”搞好关系是最重要的。彝族人经常请这里的村长和队长们到家里吃饭，待以上品，并常送点过年猪肉之类的东西给他们，换得他们的容忍和许可。由于没有固定的户籍，无所归属，所以国家力量未能触及此事。人们偷偷地生活在这里，没人管理他们，也没人帮助他们，仅靠自己内部的家支感情联合起来，互助互励，相依为命。后来，附近的汉族人认为这些人很不“规矩”，甚至有时不成体统，干些违法的事情，如砍伐树木、超生等，便向乡政府和县政府反映了这些情况。政府看到居住已既成事实，便将这些彝族人组织起来，于1982年成立了一个村民小组，明确了行政隶属关系，给他们建立了户籍。从此，先来的这些彝族人就名正言顺地成了此地的村民。那时，这里还只有15户人家，其中11户为摩色家支、4户为阿约家支。后来的人又搬迁到这里，其中有的取得了这里的户籍而长住下来，有的则因不适应或受排挤而又返回原住地。如今，摩色家支的人已达到30余户。虽然有些后来者目前还未取得正式的户籍，但在民间他们的居住已经获得了认可。尽管这里的人们大都同属一个家支，但其原住地各不相同，有的来自圣乍地区，有的来自所地地区，有的则来自过渡地带。据统计，居住在这里的30多户人家，分别来自凉山的11个县。由于他们的背景不同，其文化、生活习性也有一些差异，这给他们的共同生活带来了相当大的影响，也使他们在新的环境面前呈现出不同的心态和不同的行为方式。

二、土地资源及其分配

由于曾被划为工人生活区，这一带的土地权一直不很明确。当初组织成立百合沟村民小组时虽没有划出一个明确的边界，但口头上已表示那时被彝族人耕种着的土地从此就属于他们了，还根据各户的土地占有情况发放了土地证书，可是不知为什么后来又被村上收了回去，之后再也没有发回来。附近的两个汉族村民小组认为百合沟的土都属于他们。所以有关土地使用权的争议从此一直不休，至今仍未得到解决。起初，由于先来的彝族人都是“单干户”，他们小心翼翼地使用那些汉族人力所不及的土地，且每使用一点熟田，都须以各种方式征得汉族人的同意方可。或变相购买，或承包使用，或给有权力的汉族人一些好处，求得暂时的使用权。一些边角地带的熟田经过彝族人多年的经营，表面上已经“自然”地成了经营者的土地，但实际上仍未能真正地得以明确。彝族人仍然提心吊胆，总怕哪天又会有汉族人前来干涉，又要收什么费用。一些没有占到熟田的彝族人，则只好自己开荒，有的干脆把工人们留下的废墟改成了旱地来使用。随着迁入的人越来越多，人们开荒的劲头也越来越大。起初只有那些没有办法弄到熟田的人进行开荒，且都选择比较好的地段来开垦。后来大家看到开出的地上作物长得特别好，就都一窝蜂地参与到了这个行列，并且只要能占到，再也不择地段。大家疯狂地占领荒地，即使暂时不能开垦，也用石头把自己所占到的全部圈围起来，就好像是一次小小的“圈地运动”。看到人们在田边堆起的一圈圈高高的石墙，把整个百合沟分割成大大小小的田块，你不能不赞叹这些拓荒者的力量是何等的强大。为了生存，人们不惜血本，一点一点地“啃”开了这片土地。本来一大片杂草丛生、土中尽是石头的荒地，如今连找一片屋基地都成了问题，唯一被留下的只有那条马路了。但即使是这些自己拼命开垦出来的土地，也要莫名其妙地给附近的汉族村民小组缴纳一些钱。汉族人认为这里的一草一木都是他们的，彝族人没有办法，也只有认了。原来汉族人开垦的那些旱田，中途都被收回，变相地卖给了一些个人，再转租给彝族人耕种，租金也越来越高。按理说，既然成立了村民小组，彝族人也承担了各种国家义务，这些近水楼台的土地就应该划归彝族人使用，但上一级政府从来没有过问。在这一点上，百合沟成了被遗忘的角落。由于土地关系混乱，各种土地纠纷也就频频发生。一方面是彝族人与汉族人之间的土地使用权之争，给民族关系蒙上了一层阴影；另一方面是彝族人内部的田边地角之争，也使社区生活经常处于动荡之中。土地问题就这样成了百合沟的一大历史难题。

三、电和饮水问题

德昌县是全国电气化县，自然不存在缺电的问题，对于百合沟的村民们来说，缺的是电杆和电线。当初，由于居住不稳定、经济贫困等原因，没有人想到过要把电引进百合沟。直到20世纪80年代中期，才有两家比较富裕的人自己出钱买了电杆和电线，请电工从附近的一个福利院里把电引进了该村，但仅限于这两家人使用。直到90年代初，经济稍稍有了好转，距离较近的几家人才商议联合起来自筹资金，并通过客居于此的一个县上干部争取到了政府的一点资助，把电引进了家。截至1999年年底，另一小部分村民则因距离较远，经济承担能力有限而未能如愿。对于引了电的人们，虽然好处甚多，但担负的费用很重。由于村民们缺乏相关的知识，高压线一旦出问题，即使一点小小的毛病，也只得请汉族电工来修理，而他们来了除了大敲一笔工钱不说，还得杀猪宰羊小心侍候才行，费用则由大家共同分担。偶尔出点毛病还可以，但不知为什么，这条线路经常出问题。有时变压器受雷击，有时高压线被偷，都得自己掏钱买来换。电费也特别昂贵，比其他线路每度多出0.30元人民币。后来有一次变压器被偷，才干脆一次性地改由附近的一个汉族村民小组中接线，总算将电费减了下来。

关于饮水问题，初来时大家都靠挖井取水，只是再也不像山上的彝族人那样用木桶背水了，而是学汉族人用一对铁桶或塑料桶来挑水，并且以前都是女人们背水，现在则更多的是男人来挑水了。90年代以后，人们的经济条件渐渐好转，他们在与外界的接触中体会到了自来水的好处，再也按捺不住，便三三两两地组织起来，自己掏钱买水管，自己出力分别从不同的水源将水引进了家。到目前为止，已经有近一半的人家引来了水。因买不起钢管，都是用塑料管埋于地下将水引来，水质不算很好。

对于水和电的引进，百合沟的老人们很有感触地说，这比在旧社会有几个砍松明和背水的男女奴仆好多了。

四、经济结构、物质文化及其变迁

（一）种植业

传统意义上的凉山彝族大都居住在山区，长期以来已经形成了比较固定的农业结构。一般来讲，他们的农作物就是适宜在高山生长的荞麦、燕麦、玉米、圆根、青菜、麻和各种豆类，只有少数地区才种植水稻。像百合沟这样日照充足、温暖湿润的谷地，其农业生产环境是截然有别的。农作物生长期短，可种植的作物多种多样。迁到这里的彝族人，拥有点水田的，在帮助汉族人栽秧的过程中积累了一些经验，逐步地提高了自己培育秧苗和种植水稻的技术，使自己土地上的水稻产量也逐年得到了提高。没有水田的人们则以种植玉米为主，而这早已是他（她）们的拿手好戏。由于自然条件好，玉米的产量也很高。一些彝族传统的作物，如燕麦、荞麦、洋芋等则已经不适宜在此栽种了。人们也曾试种过洋芋和秋荞，但都因产量太低而逐渐被放弃。除此之外，这里还适宜种植花生、辣椒、番茄、胡萝卜、豌豆、大白菜、小白菜等。但起初彝族人没有种植的经验，后来才在逐渐的探索中慢慢地学会了种植方法，使农作物品种日趋多样化。环境的改变使农作物结构发生了巨大的变化，荞麦和燕麦换成了小麦，洋芋换成了红苕，萝卜代替了圆根，青菜换成了白菜，花椒换成了辣椒，土烟（黑烟）先换成了草烟（黄烟），现在又换成了烤烟（即将变成白烟）。自90年代中期开始，德昌县政府大力推广烤烟种植，鼓励甚至强行让其所辖区域内的农民多种烤烟，以加快农业产业化的进程。起初，人们很不理解，听说不种粮食而只种烤烟，他们普遍感到惶恐和不安，因为这样的农业他们从来没有听说过。对此，百合沟的彝族人进行了强烈的抵制。政府曾强令他们种植，但头几年仍然不了了之，种了也是半途而废。直到1998年，政府再次采取强制措施，先为村民们无偿地提供水泥，允许他们伐木，并派经验丰富的人前来指导，强行让每家每户修起了烤烟房；再召集村民们进行种植和烤制技术培训，借给村民们烟苗和化肥，强令将所有旱地都种上烤烟。在这样的高压之下，村民们一边埋怨，一边却只得种起了烟。在政府派来的技术人员的督促指导下，人们很快地掌握了许多技术。通过一年的艰辛努力，百合沟的烤烟获得了一个小丰收。烤制出售后，大家都意外地挣到了一笔钱。技术好、种植量大的人家收入还非常可观。这次意想不到的收入让人们激动不已，他们谈论着，计算着，都得出了一个共同的结论，那就是：种烤烟比种玉米收入高得多。于是，第二年就再也不需要强制了，人们自觉地种植了烤烟，政府也仍然在首期所需资金和技术上给予了一定的支持。然而，该年度的烤烟价格受到了外部大市场的冲击，政府所派的部分收购人员在收购烤烟时徇私舞弊，人为地降低烤烟的档次，从中牟取暴利，使烟农们受到了严重的损失。人们大失所望，怨声载道，积极性也受到了重挫。但是，一旦尝到过甜头，又掌握了一定的技术，人们就不再回头了。种植烤烟是一种全新的尝试，是百合沟近二十年来在农业上最大的改变。彝族人祖祖辈辈从没有过这样的经验，但是在现实面前，人们只有不断地学习，接受新的事物，否则将会被无情地淘汰。

除了粮食作物和蔬菜外，百合沟还适宜栽植枇杷、香蕉、苹果、橘、梨、桂圆、葡萄、草莓、石榴、板栗、桃子、柿子、甘蔗等许多经济林木。可是除每户的屋子周围栽有一些竹子和芭蕉外，一直没有人进行过大面积的果树种植。直到去年，才有一户人家在一处荒地上种植了一片石榴和板栗，还在一片好田中种了一些甘蔗，另一户人家则在山中土地上栽植了一些花椒，但都还不知是否能成功。究其原因，一方面是人们还没有充分认识到种果树的好处，没有这方面的愿望；另一方面则因为没有技术，没有资金，不了解市场，商品经济意识淡薄，或许也没有信心。

（二）养殖业

在典型的彝族社区，畜禽主要有黄牛、绵羊、山羊、猪、鸡、马、狗、猫等，也有个别人驯养野鸡。这些畜禽与彝族人的生活息息相关，是衡量家庭贫富的主要指标。特别是黄牛和绵羊，更是为彝族人所看重。因为在山地上耕地，离不开既灵活又有力的黄牛。绵羊则提供了羊毛，为人们衣物的主要来源。对于生活在高寒山区的彝族人来说，羊毛衣物保暖，羊肉也能提供充足的热量。猪、鸡也是彝族人传统的畜禽，养殖历史悠久，但一般认为仅处于次要的地位。彝族人养殖山羊的历史也可谓悠久，但和绵羊比较而言，他们更器重后者。山羊往往被认为与凶性事件有联系，属“外来者”“后来者”，不是很受喜爱。另外，人们虽然也了解水牛、毛驴、骡子、鹅、鸭等畜禽，但很少有人养殖，似乎也不太喜欢这些畜禽。

百合沟的村民大都来自传统彝族居住区，在原住地，他们的养殖业大多属于传统型。搬到这里时有几户人家还从原住地赶来了一些黄牛和羊。但是这里气温太高，不宜于绵羊的养殖，所以赶来的绵羊或者被变卖，或者被杀来吃掉，只有少部分被托养给住在百合沟后山中的一对老夫妇，但坚持不了多久也就被消耗完了。自此以后，百合沟再也没有了绵羊，一些与养殖绵羊紧密相关的习俗也就随之丧失。然而，由于长期以来形成的习惯，在彝族人日常生活中的许多场合都离不开绵羊，譬如赎魂仪式上的牺牲、老人临终时的殉葬牲都必须用绵羊。所以遇到急需的时候，有办法和有能力的人家总是千方百计地从他乡找来绵羊。但在一般情况下，大多数人家只好变通形式用猪或山羊来替代。因山羊适应性强，能在高温的谷地生息，所以当初赶来的山羊却留了下来，有一段时间甚至还获得了很大的发展，最富的一家拥有的山羊曾达到80多只，不过再也没有突破这个数字，反而逐渐地减少。到如今，整个村子只有3户人有山羊了，总量也不超过30只。因当初地广人稀，牧场广阔，牧草丰盛，赶来的黄牛也得以留养。虽然耕地时以水牛代替了黄牛，但彝族人对黄牛仍存有很深的依恋，黄牛的一些特别作用是水牛不可替代的。人们认为水牛不洁，不能作为殉葬品，一般也不愿吃水牛肉。然而随着牧场的逐渐萎缩，养殖好动的黄牛越来越不方便，大多数人家便都改养了水牛，只有几户人还勉强继续养着一些黄牛。如今，百合沟的黄牛已经不能满足本社区的需要了，还得从外地“进口”。而水牛一方面力大，耕地比黄牛强，可用稻草等作物秸秆喂养，这一带又有较多的水塘供它们游泳，其“地位”也就越来越高，逐渐地取代黄牛成了这里的主要牲口。彝族有俗语说：“水牛是水牛，黄牛是黄牛”“绵羊是绵羊，山羊是山羊”，表面上是指其品种截然有别，其言外之意则是“彝人是彝人，汉人是汉人”，也是不一样的族群。可是在如今的百合沟，黄牛和绵羊逐渐失去了其固有的地位，而水牛和山羊取代了它们。看来，水牛、黄牛都是牛，山羊和绵羊都是羊，在一定条件下是可以相互替换的，毕竟彝族和汉族不也都是人吗？但在所谓“旱鸭子”和“水鸭子”的问题上却又不然，人们更喜欢养鸡，对鹅和鸭子的兴趣仍然不大，几乎无人养殖。却有人不知从哪里弄来了来自美洲的火鸡，破天荒地养了几只，倒也是很新鲜的事儿。在这个问题上，彝族与附近的汉族截然不同，因为汉族人更多的是养鹅和鸭，很少养鸡，再说他们也几乎无人养殖黄牛。这些区别是这样的明显，以至于成了非常自然的事。

历史上，彝族人虽然也捕食鱼类，但是没有养鱼的习惯。百合沟有一个很大的水库，是当初的工人们留下的，为本村摩色家支的某人所占有。虽也曾投放过一些鱼苗，但从没有用心管理过，总是任其自生自灭。不过也曾有一段时间，大家萌发过一点养鱼的冲动，有三户人还花钱雇推土机推了三个小鱼塘。可是推成以后，仍未能得到充分的利用。即使有的投放了鱼苗，也只能自给自足，未能成为商品。有的甚至压根儿就没有投放过鱼苗，白白地荒废在那里。在这个问题上，附近的汉族则截然不同，他们自己挖筑了许多小鱼塘，养了许多鱼上市卖钱，收入非常可观，有些家庭还靠此变得非常富裕。相比之下，彝族人则白白浪费了资源。

（三）副业

百合沟气温高，农作物生长期短，加上彝族的农作物结构比较单一，所以真正花费在农业劳动上的时间不多。据估算，一个男子一年内花费在农业劳作上的时间累计不超过四个月，其余的时间则往往被用来挣点零工钱，或者干脆就白白地消磨掉。以前男人们大都将时间花在入山砍树卖钱这一行当中。90 年代以后，政府对林业管理很严，使这一行业受到了重挫。虽仍有人偶尔偷偷地弄一点来卖，不过再也不如从前了。因失去这条唯一的找钱途径，近年来百合沟的副业产生了一些变化。个别人通过各种渠道，到他乡去卖苦力打工，挣不了多少钱。大部分人则无所事事，虚度光阴。相对而言，妇女们却不乏找钱的办法。早在迁来之初，她们就以找柴草到县城卖钱为业，有的家庭甚至全家出动，专事此行，而不事农业劳作。如此下来，妇女们也确实挣了不少零花钱。政府封山育林后，也不准卖柴了，她们就只好转而喂养畜禽。特别是养猪和鸡，也给家庭带来了些许收入。近年来，妇女们都将时间花在了蔬菜的种植上，经常背蔬菜到城里去卖，也可挣不少钱。但总的看来，她们种植的蔬菜品种还比较单一，又没有形成规模，停留在小打小闹的层次上。为了挣钱，许多家庭都愿意将蔬菜卖光，而宁可自己缺乏蔬菜。除此而外，有的人还经常上山找些山货卖钱，好的也可以增加一点收入。在手工业方面，这里有一对父子还会制作口弦和妇女用的各种饰品，但不知为什么，现在他们已不愿重操旧业了。全村除一户人家办了个小杂货店之外，没有任何商业的迹象，几乎没人精于此道，不是人们耻于经商，而是没有经商的能力。所幸的是，这里还无人盲目地拥入城市为非作歹，或者贩卖毒品。

（四）衣食住行

百合沟的民居无论表面还是内容，都没有了传统的彝族建筑风格，与美姑、昭觉等腹心地带的民居相差甚远。特别是近几年修起来的一些新房，几乎与汉人的房子没有两样。能够标示这是彝族人屋子的是每户的堂屋中都还留有火塘，可是近几年连火塘也只是象征性的了，许多家庭都已不再安锅庄，因为再也不用在火塘上做饭了，取而代之的是更为方便的灶台和厨房。把厨房单列出来，这是一个明显的变化。本来在火塘的内侧一方还应设一隔篱，在隔篱后安置神龛作祭神之用，但有些家庭连此神龛也没有了。近年每户屋侧都立起了高高的烤烟房，有点像美姑等地的碉楼，让人从远处看去觉得有点彝族的风味。从屋内的摆设来看，也难得见到传统的彝族器皿了，没有传统的大粮柜，没有水台，没有木水桶。代之的是新式的碗柜、吃饭用的桌椅板凳、沙发、电视机、收录机、音箱、衣柜等。倒是一些传统的竹器还多少得以保留，如撮箕、簸箕、竹席、竹筛、竹背篼、竹篮等（其形式和风格与汉族的不同）。原因是百合沟背面的螺髻山上有着丰富的野竹子，并且老一代的人都还会编织这些传统的竹器。在传统的彝族社区中，这些基本的手工活每一个男子都会，但如今的百合沟年轻人大多不会了，老人们也不再教他们这些手艺。而做木质漆器家具则需要特定的木材，也只有专门的工匠才能制作，百合沟没有这方面的匠人，又没有原材料，也就没有了传统的漆器家具了。

饮食方面，由于粮食作物和畜禽品种等的变更，其食物结构也与传统的彝族社区有了较大差别。被彝族人看作五谷之首的荞麦几乎消失，成为老人们念念不忘的食品，能吃上一顿已经算是一种怀旧。大米已成为这里的主食，玉米则只用以换大米或喂猪喂鸡。连彝族人最喜爱的酸菜在这里已为数不多，常常是不够吃。在肉食方面，除了在一些传统的仪式上，也不容易吃到绵羊肉，吃上山羊肉和黄牛肉的机会也不多，而更多的是吃猪肉。同时，在饮食方法有了明显的变化，吃坨坨肉的时候越来越少。平时人们更愿意像汉族人一样将肉切成小块炒来吃。烹调技术也有了长足的进展。在饮食器皿上，传统的木质漆器餐具几乎消失，而以新式的碗、盆、盘、钵、碟等代之。笔者只看见过一家从圣乍地区搬来的人带来了几个木质餐具，但平常一般不用，只有过年过节时才偶而取来用。相比之下，碗筷则显得更为重要。饮食卫生也有了很大的改观，食品和餐具大都保持得很清洁，且再也不蹲在地上吃饭，而是像汉族人一样把饭菜摆上了桌子。少数人喝开水和茶水，而不再喝生水了。

着装方面，大部分人家虽然还保存有传统的披风“瓦拉”和“加史”，但因气候太热，平常也就不穿，只有在一些特殊的场合，如奔丧或做宗教仪式时，人们才象征性地将它披上。由于实用性不强，又没有羊毛，几乎没有人再擀制或购置新的披风了。有一些老年人还坚持戴“包头”，不过没有了漂亮的英雄髻。除小孩外，也未见过有男子留有“天菩萨”，却可见一些年轻人留着很新潮的发型。除丧服外，男子们的衣裤已不用自己缝制，到市场上买成品穿就是了。如果不是彝族人比较特别的相貌和肤色，难以分清谁是彝族人谁是汉族人了。但妇女们则不同，她们除了穿买来的新式衣裤外，仍然多少自己缝制保存有那些花花绿绿的漂亮服装，但传统的裙子则因不便劳作，平常很少穿。有些年轻的姑娘则别出心裁地将新式服装与彝装巧妙地搭配起来穿，颇为好看。只有年老的妇女喜欢穿着全身的彝装，显得沉稳而庄重。

住宿方面，传统的彝族地区虽也有睡床的习惯，但他们也能随便躺在火塘边就地而卧，或者就在楼上的粮食秸秆中间铺上“瓦拉”即睡，不太注重设置更多更舒服的床铺，并且往往只以羊毛披风或羊皮褂作被盖，不一定要缝制棉被。但在百合沟，人们已经很重视床铺的设置了，每户人都有几张木床，并配有垫褥和棉被，其住宿条件比起腹心地区的彝族是大大改善了。

五、精神文化及其变迁

（一）政治与家支

大家知道，在农业合作化的时代，政府对凉山彝族地区曾控制得很严。但是，农村实行家庭联产承包责任制以后，政府力量在一些地方已很难触及乡民生活中更深层次的问题了。农民们有了很大的自由，甚至出现了无政府主义的趋向。在彝族地区，传统的家支组织有时成为政府力量不能触及的那些领域中的唯一控制力量，它与国家的行政组织有时密切配合，有时又背道而驰，其间的关系错综复杂。但总的看来，它对彝族地区的稳定起到了重要作用。

在百合沟，由于迁来之初都是“单干户”，内部主要靠传统的家支组织来控制。在与外界的调适方面，迫于生存的压力，人们尽量避免与汉族产生直接的冲突。一些不守规矩的人往往受到来自汉族社区和彝族内部的排挤，汉族通过提出交涉意见对整个村落施加压力，彝族内部则以舆论对有诸如偷盗等恶习者进行斥责。所以曾有几户人受到唾弃后自动离去。这是维护当地民族关系稳定的一个重要环节。由于迁入此地的彝族大都属于摩色家支，其家支内部的规训就成为控制这个社区的主要力量。迫于初来时的困境，家支内部传统的互助方式被沿袭下来，大家共同承担各种风险，同时对家支的内部矛盾进行调解。家支内年长的人成为自然“领袖”。在这个陌生的环境中，人们丧失了原来各自努力建立起来的各种社会关系网络的支持，一时还显得孤立无援，家支的亲情成为唯一的温暖之源泉，成为人们在此常住下去的精神支柱。但是，随着时间的推移，家支内部的斗争也逐渐激烈起来。由于来自不同的地域，大家分属不同的支系，生活习性也有所不同，这就难免在日常生活中产生一些冲突和纠纷。其中势力大体相当的两支之间就一度爆发过激烈冲突，互相攻击，互相攀比。家支领袖们多次出来调停都告无效，矛盾有增无减，一直处于冷战状态。80年代初政府组织起百合沟的彝族后，选定了该村民小组的行政领导——组长。政府便通过邻近汉人社区的村长对百合沟的组长进行领导，组长则对全村各种事务进行管理。这在一定程度上分化了家支组织的部分权力，但起初组长也就是由家支“领袖”来承担的，所以族规族训的力量与政府的力量结合在一起，统治力量更为强大。渐渐地，各方的羽翼丰满起来，领导权之争也就越来越激烈。后来被与汉族人关系好的人夺取了领导权，从此政府力量和家支力量又分道扬镳。一部分人支持组长，一部分人则支持自然“领袖”，在内部，家支力量更大，对外时，行政领导权往往占上风。后来由于一次偶然的原因，势力最强的一支内兄弟反目为仇，互不服从，其他支系的人难以调停其矛盾，使族规的信誉和力量受到了怀疑，并从此一蹶不振。所以从表面看来，这里的村民虽属于一个家支，但传统的亲情已出现了逐渐淡漠的趋向。人们的独立生活能力越来越强，不再像传统社会中那样困于家支的藩篱了。趁此机会，其他家支乘虚而入，给家支生活和政治生活添了许多复杂的因素。

（二）习惯法

起初由于家支内部很团结，内部的事情还是可以靠习惯法的规则来调和的。后来家支力量受到了削弱，家支习惯法也就失去了其强有力的后盾。出现比较大的纠纷时，人们依靠国家的法律来保护自己，于是内部的纠纷有时也得借助法律的力量来调停。这与腹心地带的情况恰恰相反。在腹心地区，尽管国家法律的力量想要强行介入村民的纠纷，特别是对一些大案要案，但它并未能真正地深入人心。人们往往在表面上服从于国家法律，私下则以传统的习惯法来重新进行调停。出现这种强烈反差的原因，一方面是百合沟这个特殊的环境使然，另一方面也是这里根本就没有一个真正的德古[①]经常来教导人们这方面的知识，人们对习惯法仅限于一知半解的缘故。随着老人们的去世，这方面的知识更是日趋减少，其力量自然日渐衰微。但这也不等于说它已完全失去了作用，实际上有一些不大不小的冲突和纠纷，还是按传统的调解方式来私了的，只是具体的解决规则与传统方式已相差甚远了。

（三）说唱艺术[②]

由于迁来时有位前辈是个闻名遐迩的说唱高手，其知识丰富，能言善辩。无论是一般的“克智”[③]，还是深奥的“勒俄”，他都可算是一流，受到远近彝族人的尊崇。每遇婚丧嫁娶，他就成为中心人物，不断地传播着彝族这种古老的文化艺术。家族子弟们总是簇拥着他，向他学习，甚至远近其他家支慕名前来求学者也不少。他还在世的时候，曾用心教过几个年轻人，年龄稍长的男人们也都在他的熏陶下多少能懂一些，所以由他传播的这门艺术在百合沟总算继承了下来。他的几位徒弟如今已成为远近闻名的说唱手，年轻人还与他们在对赛中博采众家之长，使自己的知识不断地丰富起来。与腹心地区相比，德昌县的彝族属于传统知识相对贫乏的群体，但人们很尊重知识，对说唱艺术更是情有独钟，有着浓厚的兴趣。在百合沟这样的文化孤岛，能够将这种艺术继承下来也算是一种幸运。如今，这种文化依然是人们精神生活中的重要组成部分。

（四）宗教生活

从整个凉山这个大背景来看，德昌彝族不太重视传统宗教文化。这里毕摩少，且水平低，几乎找不到完整的经书，人们的宗教方面的知识也很少。但毕摩文化仍然是生活中的重要组成部分，只是仪式活动总的说来已比较简单化了。当初，百合沟没有一个毕摩，但在遇到应该安灵、送灵[④]或遇有大病时，人们还是不辞辛劳地到他乡去邀请毕摩前来做仪式。后来，有一个半路出家的“芝毕”[⑤]、一个从圣乍和义诺交界地区迁来的正统毕摩和一个虽属毕摩世家但根本不懂行的毕摩先后迁居百合沟附近。比较起来，从圣乍和义诺交界处来的那位毕摩的知识水平、拥有的经书、法具等各方面都远远超过另外两位，但很少有人请他做仪式，原因是他所做的仪式很正统、很复

---

① 德古，凉山彝族民间纠纷调解者，见多识广，知识丰富，善于辞令。

② 彝族民间说唱艺术内容丰富，多在婚丧嫁娶场合表演，深受彝族人的欢迎。

③ 克智，是指一种对赛形式的说唱。

④ 安灵是指招请祖宗之灵附于灵牌并将它供奉起来的仪礼，送灵即超度祖灵并将其送到祖界的仪礼。

⑤ 芝毕，是指半路出家而不是世传家学的毕摩。

杂，人们难以理解，花费的人力、物力大，在语言上也有些障碍，所以备受冷落。对此，这位毕摩对笔者说，他相信自己的实力，相信总有一天百合沟彝族人会接受，只是需要一个熟悉的过程。相反，那位“芝毕”却很受人们的欢迎，尽管他根本就没有经书，也没有什么法具，但他比较随和，要求不高，所做的仪式简单，村民们能够理解。从经济上考虑，花费也不大。笔者曾见他做过一个反咒仪式，根本就是不入流的，这样简单的仪式他也未能完整地做完。诵经就像是唱流行歌曲，没有一点宗教音乐的味道。另一位不懂行的毕摩后裔则更为可笑，他只能反复地诵唱十来句话，并且根本就不沾边，完全是摆摆样子而已。笔者也曾见他做仪式，并见过他所谓的一本经书，美其名曰“黎姆特依”①，但全书只有三页，并且根本就没有什么实质性的内容，不过是装点门面的工具，他自己也不认识。你想彝族做黎姆仪式在美姑等毕摩文化发达地区至少需要60本左右的经书，到他这里就只剩三页了，这是何等的距离！可是就这样一个毕摩，人们还请他来做诸如安灵等重要的仪式。对此，人们的解释是，做仪式是否生效，其实与毕摩水平的高低关系不大，主要是看毕摩和主人是否“相和”。当然，百合沟彝族人对毕摩文化的理解也不尽相同，有些人家对这里的毕摩不屑一顾，重要的仪式还是要去他乡请高手来做。

由于离县城近，人们就医很方便，加上多年来的实践和经验，让人们更相信医药。所以遇病时这里的村民往往选择去看医生。只有医生医不好的病，人们才不得不求助于毕摩。或者家庭经济不允许就医，才请毕摩做仪式，以缓解病人和其亲人的压力。在这一点上，百合沟的彝族人比传统彝族地区的人更为聪明。另外，仪式虽然仍在做，但年轻人已经不大相信了，他们各有各的解释，而老人们则仍然对此笃信不疑。两代人之间还往往在就医还是做仪式这个问题上产生严重分歧，但人们往往也是兼顾双方，而避免偏激行为。

（五）语言和教育

当初迁到这里的时候，没有一个人能够流利地说汉语，有的甚至连最基本的也不会，以至于闹出许多笑话。这给交流带来了许多障碍，使人们在诸如做生意等场合吃了不少亏。如今，即使是老人们，也都多少能说些汉语，能进行一般的交流了。而对年轻人来说，汉语再也不成问题。连小孩们的汉语也很好，在教育方面，政府在百合沟办了一所小学，鼓励家长们让小孩上学。而家长们也愿意让孩子学点汉文化，这与传统彝族地区小孩不愿入学的情况形成鲜明的对比。有些家长还特地将小孩送到以汉族学生为主的村中心校。为了让孩子学得更好，他们愿意多交一些钱找更好的学校。

① 黎姆特依，指用于超度送灵活动的毕摩经书。

起初，百合沟小学只有一名代课教师，但不久后政府就专门配备了一个有经验的彝族教师，同时用彝语和汉语给小孩们讲课。自开始办学以来，已教出了不少学生，为孩子们上中学或到更好的学校打下了良好的基础。从百合沟小学出来的学生，至今已有七八人上完了初中，即将升入更高一级的学校。但是孩子们上中学以后，辍学情况比较多，原因是随着经济环境的大变动，学校收费越来越高，许多家庭都难以长期供养孩子们读书了。另一方面则是读了书出来已不再分配工作，影响了学生和家长的积极性。

（六）人生仪礼和岁时节日

百合沟的婚丧仪礼至今仍然保持着传统的方式，并已成了人们回味传统的重要场合。传统的婚丧仪式上的互助方式也得到了很好的沿袭，特别是在摩色家支内，这种互助方式未动摇过。比较特殊的是，在举行这些仪式时，常有附近的汉族人前来参加，所以往往需要在饮食方面做些调整，对他们进行特殊照顾。另外，尽管村民们大多属于同一家支，但选择火葬场时已各行其是，再也没有公共的火葬场了。在岁时节日方面，百合沟虽然与汉族人毗邻，了解国家的许多法定节日，但人们并无多大的兴趣。除跟着汉族人简单地过一天春节外，彝族人更注重的还是传统的火把节和彝族年，不过细节上已不再那么讲究和严格了。

六、两点初步的讨论

（一）迁徙与变迁

通过以上的观察和描述，我们已初步看到了传统在新环境中如何变迁的一些情况，在凉山彝族大的文化背景下，像德昌县这样的彝族只是保留下来的文化依然与腹心地区的彝文化相同。就百合沟而言，其附近全部是汉族，从理论上讲，彝族人迁入这里应形成一种插入式的边缘文化，它将自身置于一种不同的文明区中，等时间长了，恐怕就只能保留其原有文化的基本内容。但从目前的情况来看，虽然已有了明显的变化，但与原有文化仍无实质性的差别。我们看到，在与汉族文化的直接接触中，伴随着一些文化形式的借用，传统的一些文化形式则随之丧失，或者淡化，如漆器的消失、绵羊的消失、锅庄的消失等。这些变化是由人们生活的自然需求所造成的，人们乐意接受这种变化，它并非是强制的结果。迁徙的目的就是为了寻求更有利于生存和发展的环境，寻求有益于生活的变迁。迁到百合沟这样的地区，使彝族人获得了良好的生存空间，摆脱了住在山里时的许多沉重负担。人们再也不用靠天吃饭，不用到很远的地方去背水背柴，不用负重在陡峭、崎岖的山路上艰难地跋涉。现在，他们就在附近的平地上耕作，劳有所获。行走在平坦的大道上，再也没有泥泞的山路，连上街都不用走路了，给一元钱就可搭班车进城。见到妇女们结伴到集市上卖菜后在街上吃一碗她们最爱吃的凉粉，再悠然自得地买些油盐酱醋回家的样子，与笔者印象中山区的妇女们背负重物，汗流浃背地走在蜿蜒的山路之情景是有区别的。对此，有位中年妇女对笔者说，能住在百合沟这样的地方，即使家庭经济困难，活得也是舒舒服服，是给钱买不到的好地方。的确，迁到这里的彝族人很聪明，也很幸运。从他乡来这里作客的人，都对这里的居住条件羡慕不已，这里长大的姑娘们也不愿再嫁回山区了，往往是招入赘女婿。无论如何，迁徙给人们带来了生活上的实惠，减轻了劳作，生活质量得到了明显的提高，生活环境得到了显著的改善。由此我们联想到了凉山地区的扶贫工作，其中就有一条移民的问题，经常成为大家讨论的焦点，但往往谈的多，实际行动则偏少。很明显，如有可能，政府帮助住在缺乏基本生存条件地区的彝族迁移到像百合沟这样的地区，自然是大有好处的。

（二）传统文化与经济发展

人们在谈论这个话题时，更多的是谈到传统对经济的不利影响，甚至简单地将传统与落后等同起来，这显然是简单化而幼稚的。因为传统的破坏或改变并不是现代化的先决条件，在一些时候，传统制度与价值标准反而经常是促进而不是阻碍与现代化有关的社会变迁。对发展的制约因素很多，比方说，社会的政治权利体系对凉山的发展在我们看来则更为重要。民族关系、外部环境的变化和人们受教育的状况等似乎更有影响力。百合沟的村民们也同其他社区的村民们一样，生活在一个经济上、政治上对他们不利的社会，他们注定要一辈子在都市的“统治”下过贫穷的生活，顺从于“掌权者”的需求与利益，还常常受到一些无端的批评和指责，而不是更多的关心和支持。相反，被人们批评最多的毕摩文化，在百合沟则不见得对经济有什么破坏性的影响，所谓“厚葬”习俗也是一样，是人们能够自己予以改革和控制的，人们自会量力而行。并且人们在遵循这些传统的时候是非常自豪的，也是自由的，因为只有这些东西真正地属于他们自己。另一些事情，如土地问题等，则并非村民们的力量所能改变，而这些因素恰恰是对发展更为重要的。在文化与经济的互动关系中，仅仅看到某些传统对经济的不利影响是不足的，它们应得到协调的发展。我们也有理由担心，一些优良传统的消失恐怕也会带来相当大的负面影响。虽然传统仍得以延续，但我们看到，在百合沟这样的地区，主流文化的冲击也不小。录音机和电视机已普遍，卡拉OK也不再陌生。这本身是一件好事，但这些机器里面几乎没有关于彝族自己的东西。在使人感到新奇，得到娱乐的同时，也会常常让人们感到虚无缥缈，头重脚轻。

娱乐文化铺天盖地而来，使传统的精神文化显得力不从心。人们也许会在一定程度上正确对待自己的传统，但毕竟难以自觉地保护自己的一些东西；他们可以自由取舍，知道自己需要什么，但很难知道什么是应该改变的，什么是不应改变的。他们也难以想到传统的消失会有什么样的后果。百合沟的一些人文环境的改变和道德的衰落就常常令老人们兴叹不已。传统的家支互助习俗虽得以保留，但人们不再热衷于这样的公益事业，环境的变化助长了他们的私心和贪婪，一些不道德的行为时有发生，使社会心理摇摆不定，引起了人们特别是老人们的焦虑和不适。

在这样剧烈的文化碰撞和心灵的动荡过程中，百合沟彝族人又该如何建立其基本的人文环境呢？如果推而广之，百合沟在小范围内所面临的问题不也就是整个凉山彝族在大范围内所面临的问题吗？同样是在汪洋般的汉文化的包围之中，同样受到现代主流文化的冲击，同样面临着现代化的历史难题，所以，对百合沟这样的社区进行研究应该说是很有必要的。这里初步提出的这些问题，以及百合沟所面临的另外一些困境，如知识贫乏、缺乏技术、缺乏资金、对国家的政策了解不多、教育滑坡、生态环境的破坏等诸多问题，都值得我们进一步关注。

四川省凉山彝族自治州雷波县长河乡铊额勇正私有林企业发展调查*

康　华　杨胜梅　张　明　呷呷尔日

前　言

凉山彝族自治州是中国最大的彝族聚居区，近些年来，有不少国内外专家、学者在研究凉山彝族的政治、经济、历史、文化、宗教等课题，但据笔者了解，在众多研究者之中还没有人涉足凉山地区私有林发展这个值得研究的领域，当地林业部门也没有对私有林发展情况进行调查和统计。在一些人看来，"私有林"只不过是在房前屋后、田边地角种点果树，在承包地和自留地里栽一些经济林木，从而忽视了它的重要作用。2002年，云南省生物多样性和传统知识研究会的许建初老师给了四川省凉山彝族自治州民族研究所一个课题——凉山地区私有林发展调查。项目开展后，引起了有关单位和人士的关注和支持，这为我们做好这个项目提供了良好的条件。

凉山彝族自治州位于四川省西南部，长江的上游，总面积6.01万平方公里，是中国最大的彝族聚居区，全州有17个县市、14个世居少数民族，据2001年统计，凉山彝族自治州总人口4 059 031人，其中彝族1 761 410人，占全州人口总数的43.39%。

凉山彝族自治州优越的自然条件孕育出我国南北兼有的生物多样性资源6000多种，① 是动植物的"基因库"，世界上少有的"聚宝盆"。党和国家领导人曾多次来凉山视察，1965年邓小平同志来西昌时赞为"得天独厚"；1996年10月朱镕基总理

---

* 本文原载《凉山民族研究》，2002年刊，56页。

① 参见凉山彝族自治州林业志编委会：《凉山彝族自治州林业志》，成都，电子科技大学出版社，2000。

视察凉山林区，要求少砍树、多种树，把“森老虎”请下山；1999年4月国家主席江泽民视察凉山时鼓励凉山人继续坚持造林，搞好绿化，把生态环境建设得更好。由此看出，党和国家领导人非常重视凉山的林业发展。①

凉山彝族自治州是四川省的三大林业区之一。1998年以前，州内的省属重点采伐企业有雷波森工局、凉北森工局、木里森工局，除此之外，州内还有众多的小型伐木场。1950—1998年，全州生产木材1590多万立方米，② 为国家的建设做出了很大的贡献。

森林培育是凉山林业建设的基础，1951—1957年推行公私合作造林、农业合作社造林和国有林场造林等方式。1957年6月在西昌市东河地区飞播乔木树种达7000公顷，在全国首次获得成功。凉山地区广阔的森林在民主改革后至1998年受到了前所未有的过量采伐，使该地区生态环境受到了严重的破坏。

由于近半个世纪的超量砍伐，凉山彝族自治州雷波县长河乡的生态环境遭到了严重的破坏，水土流失等自然灾害频繁发生，影响了当地群众的生产和生活。该乡彝族村民铑额勇正从1986年以来在当地承包“五荒地”（荒山、荒坡、荒地、荒滩、荒沟）植树造林，绿化荒山荒坡，为国家和社区群众造福。目前，他的私有林企业已具有一定的规模，种树28万多亩，固定工人达到80多名。私有林的发展带来的不仅仅是个人的利益，更重要的是，它的发展对当地的生态环境保护起到了很大的推动作用，同时又带动了社区经济文化的可持续发展，对贫困地区农村的扶贫起到了积极作用。本项目组对铑额勇正私有林企业进行了实地调查，在此次调查中，我们深深地被社区群众在私有林企业发展中发挥的忘我劳动精神所感动。本文通过对调查资料的分析，提出了铑额勇正私有林企业存在的问题、解决问题的方法及进一步发展的具体计划和措施，这对凉山彝族自治州其他地区私有林的发展也有一定的借鉴作用。

一、资料获取和调查方法

（一）资料获取

一是项目组通过走访调查，在州、县林业局、其他林业部门、老一辈凉山林业工作者、通晓凉山林业历史和文化的有识者的帮助下，收集了二手资料。

---

① 参见凉山彝族自治州林业志编委会：《凉山彝族自治州林业志》，成都，电子科技大学出版社，2000。

② 参见凉山彝族自治州林业志编委会：《凉山彝族自治州林业志》，成都，电子科技大学出版社，2000。

二是运用“云南省生物多样性和传统知识研究会”的 PRA 调查方法，徒步踏看了社区所要调查村组的森林植被情况，获取了一手资料。在铭额勇正私有林企业的林区采用参与观察方式，参加了一些劳动，如取树苗、护理红豆杉、跟工人一起上山看护树林。通过参与劳动的方式和工人相互认识、了解，消除了他们对我们的顾虑，方便了我们的工作。项目组的每个人，真正地感受到了参与式的好处。

（二）调查方法

一是对林场工作人员的访谈，访谈地点在林场的各个劳动点。主要是对私有林企业老板铭额勇正的专访，对企业管理人员、技术人员、外来汉族工程师、工人等的访谈。

同时采用了问卷调查、多人访谈和群体座谈的方式，并与社区政府和相关部门进行了多次座谈。

访谈内容包括：a. 铭额勇正私有林企业可持续发展情况和目前面临的问题。b. 工人个人的基本情况，从事的主要劳动、待遇。c. 私有林发展对工人本人和家庭的经济影响。d. 传统文化在私有林发展中所起的作用。e. 私有林与集体林发展的区别。f. 私有林的发展是否推动了社区的经济文化建设，是否为社区群众带来了利益。g. 私有林企业在生态环境保护和绿化建设中起的作用。h. 老板的责任、权利、义务和他在家支中的威望，老板是否对其员工一视同仁，是否听取他们的建议，老板在决策时工人是否参与，老板对工人最大的帮助有哪些。i. 工人是否赞同老板在外县承包“天保”长防绿化工程。j. 老板欠工资时工人怎么想，对林场的规章制度工人是否满意。

三是对社区农户的访谈。同样采用问卷与村民座谈方式。参加座谈的有德古、毕摩、家支头人、年轻人、老人、妇女、残疾人、小商贩、村长、组长、教师、医生、林管员，其中有一些村民是停伐前的伐木民工、运输木材的驾驶员。

访谈内容包括：a. 家庭基本情况。b. 劳动生产和生活方式，性别分工，家庭的主要经济来源。c. 私有林发展对社区的影响，社区群众对私有林发展的支持及相互关系，大事的回顾，喜欢种的树，对森林资源的了解，采集的产品。d. 传统文化对森林资源的保护，村民对护林防火知识的了解，家支对私有林老板的支持程度，私有林老板对社区群众的扶持程度。e. 村民是否愿意在私有林场打工，在私有林场承包的好处，社区妇女在私有林场打工的工种、待遇。f. 私有林老板的责任、义务。

二、雷波县林业概况和项目点基本情况

雷波县位于凉山彝族自治州东部，东邻屏山，北接马边，西界黄茅埂与美姑县，

南以金沙江为界与云南永善隔江相望。据1997年统计，雷波县人口21.95万人，其中农业人口17.46万人，占79.5%。1997年全县财政收入1600万元，其中林业上缴1000多万元，占62.5%以上，是一个木头财政县。①

雷波县境内地形复杂，海拔垂直差异悬殊，形成了特有的立体气候，俗有“一山分四季，十里不同天”的说法，海拔最高的4000米以上，最低的只有几百米，所以，彝语称雷波县为“呷尔莫波”，意思是该地山高谷深，像“三锅桩”。这里多样的自然环境孕育了丰富的动植物资源。

雷波县是国内面积较大的中亚热带常绿阔叶林区，是森林、荒山与资源分布的重点县。据二类调查资料，全县有森林面积140万亩，森林覆盖率31.6%，宜林荒山荒地100万亩（含竹丛和灌木丛40万亩），占林业用地的24%。植物种类繁多，主要建群树种有壳斗科、山茶科、樟科、槭树科、桦本科等70余科，其中常绿阔叶树约200种、硬阔叶树140余种、竹亚科筇竹等10余种。境内珍稀植物有36种，② 其中列为国家一级保护植物的有珙桐、桫椤、红豆杉。早在清乾隆年间，雷波的楠木就运到北京修圆明园、天坛。该县的动物资源也很丰富，有国家一级保护动物大熊猫、金丝猴、牛羚等。

民主改革以前，这里的森林资源非常丰富，因交通闭塞，木材只用于当地的生产、生活，有烧树开垦，但不严重，世世代代居住在这里的彝族人有着崇尚绿色、与树木同生存、与大自然和谐相处的传统生活方式。

民主改革后的“大跃进”时期，大量砍树炼铁，盲目开荒种地，严重地破坏了该县的森林资源。“天保”工程实施以前，凉山几大国有森工企业每年以几十万立方米的速度对林区进行“剃光头”式的砍伐，雷波县是砍伐最严重的县之一。雷波县境内有12个林区，长河乡是雷波县的主要林区之一。国家、集体、个人的油锯（1966年，雷波、凉北两个森工企业率先使用油锯，地方小型采伐企业也在1970年后开始推广油锯）、斧头一齐在林区砍伐，如该县的谷堆伐木场就有彝族伐木工上千人，每天有几十辆运送木材的车辆往返运输。

改革开放后的90年代初，雷波县伐木升至高峰，年产木材5万多立方米，木材成为地方财政的支柱产业。这种乱砍滥伐，破坏生态环境的现象，直到1998年9月1日四川省人民政府颁布实施天然林资源保护工程，雷波县的林业也和凉山彝族自治州其他地方一样进入了跨世纪转折时期。

铊额勇正私有林场场部坐落在海拔2800米左右的山腰上，离长河乡政府有10公

① 雷波县林业局提供。

② 雷波县林业局提供。

里的山路，离县城有100公里左右。场部周围有成林了的日本落叶松1万多亩，还有凉山最大的育苗基地。育苗基地主要培育红豆杉、日本落叶松、水杉、冷杉、云杉、华山松、珙桐、连香树、柳杉、黄柏、樟树、银杏树、木姜子、青花椒、核桃等树苗。长河乡政府隶属雷波县山棱岗区，位于黄茅埂东南部，西苏角河的上游地带，全乡有6个行政村17个村民小组，总农户510户，共2180人。该乡的行政村较分散，乡政府所在地海拔2000多米，全乡总面积18万亩，其中耕地面积3950亩，人平均1.8亩，森林面积9.9万亩，荒山、草场面积3万亩，该乡被列为雷波县第一批扶贫乡之一。①

乡政府目前还不通公路和电话。有1所小学（1~4年级），100多名学生，8名教师，5~6年级学生要到50公里外的山棱岗区中心校就读。有公办卫生所1个，2名医生。乡政府附近有一个私人（过去的伐木老板）办的小型发电站，白天为社区群众加工粮食，晚上为附近社区群众发电照明，但是电压太低，电灯不很亮。

该乡主要农作物有洋芋、荞子、燕麦、少量的玉米和豆类。家畜有牛、羊、猪、马，家禽有鸡。森林里除国家一级保护植物珙桐、桫椤、红豆杉外，还有连香树、水杉、冷杉、云杉、落叶松、华山松、柳杉等。动物类有国家一级保护动物大熊猫、金丝猴、牛羚，另外有獐、豹、虎、黑熊、鹰、白腹锦鸡、红腹锦鸡、珍珠鸡等。药材主要有天麻、虫草、贝母、厚朴、黄连。林中资源还有竹笋、木耳、蘑菇、韦菜、蕨菜等。经济林木主要有核桃、梨、苹果、花椒。

三、研究内容与背景

生物多样性是维持地球生态平衡的重要因素，也是一种重要资源，是人类保证自身继续存在的保障。原联合国粮农组织总干事萨乌马指出，“森林即人类之前途，地球之平衡”。重建地球绿色植被已成为当今国际社会共同的行动。党中央、国务院再次强调把林业作为西部大开发的根本和切入点。植树造林，改善生态环境，保护森林，促进人与自然和谐相处，经济与生态协调发展，改善中华民族的生存条件是全民的责任，需要我们每一个人都要参与行动。我国是一个农业大国，农业的发展与生态环境息息相关，1998年长江特大洪水就是一个典型的例子。

凉山彝族自治州地处长江上游，保护好生态环境责任重大，如何搞好“天保”长防绿化工程是凉山人值得思考的。凉山有众多私营企业，这些私营企业为凉山经济

① 雷波县长河乡政府提供。

的发展发挥着重要的作用。在这些私营企业中，雷波县长河乡铊额勇正的私有林企业的经营项目与众不同，它不仅推动着当地社区经济文化的可持续发展，更重要的是，它将带动凉山更多的私有林企业的出现和发展，从而把生态环境建设推到一个新的阶段。

凉山彝族自治州有11个国定贫困县，这些县分布在边远高寒山区，由于自然条件差，加上前些年树木过量采伐，使这些地区更加贫困。自然灾害是这些地区的首要问题，当地人应考虑如何在生态上下工夫来改变生活、生产环境。

发展非公有制林业，是很有必要的。传统的单一性林业观念向当今的多样性林业观念转变能实现三大效益：生态效益、社会效益、经济效益。加快发展地方林产业，能给地方企业带来效益，能促使地方经济的发展和社会的稳定，能够使地方企业在“天保”长防绿化工程的实施中发挥重要的作用。

在边远高寒山区，除种植一些传统的农作物外，没有其他经济来源，加上各种因素的制约，人们难以从贫困中解脱出来。长河乡的彝族农民大多不懂汉语，没有文化，没有技能，不可能去发达的地区打工找钱，发展当地私有林企业，他们不出乡也能就业打工找钱，增加经济收入，又能学到一技之长，同时对地方的绿化建设、生态资源的保护、减少自然灾害和社区经济建设、维护社会稳定起到良好的作用。1998年9月1日雷波县全面停止天然林采伐，采伐工人撤出伐木区，封存采伐工具。县境内各伐木场（指地方伐木场）民工，大多数是当地山区的农民，他们不属于国家森工局伐木场的正式工人，没有生活费。长河乡附近除了森工局伐木场外还有地方的伐木场，有上千的当地民工，他们的出路与生计遇到了很大困难。种地，土地少，这给社区带来一系列的社会压力。正当这些民工为自己的生计苦恼的时候，私有林企业给他们带来了希望，铊额勇正将这些民工雇到自己的私有林企业来，为他们提供就业场所，许多以前的伐木工转行变成了造林人。现在在私有林场打工的人中有90%都当过伐木工人。

在山区大量发展私有林企业，承包荒山搞生态绿化建设，还能减轻政府的负担。国有林业每年国家要专项拨款，投入大量资金用于绿化建设工程。非公有制林业则不一样，此次调查发现，长河乡铊额勇正私有林企业，属于个体私营企业，自主经营，自负盈亏，灵活发展，资金来源靠自筹。它与其他私营企业不同的是，采用企业加农户的经营模式，这里的工人都是农民，除了少数固定工人和技术人员外，都属于季节性工人，这些工人既造林又种地，这种模式值得推广。

在彝族地区发展企业，传统文化起着不可替代的作用。在凉山彝族社会中，家支至今还扮演着重要的角色，家支内成员之间的关系是由血缘连在一起的父系血缘关系。家支主要有两个职能，即对内职能和对外职能，对内职能是团结互助，对外职能是抗击外家支和外族的侵犯。今天，对外职能已失去，但对内职能仍发挥着重要作用。维护家支权益，家支内部互相帮助，是每一个家支成员的义务。据调查，在凉山，彝族人办的企业都体现了家支成员互相帮助、互相扶持的精神。家支成员中一个人办了企业，其他家支成员都以此而自豪，当企业家有资金和劳力方面的需求时，家支成员责无旁贷，有钱的出钱，有力的出力，共同扶持这个企业，而不求报酬，企业家事业成功了也不会忘记家支成员的帮助之恩。雷波县长河乡铑额勇正的私有林企业是彝族家支成员之间互相帮助、互相扶持的一个典型。

四、铑额勇正私有林企业发展历史

长河乡私有林企业家铑额勇正，彝族，现年40岁，有一定的文化，当过兵，从小生长在大山里，从记事起就看到家乡的一座座青山变成秃岭，自然灾害频繁发生，他当兵在西北戈壁，目睹那里的荒凉情景，联想到家乡过量的砍伐，怕有一天会像戈壁一样。转业回来后看到砍伐越来越严重，一棵棵高大的树木在油锯、斧头前倒下，公路上尘土飞扬，运木材的汽车川流不息。人们平时谈论的总是“木材的上涨价格”和“谁要买木材”等话题。当地有句“名言”：“吃粮种地，用钱砍树”，由此可知当时乱砍滥伐的情况。

1986年4月，铑额勇正立志在家乡造林，他把自己的想法告诉家支的主要人物，但他们的看法都不一致，他的一些亲人甚至说他是“疯子”：“别人砍树挣钱，你要我们大家拿钱来种树，让别人的家支笑话”。经过家支头人们反复开会商讨，最后由家支头人、铑额勇正的叔父把娶儿媳的彩礼钱、修房钱和家里给女儿出嫁打首饰的十几锭银子拿出来作为承包费和买树苗费。他家支的人都各尽所能，出钱的出钱，出粮的出粮，把承包的2738亩荒山、荒坡全部种上了速生日本落叶松。现在，当年种的这些树都长成大树了。

经过自己的艰苦创业和家支、亲戚、朋友的支持、帮助，铑额勇正承包的林地不断扩大，到目前为止，他已有28万多亩林地，一部分林地在政府的支持、帮助下取得了“私有林权证”。

在访谈中，铑额勇正曾多次提道：“家支、亲戚、朋友就是我的财富，初办企业时我没有一分钱，全靠他们无偿出钱、出粮、出力。2000年以前，他们每年都要无偿提供近万斤粮食供林场工人食用。家支成员、亲戚、朋友每年到种树季节，都要来林场种树，他们从不讲报酬，没有他们的支持和帮助，企业也就没有今天的规模。”“为了我的林场发展，人们都来帮助我，社区的姐妹们每年在种树季节都来帮我的忙，有的妇女甚至还背着孩子来，这里的排苗工序全是妇女在做，前年一次性就有600多名妇女参加排苗、背运树苗、煮饭等工作。”

我们在访谈中得知，在林场打工的工人中，大多数是老板的家支成员和他的亲戚、朋友，看得出，他们以老板是他们的家支成员和亲戚、朋友而感到自豪。

铑额勇正私有林场建于1986年4月（当时属于私人承包造林性质），至今有固定工人80多名，其中青年人占85%。他们被分为5个管理组：经营管理组、看护管理组、育苗管理组、外出承包绿化组、后勤生活管理组。在这些工人中，文化结构差异大，文盲占30%，小学文化占40%，初中、高中文化占25%，大学文化程度占5%（包括外来工程师、技术员）。在这些工人中，男性占97%，女性占3%；彝族占90%，汉族占10%；当地人、本县人占85%，外县人占10%，省外人员占5%。固定工的月薪按工种发放，一般300~600元（除工程师外）。每年发一套工作服，一双胶鞋。每月休息两天，一天工作9小时左右。每天吃两顿饭，固定工的吃、住由林场全包。

五、铑额勇正私有林企业的发展途径

铑额勇正的私有林企业经过多年的探索找到了适合自己发展的路子，这就是以承包管理责任制为主的发展途径，其宗旨是以山以树来兴民富民，把植树造林和整治国土、山区开发、群众脱贫致富结合起来，用承包管理责任制来提高人的劳动积极性，拓展企业的实力，以带动私有林和社区经济的快速发展。

（一）经营形式

采取自主经营，自负盈亏，企业加农户，发展林业为主项，农业为辅助的经营模式，经营的核心是“取之于林，用之于林”的滚动式发展，充分利用现在的资源，不断扩大经营规模。

（二）农户的承包形式

农户的承包种类有季节性造林、育苗、坡改梯、农田活，这些都以承包管理责任制形式为主。

季节性打工的民工，搞短期性承包，他们以造林为主，种上树苗，经过林场技术员验收合格，交给林场管护组之后，他们才有经济利益。

育苗的农户喜欢承包私有林场的苗圃地，因为不给土地承包费。林场负责工具、树种、肥料、回收树苗，林场经常派技术员检查、指导。

坡改梯，主要是用来做育苗地，一般是谁改谁承包育苗。

以上这些承包形式，形成了一种制度。每个承包农户都有较强的责任心，因为质量的好与坏直接影响他们的经济收入。他们吃住都在自己的承包处，一般是一人承包全家就业。林场根据市场的需求培育不同的树苗，高山需要生态林树苗，低山需要经济林树苗。在铊额勇正私有林场，这样的承包户有40多家，他们分布在县境内各社区，其中还有3户下岗的汉族工人来自州外，他们在林场承包了40多亩日本落叶松苗圃，经过三年的精心培育共盈利8万多元人民币。

（三）用工选择形式

贫困户、下岗工人、转业军人、毕摩、有文化的、有脑筋的、老实负责的、家里有残疾人的、德高望重的、工匠、知晓乡土医药的、会说唱的、多才多艺的，这些人基本上是林场的固定工人。

（四）劳动分工形式

林场根据个人的特点、能力和文化的高低，适合做什么的就安排做什么。有文化的初、高中生就搞技术管理工作，他们是企业的骨干，绿化施工在哪里，他们就出现在哪里，这些人占固定工的20%。40%的工人主要看护森林（防火，防人、畜进入林区），这部分工人多数没有什么文化。20%的人专门看护、管理红豆杉苗圃，他们大部分有小学文化。10%的人搞后勤，负责饮食，喂猪、羊、牛、鸡、马和种菜。

（五）林场工人的培训

林场不定期地聘请林业工程师、技术人员来指导工作，对企业进行正规化管理，这些技术人员与林场签约，帮助解决育苗、移栽、扦插、管护、虫害中的技术问题，他们还培训林场工人掌握一定的技术。这些工程师和技术人员来自辽宁、重庆、泸州、江津、成都等省市，他们各有特长，为企业的发展做出了贡献。除技术上的帮助外，这些工程师和技术人员在物质上也积极帮助林场，如冕宁县承包绿化工程中由于资金缺乏，来自重庆市的绿化工程师主动将自己的50万元人民币借给林场以解决燃眉之急。

通过边实践边培训，工人们掌握了栽培、扦插、育苗、移栽、管理等技术。几年来林场培育了一些国家一级保护植物，如珙桐、红豆杉、桫椤，还从国外引进红豆杉新品种“曼地亚”，通过技术员精心栽培已落户当地，长势都很好，已发展到大面积种植。

（六）管理形式

工人们说："过去做事凭亲情、人情，一些没有能力的管理人员影响了工作的进展，大家都有意见，现在不一样了，管理人员要有文化知识，有能力，有脑筋，有特长。"林场很多事都由管理人员来处理，大家也听从管理人员的安排。企业要发展，就要提高人才素质，老板再困难也要花钱送人出去学习，花钱请技术人员来传授技术。在市场竞争中不懂法律不行，林场出钱选派了1名高中毕业生到西南政法学院学习法律，毕业后在林场负责合同、协议工作，他们懂得用法律来维护企业的利益。

（七）内部承包形式

除了外部承包，企业内部也搞承包责任制。承包人要和经济效益挂钩，他们进行优化组合，一般3~5人一组，所有的工作都实行承包责任制，这有助于增强责任心和发挥个人积极性，有助于企业的发展。凡在林场打工的人不分当地人、外地人，都一视同仁，奖惩分明。铑额勇正曾说："我们是私营企业，工人们的素质不一样，只有搞承包责任制，承包人和经济效益挂钩，才是我们发展的出路。"通过参与式访谈，我们了解到承包农户、季节性民工和固定工人对这种形式都很满意，因为它体现了多劳多得的原则。

六、铑额勇正私有林企业中工人的角色和利益

（一）工人的角色

私有林场的工人与国有林场的工人有较大的不同，他们是聘用制工人，其中80%以上的人是林场老板的家支成员、亲戚、朋友，大部分是当地农民，他们的利益完全与林场的兴衰连在一起，没有铁饭碗，林场效益不好他们的收入就低，甚至没有，林场破产，他们失去工作就得回家。私有林企业发展至今与这些聘用制工人的辛勤劳动是密不可分的，可以说没有他们便没有林场的今天。

在私有林发展之初，老板资金缺乏，无法及时发放工人们的工资，而这些被聘用的工人毫无怨言，从不泄气、退缩，他们甚至自带口粮上山种树，直到林场稍有效益后，老板才逐步补发工人的工资。现在林场资金周转困难，有时难以及时发放工资，工人们也同样任劳任怨，辛勤劳作。他们虽然不是林场的主人，但是他们将林场当做自己的财产对待，工作时像主人一样尽心尽力。

（二）工人得到的利益

铑额勇正私有林企业的发展，给这些聘用制工人创造了一个方便的打工场所，这些工人大多数是附近的农民，由于受语言、文化、技能等的制约，他们外出打工不便，在家门口有一个打工的场所，对他们来说无疑是一件大好事，由于当地农村土地少，又是林区，他们原来大多数是伐木工，停伐回家后土地少，不够种，又不能开荒种地，难以找到工作。他们在林场打工的收入，以2001年计，每个工人工资收入月平均300～500元，这笔收入对贫困的当地农民来说是可观的，他们用这笔收入，买生活必需品，给孩子交学费，有的甚至买了收录机或电视机。总之，在林场打工提高了当地农民的家庭收入。

七、传统文化在当地绿化中的作用

毕摩是彝族社会中的宗教职业者，是彝族文化的集成者和传播者，从生态环境保护的角度来讲，毕摩又是林木的保护者。至今，在凉山彝族社会中，毕摩的地位和威望还是较高的，他们普遍受到彝族人民的尊重。被访谈者告诉我们，除了私有林老板不请毕摩打鸡、打狗封山护林外（因为私有林地有专人看护），集体林要请毕摩念咒语打鸡打狗来封山护林。有的村民为了防止自留山和承包地的树木被人砍伐也请毕摩来封山。虽然这是一种迷信，但它已成为彝族社会的一种传统习俗，人们至今还遵守它，自然也就起到了保护树木的作用。

家支文化在彝族社会中还发挥着重要的作用，彝族人常说“马靠鞍子，彝人靠家支”，家支头人在社区中发挥着重要的作用。据调查，除了触犯国家法律由司法部门解决的案子外，人与人、家支与家支、社区与社区之间的矛盾、纠纷一般都由家支头人出面解决。彝族社会中，家支成员之间、亲戚之间、朋友之间的互相帮助、互相支持是彝族人传统的宝贵精神财富，这种精神在那些给私有林企业老板打工的村民身上表现得尤为突出。当问到村民们是怎样帮助私有林老板发展私有林时，大部分被访者说要从精神和物质两方面去帮助，精神方面，帮助老板宣传发展私有林的好处，要爱护私有林内的植被和动物，通过宣传推动私有林的发展；物质方面，为老板提供劳务，借钱给老板，无偿向老板提供粮食。社区的老人经常教育年轻人要爱护动物、植物，保护生态环境，减少自然灾害的发生。在林场，家支成员、亲戚、朋友或是素不相识经人介绍来的，都齐心协力，一心一意地把自己的工作做好，有时企业不能按时发放工资，他们也没有一句怨言。为了私有林的发展，有的家支成员还借钱给老板扩大规模，有的亲戚、朋友无偿给老板提供粮食供民工食用。一位来自越西县的民工说："老板很有远见，种了那么多树，为子孙后代造福，我要好好地为他干活，即使他因暂时的困难发不起工资，我也毫无怨言。"

老板也同样很关心他的工人，工人有病他就送到医院去看，他还聘请了一位医生常来林场为工人们看病，工人中有婚丧嫁娶、天灾人祸时，他总是主动提供帮助，为他们排忧解难。

自退耕还林以来，村民们结束了千百年来砍树木当柴烧的历史，在林区内到处放牧的习惯也改变为种草圈养，这对当地植被起到了重要的保护作用。但也有部分村民抱怨，由于受条件的限制，圈养的方式可能影响畜牧业的发展。

八、铭额勇正私有林发展在当地绿化工程中的作用

铭额勇正私有林的快速发展，林区的植被逐步增大。不少荒山种上了速生林、水保林、商品经济林，林地更密实了。问卷反映，100%的被问者觉得原来的荒山变绿了，看上去漂亮、舒服多了，林中的野生动物比未发展私有林时无论是种类还是数量上均有大的增加，经常有飞禽走兽在林中出没。自从铭额勇正在位于长河乡上方的宜西公路两侧的荒山上种上了树木后，这里的植被得到了保护，以前因砍伐树木变成的秃山现在已长满了又高又直的日本落叶松，以前寂静的荒山现在变得喧闹起来，许多种动物又开始在这里出没、栖息，各种鸟儿又开始在这里嬉戏、鸣叫。社区医生也对我们说："现在树种多了，生态环境得到了保护，山变绿了，空气新鲜了，生活质量提高了，村民也讲卫生了，人也精神了，在停伐前，这里的流动人口多，经常把流感、痢疾等传染病带进来，影响了群众的健康，停伐以后没有发生过传染病。"森林植被好了，林中资源也就多了，上山采集林下产品的群众收入也逐年增加。以2001年计，上山采集林下产品者年收入平均在1200元左右，比前三年每年收入平均增加120元左右。随着植被面积的增大，生态环境得到了改善，气候也得到调节，据生活在河谷一带的村民介绍，1997年以前每到雨季都要发洪水，时有牲畜被冲走，庄稼被冲毁，甚至房屋被冲坍，人被冲走，近几年再没有发生过洪水，人畜平安，粮食丰收。

九、铭额勇正私有林企业对社区经济文化的影响

随着铭额勇正私有林企业的逐渐发展壮大，林场对外界的影响也增大，外界商

人、游人的不断进入，促进了当地产品的流通。通过这些商人、游人，使难得外出的当地农民或多或少地了解到了外面的世界，私有林场无形中成了当地农民了解外界的一个窗口。现在，林场的场部所在地逐渐成了当地的经济、文化中心，这里有当地农民开办的小商店三家，一些外地汉族商人也把外面的小百货运进当地批发、零售、易物。当地农民将天麻、虫草、贝母、厚朴、黄连、竹笋、木耳、菌子、核桃、花椒、荞麦、燕麦、牲畜等卖给汉族商人，增加了收入。林场有时用柴油机发电放电视，为当地人提供文化娱乐。老板还为社区办了一些公益事业，修了路，接通了自来水，妇女们再不用背着桶到山下去背水了。

通过对村民的访淡，我们了解到私有林企业的发展带动了社区的经济、文化建设，给群众带来了不少利益。私有林企业的发展，解决了不少人的就业问题。如果没有私有林场，停伐后社区的这些伐木工生活就会困难，这些人外出打工又没有一技之长，他们可能就无所事事，甚至给社会带来一些不利因素。停伐后铑额勇正把他们雇到林场种树，每个月有三四百元的收入，还包吃包住，而且还能学到一些种树育苗的知识。村民们告诉我们：“现在我们的生活比过去好得多了，以前自然灾害太多，粮食收成不好，每年靠国家返销粮过日子，私有林发展后，种植树木，植被渐渐好起来了，再加上停伐和这几年的退耕还林，植被更好了，自然灾害不断减少，粮食不断增收，森林资源越来越丰富。”现在，村里的年轻人穿上了西装和皮鞋，庭院卫生和个人卫生都大有改观，人们勤换衣服，勤洗脸，勤洗手，个个讲卫生。这里的饮食结构和习惯也在改变，很多人家都种白菜、青菜，吃饭时，有的人家一人用一个碗一把匙，改变了合用食具的习惯。我们调查的这些人大多数在私有林场打工，他们挣了钱后用来修建房子、交孩子学费、添置家里的生活用品，一组有一村民还买了照相机，除打工外，走村串户为村民照相，又得到一笔收入。

铑额勇正私有林发展后山上到处郁郁葱葱，生态得到了保护，减少了自然灾害的发生，粮食得到了丰收。访谈的每个人都不约而同地谈到当地这几年来生态的发展、变化，以前由于公路上方的原始森林被砍伐殆尽，林山变成了秃山，每年一到雨季都要造成山洪、泥石流的发生，尤其是居住在河边的村民深受其害。由于植被得到了保护和发展，水土流失明显减少。现在，到了雨季也很少涨洪水，西苏角河的水又变得清澈起来，住在河边的村民们也不用担心山洪再冲下来。

村民把在私有林场打工学到的栽培知识也用到了自己承包的土地上，种的树成活率高，长势好，他们既种好了林场的树，又种好了自己的树，两不误，两得利。

十、社区的历史与现状

项目组在长河乡的两个行政村分别选了两个组，长河村一组和竹杆村三组，每一组25户人，进行问卷调查、个别访谈、群体座谈、大事回顾，并让村民做了资源图，很多村民积极参加，有的村民看到图后一下就知道了自己所处的方位和本地的资源。参加座谈的村民中有老年人、青年人、妇女、残疾人等。

两个组相隔十几公里，我们先到长河村一组调查，这个组位于河谷边，海拔2000米以上，周围是国有林、集体林和村民自留山。这个组有28户，有5个毕摩、3个工匠，劳动方式为半农半牧，主要粮食作物是洋芋、荞麦、包谷，一年种一季，粮食收完后，种一些圆根喂牲畜。男性村民除了到林场当季节工外，平时要管理农田、自留山和承包的林地。生活用的燃料都在自己的自留山砍，平均每户人有自留山7亩，一般都种薪柴树，大多数村民承包有十几亩至几十亩林地，组里有集体草场供大家放牧，妇女们主要操持家务和从事一些田间劳动，有时上山采集一些林下产品，没有上学的小孩子就放牧。这个组没有一个人在外面工作。

一组的植被主要分布在西苏角河两岸的高山陡坡上，这些陡坡平均在60度以上。村民吉克克吉（女，68岁）说："民改前这里的植被相当好，到处郁郁葱葱，随处都是几个人才能合围的大树，特别是杉树高大粗壮，气势伟昂，谁见了都会赞叹，树林里出没着各种动物，如老虎、黑熊、野猪，唉，太多了，说不完，村里的一些人害怕这些动物，不敢进山，晚上早早就关上门，孩子都怕老虎进来，人们也没有打这些动物的念头。"79岁的男性村民沙马伍呷说："以前，我们这里什么都有，在地里劳动饿了，就到山坡上挖一些天麻来烧着吃，但是烧土豆更好吃，天麻是在没有办法的情况下才吃。贝母是好药，我们这里的人身上有伤口，就将贝母捣烂擦上，伤口好得特别快，这些事都是乡下人用的土办法。"82岁的沙马老毕摩说："过去这里的森林虽说是无主的，但实际上是奴隶主在管，由于这里的杉树资源丰富，有许多外乡人来这里砍瓦板去盖房子，奴隶主收点银子，或者打些酒给奴隶主喝就可以砍了。但是在砍树之前要请当地毕摩来作法念咒语，不然被砍的树会带来灾害，我年轻时常为他们作法，这些都是民主改革前的事。"

在访问当中，许多当年的伐木工向我们介绍了他们那里在民主改革后的砍伐情况。一组的很多男性村民曾在谷堆伐木场当伐木工。我们在去这些村组的途中还看到许多没有运走的木材堆在那里，全是大杉木，可以想象，当年那里肯定是一个伐木的大战场。当地一些群众说："大家为了挣钱，乱砍树，为了扩大耕地面积也是乱砍树开荒，这里从民主改革后就开始有自然灾害发生，以后自然灾害越来越大，有一次洪水一来连房带人都冲走了。”

通过对社区群众的访谈，了解到那些年的无序砍伐和砍伐技术的落后，使林中的不少资源受到很大的破坏。森林遭到破坏，使动物无处藏身，加上人们的猎杀，不少动物已经看不到了。

竹杆村三组与一组不同的地方是离公路近，海拔2800米左右，村民们居住在60度左右的山腰上，因坡度太陡，把斜坡挖平后才能建造房子，站在村民的院子里往下一看，下面是万丈深沟，让人害怕。三组有48户186人，是长河乡最大的一个组。这里的农作物有洋芋、荞麦、燕麦，畜类有羊、猪，禽类有鸡，个别农户有牛，村民喂牛不多，是因为当地坡太陡，牛不能耕作。这几年来三组的土地基本上退耕还林了，国家要供应村民粮食。

这个组姓氏较多，组上村民大都是从外乡迁来的。这个村的男性村民停伐前都在伐木场当伐木工。该组村民的子木史，46岁，在该村很有威望，他说：“我父亲到这里当伐木工后才把家迁到这里的。”在三组，1998年以前年满16岁的男性村民全部当过伐木工。村民们说，年纪大的以前伐木是用斧头，年轻的开始当伐木工就用油锯。的子木史说他用斧头砍时，一天砍5方木材，伐木工具革新后，不用斧头用油锯，他一天采伐50方左右。那时，他们谷堆伐木场有40多辆运木材的汽车，还不够用。三组以前没有土地，全是森林，男性村民当伐木工挣钱，妇女儿童在树林里挖药、打竹笋出售来补贴家用。

停伐以后，这个组的男性村民基本上到铑额勇正的私有林场打工。每户村民都有自留山和承包地，据了解，除了自留山外每户承包荒山的数量都在几十亩到上百亩，承包期都是10年。村民的子木史承包200亩荒山种落叶松已有3年了，再过7年后，除去费用可以收入7~8万元。村民主要种日本落叶松、柳杉、水杉、冷杉、黄柏等，在自留山主要种薪柴树。三组有一所1~2年级小学，供村子里小孩上学，现有10多名学生，民办老师1名，学生共用一间教室，由这个老师上两个年级的课，这所小学是铑额勇正为村民们的孩子上学修的。

从调查中看到，一组的村民每户都种有经济林木，有核桃、苹果、梨子、桃子、花椒，如村民罗石衣种了150多株花椒，核桃20多棵，苹果100多棵，不少村民每户都种有上百株经济林木。这几年来一组村民的养殖也搞得好，他们每户平均喂养有大、小猪7~8头，羊20~30只，鸡十几只以上。村民的生活不断提高，多数人家都修有新房子，他们的穿着也比过去好了。三组的村民都以种生态树为主，退耕还林后，国家给予补助，加上自己的努力，基本上每户都有电视机、收录机、手表。男性村民都到私有林场打工，妇女们在家喂鸡、养猪和上山采集一些林下产品，每个村民都有事做。这两个组都没有外流人员，治安各方面都好。

十一、私有林老板的责任、权利、义务

访谈中，当问及老板的责任、权利、义务时，铑额勇正说："自己的责任、义务难以区分，首先是要种好树，管好树，不浪费资源，要对企业的发展负责，其次通过国家政策把树变成钱，及时付清工人们的工资，消除工人们的思想顾虑，帮助解决工人们遇到的困难。"被访谈的工人90%认为私有林老板的责任、义务是使林场能得到较大规模的发展，从而增加工人的收入，5%的工人希望老板加强管理，不要松懈，5%的工人希望老板要按时发工资。老板说："权利是大家给的，一些重大的事，要和家支成员共同商量，发展靠大家。"他还说："'权'只是在承包或划地界时在纸上签个名，这是当法人的权利。老板和林场工人一律平等，不管是本家支的人还是外家支的人，奖惩制度是一样的，是公正的，是大家制定的，这是大家的权利，三年前家支里有个长辈从美姑县来林场打工，由于在栽树时不按程序操作，受到经济惩罚，每株树罚了5~20元。不遵守规章制度，情节严重者甚至开除。"

在选用企业干部时，铑额勇正打破传统观念，大胆选用能力强的工人。为了更好地把企业管理好，创造更大的经济效益，一律不以家支、亲戚关系作为选人标准。铑额勇正说："去年改选企业干部时家支里的一些人认为企业让外姓人来管，他们没有脸面，家支扶持了我，企业应由家支成员管理，现在竟然由外姓人来管理他们，让别人笑话。"谈到企业改革，铑额勇正说："来自家支的压力最大，他们有时不理解我，为了长远利益，我选用能力强的外家支人做了林场经理，经过一年的实践，林场的各项工作大有起色，家支里的人看到企业的发展后认同了。"林场去年（2001年）年底奖励了22人，这些工人都有创新精神，树和树苗管理看护得好，为企业出了好主意，后勤工作做得好，遵守规章制度，团结助人，他们分别得到了20~100元的奖金，虽然钱不多，但是提高了工人的岗位责任心和积极性。

在企业里，老板的责任、义务和权利都带有彝族互相帮助、互相扶持的传统文化的特征。在随机访谈中，老板对笔者说："凡是林场工人家庭出现困难，我有义务帮助他们，大龄工人没有钱娶媳妇的，我出钱帮助他娶个媳妇，工人结婚时我要出一部分彩礼钱，职工的双亲去世，我要出牛和酒，一次花1000元以上。"我们在社区了解到，铑额勇正为社区群众做的公益事业也不少，修了3所村小学，修了1条水渠，为贫困户无偿提供树苗，如前三年长河乡乃托村的5家贫困户得到了铑额勇正送的1000多株花椒树苗，据乡政府提供的信息，这5家贫困户今年开始卖花椒，每户收

入上千元。

林场的工人都有一本手册，主要内容是企业的规章制度：企业责任制度、管理人员的权利、工人的承包制度、工作职责。工人的工资分为 1、2、3 级，不认亲情、友情，而视其劳动强度、责任心和工作成绩而定，随时能上能下。相互理解在林场工人中体现最深，在调查中了解到，老板几个月没给工人发工资了，因为他在外承包绿化工程，资金缺乏，但林场的工人都能体谅老板的难处，没有一人向他要工资。许多工人对我们说："老板在外县承包工程，远离家乡、亲人，我们都是老板的家支成员、亲戚、朋友，我们有义务支持老板，让老板安心在外搞好工程，经济效益好，我们大家才有好日子。"林场的工人憨厚、老实，不计个人报酬，一如既往地支持老板铭额勇正搞好企业，这也是传统文化中的一种美德。

十二、私有林与集体林之间发展的区别

私有林场植树成活率为 95% 以上，集体林场成活率还无从统计。我们在私有林场 50 位工人的问卷调查中了解到，100% 的工人反映，集体植树造林，只管种，管护差，成活率低。在社区 50 户村民的问卷调查和访谈中，村民的反映和林场工人完全一样，集体林不与经济利益挂钩，社区里的义务植树没有责任心，而私有林则不同，既管种，又重看护，幼苗种上后，要请专人看护，封山育林做得好，严禁人、畜入内，所以成活率高，高达 95% 以上，而不成活的又有工人及时补种，最终成活率为 100%。

十三、社区、政府的参与

当地社区、政府在铭额勇正私有林企业发展中提供了方便，主要体现在：向该企业传达党和国家的方针政策，宣传地方政府的有关文件精神，给该企业提供办理土地使用证等手续的方便，提供有关科技信息，做好协调工作等。如长河乡、谷堆乡 20 多户人的 1 万多亩承包地，由于各种原因，不能再继续承包了，通过长河乡政府的协调，将这些农户承包的林地全部转让给长河乡铭额勇正私有林企业。社区政府还参与私有林企业的一些决策活动，铭额勇正私有林周围有不少村落，为了积极配合该私有林企业的发展，社区、政府为私有林附近的村民制定了不准在私有林区砍伐树木，要有计划地采掘林下产品，不准在林区放牧和捕杀动物等规章制度，要村民遵守，这使得铭额勇正的私有林企业得到了良好的发展。保护生态环境是社区、政府、企业三者

共同的事，社区人生存靠林区，三者要制定长远规划，把社区的生态绿化建设搞得更好，拓展当地的资源优势，只有这样，社区的经济文化建设才能持续发展，社会才能稳定，人们才能安居乐业。

十四、问题与建议

（一）问题

调查结束时，铓额勇正和工人也提了一些问题：国家、法律都承认私有林的存在，十多年来，我们辛辛苦苦种了很多树，造了很多林，没有得到任何回报，政府鼓励大力发展非公有制林业，现在我们种的这些树，很多已经成材了，国家又不回收，自己又不能砍来卖，资金没有来源，就靠卖树苗来支撑，工人们经常拿不到工资，希望得到有关部门的关注，使我们在发展私有林，促进西部绿化，保护生态环境中也能得到一些回报。

在访谈中，铓额勇正多次谈到，在外县承包绿化工程，遇到的最大困难是各种收费，特别是在运树苗的时候，公路上的各种检查和收费让他头疼。有时候，经过许多关口的检查、收费后，灼热的太阳早已把树苗晒蔫了。一些关口要买烟买酒来打通，有时候甚至不得不拿钱出来“贿赂”把关人员。有时说好的资金又不能及时到位，延误了施工计划。

（二）建议

植树造林，保护生态环境，造福人民，造福国家，是私有林企业老板发展私有林的宗旨。要使当地的生态植被能得到保护，并迅速发展见效，有关部门应做一些协调工作，多为私有林企业提供信息，帮助他们引进资金，引进科技，引进人才，加大对这些企业的科技投入，使这些企业在绿化工程建设中发挥重要的作用，让已经受到严重破坏的生态环境很快地得到恢复和发展。

对资源的利用也要有计划。在社区调查时，我们看见大批的村民背着背篼，扛起口袋，拿着镰刀，提着挖锄涌入林中肆意采掘，这种无序采挖，严重地破坏了森林资源的发展，社区和政府要制定一些规章制度，搞好对生物多样性的宣传，使社区群众在采集林下产品时，不要为个人一时的利益而破坏了森林资源。

社区群众在发展经济林木时，往往没有考虑市场、价格、运输等条件，致使这些经济林木产品销路欠佳。在对长河乡一组的调查中发现，许多村民都种了苹果、梨子，有的人家甚至种了上百棵，但由于当地不通公路，水果熟了却运不出去，在当地又卖不到好价钱。针对这种情况，社区、政府应考虑让村民改种干果经济林木，像核桃、青花椒等，因为这些产品容易运出又能卖好价钱。

私有林企业要多与外界联系，当今是信息时代，私有林企业的老板要经常与地方政府保持联系，政府也要帮助他们寻找合作商，或者帮助他们考虑是否发展股份制企业。红豆杉的药用价值高，长河乡私有林场现在培育了不少红豆杉，要帮助他们宣传出去，让外面的商家来投资。当地政府也可以帮助私有林企业发展生态旅游。

老板应多抽时间与工人们交流，认真听取他们的合理化建议，搞好绿化。

长河乡私有林企业的诞生和发展不是偶然的，它是当地的彝族人民在深受几十年超负荷砍伐带来的自然灾害的侵袭下创办起来的，这种私有林企业的诞生和发展是有深远的现实意义的。一个新生事物的发展需要社会各界的理解和支持，该企业在冕宁县实施绿化项目时，就遇到当地一些村民的阻拦，原因是山上种上树后没有地方放牧，影响了当地畜牧业的发展，一些村民将他们种好的树苗拔出来，将工具也甩了，他们只好忍着，避免与村民发生纠纷，通过宣传党的政策和各方面的协调，村民们才了解到绿化的重要性，工人们的工作才得以顺利进行。

老板要尽量想办法补发工人的工资，让他们安心工作，这样，企业才能稳定发展。虽然他们都是家支成员、亲戚、朋友，但应该要让他们劳有所得。

要丰富工人们的业余文化生活，可以搞一些健康、娱乐的传统文化知识竞赛，工人中间有毕摩、有会说唱的、会吹笛子的、会弹月琴的、会讲笑话的，林场可以组织这些彝族民间艺人搞一些娱乐活动。一些工人说他们不认识字，林场可以让有文化的技术员教他们识字（彝文字、汉文字），使他们在林场打工的同时也能学到文化知识，有了文化才能把工作做得更好。

根据市场经济发展的要求，要多培养企业骨干，特别要培养当地的彝族技术员，发挥他们的特长，让他们多去参观学习，以开阔眼界，拓宽思路。要把企业与市场结合起来，可以把红豆杉作为拓展企业的主打项目。依托科学技术来发展企业，要抓好基础建设，企业要与有关部门协商解决用电、通信等问题，有了这些设施，才能吸引投资者，才能更好地开发地方优势资源，使企业和社区的经济文化建设得到更好的可持续发展。

烤烟生产在凉山民族经济发展中的地位和作用*

尚云川　张　利

2000年11月，笔者在凉山彝族自治州作烤烟生产情况调查，其间，与州“两烟”办、会东县、普格县、德昌县“烟办”、烟草公司、民委、统计局等单位以及部分农户进行座谈、访谈，在此基础上写成这篇调研报告。

一、凉山彝族自治州烤烟生产基本概况

凉山彝族自治州境内气候温和，年均温度15℃～19℃，雨量充沛，年降水量1050毫米，年日照时数2230小时，平均日照率52%，形成多日照、雨热同季的气候特点，年温差小，日温差大，十分有利于农作物的生长。安宁河谷地区是仅次于成都平原的四川第二大平原，现已列为国家和省的农业综合开发重点地区。独特的光热资源使粮食作物和经济作物呈现单产高、质量优的特色。水稻、玉米、小麦等作物，单产居全省之冠。红壤分布区光热资源丰富，有利于优质烤烟的生长发育和干物质的积累，适宜发展烤烟等经济作物。尤其是烤烟产区的苗期及大田初期的3、4、5月多高温直光照，大田后期的6、7、8月雨量充沛多散射光，月平均温度大于或等于20℃，符合专家对优质“清香型”烤烟生成条件的初步界定。据全国烤烟适生区类型划分指标系统筛分，凉山属烤烟生态最适宜区。

凉山彝族自治州的烤烟生产始于20世纪40年代。1941年起，会理开始种植烤烟。50年代后，凉山其他地方开始种植烤烟，最初，各地种植面积不大，单产也低。60年代后，国家压缩卷烟厂，烤烟生产停止。1975年又开始种植，以后，逐年在适生区大面积较集中种植，1997年播种面积已超过3.8万公顷，产烟7.9万吨，主要集

* 本文原载《凉山民族研究》，2002年刊，21页。

中于会理、会东、西昌、宁南、普格等市、县。目前全州的耕地面积400多万亩，每年种植烤烟约40万亩，占耕地面积的10%左右。凉山的烤烟叶片大，油分足，色泽好，香气足，有“四川云烟”的美誉。

凉山彝族自治州种烟农户约18万户80万人，占全州总人口（390万人）的20.5%。烤烟产量在1996年以前的凉山是没有计划的，即产多少卖多少，以鼓励凉山多生产烤烟。1995年全州烤烟产量39万担，烟农总收入1.3亿元，农特税5780万元，卷烟税收2亿元。1996年烤烟总产量84万担，烟农收入4.6亿元，农特税1.43亿元，地方财政收入1.3亿元，卷烟税收2.4亿元。1997年国家开始下达指标，当年烤烟大丰收，全州共收购烤烟158.4万担，亩产值1216元，平均每担550元，农民收入6.93亿元，农特税收入2.1亿多元，卷烟税收2.7亿元。1998年全国主产烟区都遭受不同程度的灾害，凉山的洪灾、病虫害使烟农们受重大损失，亩产值282元，每担烟均价121元，地方财政只有几千万元，与1997年比，烟农和地方财政损失巨大。烟叶生产出现三多三减少情况，即：投入增多收入减少，高投入与低产出形成强烈反差；低次等烟增多，上中等烟减少；外流烟增多，地方税收减少。1999年产量83.85万担。2000年的生产形势，全国总产量压缩到3300万担，凉山的产量约110万担，因为黄淮烟区遭受严重干旱，减产50%左右，完不成国家下达的指标，因此烤烟的销售形势应该是好的，凉山彝族自治州的烤烟基本可以销售出去。通过20余年的不断发展，凉山彝族自治州已建立和完善了生产指挥、科技服务和后勤保障三大服务体。在实践中锻炼和培养了一大批管理干部、技术人员和烟农，建设了一定规模的生产设施和仓储设施，烟叶复烤能力达到100万担。

为了发展烤烟生产，凉山彝族自治州各级领导班子下了大力气，各级政府都为烤烟生产服务，每年各县从州上的扶贫资金中借部分用于烤烟生产，采取春借秋还的原则，扶持烤烟生产。在烤烟生产的各个环节都紧抓不放，从产前的育苗、移植，产中的技术指导，各分管领导都亲自参加，并办多种培训班。在农田水利建设方面，投入微型水利设施（地窖、小型水塘），在地膜、烤房、农药、化肥等方面对农民扶持，保证生产的顺利进行。

下面是1994—2000年凉山彝族自治州各县扶贫贷款分年投入烤烟生产情况。①

① 资料来源：凉山彝族自治州扶贫办。

（单位：万元）

年度	雷波	美姑	昭觉	冕宁	喜德	普格	盐源	金阳	布拖	越西	合计
1994 年		20	19				27				66
1995 年						1.7	25		10		36.7
1996 年	25						88	20			133
1997 年	190	40	250		350	470	116	249	200	290	2155
1998 年	140	130	390			380	40	60	200	11	1351
1999 年	112	106	450	300	200	300	100	195	300	300	2363
2000 年	137	103.6	250		200	268	80	208	213		1459.6
合计	604	399.6	1359	300	750	1419.7	476	732	923	601	7564.3

二、烤烟在国民经济中的地位

江泽民同志在中央民族工作会议上明确指出，“实施西部大开发是我国下个世纪发展的一项重大战略任务”。说到底，实施西部大开发战略，就是要加快少数民族地区的发展，凉山彝族自治州不能坐等国家的资金来发展，应该抓住自己的自然优势，使之发展成为经济优势，使少数民族尽快摆脱贫困，迅速富起来。凉山彝族自治州发展烤烟生产的自然条件十分优越，在二十多年的烤烟生产过程中，已基本形成了一套完整的科技服务网络和技术推广体系，烤烟生产基本实现了“布局区域化，品种良种化，种植规范化”。烤烟生产总体水平、烟叶内在质量、纯度和等级都上了新的台阶。烤烟在凉山已名副其实地成为经济发展的重要支柱产业，目前是任何一个产业无法替代的。每年烤烟所提供的税收就占了财政收入的一半，这是要建多少个工厂才能达到的效益，对地方来说是一种轻工业，它投资少，产出明显，对解决农村剩余劳动力、带动农民对农业生产的投入、改善农业基本条件、提高农民的科学技术水平、接受科技知识以及带动地方其他工业的发展起着举足轻重的作用。在会理县、会东县、德昌县、普格县等县的财政收入中，烤烟的税收有的占一半多，有的在财政收入中占的比重也越来越大。

会东县 1996 年种烟 8.4 万亩，产烟 26 万担；1997 年种烟 13.6 万亩，产烟 43 万担；1999 年产烟 21.88 万担；2000 年种了 11.2 万亩，产烟 35 万担。全县已形成种烟 10 万亩、产烟 30 万担、中上等烟占 80% 以上的稳定规模。在贫困的拉马彝族乡，许多农民因种烟而生活有所好转，而居住在拉马乡地势较高山上的部分农民，既无条件种植烤烟，又没有别的收入，只有靠土地的收成，生活非常困难。

德昌县2000年的烤烟生产是全州搞得最好的，效益也好，共收13.34万担（不含级外烟），上等烟占26.8%，中等占35%，烟农收入4987万元，从收购开始至结束，未向农民打白条。各级党委、政府为了让烟农更积极地种烟，在煤炭上补贴烟农，在道路的建设、防冰雹等设施上间接扶贫，配备了二门炮，从1997年以后，就没有受到过冰雹的袭击。德昌县从1989年开始种烟，领导、烟农们都有一肚子苦水，一开始农户不愿意种烟，乡干部上门做工作，有的农民看到乡干部来了，放狗咬、放蜂蛰；有的农民用开水烫种，说种子不生长；有的地方乡干部教农户们种植技术，农户们在一旁冷眼看，乡干部们下班了，农户们背着手说，现在才6点钟，你们怎么就走了？乡干部们想尽办法，干部、技术员去教农民撒种，移栽时技术员教农户用酒杯量所需要的肥料。永郎有个副镇长，为了教农户们使用农药、化肥的计量，买了一箱娃哈哈饮料送给农户的孩子们喝，然后教他们在娃哈哈的空瓶上划一道线，即是农药、化肥的用量。德昌县的烤烟生产十年来，是群众从不理解到自觉自愿投入其中去。1991年至1992年间，农民们种烟没有收成，严重地挫伤了农民的生产积极性，农民们再也不种烟了，这期间乡干部们所感受的酸、甜、苦、辣几句话是说不清的。1993年以后，在县“两烟”办领导下，按照科学管理，干部们为烤烟生产服务。收购上，抽调乡书记、乡长当收购站站长，防止收购中压级压价的伤害农民利益的行为，农民们满意，烟农们的积极性提高了，烤烟生产一步一步发展起来。1996年全县农民收入1700万元，财政税收1000多万元；1997年烟农收入4500万元，财政税收1380万元；1998年烟农收入1500万元，财政税收1380万元；1999年烟农收入2200万元，财政收入1600万元。卢梭乡有10个村，人口10 940人，可耕地11 000亩，水田8000亩，旱地2000亩，自然、交通条件较好，离县城7.5公里，目前的经济主要靠烤烟。过去卢梭乡主要种粮食作物、甘蔗及早熟蔬菜，开始种烟以后的几年里对肥料配方掌握不好，管理技术也跟不上，后来县领导要求乡干部要懂得烤烟生产技术，乡干部既是指挥员，又是战斗员，督促每一环节的落实，生产一步一步地发展起来。现在乡干部们全部精通烤烟技术，可随时给农户指导。卢梭乡建立的英美烤烟基地300亩，生产上的各个环节按照科学方法操作，仅一年就取得成功。

普格县从1982年开始试种烤烟，种植规模从小到大，逐步发展，近几年发展成为普格县的支柱产业。县委、县政府充分认识到全县3万多烟农需要继续发展烤烟以稳定收入，普格县是贫困县，地处二半山区，种任何经济作物都不能代替烤烟，能在几个月内使农民致富、财政增收。在1996年年底召开的普格县烤烟生产总结表彰会上，安排了1997年的生产目标，出台了一系列奖励扶持政策，成立了以县委书记为团长，县各单位领导和干部140多人组成的烤烟生产工作团，分赴各种烟乡镇抓生产。责任到人，只要是抓烤烟生产的干部，一律缴纳200～300元的烤烟生产责任金，完成任务按比例计奖，否则，其缴纳的责任金充做烤烟发展基金。还成立了以纪委、监察局牵头，几大班子办公室组成的烤烟生产督察组。宣传部、广播局在搞好宣传的同时，深入到生产第一线，与烟区干部、群众同甘共苦。县几大班子几个联点单位的主要领导，每到烤烟生产的关键环节都住在种烟乡镇抓生产，烤烟工作团的领导和干部平均在基层时间达40天以上。县委、县政府克服重重困难，增加烤烟生产的投入，兴修引水沟、蓄水池，维修烟区公路，完成烟地坡改梯，新修烤房，购回地膜、肥料、农药、煤炭等各种烟用物资，一一送到烟农手中，并加强技术指导。从县上到村、组，提前做好了各项准备工作，生产上紧紧围绕烤烟的生长规律和优质烟的要求，抢季节狠抓规范化集中育苗；另一方面早抓烟地卫生和以组为单位的统防统治，有效控制了病虫害的发生。全县实际种烟2.63万亩，产烟6.7万担，比1996年增长4.15倍；亩产烟叶255斤，比上年提高1倍；烟农总收入2773万元，比上年增加2253万元，是上年的5.4倍。烟农户均收入3020元，人均收入770元，种烟脱贫成为现实。经过一年的努力，普格县已经跻身凉山彝族自治州种烟先进行列，全县涌现出烟叶产量3000担以上的乡镇12个，2000担村6个。文坪乡二村种烟收入102万元，人均1464元，东山乡先锋村种烟收入120万元，人均1502元，该村四组21户种烟，收入万元以上21户，户户成为万元户。黎安乡的烟农阿约俄日种烟40亩，收入9.4万元，跻身全州状元之列；花山乡红星村烟农刘红，承包荒坡开发土地，一年见成效，收入5.6万元；德育乡三村烟农乃保木来，在土地上精耕细作，不论是种烟的投入，还是田间管理技术都无可挑剔，14亩烟地产烟6918斤，亩产490斤，亩平均收入2542元，成为全县的科技种烟能手。1999年，全县共收购烟叶1.55万担，其中上等烟占19.3%、中等烟占40.8%，烟农销售收入504万元，实现财政税收167.6万元，其中农特税100.8万元、增值税61.8万元、地方附加税5万元。2000年全县计划种植烤烟1.75万亩，产烟4.37万担，中上等烟叶产量75%以上，等级合格率75%，烟农收入1500万元以上，财政税收300万元以上。普格县委、县政府出台了一系列的扶持办法，2000年继续实行烤烟收购保护价，最低保护价（除级外）为3.3元/斤，并承诺现款收购。在全县收购均价达不到最低保护价时，由经营部门按差额补给。种子、营养袋由烟草公司无偿提供给烟农。烤烟所需要的肥料、地膜、农药、燃料由经营部门组织赊给烟农。烤烟所需的钾肥，每吨补助200元。2000年已入库27 200多担，农业产值800万元（截止11月中旬）。烤烟对农村经济的发展、政治稳定、社会进步做出了贡献。

现在"两烟"收入占全州收入的一半，农民增收、财政增收都靠烤烟。凉山彝族自治州领导非常重视烤烟生产，成立了"两烟"领导小组，各县也纷纷成立了

“烟办”，各级党委、政府部门认真贯彻州委“两烟”发展战略，立足市场，苦抓实干，从技术指导、计划制定州、县全部是领导挂帅，出台了许多奖励政策，产前提供种苗、产中进行技术指导、产后按等级收购。栽烟期间全体总动员，由于凉山独特的自然条件，每年5月底才降雨水，而5月上、中旬秧苗最需要水时，只有人挑马驮取水，抗旱保苗。凉山彝族自治州烤烟生产从70年代末至今已有20多年的发展历史，已形成一定的规模，正朝着布局区域化、品种良种化、种植规范化的方向发展，烤烟已成为凉山彝族自治州的支柱产业。

三、当前存在的主要问题

一是抗御自然灾害的能力较差。凉山地区由于农田基本建设差，受气候影响很大，常见的自然灾害有冰雹、暴雨、狂风、泥石流等，粮食和经济作物因此受到严重影响。1994年会理县一个乡遭灾严重，冰雹打下烟叶后又被狂风卷走，整个烟地没有一片烟叶，全州当年损失几千万元。因此，需要提高抗灾防灾能力，逐步摆脱“靠天吃饭”的局面。

二是利益分配应更多地考虑烟农的利益，以便提高烟农种烟积极性。在发展烤烟生产中，有的县对市场和形势认识分析不够，为了追求更多的财政收入，盲目扩大种植面积。由于烤烟税收的20%可返回政府，这笔返回的资金就成为财政收入的主要来源，结果是供大于求，导致烟叶价格下滑，而损失的结果只由烟农独自承担，这对烟农是不公平的。有的地方农民不愿种，但干部强迫农民种植，收购时又由烟草公司根据市场需求，不考虑农民的利益。现阶段农业生产的不稳定也会影响烤烟生产，如遇自然灾害（气温的突然变化、洪灾、冰雹、病虫害，这种情况在凉山几乎年年都有发生）以及烤烟市场的变化（国际市场、国内市场、价格、供需关系）等因素的影响，烟农们的利益就无法得到保证，而烤烟不同于其他的商品，如果生产出来没有市场，做肥料都不行。

三是不注重质量，投入不足，广种薄收。有的烟农“少报多种”，没有很好地考虑自身的条件。而在条件差，农民种烟积极性不高的地方采取强硬的行政措施，硬性分派任务，强迫农民种植，导致农民种应付烟“多报少种”的现象。要严格控制种植面积，按照计划种植，消除单独强调本地区经济收入，忽视长远和全局利益，只顾抓眼前和局部利益的错误倾向，避免生产上出现大起大落的局面。

四是收购中的违法违规问题。由于国家对烤烟实行专卖，只有烟草公司有权收购烟叶，而其他任何人都无权经营，有的收购站压级收购，烟款没有及时兑现，给农民打白条，有的地方拖欠烟农的烟款，造成农民购买力下降，部分农民子女的教育和来年的生产再投入受到严重影响，生产积极性也受到严重挫伤，第二年就只有减少烤烟种植面积。有的区乡以抵扣烟用物资或农业税等未给农民结清或没有向烟农解释清楚。以上几种情形严重挫伤了农民种烟的积极性。有的烟农不堪被剥削以及打白条，而置烟叶专卖法于不顾，将烟叶卖给烟贩直接收回现金，且还可以卖到好价钱，当地政府只有出动人力，在各主要路口堵截走私烟叶，这种情况又造成当地政府工作量的增加和财政收入的减少。

五是投入不足和烟农素质问题。烤烟从种植烟苗到采烤的几个月里，每一个生产环节的技术要求都高于种植其他的农作物。什么时候打药、施肥、打顶等都有严格要求，而有的烟农自身素质太低，难以掌握相关技术，以刀耕火种的方式经营烤烟生产，投入不足，没钱买农药、化肥，烟株缺乏营养，长势差，遇到病虫害时，用手捉虫，最后卖烤烟的钱还不足以收回成本。遇到这种情况，烟农不从自身找原因，而是对政府怀有怨气，采取消极对抗措施。因此，今后应该让烤烟生产向劳动力素质高的烟农转移，向有灌溉水源的好田好土转移。

六是机构体制问题。凉山彝族自治州有“烟办”和烟草公司两个机构抓烤烟生产，“烟办”从生产到销售全面抓烤烟，而烟草公司只负责计划与销售，两家存在一些难以协调的问题。如办事拖沓、办手续太难。由于国家实行的烟草专卖，烟草的调拨、运输等都必须在烟草公司办手续、拿计划，而计划又定得太死，即使有省外的烟草企业想在四川调拨烤烟，也会因为没有计划而作罢，使凉山的烤烟发展受到极大的限制。我们认为，虽然烟草是国家专卖的商品，但能否根据凉山的实际情况给予一些特殊的政策。

四、凉山彝族自治州烤烟发展的前景

凉山彝族自治州经济发展缓慢是多方面因素造成的。大力发展商品经济，可以把经济搞活，进一步提高民族地区社会生产力的水平，加速经济、文化的发展，使农业经济向专业化、商品化和社会化的方向发展，走上繁荣富强的道路。凉山彝族自治州有自己独特的地理优势发展烤烟生产。从经济效益来看，烤烟的产值高于其他经济作物，是凉山地区可依靠耕地脱贫致富的一条门路，也可以解决劳动力的出路。所以，凉山彝族自治州选择烤烟生产作为突破口是比较适宜的。凉山的烤烟及卷烟的税利收益占凉山财政收入的一半，凉山又是我国最适宜种植烟草的五大产烟区之一，其烤烟色泽好、干性好、阴燃保火力好、内在质量优，可与云烟媲美，是山地清香型的优质烟。经过二十多年的发展，凉山的烤烟、卷烟生产已具有一定的优势，形成了由6个复烤厂和西昌卷烟厂构成的龙头产业群为基础的产业化格局，形成了年生产、复烤加工100万担烤烟、20万箱卷烟的规模和能力。“两烟”税收在推动凉山经济发展战略中具有举足轻重的地位和作用。因此，在不断提高烟叶质量的前提下，可以与国外、省外的烟草公司联营使凉山烤烟打入国际市场，这样，不仅可以增加地方的财政收入，对于引进先进技术、加速凉山民族经济发展具有促进作用。烤烟的经济效益居全州之首。把凉山州建成全国优质烤烟基地、出口烟生产基地，对原材料进行多层次的深度加工，增值增利，是促进少数民族地区财政状况根本好转的一个重要途径，也是搞活经济的重要表现。

根据《中华人民共和国民族区域自治法》的规定，民族自治地方可以根据本地区的情况制定若干经济政策和法规，充分发挥本地的资源优势和区域优势。努力探索适合凉山彝族自治州改革开放的路子，推进社会经济结构的调整，把自己的资源优势迅速转变为商品优势、经济优势，根据自己不同地区的自然和经济条件发展种植业、养殖业、畜牧业和园艺业，适宜发展什么就发展什么，在保证粮食生产稳步增长的前提下，调整粮食作物与经济作物的比例，重点发展投资少、见效快、经济效益高并能发挥本地优势的烟、茶、糖工业。在最适宜地区发展烤烟，加大烤烟生产上的投入，推广先进的科学技术，提高每亩的平均单产量，增加农民的经济收入，促进脱贫致富的进程。凉山地区的许多农民从种植烤烟等经济作物中得到了实惠，收入增加，使区域内的烤烟生产形成规模经济，产生规模效益，使民族地区在投入同样多的物化劳动和活劳动的情况下，获得比较大的经济效益，使当地群众充分受益。

这个地区是少数民族聚居的地区，由于历史的原因，社会生产力发展缓慢，商品经济不能得到应有的发展。如继续以这种方式发展，会影响我国经济发展战略目标的实现，因为少数民族分布在山区，交通不便，信息不灵，种烤烟，有一定的效益，不种烤烟，又无其他可以发展的项目，脱贫的步子更慢，而没有高山、二半山少数民族的现代化，何谈农村现代化、中国现代化。这就要求我们从凉山的社会经济发展条件出发，因地制宜、因条件制宜。而这一地区的气候温暖，雨量充沛，最适宜烤烟、甘蔗、蚕桑的生长。为了充分利用这种自然资源，今后应着重发展甘蔗、优质烤烟。从各方面看，凉山彝族自治州应选择烤烟生产作为突破口：第一，烟草行业在凉山具有发展的基础和潜力，并且能很快积累资金。目前，凉山彝族自治州的几个烤烟主产县，如会理、会东、宁南，烤烟的收入占财政收入的一半以上。第二，烤烟的优势在凉山地区还可以持续较长的时间。这是因为州领导对烤烟生产这一支柱产业有正确的认识，上下一心，把烤烟生产作为农村经济发展的首要工作来抓，已积累了丰富的经验。在烤烟生长期间的各个环节，州、县各级领导深入生产第一线，制定一系列考核政策，多次召开烤烟生产工作会，烤烟收购完成后，及时总结经验。出台相关的奖惩措施，对工作不力、各项措施落实不到位的负责人予以警告，并提出限期改进，改进工作仍不力的负责人就地免职。许多县在年初就制定了扶持办法，并承诺最低保护价和现款收购，以及由烟草公司无偿提供种子、营养袋，烤烟生产所需的肥料、地膜、农药、燃料由经营部门赊给烟农，改造烤房补贴等。

优化布局，把烤烟生产布局在有水源保证、燃煤保证、生产技术相对较好、有人才、有科技力量、有劳动力资源、土壤肥力中等以上的土地上，要集中连片，向人才户、专业户集中，向有生产积极性的农户集中，对那些无水源保证、劳动力差、生产技术赶不上、无燃煤烘烤、交通不便的地区及土地瘦、坡度大、耕作粗放、水土流失严重的烟区坚决予以调整。

在一些主要烟草生产地，如贫困的凉山彝族地区，其经济收入和劳动就业对烟草的依赖性仍然较大，烤烟生产与凉山的经济建设、劳动就业有着密切的关系，在我国就有近 1 亿人口的劳动就业及其家庭经济收入与烟草有着或多或少的联系。而烟草的税率又很高，大大高于其他商品，因此，可快速积聚资金。山地的农民们只能选择种植烤烟，如果种植水果或蔬菜，可能卖不出去，因为既没有市场，交通又不便。

在实施西部大开发战略中，由于国家财力的限制，凉山绝不能坐等国家拿出钱来开发，只有把自己的资源优势变为经济优势，利用自己独特的地理优势大力发展烤烟、甘蔗、特色水果、花卉以及养殖业和林果业，并在此基础上，采用先进的工艺技术，对农林畜产品进行精深加工。凉山彝族自治州是国家贫困地区，应针对这一特点，给予政策上的优惠……越是落后的民族地区，民族经济在区域经济中所占的比重越大，甚至成为区域经济的支柱。民族发展是西部发展的重要部分，因此民族地区发展将推动西部经济的发展，而民族地区的落后将延缓西部经济的发展。没有发达的民族地区，西部经济难以达到整体发达的状态。可以说，民族地区经济是制约区域经济整体发展的最后死角。

五、小结

从凉山彝族自治州所处的独特地理位置和光热资源来看，凉山烟区应产出更多优质的烟叶，但实际情况是凉山烟区所产的中上等烟的比例很少，除了气候等自然因素外，主要还是劳动者的素质需要提高。因此，烟农们要提高自身素质和技术水平，多产出高质量的上等烟叶，烤烟才不失为当地的支柱产业和农民脱贫致富的首选。从市场情况看，烤烟显然是夕阳产业，但目前市场对烤烟的需求还在增加，因此，凉山彝族自治州应抓住西部大开发的有利时机，加大对支柱产业的资金投入，鼓励外资投入支柱产业领域。

“专业户”“科技示范户”的文化技术水平要高一些，视野要宽阔一些，思想要开阔一些，才能使他们学习、掌握、运用新的生产技术、经营管理方法更快一些、更多一些。少数民族经济现代化是可以给少数民族带来利益的，但在少数民族经济现代化的过程中要让少数民族自觉自愿地接受，最好的方法是示范，用成功的试验向少数民族示范，让他们感受到那样做的好处，绝不能采取强迫的做法，否则只会适得其反。

彝族传统社区组织对自然资源的保护*

——四川凉山金阳县热柯觉村定点调查研究

白史各　尚云川

一、引言

凉山彝族地区是彝族传统文化保持最完整的地区。在农业仍然是主要经济成分的少数民族地区，自然资源的保护和发展是保持生态平衡的关键，是我国少数民族地区经济迅速发展的关键。改革开放之前，彝族民间传统文化资源力量如家支组织等曾受到压制而一度边缘化，改革开放后，随着彝家山门、寨门的打开，彝族传统文化逐渐复苏，使彝族传统社区组织在参与社区资源管理和保护方面起到了不可替代的作用。家支组织中的权威人物（毕摩、德古和苏依）通过习惯法和宗教来规范约束人们的行为方式，从而有效地保护社区自然资源以及周边的生态环境。在社会文化变迁的今天，受现代文化冲击的家支组织通过与现代的行政组织相互渗透，对当地自然资源的保护仍然起着十分重要的作用。本文通过对热柯觉村参与式定点调查对凉山彝族传统家支组织（“家支”为彝族血缘关系即宗族的特定称谓，是彝族社会中特有的一种社会组织，在解放前是彝族中唯一的社会组织和政治单位。“家支”是“家”和“支”的总称，它是指出于一个共同的男性祖先，以父系血缘关系为纽带的亲族团体。家支都有父子连名的谱系，都有一共同祖先和较稳定的居住区域。家支范围内的资源由家支成员共同享有，家支成员之间有相互保护、援助、继承财产的权利和义务，家支内外一切事务或矛盾纠纷由家支头人“德古”“苏依”① 或家支会议“蒙格”的形式通

* 本文原载《凉山民族研究》，2003 年刊，10 页。

① “德古”，彝语意为善于辞令的尊者；“苏依”，彝语意为为大家办事的尊者。

过习惯法来解决。每个家支都具有一个独立的宗教崇拜单位，崇拜对象为家支的祖灵。）及其社会结构、职能、作用等进行了各个方面的论述，并进一步阐述了彝族传统社区组织通过多种形式对自然资源的保护。

二、研究点与研究方法

（一）研究点

四川凉山彝族自治州金阳县地处金沙江北岸，大凉山南部，位于四川省西南部，介于东经102°56′~103°30′，北纬27°22′~27°57′之间。金沙江流经本县的南部和东部边境。全县总面积1588.23平方公里，耕地面积20万亩，辖4个镇30个乡175个村798个村民小组。1990年全县总人口12.6万人，是一个以彝族为主的多民族县，居住着彝、汉、苗等12个民族。其中彝族9.6万人，占总人口的76.19%，汉族2.87万人，占总人口的22.78%，其他民族占1.03%。县城天地坝镇，距凉山彝族自治州州府西昌市215公里。1990年，金阳县被国家列入长江中上游防护林体系建设第一批工程县以及金沙江下游水土保持重点防洪县，被省列入“半农、半牧重点县”。

1953年10月，金阳县人民政府成立，建立波洛梁子治安生产委员会；1955年，正式建立波洛梁子乡人民政府；1975年，成立波洛公社；1981年，改为热柯觉公社；1984年，恢复乡、村建置，热柯觉公社更名为热柯觉乡。① 热柯觉乡于1990年下设热柯觉、友地、丙乙底、永丰、东风5个村民委员会15个村民小组，为纯彝族聚居乡，全乡共528户2247人，总面积68.54平方公里，其中耕地1.4万亩、林地1.27万亩、草山草坡4.99万亩，金昭公路穿过乡境。全乡有丙乙底、热柯觉2个村在公路沿线，其余村不通公路。乡政府驻热柯觉村，热柯觉村距金阳县城25公里。

热柯觉村位于凉山彝族自治州金阳县城北25公里的波洛梁子山脉，背靠狮子山，北接丙乙底村，南临甲衣乡，西与依莫合、丝窝乡相接，东与天地坝镇、尔觉西乡接壤，全村面积18.2平方公里，最低海拔1700米，最高海拔2800米，属高山潮湿温带和高山湿润寒温带气候。冬长无夏，春秋极短，霜期长，空气湿度大，全年平均气温3.8℃，年降雨量1000毫米左右，相对湿度为80%。四季多云，雷阵雨强烈，冰雹、霜冻等自然灾害频繁。热柯觉全村属纯彝族聚居自然村落，4个村民小组，159户651人。全村耕地面积3648亩，人均耕地5.6亩。人均有粮812斤，人均纯收入571元。主要粮食作物有马铃薯（洋芋）、荞麦、燕麦，经济作物有土烟、大麻、青

---

① 参见四川省金阳县地方志编纂委员会：《金阳县志》，1~60页，北京，方志出版社，2000。

料、绿肥、药材、蔬菜。

热柯觉村为典型的半牧半农自然村落，畜牧业以草食牲畜为主，主要牲畜有猪、羊、牛、马，而以羊、猪为多。羊以绵羊为主，占区域内四种牲畜总数的44.04%。牛以黄牛为主，多为耕牛、肉用牛。全村共有生猪700头、牛295头、马230匹、羊7583只，其中山羊2029只、绵羊3375只、品种改良绵羊2179只。

热柯觉全村共有飞播林6万亩。2000年至2001年全村退耕还林还草1759亩，小区围栏种植青料161亩，零星植树230万株。1960年昭金公路通车，贯穿该村境内。至1999年年底，全村已基本解决人畜饮水、照明用电，尚不通电话。全村有合作医疗站1所、村医1名、村小1所。村民使用的语言为彝语北部方言北区次方言的日诺土语。

热柯觉乡政府驻地临街建立了集市，当地村民传承了赶集的习俗，集日每7天一场，每月4场，到时，远近5个村的村民就到街市赶场。

（二）研究方法

热柯觉村调查共投入20人次60天（包括参加当地村寨举行的祭祖仪式和农事活动），通过田野工作整理出5万字的调查资料。

本课题主要采用了民族学研究的实地调查和参与式调查相结合的方法。调查类型为专题调查，以定性为主。具体的调查方法为：参与式观察、问卷调查、个人访谈、个案访谈、小型座谈会、第二手资料分析，参考县、乡、村各级各类材料，如文献资料收集，包括《金阳县文史资料》《金阳县志》《金阳土壤》等，绘制资源图、农事历、家支社会关系网络图，拍摄照片，以形象的图片资料加深对文字的说明。在调查访谈中，注意对访谈对象的尊重和选择性，如本村的地方权威（包括妇女权威）、德古、毕摩、苏依以及乡政府、村民委员会、村组干部和县有关部门如农业局、畜牧局、林业局等，都是本项目调查的主要对象；召开村组干部专题讨论会评估该项目调查研究的实际意义，并将访谈与座谈内容进行三角验证，进一步验证调查内容的真实性。

三、研究论证

处于社会转型时期的今天，整个社会的利益分配关系发生了很大的变化，市场经济在快速发展的同时带来了负面作用。在新的利益关系面前，权利分配不均和角色的强制性安排使各种社会矛盾产生并在不断地增大。传统文化和外来文化交融、碰撞、互相渗透，彝族传统社区组织与现代体制的相互交叉对当地传统文化知识及其自然资源的抢救和保护无疑具有现实和历史的意义，但人们往往忽视甚至轻描淡写这种力量的成长，这自然成了阻碍当地实现制度根本创新的弊端。认识、发现、挖掘、整理传统文化资源并正视它们的力量和作用，运用其保护和管理自然资源对促进地方经济发展和社区组织建设具有十分重要的意义，同时这也是对现实和客观规律的尊重。对热柯觉村的定点调查研究，为本课题提供了丰富的个案例证。

（一）传统耕作制度与家支组织结构

1. 传统耕作制度

实行轮作是当地耕作的主要特点。热柯觉村的少部分好地为固定耕地外，其余的2200亩地均为轮歇地，占总耕地面积的60%，轮歇周期为3~4年。第一年4月播种苦荞（春荞），次年3月播种洋芋，7—8月挖了洋芋后播种圆根，第三年的3月再撒播燕麦，此后休耕。当地农户祖祖辈辈严格地按此次序播种、收割，直到今天这种轮作的方式基本上没什么改变。荞麦是高寒山地彝族生活中不可缺少的农作物，而且也是理想的轮作作物。苦荞生长期较短，具有耐瘠、耐寒、耐旱、适应性强、抗病虫力强并适宜粗放栽种等优点。凉山彝族人特别尊崇苦荞，它是彝族人过年过节和祭祀的最佳食物，彝谚："嫁日女儿大，五谷荞为首。"燕麦生长期较长，所需肥料较少，耐寒，种植粗放，不施肥，群众多在土地需要间隙时种植，故放在最后。三种农作物的轮种，可以适应逐年减退的地力和减少病虫害。

当地农户在挖了洋芋的地里，用竹篱笆把羊群直接圈在需肥的耕地上过夜，挖完一块地再让羊群移动一次，使疏松的耕地都能得到羊粪肥的补益。所有家畜中，羊粪有机含量最高，使用有机肥料种植，能保护耕地，养护土层。一旦洋芋挖尽，农户就直接在地里播种圆根和萝卜，在肥效得以保持的同时，又节省了劳力，从而使农业和畜牧业得到了良性互补。如果不轮歇，燕麦与荞麦结籽很少甚至不结籽，农谚有"头年荞地又种荞，荞籽像是锥子尖头小"，而洋芋容易患上癌肿病、花叶病等。

热柯觉村村民在具体的生产劳动中非常重视农家肥的利用，彝族农业谚语云"地的根是肥，无肥土贫瘠"。村民们往往以居住地域的村、寨为单位，以家支为合作群体，在播种季节，左邻右舍三五户人相互帮助堆肥备耕。经过长期的劳动生产实践证明，农家肥富含氮、磷、钾等有机成分，而当地土壤板结，普遍缺磷，多施农家肥，能适当补充土壤缺乏的养分，增加土壤的有机质含量并能明显增产。使用化肥的弊端日益突出，如地膜玉米，被认为第一年金饭碗，第二年银饭碗，第三年讨饭碗。

退耕还林政策的实施使传统的耕作制度受到了冲击，农民暂时不再为温饱、自然灾害、生计发愁，农民自身的实际土地占有量锐减，人口的增长也是其中的原因之一，当然农业科学技术的注入等都将会要求农民精耕细作，土地轮歇制将会逐渐被替代。

2. 家支组织及其结构

家支组织是凉山彝族的基本社会组织，在基层组织中具有地方政权的作用，彝谚："缺不了的是粮食，离不开的是家支。"家支内部不但拥有对资源的分配和决策权利，如继承权，而且还具有对资源保护的义务，如对火葬林、祭祀林等的保护。家支组织用以解决社会矛盾的根据是传统习惯法。各个家支都有家支头人（苏依）负责管理和处理一切内外事务，而且在调和内部矛盾时，苏依起着决定性的作用。在处理社会冲突和各种民间纠纷时，德古发挥着更大的作用。苏依、德古都熟悉家支谱系和历史典故，阅历深，见识广，巧言善辩，在全家支中享有威望。德古、苏依的产生，既非选举又非任何机构任命，更无任何就任仪式，而是依靠其调解纠纷和办事的才干自然形成。① 在社区生活中，凡是一切宗教事务均由神职人员毕摩主持，毕摩在彝族人的生育、婚丧、疾病、灾患、节日、播种、联盟、联姻等生产、生活中都扮演着一定的角色，发挥着一定的作用。毕摩既执掌着神权又把握着文化，既司通鬼神又指导着人事。② 苏依、毕摩、德古在社区享有绝对权威，他们在生产和社区政治方面充当两重角色。他们各司其职，各负其责，紧密联系，相互交织、融汇构成家支组织的中坚力量。他们是社区组织建设中不可缺少的一分子，是社区资源的管理人和保护者。

热柯觉村彝族和其他民族一样，20 世纪 50 年代至今曾先后实行过区、乡、村制度，公社、大队、小队制度和乡、行政村、自然村制度。合作社和人民公社建立后，家支组织的经济职能在某种程度上受到了的削弱。但每遇处理民间纠纷、社队干部选举和生产队经济收益分配等问题时，家支组织仍有潜在的作用和影响。包产到户以后，过去的集体生产组织已不再起作用，每当人们在生产和生活上遇到了只有得到集体力量的帮助才能克服的困难时，他们便自然而然地会去依靠和利用家支组织。家支组织不但调解民间纠纷，而且对规范家支道德行为标准，整顿家支内部秩序起到了极大的作用，家支组织用习惯法对一些违法行为进行控制和干预，如乱砍滥伐、吸毒贩毒、偷盗、侮辱妇女、虐待老人等违法行为会受到家支组织的有力制裁。同时家支组

① 参见凉山彝族奴隶社会编写组：《凉山彝族奴隶社会》，135～143 页，北京，人民出版社，1982。

② 参见姐妹彝学研究小组：《彝族风俗志》，178～181 页，北京，中央民族学院出版社，1992。

织在社区生产和生活上互助互济，其具体表现为经济互助和劳力互助，如当某一成员在生产和生活上遇到个人难以克服的困难时，整个家支便会在经济上和人力上提供帮助，使其渡过难关。这些帮助的内容可以包括在农忙季节向那些缺乏劳力的人家提供免费劳力服务，帮助其成员修房造屋，操办红白喜事，甚至也可以包括替某成员筹款治病、娶妻、偿还债务，等等。① 家支组织还对退耕还林保护社区生态系统起着不可替代的作用，如分别由同一居住地域的农户包干包片管理其属地的林地，每30户以下派1人，30户以上派2人专职管理林地，管理人员负责锄草补苗、挖沟排水、疏浚河道，并对践踏林地、啃吃树苗的牲畜户主进行不同程度的罚款，如每只羊进入罚20元、马踏入罚50元、猪拱入罚60元，还对其管理者进行相关政策的宣传教育，以免再犯同样的错误。管理人员分别在这30户农户中轮流选派。管理者的报酬按每亩林地1斤大米支付，这些大米由大家共同分摊。这种民间管理方式充分体现了家支组织在参与社区生态环境管理中的群体互助合作精神。

（二）毕摩通过宗教仪式来规范人们的行为从而对当地的自然资源进行合理的利用和有效的保护

1. 宗教信仰

远古时期盛行图腾崇拜，热柯觉当地有一巨石，此石有鼻子、眼睛，它是木里家族先民的图腾物。木里土登、木里希崴、木里梗支、木里梗哈、木里古尔、木里果罗、木里尼谷等代代家族成员都曾在巨石前举行敬拜仪式，祈求五谷丰登、人丁兴旺、牛羊满圈。

祖灵崇拜仪式活动始终贯穿在彝族人的日常生活、生产活动中，它与生活在大山中的彝族血脉相承、息息相关，是维系社区家族活动纽带的基石，如日常生产生活、春耕秋收、婚丧嫁娶、火把节、彝族年期间村民都要请毕摩选择吉日举行不同方式、不同程度的祭祖仪式活动，祈祝人丁安康、五谷丰登、六畜兴旺。大型的家族仪式活动如“尼木撮毕”（超度祖灵），当地农户三五年甚至更长的时间才举行一次，由于该仪式活动的规模庞大，所需祭牲（牛、羊、猪）多，耗资大，至少要几千元才能操办，因此普通百姓家庭要靠多年的积蓄才能操办该仪式。春播和秋收时各家各户各家支都要分别举行祭祀土地神、山神和祖灵的仪式活动，祈求丰收的年景和更多的子孙，也驱邪恶、除灾害。其次是家族祭祖仪式活动，一般一年举行一次。举行时间普遍安排在彝族年后的农闲时，由毕摩选择吉日，本家支成员共同出钱筹物购置仪式活

① 参见林耀华：《凉山彝家的巨变》，264～265页，北京，商务印书馆，1995。

动所需物品。该仪式活动一般需要黄牛一头，白绵羊一只，大红公鸡一只，白酒与荞麦若干斤。所需祭牲严格要求使用公的，而且健壮完美无缺的，否则会被视为不吉利。由本家支中德高望重的家支头人苏依亲自出面邀请当地颇有声威的毕摩来主持仪式。整个仪式庄重、神圣、热烈，场面壮观，多则上千人，少则几十人，仪式所需的祭牲及物品由本家支的所有成员平均分摊。仪式结束后大家共同分享酒、肉、荞粑等食物，最后还需给毕摩一些礼钱以示酬谢。然而整个仪式不只是单纯地依托祭祖仪式来乞求人畜兴旺、五谷丰登，它是当地社区家支解决重大事件，如婚姻、家庭财产、资源权属等民间纠纷的重要集会，彝语称“蒙格”的家支大会，同时也是订立本家支成员之间的经济互助义务“尔普社几给”（筹集款项）的会议。该仪式活动的举行使彝族家支内部精诚团结、同舟共济、稳定、协调、凝聚力强的一面得到充分展示，并且本家支内的一切民事纠纷通过家支头人“几而几铁”（商议）的形式和习惯法得到调解、解决。家支头人们普遍认为，本家支内的一切矛盾、纠纷应该一律在内部消化掉，如果张扬出去就会有失本家支的尊严和威信。因此该仪式活动不仅是制定村规民约的载体，也是商讨、决策家支重大事务的重要集会。

普通百姓家庭一年至少请毕摩举行两次“晓补”（除污祛晦）仪式，一般在春播前和秋收后举行，开春一只鸡，秋后一只羊，是当地农民必不可少的祭祀活动，用于举行仪式的开支多则上千元少则百十元。春播前，农户家庭都要请毕摩举行驱鬼祛邪、禳解灾害的春播仪式，其目的是保障春耕生产的顺利进行并预祝丰收。秋收结束时要用收获的粮食做成的食物举行敬奉祖灵的仪式，祝愿人丁兴旺、五谷丰登，祈求来年丰收。其次，为了抵御自然灾害，当地村民在每年农历的二三月间请毕摩举行彝语称为“里木圣”的避灾除邪的仪式。①

有病痛和灾难的家庭，请毕摩的次数就会相应增加，其开支也较一般的家庭多。毕摩除懂一些民间医药外，对现代医药并没有冲突，社区里的人们有病或没病都要请毕摩除污驱邪，消灾避难，通过毕摩那里医不好的病人，人们仍然要送到乡卫生所或县医院去医治，通过医院医治好的病人，回到家中的当天，当事人千方百计也要请毕摩举行驱邪纳福仪式。生活在彝族社区里的彝族人在心理上和精神上普遍依赖于毕摩。

2. 毕摩通过宗教行为参与保护管理

热柯觉村共有毕摩两名，为诺布姓氏，属当地的世居家族，诺布家支属于世袭毕摩。他们有自己的经书和法具，有斗笠、神扇、神铃和传统的服饰，平常挂在自己的内室里，一旦出去“作毕”，就会穿戴披挂这些物件。因为毕摩属神职人员，专司祭

---

① 参见马德清、杨阿洛：《凉山彝族饮食文化》，38页，成都，四川民族出版社，2000。

祀活动，在社区里普遍受到人们的尊重甚至敬畏。社区所有的祭祀活动都由毕摩来主持，毕摩不但参与调解村民之间的各种矛盾纠纷，而且还要主持在民间最具权威的“神明判决”仪式，这种仪式用于社区生活的各个方面，如辩白、戒嗜、偷盗、保护财物等，① 对封山育林、封山禁牧、禁伐天然林等约束规范村民的思想行为起到了一定的作用。面对社区生态环境的日趋恶化，如草场退化、森林资源枯竭、水土流失等，社区组织依托毕摩并以习惯法为载体来整合纷扰的社会环境，社区组织以村组为单位按民间传统习俗通过毕摩举行打杀牲畜，如打鸡打狗、杀猪杀牛和喝“决心酒”（彝语支西咚）的宗教仪式来集体盟约，订立村规民约，以此来约束规范村民的行为方式，这种民间保护措施在彝族社区普遍有效，得到了社区群众的广泛认同。彝族社区这种来自民间自身的环保行为，加强了社区民间控制机制，对社区生态环境的保护和发展起到了一定的作用。这种以村寨和家支为单位的集体盟誓仪式已自然延伸至民间戒毒、禁毒领域。

（三）德古通过调解民间矛盾和纠纷来规范村民行为

热柯觉村村民的日常矛盾纠纷除婚姻纠纷、地域纠纷和打架斗殴、酗酒闹事、偷盗等比较突出外，资源权属纠纷如土地纠纷、山林纠纷、水利纠纷等成为当地村民矛盾冲突的焦点。如海来××家曾在国有林地上开荒10亩地，在这片土地上他们辛勤地耕耘，收割庄稼。1990年吉古××家搬迁到此地居住，海来家十分体谅吉古家初来乍到无耕食地的苦处，便将自己的这片开荒地无偿地让给吉古家种植。吉古家种上8年后，海来家因儿大分家以及退耕还林等因素，自己拥有的土地逐渐减少，海来家便向吉古家提出归还这10亩地，然而，吉古家不但不归还土地，反而向海来家提出赔偿其因退还土地而带来的相关损失费5000元人民币。由此两家纠纷不断，村委会与乡政府多次调解也最终未能解决问题。后来，通过当地德高望重的德古调解，才使两家多年的纠葛尘埃落定。当地的一些自发迁居移民户在私下收取一笔酬金后，将承包地的使用权转让给了其他的农户，这些非正式的交易政府部门并不知道，但在民间却普遍得到认同。他们之间一旦发生纠纷也同样由民间德古来调解。当地民间调解类似的纠纷一般选择在“狗日”和“龙日”举行。

（四）苏依作为家支的头人，利用自己的社会威信组织和领导村民保护自然资源

苏依在社区自然资源的保护和经济发展中起着十分重要的作用。随着社会文化的

① 参见凉山彝族奴隶社会编写组：《凉山彝族奴隶社会》，135～143页，北京，人民出版社，1982。

变迁，苏依的传统角色已不仅仅局限于单纯的家支头人，而是呈现出多样化，活跃在社会的各个领域。作为社区有识之士的苏依，他可能是家支头人，或者是党员、乡镇领导干部、企业家、学校校长、退休干部等。他们充分利用自身的凝聚力和社会影响力，在社区经济文化保护和基层组织建设中发挥着主导作用。面对社区生态环境的日趋恶化，如草场退化、森林资源枯竭、水土流失等，苏依们融合了政府政策和民间习惯法，组织和领导村民封山育林、封山禁牧、禁伐天然林，改变村民根深蒂固的生活习惯，如将敞放羊改为圈养羊、发展庭院经济等，在规范村民的思想行为方面起到了领导的作用。

（五）社区组织（德古、毕摩、苏依）通过习惯法来制定村规民约以此规范人们的行为方式

德古一般依照当地的习惯法来调解民间纠纷。习惯法，彝族称“节威”，即规定的法规。他是凉山彝族民间社会不成文的法律，是家支权威苏依和德古们解决社会矛盾、调解各种纠纷的法律依据和有效手段。如过去的彝村牲畜践踏庄稼都可能引起冤家械斗。因此面对生态环境的日趋恶化，如毁林开荒、乱砍滥伐、过度放牧等，地方权威们组织毕摩并通过民间习惯法来整合身边的生态环境。社区组织按民间传统习俗通过请毕摩举行打杀牲畜的仪式，如通过毕摩念经诅咒后用手将整只鸡、狗活活勒死用竹条拴在坡顶的树枝上警告乱砍滥伐者，将烧过的鸡毛、狗尾拴在竹竿上插在田地中间警告破坏者，将鸡或狗血洒在林地边或需要保护的地方，告诫人们不要破坏树木。其次是通过集体喝“决心酒”（大家坐成一圈喝转转酒）、吃坨坨肉的民间会餐仪式来共同献计献策、群策群议、群防群治，共同保护管理人们赖以生存的生态环境。最终通过举行这种民间仪式来订立盟约，制定保护管理的规章制度，并将这些规章制度纳入村规民约。如对退耕还林的具体管理措施：种苗间隔直线 3 米，株距 1 米，行距 4 米，间种、套种光叶紫花苕（绿肥）、百三叶与黑麦草等青饲料，严格禁止人和牲畜踏入他人的林地与青料地里，管理者有义务及时补种未成活的树苗，无论何人，违反了规则都将会受到来自物质和精神上的双重惩罚，即罚款和毕摩的诅咒。尤其是毕摩的诅咒使人们从心理上潜移默化地产生畏惧感。通过举行仪式制定的条款，经村民委员会集体举手通过后纳入村规民约以约束、惩罚违反行为规范的村民，从而达到社区自治，使社区管理体系进一步规范化、科学化。

（六）传统家支组织和现代行政组织的相互渗透对自然资源保护的影响

热柯觉村的主要家支为：海来 70 户，其中德古 5 人；沙马罗布 40 户，其中德古 3 人，毕摩 2 人；吉古 33 户，其中德古 3 人；阿苦 16 户，其中德古 1 人。全村的德

古共12人，占全村总人口的1.8%。热柯觉村共由四个村民小组构成。村民委员会作为基层一线群众自治组织，在村社建设中起着承上启下的主导作用，他们既要传达政府的政策法规，又要根据习惯法解决各种民间矛盾。村民委员会成员由村长、书记、各组组长、德古等组成，而这些成员都是地方民间权威人士。村委会下设村民调解委员会，成员主要由德古和当地民间权威如苏依、毕摩等组成。如热柯觉村村长吉古硕杰不仅是村长还是吉古家支头人，又如热柯觉乡东风村的海来波史既是东风村村长，又是县人大常委委员，州人大代表，同时还是当地德高望重的德古和苏依。海来波史组织领导当地群众修公路、建学校、栽电杆，并在政府的支持下建成了一所村完小和一个小型电站，解决了村民孩子读书路途遥远和农户无照明电的问题。他们的多重角色使他们在参与社区生产建设中起着领头羊的作用。他们是社区组织的管理者和领导者，他们既要贯彻实施党的方针政策，又要娴熟地驾驭彝族习惯法调解一切民事纠纷，解决各种民间矛盾和社会冲突。特别是德古们，凭着自己丰富的阅历、聪敏的素质，自觉地、不断地学习国家的法律，将合理的习惯法和现行法律进行整合，在国家法律和传统文化之间寻求新的结合点，在解决矛盾纠纷中让民间习惯法的有益成分得到充分释放的同时，使民众自然而然地增强了法制观念，避免了许多违法行为，缓解了各种矛盾。通过德古们的宣传教育，党和政府的方针政策也得到了贯彻执行。①因此，在社区宣教和管理中，德古的参与起着不可替代的作用。如当地的一位阿库德古一年要调解十几起民事纠纷，这些纠纷包括婚姻、地界、盗窃、打架斗殴、家支矛盾等。德古和村民委员会调解不了的纠纷，就移交给上级政府部门解决，政府部门也解决不了的纠纷就交给地方法院来裁决。但有的纠纷即使通过法院裁定了，当事人双方仍然要回到民间重新请德古来解决，人们对德古的信赖已超过了法律对人们的约束。因此，在彝族地区的现行体制中吸收德古和苏依们参政议政，使许多来自民间的良性行为通过他们的调适运用到社区组织建设中，无疑是锦上添花。

四、讨论与结论

民间传统文化资源力量如毕摩、德古、苏依等构成的家支组织通过相互整合参与到自然资源的保护中，充分说明了彝族在社会转型和文化变迁的今天，在他们自己生存的大自然环境中，不断积累经验，认识和改造自我，保护和管理其赖以生存的自然环境。同时也说明了这样一个道理，当地社区有能力、有经验进行自我调适、自我学

---

① 参见马尔子：《浅谈凉山彝族德古》，载《凉山民族研究》，1992、2001年刊。

习、自我保护和管理，并且在有关部门，如农林牧、环保等部门的帮助和支持下，他们的自我学习和保护管理能力会日趋合理、规范、科学化。同时可以使不同社区之间相互借鉴、相互学习，从而形成良性循环，为政府制定相关政策充当参谋、助手。

致谢：

金阳县政府，热柯觉乡政府全体工作人员，热柯觉村委会以及东风村海来波史先生在调查过程中提供的帮助和支持。

云南省生物多样性和传统知识研究会的资助，研究会全体员工的敬业奉献精神和真诚帮助是我们学习的榜样和今后努力工作的精神源泉。

聚落生态系统变迁对民族文化的影响*

——对泸沽湖周边聚落的研究①

李　锦

聚落是一定人群的居住集合，由一定的家庭数量和人口规模组成，定居于某一特定的区域或区位。它是人类生存与生活的重要空间方式，是人类与生态和环境发生联系最直接、最密切的时空单元和系统。聚落内及其周边的生态条件和聚落中人群的活动方式，成为聚落人群生存质量、生活质量和发展条件的重要内容。聚落生态系统中包含的人地关系，是形成和影响民族文化生态的主要因素，随着人类对土地和资源利用方式的变化，会产生一些与传统不同的人地关系，从而影响到民族文化的变迁。

一、泸沽湖周边传统的农业聚落生态系统

泸沽湖位于云南省宁蒗彝族自治县和四川省凉山彝族自治州盐源县的交界地带，为典型的高原湖泊，湖面面积48平方公里，水面高度为海拔2690米。这里是一个多民族的聚居地，湖滨居住着摩梭人、普米族、纳西族、藏族、彝族、汉族、傈僳族、回族、壮族等不同的少数民族。

泸沽湖的湖滨地带，气候温凉，土地数量较多，但产出不多。到20世纪50年代，泸沽湖周边的各民族都保存着以农耕为主的聚落生态系统。

农业是泸沽湖周边各民族的主要产业。主要农作物有稗子、燕麦、小麦、玉米、青稞、荞子、土豆等，虽然耕作技术水平各有不同，但大体说来，稗子和玉米的耕作

---

* 本文原载《凉山民族研究》，2003年刊，19页。

① 由于尚未对泸沽湖周边进行深入的田野调查，本研究是根据其他研究者的文献完成的，主要参考书目列于文后，在此对所有的作者谨致谢意。

技术较为精细，翻犁 3 ~4 道后，还有平土、选种、密植、施肥、灌溉等一整套工序，收成相对稳定。一般年景粮食自给有余。蔬菜有萝卜、蔓菁、白菜、青菜、瓜类等。

畜牧业在泸沽湖周边各民族的生产活动中占有重要位置。主要的牲畜有牛、马、羊、猪等，高山有牦牛草场，牦牛用来制作酥油及作为肉食，黄牛及水牛是犁耕的畜力，猪是主要的肉食，马是主要的交通工具，还有鸡、鸭等家禽。

渔业是沿湖地区人们的重要产业。渔汛期间，家家都会打鱼，但是，没有专门以打鱼为生的人家。

手工业不发达，以家庭手工业为主。织布、酿白酒、榨油等，家家都有。由丽江引进手工业匠人而形成的皮匠街较有特色。

泸沽湖周边位于著名的茶马古道上，商业比较发达。特别是在抗日战争时期，由于滇缅公路成为唯一通往大后方的通道，泸沽湖周边一度成为重要的商品集散地。随着商业的发达，永宁坝子至少有三分之一的人参与马帮运输，他们的活动范围除了邻近区县外，有的远至拉萨、印度。

到 20 世纪 80 年代，虽然农业生产技术有了很大变化，农业生产能力大大提高，但是，以农业为主的聚落生态系统并没有出现大的变化，其特征仍然是以土地资源利用为主，自给自足。由于生产和生活方式的相对稳定，聚落保持着一种封闭状态，一方面，聚落生态系统内的人流、物流和能量流、信息流都处于稳态的运行中，另一方面，以村寨为单位的聚落生态系统，核心和边界都很清楚。

二、泸沽湖周边聚落生态系统的变迁

1985 年以后，泸沽湖的自然风光和民族文化特征吸引着游客进入。1992 年 2 月，泸沽湖开始进行旅游业发展规划，并同时进行了基础设施的改善。此后，游客逐年增加，到 2002 年，泸沽湖年接待游客量已经达到 34 万人。由于旅游业对社区经济发展的不同影响，改变了泸沽湖周边各民族对自然资源利用的同一性，使一些聚落生态系统特征发生变化，直接影响了民族文化的变迁。

（一）聚落生态系统从封闭向开放转变

聚落生态系统是人地关系的一种主要表现。人类对环境利用方式的变革，是聚落生态系统变迁的主要力量。随着人类对环境利用方式的变化，聚落生态系统中的人流、物流、能量流和信息流的流量和流向都会逐步变化。

由于地域相对封闭和农业文明的特点，泸沽期周边各民族的聚落生态系统是基本封闭的。在聚落生态系统中，各民族的人口比较稳定，除了较高的自然增长率以外，基本没有大量的外来人流进入。1950年以后茶马古道衰落，原本位于商业要道的泸沽湖变得相当寂静，物流的数量和质量都下降了。由于泸沽湖地区的农业生产方式较为落后，居民基本上还是利用自然能量生产和生活，能量流处于封闭的运行中，熵值很大，能量缺乏的问题越来越严重。由于泸沽湖地理位置偏僻，信息获得的渠道单一，信息的流动也是封闭的，各民族的民族文化特征鲜明。

在这个封闭的聚落生态系统中，人口不断增加，生态系统封闭运行的熵不断加大，致使泸沽湖周边各民族聚落的活力不断下降。从经济上看，由于人口增加，出现了土地的过度利用，森林砍伐、水土流失日益严重，聚落生态系境的经济效益下降。到20世纪80年代，泸沽湖周边各民族的生活水平都很低。宁蒗彝族自治县是国家首批划定的贫困县，泸沽湖周边的聚落大都是有名的贫困村。据1988年的统计资料，落水村的农民人均纯收入仅196元，人均占有口粮190公斤（玉米、马铃薯），40%左右的农户没有足够的粮食，一年缺粮2~4个月，主食是玉米饭和马铃薯。从民族文化上看，泸沽湖周边最具特色的民族文化——母系大家庭的结构面临外来经济力量的挑战。

20世纪80年代以来，旅游业成为打破泸沽湖周边聚落生态系统封闭状况的主要因素。随着旅游业的发展，大量的人流、物流进入泸沽湖周边的摩梭人聚落，并向周边辐射，导致能量流、信息流不断输入，使得泸沽湖周边各民族的聚落生态系统日益从封闭向开放转变。

2002年，包括泸沽湖两岸在内的泸沽湖风景旅游区，共接待游客34万人。大量游客的进入，给泸沽湖周边地区强行输入了人流、物流和能量流、信息流，这些输入的能量流，对泸沽湖周边各个社区影响是很不相同的。但是，从总体上看，起到了使这些地区从封闭向开放转化的作用。

由于聚落生态系统从封闭向开放的转变，使泸沽湖周边各民族的聚落生态系统发生了分化，由单一的农业聚落生态系统分化为旅游聚落生态系统和农业聚落生态系统两种不同形态，并出现了许多位于转换过程中的聚落。

（二）聚落生态系统的活力改变

聚落生态系统从封闭向开放的转变，带来了系统活力的改变。一般而言，外部输入的人流、物流和能量流、信息流越多，聚落生态系统的活力就越强。反之，则越弱。在泸沽湖周边地区，相对于农业聚落生态系统而言，旅游聚落生态系统接受的各种能量流的输入要强得多。因此，以旅游业为主业的村寨，其经济活力也强大得多。位于泸沽湖边的落水村，其1988年至1996年8年间的经济结构变化，充分说明了这种经济活力的变化。详见《落水村社区农户收入来源结构情况表》。

落水村社区农户收入来源结构情况表

单位：元、%

年份 / 收入来源	1988 年		1994 年		1996 年	
	收入	比例	收入	比例	收入	比例
种植业收入	184	18.1	220	11.2	260	5.1
畜牧业收入	360	35.3	390	19.9	320	6.3
外出打工收入	236	23.1	210	10.7	160	3.1
林副产品收入	240	23.5	180	9.2	110	2.2
旅游业收入			960	49.0	4230	83.3
合计	1020	100	1960	100	5080	100

从表中可以看到，落水村在1988年还是一个以农牧业为主的农业聚落生态系统，到1994年，旅游业的收入就占到总收入的49.0%，而到1996年，旅游收入则占到了83.3%。这样，落水村就转变为一个以旅游业为主的聚落生态系统。

由于聚落生态系统的特征发生了变化，落水村村民从发展旅游业中获得了大量的经济收入，1994年以后，仅仅3年的时间就告别了贫困，成为云南省丽江市的十大富裕村之一。详见《落水村村民人均纯收入与全省、全区比较表》。

落水村村民人均纯收入与全省、全区比较表

单位：元

年份	1992 年	1994 年	1996 年
云南省	618	803	1011
丽江地区	546	628	864
宁蒗彝族自治县	383	405	566
永宁乡	368	394	489
落水行政村	396	426	547
落水村	436	826	1240

从表中可以看到，落水村社区村民人均纯收入从436元增加到1240元，年平均递增速度为29.9%，高于云南省同期农民人均纯收入16.8个百分点，高于丽江市同

期农业人均纯收入递增速度17.7个百分点，远远超过宁蒗彝族自治县、永宁乡和落水行政村农民人均纯收入的增长幅度。

（三）聚落生态系统的边界改变

聚落生态系统的边界，是一个聚落生态系统与其他聚落生态系统分割资源的分界线，是关系到两个聚落共同发展的关键性因素。由于泸沽湖周边的聚落生态系统以村寨为组织形式，在聚落生态系统稳定的情况下，一个聚落的核心非常明晰，而不同聚落的边界也是非常清楚的。随着聚落生态系统中各种要素的输入，能量流发生变化，聚落的活力增加，就会导致核心区扩大，与其他聚落的边界模糊。在泸沽湖周边，最典型的聚落边界变化表现在落水村和老屋基村两个村寨之间。

这两个村寨都是落水行政村的村寨，分别位于泸沽湖周边最重要小流域之一乌玛河的上游和下游。老屋基村与落水村相距7公里，是一个面湖的彝族村寨，有30户居民，村民的生活非常贫困，据落水行政村统计，1996年全村平均人均纯收入420元，人均占有粮食326公斤，90%以上的农户有4~5个月缺粮。为了满足现有和不断增加的人口的吃饭问题，老屋基村的村民不得不年复一年地从事陡坡种植、砍树开荒、开辟放牧草场等不合理的农业生产，结果导致了严重的水土流失，直接影响到下游的落水村社区发展。

当落水村还是以农业为主的聚落时，两个村寨间的边界是清晰的，老屋基村造成的水土流失只是影响到农地的收入，而在落水村，即使在1988年，农地的收入也只占所有收入的18%，而到了1996年，当这个聚落的农业生产收入只占5.1%时，这种影响是不大的。因此，落水村从来没有考虑过与老屋基村共同改善这种情况。但是，随着落水村转变为旅游聚落生态系统，随着其经济活力增强，聚落的核心区就不断扩大，表现为人地关系发生了重大变化，村寨对土地利用的范围扩大到整个泸沽湖湖滨，其聚落的边界也随之扩大，进入了过去一直无关的老屋基村。旅游聚落要求保持泸沽湖湖滨的生态系统稳定，以保存泸沽湖旅游中自然风光的吸引力。由于老屋基村造成的水土流失形成了泥石流，影响到湖滨的景观，尤其是影响到旅游旺季的交通通畅，就对落水村的可持续发展形成了重大威胁。因此，落水村不少村民认为，如果不帮助老屋基村村民发展生产，就不能保证自己从旅游业中获得的利益。因此，落水村的文书曹学忠和社会林业的项目驻点员马学林专程到老屋基村，与村民一起商量山上如何与山下在开发旅游资源方面形成互补，扩大现有的旅游业经营范围，帮助老屋基村村民寻找经济来源，缓解老屋基村的贫困。这种共同治理小流域的行为，实际上是落水村核心区扩大、与老屋基村边界模糊的表现。

三、聚落生态系统变迁对民族文化的影响

聚落生态系统的变迁，对泸沽湖周边民族文化的影响很大，由于泸沽湖周边聚落生态系统的变迁，基本上是一种各民族自发参与和发展的过程，因此，其民族文化的变迁更多地具有自发调整的特征。

（一）母系家庭的比例变化

根据1956年的调查，泸沽湖周边的摩梭人中，母系家庭的存在是不平衡的，"其中温泉乡较多，八株、拖支、忠实和开坪较少，落水和盐源左所地区就更少了"①。但是，随着旅游业的发展，尽管母系文化深厚的影响仍然存在，不同聚落对母系文化的认同仍然出现了新的差异，母系家庭的比例也随之发生变化。

完全转化为旅游聚落的落水村，家屋文化在继续保持原有血缘关系的基础上，逐步转化为一种从事旅游业的业缘关系的载体。虽然泸沽湖旅游是民族文化特征和自然风光的结合，但落水村的村民在长期的旅游实践中认识到，真正对游客具有吸引力的，是他们独特的母系文化。因此，民族文化的自豪感日益强化，母系家庭逐渐增加。1956年，落水村有20户摩梭人，其中母系家庭6户，而到1996年11月，已经有摩梭人33户，其中母系家庭23户，母系家庭在所有家庭中的比例从30%增加到69.7%。从原来母系家庭比较少的聚落转变为母系家庭占压倒优势的聚落。

而在旅游业有所发展，但还没有形成为支柱产业的温泉行政村瓦拉片，51户摩梭人家有30多户在外做生意，为了方便在外奔波的生活方式，更多的人建立了小家庭。现在有母系家庭35户、父系家庭10户、双系家庭6户。与1956年相比，父系家庭的比重增加了17.2个百分点，母系家庭的比重增加了6.93个百分点，双系家庭的比重减少了20.4个百分点。而且，在瓦拉片，还出现了两种新的家庭形式，一是走婚配偶双双从母系家庭中分离出来，共同经营第三产业，二是双方合作经营，一起生活，但仍属于各自的母系家庭。在仍然基本保持农业生产的其他社区中，历史上形成的民族文化生态的变迁就小得多。拖支、左所仍然保持父系家庭为主的状况，而永宁的纳哈瓦和达市则仍然保持母系家庭为主的状况。

（二）家屋文化的变迁

泸沽湖周边聚落生态系统的转变，基本没有受到外来行政力量强有力的干预，因

① 严汝娴、宋兆麟：《永宁纳西族的母系制》，65页，昆明，云南人民出版社，1991。

此，母系制的家屋文化是主要的调适力量。在促进转变、解决冲突的过程中，家屋文化本身也发生着变迁。

第一，家屋成为旅游业发展的经营单位。落水村的旅游刚刚开始时，也是自发的。很快就出现了恶性竞争、漫天要价等不良现象。为此，村民们经过讨论，决定全村统一开展旅游经营活动。全村的73户村民，无论什么民族，都以母屋火塘为单位参加旅游经营。一个火塘派一个人参加，参加经营的人一星期牵马，一星期划船并跳舞。当天的收入，除了交足集体提留外，全部平均分配给每个母屋。到1997年，为了解决分家带来的利益争端问题，又决定今后分家也不增加参加旅游经营的人员，这种旅游业的经营方式，强化了母系家庭的经营功能。

第二，家属解决冲突的功能逐步让位于村委会和村规民约。历史上，摩梭人在遇到与外界的冲突时，通常会求助于自己的母系家族。经过近50年的制度化建设后，这种情况已经发生了变化。根据和钟华的调查，摩梭人在遇到要紧事或者有困难时，47.29%的人会找自己同一斯日的成员商量；在家庭与别人发生小的纠纷时，46.64%的人会找村长解决；在家庭与别人发生大的纠纷时，74.68%的人会找村政府解决。①可见，解决冲突的力量主要是制度化的力量。而从落水村村民制定的《村规民约处罚条例》上，更可以看到这种自发性的制度化力量。

第三，家屋中的决策权开始发生微妙的变化。农业聚落中的家屋，由于主要收入是农业收入，管理农业生产的妇女自然是家屋经济活动的决策者。随着聚落性质的改变，家屋的决策权开始发生了转变。在以旅游业为主的聚落中，男性更多地参与了经营决策。在和钟华的调查中，几个大的家庭旅社“在一些重大的决策上仍保持了全家商量的传统，但提出和实施的关键人物都是男性，如提出开办旅社、扩大旅社规模、贷款、业务联系等，都是男性提出并付诸实施的”②。

（三）生产和生活方式的变化

聚落性质的变化，必然带来生产和生活方式的变化。《落水村村民日常生产生活时间表》是落水村村民在成为旅游聚落前后不同的生产生活时间表。从这个时间表中我们可以看到，在成为旅游聚落后，落水村村民的时间表基本与城市生活的时间表一致。造成这种状况的原因，是聚落的经济来源是游客，因此，村民的生产生活习惯必须与来自城镇的游客进行对接。

---

① 参见和钟华：《生存和文化的选择》，199~200页，昆明，云南教育出版社，2000。

② 和钟华：《生存和文化的选择》，147页，昆明，云南教育出版社，2000。

落水村村民日常生产生活时间表

	旅游业发展之前		旅游业发展之后	
	女人	男人	女人	男人
起床	8：00	8：30	6：00	7：00
吃早点	9：00—10：00	9：00—10：00	7：00	7：00
下地干活	10：00—11：00	10：00—11：00	7：30	7：30
吃午饭	15：00—16：00	15：00—16：00	13：00	13：00
下地干活	16：00—17：00	16：00—17：00	13：30	13：30
吃晚饭	21：00—22：00	21：00—22：00	19：00	19：00
睡觉	22：00	22：00	23：00—24：00	23：00—24：00

（四）传统文化的嬗变

在大量游客蜂拥而入，聚落系统性质发生变化的情况下，泸沽湖周边少数民族的文化在现代化的生活方式冲击下，出现了不同程度的嬗变。

从思想观念看，衡量社区富裕程度的标志从骡马变成了房屋，因为家庭参与旅游活动的人员是固定的，增加收入的主要途径就是开办家庭旅社，房屋越多，就越方便参与旅游业。在1992—1997年间，落水村的居民中有32户盖了新房，26户新盖的房屋开办了家庭旅社或者小商店，其中还有不少是出租给外来的商人，甚至是出租给宁蒗的一些公司经营。

从物质文化看，民族服饰作为旅游资源得到了更多的应用；主食从玉米变成了大米，饮食方式从分餐共饭变成了围桌共餐；民居本来多为一楼一底，现在则有三至四层，一楼原来用来存放饲草杂物，现在用来接待游客，整个民居装潢越来越讲究。

从精神文化上看，宗教信仰没有大的变化，但居民的文化生活内容急剧改变。当原来作为主要文化活动的民歌、锅庄都成为盈利手段，每天使用时，就基本上丧失了为本民族群众带来愉悦的功能。加上随着现代传播方式的发展，大量新的文化因素进入，流行歌曲、卡拉OK、现代舞成为许多人新的文化消费选择。

（五）环境污染的出现

由于旅游业形成的大量的人流、物流、能量流和信息流的流动，带来了聚落生态系统特征的变化，聚落对环境的利用方式变化，对环境的利用程度加大，对泸沽湖的生态环境也造成了一定的影响。主要表现为：旅游白色垃圾在社区出现；民用建筑用材增加，森林管护难；泸沽湖水体受到生产和生活废水的污染；森林火灾的隐患加大。

四、结论

泸沽湖周边是一个多民族的聚居地，由于资料有限，我们只对最典型的聚落生态系统特征变化及其对民族文化的影响进行了研究。通过研究，我们可以得出以下结论：

第一，农业聚落生态系统是一个长期保持稳态的聚落生态系统，但是，随着人口的不断增加，人流、物流、能量流和信息流的封闭运行，就会产生越来越大的熵，当熵超过系统的阈值后，聚落生态系统就会丧失经济活力，陷入生态与经济相互制约的恶性循环。

第二，新兴产业的出现，是打破农业聚落生态系统稳态运行的必需条件。对泸沽湖周边的研究表明，在最近的 20 年中，由于新兴产业旅游业的发展，聚落生态系统发生了不同程度的变迁，有的继续保持传统的农业聚落生态系统，有的变为半农业、半旅游的新型聚落生态系统，有的完全转变为旅游聚落生态系统。从对各种聚落生态系统的考察看，发生变迁越大的地区，聚落的经济活力就越强。

但是，我们也注意到，聚落对新兴产业的接受，应该是一个自然选择的过程，因此，避免各种行政力量的强力干预，更有利于聚落自己选择变迁的方向。

第三，聚落活力增强，对资源的利用范围增大，就引起聚落边界的扩张，直接影响到相邻聚落的发展，如何处理不同聚落生态系统之间的利益，将成为一个在很长时期内必须注意的问题。特别是在泸沽湖这样一个多民族的聚居地，当不同民族的聚落出现利益矛盾时，就更需要探索共同发展的利益补偿机制。

第四，聚落生态系统特征的变化，必然引起民族文化的嬗变。实际上，民族文化从来都是动态的，许多文化表象在过去是、现在也是处于不断的发展和变化中的。泸沽湖母系文化的适应能力表明，少数民族的传统文化是具有相当的自我调适能力的，关键是要尊重少数民族自己对文化进行选择的权利。

第五，聚落生态系统对环境的利用方式是多种多样的，只要是人类的活动就会引起环境的变化，关键是我们应该理性地选择对环境污染更小的利用方式。实际上，对泸沽湖周边的研究表明，由于泸沽湖独特的文化传统和当地群众比较好的环境意识，尽管旅游业也对环境形成一定压力，但与传统的农业聚落相比，这种压力要小得多，而且改善的可能更大。

参考书目

[1] 康云海. 泸沽湖生态旅游研究. 昆明：云南科技出版社，1999.

[2] 和钟华. 生存和文化的选择. 昆明：云南教育出版社，2000.

[3] 严汝娴，宋兆麟. 永宁纳西族的母系制. 昆明：云南人民出版社，1991.

[4] 四川省编辑组. 四川省纳西族社会历史调查. 四川省社会科学院出版社，1987.

[5] 云南省编辑委员会. 纳西族生活历史调查. 昆明：云南民族出版社，1983.

[6] 云南省编辑组. 纳西族社会历史调查（二）. 昆明：云南民族出版社，1986.

[7] 云南省编辑组. 纳西族社会历史调查（三）. 昆明：云南民族出版社，1988.

[8] 云南省编辑组. 云南民族民俗和宗教调查. 昆明：云南民族出版社，1985.

论石林区域民族文化旅游资源的开发利用*

黄　兴

石林以其鬼斧神工的自然景观和美妙神奇的《阿诗玛》长诗名冠天下。溯其根源，就是先民们在特定的生产生活自然环境中孕育出了“石头”和“包头”融为一体的辉煌灿烂的民族区域文化——阿诗玛文化，从而形成鲜明独特的旅游景观。曾有游客观后挥毫大赞：“山石冠天下，风情醉国人。”石林风景区也成为以昆明为中心的滇中旅游区的名牌景区，在整个滇中旅游区中占有举足轻重的地位。旅游业已经成为石林彝族自治县的重要支柱产业之一，并对全县其他产业的发展起到了一定的推动和牵引作用。1999 年在世博会效应的推动下，石林的旅游业凭借得天独厚的区域旅游文化优势达到历史最好水平，接待中外游客 200 万人次，旅游总收入突破 3 亿元，门票收入达 1 亿多元。这说明石林彝族自治县以石林风景区为主体的旅游产品具有自己独特的不可替代的旅游价值，取得了显著的成就。但是，究其发挥了多少旅游经济效益，可以从“玩在石林，吃在宜良，住在昆明”的石林旅游行为中得知。目前，石林旅游效益在可发挥经济效益的比例却较低，旅游业的综合效益未得全面深入的开发，门票收入比重大于相关产业。也就是说，纯粹的自然景观的观赏游览成为石林旅游业的主要内容，作为旅游业的基本六大要素“吃、住、行、游、购、娱”在石林旅游活动中并未得到全面展现。这样的分析结论虽然不是那么准确，但是给我们提出了一个实实在在的问题，如何把远方的客人留下来“吃、住、行、游、购、娱”，以充分发挥石林旅游的经济效益。

---

* 本文原载《凉山民族研究》，2003 年刊，244 页。

一、石林旅游业发展面临的机遇和制约其快速发展的因素

（一）石林旅游业的发展机遇

根据中央对西部大开发和省、市、县经济建设的发展战略，旅游业将作为重点培育发展的支柱产业。云南省委、省政府提出：要把云南建成富有特色的民族文化大省，充分利用云南的民族文化资源和自然资源丰富的有利条件，发展具有民族特色的旅游文化，建旅游大省。并明确了石林在云南省旅游业中龙头产品的地位，要把石林建成世界级旅游景区的目标，把石林作为云南的旅游精品工程来建设，以带动全省旅游业的发展。石林作为滇中旅游名牌，加之云南省委、省政府把南昆铁路着眼于整个大西南周围区域的联动开发，使石林与内地，石林与沿海的距离，与沿线的主要城市景区、景点及线路相衔接。1999 年，云南省委、省政府又将宜良九乡至乃古石林公路列入昆明市旅游经济干线，将九乡、石林、阿庐古洞等单个分散的旅游区、点合理连接起来，构成有机整体，由此打通了滇中黄金环游通道，这些都有利于石林与大西南其他景区交相辉映，又独树一帜。

（二）石林旅游业发展面临的制约快速发展的因素

旅游资源是发展旅游业的基础，随着旅游市场的竞争日趋激烈，随着旅游者需求的日益提高，对石林旅游资源进行更深层次的持续性开发问题显得更加突出，其重要性和紧迫性是不言而喻的，石林尽管有得天独厚的自然景观、便捷通达的交通和区位优势，却再也难保一枝独秀的地位。其主要原因：

一是石林旅游资源开发功能单一，即旅游产品单一，缺乏丰富、多样的旅游产品，项目开发仍局限于看自然风光，其参与性、休闲性不足。游客需要富集自然风光和民族风情文化为旅游产品的高品位、高档次的旅游，但由于现在的景区只有单一的旅游内容而使游客感到单纯观赏，没有参与游或娱的余地。所以，人们游罢石林，虽被那鬼斧神工的奇异景观所陶醉，流连忘返，但总觉得茫然有所失，尽管有人想多游几次，在石林多住些日子，或者依靠导游多了解一些每块石头的文化渊源，但所得的仍然是有限的。这就是游客最迫切、最需要的根基——旅游文化。

二是特色不够浓郁。浓郁、独具特色、绚丽多彩的民族风情文化，是开发文化旅游资源的沃土。然而，在石林旅游业的发展中，文化旅游业资源的开发和利用还做得不够。旅游者到异地旅游，主要感受的是一种与自己居住地不同的风土人情，品尝风味迥异的饮食，欣赏多姿多彩的民族文化，因此，独具特色的旅游资源是吸引海内外

游客的主要因素。石林是世界著名的自然景观，它与美丽动人的阿诗玛传说融为一体，声播海内外，广大游客怀着寻觅神奇的阿诗玛文化来到石林旅游，如果仅是走一圈奇石之林就完了，就感受不到自然景色与民族风情的文化契合，得不到民族文化的熏陶。如果我们把浓郁的民族风情文化用固定的有视觉形象的载体展现，人们游览石林时就会同时受到民族文化的沐浴，这不仅可以大大增加石林的观赏价值，而且对民族文化的传播将产生重大作用。

三是旅游的文化含量偏低。文化是旅游的灵魂，是旅游兴衰的动力，失去了文化，旅游的生命力也将枯竭。石林区域的民族文化在特定的社会历史长河中创造出了独具特色的阿诗玛文化，然而到石林旅游的客人很难体会到阿诗玛文化的内涵。一个地方以文化而出名，就能促进旅游业的发展。1933 年英国作家詹姆斯·希尔顿的小说《失去的地平线》，描述了一个位于中国西南地区名叫“香格里拉”的地方，可这位英国作家绝没有想到，他的一部小说会给今日的云南迪庆带来一个产业，吸引 45 万国内外游客近 2 亿元的旅游收入。纳西族的《东巴文化》、白族的《五朵金花》、彝族的《阿诗玛》等的创作动机虽然并不是为了民族文化资源的开发，但却为丽江、大理、石林等地知名度的提高起到了不容忽视的作用。石林景色之奇异，独一无二，到过泰山和石林的人，可能会感到两极差别：一方面是自然形貌的差别，各有特色，另一方面是文化与自然融合的差别。泰山是文化与自然融合的典型景观，虽有独特的条件，但我们必须承认，近年来在滇西北的丽江、迪庆、大理等地掀起的云南高原旅游热，成为众多海内外游客向往的地方。究其原因，毫无疑问，博大精深的民族文化和民族风情旅游资源的开发利用，使这些地方的旅游业迅速崛起，形成了这一区域独具特色的鲜明的民族文化旅游资源优势。神奇壮丽的自然风光和神秘博大的民族文化融为一体，加上神思妙想的旅游宣传、策划和促销，使今日滇西北旅游业会有如此的红火和兴盛。舍去其中任何一项，滇西北的旅游事业发展都很难有如此的风光。居住在石林区域的各民族都有自己多姿多彩、各具特色的民族风情和传统文化，尤其是以撒尼风情为代表的彝族文化在区域内外有着广泛的影响。石林彝族叙事长诗《阿诗玛》和一曲久唱不衰的《远方的客人请你留下来》，把石林自然风光和彝族风情融合为石林区域民族文化旅游区的典型标志——阿诗玛文化。然而，在石林的现实旅游活动中却只有一个纯粹的自然景观观赏，从景区和景点来说，在石林交通干线和县城附近，旅客很难看到一个具有地方民族特色的民族文化特征、标志和色彩，更难体会到一种浓厚的民族文化氛围。除特定的时间外，旅客很难观赏到影视作品中常见的民族文化活动，更不能直接参与和体验这些民族文化活动。在这种情况下，游客们在观赏了石林的自然景观后，自然不愿再延长滞留时间，虽然游兴未尽，但远方的客人却不愿再留下来了。

石林旅游业的发展正处在一个关键的时期，既面临严峻挑战，又是开创石林旅游业发展新局面的大好时机。因此，石林旅游业的新发展和突破就必须以自身的旅游资源优势为基础，以旅游市场的新变化和需求为导向，在旅游资源的深度开发以及提供新的优质旅游商品和服务上下工夫，也就是说，要培育出石林旅游经济的新的增长点——民族文化旅游资源开发。

二、石林区域民族文化资源开发的思路及项目设计

（一）开发思路

旅游活动是满足人们精神生活所需要的一项文化活动，这就决定了旅游与文化两者之间存在着密不可分的关系。所以，与其说发挥旅游优势，倒不如说发挥文化优势更为确切。民族文化旅游资源是深层次开发旅游的基础，当前，国际旅游趋势已向文化旅游发展，以弘扬优秀民族文化，展现民族地方风采的民族民俗文化旅游越来越受到重视。民族风情旅游浓郁的文化气息，可观的经济效益是其能够得到大力发展的两大优势，也是我们对民族文化旅游资源开发利用的突破。

石林除有举世闻名的自然景观旅游资源外，还有独具特色、历史悠久的民族历史文化资源优势。所以应当充分利用民族文化资源，充实丰富旅游景点的文化内涵，提高旅游文化品位。按照“科学规划，合理布局，选准项目，点石成金，创造名牌，营造氛围”的基本思路，开发石林区域民族文化资源，把石林从一个民族文化资源的大县变为一个民族文化旅游经济发展的强县，既有必要，也完全可能。

（二）开发条件

一是民族文化特点鲜明，资源得天独厚。石林彝族自治县的旅游资源得天独厚，石林被誉为天下第一奇观，是国务院公布的第一批国家级风景名胜地。这些自然景观有大小石林、大叠水、长湖、月湖、奇风洞、芝云洞等。石林还是被专家公认的古生物化石博物馆，于1961年被国务院划为“古脊椎动物化石保护区”。与自然景观交相辉映的是独特的人文景观，以“阿诗玛”为代表的彝族灿烂民族文化和独特的民族历史文化源远流长。优秀的民族文化、浓郁的民族风情成为旅游资源的重要组成部分，受到中外宾客的青睐。丰富的自然景观和独特的人文景观为石林旅游业的发展展示了资源优势。

石林不仅有“天下第一奇观”的美称，更有“歌舞之乡”“摔跤之乡”“民间绘画之乡”“全国文化先进地区”之美誉。得天独厚的地质地貌尤为令人刮目，民族多

姿多彩的传统节日和民俗风情散发着缕缕诱人的芳香，埋藏丰富的古生物化石吸引人们去探索生命的起源。石林史前文化是滇文化的重要组成部分，阿诗玛文化、毕摩文化已成为国内外人类学家争相研究关注的焦点。数万年的历史变迁使这块红土高原无不显现出古老、神秘、绮丽的色彩，丰富的民族文化宝藏潜埋着巨大的优势。

二是区位、交通、通信、基础设施建设和旅游社会环境条件好。石林无论是区位、交通、通信、基础设施建设，还是旅游社会环境条件均具优势。

三是石林区域民族文化旅游资源的开发利用有很好的产业载体——旅游业。石林风景区旅游业的发展为民族文化旅游业的开发利用提供了很好的产业载体，民族文化也伴随着旅游业的发展得到了空前的繁荣。滇西北旅游业的迅猛崛起，证明了民族文化风情旅游资源的开发利用是旅游业迅速蹿红的秘诀。旅游的最大吸引力就在于不同区域独具特色的民族文化资源，民族文化旅游资源的开发利用，不但能给旅游业注入魅力和增强可持续性，民族文化本身也可以在旅游业的依托下，走向市场，形成产业，得到长久的繁荣。

四是广泛的民族联系是区域民族文化旅游资源开发利用的外部条件。由长诗、电影《阿诗玛》、歌曲《远方的客人请你留下来》为代表的石林彝族艺术文化是石林走向世界的桥梁和纽带，反过来，石林阿诗玛文化广泛的海内外联系又是石林民族文化旅游资源开发利用的外部条件。石林彝族叙事长诗《阿诗玛》被挖掘展示于文坛后，迅速走向世界，已有二十多个不同的外文版本，仅日本就出版了三个日文版本。石林区域民族文化旅游资源的开发利用，一方面能够进一步扩大文化的对外合作与交流，提高石林的知名度，另一方面也会得到海内外游客的关注。

总之，石林区域民族文化旅游资源的开发利用，具有很好的资源条件、人文条件、产业条件。

（三）开发项目设计

民族文化旅游资源开发项目设计，可从民族历史文化遗迹、民族节庆活动、民族饮食文化、民族宗教文化、民族文化村落、民族旅游商品、民族居住、服饰、歌舞、婚恋、民族体育、民间文学等方面考虑，围绕旅游六要素，推出一批让游客可观、可闻、可参与并有经济效益的开发建设项目。重点推出要素类型式的民族文化旅游资源、节庆活动式民族文化旅游资源、景点式民族文化旅游资源，可分为民族文化标志性景点、民族文化专题性景观景点（如博物馆类型）、民族文化综合性景观景点（如民族文化生态村）。

民族文化旅游资源开发项目拟设如下：

第一，保护开发利用老城区古建筑，展示彝族古城风貌，使之成为集民族文化旅游休闲活动、民族民间传统文化艺术展示、民族风情文化、地方名特商品销售、地方特色小吃为一体的旅游休闲聚散中心。

石林县城是滇东南独具民族区域文化旅游区的旅游城市，利用古城风貌体现“吃、住、行、游、购、娱”旅游六大要求，以滞留石林旅游游客。项目有：老城区文化旅游休闲步行街；武庙的民族民间艺术表演；文庙古建筑的儒学文化展示；双龙公园的彝族撒尼风情休闲娱乐；烈士陵园的地方革命史展览；利用现有的古建筑群或优秀古建筑体验民居生活等。

第二，开发主题公园长湖的“彝族撒尼风情文化园”。

利用长湖的自然风光和彝族撒尼人聚居区的维则村，在保护利用自然原始风貌的情况下，开发彝族撒尼风情文化园。项目有：维则村的撒尼风情、民俗民居；独石山彝族古代部落文化；维则职中的中小学教学实验旅游；长湖边神秘的密枝祭祀活动；长湖边民族民间文化娱乐活动，如民俗歌舞、摔跤、斗牛、斗鸡、斗羊、垂钓、牧羊姑娘、洗麻姑娘、狩猎祭祀、饮食民俗等。

第三，石林“世界文化公园”的构想。

利用石林彝族自治县独有的石头丛林，在重点保护区外尚待开发的自然石林山，以自然石林及山水为依托，打造“彝族古老文字自然石刻林，世界古老文字符号自然石刻林，彝文书法及世界文字书法石刻林，彝族名人（含神话传说中的名人）及世界名人自然石雕像林”等的景点。构件主体为石林碑刻林：即在自然石林的石柱、石峰、石壁上雕刻中国夷人古老文字、世界古老的文字符号、夷文破译的世界古老文字符号对照文字、世界各国文字、石林诗词楹联、夷文书法、汉文书法、古今中外名人名言及诗词等；世界名人山：以自然石林为依托主体，在自然立石上雕刻出世界名人头像，世界名人为各国民族神话、传说、民间故事、长诗中的著名人物、民族英雄，自然科学与社会科学名人、古今中外的政要名人等；石林岩画林：岩画林以自然石林为依托主体，在自然立石上复制绘出迄今发现的世界各国岩画，使石林岩画成为世界岩画库；名存千古与石林同名林：是石林世界文化公园建设的重要融资渠道。世界各地的企业、企业家、成功人士，凡愿与石林同名、名存千古的，视其融资情况，在名存千古与石林同名林中刻录伟绩。石林世界文化公园的建成将使世界各国各民族的文化精品荟萃一堂，使之成为第一个世界文化遗产宝库。

第四，石林民族博物馆。

石林民族博物馆将是石林旅游中独具区域民族文化标志的综合博物馆，以宣传和研究石林地区各民族的社会经济、历史文化、自然遗产为中心工作，以民族历史文化艺术展示、科学技术展示、民族文化旅游资源展示、地方名特产品展销为主要任务，既可以使游客通过博物馆进一步了解石林地质历史和人文历史文化，又可以组织专线文化考察团进行文化交流和商贸洽谈，是民族文化交流与会展的硬件基础设施，也是石林民族文化旅游产业之一。石林民族博物馆的建设项目是充分利用民族文化和民族文物资源优势，提高石林旅游业的文化品位，充实和丰富旅游文化的内涵，促进石林旅游文化产业的发展，发挥文物的社会和经济效益。

第五，民族民间传统文化乡村旅游。

以自然条件与人文景观不错的村寨为基础，以既能寄情于山水，又能欣赏民族民间传统文化风情，在恬静田野生活中寻找淳朴的乡村文化生活旅游。乡村民族风俗文化是独具鲜明的地域特色，自然生态保护较好、环境优美、浓郁的民族文化特色，传统文化保存较完整的典型村落。如石林月湖民族文化生态村第一批具有特色的村寨，就可以开展民族民间传统文化乡村游。

第六，民族民间饮食。

石林各族民间饮食文化源远流长，在长期的生产、生活中他们相互交流，相互影响，形成了用料独特、技艺精湛，色、香、味俱全的特点。在长期的生活实践中，石林彝族制作出了几种独具特色的风味食品。

乳饼。挤山羊奶煮，加酸浆水点制而成。白嫩滋润，奶味鲜美，营养丰富。食法多样，蒸、烩、煎、炸皆宜，在云南享有美誉。

包谷粑粑。玉米成熟时，剥下饱满新鲜的颗粒，用石磨磨成糊状，加入适量的红糖或白糖，有的还加入鸡蛋，倒入平底的油锅中煎熟，味鲜甜、可口、清香，久食不厌。

荞粑粑蘸蜂蜜是石林独具特色的风味食品。将荞面掺水揉和，做成饼蒸熟，放在火炭上慢慢烘烤，边烤边蘸蜂蜜吃，细细品嚼，又香又甜，余味无穷，更富营养。经国际食品营养研究证实，荞麦是淀粉粮食中营养最丰富的粮种，它的蛋白质营养效价指数高达80~92，所含脂肪多为不饱和的油酸和亚油酸，钙、磷、铁等十多种微量元素都高于其他粮种。苦荞的多种营养素对糖尿病、高血脂引起的心脑血管病和高血压病有较好的预防和治疗作用。苦荞包含的大量叶绿素和芦丁是止咳平喘祛痰和扩张软化血管的良剂，苦味素则是健胃素，大量的VE——生育酚对不妊症和防衰老都有显著的效用。苦荞成了疗效奇特的医用食品，为此，把苦荞开发成为系列保健食品、营养医疗食品等应值得深入探讨。

鸡肉稀饭。将腊肉切片入锅炼出油，放进生鸡肉块煸炒，再下淘洗好的大米，加盐和水煮，即成香气四溢的鸡肉稀饭。

腌骨头参。每逢过年，家家户户要杀年猪。除板油炼油、猪肉腌制成腊肉之外，排骨、油渣用刀剁成细末，加入适量的姜、葱、蒜、花椒粉、草果粉、八角粉、辣椒粉、玉米酒、盐等配料拌匀，装入陶罐半月即可食用。含有丰富钙质、蛋白质以及脂肪。

汤锅。用清汤煮羊、牛肉，清香扑鼻，鲜嫩适口，配上二两自酿烧酒助兴，真使人不醉不归。

此外，石林卤腐更是驰名中外，独具特色。

彝族的野炊别具一格，在天气晴朗的节假日或收获季节，人们在山明水秀、树影婆娑的地方，架燃篝火，用清汤煮羊、牛肉，烧烤荞粑粑、洋芋和饵块，熬鸡肉稀饭。食物做好以后，亲朋好友，乡里乡亲们铺好青松毛，席地而坐，斟满酒碗，趁着美好的自然风光，开怀畅饮。

总之，旅游活动是满足人们精神生活所需要的一项文化活动。随着社会的发展，人类物质生活水平不断提高，从而对精神生活的需求也更加迫切，因此，旅游者日益增多，从旅游导向看，人们都想到异地区域看看新奇的外面世界，而且人们已越来越不满足于单一的生活模式，去追求多样化的文化生活，不得不到异地他乡去旅游，追求自己区域内寻找不到的多样化新奇的文化生活。

发挥独具特色的民族文化资源优势，被视为“无烟无污染工业”的旅游产业已成为当前世界上最大的行业之一，它以巨大的经济、社会、生态效益受到各国的关注和重视，这正切合石林彝族自治县经济建设的实际。石林作为云南省旅游业“龙头”，石林人更应有大旅游、大产业、大促销、大市场、大发展的思想观念。为适应旅游业发展需要，应加快旅游基础设施建设步伐，以石林景区为依托，加大区域民族文化旅游资源优势的保护开发力度，使石林的旅游业早日成为经济发展的“龙头”产业。

关于毕摩文化的开发利用*

马德清

毕摩文化是彝族文化的重要组成部分，涵盖彝族人类学、历史学、哲学思想、科学、宗教、医学、文字、文学艺术、天文地理、历法等，包罗万象，十分丰富。其表现形式综合为：一是传播文字。二是收集、记录、传播神话传说、历史上的各种发明创造、族源、迁徙去向、族人的变迁、人类的生活状况等。三是对传承传统彝族文化起着承前启后的作用。凡是属于彝族文化中的各种民风民俗、礼仪禁忌、行为规范、音乐、歌舞等都是由毕摩以书以口一代一代相传。四是继承、施行彝族宗教礼仪和法事。毕摩承担祭祀、祈福、占卜预测、禳灾，招魂、超度、为亡灵指路、驱逐邪恶和灾难、禳解和医治各种疾病、选择风水、预测吉凶祸福等。

毕摩文化虽然多次遭遇各个时期极“左”路线的冲击，许多方面受到破坏和削弱，但是其生命力依然很强，而且不断得到恢复和发展。然而由于多种原因，毕摩文化没有得到应有的利用，造成了浪费。在西部开发中，民族文化的开发利用，已迫在眉睫。就如何开发利用毕摩文化的问题，我们应当及时做一些必要的探讨。

一、正确认识毕摩文化

毕摩文化是彝族在中国历史长河中创造的精神财富，是彝族人民智慧的结晶，是广大劳动人民在漫长的生活中形成的一种民族文化，是彝族宗教文化的传承和发展，也是中华民族文化宝库的重要组成部分。毕摩文化是“兴祭奠、造文字、立典章、设律科、文化初开、礼仪始备”的总和，毕摩文化促进了彝族意识形态的发育、变化、发展，促进了彝族地区生产力的发展，丰富了彝族传统文化。从史学上，毕摩文

* 本文原载《凉山民族研究》，2002 年刊，86 页。

化记载的谱系具有较高的史学价值。

毕摩文化是中国彝族社会中从事民俗、宗教、天文、历史、文字等活动的以毕摩为主要传播者的彝族传统文化行为。毕摩文化是一个较大的范畴，是彝族社会发展过程中的一种文化现象。实事求是地说，毕摩文化有宗教迷信的一面，但更多的是彝族人民一代又一代不断继承和发扬下来的古老文明的一大文化体系，是以文字的发明创造、经书的编写、各种宗教仪式为载体，以祭仪活动为中心的彝族文化。应该看到彝族毕摩文化的博大精深、古老和悠久。凉山自解放经历多次政治运动洗礼，毕摩文化虽然难免受到了来自各个方面的冲击，但是毕摩文化的影响和功能依然不减，广大群众还是那样崇尚、那样遵从，毕摩文化在人们的心里已经根深蒂固。所以，我们对毕摩文化应该有一个正确的观点，克服偏见，要正本清源，历史地、客观地看待毕摩文化，以发展的眼光看待毕摩文化。一种文化的形成和存在是历史现象、社会现象，也是客观规律，是社会发展的必然结果。中华民族的文化，是浩瀚的海洋，容纳百川，不是一个孤岛。中华民族的文化，由各个民族的文化组成，而各民族的文化又是丰富多彩的，彝族的毕摩文化应该是民族文化的经典。

传统民族文化必然有优劣，不可能完美无缺。我们倡导的、弘扬的是优秀传统文化，我们就是要发展和利用毕摩文化中的优秀传统文化。

二、树立保护意识

毕摩文化作为彝族最珍贵的传统文化，在各种外来文化的冲击中，经受了来自各方面的考验，依然得到弘扬和发展。许多珍贵的毕摩经书典籍曾被作为“四旧”烧毁，许多经文资料被查封损坏，许多毕摩经书严重流失，许多毕摩法器法具被毁坏，有的已濒临绝境，许多的毕摩典籍已失传。毕摩文化，不管是文字的还是口头的，不管是古籍的还是现代的，都已经处于弱化状态。因为，毕摩文化在一些人的观念中，属于消极文化，甚至被视为封建迷信。所以，在正确认识毕摩文化的基础上，我们首先应该树立保护意识，没有保护，就不可能利用，更谈不上开发。一种民族文化的存在，是民族生存的需要，是民族存在的标志。所以，我们要采取多种形式，对毕摩文化给予保护，不能再损害毕摩文化。损害传统民族文化，是一种罪恶，得罪的是我们的祖先、我们的群众、我们的民族。几千年来族人所创造的文明，几千年积累的智慧，宝贵的民族文化遗产不能毁在我们这一代的手上。

四川的凉山彝族自治州，是全国最大的彝族聚居地区，6 万平方公里土地上的 17 个县市彝族人口近 180 万。凉山的彝族由于历史的特殊原因，完整地保留了古老的毕摩文化，而且至今仍然保护得比较好，形成了难得的全国唯一的毕摩文化原始生态保护区。如凉山的美姑县依然是毕摩文化的中心，现在还在从事毕摩文化传播的大小毕摩有上千名。他们还成立了毕摩文化研究中心，形成了保护毕摩文化的示范区。他们组织广大的彝族文化人在不断收集、整理、研究毕摩文化，并已形成了优势，这是对民族文化的贡献。凉山17个县市的彝族聚居地区，毕摩文化的传播依然活跃。在民间，已经自然形成了群众性的毕摩文化保护区，对毕摩文化的崇尚和对毕摩文化的尊重成为了自觉行动。各级党委、各级地方政府对毕摩文化的保护应该给予肯定和支持。

西部开发必然带来新的文化冲击，这是不可避免的残酷的现实。在西部开发中，受到冲击的首先是少数民族文化，毕摩文化肯定是其中之一了。那么，面对这种不可避免的冲击，面对这样严峻的挑战，我们应该抱什么态度呢？那就是保护。我们要从观念上、政策上、措施上都应该有保护意识。实践证明，越有民族性的，就越有世界性。中华民族的文化，应该是宽容型的，只要对社会有利，对民族有利，就应该主动去保护，主动去利用，让它发展，而不是去评头论足、去挑剔、去弱化、去排斥。我们都知道，美国人在历史上曾不择手段地扼杀印第安人的民族文化，一味地去发展美国的新文化。结果破坏了美国文化的多元化和丰富性，使美国文化走向了“死胡同”。单调枯燥的美国文化，让美国的文化误入歧途。美国现在已后悔莫及，正在醒悟中开始建立多元文化，这又何苦呢？我们不应该步美国的后尘。

从开发民族文化和开发民族文化旅游的角度，对毕摩文化的保护，是我们义不容辞的职责。我们要从思想上、政策上树立真正的保护意识。具体来讲，就是要解放思想，改变观念，排除来自“左”的“右”的思想干扰，保护毕摩文化的合法权益，为毕摩文化的生存、发展创造条件，为毕摩文化的发展开绿灯。

三、要强化宣传力度

在几千年来的历史岁月中，毕摩文化久经考验，与历史同步，与社会同步，至今依然如故。作为一种深受广大群众欢迎的民族传统文化，我们有什么理由不去宣传呢？我们有什么理由还要那样羞羞怯怯的呢？毕摩文化，既然是中华民族文化的一个组成部分，那么，我们应该理直气壮地去宣传，而不是去遮盖、去削弱、去诋毁、去歪曲。由于对毕摩文化的宣传不到位，存在许多的无稽之谈，存在许多的误解，存在许多的误传和偏见。强化毕摩文化的宣传是加强民族文化建设的需要，是发展先进文化的需要，也是发展民族旅游文化的任务。一是加强正面宣传，通过各种宣传媒体，大张旗鼓地理直气壮地宣传毕摩文化的内涵、历史作用、社会功能、旅游价值等，使社会全面正确地了解毕摩文化。二是开展各种不同类型的毕摩文化宣传活动，如毕摩文化座谈会、研讨会、采访会、图片展览等。三是创办《毕摩文化》杂志，组织广大毕摩文化人撰写各种形式的文章，拍摄各种不同类型的毕摩文化的图片，以图文并茂的形式，全方位地展示毕摩文化，把《毕摩文化》作为彝族文化的一大窗口，作为彝族文化的阵地。四是拍摄制作《神秘的毕摩文化》的电视节目系列片，系统全面地展示毕摩文化的内容，展示毕摩文化的神秘和风采。五是出版发行《毕摩经典系列丛书》，完整地翻译出版毕摩经书，作为介绍、了解毕摩文化的读本。六是举办各种类型的毕摩文化研讨会，做好学术交流，互相学习，互相促进，扩大影响。

四、创办毕摩文化园

毕摩文化应该成为民族文化旅游的资源，应该把毕摩文化转化为旅游活动的具有民族特色的内容，增添民族文化旅游的光彩。毕摩文化园可以全面展示毕摩文化，让游客分享、参与。一是开设毕摩经典展览大厅，收集复制大量的毕摩经书，进行展览，供游客阅读、观看、研究，领略毕摩文化的渊源和神奇。二是修筑毕摩藏经楼，专门收藏毕摩古籍。藏经楼不仅可以收藏广泛收集的毕摩经文经书，而且主要展示毕摩古籍的古老和深奥。三是开展毕摩文化表演活动，在全国各地选招一批德高望重的毕摩在毕摩文化表演大厅向游客现场表演各种形式的特技和法事，让游客分享毕摩文化的神秘和魔力，使游客流连忘返，形成旅游的一大亮点。四是开展毕摩医疗服务活动。毕摩文化中包括了祖传的传统彝医，有心理治疗、蒸气治疗、动物药治疗、植物药治疗、精神治疗等，能治疗疑难病症。这种充满神奇的民间医药文化一定会引起轰动，成为不可多得的旅游的内容。五是办毕摩文化培训班，选招有文化的年轻一代毕摩，进行毕摩经文、特技、法典仪式的传授、研究，做到后继有人，两年招一个班，不断输送合格的毕摩人才。六是办好毕摩文化音乐歌舞演出活动，毕摩文化中含有彝族古老的音乐舞蹈艺术，这也是一大资源。我们可以通过艺术演示毕摩文化的音乐舞蹈。念诵毕摩经文，配上毕摩精彩奇妙的法鼓、法铃、音乐、舞蹈的表演，那是一种绝妙的艺术诱惑。彝族的毕摩音乐舞蹈艺术很有潜力，一旦开发，不比纳西古乐差，将能产生巨大的吸引力。毕摩文化园，应该是独具一格的民族文化旅游新去处。

五、建立毕摩文化研究体系

毕摩文化是彝族传统文化的精髓，具有史学价值和科学价值。彝族文化都与毕摩文化有关，要研究彝族文化就得研究毕摩文化，所以应该建立毕摩文化的研究体系，做到有研究机构、有研究人员、有办公地点、有办事经费、有工作计划。一是成立州级毕摩文化研究办公室，挂靠州民委或州语委，从事毕摩文化资料的收集、整理、翻译、出版、研究等工作。二是支持鼓励有条件的县市成立民间的毕摩文化研究组织，如毕摩文化研究室、毕摩文化研究中心、毕摩文化园、毕摩文化活动室等。组织当地的毕摩和研究毕摩文化者，开展毕摩文化的抢救、收集、整理、翻译、传播、研究。三是在有关大专院校建立毕摩文化研究所，组织从事民族文化研究的师生开展毕摩文化研究。四是加强美姑毕摩文化研究中心建设，把美姑毕摩文化研究中心作为中国毕摩文化研究的核心和基地。组织有志于研究毕摩文化的志士，在美姑县调查研究毕摩文化，组织各种不同类型的毕摩文化活动，以推动毕摩文化的开发。

六、建立毕摩文化开发区

在大小凉山的彝族聚居区，毕摩文化的覆盖率很高，几乎是家喻户晓，人人皆知。而毕摩文化最集中、最有影响力的是美姑、昭觉、雷波、金阳、布拖、普格、喜德、越西等县。这些地区的毕摩，数量多，影响大，毕摩文化保留得比较完整，并形成了毕摩文化圈。建立毕摩文化开发区，有利于重点扶持毕摩文化的重点研究，有利于各种毕摩文化资料、法器、经书的抢救、收集、整理，有利于毕摩文化设施的建设，有利于毕摩文化活动的开展，有利于毕摩文化在旅游中的开发利用。

建立毕摩文化开发区，一是集中开展毕摩文化的宣传、研究、开放、开发，形成民族文化旅游的优势。二是引导毕摩文化民俗活动的开展，以丰富农村群众的文化生活。三是动员老毕摩传授毕摩文化知识，搞好传帮带。这是搞好传统文化教育的一种方式，群众乐于接受。四是把弘扬毕摩优秀文化和传播现代精神文明结合起来，以先进文化为先导，积极引导毕摩文化的健康发展。五是把开发毕摩文化和当地经济的发展有机结合起来，通过毕摩文化的开发利用促进当地社会、文化、教育、旅游的全面发展。

七、建立毕摩文化村

毕摩文化已经成为了民族旅游文化的一个重要内容。那么，在旅游开发中，应该充分发挥毕摩文化在旅游中的积极作用，使毕摩文化成为各县市旅游业中的一大内容。鉴于这种需要，各县市应该根据旅游服务和文化活动的实际需要，在城市附近选择一个适中的地方，建立毕摩文化村，作为旅游和文化活动的毕摩文化示范区，供游客参与、欣赏、娱乐、研究。毕摩文化村，要建成家庭式，多数人户都应该是毕摩，并能开展毕摩文化中的各种表演，各种法事的模拟表演。按游客的需要，也可以实际操作各种宗教仪式，以提高毕摩文化的实用价值和文化价值。

毕摩文化村，以自然村为依托，适当配备一部分有真才实学的毕摩，强化毕摩实力，扩充毕摩队伍，真正建成具有多种功能的毕摩文化村。为了保证毕摩文化村的质量和实际效果，也可以统一规划，按照传统建筑风格，修建具有传统风格和现代装饰相结合的新型毕摩文化村，然后在全县选派德高望重的若干毕摩，搬迁到新建毕摩文化村。这样的毕摩文化村，应该是以毕摩文化活动为主的新型的民族文化村，重点突出毕摩文化的服务。同时，也要兼营农副产品的加工、养殖业等。半农半文，以农养文，以文促农，全面发展。

毕摩文化村，应该接近县市城镇，但也不要太近，要通油路、通邮政、通电话、通水电，保证服务质量，为游客提高供方便。

毕摩文化村，规模可大可小，根据当地游客的多少和旅游服务的旺淡情况来决定。毕摩文化村，要配合彝族传统的民间音乐舞蹈的表演，配合彝族饮食文化的服务，真正建设为全方位的彝族文化旅游服务村。

八、扩大毕摩文化服务网络

毕摩文化在凉山彝族自治州应该早已成为民族文化旅游的重点开发项目，以此扩大凉山民族文化旅游的影响，丰富民族文化旅游内容，增强彝族文化的对外吸引力。根据民族文化发展的需要、民族文化旅游业的发展趋势和凉山的实际，应该采取多种形式，扩大毕摩文化服务网络，推动凉山民族文化旅游业的发展。一是在西昌的“凉山民族风情园”内设立毕摩文化展演厅，陈列毕摩文化古迹、法器、经书等，以渲染彝族古文化的气氛。同时，民族风情园要经常性地为游客表演毕摩文化，如毕摩音乐歌舞、毕摩特技等的表演。二是在各个旅游景点增设毕摩文化人文景观，形成毕摩文化的网络，增加民族文化的风格，形成毕摩文化的新氛围。如泸山、邛海、螺髻山、马湖和美姑、普格、布拖、越西、喜德、冕宁、西昌等县市的各个旅游景点，都应有计划地规划建设毕摩文化有关方面的设施，如毕摩藏经楼、毕摩代表人物——毕阿史拉则的雕塑、毕摩文化表演室、毕摩文化展览馆等。这样一来，在全州上下都有毕摩文化的服务点，游客到什么地方都能接触毕摩文化，方便游客，扩大服务，促进毕摩文化的发展繁荣，推动旅游的发展。三是积极打造、推销毕摩文化旅游纪念品牌，如毕摩的法帽、法铃、神铃、神筒、神签、神鼓、魔画、草人、法碗等，都是不可多得的独具特色的民族旅游纪念品，这些毕摩文化旅游纪念品，具有收藏、娱乐、观赏、研究的价值。这些毕摩文化旅游纪念品，社会性、文化性、民族性都很浓，很有开发潜力。

九、加强领导，增加投入

毕摩文化在各个历史时期都有不同的发展，毕摩文化的发展过程，也是彝族历史、社会发展的一个重要标志和重要表现。在不同的历史阶段、不同的社会阶层都十分关注毕摩文化，因为毕摩文化的兴衰关系到民族文化的发展变化和社会的发育，也关系到民族经济的发展。云南省丽江东巴文化的发展开发利用，是中国民族文化运作中最好的最成功的典范。我们能否从中借鉴一点经验呢？能否得到一点启示呢？同样的天同样的地，在同一片蓝天下生活，这样古老、这样悠久、这样丰富多彩的毕摩文化为什么就得不到应有的开发、利用、发展呢？中国彝族人的祖先所创造的“夷经”已吟唱了几千年，唱出了人类社会的文明，触动了社会发展的血脉，融合在中华民族文明的长河深处。毕摩文化的形成和发展，不是以人的意志为转移的，是社会发展的必然趋势。当今社会，毕摩文化的开发利用不是争论的时候，而是如何开发的时候了，所以，面对西部大开发的千载难逢的机遇，我们不能再坐失良机，要抓住机遇，为开发毕摩文化而积极努力。各级党委、政府和社会各界，应该重视毕摩文化，关心毕摩文化，加强毕摩文化的研究、开发等方面的领导。做到群策群力，集思广益，因势利导。

事实上，西部开发除了经济资源的开发外，最主要的一个内容就是民族文化的开发。显然，只有民族文化的全面开发、发展，才能有效地促进西部社会、经济的发展。从这个意义上来说，毕摩文化的开发，是我国西部民族文化开发的重要内容。毕摩文化的开发，应该引起彝族地区各级党政的重视，把毕摩文化的开发列入民族文化建设和旅游事业发展的议事日程。从政策上给予支持，在经费上给予扶持，毕摩文化才能得到实质性的发展。

增加对毕摩文化的投入，是发展开发毕摩文化中不可缺少的一个条件。一是基本设施的建设，需要资金的投入，如毕摩文化园、毕摩文化展览馆、毕摩文化村、毕摩文化中心等的修建，都需要资金的投入。二是在调查研究、会议、宣传、收集、整理、挖掘、出版发行等方面都需要资金的保证。

我们要在深入贯彻执行“三个代表”思想的实践中，乘学习宣传贯彻党的十六大精神的东风，抓住建设文化大省的机遇，认清形势，看准方向，进一步解放思想，更新观念，在先进文化思想的指引下，为弘扬优秀传统文化，把祖先留给我们的珍贵的毕摩文化遗产传承下去，利用于当前的文化生活和民族文化旅游上，这样才无愧于我们的祖先，无愧于中华民族，无愧于时代。在开发利用毕摩文化中，应努力做到去伪存真，摈弃糟粕，与时俱进，开拓创新，把民族文化建设推上一个新台阶，以促进文化建设和经济建设。

大姚昙华彝族文化资源漫谈*

李荣祥

昙华乡位于云南省楚雄彝族自治州大姚县中部，乡政府所在地距大姚县城 45 公里。昙华乡辖 7 个村委会，56 个村民小组，74 个自然村，总人口 7409 人，其中彝族人口占 86.9%。当地彝族自称俚颇，语言属彝语中部方言。作为“省级风景名胜区”“中国民间艺术之乡”的昙华，历史悠久，彝族文化底蕴深厚。其中，具有保护与开发价值的彝族文化资源，主要有下列诸项。

一、节日文化

昙华彝族的传统节庆很多，几乎每一个月都有节庆习俗，其中有千人以上聚会并有盛大“跳脚”的有农历正月十六元宵打跳、二月的插花节、五月端阳出行祭山、六月火把节、八月中秋祭月打跳等。这些节日中最有代表性的是二月昙华山插花节。过插花节这天，彝家采来马樱花互赠，戴在身上，装饰在门头、农具、田边地头，还在固定的场地“千柏林”聚会，举行隆重的祭祀仪式。祭祀仪式由彝族的祭师毕摩主持，先祭天神、地神、山神、树神、火神，最后祭花神。祭花神时，要选一个“花仙子”，“花仙子”由每个山寨挑选出一个候选人，再由毕摩通过祭祀程序最后确定候选人中的一位姑娘担当。“花仙子”接受毕摩的祈祷和众人的祝福，其中包含着人们对马樱花的祭祀和对咪依鲁的怀念。之后是规模宏大的打跳，要跳三天三夜。插花节期间是人们交往的最好时候，也是青年男子挑选意中人的最好时机。随着旅游业的发展，到昙华山来参加插花节的山外人越来越多，插花节的名气也越来越大。2002 年插花节期间，插花节会场“千柏林”跳脚场附近的松子园村，仅彝家家里就接待

* 本文原载《凉山民族研究》，2003 年刊，238 页。

了近200位外来客人，接待收入最多的一家达到1200元，相当于中等水平的彝家一个人一年的收入。独具特色的节日文化旅游极大地活跃了山区商品交流，昔日荒凉的昙华山现已建起一座兴旺的小集镇。昙华彝族传统节日活动中包含有许多民俗、宗教、休闲娱乐的内容，是昙华彝族传统文化的重要组成部分，也是能展示昙华彝族特点并吸引外来游客观赏的重要文化资源，应纳入规划进行保护与开发。

二、彝剧

大姚昙华是彝剧的诞生地。1956年昙华乡麻秸房村成立了乡村俱乐部，民办教师、著名彝族歌手杨森自编自演了歌、舞、对白三结合的小彝剧《狼来拖羊》《积肥》《卖肥猪》《歌唱合作社》《牧羊在林中》《半夜羊叫》等。1958年楚雄彝族自治州成立时，昙华乡麻秸房村的乡村俱乐部到州府参加调演，彝剧首次亮相，受到一致好评。接着，杨森等人将《半夜羊叫》和《牧羊在林中》两出小戏糅合成一部中型彝剧《半夜羊叫》参加了1958年12月文化部在大理召开的西南区民族文化工作会议的观摩演出，受到了与会代表和文化部副部长夏衍的肯定。之后，杨森等人又创作编排了彝剧《曼么与玛若》，连同改编后的《半夜羊叫》，一起参加了1962年的云南省首届民族戏剧会演，同样获得了成功。这两出戏的剧本先后被云南人民出版社和中国戏剧出版社选入《云南兄弟民族戏剧集》和《少数民族戏剧选》。从此，彝剧就正式被承认为一个新的剧种。1985年根据昙华山流传的优美民间传说改编的彝族舞剧《咪依鲁》赴京演出，引起全国艺术界的极大关注。此后，昙华乡的民间彝剧作者和演员层出不穷，他们把自己的生活编成彝剧，演给乡民看，还把一些新生事物向乡民传播。曾经和杨森同台演出的彝族女歌手李志兰自编自演的彝剧《脱毒洋芋扎实好》，向村民们宣传科学种田的好处。近年的昙华山插花节，人们还把昙华山风光编进了彝剧唱词，演唱给来参加节日的客人听。

三、建筑文化

大姚昙华彝族村落大多依山而建，坐落在向阳背风、有树有水、环境幽美的山坡上，取其用柴用水之便，利于安排生活。一般约二三十户到五六十户为一村。村中的住房，大都依地势分布，无一定的格局，高低错落有致，别有一种古朴的韵味。昙华彝族传统民居垛木房、闪片房、麻秸房至今仍保留得较为完整。四面墙壁用一根根原木经修整、打榫垛积而成的称垛木房，房顶用成片树皮铺就的称闪片房，用麻秸铺盖的称麻秸房，这种房子的保暖防湿性能很好。现在，因为不砍树已成为村民们的共识，新盖的民居已经不再用木头、树皮和麻秸做材料，而是采用泥土和瓦片，但人们盖房时仍用垛木房建筑方法，把泥土一截一截舂打着往上垛积，保留了彝族民居特有的“垛”的特色。住房多为院落式，正房住人，两厢多做磨房和畜厩。正房一般分左、中、右三间，右间住人，左间做厨房，中间做堂屋。堂屋一般都有一个火塘，塘内火种长年不息。昙华彝族人民有火崇拜的习俗，视火塘为圣洁，所以在昙华山彝家作客，一定不能从火塘上跨过，不能向火塘吐口痰或投放秽物。火塘上置铁三脚可以支锅，或放下吊锅，即可煮菜做饭。堂屋是昙华彝族家庭饭食、会客、举行祭祀的地方。堂屋上方一侧，多安置男性家长寝榻，堂屋正上方的壁前，设有供桌做祭祀祖先之用。供桌上方壁上挖一洞，内置祖灵，祖灵一般人不得看视。正屋前端，接一厦子，做家务杂事之用。彝族传统建筑是彝族有形文化的代表，应将其纳入规划进行保护、改进与开发。

四，饮食文化

独特的彝族风俗和独特的地域环境，形成了昙华独具特色的风味饮食，其中最具民族特色的食品主要有全羊汤锅、苦荞粑粑。全羊汤锅主要选用肥壮的黑山羊，宰杀后热汤去毛，开膛洗净内脏，用火燎去羊头、羊脚皮毛，在炭火上烤黄后用锤击碎内骨，最后连羊血、肚杂、羊肉全部切块一锅煮。香味溢出，移至小火上慢煮，待肉煮熟时，即可边煲边吃。煮时除放盐以外不放其他佐料，食用时再佐以花椒、辣椒面、芫荽、薄荷。全羊汤锅必须要有带皮羊头、羊脚才佳，其味越煮越香。这种吃法的好处是无膻味、汤白、味浓、肉香，而且营养丰富。在昙华彝家山寨，每逢节日集会或是赶山街，都有大量的全羊汤锅上市。赶街的，跳脚的，走累了，跳累了，唱累了，就在食摊旁的松毛地上一坐，吃上一碗汤，品上二两酒，再吃上一块荞粑粑，那是很惬意的事。彝家人好客，相识的不相识的聚在一起，边吃羊肉边喝酒边唱歌，简直愉快得没法说。昙华彝族对荞有特殊的感情，他们认为荞是五谷之王，传说在洪水时代没有庄稼，一只斑鸠飞来昙华山死去，胃里有两颗苦荞籽，人们把它种在地里，3月种下，7月长大，结了籽再撒，种出了最早的庄稼。过去，苦荞曾经是昙华彝族的主食，由于产量低，种植面积越来越小，现在已经成了彝家过年过节和招待客人才拿出来的风味食品。苦荞面营养丰富，清凉，利肠胃。其制作方法是，把荞面掺水调稀（适度）后，倒入热锅中用微火自然成饼，熟后再放在火塘边烘烤熟或在火灰中焐熟，用蜂蜜蘸食。其特点是清香甘甜，细爽而有回味，便于携带食用，储存亦不会有异味。

五、毕摩文化

昙华彝族信仰万物有灵的原始宗教，盛行自然崇拜、图腾崇拜和祖先崇拜，举凡与人们的生产生活密切相关的自然和社会现象，诸如天地日月、风雨雷电、动物植物、山石水火等都赋予了鬼神的形式。这些鬼神在冥冥中主宰着人们的生老病死、吉凶祸福，人的力量无法与之抗衡，唯有对其顶礼膜拜，并进行种种祭祀活动来娱神和酬神，才能祈求神灵赐福禳灾，于是就产生了一种善于沟通人“神”联系，专门从事祭祀活动的宗教祭司——毕摩。唐宋以前的毕摩同时就是部落酋长，是执政者，元明清时期逐渐演变为酋长的智囊，是佐政者，清代“改土归流”后，毕摩才与政治逐渐脱离，但仍有潜在的影响。毕摩通常是父子相传，也有拜师学艺。毕摩懂得大量的天文、历法、历史、地理、哲学、道德、神话传说和医药、谱牒等内容和知识。这样，就使毕摩同时成了彝族社会中从事文化传承的知识分子，享有较高的社会地位，普遍受到人们的尊敬。毕摩每年都要通过大量的祭祀活动为村民消灾免难求丰收。在文化教育方面，彝族传统的教育就是毕摩文化教育。在婚丧礼仪中，彝族的定婚与结婚要请毕摩献祭；丧葬仪式的全过程，如净尸、做灵安灵、指路、作斋超度以至于丧葬后的祭祖大典，都得请毕摩主持。总之，毕摩活动已渗透到社会生活的许多方面而形成了内容广泛的毕摩文化。毕摩文化已成为昙华彝族的一个重要特征和具有保护与开发价值的民族文化资源，应纳入规划进行保护与开发。

六、歌舞文化

在昙华山上，最能使人感受到民族地方特色的，莫过于彝族的民间歌舞活动。彝族人民十分善于唱歌，不仅以歌谈情说爱，传递心声，而且以歌叙述历史，表达哀乐。民歌已深入到了彝族社会生活的各个领域。讲述历史有古歌，诉说过去的艰辛岁月有苦歌，畅述今天的美好生活有颂歌，喝酒有酒歌，打猎有猎歌，放牛耕地有牛歌，祭祖有祭歌，谈情说爱有情歌。昙华彝族的民歌都有比较固定的曲调，每种曲调在歌首或歌尾大都有词义不明的衬词，而曲调也就以这种衬调来定名，如“玛莫若调”“梅葛调”等。当地的民间音乐通过音乐工作者的收集整理提炼，已编成《大姚县民族民间音乐集成》，成为我国少数民族音乐的组成部分。昙华彝族民歌的歌词，除了一些带礼仪性的有比较固定的程式和词句外，大都是即兴创作，随意发挥。特别是在跳歌场上，在那种欢快的氛围之中，更常常是兴之所至，脱口而出。昙华彝族能歌善舞。昙华彝族的民间舞蹈，俗称跳脚，其历史十分悠久。据考，彝族舞蹈源于远古时代对狩猎、征战、采集、放牧、农耕以及祭祀等的简单模拟，以后随着时代的发展，才逐渐提高，花样翻新，概括成基本固定的程式，形成模拟性和自娱性的两类舞蹈。模拟性的舞蹈有如模拟动物动作的“公鸡啄”“牛翻身”“马打滚”“独脚跳”等，反映妇女生活的有如“顶针舞”“手铃舞”等。自娱性的舞蹈则重在舞步，功夫主要在脚上，有踏、搓、跺、踢、跳等舞步，动作奔放，节奏跳跃强烈，旋律粗犷刚健，即使偶有细腻缠绵的穿插，也刚柔适度，充满了剽悍、乐观、进取的生活气息，具有浓郁的民族特色。昙华彝族歌舞文化是能展现本民族特点又能吸引外来游客观光的重要文化资源，应纳入规划进行保护与开发。

七、婚俗文化

昙华彝族的青年男女，大都享有恋爱的自由。昙华彝族呈大分散小聚居分布，一般男女相识都采取串寨和对歌的形式。串寨就是夜晚甲寨的男青年集体相约到乙寨，与乙寨的女青年歌舞往来，发展友谊，也有女青年相约到另一寨与男青年歌舞往来的。除串寨外，另一个相识的重要途径就是歌场对歌。歌场有定时定点的，也有临时约定的。届时，来自不同地方的彝族青年在一起围着篝火对歌、跳舞，以此相识，彼此情投意合者，即相爱相恋。昙华山的许多彝族村寨还有“姑娘房”，姑娘年满16岁，父母就为她另盖一间小房子，让她单独在其中过夜，一般就建在正房的厦子上或耳房、面房楼上，也有单独设在户外的。年满20岁的男青年，可以在夜晚爬上姑娘房中，他们在一起吹响篾，对调子，互诉真情。当然，姑娘房里自有严格的规定，不能乱来。小伙子为中意的姑娘家挑水砍柴，姑娘给小伙子的家人送花包包或花鞋垫。一般而言，只要年龄达到，征得父母同意就可以结婚，双方父母一般不会干涉儿女们的选择。结婚时不举行婚礼，要等到生了孩子后的第三天办满月酒宴，一并举行隆重的仪式，叫“喝满月酒”，由老祖或舅父给小孩取名，请毕摩念“生育经”。男女婚姻平等，不存在男娶女嫁的成习。夫妻生了第一个孩子以后，婚姻才算稳定。在此之前，夫妻若感情不和，可以自由离婚，不吵不闹，只需在双方决意后，把一节木头破成两半，各执一半作为离婚凭证，离婚后依然和睦相处。昙华彝族婚俗文化具有极大的旅游开发价值，只要利用得好，将会有利于当地经济的发展。

八、服饰文化

传统的彝族服饰仍然是昙华山村民日常的着装。男子穿青布料的对襟短衣，衣服短至腹部，袖子细窄，衣襟上钉着两排布疙瘩纽扣。为了使其富于变化，多用白线缝成双线，并在右胸和下面的两个口袋上绣两朵色泽艳丽的花或在衣襟边上打一道花边。裤子则用黑色布料，做成筒裤，肥大而短，有的只达小腿部。脚上多喜欢穿一双用花边缝制并缀有红绿绒球的布凉鞋。上头缠一顶青布包头，再披上一件黑羊皮褂，挎个称之为“皮里格底”的羊皮挎包。“皮里格底”的制作很讲究，用上好的羊皮去毛、经鸡蛋黄反复揉搓光亮后缝制，有的还装饰皮穗带，缀上珠子。在彝家男子眼中，拥有一件全无杂毛、黝黑发亮的羊皮褂，再有一个做工考究的“皮里格底”，就等于有了一套名牌服装。女子服饰比较注重保暖，头上一般都打着青黑布包头，别无其他饰物。上身的右衽大襟衣，在领边、袖口和衣襟边缘都镶有宽窄不一的多层色布和刺绣花边。围腰除了用色布刺绣镶边外，中间还有非常精美的刺绣，并用银链挎系在脖子上，腰后的飘带用绣有精美图案的白布或色布制成，看上去十分清新秀丽。背布包，布包多用青布，亦有以火草绒布做挎包的，布包上绣各自喜欢的图案，形式美观，坚实耐用。穿青布裤，不镶花边。着绣花鞋，披毛朝外的羊皮褂。看起来，整个色调虽然艳丽，但又凝重不俗。用以银器为主的项链、手镯、戒指、耳环、银铃、银牌、银泡做装饰，也有玉器饰物，多做手镯和耳环片。彝族妇女绣花的方式分排花、穿花、按花、堆花、扣花、切针花、贴布花等。镶边有嵌镶、流边、锁边等。图案一般先制作在小块布或缎子上，再缝在衣物上，包括花草、鸟兽、楼阁、人物等。

九、天文历法

大姚昙华是彝族十八月历的故乡。昙华丫古埂老毕摩李家才（男，1935 年生）口述了这种古老历法。彝族十八月历是一个月 20 天，一年 18 个月，另加 5 天“祭祀日”，全年 365 天的太阳历。从 1990 年 4 月至 1991 年 3 月，老毕摩李家才多次回忆，大致说出了一个月的各日、一年的各月的名称，从而恢复了十八月历的具体内容。一个月 20 天的名称为：开天日、辟地日、男子开天日、女子辟地日、天黑日、天红日、天紫日、火烧天日、水冷日、洪水日、葫芦日（葫芦漂在水面）、伏羲皇帝日、伏羲姐妹日、寻觅人日、野蜂日、蜜蜂日、出人日、天窄日、地宽日、地缩日。一年 18 个月的名称为：风吹月、鸟鸣月、萌芽月、开花月、结果月、天乾月、虫出月、雨水月、生草月、鸟窝月、河浙月、虫鸣月、天晴月、无虫月、草枯月、叶落月、霜临月、过节月。彝族毕摩李家才口述十八月历的月、日专名及次序，若有差误，因历时湮远，在所难免。彝族十八月历在今天已无实用价值，但有其重要的科学史价值，因为有它存在，就否定了玛雅十八月历在世界历法史上的唯一性，从而消除了其神秘性。彝族十八月历的查明，对弘扬彝族优秀传统文化，起了重要的作用，引起了国内外学术界的重视。现在，昙华乡政府驻地松子园村旁已建有“彝族十八月历碑”。

十、民间文学

昙华山是彝族著名创世史诗《梅葛》流传最为广泛的地区。《梅葛》为彝语的音译，是一种调子的名称。《梅葛》没有书面的文字记载，完全用梅葛调演唱，千百年来就这样口耳相传保存下来。《梅葛》全诗共5700多行，分为四个部分：第一部创世，包括开天辟地、人类起源两节；第二部造物，有盖房子、狩猎和畜牧、农事、造工具、盐、蚕丝六节；第三部婚事和恋歌，包括相配、说亲、请客、抢棚、撒种、芦笙、安家七节；第四部丧葬，有死亡、怀亲两节。全诗虽然没有一个从头至尾贯通一气的故事，每一部由几个章节组成，各个章节可以独立存在，但又都是整部史诗不可分割的组成部分。《梅葛》所反映的社会生活十分广阔，既充满了远古时期彝族先民超自然的奇丽想象，又形象地反映了彝族人民生产生活的发展变化过程；既生动描述了彝族人民恋爱、婚姻、丧葬、怀亲等民族风俗，同时也反映了历史上彝族与汉族及其他兄弟民族的亲密关系。因此，有人评价《梅葛》是古代彝族人民生活的百科全书。《梅葛》由云南省民族民间文学楚雄调查队搜集、翻译和整理，云南人民出版社1959年9月出版，1978年10月再版。它既有较高的文学价值，也有珍贵的科研价值，《梅葛》在昙华民间至今仍广为流传，保留得较为完整。

十一、生态文化

大姚昙华彝族先民自古生活在深山老林，人们饮食起居、生产生活大都与树木和水源息息相关，认为树是有灵性的，且具有无尽的神力，从而滋生出对树木的崇拜，将其视为一个村寨兴旺发达的象征和保佑生活幸福的神明，从而衍生出诸如祭龙树、山神树、猎神树的定俗。由于有了这些习俗的联系，经祖祖辈辈因袭下来，在人们头脑中形成一整套禁忌，如山神树林的树砍不得，龙神树林里捡的柴烧不得，猎神树上方人蹲不得等。要是犯了这些禁忌，人畜便会怪病缠身，灾难降临。每逢年头节下，彝家人家家户户要前往焚香烧纸，祈求龙神、山神保佑人畜平安，让家家户户猪羊成群，五谷丰登。人们循例出猎，事先要带上公鸡、腊肉前去祭猎神，以求捕获猎物满载而归。遇上久旱无雨年成，便认为有人触犯了龙树神，这时就要举行祭龙求雨仪式，恳求上天龙神共降甘霖。故此无人敢碰神林一草一木。一旦有人破例，不论其有意无意，也不管他是生人熟人，不但要在经济上重罚，还要责其举行仪式祈求神灵宽恕，且要遭到社会舆论的长期谴责。龙树、山神树、猎神树的种类，虽然各地村寨不尽相同，但一般以青松、锥栎、麻栎、红栎、青枫、水冬瓜等树为多。这些树种耐贫瘠、不择地，且生命力强，树龄往往高达百年以上。在彝家人看来，诸神树林的树木生长好坏，长势盛衰，预示着整个村寨的兴旺发达或没落破败。这种关于龙树、山神树和猎神树的诸多崇拜习俗，虽然有其迷信色彩，但也曾起到借用神的权威保护森林的作用。因此，彝族传统生态文化既是文化多样性保护的重要内容，更是生物多样性保护的重要内容，应将其纳入规划进行保护与大力弘扬。

均衡发展，是民族教育跨越式发展的政策选择*

——兼论贫困背景下民族教育均衡发展的走向

邓成伦

教育均衡发展是当前我国社会生活和教育领域十分关注的热点。随着社会的发展，人民生活水平的提高，知识经济的到来，人民群众对知识、对教育的需求也越来越高。现今，普遍存在着教育需求增长与教育供给不足的矛盾，存在着人民群众渴望接受优质教育与优质教育资源不足的矛盾。坚持基础教育积极、均衡、持续、协调发展，积极拓展优质义务教育资源，扩大优质义务教育学校的人口覆盖范围，逐步缩小差距，不断提高教育均衡发展的程度，是民族教育跨越式发展的政策选择。

一、基础教育均衡发展：同唱一首希望歌

我国义务教育的不均衡发展是一个客观存在的事实，而均衡发展则是教育永恒追求的理想和目标。坚持把基础教育放在优先发展的战略地位，实行适度超前发展的指导方针，是一种明智的政治选择，也是实现消除知识差距、减少贫困、提高经济效益的一条重要途径。我国于2001年8月颁发了《中国全民教育发展国家报告》，提出了21世纪中国全民教育发展的基本策略，坚持基础教育优先发展，贯彻“积极进取、实事求是、分区规划、分类指导”的原则。到2010年，基础教育总体水平接近或达到世界中等发达国家水平。

1990年，世界全民教育大会在泰国宗滴恩召开，会议通过了《世界全民教育宣言》和《满足基本学习需要的行动纲领》两份文件，表达了国际社会的共同承诺：要广泛动员人力、财力和技术资源，加强基础教育并在20世纪末达到满足所有儿童、

* 本文原载《凉山民族研究》，2003年刊，27页。

青少年和成人的基本学习需要的宏伟目标。①《教育大辞典·教育哲学卷》对“教育平等”一词的解释是：“人们不受政治、经济、社会地位和民族、种族、信仰及性别差异的限制，在法律上都享有同等受教育的权利。”② 这充分表明了教育平等就是指受教育权利和受教育机会平等。对所有人来说，受教育权是一个不容剥夺的人的基本权利。所谓教育公平的实质，就是政府作为控制社会运行的中枢和分配教育资源的主体，应该对全社会范围内的教育资源进行合理配置，以确保受教育群体和个体的权利大致平等，特别是对处境不利地区和弱势群体在资源份额上予以格外的倾斜和更多的关注。但是，改革开放以来，人们的收入差异日益扩大，经济的不平等势必渗透到教育领域中来。在我们共有的一片天空下，当有的县市已经吹响普及高中阶段教育号角的时候，有的地方还苦苦地在“普初”线上努力。明显的差异，值得我们深思。1995 年，江泽民同志在党的十四届五中全会闭幕式上指出：“实现共同富裕是社会主义的根本原则和本质特征，绝不能动摇。要用历史的、辩证的观点，认识和处理地区差距问题。一是要看到各个地区发展不平衡是一个长期的历史的现象；二是要高度重视和采取有效措施正确解决地区间差距问题；三是解决地区差距问题需要一个过程。应当把缩小地区差距作为一条长期坚持的重要方针。”我们深知，地理位置的差异是不可改变的，地域性文化基础和发展水平的差异是短时间内难以改变的。因此，首先我们应该承认差异，承认发展的不平衡，但不能陷入命运决定的泥沼，要相信未来，相信奋斗。

我国西部与东部的差距不仅表现在经济和生态环境方面，也表现在社会、文化、教育等各个方面。15%未普及九年义务教育的人口覆盖地区，基本集中在西部的少数民族贫困地区。基础教育遍及城乡，不分地域，不分民族，不分阶层，面向全体公民，为每一个国民的终身发展奠定基础。如今，一个人受教育的程度已成了其获得一定社会地位或职业的主要条件之一。教育日益成为人们生存和发展的必需，失去了教育，从某种程度上也就意味着个人失去了生存和发展的条件。《教育大辞典》对“基础教育”的解释是：它亦称国民基础教育，是对国民实施基本文化知识的教育，也是提高公民的基本素质的教育，或者指为继续升学或就业培训打好基础的教育，一般指小学教育，有的包括初中教育。基础教育提供最基本的知识与技能，使人们能够为自己所处的环境做出充分的贡献，并且有能力把握自己的人生。经过多年的努力，基础教育有较大的发展和提高，可以说是改革开放以来人民群众比较满意的工作之一。困难比较多的还是教育资源供给与需求之间的矛盾，尤其是优质教育资源供给与群众

---

① 参见王保华：《目标定位·措施到位·方式创新》，载《教育研究》，2002（2）。
② 顾明远：《教育大辞典·教育哲学卷》，100 页，上海，上海教育出版社，1992。

的需求的矛盾。现在群众对教育质量的要求越来越高，选择性也越来越强。经济社会发展对各类人才的需求，以及人民群众对扩大受教育机会的强烈愿望，与实际教育供给能力不足构成现阶段教育发展的基本矛盾。《世界人权宣言》提出："人人都有受教育的权利，教育应当免费，至少在初级和基本阶段如此。初级教育应属义务性质。技术和职业教育应普遍建立。高等教育应根据成绩而对一切人平等开放。""教育的目的在于充分发展人的个性并加强对人权和基本自由的尊重。"① 基础教育均衡发展，最低层次是要确保人人都有受教育的权利；中间层次是要提供相对平等的接受教育的机会和条件；最高层次是要人人达到教育成功机会和教育效果的相对均等。基础教育的均衡发展主要是指不同地区之间、同一地区不同学校之间、同一学校不同群体之间、同一群体的不同个体之间的教育均衡发展问题，主要涉及受教育者的受教育权利保障问题和教育的民主与公平问题。目前，基础教育发展极不平衡，主要表现为：农村地区公民受教育机会低于城镇居民；经济欠发达地区公民受教育机会低于经济发达地区；不同民族地区受教育程度有显著差异；少数民族地区女童失学率远高于男生；社会中的弱势群体接受教育面小且仍然处于不平等地位。出现这些不平衡现象，原因是多方面的。从客观上讲，我国幅员辽阔，地区差异大，各地经济文化发展极不平衡，造成了基础教育不均衡发展；从主观上讲，教育政策的导向或偏差，人为地加大了地区之间、城乡之间、学校之间教育资源配置的不公和失衡，这是造成教育不均衡发展的制度性因素；从管理上讲，长期对基础教育内部资源配置失衡问题重视不够，使一部分学校过多地占有了社会的教育资源，而另一些学校则因资源不足变成了薄弱学校，加剧了学校间差距，增加了不均衡性。透过种种不平等现象，不难发现造成各种差别的最为根本的社会根源是区域经济发展水平和文化发展水平上的差异。地区间差距扩大，2000 年，东部地区人均收入是西部的 2.26 倍，最高的省与最低的省差距超过 3 倍。城乡居民收入差距不断扩大，1990 年城乡居民收入之比为1∶2.2；1995 年为1∶2.71；2000 年为1∶2.79；2001 年扩大到1∶2.9。② 由此可见，中国的区域经济发展差异十分明显。我们今天的政策不能再继续加大教育不均衡这个现实，而这一现实，正是教育最应当关注的角落。政府没有理由不关注不同地区、不同学校起点上的差距，"锦上添花"的确美丽，但"雪中送炭"更知冷暖。

① ［瑞士］托马斯·弗莱纳，谢鹏程译：《人权是什么》，142 页，北京，中国社会科学出版社，2000。

② 据《新闻周刊》，2003（6）。

二、民族教育均衡发展：每颗种子都感受到春天

基础教育均衡发展的重点和难点之一，就是提高少数民族公民受教育的程度问题，也是普及少数民族教育问题。《中华人民共和国宪法》规定：“中华人民共和国公民有受教育的权利和义务。”《中华人民共和国教育法》规定：“公民不分民族、种族、性别、职业、财产状况、宗教信仰等，依法享有平等的受教育机会。”对民族地区而言，目前的主要任务是保障儿童平等地接受教育的基本权利，尤其是要解决弱势群体受教育问题，如女童学习问题等。因此，教育均衡发展应更多地关注少数民族的教育，要改善民族教育的教育落后现状，倘若民族教育得不到有效的解决，我国整个的教育均衡发展问题将是一个严重问题。目前，人们都在思考如何在尽可能短的时间内，加速民族教育的发展，使其缩小与内地教育之间的差距。如果按常规发展的思路，或政府目前的扶持力度和内地有限的支持，还不足以使民族教育摆脱处境不利的恶性循环状况，与内地的差距不仅不能缩小，还将继续拉大。

凉山彝族社区是人口与资源矛盾最突出的地区之一，同时也是恶劣生态条件下的极度贫困地区之一。据统计，全州有13个国家级贫困县，有近80万人未完全脱贫，有205个村的11.5万人生活在海拔3000米以上的高寒山区，有250个村7.5万人居住在坡度40度以上的陡坡上，有38个村1.38万人生活在与外界几乎隔绝的深沟里。有28万户40多万人，每户仅一间不足20平方米的小屋，而且人畜共居，处在极度贫困的较原始状态。① 每年仍有相当多的贫困户缺粮2~4个月。加上自然灾害频繁、严重，农业基础设施薄弱，生产经营能力弱，一遇天灾人祸，就会使刚刚越过温饱线的贫困户返贫，返贫率一般在10%以上，大灾之年更高。

由于经济落后和贫困，造成教育发展极不平衡和极不稳定，基础教育显得特别脆弱。已实现“普九”的县（市）只有3个，人口覆盖率只有44.49%，还有14个县的“普九”任务艰巨。其差距主要表现为：

一是思想认识的差距和思想观念的落后，加上政策导向偏差，教育资源配置失衡，对民族教育的重视和支持力度不够，缺乏宏观有效指导和科学合理规划，不顾客观差异，搞形式上的“一刀切”，造成与发达地区教育差距的进一步加大。

二是贫困面大、贫困程度深，教育欠账和经费投入严重不足，教育支出的90%以上用于人头工资，多渠道筹措教育经费政策落实不够，渠道不畅通，办学条件也

---

① 参见侯远高：《川滇大小凉山彝族地区社会文化变迁中的民族关系》，载《凉山民族研究》，2001年刊，124页。

极差。

三是教师队伍的数量、结构、质量与内地差距甚大。远没有形成一支结构合理、学历达标、学科配套稳定的民族师资队伍。师资质量的不平等，必然导致教育教学质量的差异。

四是学校管理水平与内地同类学校管理水平有较大的差距，合理配置教育资源改革力度不强，教育效益偏低。

五是由于社会、经济发展的相对制约，人民群众教育观念的滞后，对基础教育认识不足，对子女求学和培养的自觉性较差，因而适龄儿童受教育的比例较低。

六是历史上由于各地在教育导向上的偏差，大办所谓的“重点学校”“示范学校”，使国家本来就有限的教育资源过多地流向一些重点示范学校，造成了大量的薄弱学校，人为地扩大了学校之间的差距。

七是在义务教育阶段过早地按成绩招生、分学校、分班，不仅给学生带来巨大的心理压力，而且扼杀了大多数学生的学习积极性。教师普遍厌教，学生厌学，家长心态不平，从而引起对学校乃至对政府的强烈不满，客观上加剧了学校间人为制造不均衡行为的裂变。

教育均衡发展的目标是教育需求与教育供给的相对均衡，教育资源配置的均衡是教育均衡发展的基础和前提。最基本的要求就是在正常的教育群体之间平等地分配教育资源和份额，达到教育需求与教育供给的相对均衡，并最终落实在人们对教育资源的支配和使用上。在国家财政拨款有限的前提下，现有教育资源难以满足入学机会的均等和教育过程及结果均等的要求，有相当一部分人不能接受完全的初等教育；有更多的人不能接受完所期望的教育，这在贫困地区表现得尤为突出。对于缩小差距，提倡学校的均衡发展，中央和地方政府的指导、协调和特别扶持作用是非常关键的。在日本的北海道地区，经济与文化教育均大大地落后于东京、京都等发达地区，而国家也采取了相应的发展教育的特殊政策。如为在当地任教的教师提供高薪和困难地方补助，一些将要提拔的官员须到边远贫困地区工作一段时间，有的学校只有6~7个学生，国家却为其配备8~9个老师。① 如此长期坚持，对改变教育的落后状况有积极的促进作用。从实际出发，而不是简单地讲什么规模、效益之类的道理，采取不放弃的政策，那就是最现实的选择。这类政府行为对杜绝基础教育的盲点或消除不均衡现象是最有效的办法，它不仅体现了政府的存在和直接的关怀，而且是一种非常有生命力的举措，显得政府有力量解决教育中的一切困难。这一导向足以改变歧视贫困地区教育的各种错误观念，因此，教育的公平能充分体现社会的公平性。

① 参见程方平：《学校均衡发展与人的发展》，载《教育研究》，2002（2）。

三、民族教育跨越式发展：想着明天干今天

教育均衡发展是一个相对的概念，均衡并不是要求绝对的平均和平等化。在一定限度内的教育不均衡状态是教育发展的必然规律，但超越了某个限度就会引起事物性质的改变，危及社会的稳定和人们的心理状态。罗尔斯在提到公平时，认为教育公平分为三个层次：一是教育权利的公平，即确保人人都有受教育的权利和义务；二是教育条件和社会的公平，就是学生所接受的教学条件、教学内容、教育经费和师资水平大体持平；三是教育结果的公平，关注的是一种差异性的平等，指根据每个学生的能力和限度向他们提供一个他们所期望的未来。①

民族教育均衡发展对于促进民族地区经济、社会发展有着很大的推动力，加速民族地区教育均衡发展，努力使民族地区的教育与全国教育协调、和谐发展，科学有效地实施民族教育跨越式发展的政策至关重要。要保障民族教育优先发展、跨越式发展、超常规发展，首先要彻底改变现有农村的落后面貌，大力发展农村经济，在脱贫致富的基础上，向更富有的目标迈进。基础教育均衡发展最繁重、最艰巨的任务在农村。要改变现有状况，必须走农村城镇化的农业现代化路子，加快建设“乡村都市”的步伐，让农民像大城市里的居民一样也能享受到现代物质文明和精神文明。在农村只有减少农民，才能富农民。通过教育实现农村人口向城镇的转移，走中国特色的城镇化道路。我国是一个农业大国，农村人口达7.956亿，占全国总人口的62.3%，农村教育是我国教育现代化的重中之重，难中之难。农村教育问题解决得如何，直接关系到我国教育现代化的成败。美国社会学家英格尔斯在20世纪80年代提出的由10个方面构成的现代化量化标准是：

（1）人均GDP 3000美元以上；（2）农业产值占CDP比例低于12%～15%；（3）非农业人口占70%以上；（4）服务业产值占GDP 45%以上；（5）城市人口占总人口的50%以上；（6）80%以上的人口识字；（7）大学入学率在10%～15%以上；（8）平均寿命在70岁以上；（9）每名医生服务人数在1000人以下；（10）人口自然增长率在1%以下。②

目前，凉山民族聚居区面临的最大问题有两个：一个是经济严重落后，贫困面大且深；另一个是受教育年限低且办学困难。据有关专家对凉山彝族自治州越西县西山

① 参见郭丹丹：《基础教育均衡发展的政策思考》，载《教育发展研究》，2003（Z1）。

② 转引自中国科学院可持续发展战略研究组：《中国现代化进程战略构想》，159页，北京，科学出版社，2002。

乡个案调查，情况十分使人吃惊。西山乡全乡716户3524人，有特困户127户、贫困户202户，共329户，占总户数的46%；特困人口607人、贫困人口950人，占总人口的44%。类似贫困的乡在凉山彝族自治州有100多个。不仅与内地，甚至与凉山汉族较集中的安宁河流域都形成了强烈反差。在新世纪，出现了城乡差别、贫富差别和民族差别的多层叠加，很显然差距还呈不断扩大的趋势。专家们对距县城1.5公里的西山乡西堰村一组的218位成人教育状况进行调查时发现，中专毕业仅有10名，只占被调查总数的4.59%，高中毕业生6名，占2.75%，初中毕业生47名，占21.56%，小学毕业生82名，占37.62%，只读小学至三年级的半文盲37名，占16.97%，文盲36名，占16.51%，其中文盲大部分为女性，女性文盲26名，占文盲总数的72.2%。该村适龄儿童85人，但目前在校生只有39人，其中高中4人、初中5人、小学30人，辍学在家的学生多达46人，占应入学总数的54.12%。① 教育覆盖面如此小，而辍学的学生将来就成了文盲和半文盲，可见社区人员教育整体水平低下，直接影响社区经济和社会的跨越式发展。

城市化是现代化的必要条件，农村人口比例过大是制约我国经济发展的瓶颈之一。我国的城市化程度低，在各项指标中是比较突出的。20世纪90年代初，发达国家的农业人口基本降到了10%以下，根据1992年统计，英国为2%，德国、美国为3%，日本为7%，韩国为17%。根据研究，当一个国家的人均GDP达到200美元时，城市化水平将达到37%；当超过800美元时，城市化水平将超过60%。② 但2002年我国农村人口仍高达67%。从1980年到2000年，我国的城市化水平从19.4%增长到32%，到2020年我国农村人口可望下降到45%～50%。考虑到人口增长因素，那就意味着有近3亿人口从农村转向城市。③ 有研究表明，每1%的农业劳动力转移到非农业，将使GDP增加0.50%～0.85%，每1%的农村人口转移到城镇，将使全国居民消费额提高0.19%～0.34%。对民族地区来讲，城市化的程度提高，还有一段相当长的路要走。

发展是硬道理，必须努力发展经济，从根本上消解造成教育发展不均衡的社会经济根源。教育是知识社会获得财富的必要手段，基础教育的严重失衡会使原来由经济带来的贫富分化状况进一步加剧。从我国现状来看，占人口大多数的是收入处于最低

---

① 参见罗凉昭、马林英：《彝族社区民族教育发展状况探析》，载《凉山民族研究》，2001年刊，191～192页。

② 参见中国教育与人力资源问题课题组：《从人口大国迈向人力资源强国》，46页，北京，高等教育出版社，2003。

③ 2003年全国计划生育工作会议提出，到2005年我国人口控制在13.3亿以内，2010年控制在14亿以内，2020年控制在15亿以内，人口增长率从8‰下降到6‰以下。

层的农民。广大农民难以承担子女读书所需的费用，因贫困等原因，造成少数民族中小学生辍学问题十分突出。以基尼系数反映的居民收入总体差距逐年拉大，已经超过国际公认的承受线，1991 年为 0.282，1998 年为 0.456，2000 年为 0.458。① 如果这种显著差异在教育上得不到有效缩减，那么这不仅违背了教育的宗旨，而且也是国民教育的失败。诺贝尔经济学奖获得者刘易斯曾指出："收入分配的变化是发展进程中最具有政治意义的方面，也最容易诱发嫉妒心理和动荡混乱的方面。"如果不改变这种状态，长此以往必然会引起低收入者的不满，危及社会稳定。一位农民曾说："我们每天在地里干活，就是为了供孩子念好书，将来不再当农民。"这反映了弱势群体中要求通过教育向上层游移的愿望和迫切心情。

根据凉山彝族自治州民族教育的实际，合理有效利地用资源，做到资源不浪费、不闲置，不搞形式主义，并在较短时期内缩小与内地教育的差距，使民族教育在均衡发展的基础上实现跨越式发展，应从以下几个方面努力。

第一，充分发挥各级党政对教育资源进行权威性的公正调整作用，靠政府通过政策调节实现以条件平等为标志的人的教育权的平等。实行均衡发展，关键在于政府，政府不仅需在现有的教育资源配置上做出调整，同时，还要在一系列制度上保证教育的均衡发展。基础教育均衡发展，政府为先，人人有责。政府始终要拿在手上，靠前指导。

第二，大幅度增加民族地区基础教育资金的投入，在教育硬件（校舍、设备、经费等）投入方面，实现国家及地方政府投入的相对均衡，并在此基础上实现办学条件的标准化、均衡化，努力实现"人人有学上，个个有书读"的目标。对少数民族贫困地区农村基础教育实行全额免费，强化少数民族适龄儿童的直接教育投资。

第三，充分发挥城市对农村发展的带动作用。在少数民族聚居地区，实施"移民建镇"长期发展战略，有计划地把居住在高寒山区的分散的农户迁移到交通方便的中心地带，逐步改变过去的一般性移民方式，以集中建镇为发展目的，统一规划，真正把"高山移民"与集镇建设有机地结合起来，加快农村的城镇化步伐，改变因居住分散不利集中办学的环境。实践将会证明，"越是欠发达地区，越是要加快城市化步伐"，为欠发达地区实现跨越式发展提供机遇。

第四，切实加强对薄弱学校建设工作的领导，加大对薄弱学校的改造力度，制定加强薄弱学校建设的规划和年度工作目标，加大资金投入，改变过去教育资源单一地流向条件好的"重点学校""示范校"的做法。不能以结构调整为名，简单地搞拆、

① 国际上通常用基尼系数来衡量一个国家居民收入差距，以 0.4 为警戒线，0.3 以下为平均状态，0.3～0.4 为合理状态，0.4 以上为收入差距过大，0.6 以上则暴发户和赤贫阶层同时出现。

并学校的不负责任做法，把改造薄弱学校放在党政部门的重要议事日程上。

第五，教育投资要加强向弱势群体的倾斜力度。对弱势群体采取补偿性措施，减轻广大农民的负担，解决“农村真苦、农民真穷、农业真危险、农民的子女没出路”的现状。关注法律中对弱势群体规定的应得教育份额，鼓励城市优秀教师带着先进的教育理念轮流下乡支教，让农村学生也能享受到和城市学生一样的优质课。

第六，高度重视少数民族地区女童入学难和巩固难的问题，制定一套比较完善的为特殊困难的女童入学提供资助的长期行动计划，适当举办女子学校和女子班，让她们进得来、留得住、学得好。提高广大妇女和女童的教育意识，激发妇女和女童的求知欲，提高女童入学的比例。

第七，实行农村学生到城市“留学”政策，确保农村儿童能接受城市良好的教育。有条件的地方，可以在城镇学校内创设一些小型寄宿制学校，方便农村儿童在环境较好的学校内就读，有利于农村学生的视野进一步开阔，有利于提高教育质量，满足人们对优质教育资源的追求，这是一件“互利双赢”的教育事业。

第八，建立加强教育均衡发展的评估和督导调控机制。教育督导评估必须重新定位，以学校均衡发展为导向，制定统一的非歧视性的评估标准，敦促各级政府改善薄弱学校，遏制少数办学条件较好的学校之间无休止的攀比现象，努力创设学校间公平竞争的良好局面。在督导评估中，要注重整体性原则、均衡性原则和发展性原则，提高社会对学校教育教学的满意度。淡化对学校的等级评估，还学校和学生一个公平竞争的环境，面向所有学校，面向全体学生。树立“公平教育，不歧视任何一个学生”的思想。

直至今日，即使在世界上最发达的国家，真正普及义务教育或是义务教育阶段真正实现学校的均衡发展都还是一种理想和奋斗的目标。历史上不存在抽象的、绝对的、永恒的教育均衡发展的标准，在教育资源还没有达到极大丰富的时候，在地区经济存在差距的现实未能改变之前，是不可能实现真正意义上的学校教育均衡发展的。

正视历史、关注现实，谋求发展、立足均衡。尽管我们尚无力实现让每一个孩子得到在发展结果上的公平，但我们却没有理由不竭力地让每一个孩子获得公平的教育。教育均衡发展，将永远是我们追求的理想和目标。教育部副部长王湛同志讲：“基础教育的均衡发展，固然是一种理想，是一种境界，但它绝不是远离我们实际工作的抽象的理念。促进基础教育均衡发展是我们生动的实践，正成为指导我们实践的发展观，成为我们制定教育政策遵循的重要原则，而且将逐步成为我们衡量和评价基础教育工作的重要标准。”领导讲话给我们指明了努力方向，将成为我们努力实践基础教育均衡发展的推动力。教育均衡发展尽管是相对的，而且不可过于理想化，但又是众所期望的必须为之长期奋斗的教育远景。通过上下共同努力，让每个孩子都能学完有质量保证的九年义务教育，让每一所学校建成规范的有特色的学校，让每一个县成为教育优先和协调发展的教育强县。

值得欣慰的是，四川省从2001年起开始实施“民族地区教育发展十年行动计划”，这是一项对少边穷地区教育全方位扶持进而使这些地区弱势群体从根本上摆脱贫困的重大战略举措，同时也充分体现了省委、省政府高度重视并大力推行教育均衡发展的政策选择。我们清楚地看到，“民族地区教育发展十年行动计划”实施两年多来，凉山彝族自治州的民族教育有了明显的起色，广大农村群众送子女入学的积极性空前高涨，对教育的认识和观念发生着积极的转变。随着“民族地区教育发展十年行动计划”的进一步实施，必将带来我们民族教育深刻的变革，进而牵动凉山彝族自治州经济和各项事业发展、社会进步，我们也将从中摸索和总结出推进教育均衡发展的政策经验和工作经验。

共同发展，共同繁荣，共同富强。从现在到2020年是中国经济发展和教育发展的黄金时期，这是少数民族地区最重要的战略机遇期，实现现代化，实现教育均衡发展，是我们历久不灭的梦想。到2050年，全国基本实现教育现代化目标时，赶超世界发达国家也就为时不远了。

凉山彝族社会传统教育与现代教育的关系*

曲木铁西

少数民族教育是由少数民族传统教育和现代教育两个部分共同构成的。少数民族传统教育是少数民族现代教育赖以生存和发展的基础，是少数民族现代教育生长的土壤，但在民族教育理论研究和实际工作中却很少涉及和考虑少数民族传统教育。本文将以凉山彝族社会传统教育与现代教育的关系为例，谈谈两者之间的关系及其重要性。

一、凉山彝族社会传统教育的变迁与发展

凉山彝族地区于1950年获得解放，1952年成立自治政府，1956年完成民主改革，彝族社会开始了真正的改革，与此同时，在一定的凉山彝族社会传统教育的基础上，创建了现代教育，并经历了几十年来的发展，传统教育也随社会和历史的变迁而有所变化，但凉山彝族社会的传统教育仍然存在，并在教育活动中发挥着不可忽视的作用。

（一）凉山彝族社会传统教育的变迁

凉山彝族社会传统教育的教育形式有家庭教育、学校教育、社会教育、自我教育和自然形态教育。传统教育的教育内容是通过这五种教育形式实现教育目的的。从教育内容的广义上来讲，是一个社会文化的全部，社会文化只能依靠教育才能得以传承和发展。作为社会文化的教育内容和教育形式是稳定的，这种稳定的教育形式和教育内容，使社会文化在下一代身上得以再生，使后代人对前人所创立的社会文化具有一

* 本文原载《凉山民族研究》，2003年刊，35页。

定的适应力。但是，一定社会所特有的文化传统，包括教育思想、道德观念、价值取向、风俗习惯、思维方式等，充满于整个社会，渗透于人们生活的方方面面，强烈地制约着人们对子女的教育形式和教育内容。一旦社会文化即教育内容发生变化（增加或减少），教育形式也随之变化，反之亦然。因此，凉山彝族社会由于社会和历史的变迁，现代教育形式的移入，使其传统教育的形式和教育内容都发生了一定的变化。

1. 传统教育内容的变迁与发展

传统教育内容中道德礼仪观念、家支观念、婚育观念、勤俭观念、自律观念、处世观念、宗教观念、生产劳动、军事、工匠、德古、毕摩等教育都有了变化。如军事教育由原来的单纯为了家族复仇的军事教育变化为现时的民兵教育和学军活动。宗教观念教育有了很大的改观，即使是在农村，多数人生病还是到医院就诊治疗。等级观念正逐渐消除，正如凉山彝族学者阿萨图惹在《试论凉山彝族血缘群体（家支）问题》一文中说："在奴隶社会里，虽然人们知道兹伙、诺伙、曲伙是同一血缘古侯、曲涅的后代，有共同的血缘关系，但是各个等级都不敢公开承认这些事实。随着奴隶制的灭亡，社会主义制度的建立，等级观念已逐渐消失。"兹伙、诺伙、曲伙和其他等级的彝族除在婚姻上还有一定的界限外，在其他方面已无表现。家支观念也有所改观，但有反复情况。科技、语言、文字、文学艺术教育在原来的基础上增加了许多内容和形式，自律观念增加了一定的社会主义法制的内容。生产劳动教育在原来的基础上，增加了许多新的内容，如地膜覆盖技术、肥料的使用，特别是增加了一些种植业和养殖业的内容。工匠教育的内容也在原来的基础上，增加了一些新技术的内容。德古由于人数的减少，学习的人数也在减少，但有的德古的学习内容增加了一些法律知识。毕摩教育曾一度消失，但近20年来又有大力发展的势头，而且学习的方法有所更新，如用录音手段记诵学习经文等。但是，从总体来看，除了军事教育和等级观念以外，其他的教育内容变化不大，就是等级观念，在婚姻的等级内婚制度中仍然没有多大的改观；自律观念上仍然以彝族传统社会的习惯法为准，因为在彝族社会中仍然用习惯法来调解、处理纠纷和案件，来教育社会成员。如彝族学者曲木约质、海乃拉莫、刘尧汉著的《凉山彝族习惯法案例集成》一书中收集的习惯法判例150条，其中近五分之一为民主改革以后，而且多数发生在近20年内。因此，传统教育的教育内容作为彝族社会文化的重要组成部分依然保持着其常态存在于现代彝族社会中。

2. 传统教育形式的变迁与发展

凉山彝族社会传统教育中的家庭教育、学校教育、社会教育、自我教育和自然形态教育五种形式，随着凉山彝族社会和历史的变迁、现代学校教育的移入，同样发生了一些变化，但这种变化形式表现为只增不减。家庭教育增加了现实社会的教育内容；学校教育除毕摩教育仍然存在外，其他形式的学校教育已转变为现代学校教育，但是多数学校教育的教学语言也随之转变为汉语；社会教育中的家支教育曾一度“真空”，但近20年来“死灰复燃”。社会教育增加了新的内容，各县、乡（镇）、村都建立有成人文化教育机构，如文化补习夜校、扫盲班、扫盲后继续教育班、各种技术培训班等，还有电影、电视、报刊、广播、文艺演出、公共场所等。凉山彝族自治州已有专业艺术团体4个，博物馆2个，群众文化艺术馆、站279个，有广播站451个，覆盖面可达50%，地面卫星接收站170个，电视差转台140个，覆盖面可达60%；《凉山文学》《凉山日报》等彝、汉文版，全年各出版4期和307期，发行量3万份左右；自我教育形式还增加了学习汉文的内容。总之，传统教育形式的这种扩展式的变化，在传统的基础上，为培养下一代提供了更为宽广的教育环境和接受教育的机会。

（二）凉山彝族社会传统教育变迁与发展的原因

凉山彝族社会传统教育的变迁与发展，究其原因是多方面的，有其社会内部的原因，也有外部的因素。

第一，凉山彝族传统社会，是以自然经济为主，伴有畜牧业的农业社会。从文化生态学的观点来看，以农业为重心的经济生活与社会生活，势必以家庭家支为主要运作单位。第二，彝族在长期的历史发展过程中，以血缘家支关系来解决社会生活中的各种难题，家庭是人们赖以生存的基本单位，家族家支利益至上。在强烈的家族家支观念影响下，人们重血亲关系，父辈对子辈的道德品行、才学等格外重视，期待着成为本家族、本家支的能人。因此，在实行联产承包责任制后，由于人们的生产活动多以家庭为单位，使各种家支活动重新恢复，家支意识、家支伦理道德又成为教育家支成员的主要内容。虽然家支观念的这种变化并不是要恢复旧凉山彝族社会的血缘家支等级统治，而只是一些社会家支成员想寻求过去已习惯的依靠并扩大社会交往，但它增强了宗教观念、自律观念、处世观念、道德观念、婚育观念等，使这些观念中已被丢弃的部分得以复归，也可以说使彝族社会的传统教育在发展变化过程中恢复和发展了一些适应现实的内容，同时也出现了与现实不相适应的教育内容。第三，这种变化当然也不能完全归咎于一两个方面的原因，由于受“左”的影响，曾一度错误地仍像民主改革中有过的一些“左”的做法那样，把彝族社会文化作为“四旧”大批特批，甚至把彝族群众之间的一些正常的观念行为视作“阶级斗争的新动向”，严重挫伤了彝族人民的感情。因而，国家一改革开放，就立即激发了整个彝族社会文化的复归。第四，由于社会、历史、经济、文化教育等的改革与发展，增加了传统社会中没有的教育内容，这些教育内容使传统教育更具有了新的活力。

二、凉山彝族社会传统教育与现代教育的关系

（一）凉山彝族社会传统教育的特点

纵观凉山彝族社会的传统教育，其特性是一个对立统一体，是一个历史的范畴，具有一定的稳定性，同时它又与彝族社会的其他历史事物一样，有着积极和消极并存的特性，既有科学的成分，也有非科学的成分。

凉山彝族社会的传统教育，是在凉山彝族社会传统文化的土壤里生长起来的，其教育思想、教育观念都是凉山彝族社会文化的积淀，也可以说凉山彝族社会的传统教育是凉山彝族文化传统的重要组成部分。任何一种文化传统在开始时，可能只是一种偶然的文化现象，后来逐渐被多数人所接受，并世代相传下来，变成了一种在一定范围内对人们具有内在约束力的普遍的文化现象，从而形成一种传统，这种传统具有久远的发展渊源和宽厚的社会存在基础，在心理上形成了肯定性态度。人的心理变化的这种特征，决定了建筑于其上的文化传统具有坚实的稳定性。因此，凉山彝族社会传统教育具有长期性、滞后性和稳定性。之所以具有这些特性，是因为传统教育从产生之时起，就表现出了对彝族社会生活中的人具有特殊价值，这种价值包含彝族社会的物质生活方面和精神生活方面，如通过畜牧、农业等生产教育，获得衣物和食物；通过文字和道德的学习教育，成为受别人尊敬的人；通过宗教教育，可以排遣对自然和社会现象的疑虑和恐惧，以求得精神上的寄托等。因此，只要凉山彝族社会的生产和生活方式没有彻底的变化，凉山彝族社会的传统教育将非常稳定地保存下去。传统教育内容赖以传承的教育形式也将长期存在下去，而其中的家庭教育、社会教育、自我教育和自然形态教育的教育形式亦赋予了新的内容。

凉山彝族社会传统教育中的语言文字教育及其教学原则和方法，在《玛牧特依》训世教育经典中，根据儿童身心发展的不同阶段，施以了不同的教育内容，对彝族文化的传承教育、道德教育、勤俭观念教育、自律观念教育、处世观念教育、科技知识教育、文学艺术教育、生产劳动教育、手工技能教育等方面，具有合理、积极而科学的内涵和意义。这是各民族都要采用的教育内容，是任何民族、任何国家都不可或缺的教育内容。彝族社会传统教育中这一部分教育内容，一直伴随着彝族传统教育的全过程。

凉山彝族社会传统教育除有积极而科学的内涵以外，还有一小部分教育思想和内

容具有消极而非科学的因素。如宗教观念、婚育观念中的一部分，家支观念中的一部分以及《玛牧特依》训世教育经典中的等级观念教育部分等。然而，在这些消极的教育内容中仍然含有积极的部分，如家支观念中在生产劳动、婚、丧、节中的相互帮助等。就是在非科学因素的教育内容中，也还包含科学的因素，如毕摩教育、宗教教育中语言文字教育和教学方法、天文历算、医药技术等。因而还要进一步加以区别，不能盲目从事。总之，彝族社会传统教育中不合理的、消极的、非科学的，甚或反科学的内容不多。

（二）凉山彝族社会传统教育对现代教育的影响

传统教育与现代教育具有相互依存和相互制约的关系。凉山彝族社会传统教育具有稳定性和积极而科学的教育内容，这些特性决定了传统教育还将长期影响凉山彝族社会，因此，凉山彝族现代教育的发展，必须从这个实际出发。

1. 传统教育对凉山彝族社会的影响

由于语言文字、行为规范等是构成人们社会生活不可缺少的要素，而这些要素又需要通过教育加以传递，因此，这些要素就影响了人们对教育内容的选择。彝族社会和其他民族社会一样，把彝语、彝文作为教育内容中一个必不可少的内容，彝族特有的行为规范、道德礼仪、习惯、科技知识、文学、音乐、舞蹈以及彝族手工技艺、生产劳动等教育内容也是非常重要的内容，除少数现代学校教育使用彝文外，这些内容大多只能通过彝族社会传统教育的教育形式来实现。

传统教育对彝族社会的影响，还将渗透到凉山彝族社会的每一个个体成员中，彝族人重视伦理道德教育，而且有很深的历史渊源，一直产生着巨大的影响。道德教育牵涉到社会生活的方方面面，如家支道德、自律道德、婚姻道德、家庭道德、生育道德、交易道德、交往道德、生态道德、宗教道德等，社会成员若要适应这个社会的生活，就得接受道德内容的教育。而学习道德内容，就只能通过传统教育的教育形式才能实现。

凉山彝族社会传统教育还将通过沉淀在人们深层心理结构中的价值取向和心理倾向，来影响凉山彝族社会成员的所有的选择和行为准则。这种影响具有广泛的渗透性和强大的制约力。

2. 凉山彝族社会传统教育对现代教育的影响

传统教育是历史又是现实，它是历史在现实中的积淀。因此，凉山彝族社会传统教育不仅作用于过去，而且构成一种强大的现实力量作用于当前乃至未来的凉山社会。现代教育不能不受传统教育的影响，现代教育如果是一棵树苗的话，那么传统教育应该是土壤。现代教育是在原有教育的基础之上建立起来的，它绝不可能完全脱离传统的根基而任意创建，因此，这种传统与现代的更替，旧教育到新教育的更新，始终只能是渐变的过程。然而凉山现代教育的发展路子，则选择了另外一条。凉山彝族社会的现代教育，是1950年以后完全按内地汉族地区的教育模式移植而来的，实际上真正大面积开展现代教育是从1958年开始的，在取代彝族社会传统教育时，出于迅速发展凉山各项事业的急切愿望，多考虑了现代教育的共同规律，很少顾及具有特殊性的一面，实行与内地“一刀切”的模式。实践已证明，凉山现代教育这种急风暴雨式的“革命”，得到了惨痛的教训。教育变革中的渐进性决定了教育是一种无法摆脱传统影响的文化。任何一种新的外来教育的模式，即使使用了强有力的行政手段来推行，到头来还必然要被打上本民族的烙印。凉山彝族社会现代教育，同样也在后来的发展中吸收了传统教育中的语言文字教育。在彝文教育中收编了部分传统教育内容，但所占比例极少，实行彝文教学的学生数也非常有限，只占彝族学生总数的4.2%。因此，可以说凉山彝族社会传统教育对现代教育的影响面太小，凉山彝族社会的现代教育仍然没有很好地生长在凉山彝族社会传统教育的土壤里。

3. 凉山彝族社会现代教育的发展，必须从传统教育的实际出发

教育是以人为对象的，由于人的复杂性，包括其生理、心理、文化背景等，决定了教育难以出现突进。如果不考虑人的传统教育，完全照搬西方或内地的教育，将会导致彝族地区现代教育的发展更加缓慢，甚至失败，这在发展中的国家和地区都不乏先例。从现在凉山现代教育的实际来看，没有很好地在凉山彝族传统教育这个“母本”上得到“嫁接”，凉山彝族社会传统教育实际上一直在排斥现代教育、干扰现代教育，影响凉山彝族地区现代教育的发展。由于家庭教育、社会教育与现代教育的形式和内容相互完全被割裂，引起学生厌学、辍学、改学毕摩等。

凉山彝族社会传统教育中有许多优秀的教育思想观念、教育原则与方法、教育制度等，这些思想观念、制度、方法等符合教育发展规律，符合彝族人的认识规律，世代沿袭至今。如彝族的语言文字教育及教学原则和方法、文化的传承教育、道德礼仪教育、勤俭观念教育和自律观念教育等，都是古今中外任何民族的教育都要采用的，这类传统构成的教育是凉山现代教育的基础，绝不能抛弃。现代教育应从传统教育中吸取精华部分，批判地吸收有利于现代教育的一切积极因素。凉山彝族地区的现代教育必须继承这些优秀的教育传统，从凉山彝族社会传统教育的实际出发，在新的历史条件下加以发扬，把传统教育中有生命力的思想、内容和形式，融入现代教育中新的结构和体系，使之更加适应凉山彝族社会传统教育和实际，成为促进凉山彝族地区现

代教育发展的巨大动力。

当然，传统教育也不是一成不变的，它的内容和形式可以被赋予新的含义，如彝族语言文字已完全成为现代教育教学内容的载体，事实上它也是不断地被赋予新的含义而发展着的。所以，弄清传统教育的具体内容和形式的来龙去脉以及其与现代教育的关系等，有助于我们客观地判断它的历史价值，更重要的是有助于我们判定它的现实价值以及在未来的凉山彝族教育中可能发挥的作用，有助于我们重新思索凉山彝族社会现代教育的发展路子。

试论凉山彝族社会传统教育的教育形式*

曲木铁西

教育形式，是指教育的外在表现形式。凉山彝族社会传统教育的教育形式有家庭教育、学校教育、社会教育、自我教育、自然形态教育等五种形式，这五种教育形式构成了凉山彝族社会传统教育的教育结构。

一、家庭教育

家庭教育，即在家庭中实施的教育，通常多指父母或其他年长者对其子女及其他晚辈进行的教育，同时也指家庭成员之间的相互影响。彝语称家庭教育为“苦伙苦玛”，其意为“家内教育”。彝族家庭教育的产生是彝族社会发展到一定阶段的产物。人类教育起源于社会生产和生活的需要。彝族先民谋生的技能和抵御自然灾害的能力，最初是在先民内部长幼亲疏之间进行传授和学习的。在彝族的神话传说中（包括文献记载），有许多先民包括教民用火、狩猎、畜牧、农业甚至酿酒等方面的发明创造者，这些先民中智者们的教民活动，就是后来家庭教育中的谋生技能和生活教育的具体内容。在当时的教育中，母亲和先民社会中有经验的老年人承担着对年轻一代的主要教育责任。实际上，从今天的彝语中，可以看出当时已有专门对年幼一代实行教育的公共场所。如彝语中形容某人“不服教育”为“伙得玛得阿喇”，“伙”意为“养”，“玛”意为“教”，“得”意为“……地”，“阿喇”意为“不来”，直译为“不来教养之地”，现专指“不愿接受教育者”。“伙得玛得”即实行教育的公共场所。随着婚姻形态的进化，彝族社会由石尔俄特以前“只知其母，不知其父”的母系血亲家庭阶段发展到以父系血亲为主体的一夫一妻制家庭的产生，也就开始了家庭教

* 本文原载《凉山民族研究》，2002 年刊，143 页。

育。文字可能也产生于这一时期。

家庭是以婚姻和血缘关系为纽带的社会组织形式，是社会的细胞。凉山彝族的家庭既是经济单位，又是家支的基本单位。就经济单位而言，它具有组织生产或自行生产单位和消费单位的职能；就家支单位而言，它又具有血缘的生育单位和教育单位的职能。凉山彝族传统社会的婚姻家庭制度，紧紧地与其奴隶制相联系，实行同族内婚、等级内婚、家支外婚的一夫一妻制，存在包办、买卖、转房、一夫多妻的婚姻现象。凉山彝族的家庭，是以父权为核心的小家庭，它只包括未婚子女，除小儿子外，其他儿子一结婚就分得一份家产自立门户。其父权性质由以下条件决定：

第一，家庭的建立是以男方为基础的，妻子是丈夫花身价钱娶来的，就是入赘的男子，只要一到女家（不改姓）便成为女方家庭的主持。

第二，家庭财产的处理和继承是儿子们的权利。从儿子们分家自立门户，到小儿子继承祖业，都或多或少地得到一些家产，但女儿们却没有继承家庭固定财产的权利，就是她们出嫁时所带的嫁妆，也只能相当于她自身身价钱的部分。社会中所称的“绝户”是指无儿无女和无儿有女的两种家庭。绝业的继承和处理，女儿无权，在一般情况下女儿只能得到一些浮财。

第三，在传统社会里，男子往往成为家庭的主要生产者、社会活动和战争的参加者。

第四，彝族社会特定制度和习惯上的不超越性。虽然在彝语中对妻子有“叶塞阿莫”意为“家内主人”的称谓，但妇女在家庭中的地位是不高的。

凉山彝族的家庭形态可分为四类：

第一类是兹伙家庭。兹伙家庭是兹伙家支社会的基本单位，具有组织生产、消费和家支及其管辖社会活动的职能。一个兹伙家支就是一个有一定的地域的统治集团，在这一集团内，兹伙家庭要上对家支承担一定的义务，对下统治着数量不等的诺伙和曲诺隶属民家支和家庭，役使阿加和呷西奴隶。

第二类是诺伙家庭。诺伙家庭是诺伙家支社会的基本单位，具有组织生产或自行生产、消费和其家支及其所属社会活动的职能。一个诺伙家支就是一个有一定地域的统治集团，在这一集团内，诺伙小家庭要上对家支负责，承担义务，对下管理着数量不等的曲诺隶属民家支和家庭，役使阿加和呷西奴隶。

第三类是曲诺家庭。曲诺家庭是曲诺家支社会的基本单位，具体有生产（其中有小部分组织生产）、消费和社会活动的职能，一个曲诺家庭要上对家支负责，承担义务，其所属家支要对所属的兹伙或诺伙负责，承担支配的义务，对下管理着数量不等的隶属民家庭或役使呷西奴隶。

第四类是从属于以上三类家庭的隶属民家庭——阿加家庭。阿加家庭虽属于从属性家庭，但大多数的阿加家庭有自己的耕食地，有自己的家室经济，土地可以世袭使用，对自己的财产有绝对支配权，但承担着主子的主要田地间的生产劳动。大部分曲诺家庭的阿加家庭跟随曲诺家庭的家支姓氏，也准许其参加一定的家支活动，承担一定的义务。

另外，呷西奴隶的家庭是一种不健全的家庭，没有人身自由，所生子女不属于自己而属于主子，没有生产生活资料，吃住在主子家中，为主子劳动，所以尚无构成家庭的基本条件，这种家庭只是兹伙、诺伙和部分曲诺家庭的附属。

以上各类家庭，构成了凉山彝族社会，它们都是凉山彝族社会的基本单位，因而在家庭教育中有一整套共同的教育原则、教育形式和内容，信奉着“依惹依阿读，苏读勒鲁（自己的孩子自己不教，处处为难）”的教育信条，十分重视家庭教育。

（一）以伦理道德为主要准则形式的品行教育

可以说，彝族家庭从孩子一出生甚至到耄耋之年都要进行品行教育。这种品行教育往往与家法、家规、习惯法与社会礼俗交织在一起，其内容涉及衣、食、住、行、婚丧、道德、礼仪、继承财产等。如长辈入室，须让其上座；路遇长者长辈，须下马待立；长房之弟，虽年少亦尊称为兄，须以兄礼待之；男女之间，翁在，媳远避，兄在，弟妇远避；主客之间，途遇各自下马；客入室，起立让上座。要去做客，杀牛吃三坨（小块），杀羊杀猪吃二坨，杀鸡吃一坨。对女子要求更高，言谈时要掩口而笑，坐时双腿并拢，忌伸腿而坐（男子忌跷腿而坐）。家庭中的长者或父母在日常生活中，非常注意自己的言行，注意躬行身教，从家庭成员的耳濡目染过程中渗透到子女的思想行为里。而且家长对儿女的教育不拘形式，在与儿女共同生活的过程中，利用各种时机对子女灌输伦理道德，培养他们的道德判断能力和道德情感，养成良好的行为习惯。不同的家庭，各自有不同的家规、家法，凉山彝族家庭有一本代代相传的教化范本书籍——《玛牧特依》训世教育经典，因其所宣教的“勤俭持家、以身作则、尊老爱幼、和睦相处、诚实忠厚”等，成为家庭教育中必不可少的读本。

（二）以祭祖为主要形式的家谱教育和宗教教育

彝族家支制度的传统在彝族社会长期得以沿袭，完全得益于彝族家支内个体家庭的教育。实际上，家支教育一部分是在个体家庭内完成，一部分是在家支内完成的。家支又有远家支和近家支之分。即使是近支，也还有远近之分，因而远家支教育属社会教育。作为以宗教教育和家谱教育为主要目的的祭祖活动，一般是共同在同爷辈的家庭内举行的，即祭近祖，进而才到家支内祭远祖。

祭近祖活动是彝族社会个体家庭中非常重要的活动。通过这一活动，使后代了解祖先的丰功伟绩，了解自己的家谱，形成对祖先的信仰观。任何宗教中的人神关系都是人人关系异化的表现，彝族社会的人和祖的关系也不例外，所异化出的祖先，通过祭祖，使人和祖先发生联系，在宗教观念上既制约死者又规范活人的宗教道德原则，不仅要求后代追孝祖宗，肃敬祀事，躬行祖道，还要求祖先惠顾其嗣，庇荫其子，体行祖德，福佑后代。

家谱教育和宗教教育除了在家庭祭祖活动中进行外，还在家庭的宗教或其他活动中继续进行。家谱是一种记忆家支世系的口传谱牒，构成方式主要是父子连名，兹伙家庭、诺伙家庭、曲诺家庭都十分重视自己的家谱。家谱教育是彝族家庭教育中一项非常重要的内容，一般都在孩子很小的时候就开始以口头或书面的形式让孩子背诵。

（三）以养育、禁忌、宗教、劳动为主要形式的健康教育

彝语“伙玛（教育）”一词的语素构成为“养＋教”，“伙”是“养”，把“养”放在首位。因而，彝族家庭非常重视对孩子的养育，一怀孕，家庭中就有很多禁忌。临产，一般由多子女的健康妇女担任接生，从乳儿期到幼儿，都要倾其家中财物，以各种名义宰杀家畜家禽，保证母子营养。到了少年，在家庭饮食中，仍然首先满足小者。以保证其健康成长。孩子出生以后，有很多禁忌来维护其健康，如忌讳说孩子漂亮、孩子胖、孩子重，以免夭折。也通过取名来体现，如“拉比（意为旧裤）”“波比（意为旧裙）”等。孩子不说话之前，禁止烧梧桐柴火，因梧桐树的彝语名称与彝语“哑巴”同音。除此以外，通过家庭的宗教活动，来保佑孩子健康成长。在家庭中，除少数宗教仪式外，大多数宗教活动都是为了家人的健康举行的。家庭劳动如跟随父辈和长者一道参加狩猎、摔跤等都是增强孩子体质的教育方式。

（四）以口头和书面文学为主要形式的启智审美教育

以口头和书面文学为主要形式的启智、审美教育在彝族社会家庭教育中占有十分重要的位置，讲述或诵读一般都由长者承担，在家中任何时候都可进行，形式多样，可讲，可唱，可诵，其内容有神话、史诗、传说、故事、寓言、尔比（与格言谚语同）、歌谣、抒情长诗、叙事长诗、克智等，具有启迪儿童聪明才智的作用。利用这些口头和书面文学，对子女施加教育影响，使他们的心智得到健康发展。同时通过这些艺术形式，以情动人，给子女以美的感受，通过这种富有感染力的感受，培养他们明辨是非、爱憎分明的道德情感。无论是故事、史诗、神话、寓言，还是克智、歌谣、长诗等语言艺术，对于打开儿童的心灵之窗，丰富想象力，发展情感，陶冶审美情操，都是很好的教材。之所以彝族社会中人人都是故事讲述家、民歌手和诗人，其原因在于彝族家庭教育中的丰富多彩的启智、审美教育。

以上四个方面的教育原则、教育形式和内容，都是彝族家庭教育共有的普遍现象。但是，由于凉山彝族社会的性质和结构又决定了彝族家庭教育并非单一形式的家庭教育。不同等级的家庭对子女的教育，其实施的情况、指导思想、教育内容等各不相同，不同职业的家庭教育也各不相同。因此，在凉山彝族社会中，还分为奴隶呷西和阿加的家庭教育、曲诺家庭教育（包括毕摩家庭教育）、诺伙家庭教育、兹伙家庭教育四类。

第一，呷西奴隶和阿加的家庭教育。

在凉山彝族社会中的呷西奴隶，不但没有生产资料，而且没有人身自由。呷西奴隶整天为主子劳动，难以有正常的家庭和家庭生活。呷西奴隶的一切，包括他们的身体、所有的劳动产品以及他们的子女，全都属于主子。呷西奴隶所生的子女，同样也是小呷西奴隶，是主子的私有财产。自然，小呷西奴隶也难以受到正常的父母之爱和家庭教育，即使是能够受到一点点家庭教育，也只能是在跟随父母在外劳动过程中才能获得。

阿加家庭具有相对独立性，一般占有少量的生产资料，并依靠自己的劳动维持生活。因而子女能在家庭里接受父母兄姐的教育。阿加是主子的生产奴隶，虽然有财产所有权和使用权，但其身权、婚权和亲权均由主子掌握，这样条件下产生的家庭教育也是不健全的家庭教育，自认为低人一等，并且在主子大家庭的影响下，其家庭教育仍是以如何为主子服务为主要内容。所受家庭教育的优劣还取决于其主子大家庭的开明程度，若其主子大家庭较开明，就可得到较健全的家庭教育，反之，就不可能获得健全的家庭教育。

第二，曲诺家庭教育（毕摩家庭教育）。

曲诺家庭教育除了彝族社会家庭教育中共有的教育原则、教育形式和内容外，还有其独特的教育形式和内容。曲诺家庭让孩子从小就懂得本家庭所属家支的光辉业绩，也宣扬亲族家支的血统，使孩子从小就热爱本家支，并知道如何才能在婚姻上永远保持家支的血统荣耀、贱视奴隶。也有一整套符合曲诺家庭的家法家规和道德准则，让家庭成员严格遵守。由于曲诺对其上的诺伙或兹伙的态度上有两重性，因而也表现在家庭事务的各项活动中，孩子从这些活动中懂得要保护家支成员的生命财产、经济互助、维护内部团结，甚至与阿加奴隶也有按辈分亲属称谓相称。另一方面，家中长者的言行、举止礼仪绝对顺从诺伙或兹伙，但平常的言谈中又露出“诺迪曲阿姬（意为孬诺伙不如曲伙）”等话语，感染下一代同样保持其这种口服心不服的心态而代代相传。曲诺当中的中户和大户要对其子（女）进行战事和军事教育。

毕摩原来由兹伙来担任，后由诺伙担任，再后来由曲诺阶层来担任，因而毕摩家庭属曲诺家庭范畴，但由于其职业的特殊性，在毕摩世袭的家庭教育中有其特殊的家法、教规、礼节、道德、禁忌和惩处制度，这些教育内容是以在家庭中言传身教的形式教化后代毕摩的。

第三，诺伙家庭教育。

诺伙家庭教育除与彝族社会其他家庭教育共有的原则、形式和内容外，还有其特殊的教育内容和形式，重视对儿子的教育，强记家支祖先的谱系和业绩，以继承家支事业。除了彝族社会共同遵守的伦理道德规范以外，根据不同的家支家庭制定有不同的家法家规，后代必须严格遵守这些准则。从家庭教育中开始用“诺迪色阿博（孬诺伙都不会有主子）”等话语教育后代，自视高贵，是天生的统治者，贱视其隶属民及阿加奴隶和呷西奴隶，这些心理在孩子中得以继续保持。体力的锻炼和武器的习用也在诺伙家庭教育中占有重要的地位，其教育形式是有目的地跟随父辈和兄长狩猎、摔跤、习用刀枪、骑马、观看家支战争等，因而凉山彝族有“诺惹什库目提子，曲惹什库勒提莫”意即“诺儿七岁独自骑马，曲（诺）儿七岁独自犁耕”的谚语尔比。部分诺伙家庭也重视文化教育。

第四，兹伙家庭教育。

兹伙家庭除与彝族社会其他家庭教育共有的教育原则、形式和内容外，还有其特殊的教育形式和内容。兹伙家庭较诺伙家庭和曲诺家庭及其他家庭更重视子女的教育，特别是文化教育，除严格的家庭教育外，还有学校教育。由于凉山彝族有“兹莫子孙以独为贵”，所以一般兹伙子嗣较少，除沙马、尔恩少数兹伙家族外，其他一般都没有家支组织因而在兹伙家庭教育中不全都十分重视家支观念的教育。从兹伙家庭父辈在办理事务或其他活动中，兹伙后代得到了感染，视兹伙的血统最高贵，具有无上的权利的观念，使兹伙的后代们在婚姻上也形成了不能与凉山彝族社会中的其他等级相通婚的观念。

二、学校教育

彝文和学校教育应该是同时产生的，在彝族历史社会中存在的“伙得玛得（养教之地）”，就是原始的学校教育。

学校教育，也称“共同教育”，其特点是有固定的场所、专门的教师和一定数量的学生，有一定的培养目标、管理制度和规定的教学内容。学校一旦产生，即成为培养人才的主要场所，随着社会的进步和发展，学校教育得以不断完善，因此，学校教育有古代学校教育和现代学校教育。“毕惹”和“毕莫”不一样，“毕莫”即教师，与之相对的还有“毕惹”即学生，在彝语中早已有了“学校”的概念：“玛得”和

"如得"。"玛得"一词可能出现比较早，属彝族社会中较早的学校教育形态；而"如得"即"学的地方"，是"学校"的全部语义的概括。彝语除了毕摩教育中的"毕莫(教师)"、"毕惹（学生）"以外，在彝族教育中还有"玛莫"一词可能出现较晚，笔者曾对"玛莫"一词做过深入的调查，调查对象包括不同地区、不同年龄、不同身份的人，调查结果认为，"玛莫"这个概念可能不是晚近才出现的。因此，彝族社会中早已有了学校教育。在凉山彝族社会中，有以下两种学校教育形态。

（一）毕摩教育中的学校教育

毕摩是彝族文化的传播者。传说早年的毕摩既是祭师、政治领袖，还是教彝族文字的教师。有现在毕摩所戴的神笠上面的圆圈补丁越厚越显赫的掌故，出自早年毕摩佩戴斗笠出行到各彝族地区游教彝族文字时，由于风吹雨打，沿途又披荆斩棘而留下的无数补丁。不管这些传说是否真实，在毕摩的传承教育过程中确有学校教育存在。

毕摩教育中的学校教育，一般有固定的场所，由毕莫当教师，有数量不等的毕惹学生，其培养目标就是根据所学的成绩，来定学生未来应做哪个层次的毕摩，其教学内容就是彝文及各类经书和各种仪式，也有一定的管理制度，只教、传男性子嗣。

一般情况，毕莫带毕惹不需办严格的手续，只要毕莫同意吸收毕惹，只需毕惹父母与毕莫商定大概学习时间，三年、五年或更长，学哪一类，学到什么程度等即可。学费一般不计较，只是在开学和毕业时要相互赠送。毕惹给毕莫一些银子、布匹和买酒宰畜招待，毕莫给毕惹们衣物、书籍和法器用具等。

起初，让毕惹们学彝文、背经文，有的毕莫把一天分为三个时段，让毕惹们学习不同的内容。晚上由毕莫一句一句地领读，毕惹们跟读并背熟，不看文字；清晨毕莫督促毕惹们背诵牢记头天所学的内容；白天毕莫教毕惹们识字和写字。先背熟后再抄写，容易记牢。教材大多是毕惹们在毕莫的指导下抄老版本，不论多么著名的毕摩，所拥有的经书都只有一个版本，没有一式两本的。

毕惹们达到对经文相当的熟悉和有很深的彝文功底以后，毕莫才教毕惹们做各种仪式，具体内容为哪类仪式用哪类经文，哪些步骤用哪首经文，哪些仪式有哪些步骤，先后顺序是怎样安排的，哪些仪式需要什么样的牺牲，要多少，要些什么种类的神枝和数量及怎样插、怎么摆，各组神枝和草像、木像代表什么，等等，同时还要学一定的画像艺术。在这种复杂的步骤中，经文不能缺漏章节，也不许弄错顺序和插错神枝位置，直到熟练才可毕业做毕摩。

但一般毕惹们学完这些内容以后，还要跟多个毕莫学习，才能成为层次较高的毕摩。

（二）其他学校教育

在凉山彝族社会中，除毕摩教育中的学校教育外，还有家塾性质的学校教育。所谓的家塾，与普通的私塾不同的地方，就在于它有家族性质，入学者是本家族子弟，家族提供助学费用，少量外姓来学者，也多为外亲子弟。彝族社会中形成这种性质的学校，也可能与彝族社会的家支制度的形成有关。不过这种学校只有兹伙与凉山周边地带的少数诺伙和曲诺大户人家举办。兹伙举办的这类学校，是兹伙在家设立的学校，学生由本家支和外亲或亲近的隶属民子女中产生，有的完全是为了给兹莫儿子陪读。为了应付官府、记账目，因而聘请彝文老师的同时，有条件的还请汉族教师学点汉语文。但是，不论是兹伙举办的学校，还是周边地带的诺伙和曲诺大户人家举办的学校，学生人数少，大多为本家支子弟，所学到的知识只能为以后学习彝文打基础，因为其教学内容一般比较零散，不系统。

三、社会教育

这里所要述及的社会教育是指有意识地培养人，有益于人的身心发展的社会活动。在彝族社会里，社会教育是家庭教育和其他教育的补充形式。在家庭教育里没有得到完善的，在社会教育中得到补充和充实。如品行教育、家支教育、健康教育、启智审美教育都在社会教育中得到加强和扩展。凉山彝族社会教育是通过婚、丧、节、祭祀、家支事务、游戏等社会活动进行的。

（一）家支教育

前面已讲过家支教育部分属家庭教育，部分属于社会教育，一般彝族家支聚村而居，形成大散居、小聚居的居住格局。在家庭内完成的教育属家庭教育，超出家庭内完成的，属社会教育。属社会教育的家支教育是通过家支内祭远祖仪式、婚、丧、处理家支事务等活动得以进行的。这种教育形式比家庭教育还要更直观、更直接地感受到家支观的教育，使其更加根深蒂固。

（二）启智审美教育

神话、传说、故事、寓言可随时在家庭中讲述，但史诗、歌谣、抒情长诗、叙事长诗则不能随时在家庭中吟唱，有的只能在特定场合中吟唱，因而接受这方面的教育，在家庭中有其一定的局限性，只能在婚、丧、节、祭祀等社会活动中才能接触到全部内容，特别是史诗、抒情长诗、克智具有知识性、趣味性，青少年不仅通过这种歌和辞，学会吟唱，这对青少年的启智审美教育无疑是一种非常有效的方法，而且还可以学到许多知识。

（三）伦理道德教育

伦理道德教育除了在家庭中通过各种形式进行外，还在社会中通过各种社会活动形式来继续实施，形成和提高社会成员的道德品质、道德情操和高尚的精神境界。为了达到这一目的，凉山彝族社会除了家庭以外，在婚、丧、节、祭祀、生产劳动及一切社会活动中对每一个社会成员施加影响，通过《玛牧特依》训世教育经典，社会成员中的长者或智者根据社会的各种活动、各种事象、各种时机、各种不同的情况，寓情于景，引出《玛牧特依》训世教育经典的名言警句，对其下一代成员进行伦理道德、行为规范教育，使之自觉地遵守伦理道德和行为准则，履行自己对社会和他人应尽的义务。

（四）游戏教育

游戏是体育和智育的一种形式。凉山彝族社会中有娱乐游戏、智力游戏、活动性游戏三种。其中有些游戏是在凉山社会婚、丧、节、祭祀等活动中进行的，游戏是社会教育中一项十分丰富有趣的活动，在儿童的生活以及成长过程中具有重要的意义。凉山彝族社会儿童起初的游戏还是从家庭开始的，先和父母、长者做游戏，然后开始独立做游戏。因此，游戏活动对孩子来说是有阶段性的，真正意义上的游戏就是开始与同龄孩子一块儿参加各种群体游戏。在笔者的记忆中，游戏合作得越好的伙伴，越能成为好朋友，直至成年。从某种意义上来讲，孩子开始参加群体游戏，就意味着开始步入社会。彝族社会非常重视孩子的游戏活动，有时父母、长辈都要与孩子一块儿做各种游戏，以起示范作用，也帮助孩子制作游戏工具，孩子也可以学着父母、长者的样子自己制作。笔者在童年时，也制作过不少游戏玩具，但由于握刀不规范，手上至今还有几处伤痕。凉山彝族社会让儿童参与游戏是有阶段性的，根据孩子的年龄、体力、智力程度来参与。

1. 凉山彝族社会儿童参与的第一阶段游戏

（1）“老鹰抓小鸡”游戏。参加游戏人数少则几人，多则十几人，一人扮“鹰”，一人扮“母鸡”，其他人全扮“小鸡”，双手抓住前面一人的双肩，在母鸡后面一字排开，“老鹰”抓“小鸡”，“母鸡”护着“小鸡”，直到其中一只“小鸡”被“老鹰”抓住为止。

（2）“老虎护子”游戏。参加此游戏的人数少则五六人，多则十几人，一人扮“老虎”，抬三个小石块做“虎子”，并绕“虎子”在地上划一个大圈，以示“虎窝”，“老虎”四肢着地，在圈内守护“虎子”，“老虎”要警惕四周的来犯者，其他人从圈外向圈内出击，抢夺“虎子”。进圈内抢“虎子”者被虎踢着，就要替换当“老虎”，若“虎子”被抢光而“老虎”未踢着人，“老虎”就要受罚继续当“老虎”。

（3）“蒙格”游戏。也是一种祝福儿童身体健康的游戏仪式。参加人数是本家支内的所有同龄孩子，先备好糟酒（米酒），选好日子，在野外某一地搭一象征性的草房，备好与孩子同数的假梭镖（用玉米棒做的镖头），父辈念几句与这些孩子有关健康的词语，然后点燃草房，让孩子用梭镖争先恐后地把火熄灭。父辈们舀出一大碗糟酒（米酒），用针刺狗耳，滴几滴狗血于糟酒（米酒）中，搅匀后让孩子各饮一口或数口，把各自的梭镖插在草房周围后返家。

这一阶段的游戏还有“共同搭建房屋”“共同假定生活”游戏等，这一阶段的特点是具有较严格的集体形式和集体观念，这种游戏与集体利益和集体纪律的概念相联系。

2. 凉山彝族社会儿童参与的第二阶段游戏

（1）“鲁惹格”游戏。参加人数2至4人均可，选一石板或用工具铲出一块平地，找七块小圆石，用一块做“母石”，其他作为“子石”抛撒在地上或石板上，母石向上抛，在母石还未落地之前的空当中，单手捡起3个石子并接着落下来的母石，直到捡完为止，但是在捡接过程中不能碰到所捡石子以外的任何石子。

（2）“阿斯斯格”游戏。即猜谜游戏，是彝族儿童喜爱的一种智力游戏。猜谜不分地点场合随时随地都可进行，无论在田边地头还是在火塘庭院中都能听到孩子们的打谜声。参与形式可以是猜者，也可以是出谜者。彝族儿童谜语多以隐喻、形似、暗示等多种方法做谜面，供人猜测，谜底多为身体器官、衣物、家具、庄稼、植物、动物、自然现象、农具等。如：陡峭的岩壁上有个马脚印——肚脐；一面似森林，一面似岩壁——羊皮；三个汉子共戴一顶草帽——锅庄；爷爷坐在家里，胡子留在门外——玉米棒；干柴湿柴在一处生长——（牛羊等）角和耳朵；不能弹的三斤羊毛——云。猜谜游戏也是彝族传统教育传授知识的一种有效方式。

（3）石棋游戏。参与人数为2人，找一石板，上画出纵为四线、横为五线的相互联结交叉的棋盘，每人为6个棋子，共12个。棋子一方若为石子，另一方则为木块、草节等。其规则是，一步只能走一格，一方的棋子在横竖左右一条线上共2子，另一人为1子时，双方相连而无空格条件下则被2子方吃掉，谁先吃光对方的棋子，谁就是胜方。这种游戏从少年到成年都可参加。

这一阶段的游戏还有“鲁居格（分石子）”等，这个阶段的游戏有严格的规则，孩子通过这些游戏进行想象，并亲自动手，在智力方面得到了开发。这种游戏也使儿童感到做什么事都必须遵守社会规则，并与凉山彝族社会中道德准则相联系，使儿童更加遵守纪律。

3. 凉山彝族社会儿童参与的第三阶段游戏

（1）摔跤游戏。婚、节、牧、劳动“蒙格”（集会）等活动中，参加者可以是少年儿童和青壮年。正规比赛时有裁判，赛场内先摆好有色的绸或布做的腰带，比赛者入场后先系好不同颜色腰带，然后按裁判的口令或双方认可后即开始进行。历史上流传的民间摔跤方法共有四种：一是比赛者紧紧抓住对方腰带，运用体力和技巧将对方提离地面打绊脚，翻身将对方摔倒者为胜；二是双方把握住对方后角力旋转到一定惯力时，反方向将对方翻倒在地者为胜；三是双方上身紧贴对方并抓住其腰旋即施加压力，与此同时腿勾脚，臂、腿、肩同时用力将对方摔倒者为胜；四是双方拉开一定距离，准备妥当后，猛然扑向对方紧扭在一起，无规则地各施其力，各显其能，将对方摔倒者为胜。

（2）瓦布吉则游戏。“瓦布吉则”意为雄鸡斗架，是彝族传统的竞技活动之一。它模仿公鸡斗架的情形，参加比赛的两人相对采取半蹲姿势，两手手掌合拢于胸前，似雄鸡昂头状，伴着芦笙，或手推，或撞肩，或跳起脚蹲斗，手臂部先着地为输。比赛要求选手脚步灵活，斗姿优美。

（3）扔石游戏。扔石原来是古代彝族人民用于狩猎和御敌的一种原始武器。流传至今除多见于牧童用以驱赶羊群外，已成为青少年普遍喜爱的一种健身运动游戏。扔石分以手掷石和引力飞石两种。前者以手捏石块瞄准目标运用臂力掷出，看谁扔距远，命中率高，谁就是胜者。后者是用一种麻绳编织的绳具网住石头，手握绳具用臂力将其甩转，借用引力出击飞石命中目标。这种绳具两端各有一个死扣，其中一个扣套在扔石者的食指或中指上，另一个扣紧握手中，绳中部编织一套石块的网，可容三两左右扁圆形块石一个，绳的长度与人体的高矮相适应，约30厘米，技艺娴熟者甩转绳具呼呼有声，飞击出石百步内可伤人，命中率很高，谁扔的距离远，谁就是胜者。

（4）角力游戏。是一种无需任何体育器材，随时随地都可进行，且为彝族男性青年及壮年所喜爱的一种简易民间体育游戏项目。角力的方法共有五种：一是胳膊角力，双方伸手抓挽住对方胳膊，运用臂力使劲摔倒对方；二是头劲角力，相互用右手抓住对方“天菩萨”（彝族男性发式），右手挽住对方脖颈，用力搬倒对方；三是颈臂角力，双手伸到对方后颈处，十指交叉捺住对方后颈使劲扳倒对方；四是手腕角力，就是扳手劲，即双方各出一手，肘部撑着在实体上，手掌互握用力，看谁能扳倒对方；五是拇指角力，双方用大拇指相抵角力，倒者为输。

从第三阶段游戏开始，逐渐成为竞技运动的游戏。除上面的游戏外，还有射箭、射击、游泳、赛马、技巧、田径等活动，这些竞技性的活动，不仅使少年儿童增强体质，而且还锻炼了他们的意志。

以上三个阶段只是大致的分法。有的进入了第三阶段的游戏以后，还可继续参与第一、二阶段的游戏，到了青年乃至中年仍然可以参与第二、三阶段的游戏。游戏给社会带来快乐，带来生机，体现了寓教于乐，这种乐是创造的快乐，是胜利的快乐，是审美的快乐。凉山彝族社会中游戏形式非常丰富，在社会教育中起着非常重要的作用。

四、自我教育

自我教育主要是指个人自学活动以及自省、自修等行为。凉山彝族社会也非常重视后代的自我教育行为，主要表现在以下三方面。

（一）自学行为

彝文历史悠久，它的传承一方面是毕莫教弟子传承，另一方面是通过家塾式的学校教育得到传承。但由于社会历史的原因，这两种传承的人数是极其有限的。能够创造出民族的文字，而且世代相传，仅在一小部分人中传承是不可能的，也是不符合历史事实的。在凉山彝族社会，大部分人是通过自学而获得彝文知识的。笔者的父亲曲木约支没有进过任何学校，就是通过自学习得的彝文，至今70多岁了，仍然用彝文写信。自学方法多种多样，有的先跟识字的人学，学到一定时候的自己学，不懂的或不认识的再去请教；有的完全自学，不懂的或不认识的请教父辈；有的学到一定程度以后，跟毕摩或有文学书籍的人转抄其书籍，凡人（即不做毕摩的人）一般不转抄毕摩的经书，只抄文学“克智”“勒俄”等书籍，然后加以背诵、学习，许多民间歌手就是这样产生的，他们通过自学，在传唱、传诵时又不拘泥于原作，加以自己的感受、感想，使作品渐臻完善，许多经典作品就是这样加工锤炼而成的。正因为彝族社会中有一部分人通过自学成为识彝文、通文学的人，才能使彝文数千年来世代相传，文学形式越来越丰富多样，经典作品越来越多，文化科技得以发展。

（二）自省行为

自省是凉山彝族社会自我教育中一项非常重要的教育活动。自省教育的内容主要有伦理道德、家法家规和品行修养。凉山彝族社会不仅重视在家庭中和社会中的伦理道德教育，也重视伦理道德的自我教育。所谓伦理道德的自我或自省教育，就是家支社会为了实现一定的道德理想而对自己的品行进行锤炼和陶冶，实际上是一种对道德的认识和实践活动。通过自省反思，谨慎地注意自己的内心，约束自己的行为，处处以伦理道德准则去衡量自己，告诫自己只有不违背道德的思想和行为，才能成为知礼而高贵的人。自省行为也体现了严格要求自己的道德自律的精神。

（三）慎思行为

慎思也是凉山彝族社会自我教育中一项重要内容，彝族社会要求其成员凡事都要慎思，“我布我罗目，我布斯孜目，斯孜阿鸭目（反复慎思，仔细慎思，推敲慎思只有这样才能成为具有思想的人）”“我布我罗目，我布节孜目（凡事之前都要慎思）”，这些彝谚尔比都是为了让社会成员懂得慎思的道理和慎思带来的效果。慎思过程本身就是一种自我教育。

五、自然形态教育

自然形态教育，是指渗透在生产、生活过程中的口授心传生产、生活经验的现象或形式。凉山彝族社会对后代的生产、生活经验的教育基本属于自然形态教育。后代的生产、生活经验全是家庭生活、社会各种活动和户外各种生产劳动中口授心传而习得，只不过这种口授心传的自然形态教育是遵循后代身心自然发展过程，考虑后代的身心、年龄和个性，即自然地适应其教育内容。《玛牧特依》训世教育经典中对什么年龄可以接受什么教育有严格的规定，对什么样的年龄有什么样的身心发展特征也做了详尽的描述。

一般来讲，9 岁以前在家接受父辈和长者们的口授心传。10 岁到 12 岁开始独立做一些家务，并试着适应家庭以外的生产劳动。到 13 岁以后，开始参加各种生产劳动，男子可以学一些职业性的技术，如木工、编织竹器、打制银器、打制铁器等，女子开始学织布、拧线、绣花等，逐步从力所能及的劳动开始，在生产劳动中习得生产劳动的经验，同时在从家庭到社会的各种生活中逐步习得生活经验，从而成为健全的人。

西部大开发呼唤民族教育超常规发展理念*

——凉山民族教育发展重要取向

邓成伦

实施西部大开发战略是党中央、国务院面向新世纪做出的重大决策，预示着一个以经济为中心，教育为基础，科技为先导，城市为依托，民族团结为纽带，以人为本、以可持续发展为本的西部大开发的理念正式启动。少数民族教育如何在西部大开发中求发展，如何适应大开发的需要，也将成为西部大开发战略的重要组成部分。

一、现状与困境：民族教育发展举步维艰

加快祖国西部的开发是20世纪末中央审时度势提出的重大战略决策，其宗旨是：以富民为本，以人类发展为中心，投资于人民，促进人类发展。今天的西部大开发不是过去传统意义上的大砍伐、大开垦、大开采，而是建立在现代科学技术广泛运用之上的基础设施建设、产业结构调整和教育、科学、文化以及各项社会事业的全面发展。而社会发展又以人为中心，人民是从事可持续发展的中心课题，社会发展的最终目标是改善和提高全体人民的生活质量。原国家科技部部长朱丽兰强调，西部大开发要把人力资源的开发放在首位，要以人为本。然而，面临的重大问题是，东西部地区客观差异甚大。有关统计资料表明，东部、中部、西部三个地区的人均 GDP 之比 1995 年为：1：0.51：0.41，同年，教育经费投入之比为：1：0.50：0.36。因此，在一些极贫困的少数民族地区，九年义务教育没有得到很好的普及。现阶段，东部地区人均受教育时间达 10.8 年，西部地区人均受教育时间为 3.6 年；东部地区平均每

---

* 本文原载《凉山民族研究》，2002 年刊，153 页。

100人拥有科技人员18名，西部地区平均每100人拥有科技人员2名;① 西部地区每万人拥有中级以上职称的人员92人，只相当于东部地区的十分之一。② 据有关统计资料，西部的陕西和四川人均CDP分别为488美元和454美元，排名为全国第25名和第28名，分别只是第一名上海（3105美元）的1/6和1/7。③ 说到底，西部最大的差距是技术的差距、知识的差距、教育的差距、信息的差距。

西部少数民族贫困地区的教育举步维艰，长期陷于各种复杂的矛盾漩涡之中，使教育陷入想发展、想提高而又难以实现的境地。其主要表现在：一是跨越式经济社会的发展向教育提出的巨大需求与供给严重不足的矛盾；二是由于教育投入渠道狭窄，受教育人口日益增多与教育资源短缺的矛盾；三是由于整体社会资源动员不足，群众日益增长的教育需求与家庭支付能力有限的矛盾；四是“读书无钱”、“读书无用”与“读书无望”之间相关联的矛盾；五是教学用语与母语教学之间相互衔接的矛盾；六是教育投入与教育回报及继续投资教育之间的矛盾；七是条件艰苦、教师不稳定、师资差与提高质量的矛盾；八是民族教育办学主体单一、办学机制不活。官办体制存在的弊端是教育见效周期长，投入高，难以放在优先发展的地位，能保工资就不错了。倒是一些慈善机构、研究机构扶持的社区教育易见成效，易唤醒和发动民众等等。

西部贫困地区和少数民族地区，占国土面积近1/4，是恶劣生态条件下的极度贫困地区，民族众多，人口居住分散，生活方式、价值观念多元，语言差异大，公众教育需求普遍较低。事实上，我国城乡间的巨大差异不仅反映在经济上，同样也反映在基础教育上。在地区贫困与家庭贫困的双重挤压下，众多少数民族儿童面临着双重劣势：教育基础设施更落后，承受学校教育开支的能力更脆弱。目前，15%未普及义务教育的人口覆盖地区，大部分都集中在西部地区，尤其是西部的少数民族贫困地区。如何在尽可能短的时间内，加速西部的发展，使其缩小与东部的差距，是国家和公众都十分关注的问题。因此，西部开发必须教育先行，人力资源的开发是西部开发的前提和动力。问题的关键是如何发展西部的教育，并回馈西部社会和经济的发展。一个人接受教育的程度，与自身的素质和能力密切相关。有资料显示，我国东部地区科技人才资源经济效益系数为1.29，即一个人发挥着1.29个人的作用，而西部地区科技

---

① 参见国家统计局：《中国统计摘要1998》，19页，北京，中国统计出版社，1998。

② 参见《新中国少数民族高等教育的回顾与展望——访中央民族大学哈经雄教授》，载《民族教育研究》，2001（4）。

③ 参见高书国：《实施“西部阳光教育开发计划”——西部资源开发的战略思考》，载《教育发展研究》，2000（8）。

人才资源经济效益系数则为0.68，即一个人实际上只发挥了0.68个人的作用。① 这种状况表明，西部少数民族地区扭转落后局面的关键是人才培养的问题。根据中外社会经济发展的经验，尤其是我国近二十年来改革开放的成功经验和亚太经济后发型国家和地区的经验和教训表明，落后地区实现“赶超战略”，并实现可持续发展，必须走人力资源开发先行的富有创造性的超常规的发展道路。

二、机遇与挑战：民族教育发展的原动力

开发西部、建设西部，必须依靠教育、依靠科技、依靠人才，这应该是西部少数民族地区的历史和现状做出的选择。中西部农村地区以及边远、少数民族等处境不利的贫困地区却因自然资源贫乏、生产生活条件恶劣、经济社会发展缓慢、政府财政困难、吸收民间资金能力弱等原因而使义务教育处于财力、物力、人力全面匮乏的困境，相当数量的学校甚至没有完成教学活动所需的最低程度的师资与设施条件。这些地区更没有财政能力对处境不利群体实行经费支持，从而造成众多适龄儿童少年因家庭贫困而失学或辍学。1983年5月6日，中共中央、国务院《关于加强和改革农村学校教育若干问题的通知》中就已指出：“农村学校的任务，主要是提高新一代和广大农村劳动者的文化科学水平，促进农村社会主义建设，一定要适应广大农民发展生产、劳动致富、渴望人才的要求。”显然，城乡差别给社会、经济和教育发展带来明显的差异。从城市化角度看，东部只占全国总面积的13.9%，但在全国622个城市中，却占278个，高达45%；西部占全国总面积的56.6%，只拥有113个城市，占18%；中部占全国总面积的29.5%，拥有231个城市，占37%。② 而作为全国最大的彝族自治州凉山彝族自治州，面积6万平方公里仅有73个城镇，城市和城镇人口只有45万，其他人口在农村。这一现状，给民族教育健康发展带来相当的困难。少数民族学生辍学率、流失率高，不仅仅是因为家庭经济困难，那些属于家庭经济困难的学生，经减免学杂费和给予家庭经济补助后，很快就复学了。最难解决的问题却是，流失生之所以离开学校不是因为家庭困难，也不是因为家长反对，而是因为孩子自己不愿意上学。这类孩子往往都是学习进度跟不上、学习成绩差，由于学习能力与学校的教学要求相差太远，故对学校所教的学习内容既没信心也没兴趣，一心想离开学

① 参见张丽君：《西部大开发背景下民族教育发展的新举措》，载《民族教育研究》，2001（3）。

② 参见高书国：《实施“西部阳光教育开发计划”——西部资源开发的战略思考》，载《教育发展研究》，2000（8）。

校，打工挣钱，在家种地、放猪牛羊或带弟妹看屋守家，由于孩子厌学而坚决不肯上学，家长也无可奈何。

另外，问题还出在教学内容上，以升学为目标的教学要求，抽象、深奥的教材并不适合很多文化基础差的农村孩子。国家目前只是要求在义务教育阶段，每个孩子都必须接受学校的正规教育，但并没有为不同的孩子提供程度相适应的教学内容。从农村的现有教学条件来看，制定最低教学标准是非常必要的，那种用统一标准要求所有孩子都达标的做法，对于难以达标的孩子来说，上学就不可能是快乐的而只能是一种难耐的痛苦。

江泽民同志指出，人才是科学进步和经济发展最重要的资源。人力资源是决定国家贫富的基本因素，人力是积累资本、利用自然资源建构经济组织，促进国家发展的积极因素。美国一家权威报纸载文，一个受过高等教育的人和仅上过高中的人相比，经过较为客观的计算，受过高等教育的人一生可以多收入 100 多万美元，上学投入的年回报率可达 17%，而国家投入部分从新增财富中税收的年回报率更高达 33%。① 自 1978 年以来，我国每万人口拥有大学生的数量从 8. 9 人增加到今天的大约 20 人。尽管如此，每百人中也只有 0. 2 个大学生，这远远满足不了文化建设的需要。错过一个机遇，我们就可能倒退几十年。据 1998 年世界银行统计表明，40 年前，非洲加纳和亚洲韩国的人均收入基本持平，可是到了 90 年代初，韩国的人均收入已比加纳高出 6 倍，两国差距如此之大，至少有一半原因是由于韩国成功地获得知识、利用知识。② 至今，还有人认为农村教育不需要太多的投入，不应与城市教育相比，只能因陋就简地发展。事实上，投入严重不足已成为制约农村教育和经济发展的“瓶颈”，增加农村教育的投入仍将是一项现实的需要。据有关资料显示，我国全日制在校学生约 2. 3 亿人，占全球教育总人口的 20%，规模位居世界第一，而年度公共教育经费仅占世界各国教育经费总数的 1. 5%。尽管如此，全国平均也只有 74% 的小学生能够升入初中，只有 48% 的初中生能够升入高中，只有 47% 的高中生能够升入高校。我国大学生占同龄青年的比例仅仅为 6%。③ 教育作为一种基础性、全局性、先导性的知识性产业，决定着经济发展的后劲。务必明确，教育是构成开发人力和知识资本的重要来源，并确立教育产业的特殊地位和作用。

---

① 参见李长兴：《谈美国的高等教育》，载《科技·人才·市场》，1999（3）。

② 参见何塞·华金·布伦纳：《全球化，教育与技术革命》，载《教育展望》，2002（2）。

③ 参见胡卫：《关于民办教育发展与规范的思考》，载《教育发展研究》，2000（3）。

三、改革与探悟：民族教育希望之举

凉山彝族自治州地处西部，是典型的民族聚居的贫困高寒山区，有人口405万人，由36个民族构成，少数民族占总人口的47.07%，其中彝族人口占43.39%，是全国最大的彝族聚居区。可见，凉山如今已成为西部地区一个醒目的亮点。解放50年来，社会、经济、教育等事业都有翻天覆地的变化，但由于种种原因，总的发展跟不上全国的步伐，特别是自然条件恶劣，至今还有40多万人的温饱问题没有得到很好解决，即便已脱贫的部分，也有很大部分随时有返贫的危险。使人着急的，还是教育事业的发展仍然滞后，主要表现在以下几个方面：即全州人口与从业人员的文化素质不高（人均受教育年限3.3年）；教育普及程度落后于全国水平（17个县市中，还有2县未“普级初中”，还有15个县未“普级九年义务教育”）；初、高中阶段教育发展不够（初中毕业升入高中的少数民族学生比例不到30%）；不少农村小学校舍陈旧、设备简陋（全州中小学现有危房28.8万平方米）；教师不稳定且高中骨干教师奇缺；学生流失面大，初中辍学率也居高不下；等等。

教育事业是人民的事业，让子女接受高质量的教育，是当前人民群众最为迫切的愿望。广大农民子弟有受教育的权利，也有受教育的欲望，但缺乏教育的经济承受力。从全国公共教育经费占CDP的比例看，我国为2.3%（1999年为2.79%，2000年为2.87%），处于世界不发达国家水平，明显低于中等收入国家4.483%的平均值，更低于高收入国家5.664%的平均值，① 说明我国政府对公共教育的投资明显不足。无疑，对边远贫穷的少数民族教育是一个严重的制约和影响。事实上，我国的基础教育是在用占世界0.78%的教育经费培养占世界19.81%的中小学生，生均经费只有世界水平的1/25。②

中央确定并已实施的西部大开发，为加快西部教育和人力资源开发提供了良好的政策环境，西部的发展在很大程度上决定着整个中国未来的发展。为此，全国确定西部民族教育发展的目标、发展的模式、发展的道路、发展的政策举措已经成为极为紧迫的任务。普及与提高并重、农村与城镇共同发展、“三教”统筹与农科教结合，改革与发展同步推进是我国西部教育发展的必由之路。

在四川省九届人大三次会议分组讨论会上，有人大代表反映凉山教育有所下

---

① 参见阎立钦等：《关于发达地区基础教育现代化发展水平若干指标的思考》，载《教育研究》，2001（10）。

② 参见周贝隆：《试论我国教育经费问题的症结与对策》，载《科技导报》，1994（4）。

滑，局部地方出现倒退等情况，引起四川省委领导的高度重视。由此，全省制定了“四川省民族地区教育发展十年行动计划”实施方案。经上下共同努力，2001 年凉山彝族自治州落实学校基建项目 83 个，完成 7.33 万名寄宿制学生，落实对口支援教师 480 名，完成了下达资金共 9985.4 万元任务，一年的投入经费相当于过去十多年总投入。初步扭转了部分中小学生严重下滑的趋势，流失生又回到了学校，如今是家长踊跃送子女入学，过去冷清的乡村小学，而今是红旗飘飘、书声琅琅，人们又一次欢呼，民族教育的春天真的又来到了。2001 年 5 月，凉山彝族自治州委、州政府做出将“百乡扶贫”工作重点转移到全州“教育扶贫”。经一年努力，现在已有州级单位 159 个，派出 240 多名扶贫干部，奔赴并工作在百乡教育第一线，定点帮扶单位广泛开展“一帮一”的助学活动，已有 9314 名干部职工与 9117 名贫困儿童结成对子，集体和个人捐款捐物累计达 310.37 万元，解决了贫困学生的学杂费和生活困难。

2002 年“十年行动计划”预计 113 个学校基建项目，争取完成 7.7 万人的寄宿制学生的巩固和提高任务（其中新增 0.37 万人），对口支援 679 所学校，支教老师 547 人，总拨款为 1.01 亿元。可以设想，经过十年的不懈努力，呈现在我们面前的全州民族教育将是结构合理、层次分明、寄宿制完善、生源充足的全新的教育景象，接受教育的中小学生将会在良好的教育条件和环境中健康成长。

四、取向与反思：民族教育超常规发展的理念

江泽民同志曾指出：“有个大道理，农村的孩子要大部分留在农村，现行的教育要改革。”严峻的现状很值得我们思考，我国有近 80% 的农村人口，农村和农民问题是制约我国经济发展和现代化建设的重要因素。对此，农村教育应找新的突破口，以期更好更快地发展，实现与农村社会生产的融洽。社会发展必然地把教育从社会边缘推向社会的中心，人们日益增长的教育需求，使教育的内涵从深度和广度上不断延伸。因此，找准现实起点，小目标，缓坡度，快步上应该是我们的出发点。只有确立经过努力可以达到的一个接一个的近期目标，使之一个阶梯一个阶梯地攀登，这才是科学的目标管理，才更具激励性和导向性。我们所理解的西部大开发，首先必须进行教育大开发，人力资源大开发，把西部民族地区的教育改革和发展举措推入快车道。如果按常规发展的思路，或国家目前的扶持力度及东部的支持，还不足以使西部的教育摆脱处境不利的恶性循环状况，东西部的差距不仅不能缩小，还将不断地拉大。因此，西部教育的发展，必须寻求一条超常规的发展途径。

国家对民族地区教育发展确定的任务是：一是要打好基础，在数量和质量上有一个新的发展和提高；二是要坚持改革开放，进一步明确办学的路子，使民族教育更好地为当地经济建设和人民群众的富裕文明服务；三是要努力缩小目前困难较大的民族地区同全国教育发展平均水平的差距，使民族教育的发展与全国教育的发展相适应，与少数民族和民族地区的经济、社会发展相适应。① 面对民族地区教育实际，的确有许多自身难以克服的困难，有许多事情想办但根本办不了，基本上必须依靠政府的各方面有力的支持才能维持现有的教育教学现状，否则，一天也无法支撑下去。但对于缩小差距，提倡学校均衡发展，中央和地方政府的指导、协调和特别扶持作用是非常关键的。在日本的北海道地区，经济与文化教育均大大地落后于东京、京都等发达地区，而国家也相应采取了发展教育的特殊政策。如为当地任教的教师提供高薪和困难地方补助，一些将要提拔的官员须到边远贫困地区工作一段时间，有的学校只有6~7个学生，国家却为其配备了8~9个教师。② 以国家的行为为主体，则会有其他志愿者和相关的组织与之配合，良好的社会风气与适宜的社会环境便会形成。对处境不利地区和弱势群体在资源份额上予以格外的倾斜、照顾和救济。否则，面对生存环境差和工资收入低的双重挤压，西部怎还可能有更多的优惠政策吸引更多、更优秀的教育工作者来支援民族教育呢？因此，随着时代的发展，在积淀梳理已有研究成果的基础上，继续深化一些基本问题的研究，继续研究政策的内容、制定的过程、执行的结果、政策绩效的评价标准等，初步构建我国民族教育政策研究的理论框架和方法体系，尽快使教育理论与实践更加自觉紧密结合，出现良性互动的发展态势。为此，目前应该大胆地尝试一些宏观改革的实验与探索。

第一，对于一些教育需求有限的农村地区，即使在义务教育阶段，学校教育的内容也不能只考虑如何使学生获得基本的文化知识，还应考虑到如何使学生获得基本的谋生技能。总之，教育分流的时间在农村适当提前是比较现实的。

第二，面对不同经济条件发展地区，不同教育期待的家庭，不同学习能力的个体，大一统的教学内容显然无法满足诸多且存在着巨大差异的教育需求。因此，我们应当在研究知识分层、教育分流的基础上进行教材改革，并以教材的多样性来解决地区差异问题，同时根据实际情况因地制宜制定最低教学标准。

第三，在人口分散、经济落后的民族地区根据学生实际需要，办学形式不应盲目追求规模化、正规化、集中化，而应该办学形式更加灵活多样，将统一的课程设计与

① 参见国家教委、国家民委：《关于加强民族教育工作若干问题的意见》（1992年10月20日教民〔1992〕8号）。

② 程方平：《学校均衡发展与人的发展》，载《教育研究》，2002（2）。

实施模式，转变为灵活的有弹性的模式。特别应当重视复式教学点、单班学校等小规模办学模式，减少儿童到最近学校徒步上学的距离，满足儿童接受义务教育的基本要求。

第四，结合“普初”“普九”的实际，有步骤地实施初中阶段的义务教育，特困地区普及初等义务教育，适度发展初、高中教育，应采取“分层指导、放低坡度、逐步提高、到达目标”的具体做法，真正把“两基”工作拿到手上，靠前指导。以县为单位，逐步实现学校布局合理化、办学条件标准化、管理行为规范化、办学模式多样化的民族教育办学体系。

第五，在教育教学实践过程中，要充分注意城市和农村儿童、发达地区和贫困少数民族地区儿童在教育环境、教育资源上的巨大差异，即使进入学校的机会与别人相同，但由于其智力的发展受到文化不利环境的影响，往往会比一般的儿童迟缓，因此，在具体教学过程中，要提出不同的教学要求，分类教学，重在耐心辅导和舒心启发。

第六，通过教育结构的调整，使公众对教育单一的升学需求向多元化需求转化，国家首先对民族地区贫困家庭儿重实行免费提供教科书制度，首先解决学生进得来的问题，然后对寄宿制学生给予比较适时且足够的固定生活补助，确保他们正常的学习和生活。

第七，缩小差距，提倡学校均衡发展，关键是合格的教师。根据民族地区教师的实际，首先有计划辞退现有的代课教师，补充师范生，对于教师的学历不应盲目要求拔高，全面提高教师以师德为核心的整体素质，逐步形成培养、引进、使用、稳定相结合的高水平教师队伍的系统机制。

民族地区经济文化的发展及现代化的实现，主要依靠各民族自身社会生产力的发展和劳动生产率的提高。一个人劳动能力的状况如何，是其体力和智力发展的总和的具体体现。而人的体力和智力的发展，除开必要的生理条件之外，关键要靠教育的培养和训练。据国外统计资料表明，小学毕业可提高劳动生产率43%，中学毕业可提高108%，而大学毕业可提高300%。① 这也充分说明劳动者的文化素质的提高，对生产力的发展具有明显的促进作用。

举西部旗、打民族牌、擂教育鼓、走自强路。西部大开发是时代的要求，改革创新是新世纪的最强音。知识经济的浪潮已经席卷世界，如果还以小农经济的眼光看待农村教育，以承沿数百年的做法对待民族教育，那么我们面对的将不是能否追赶世界先进水平的问题，而是差距愈拉愈大，最终被淘汰出世界的格局。从我们走过的道路

---

① 参见王红曼：《论我国的民族教育政策及其成就》，载《民族教育研究》，2002（1）。

和实践中汲取经验和教训，同时借鉴可供我们参考的世界各国的经验和教训。以未来的眼光审视民族教育发展，以创新精神推进民族教育改革，做到以发展民族教育为西部大开发服务，在西部大开发中促进民族教育发展，实现民族教育的跨越式发展，实现各民族富裕、昌盛、和睦、幸福，最终实现现代化的梦想。

昭觉县竹核乡基础教育资源现状调查报告*

——以瓦托、史洛、纽坡和瓦曲四村为例①

马林英

本报告根据2000年9月19—23日对昭觉县竹核乡的瓦托、史洛、纽坡和瓦曲四村深入实地问卷调查整理而成。它主要以了解社区村民和学龄儿童的实际人数与当地基础教育参与程度为目的，试图通过村民自己对教育发展的需求，即什么对当地基础教育发展最重要、最有利，以便为进一步改善当地基础教育发展至关重要的资源提供可供参考的依据。

本次调查由各村村长或支书召集村民抽样调查，愿意配合调查的每户男主人或女主人所提供的情况，统一由笔者负责用彝语询问后，再以汉文填写于用汉文设置的问卷上。

一、调查与分析

昭觉县地处大凉山腹心地带，东邻美姑、雷波县，南连金阳、布拖、普格县，西接西昌市、喜德县，北靠越西县，是彝族聚居县。1952—1978年，昭觉为凉山彝族自治州州府所在地，是全州政治、经济、文化的中心，交通、邮电的枢纽。

下面我们通过四村基础教育的环境、经济和村民对未来的发展需求三个指标进行对比分析。

---

* 本文原载《凉山民族研究》，2002年刊，160页。

① 本文系国家哲学社会科学“十五”科研课题资助项目《四川民族地区基础教育现状调查分析与对策研究》阶段性成果之一。

表1 四村基础教育现状调查

类　别	瓦托村		史洛村		纽坡村		瓦曲村	
户数	33户		13户		42户		13户	
父母亲人数	62人		26人		83人		28人	
学龄儿童数	104人		46人		98人		51人	
户均学龄儿童	3.15人		3.54人		2.33人		3.92人	
家长教育现状	父亲	母亲	父亲	母亲	父亲	母亲	父亲	母亲
未受过教育	15	22	2	12	25	30	5	10
小学1～3册	2	1	2	0	6	4	2	2
小学3册以上	3	1	4	0	4	4	0	0
小学毕业	5	4	4	0	5	0	2	0
小学毕业以上	0	0	0	0	0	1	2	0
参加彝文扫盲	8	1	0	2	1	3	4	1
合计（人）	33	29	12	14	41	42	15	13
子女教育现状	7～14岁	>14岁	7～14岁	>14岁	7～14岁	>14岁	7～14岁	>14岁
未受过教育	4	21	3	11	5	19	5	10
辍学	0	7	1	7	0	10	2	9
在校生	34	2	12	2	27	2	12	2
小学毕业	1	4	0	3	0	0	2	1
参加彝文扫盲	0	1	0	0	0	0	0	0
合计（人）	39	35	16	23	32	31	21	22

根据统计显示，以上四村成年人和14岁以上人员的接受基础教育状况实在欠佳。这两个年龄段的文盲率分别为59.7%、53.8%、66.3%、53.6%和60.0%、47.8%、61.3%、45.4%，并且男女差别不大。在瓦托35个14岁以上的青少年中，只有4个完成了小学教育。到目前为止，瓦托和史洛二村中还没有人能够进入初中，纽坡和瓦曲也分别为1个和2个，这使得整个年轻一代失去了一个获得技术和其他谋生手段的途径。在史洛村，成年妇女几乎没有接受过教育，这一点与瓦托、纽坡和瓦曲有所不同，后三村男女之间接受教育机会不平等的情况已从几年前开始发生一些改变，毕竟

表 2　四村基础教育人文资源现状对比

类别＼地点	瓦托村		史洛村		纽坡村		瓦曲村	
已婚人员对比	人数	比例（%）	人数	比例（%）	人数	比例（%）	人数	比例（%）
未受过教育	37	59.7	14	53.8	55	66.3	15	53.6
小学 1 ~3 册	3	4.8	2	7.7	10	12.1	4	14.3
小学 3 册以上	4	6.5	4	15.4	8	9.6	0	0.0
小学毕业	9	14.5	4	15.4	5	6.0	2	7.1
小学毕业以上	0	0.0	0	0.0	1	1.2	2	7.1
参加彝文扫盲	9	14.5	2	7.7	4	4.8	5	17.9
学龄儿童对比	人数	比例（%）	人数	比例（%）	人数	比例（%）	人数	比例（%）
未受过教育	55	52.9	21	45.7	59	60.2	22	43.1
辍学	7	6.7	8	17.4	10	10.2	11	21.6
在校生	36	34.6	14	30.4	29	29.6	15	29.4
小学毕业	5	4.8	3	6.5	0	0.0	3	5.9
参加彝文扫盲	1	1.0	0	0.0	0	0.0	0	0.0

注："比例"按被调查人数的百分比计算。

还有一些妇女上过小学，现正在瓦托入学的 14 个孩子中即有 7 个是女孩。纽坡青年一代没有接受过教育是因为村小才开办了几年的时间，而且目前由于当地办学时间短，办学条件差，仅有 1 个小学毕业和 1 个只完成了小学 3 年级课程的代课教师，因此，学生辍学率很高，许多孩子上学至 1 ~2 年级就被父母叫回家去务农和带弟妹。瓦曲相对于其他三村的经济条件好许多，但村民未接受教育率和辍学率在这里并没有发生任何明显的改善，唯一不同于其他三村的一点是，这个村有两个父亲上过初中（纽坡上过初中的 1 位母亲也系瓦曲婚嫁过去），他们中的 1 个现在是村委会文书。另外，还有 3 个孩子也上过初中，遗憾的是，其中有 2 个上到初一便辍学在家。

表3　四村村民经济状况对比

类别＼地点	瓦托村	史洛村	纽坡村	瓦曲村
户数（户）	33	13	42	13
人数（人）	141	72	140	76
户均土地（亩）	1.5～10	2.4～7	1.5～12.0	3～10
人均土地（亩）	0.8	0.97	1.1	0.91
户均年收入（元）	504	380	357	453.48
人均年收入（元）	110	69.5	107	77.63

表4　四村村民与教育相关需求调查

与教育相关发展方向＼类别＼地点		瓦托村（人数）	史洛村（人数）	纽坡村（人数）	瓦曲村（人数）
关注村中需求	养殖业	31	11	43	9
	肥料和饲料的生产加工	6			1
	植物种植	7	6	10	8
	贷款买牲畜并接受培训	10		17	3
	让孩子获得良好教育	7	4	1	1
	改善住房条件	11		1	2
	修路、架桥、通电	1	2	18	3
关注个人需求	养殖技术	27	11	18	9
	植物种植	2	1	3	
	营养补充	3	5		2
	保健常识	9	5		5
	解决燃料	10	6	20	8
	彝文扫盲	19	6	21	5
	汉文扫盲	15	4	11	3

通过表3和表4，我们首先了解到四村村民对与教育相关的需求大都集中凸显在种养殖技术为主的知识渴求上，因为在村民看来，当地只有靠种植林木、养殖牲畜才是获得现金收入、支付学费的唯一途径。尤其是史洛，人均年收入只有69.5元，居四村中最低水平。这里由于大部分土地是斜坡的贫瘠地，所以开展种养殖业是增加收入的最佳途径。纽坡因为地处山高坡陡的高山，而且尚未通电。到目前为止，这里的山路上甚至还没有办法使用马匹，所有的东西都得靠人扛，因此他们对修路、架桥和通电需求关注较多。

其次，村民对与教育相关或为孩子接受教育提供有益条件，包括谋生技能的有关营养、卫生、能源等方面的知识需求仍然表现出急切的关注。在瓦曲13户家庭中，有14个孩子不到5岁就死于诸如腹泻、高烧、肺炎、脑膜炎一类的疾病，其中也有妇女死于难产。因此，很明显，这里的基础教育发展不仅急需医疗保健服务的跟进，也需要医疗保健知识的教育。

二、发现和讨论

在瓦托村，有一个外地汉族人与当地一位彝族妇女结婚并生育两个孩子。他们虽然属于没有土地的农户，但是靠丈夫为村民盖房子，全家年均收入都在几千元以上。他们的孩子自然就会得到接受教育的机会。另外，我们还发现，一位青年男性农民由于自费参加过MSI① 在昭觉县城举办的农业技术培训班（全村只有他一人参加过培训）后，把所学知识应用于玉米种植、养牛、养羊、养猪、养鸡上，使家庭年均收入达到4000元以上，从而保证了三个子女接受学校教育的机会。目前，这位青年正在将自己掌握的技术传授给其他农户。这两个事例一方面告诉我们，要想让像瓦托这样地处山区、交通信息闭塞的社区发展基础教育，提供保证基础教育能够顺利进行的经济基础条件是十分必要和重要的，而这一途径的实现唯有结合当地农业结构特征，将开展农业科技知识的推广与当地基础教育的实施同步进行才有可能实现。另一方面，它又告诉我们，即使一个5口之家的土地占有量只有2.4亩，如果他们能够科学地使用土地，同样能够在满足一家人的基本生活需求后，还可以提供孩子接受教育的消费。

---

① MSI是国际医疗服务机构的简称，它是英国海恒博基金会资助建立的慈善组织，总部设在香港。该组织从1994年起，长期帮助凉山文教卫生事业发展，除捐赠医疗器械、义务讲学和义诊外，还资助昭觉县创办青年创业中心和邀请国外专家培训彝族青年职业技能。到目前为止，对凉山的援助已由最初的医疗卫生拓展到畜牧、扶贫、教学等领域。

我们发现在史洛村，只有一个人接受过较高的教育，他从州卫校毕业，在村里行医，1998年死于脑结核。他的四个孩子中原本已有三个读书，但是由于他的去世，毕业于昭觉中学初中的长子（成绩很好，特别是外语口语很好，村里来外国人，他也能作些对话和交流）和毕业于村小即将升入昭觉中学的长女，以及就读于村小的次子，都不得不辍学在家务农为生。另外，还有一位44岁的村民，因从房顶上摔下折断了脊柱而瘫痪不能做任何体力劳动，所以他就读于村小的两个孩子（女儿即将升入乡中心校，儿子即将毕业于乡中心校，并且是班里成绩最好的学生）即将面临辍学。列举这两个案例，是想说明目前在民族贫困社区发展基础教育的社会保障机制还有待加强和提高，否则单靠当地家支或社区居民的协助，是难以保障学习成绩优秀的孩子或其他孩子在家庭遭遇意外困难时，继续完成接受基础教育的权益。

我们发现纽坡村虽然坐落在高山，交通十分不便，但是看上去，这个村子里的人都很团结，所有家庭的家长步行很长的路前来提供自家的情况。村中的妇女主任是个很有领导才能的人，她了解每个家庭的情况，如果要贯彻和落实有关基础教育的政策和文件给村民，她一定是个很好的助手。这个村还有一个特征就是，许多家长还很年轻，所以，平均每个家庭的孩子数是四个村子中最少的。这个案例告诉我们，其实民族贫困地区的村民并不是像过去一些专家所定义的那样——接受教育的观念落后。相反，我们看到的是，他们渴望自己和孩子得到教育机会的愿望远远超出我们的想象。对于像纽坡村这样学龄儿童即将增多，社区居民团结互助和教育需求迫切的民族社区，将成为基础教育发展的潜力所在，当地基础教育发展的规模、类型等也具有探讨的价值。

最后，需要指出的是，人类教育发展的经验已经证明，教育不仅是一项需要依靠一定物质资源，而且更依赖于精神资源才能维系和发展的事业。没有一定的教育资源做基础，教育的平等和发展就无法得到根本保证。像上述四村这样的贫困社区中不利的社会、经济、文化、自然、地理等环境，势必对当地基础教育的发展带来不利的影响，制约基础教育的发展。那么，如何才能改善彝族贫困社区教育资源的不利现状？这就需要我们重新审视现行凉山彝族贫困社区实施的基础教育政策，对那些因种种原因不能上学或上不起学的孩子采用多样化适应他们需求的非正规教育措施，以促使全民接受人的发展的基本权利。因为，在凉山彝族农村，基础教育的对象与范围应当不局限于接受正规学校教育的学龄儿童，尤其对贫困民族社区，学前教育、扫盲教育、生产和生活技能的教育、辍学儿童的教育等都应被视为基础教育的重要组成部分。基础教育不仅是为升学打基础，更重要的是为人的一生可持续发展打基础，应该与提高人的生存能力和生活质量紧密结合。只有这样，通过几代人的努力，凉山彝族贫困社区教育资源的不利现状才有可能得以改善。

凉山民族教育的新模式*

——西昌市民族中学彝英双语教学调查研究

肖　雪

四川凉山彝族自治州是全国最大的彝族聚居区，全州彝族占全国彝族总人口的24%左右，占自治州总人口的43%左右。此外，州内还居住有汉、藏、回、蒙古、傈僳、傣等其他民族，因此凉山彝族自治州的双语现象有着悠久的历史。双语现象指一个民族除了操用本族语外，还兼用一种或数种其他民族的语言，语言兼用是在长期的历史发展过程中，通过各民族的共同生活、互相交往、语言接触而逐渐形成的。在双语现象普遍的地区应该实行双语教育，实行双语教育又是达到双语现象的最好途径，同时又可引导双语现象向着健康而有利于社会发展的轨道前进。

最近几年，凉山彝族自治州实行的彝汉双语教育体制在扫除文盲、提高群众文化水平方面，在提高教学质量、发展民族教育事业方面，都显示出了它的生命力和优越性。同时随着社会的发展，改革程度的加深，彝族地区的人们逐渐意识到了英语的重要性，因此如何克服彝族学生学习英语的局限性，培养精通英语的双语、多语人才被提到了民族教育的议程上。但是就在探索新的教育模式时，彝汉双语教育的发展却遇到各方面的阻力，其中最大的阻力主要来自于对待双语教育的态度方面。社会上流传着的学习彝语无用论、多余论和过渡论的错误看法，使得彝汉双语教育在一些地区陷入了停滞甚至紧缩状态，一些学校因生源问题被迫停止了彝文课程。面临如此严峻的形势，使新教育模式的探索之路更加艰难、更加曲折。

云开雾散见日出，凉山彝族自治州西昌市民族中学适时进行了“彝英双语教育”的教学实践活动，经过三年的摸索取得了可喜的成绩，给陷入僵局的彝族地区民族教育注入了一股新鲜血液，带来了新的活力。为此，笔者特地走访了西昌市民族中学，

* 本文原载《凉山民族研究》，2002年刊，165页。

了解到这种新的教育模式就是借助彝语母语的优势来学习英语，增强了学生对母语的重视程度，克服了彝族学生对英语的恐惧心理，有利于提高彝族学生的英语水平，以达到事半功倍的效果。

一、彝英双语教学实施有其必要性

众所周知，凉山彝族人部分居住在高寒山区，由于地理环境的限制以及历史的原因，与外界汉族接触的机会很少，这部分彝族的汉语水平很低，孩子们平常不到上学年龄，一般学不到太多汉语。另一方面，因为经济的原因，家贫的孩子连上学的机会都微乎其微。此外，民族感情也影响语言的选择和语码的转换。彝族有着强烈的民族认同感，这促使即使会说汉语的彝族之间也多用彝语交流，以此来强调民族认同中的文化标识。笔者在调查中还注意到，在凉山各乡镇的民族中学，自愿报名参加彝文班的学生往往多于县城里的学生，而且女生较男生多。由此看出，尽管面临升学的压力，较偏僻地区的彝族学生仍然对汉语教育存在一定的抗拒心理。在这种情况下，用彝族学生认为的第二外语——汉语来学习英语，想提高英语水平显然是一件非常困难的事。同时需要注意的是，目前彝族地区使用的英语教材是全省各校统一的英语读本，是建立在汉语水平较强的基础上编写的教材，这并不符合凉山彝族地区的实际现状。因此西昌市民族中学进行了彝英双语教学研究实验，体现了因材施教的原则。因材施教作为一个被公认的教育教学原则，目前在一些少数民族地区却没有得到实现。比如在英语教学中，全国各地各民族中学普遍采用汉语来教学，这对汉语水平不高的少数民族学生来说，显然是违背了因材施教这一原则，而彝英双语教育就是要引导彝族学生根据自己的实际情况掌握科学的学习方法。需要指出的是，彝英双语教学的对象主要是汉语水平不高的彝族学生，而不是整个范围的彝族学生，这才是真正的因材施教。

同时针对社会上流传的彝语文无用论、多余论和过渡论等对待双语教学不正确的思想给予了指正，让持怀疑和观望态度的人意识到母语的重要性，了解到母语水平的高低和英语学习得快慢好坏有着直接关系，看到通过母语学习英语的优越性。在调查中发现，许多学生学习刻苦、肯钻研，但却连续留级几年仍没有进步，且不说英语理解不准确，就连翻译过来的汉语意思也不能理解，比如英语习语“A friend in need is a friend indeed”，汉语翻译为“患难朋友才是真正的朋友”。部分彝族学生却不能理解什么是“患难朋友”，只有老师用彝语解释后他们才明白。因此，借用母语来学习英语是建立在充分尊重学生主体性地位的基础上，充分尊重学生的语言习惯、思维习惯和民族感情，体现了主体性教育思想，有利于充分调动学生参与学习的积极性和能动性。

彝英双语教学远不止是教学效果的追求和教学方法的探讨，还兼有保持彝族母语的表述形式和保存彝族历史、文化特性的双重作用，因为维护一个民族的文化而不维护该民族的语言是不可能的。

二、彝英双语教学构想的出台

双语现象是不断发展、不断变化着的一种社会现象，它作为双语社区的交际工具，渗透到双语社区的每个方面。作为有悠久双语现象历史的凉山彝族地区，在进行双语教育方面却难以拓宽领域，甚至“炒冷饭”的现象时有发生，对新的教育模式一直处于摸索状态，使得双语教育的发展滞后于双语现象的发展。应该说在这个尴尬时期，西昌市民族中学提出的彝英双语教育具有一定突破性。

这项研究目前只在该民族中学进行。这所民族中学是西昌市唯一一所全寄宿制的重点民族中学，从1982年建校以来，主要招收西昌市13个民族乡（场）的彝族学生，这部分学生普遍汉语基础差，借助汉语来学习英语，成效一直不大。学校正为此困扰之际，却惊喜地发现1997年和1998年由两位彝族老师所教班级的英语成绩高于同年级平行班，这一惊喜发现，让学校教师开始大胆设想：彝族学生能否不借用或少借用汉语来学习英语？我们知道学习第二语言的过程就是两种语言在交际中进行语码转换的过程。所谓语码转换，是指在双语或多语交际中，操双语者或多语者为了适应情境而由一种语言或变体转换成为另一种语言或变体，是语际间表达方式的转换。最初彝族学生借助汉语来学习英语，语码转换为英语—汉语—彝语，而对于汉语水平不高的彝族学生省去汉语环节，直接借助彝语来学习英语，效果更显著。在比较了用彝语教英语和用汉语教英语的效果后，该校于1999年初提出了“彝英双语比较教学”的教育科研设想，向西昌市教科中心提出了课题的立项申请报告，于该年9月1日进行正式实验。

三、彝英双语教学研究的教学方法

各种双语教学都有其自身的特点，迄今世界上各国广泛使用的方法有翻译法、直接法、听说法。在实际教学过程中，单纯使用某种方法的情况是少数的，而更多的是综合使用这三种方法。与日本和我国香港等大多数地区一样，彝英双语教育主要采用的是翻译法，即通过学生的母语理解和掌握英语。以下就从如何教学和采取什么样的教学方法入手，阐述彝英双语教学中语音教学、词汇教学、语法教学、对话教学的特点。

（一）语音教学——对比教学法

语音是任何一种语言的基础，因此学好语音是学好一门语言的关键，也是语言教学的基础。彝英双语教学的特点在于通过对比法找出彝语和英语语音之间的异同点，让彝族学生对英语语音有较全面的认识。经过对比发现，英语语音和彝语语音有相似和相同的地方，如英语语音［p］［b］［ŋ］［m］［f］［v］［n］［l］［d］［g］［k］和彝语字音（Ph）（bb）（ng）（m）（f）（v）（n）（l）（dd）（gg）（kh）等是基本相同的。因此在教学实践活动中，可以利用学生所熟悉的母语语音来学习英语的语音，这不仅有利于学生快速地掌握英语读音，同时还能纠正不准确的发音，为以后英语会话奠定坚实的基础。

（二）词汇教学——直译教学法

在英语学习中，词汇量的多少将直接影响学生实际运用语言的能力。由于民族心理、生活习惯、传统习俗等的不相同，给彝族学生理解汉语释义带来了一定的困扰，尤其是汉语水平低下的学生，因而导致学生不仅掌握的英语单词数量少，就是在已知道的单词中许多词义也是模棱两可的，学习效果也受到了直接的影响。这时就需要教师在教学中合理地使用学生熟知的母语进行讲解，以解其困惑。如英语中“舅舅”和“叔叔”都叫做“uncle”，这样的翻译让彝族学生不能理解，而用彝语则分别译为［o^{33} $ȵi^{33}$］和［pha^{55} vu^{33}］，这样翻译之后，学生一听就明白了。另外，一些词义复杂的词，用母语翻译后也便于学生掌握，如英语“Don’t mind”（没关系），可以用彝语［a^{21} $tɕe^{33}$］来对应理解。像这样把较复杂或有歧义的单词用彝语解释出来，阐述出它的意义、词性、形式以及用法等，学生自然也就掌握了该词。

（三）语法教学——对比释译法

在具体的英语教学过程中，还要求掌握各种词形变化及特征，如动词的各种时态、名词的格、形容词的级以及虚词的使用情况等。由于两种语言在这些方面存在的差异较大，因此必须通过对比的方式才便于理解。比如英语的构词方式为动词在前，所带宾语在后，如英语“read the newspaper”（看报），而彝语恰好相反，宾语在动词之前，翻译为“报纸看”。另外，英语词形变化主要依靠附加成分和内部屈折，而彝语的词形变化主要是虚词的运用，两者之间存在较大的差异，因此只有用学生所熟悉的母语来对比解释，才有利于学生对英语语法的掌握，比如英语形容词级的变化：好的原级是 good，对应彝语为 va^{55}；比较级 better（更好），对应彝语为 tshɔ^{21} lɔ^{33} va^{55}，最高级 best（最好），对应彝语为 va^{55} dʑi^{33} va^{55}。

当然，在实际教学过程中，语法的理解和运用不能脱离现实的语境，在不同的情况下应该采用不同的教学措施和方法。对比教学和释译兼存，故叫做“对比释译教学法”。

（四）对话教学——释义教学法

词和短语组成了句子，但句子的意义并不是词或短语意义的简单之和，因此，学生即使掌握了一定的英语词汇，也不一定能准确地理解句子的意思。而且彝英双语语码的转换过程不只是词汇、语法的直接转换，还必须涉及交谈双方的背景、交谈的话题和目的、现场环境、谈话时限等社会因素，然后才能确定使用目的语中哪些语码、哪些变体来表达自己的意思。彝英双语教学的最终目的是不仅要让学生学会英语的句型结构，而且更重要的是要让学生具有用英语进行社会交际的能力。因此，在课堂教学中需要设置相关语境，在师生之间或学生之间进行口语会话练习，掌握英语中的常用语。如一对朋友见面后的交谈：

A：Where are you going?（你到哪儿去？）
　　哪儿（助）你 去
　　nə^{33} kha^{55} ko^{33} bo^{33}?
　　你 哪儿（代，处所词）去
B：I go to the street.（我到街上去。）
　　我去（冠）街
　　ŋa^{33} tɕe^{33} ʂa^{55} bo^{33}.
　　我 街上 去
A：What are you going to do?（你打算去做什么？）
　　什么（助）你（计划）做
　　nə^{33} ɕi^{55} tʂa^{33} mu^{33} li^{33}?
　　你什么 点 做 去

B：I want to go shopping in the store. （我去公司买点东西。）

我 想 买东西 在（冠）公司

ŋa^{33} ko^{55} sɿ^{33} ko^{33} tshe^{21} ʑe^{55} tʂa^{33} vi$^{\cdot 33}$ bo^{33}.

我 公司（代） 东西 点 买 去

A：What do you want to buy?（你想买什么?）

什么（助）你 想 买

nə^{33} ɕi$^{\cdot 55}$ ɕi$^{\cdot 55}$ gə^{33} vi$^{\cdot 33}$ mi$^{\cdot 44}$?

你 什么 些 买 想要

B：I want to buy a bag. （我想买个包。）

我 想 买 个 包

ŋa^{33} dʑo^{55} bi^{21} ma^{33} vi$^{\cdot 33}$ mi$^{\cdot 44}$.

我 包 个 买 想要。

A：Which color do you like?（你喜欢什么颜色的?）

哪种 颜色（助）你 喜欢

ʑe^{21} se^{21} khə^{21} mu^{33} dʑi$^{\cdot 55}$ su^{33} ni$^{\cdot 55}$ he^{33} vu̱^{33}?

颜色 怎么样 （助）你的 喜欢

B：I like red. （你喜欢红色的。）

我 喜欢 红色

a^{33} n̥i$^{\cdot 33}$ su^{33} he^{33} vu̱^{33}.

红色 的 喜欢

用彝语把英语对话释义出来对照学习，可以加深学生的理解，更易掌握。

当然，以上任何一种方法都不是绝对的、万能的，只有根据实际情况适当运用、综合使用，才能少走弯路，收到较好的成效。

四、彝英双语教学研究所取得的初步成效

西昌市民族中学于1999年开始进行实验教学工作，把初02级188名新生按学校组织的语文、数学摸底考试成绩和男女生比例进行平均分配，分成四个班，每班47人。学校将随机抽出的一班定为课题实验班。实行彝英双语教学的试验班学生学习积极性较普通班高，通过一段时间的学习后，将其与其他三个普通班做横向和纵向比较，发现实验班的学生不仅英语水平得到提高，其他学科也取得较好成绩，学生综合

素质和个人能力也均有较大提高。如下表所示：

五学期来实验班与普通班的成绩对比统计表（各班的入学名次相同）

	第一学期		第二学期		第三学期		第四学期		第五学期	
	英语成绩	班级综合名次	英语成绩	综合名次	英语成绩	综合名次	英语成绩	综合名次	英语成绩	综合名次
实验班	60	114	52	64	50	74	52	71	42	97
普通一班	45	128	44	97	48	96	45	112	36	113
普通二班	45	142	46	94	45	107	41	117	39	105
普通三班	56	137	55	105	53	109	45	104	37	112

注：这里所说的班级综合名次，是指在西昌市200多个初中同年级班级中的排名。通过上面这个表格，可以看出西昌市民族中学在彝英双语教学中已取得初步成效，因此彝英双语教学受到了民族类院系的高度重视。从2001年起，凉山彝族自治州西昌师专彝文系开始招收彝英双语专业的学生，西南民族学院也于2002年秋季招收彝英双语专业学生，四川省彝文学校也设立了彝英双语专业。在这种形势影响下，凉山彝族自治州德昌民族中学、会东民族中学先后到西昌市民族中学考察"彝英双语教学研究"情况，并学习该校的实践经验。

五、彝英双语教学研究中存在的问题及相关建议

语言教学实践的过程其实就是一个试错的过程。当我们为彝英双语教学所取得的成绩而欣喜时，它所存在的弊端也暴露在我们面前。

第一，从教学方法看，尽管彝语母语的优势很强大，但它对教学存在着一定的干扰性，这也是不容忽视的。这种干扰主要表现在两方面：一是彝语和英语之间的差异。如英语名词的数、代词的格、动词的时态以及语序等与彝语的差异较明显，如英语称呼姐妹均用"sister"，而彝语称呼男性的哥哥为"vi^{55} vu^{33}"、弟弟为"i^{44} ʑi^{33}"，姐姐和妹妹均为"n̥i^{21} mo^{21}"；称呼女性的哥哥、弟弟都是"m̥a^{21} tsi^{55}"，姐姐为"vi^{55} mo^{21}"，妹妹为"ȵi^{33} ma^{55}"，可见彝语在称谓方面远比英语复杂得多。因此老师在讲解过程中需要准确释译这些概念和术语，这导致工作量大，花费时间多。二是语言的差异还表现在彝语内部，因为彝语分成五大方言，方言之下又分五种次方言，次方言下又分二十四种土语，土语下还有次土语。由于彝语支系众多，分散较广，所以各方言区语言差别较大，造成交流的阻碍。

第二，传统教育方法对实际中语言运用的阻碍。目前彝英双语教学中所采用的教

材和讲授方法，是遵循传统语言学的教学方法，即将词汇、词组、句子成分、单句、复句逐一进行语言结构对比，都没有跨出从语言到语言的模式。因此大多数学生学到的是固定的标准句型和有限的替换词，一旦需要实际运用，则无法适应。

第三，教材不配套，资料奇缺。由于彝英双语教学是一项新的科研教学，因此没有任何现成的理论和实践资料，只有在实践过程中摸索和总结，这容易造成教学的随意性和盲目性。加之教学人员平时都忙于教学，难以走出校门，局限在单纯的语言研究方面闭门造车，这也易造成教学思维的狭隘性和局限性。

第四，教师队伍量少质弱，学生流动大，不稳定。建立一支稳定的、合格的双语师资队伍，是展开彝英双语教育、提高教学质量的关键。但目前彝英双语教育陷入了师资量少质弱的尴尬境地。作为彝英双语教育的授课教师，必须精通彝语、英语，甚至汉语，才能灵活自如地进行彝英双语语码的选择和转换，向学生传递通俗易懂的信息。但是目前这种人才十分缺乏，尽管许多民族院校培养了不少双语人员，但这些教育后备军并非都在教育界从事教育工作。况且现有的师资中部分教师是从其他岗位上调到教育战线的，自身素质无法得到保证，加之地方政府重视程度不一，使得教育队伍没有得到必要的补充和发展。部分优秀双语教师因待遇、地位等原因不再从事双语教学工作，这也是目前师资队伍不稳定的一个不容忽视的原因。另外，西昌市民族中学进行彝英双语教学实验的对象多是来自高寒山区、家境贫困的彝族学生，经常有部分成绩不错的学生因经济原因中途退学，这也给正常的教学实践带来很大的干扰和阻碍。

第五，彝英双语教育目前存在“通车”不畅的问题。教学中的“通车”是指学校彝英双语教学从低到高、从小到大相互衔接的宝塔式的教育模式。目前西昌市民族中学实施的彝英双语教学研究，只在初中进行，而在与小学和高中的衔接中出现了断层现象，使得教学工作没有连续性。在调查中发现许多家长和学生都很担心在适应了初中的彝英双语教学后，到高中后却又中断了，反而会引起英语水平的倒退。同时他们还担心这类学生高中毕业后能否报考其他大学。毕竟现在设有彝英教育专业的院校并不多。

第六，办学条件急待进一步改善。办学经费一直是让办学者头疼的问题。学校除了要解决学生食宿外，还要解决诸如教室、教学设备、学生奖励金一系列问题。调查中发现，目前西昌市民族中学发放给彝英双语教学中取得优异成绩的学生的奖学金是由社会人士个人赞助的。虽然国家为了发展民族教育事业，定期拨发一定量的办学经费，但这些有限的经费仍不能解决基础差、经济落后的民族地区的教育发展问题，尤其彝英双语教学是一项新的教学实践，在解决师资培训、教材编写等方面要付出较多的人力、物力和财力。从调查中了解到，这种情况有所改善，但仍有许多难题急待解决。

针对调查中发现的以上问题，笔者提出一些自己的建议和想法。

第一，优化双语教学的社会环境，从实际出发，实事求是，实行分流教育计划。彝英双语教育作为一项新生事物，有其自身的优势，也存在着不足之处。要克服不足之处，就要实事求是。针对不同的对象采取不同的教学方法，不能采取行政命令或“一刀切”的方式，也不能草率、应付性地开设双语课程。根据调查中的学生情况，将他们分为三类并实行分流教育计划：第一类是汉语水平超过了彝语水平的学生，这类学生主要采用汉英式的教育方式；第二类是学生彝语水平超越基线，而英语水平刚达基线或学生彝语水平刚达基线，而英语水平在基线以下，这类学生可以发挥双语互利的功能，利用彝语纯熟认知技巧加速英语能力的成长；第三类为彝英双语皆在基线以下的学生，若强行其接受双语教育，只能造成双语互损，不但在语能方面受损，而且认知能力也要遭受损失。因此对这类学生进行英语教育时，更要加强他们的彝语或汉语教育。同时双语教育不仅要关注学生的语能发展，而且还要关注他们的学术认知能力的成长。

第二，建立一支数量足够、质量合格、相对稳定的师资队伍，同时对贫困学生给予经济上的资助，避免中途辍学。建立合格的师资队伍首先应广泛吸纳人才，包括民办教师、自费中师生等；其次，对优秀教师给予优惠政策，在工资待遇、子女就业、配偶工作安置等可给予一定的特殊照顾。要关心教师，帮助教师解决实际困难，形成尊师重教的良好风气；再次，一方面可举办一些短期培训班，以解燃眉之急，另一方面还需制定长远计划，与有关高等院校挂钩，有计划地培养一批高质量、多层次的双语师资队伍。同时还可以采取在职进修、脱产进修等形式，不断提高教师的业务水平；最后，可以派遣部分教研人员到双语教学经验丰富的地方，如西藏、青海去调研和学习，他山之石，可以攻玉。另外，对于给学生的资助，除个人资助外，政府应给予大力支持，加大资金投入；等待教材的出炉，配置现代化教育设备，对品学兼优的学生可减免学费，实行奖学金制度等。

第三，必须自始至终地抓好教材读物的编撰工作。教材是完成教学目的和任务的保证，教材编写得好坏，直接影响教学质量。教材编写应依据以下原则：一是针对性。针对彝族学生汉语水平较低的现状，教材应具有浅显易懂、涉及面广泛的特点。二是科学性。主要指词汇的适度与重视；语法的难易程度与安排，讲解适应学生的可接受性；课文的循序渐进性与每门课之间的配合等。三是实践性。主要指“学以致用”，教学内容与教学过程必须有利于语言的实际操作。

第四，解决教学中的“通车”问题。目前彝英双语教学只在初中进行，高中阶段就停止了，面对考学的现实压力许多家长不愿让孩子接受这种教育。因此西昌市民族中学在总结过去办学经验的基础上，于2002年秋季在初中再办两个双语实验班，同时拟办一个高中双语教学班，以保证彝英双语教学的延续性。

另外根据心理语言学从实验和理论研究方面提出的语言习得“临界期”理论，即大脑左半球仅仅是在某一阶段以前才具有习得语言的倾向。某种语言能力的习得依赖于大脑是否具有习得这种语言能力的可塑性。因此各种语言都有自己的临界期，随着年龄的增长，言语中枢的可塑性将逐渐减少并消失。从彝汉双语教育的实践看，成人学习汉语就比儿童困难得多。因此，笔者认为在有条件的地区，应该提倡在小学，甚至学前儿童中实行彝英双语教育的实践。

第五，大胆创新，内引外联，构建彝英双语教育体系。彝英双语教育是凉山民族教育事业的组成部分，也是民族工作的重要内容。当前国外许多学者很重视双语教育方面的研究，并已取得一些成果。而国内对双语教育的研究起步较晚，尤其是民族地区对双语教育的探索与实践的时间都不长，更何况彝英双语教育是一项新的教育模式。因此，笔者认为彝英双语教育应大胆创新，引进内地人才和教育改革的成功经验，加强横向联系，向其他有丰富双语教育经验的民族学习，取长补短，构建彝英双语教育体系。

目前我们可以看到彝英双语教学尽管还存在不足之处，但作为新生事物，它已初步显示出其优越性。但是要想构建新的教育体系还任重而道远，因此需要这种模式自身不断地完善与发展。希望不久的将来，彝英双语教育不仅在凉山彝族地区得到推广实施，能给其他民族兄弟的双语教育提供宝贵经验，而且能为彝族地区的政治、经济和文化的发展做出应有的贡献。

参考书目

[1] 余惠邦主编．双语教育．成都：四川大学出版社，1995.

[2] 马学良，戴庆厦．我国民族地区双语研究中的几个问题//中国少数民族双语研究专集．北京：民族出版社，1990.

[3] 李学铭，何国详编．语文教育学院第六届国际研讨会论文集．香港：香港教育署，1991.

[4] 云南省少数民族语文指导工作委员会编．民族语文理论政策讲座．昆明：云南民族出版社，1992.

[5] [日] 伊藤嘉一．外语教学法的发展趋向．外国教育，1986（6）．

[6] 王德春．语言学通论．南京：江苏教育出版社，1990.

[7] 张余蓉，余惠邦，马锦卫．四川彝族地区双语教育现状及其发展前景．西南民族学院学报：哲学社会科学版，1992（6）．

[8] 余惠邦. 略论四川民族地区的双语现象和双语教学. 西南民族学院学报, 1986年民族语言研究专辑.

[9] 马锦卫, 胡书津. 试论双语代码转换. 西南民族学院学报: 哲学社会科学版, 1992 (2).

[10] 张伟. 浅谈双语教学的类型. 云南民族语文, 1987 (3).

[11] 姜永德. 在汉语教学中如何利用本族语. 汉语学习, 1982 (4).

反思成人行为，关注孩子成长*

——关于教育的一点思考和困惑

伍　芝

已近不惑之年的我，通过多年的学习和体会认识到：人要学会做人，就得接受教育。因为教育能增进人的知识技能，影响和培养人的品德修养，使人有能力过上有意义的生活。可是，当我认认真真地用心灵来体味和反思在成人社会中的生存感受时，不得不遗憾地认为，要学会做人，过上有意义的生活很难。包括我自己在内的许多成人们虽然接受了多年的系统和非系统的各类教育，但其生活态度、价值取向等人生观还是多么的混乱。究竟学会做人没有？生活得是否有意义？仍是一个需要回避的问题。而我们这些成人们在孩子们的生活中，又时时刻刻有意无意地扮演着施教者的角色，接受教育的孩子们在其成长过程中从身边的成人们身上获得的做人的信息是非常的混乱和矛盾。当有一天，孩子们长大成人，终于担当起施教者的角色的时候，很可能仍无法面对“怎样做人”、“生活是否有意义”之类的问题。想到这些，我常常被苦恼和悲哀的情绪所困扰。

回忆往事，在我刚懂事时，正值“文化大革命”。大多数家庭里，父母的精神生活非常压抑，加上物质匮乏、工资又低，所以，对孩子们最大的关爱莫过于吃饱、穿暖。大多数的家庭都一样的拮据，想要维持正常的生计，父母们很不容易抽出多余的钱来买当时认为是很奢侈的东西，如小人书、小玩具等。孩子们非常渴望得到这些奢侈品，如果有哪位小朋友有了一本新买的小人书，那么众多的孩子便会簇拥着这位小朋友，如饥似渴地共同翻看。好在当时功课少，课余时间较多，于是邻里间的孩子们便会经常自发地聚在一起进行充满了希望的各种劳动，比如拣废铁、碎玻璃，收集牙膏皮、破旧的胶鞋、凉鞋、鹅毛、鸭毛等弃物到废品收购站去卖，甚至还采集过中草

---

* 本文原载《凉山民族研究》，2002 年刊，173 页。

药晾晒干后背到中药铺去卖。虽然收入很少，但却可以在一定的时候换回渴望的东西。记得有很长一段时间，在周末的时候，包括我父母在内的成人们还带着自己家和邻里的孩子们去离城较远的山林里采集枯树枝背回家做燃料以减少家庭的开支。我那时还年幼，虽然背不动薪柴，却仍积极地背着小背篓跟着去拣松果。中午饿了就喝几口山泉，吃一点儿干粮（多数时候是半个馒头），感觉真是可口极了。生活过得自然清苦，我不知大人们当时是怎么想的，但做孩子的我们总是带着极高的热情和快乐的心绪参与这些劳动。在不知不觉间，既锻炼了体力、毅力，又培养了热爱的美好情操，同时也懂得了物质的来之不易，从而学会了珍惜。一支钢笔尽量小心地用上好几年，一本连环画册可以珍藏很久都不会弄破。而现在的孩子们感觉好像已经被学习的重负压得喘不过气来，在家里做一点儿简单的家务劳动，在学校里打扫一下卫生都成为沉重的负担。很多孩子根本体会不到劳动的乐趣。改革开放以后，国家的政治和经济形势都越来越好，物质极大丰富，很多人的生活也逐步走上富裕。但随之而来的技术和物质至上主义也就紧跟着侵蚀人们的内心世界。大人们已无法抵挡物欲的横流，占有的欲望像“黑洞”一样永无尽头。孩子们幼小和脆弱的心灵便必然遭到直接的冲击。看看我们周围的城市孩子，获得的物质是如此的丰富，各类玩具、书籍、学习用具往往数不胜数，但很难有满足的时候。拥有的快乐是非常的短暂，就更谈不上珍惜了。

在我孩提时代的印象里，虽然家庭经济困难，母亲身体也较弱，但这一切似乎都没有影响她关心帮助他人的热情。比如有一次，母亲到医院看病，遇到一位素不相识的乡下来的病人急需白糖，可当时买白糖不仅需要钱还需要一种专门的票证（商业部门特制的副食票），母亲顾不得看完病赶紧把那位病人带回家，并让其拿走了家里仅有的白糖。我当时小学里的班主任也是一位像我母亲一样乐于助人的中年女性，记得有一次，我家里的副食票不知道怎么弄丢了，她知道后便把自己家里的副食票分了一部分给我家用。这样的小事很多，虽微不足道，但在当时艰难的生活环境中，却像一颗颗闪烁着美丽的光彩的小星星，点缀着灰暗的生活。正是像我母亲和我的班主任老师这样的许许多多大人们的这种平凡的乐于助人的美好品质，无声地影响了我和很多的孩子们。至今，我的心灵深处仍存留着渴望关爱和帮助他人的温情。不过，由于社会环境的变迁，人际关系的变化，我的乐于助人的善心常常被疑心压倒。比如疑心街上乞讨的人是骗子，根本不敢帮助不认识的人，甚至不敢信任认识的人。物质虽然丰富了，但人与人之间的信任度却越来越低。关爱也往往不是心灵的自然流露，甚至包含着很大成分的功利色彩。在家里常常给孩子灌输不要轻易相信人，要学会保护自己，要提防坏人、骗子之类的信息，而实际情况也的确让人不得不灌输这样的信息。在这种氛围里，孩子们怎么可能持久地保存一份真诚待人的美好性情。在学校里，虽然孩子也不断接受着要有爱心、要关爱他人的品德教育，并常组织捐款、捐物等助困活动，但往往流于形式，难以达到升华孩子思想品德的目的。我想，单纯靠一种形式来体现教育的目的，其效果不可能好到哪儿去。况且，现时社会的竞争越来越激烈，市场化又使得一切向“钱”看。专门从事系统教育的学校这块园地也不可避免地充斥着竞争的火药味。市场化使得孩子们在获取各种知识时，甚至品德修养时都必须通过金钱来换取。学校之间的升学率、老师之间的晋级晋职、同学之间的考试排名等等之类的无情竞争往往遮挡了孩子们的视野，孩子们的真诚和心灵深处的关爱之情的嫩芽常常得不到充足的养分而枯萎，有时甚至遭遇摧残和践踏。同时，孩子们的生长环境还充斥着许多的不平等。比如农村孩子和城市孩子、经济不发达地区和发达地区的孩子以及不同家庭背景和生存状况的孩子，他们受教育的机会和质量自然不可能均等。这就使得孩子们从小在思想深处，不断填充着人与人之间生来就应该是不平等的观念。那么，那些机会太少，甚至没有机会接受系统的学校教育的孩子长大成人后，又怎么可能有足够的机会成为“有能力过上有意义的生活”的人呢？能做到自食其力，不仇视和报复社会就够令人敬佩了。

纵观普遍的家庭教育，不少家长在教育子女时往往态度粗暴、方式简单，甚至打骂孩子，不把孩子看成有丰富情感的人。而学校教育中仍存在较严重的不尊重学生人格的简单训斥和不合理约束。这些不良的教育方式给孩子们的心灵造成的影响和伤害是无法估量的。因为弱小的孩子们在体力和智力都比自己强大得多的老师和家长们面前只好认输，不服也得服。强大的成人们往往不愿给弱小的孩子们对话的机会。这种以强凌弱，以大欺小甚至以暴力取胜的教育方式，使孩子们从小就耳濡目染了强权意识，非民主意识，乃至暴力和战争意识。

我在想，我们许多成人们在孩子们的眼中肯定是说一套做一套、言行不一、放任自流的人。因为明明是错的事，这些成人们却可以反复的去做。比如“吃、喝、嫖、赌”是人们早已认同的不争的错事，可如今仍有那么多的成人们在做，有的错事甚至可以明目张胆、理直气壮地去做。古人说：“其身正而令行，其身不正虽令不从。”身教重于言教。所以，那些聪明和好奇的孩子们自然盼着快快长大，尽快做一个可以自由自在做错事的成人。有些孩子甚至还等不及长大成人就开始尝试做一些成人做的错事了。

我常常体会到，过分关注自我的感受，是导致成人们发生自由任性，甚至不负责任行为的重要原因之一。比如：如果父母过分关注自己的浪漫情怀，那他或她可能就会忽视了对孩子应尽的责任，而使孩子的心灵遭受到完全可能避免的创伤；如果父母不惜丧失原则和人格来过分关注个人的升职、晋级、财富获取，那么就可能在无意中塑造出孩子卑微和极端自私自利的品性；反过来，如果父母过分强化自己几近虚荣的人格尊严而不去参与现实社会的正常竞争、过分强调自己年龄大了而不再学习、进步，那么就会不知不觉地给孩子灌输病态的虚荣心和不思进取的懒散性情。

细想一下，其实做尽坏事的人都是成人，而施教者却必须由成人来承担，问题是谁来约束成人？谁来教育成人？答案还是成人。当然，不可否认的是，我们的国家已逐步向健全的法制社会迈进，但步履坎坷，不然为什么会出现不少身居有权约束人的要职的腐败官员。在这里，我没有雄厚的理论功力和高深的思想底蕴来探讨各种体制和法律制度等问题，也不想像多嘴的老朽一样喋喋不休地谈论人心不古之类的话题，我只希望我们这些成人们为了孩子，能常常摸着自己的胸口，从心灵深处回忆自己的成长经历，反思作为成人的品德行为，时时提醒自己努力做一个有意义的人。

最后，我以一位5岁孩子与母亲的一段对话来结束这篇杂乱无章的拙文。

孩子：“妈妈，日本鬼子小时候就是日本鬼子吗?”

母亲：不是，孩子。

孩子：那是什么呢?

母亲：是和你一样的小孩子。

孩子：那他们怎么变成日本鬼子的呢?

母亲无言以对。

彝语判断动词 ŋɯ^{33} “是” 句式比较研究*

朱文旭

一、彝语方言中判断动词“是”语音形式

在有关彝语及汉藏语论著中称“是”为“系词”（向熹）、“判断谓词”（马学良），一般教科书和字典中称“判断动词”。

彝语方言判断动词“是”在北部、东部、东南部、南部、西部、中部六大方言中其语音形式比较如下：

	是		是
凉山喜德（北部）	ŋɯ^{33}	云南石林（东南部）	ŋɛ^{33}
贵州大方（东部）	ŋɤ^{21}	云南双柏（南部）	ŋɤ^{21}
贵州咸宁（东部）	ŋɤ^{21}	云南巍山（西部）	ŋa^{55}
云南武定（东部）	ȵe^{33}	云南南华（中部）	ŋa^{33}
广西隆林（东部）	ŋə^{21}		

从以上比较中可以看出，彝语方言中判断动词“是”其语音形式除云南武定话读 ȵe^{33} 外，其余方言其辅音均为 ŋ，元音和声调略有差异。本文首先以凉山彝语为主进行探讨，然后和其他方言的句法形式进行比较。

二、ŋɯ^{33}（是）在肯定句中的句法形式

ŋɯ^{33}（是）在凉山彝语肯定句中一般位于句末。例如：

---

* 本文原载《凉山民族研究》，2003 年刊，207 页。

ŋa^{33} zo^{44}zɯ^{33} ŋɯ^{33}.　　我是学生。
我　学生　是

ʑi^{33} tshʅ^{44} ma^{33} ma^{55} ʑi^{33} ŋɯ^{33}.　　这个房子是教室。
房　这　个　教　房　是

dza^{33} bo^{33} mbo^{21} khu^{55} ŋɯ^{33}.　　今年庄稼长得好。
庄　稼　好　年　是

有时在 ŋɯ^{33} 后添加 ʑi^{21}（呵）、ʑi^{21} lɔ^{21}（啊）或 dɯ^{21} lo^{44}（原来）等语气词。例如：

tshʅ^{33} ŋɯ^{33} ʑi^{21}.　　是他呵。
他　是　呵

tshʅ^{33} ŋɯ^{33} lɔ^{21}.　　是他啊。
他　是　啊

tshʅ^{33} ŋɯ^{33} dɯ^{21} lo^{44}.　　原来是他。
他　是　原　来

这种后加语气词在句中起到传达一定感情色彩的作用。

彝语方言中，ŋɯ^{33}在肯定句中的表现形式比较如下：

例句 1：这本书是我的。（书这本我的是）

喜德　thɯ^{21} ʑʅ^{33} tshʅ^{33} dzi^{55} ŋa^{55} vi^{33} ŋɯ^{33}.

大方　su^{33} shʅ^{21} phe^{21} ŋu^{21} dʑie^{33} ŋɤ^{21}.

武定　so^{33} so^{55} tʂhɒ^{33} ph i̤^{21} ŋbɤ^{21} ȵe^{33}.

石林　i^{33} si^{55} pɯ^{33} la^{33} ŋa^{33} ɤa^{33} ŋɛ^{33}.

双柏　su^{33}ˀe^{55} pɤ^{21} ŋo^{21} dʑe^{33} ŋɤ^{21}.

巍山　thiu^{21} tʂa^{55} tʂhi^{21} peŋ^{21} ŋa^{33} ɤɯ^{21} ŋa^{55}.

例句 2：今年是 2002 年。（今年 2002 年是）

喜德　a^{21} mu^{33} ʂu^{33} khu^{55}2002khu^{55} ŋɯ^{33}.

大方　tshʅ^{21} kho^{13} no^{33}2002ȵi^{55} to^{33} ȵi^{33} ȵi^{55} kho^{13} ŋɤ^{21}.

武定　tʂha^{33} kho̠^{33} no^{33}2002ȵi^{55} ɤɯ^{11} di^{33} ȵi^{55} kho̠^{33} ȵe^{33}.

石林　tɕi^{55} qho^{21}2002khu^{21} ŋɛ^{33}.

双柏　ˀe^{55} khu̠^{33}2002ȵi^{21} to^{55} khu̠^{33} ŋɤ^{21}.

巍山　tʂhi^{21} n̥i^{33} 2002nian^{21} ŋa^{55} mi^{33}.

例句3：那是盐巴。(那些盐巴是)

喜德　a^{33} dzɿ^{44} gɯ^{33} li^{33} tshɯ^{33} ŋɯ^{33}.

大方　na^{55} lɯ^{33} tshu^{33} ba^{21} ŋɤ^{21}.

武定　ɣɯ^{55} no^{33} tsho^{33} n̥e^{33}.

石林　i^{33} la^{33} zi^{33} tsha^{21} mu^{33} ŋɛ^{33}.

双柏　kɤ^{55} dʐi^{33} tsho^{33} ŋɤ^{21}.

巍山　ŋa^{55} tsha^{21} bo^{33} ŋa^{55} mu^{33}.

ŋɯ^{33}（是）在彝语各方言肯定句中其位置都位于句末，在早期的彝文文献中亦是如此。云南武定清朝乾隆三十年（公元1765年）墓碑彝文：

a^{21} so^{33} mɔ^{55} ʐo̠^{21} ʐi^{33} bɔ^{33} n̥e^{33}.　　是阿索夫妇墓。

阿 索 妻 夫 坟 墓 是

贵州大方明朝成化二十一年（公元1485年）“成化钟”彝文：

ndʑi^{33} mu^{55} a^{33} tɕi^{33} fie^{33} ŋɤ^{21} tshɯ^{21} n̥i^{55} mi^{21} tshɯ^{21} sə^{33} kho^{13}.

君 长 阿 基 权 是 十 二 秋 乙 巳 岁

sə^{33} hu^{21} da^{33} tshɯ^{21} ŋu^{33} pi^{55} lu^{55} n̥i^{21} ŋɤ^{21}.

四 月 初 十 五 丙 寅 日 是

时为阿基君长执政十二年，岁在乙巳，四月十五日丙寅吉日。

三、ŋɯ^{33}（是）在否定句中的句法形式

ŋɯ^{33}（是）在凉山彝语否定句中一般都位于句末，在ŋɯ^{33}（是）前加否定副词a^{21}（不）表示否定。例如：

A. ŋa^{33} m̥a^{55} mo^{21} a^{21} ŋɯ^{33}.　　我不是教师。

我 教 师 不是

B. tsho^{33} tshɿ^{44} gɯ^{33} a^{21} ŋɯ^{33}.　　这些人不是好人。

人 这 些 不好

C. ʐi^{33} tshɿ^{44} ma^{33} m̥a^{55} ʐi^{33} ma^{33} a^{21} ŋɯ^{33}.　　这个房子不（像）是教室。

房 这　个 教 房 个 不 是

需要引起注意的是，三句虽然同为否定句，但在否定性的程序上存在差异。其中A、B句都属于否定性很强的一类；而C句所传达的否定性相对较弱，即不能非常确定自己的结论（这个房子不是教室），而且该句一般出现在对话语境中。

进一步分析来看，A、B句之间的区别体现在B句同时可以存在以下否定句型：

B′ tsho^{33} tshɿ^{44} gɯ^{33} a^{21} xɯ^{44} gɯ^{33} ŋɯ^{33}.　　这些人不是好人。

人 这 些 不 好 些 是

B″ tsho^{33} tshɿ^{44} gɯ^{33} xɯ^{44} gɯ^{33} a^{21} ŋɯ^{33}.　　这些人不（像）是好人。

人 这 些 好 些 不 是

B″句在句法上与C句相同，均是添加了量词 gɯ^{33}（些）和 ma^{33}（个），从而减弱了句子所表达的否定语气。但是由于否定副词这时修饰的重心是形容词 xɯ^{44}（好），所以否定副词 a^{21}（不）能够直接加在 xɯ^{44}（好）前，构成全句语义上的否定，而不再紧随句末判断动词 ŋɯ^{33}（是），如B′句所示。而该句的否定程度则介乎B句、B″句之间。

综上，B句、B′句、B″句三者在否定性程度上语气是依次递减的。这时判断句 ŋɯ^{33}（是）在否定句中位置固定，即为句末；但是否定副词 a^{21}（不）则可视情况或者添加在判断动词前，或者添加在所修饰中心语前。

下面补充 a^{21}ŋɯ^{33}（不是）用在凉山彝语古谚中的实例：

kha^{33} ɤa^{33} lo^{55} lu^{33} a^{21} ŋɯ^{33}.　　大话再多不是财。

口 才 财 物 不 是

tshɿ^{21} mo^{21} xɯ^{33} vi^{33} a^{21} ŋɯ^{33}.　　肺片成堆不是肉。

肺 片 肉 物 不 是

同时需要指出的是，彝语否定副词在凉山地区为 a^{21}，其余方言中还有 ma^{21} 这一形式。

例句：这本书不是我的。（书这本我的不是）

喜德　thɯ^{21} ʐɿ^{33} tshɿ^{44} dzi^{55} ŋa^{55} vi^{33} a^{21} ŋɯ^{33}.

大方　su^{33}thɿ^{21}phe^{21}ŋu^{21}dʑie^{33}ma^{21}ŋɤ^{21}.

武定　so^{33}so^{55}tʂhɒ^{33}phi^{21}ŋo^{21}bɤ^{21}ma^{21}ȵe^{33}.

石林　i^{33}si^{55}pɯ^{33}la^{33}ɤa^{33}ma^{21}ŋɛ^{33}.

双柏　su$^{33\text{ɔ}}$e^{55}pɤ^{21}ŋo^{21}dʑe^{33}ma^{21}ŋɤ^{21}.

巍山　thiu^{21}tʂa^{55}tʂhi^{21}peŋ^{21}ŋa^{33}ɤɯ^{21}ma^{21}ŋa^{55}.

四、ŋɯ^{33}（是）在疑问句中的句法形式

在凉山彝语中，用ŋɯ^{33}构成的疑问句句式有以下几种主要的表现形式。

（一）重叠ŋɯ^{33}

A. tshɿ^{33} zo^{44} zɯ^{33} ŋɯ^{44} ŋɯ^{33}?　　他是学生吗？

他　学　生　是　是

B. i^{21} ȵi^{21} dɔ^{33} ŋɯ^{33} ȵi^{21} ŋɯ^{44} ŋɯ^{33}?　　今天是初五吗？

今天　初　五　日　是　是

C. tshɿ^{33} bu̱^{33} su^{33} ŋɯ^{44} ŋɯ^{33}?　　是他写的吗？

他　写　的　是　是

D. hɯ^{33} sa^{33} su^{33} ŋɯ^{44} ŋɯ^{33}?　　是好看的吗？

看　好　的　是　是

这里同时补充彝语方言中重叠“是”所构成的各种疑问句式，举例如下：

例1：这本书是你的吗？（书这本是你的是是）

喜德　thɯ^{21}ʐɿ^{33}tshɿ^{44}dzi^{55}ni^{55}vi^{33}ŋɯ^{44}ŋɯ^{33}?

毕节　su^{33}phei^{21}tʂhɿ^{21}phei^{21}na^{21}bu^{13}ŋɯ^{21}ŋɯ^{33}?

双柏　su^{33}pɤ^{33}kɤ^{55}pɤ^{33}na^{21}dʑe^{33}ŋɤ^{21}ŋɤ^{21}?

例2：这棵树是桐子树吗？（这棵树桐子树是是）

喜德　sɿ^{33}tshɿ^{44}bo^{33}tho^{21}ndzɿ^{21}sɿ^{33}ŋɯ^{44}ŋɯ^{33}?

毕节　se^{33}tʂhɿ^{21}dʑie^{33}tho^{21}ndzɿ^{21}dʑie^{21}ŋɯ^{21}ŋɯ^{33}?

双柏　si$^{33\text{ɔ}}$e^{33}dzɤ^{55}tho^{21}zo^{33}ŋɤ^{21}ŋɤ^{21}?

例3：老师是彝族吗？（老师彝族是是）

喜德 m̥a^{55}mo^{21}nɔ^{33}su^{33}ŋɯ^{44}ŋɯ^{33}?

毕节 mu^{55}ɕie^{21}ȵi^{55}su^{33}ŋɤ^{21}ŋɤ^{21}?

双柏 ɕi^{55}thu^{33}na^{33}su^{33}ŋɤ^{21}ŋɤ^{21}?

“是”重叠后中间添加“不”构成的疑问句式举例如下：

这本书是不是你的？（这本书你的是不是）

喜德 thɯ^{21}ʑʅ^{33}tshʅ^{44}dzi^{55}ni^{55}vi^{33}ŋɯ^{33}da^{21}a^{21}ŋɯ^{33}?

毕节 su^{33}phei^{21}tʂhʅ^{21}phei^{21}na^{21}bu^{13}ŋɯ^{21}ma^{21}ŋɯ^{33}?

双柏 su^{33}pɤ^{33}kɤ^{55}pɤ^{33}na^{21}dʑe^{33}ŋɤ^{21}ma^{21}ŋɤ^{21}?

（二）ŋɯ^{33}前加 da^{21}，构成 da^{21}……ŋɯ^{33}选择疑问句式

A. nɯ^{33} nɔ^{33} su^{33} da^{21} he^{33} ŋga^{55} ŋɯ^{33}? 你是彝族还是汉族？

你 彝 人 或 汉 人 是

B. ʂa^{33} dzɯ^{33} su^{33} mu^{21}pa^{55} da^{21}la^{21} bu^{33} ŋɯ^{33}? 吃小麦的是马还是牛？

麦 吃 的 马 或 牛 是

C. nɯ^{33}i^{55} da^{21} bo^{33}su^{33} ŋɯ^{33}? 你是住下还是走？

你睡 或 走 是

D. ni^{55} tho^{55} da^{21} ni^{55} la^{21} vu^{55} ŋɯ^{33}? 年龄比你大还是小？

你 上 或是 你 下 面 是

（三）句中加 da^{21}a^{21}，即在重叠形式 ŋɯ^{33}ŋɯ^{33}中间添加 da^{21}a^{21}构成是非疑问句

A. tshʅ^{21} mu^{33} ŋɯ^{33} da^{21} a^{21} ŋɯ^{33}? 是他的马吗？

他的 马 是 或 不 是

B. ʑe^{55} ma^{44} su^{33} m̥a^{55} mo^{21} ŋɯ^{33} da^{21} a^{21} ŋɯ^{33}? 唱歌的是老师吗？

唱 歌 者 老 师 是 或 不 是

C. ʂu^{33} khu^{55} vo^{55} khu̠^{33} ŋɯ^{33} da^{21} a^{21} ŋɯ^{33}? 今年是猪年吗？

今 年 猪 年 是 或 不 是

这种疑问句式与重叠形式的疑问句式相比较，发出疑问者自身已经对事情的真相略有所知，只是再次加以证实而已。

（四）句末加 pa^{55}，即在 $ŋɯ^{33}$（是）后加疑问语气助词 pa^{55} 构成疑问句式

A. $tsho^{21}$ $m̥a^{55}$ mo^{21} $ŋɯ^{33}$ pa^{55}？　　他们是老师吗？
他们 老 师 是 吧

B. $nɯ^{33}$ ne^{21} $ʂa^{44}$ $tsho^{33}$ $ŋɯ^{33}$ pa^{55}？　　你是凉山人吗？
你 凉 山 人 是 吧

（五）前加 $ɕi^{44}$、$ɕe^{55}$（什么）或 kha^{55}（哪儿），即在 $ŋɯ^{33}$ 前添加 $ɕi^{44}$、$ɕe^{55}$ 或 kha^{55} 构成 $ɕi^{44}$（$ɕe^{55}$）……su^{33} $ŋɯ^{33}$ 或 kha^{55}……su^{33} $ŋɯ^{33}$ 疑问句式

A. $nɯ^{33}$ $ɕi^{44}$ $ɕɿ^{55}$ $ŋɯ^{33}$？　　你姓什么？
你 什么 姓 是

B. $tshɿ^{33}$ kha^{55} bo^{33} su^{33} $ŋɯ^{33}$？　　他到哪儿去了？
他 哪里 去 的 是

C. do^{21} kha^{55} $ŋga^{33}$ la^{33} su^{33} $ŋɯ^{33}$？　　消息是从哪里来的？
话 哪里 过 来 的 是

D. $tshɿ^{33}$ $ɕi^{44}$ $ŋɯ^{33}$ su^{33} $ŋɯ^{33}$？　　他为什么会这样？
他 什么 是 的 是

E. $ɕi^{44}$ $ŋɯ^{33}$ su^{33} $ŋɯ^{33}$ $tsho^{33}$ ko^{33} a^{21} la^{33} o^{44}？　　不知为什么人不来了？
什么 是 的 是 人 不 来 了

（六）彝语方言中 $ŋɯ^{33}$（是）前加疑问词构成的疑问

例1：他是谁？（他谁是）
喜德　$tshɿ^{33}kha^{44}di^{33}ŋɯ^{33}$？
大方　$thi^{21}a^{21}ɕie^{33}ŋɯ^{33}$？
武定　$thi^{33}a^{21}se^{33}ȵe^{33}$？
石林　$khi^{33}a^{21}sa^{33}ŋɛ^{33}$？
双柏　$kɤ^{55}a^{21}so^{33}ŋɤ^{21}$？
巍山　$\underline{u}^{33}ma^{21}a^{21}sa^{21}ŋa^{55}mi^{55}$？
例2：你是哪里人呢？（你哪里人是）
喜德　$nɯ^{33}kha^{55}ko^{33}i^{55}su^{33}ŋɯ^{33}$？

大方　$na^{21} sa^{55} ko^{33} su^{33} ŋɤ^{21}$？
武定　$na^{33} kha^{33} ma^{55} so^{33} ȵe^{33}$？
石林　$khi^{33} vɛ^{33} xa^{33} lo^{33} ŋɛ^{33}$？
双柏　$kɤ^{55} xe^{21} kho^{55} xa^{55} ŋɤ^{21}$？
巍山　$a^{33} tsa^{33} xiː^{55} eiː^{21} ŋa^{55} x\tilde{a}^{55}$？

例 3：是谁的马呢？（谁的马是）
喜德　$kha^{44} di^{33} mu^{33} ŋɯ^{33}$？
大方　$a^{33} ɕie^{33} dʑie^{33} mu^{33} ŋɯ^{33}$？
武定　$a^{21} se^{33} mu^{33} ȵe^{33}$？
石林　$a^{21} sa^{33} ɣa^{33} mu^{33} ŋɛ^{33} lɛ^{33}$？
双柏　$a^{21} so^{33} dʑe^{33} mo^{33} ŋɤ^{21}$？
巍山　$a^{21} sa^{21} ɣɯ^{21} ɔ^{55} ŋa^{55} miː^{55}$？

例 4：那里是什么呢？（那里什么是）
喜德　$a^{33} diː^{55} ko^{33} ɕi^{44} gɯ^{33} ŋɯ^{33}$？
大方　$na^{55} ko^{33} tsʅ^{33} lɯ^{33} ŋɯ^{33}$？
武定　$ɣɯ^{55} kɯ^{55} mo^{33} tʂo^{55} ȵe^{33}$？
石林　$khi^{33} ta^{33} a^{33} mi^{33} ŋɛ^{33}$？
双柏　$kɤ^{55} na^{33} a^{21} xɤ^{33} ŋɤ^{21}$？
巍山　$nu^{55} ma^{21} a^{55} tsa^{55} tʂhao^{21} ŋa^{55} miː^{55}$？

（七）$su^{33} ŋɯ^{33}$ 结构句式

凉山彝语谓语如果是动词、形容词，那么句末的 $ŋɯ^{33}$（是）前必须添加 su^{33}，构成 $su^{33} ŋɯ^{33}$ 结构句式。

A. 动词 + $su^{33} ŋɯ^{33}$。例如：

$nɯ^{33}$ kha^{55} i^{55} su^{33} $ŋɯ^{33}$？　　你是哪里人？
你　哪　住　是

a^{21} kha^{33} su^{33} $ŋɯ^{33}$.　　是不要的。
不要　是

nga^{55} $tɕi^{21}$ $dʑo^{33}$ su^{33} $ŋɯ^{33}$.　　是有好处的。
利　益　有　是

B. 形容词 + $su^{33} ŋɯ^{33}$。例如：

$i^{33}ti^{44}$ $ndzɯ^{33}$ su^{33} $ŋɯ^{33}$. 是漂亮的衣服。

衣服 美 是

$tshɿ^{33}$ ta^{44} po^{55} $ndʑi^{33}$ su^{33} $ŋɯ^{33}$. 他是跑得快。

他 跑 快 是

vo^{55} $ʂɯ^{33}$ $tshu^{33}$ $su^{33}ŋɯ^{44}$ $ŋɯ^{33}$? 是不是肥猪肉？

猪 肉 肥 是 是

需要补充的是，该句型还可以省去 $ŋɯ^{33}$，且句义不变。例如：

$nɯ^{33}$ kha^{55} $i^{55}su^{33}$? 你是哪里人？

你 哪 住

$i^{33}ti^{44}ndzɯ^{33}$ su^{33}. 是漂亮的衣服。

衣服 美

从以上各实例我们可以推测：一是先有“动词 + su^{33}”和“形容词 + su^{33}”结构句式，然后才在此基础上产生“动词（形容词） + $su^{33}ŋɯ^{33}$”句式。二是动词、形容词不能直接和 $ŋɯ^{33}$（是）结合，这时就需要添加 su^{33} 作为过渡。这一点也类似汉语中的“我写的是字”本身符合语法规则，而省去“的”变成“我写是字”则为违反语法规则。三是 $ŋɯ^{33}$ 添加于 su^{33} 后仅仅起加强肯定语气作用，后来在口语中逐渐脱落，简缩成“动词（形容词） + su^{33}”句式。

综上所述，彝语判断动词 $ŋɯ^{33}$（是）所构成的句式整理如下：

肯定句：A + B + 是

否定句：A + B + 不是

疑问句：A + B + 是是

A + B + 是不是

A + B + 是 + pa^{55}

A + 疑问词 + 是

A + 疑问词 + B + su^{33} + 是

五、与亲属语的“是”句法形式比较

彝语支语言判断动词“是”语音形式和句法形式比较如下。

哈尼语“是” ŋɯ^{55}（ŋa^{33}）。例如：

ŋa^{33} ja^{33} xa^{31} n̥i^{31} za^{31} ŋa^{33}.　　我们是哈尼族。
我 们 哈 尼 族 是
ɕi^{55} ɣa^{31} phju^{55} n̥u^{55} za^{31} ma^{31} ŋɯ^{55} ŋa^{33}.　　这位不是汉族。
这 个 汉 族 不 是 是
to^{24} tsa^{33} a^{31} so^{55} ŋɯ^{55}？　　谁是队长？
队 长 谁 是
a^{31} jo^{31} xa^{55} ge^{33} tsho^{55} ŋa^{33} la^{31}？　　他是哪里人？
他 哪里 人 是

傈僳语“是” ŋa^{33}。例如：

ɣo^{35} n̥i^{31} dʒo^{44} ma^{44} sa^{55} za^{31} ŋa^{33}.　　那两个是我的侄儿。
那 两 个 我的 侄 儿 是
e^{55} vu^{33} ha^{55} ŋa^{33}.　　他买下了。
他 买 下 是
a^{55} mo^{21} the^{33} thi^{31} tʃi^{33} a^{31} ma^{44} tɛ^{55} ŋa^{33}？　　这匹马是谁的？
马 这 一 匹 谁 的 是

纳西语“是” ua^{31}。例如：

thɯ^{33} na^{21} ɕi^{33} uə^{31} ŋa^{31} la^{33} na^{21} ɕi^{33} ua^{31}.　　他是纳西族，我也是纳西族。
他 纳 西 是 我 也 纳 西 是
thɯ^{33} ə^{33} ne^{31} ˀua^{31}？　　他是谁？
他 谁 是

努苏语“是” ˀne^{53}。例如：

va^{21} do^{35} ɬa^{54} ta^{55} a^{21} sɤ^{21} nɤ^{21} mɛ^{35} mɛ^{21} thi^{54} n̩e^{35} ˀne^{53}。
烘 架 晒 谷 子 一些 是
烘架里晒着的是一些谷子。

ɕi^{35}ku^{21} sɤ^{21}nɤ^{21} ba^{21}a^{21} ˀne^{53}. 这个是白的。
这 个 白 是

khe^{21ˀ} ne^{53}ne^{55}? 是谁啊?
谁 是

拉祜语“是”zu^{31}。例如：

tsa^{31} thɔ^{53}lɛ^{33} ŋa^{31} da^{21} ve^{33} ɔ^{31} tshɔ^{31}zu^{31}. 扎托是我的好朋友。
扎 托 我 好 朋 友 是

tsa^{31} va^{21}lɛ^{33} mɯ^{53} la^{53} mu^{53}mi^{31} ve^{33}li^{33} ma^{11} pa^{11}zu^{31}.
扎 瓦 勐 廊 地 老 师 是
扎瓦是勐廊镇的老师。

白语“是”tsɯ^{33}。例如：

mo^{31} thɯ^{33} xã^{42} xo^{44} ŋo^{31} tsɯ^{33} pɯ^{21} xo^{44}. 他是汉族，我是白族。
他 是 汉 族 我 是 白 族

ji^{55} tsɯ^{33} sv^{55} po^{55}. 你是老师。
你 是 老 师

a^{31} ko^{33} ji^{55} tsɯ^{31} khɯ^{31} tã^{31} xo^{44} tso^{21} pio^{33}? 阿哥你是不是兰坪人?
阿 哥 你 是 不 是 兰 坪 人

lia^{42} tsɯ^{33} nɯ^{55} va^{21} nɛ^{55}? 这是你的吗?
这 是 你 的 吗

基诺语“是”ŋə^{42}、ŋə^{44}、ŋa^{55}。

（1）陈述句ŋə^{42}。例如：

ɕe^{33}ɤ^{33} nə^{42} pə^{42} se^{55}mɛ^{55} ŋə^{42}a. 这是你打死的。
这 你 打 死 是

ɕe^{33} ɤ^{33}do^{55} tshi^{44} ŋə^{42}a. 这是毒药。
这 毒 药 是

（2）否定句ŋə^{44}。例如：

ɕe³³ɤ³³ nə⁴² pə⁴² se⁵⁵mɛ⁵⁵ mɔ⁴⁴ ŋə⁴⁴a. 这 你 打 杀 不 是	这不是你打死的。
ɕe³³ɤ³³ do⁵⁵ tshi⁴⁴ mɔ⁴⁴ ŋə⁴⁴a. 这 毒 药 不 是	这不是毒药。

（3）疑问句 ŋə⁴⁴。例如：

ɕe³³ɤ³³ nə⁴² pə⁴² se⁵⁵ mɛ⁵⁵ ŋə⁴⁴ ɛla⁴²? 这 你 打 杀 是	这是你打死的吗?
ɕe³³ɤ³³ do⁵⁵ tshi⁴⁴ ŋə⁴⁴ɛla⁴²? 这 毒 药 是	这是毒药。

（4）感叹句 ŋa⁵⁵。例如：

ɕe³³ nə⁴² pə⁴² se⁵⁵ mɛ⁵⁵ŋa⁵⁵! 这 你 打 杀 是	这是你打死的啊!
ɕe³³ɤ³³ do⁵⁵ tshi⁴⁴ ŋa⁵⁵! 这 毒 药 是	这是毒药啊!

土家语 "是" siu³⁵、si⁵⁵。例如：

ko³⁵ pi³⁵ tsi⁵⁵ kha²¹ siu³⁵. 他 毕 孜 卡 是	他是土家族。
ŋa³⁵ pha⁵⁵ kha⁵⁵ pu³⁵ si⁵⁵. 我 汉 族 不 是	我不是汉族。

彝语支语言判断动词 "是" 语音形式表现各异。其中辅音声母在彝、哈尼、傈僳、基诺、努苏语中为 ŋ；拉祜语为 z；白族为 ts；纳西语则已经失去辅音声母，只余下元音 ua³¹；土家族 siu³⁵、si⁵⁵与汉语 "是" 音近。从句法上来看，"是" 多数位于句末，只有白语其位置与汉语相同，可能后期受汉语影响而致。

藏缅语 "是" 语音和句法比较如下。

羌语 "是" ŋuə³³。例如：

tsa^{33}ti^{ˑ33}tə^{33}phʐi^{ˑ55}ŋuə^{33}，tha^{33}ti^{ˑ33}tə^{33}ȵi^{ˑ55}ȵi^{ˑ31}ŋuə^{33}.
这　　　白　是　那　黑　　　是
这是白的，那是黑的。

羌语判断动词除 ŋuə^{33} 外还有 ty^{33}、dʐe^{33}，其中 ty^{33} 判断的对象一定是单数，dʐe^{33} 所判断的对象一定是复数。此外 ŋuə^{33} 可以用来代替 ty^{33} 和 dʐe^{33}，而 ty^{33}、dʐe^{33} 却无法替换 ŋuə^{33}。同时，ty^{33} 和 dʐe^{33} 都不能和否定副词结合使用，只有 ŋuə^{33} 才能和否定副词结合使用。例如：

tha^{33}ti^{ˑ33} tə^{33}tʃhʅ^{31} tɕi^{ˑ55} ty^{33} pa^{33} ue^{33} ko^{33} mi^{ˑ55} ŋuə^{33}.
那　厕　　所　是　猪　圈　不　　是
那是厕所，不是猪圈。

普米族“是”də^{13}。例如：

tə^{55}gɯ^{55} xõ^{13} bõ^{13}gɯ^{13} də^{13}.　　　　他是白族。
他　　白　族　　是

疑问式 ɛ^{13}də^{13}（dimu^{13}）。例如：

nɛ^{13} phʐə^{55} mi^{55} ɛ^{13}dimu^{33}？　　　　你是普米族吗？
你　普　　米　是

否定句 ma^{13}də^{13}（dʒə^{13}）。例如：

ɛ^{55} phʐə^{55} mi^{ˑ55} ma^{13} dʒə^{13}.　　　　我不是普米族。
我　普　　米　不　是

藏语“是”（藏文 jin、red）re^{ʔ13}。例如：

ja^{13} ȵi^{ʔ43} ŋɛ^{14} tʂho^{13} ko^{43} re^{ʔ13}.　　　　台上两个是我的朋友。
上　一　我的　朋　友　是

khoŋ^{44} ca^{13} mi^{14} re^{ʔ13}. 他是汉人。
他 汉 人 是

疑问句：疑问词 + re^{ʔ13}。例如：

ti^{13} kha^{13} re^{13} re^{ʔ13}? 这是什么？
这 什 么 是

否定句：ma^{13}re^{ʔ13}。例如：

ti^{13} ȵø^{ʔ13} pama^{13} re^{ʔ13} khoŋ^{55} kɛsø^{ʔ13} pare^{ʔ13}. 这不是买的，是他做的。
这 买的 不 是 他 做的 是

珞巴语 “是” ko、ɦiə:、loŋ。例如：

ko mi tur ko. 他是男人。
他 男 人 是
ŋo bo kar ɦiə. 我是珞巴人。
我 珞 巴 是
ɕi ŋo ka ugu loŋ. 这是我的家。
这 我 的 家 是

疑问句：dəna ɦiə。例如：

no ojok da dəna ɦiə? 你有腰刀吗？
你 腰刀 有 吗

否定句：ɦiə moŋ。例如：

ŋo lopt ʂə ɦiə gegen moŋ. 我是学生，不是老师。
我 学生 是 老师 不

即名词之后用 moŋ “不”，并且同时省略 “是”。
仓洛门巴语 “是” ki^{13}、ki^{13}la^{13}。例如：

tɕaŋ¹³ ɕo mon¹³ pa⁵⁵ ki¹³ la¹³. 我是门巴族。
我 门巴 是

否定句：maŋ¹³ ki¹³。例如：

ai⁵⁵ tham⁵⁵ tɕe²⁵⁵ raŋke¹³ ken¹³ maŋ¹³ ki¹³. 我们都不是老师。
我们 一 切 老 师 不 是

错那门巴语“是”jin。例如：

ŋe³⁵ møn³⁵ rik³⁵ jin³⁵. 我是门巴族。
我 门 巴 是
pe³⁵ mø:³⁵ rik³⁵ jin³⁵ te³¹. 他是藏族。
他 藏 族 是

否定句：men³⁵、min³⁵ te³¹。例如：

ŋe³⁵ cer³⁵ kÃn⁵⁵ men³⁵. 我不是老师。
我 老 师 不是
ˀi⁵³ jɛ³⁵ cer³⁵ kÃn⁵⁵ min³⁵ te³¹. 你也不是老师。
你 也 老 师 不 是

独龙语“是”e⁵³。例如：

paɔ⁵⁵ dʑi⁵⁵ fe⁵⁵ a³¹ pai⁵³ sɯ³¹ xi⁵⁵ sa⁵⁵ e⁵³. 这封信是父亲寄来的。
这 信 父亲 寄 是
pa²⁵⁵ ŋa⁵⁵ pla²⁵⁵ a³¹ ni⁵⁵ gɯ⁵⁵ ŋai⁵³ tɕɯ⁵³ sa⁵⁵ e⁵³. 这两条鱼是我捞的。
这 鱼 二 条 我 捞 是

嘉戎语“是”ŋos，有人称、数和时间的变化。例如：

ŋa mə wə－phou ja ŋos. 我将是她的丈夫。
我 她 丈 夫 是

ŋa kẽm mə wa－ndʐi na－ŋo－ŋs. 我现在正是她的伴侣。
我 现在 她 伴侣 是
ŋa kə－stɕe－i mə wa－ndʐi nɑ－ŋo －ŋs. 我在从前是她的伴侣。
我 从 前 她 伴 侣 是
ŋə ndʐe ka－ʃa－ ndʐi ŋoʃtʃh. 我俩互相是朋友。
我 俩 互 为 朋友 是
ŋə ȵə tuŋ tʂə ŋo－i. 我们是同志。
我 们 同 志 是
mə ndʒəs kɐ－ʃɐ－ndʐɐp kə－ŋos. 他俩相互是夫妻。
他 俩 互 为 夫 妻 是

道孚语“是” ŋu。例如:

thə ngə lə ŋu rə thə gə lə ŋu rə. 这是吃的，那是穿的。
那 吃 是 那 穿 是
thə ŋa də－ntɕhu si ŋu rə. 这是我听到的。
那 我 听 到 是
ədə zgəŋa gə－zʁe si ŋu rə. 这是煮过的鸡蛋。
这 鸡蛋 煮了 是

却域语“是” si^{31}。例如:

ŋa^{13} pe^{13} ri^{55} si^{31}. 我是藏族。
我 藏 族 是

扎坝语“是” wa^{33}、ʐɛ^{13}、ʐa^{33}。例如:

nu^{55} shə^{55} wa^{33}? 你是谁?
你 谁 是
ŋu^{55} ʐu^{55} da^{33} wa^{55} ʐɛ^{13}. 他是达娃。
他 达 娃 是
ŋa^{13} ja^{13} ʐi^{55} wa^{33} tɕe^{13}. 我是汉族。
我 汉 族 是

ku^{55} ʐu^{55} tɕha^{55} ʐə ^{55}ʐa^{33}？　　　　这是什么？
这 什 么 是

西夏语“是”ŋu。例如：

ŋu mi ŋu？　　　　是不是？
是 不 是

纳木兹语“是”dʑi^{53}。例如：

nuo^{33} khe^{55}ji^{55} dʑi^{53}？　　　　你是谁？
你 谁 是

史兴语“是”ȵõ^{33}。例如：

ha^{33} ʐʅ^{55} dzɛ^{33}gɛ^{55} ȵõ^{33} thɛ^{33} ʐʅ^{55} gu^{55}gɛ^{55} ȵõ^{33}.
这 个 吃 是 那 个 穿 是
这是吃的，那是穿的。
thɛ^{33}ʐʅ^{55} hao^{55} wɛ^{33}hi^{55} ȵõ^{33}.　　　　他是做饭的。
他 饭 做 是

嘎卓语“是”ŋɛ^{33}。例如：

ji^{33} ŋa^{33} sɛ^{33} pa^{31} ŋɛ^{33}.　　　　他是我爸爸。
他 我 家 爸 爸
tɛ^{31} tsi^{24}li^{33} tshi^{33} lo^{31} ŋɛ^{33}.　　　　一斤是十两。
一 斤 十 两 是
tho^{33} si^{55} tshi^{33} a^{33} ŋi^{31} tsa^{24} ŋa^{33} ŋɛ^{33} ja^{33}.　　　　那两件白的新衣是我的。
衣 新 白 那 两 件 我 是

浪速语“是”ŋat^{31}。例如：

ŋɔ^{31} a^{31} jõ^{55} tʃɔŋ^{31} tsɔ^{35} ŋat^{31} dʒa^{55}.　　　　我是他的学生。
我 他 的 学 生 是

载瓦语“是”ŋu̱t^{55}。例如：

thai$^{\cdot 21}$ van^{55} ki$^{\cdot 21}$ tʃnŋ^{55} ko^{21}e^{55} mau^{21} mji$^{\cdot\cdot 51}$ ŋu̱t^{55}le^{51}.

台　湾　中　国　的　土　地　是

台湾是中国的领土。

khě^{55} ŋji$^{\cdot\cdot 55}$nai$^{\cdot 21}$ nuŋ^{55} mo^{ʔ55}ki$^{\cdot 21}$ sã^{21} dʒa^{55} ŋu̱t^{55}pe^{51}.

今　天　你　们　老　师　是

从今天起你们是老师了。

阿昌语“是”ŋ̥e^{ʔ55}。例如：

ŋ̥aŋ^{31} kă^{31} phuaŋ^{31} ŋ̥e^{ʔ55}ŋ̥e^{ʔ55}.

他　汉　族　是

他是汉族。

a^{31} na^{55}pi$^{\cdot 31}$ si$^{\cdot 55}$ ŋ̥eɔ^{55}ne^{31}?

红　什　么　是

红的是什么？

景颇语“是”dʒe^{51}。例如：

tiŋ^{31} la^{33}ni$^{\cdot 33}$ tai$^{\cdot 33}$ ko^{31} ʃe^{33} tʃaŋ^{55} dʒe^{51}.

老　人　这　个　社　长　是

这个老人是社长。

kă^{33} tai$^{\cdot 33}$ dʒe^{55}?

谁　个　是

是谁？

此外，有些语言肯定句式已经表现出逐渐省略判断动词的发展趋势。例如仓洛门巴语：

nan^{13} pø^{13}rik^{13} （ki^{13}la^{13}） mo^{13}?

你　藏族　是　吗

你是藏族吗？

嘎卓语“是”有些肯定句中也可以省略。

藏缅语中判断动词构成句式如下：

肯定句：A + B + 是

否定句：A + B + 不是

疑问句：A+疑问词+是

A+B+是+语气词

A+B+语气词+是

A+B+是+不+是

结　语

综上所述，彝语判断动词在各方言中其语音形式基本一致，在句法中表现形式也相同或相似。这种情况说明，彝语方言在分化前已产生判断动词 ŋɯ^{33}（是）。彝语支语言哈尼、傈僳、基诺、努苏语言的“是”语音形式几乎与彝语一致，只有拉祜语为 z，白语为 ts，纳西语为 ua^{33}，土家语为 si^{55}。藏缅语判断动词“是”语音形式多数与彝语支语言相同或相近，如羌、嘉戎、道孚、西夏、史兴、浪速、载瓦、阿昌、木雅等语言辅音声母均为 ŋ、n、ȵ。

彝语支语言和藏缅语判断动词“是”在句法上的表现，肯定句、否定句一般位于句末。白语“是”位置居于主语后谓语前，但白语语序中“主+谓+宾”和“主+宾+谓”两者并用的情况说明“是”位置前移可能受汉语的影响，应该是后起的语法现象。

以上分析从类型学的角度来描述，则为藏缅语判断动词“是”后置的句法特点是由其本身是“主+宾+谓（SOV）”这一基本语法格局所决定的。

参考书目

［1］向熹．简明汉语史．北京：高等教育出版社，1993.

［2］马学良．撒尼彝语研究．北京：商务印书馆，1951.

［3］各民族语言简志．北京：民族出版社，1984.

［4］藏缅语语音和词汇．北京：中国社会科学出版社，1991.

［5］藏缅语十五种．北京：北京燕山出版社，1991.

彝语方言材料：东部方言（杨恩勋同志）（朱崇先同志），东南部方言（黄建明同志），西部方言（马国伟同志），南部方言（李生福同志），中部方言（自文清同志）提供。值此表示感谢。

本文在写作和打印过程中得到我的研究生张静的帮助，在此表示感谢。

二十年来藏缅语语法研究综述*

张　静

一、汉藏——藏缅语族语言研究历史概况

汉藏语系（Sino - Tibetan Family）按李方桂先生在《中国的语言与方言》（1937）一文的提法应分为汉语、侗台语族、苗瑶语族、藏缅语族。此后国内该领域的语言研究主要沿袭了这一分类法。而美国语言学者白保罗（Paul K. Benedict）则对于苗瑶语、侗台语是否应归属在汉藏语系的问题上提出质疑。他在《汉藏语概要》（1972）一书中，把汉藏语分为汉语和藏 - 克伦语两大类，又在藏 - 克伦语下面分藏缅语和克伦语两类。由此可见汉藏语系中对藏缅语族的系属问题相对最无争议。几十年来，对该语族研究的广度和深度也相对充分，当然发现的问题也比较多。

整体来讲，汉藏语系语言的研究最早始于20世纪20年代，而且我国学者在新中国成立以前就开始做汉藏语系语言的历史比较研究。但这一时期研究的规模很有限，研究成果也比较片面。新中国成立后，即20世纪50年代，包括整个汉藏语言在内的少数民族语言研究工作实质上是在少数民族地区开始的一场语文规划工作，调查了各民族语言文字的使用状况。然后经历了60年代和“文化大革命”期间的停滞，80年代以来整个少数民族语言研究的重点开始向学科内涵的拓展上转移。50年代语言普查和1978年以后语言补充调查基础上完成的国家重点课题《中国少数民族语言简志丛书》共计57本，其中藏缅语17本，约占总数的30%。另外据《民族语文》100期统计结果表明，语法研究领域的文章共计153篇，其中涉及藏缅语的有56篇，约占总数的三分之一。

---

* 本文原载《凉山民族研究》，2003年刊，221页。

藏缅语族语言研究内部，语音、词汇学方面的著述成果较之语法方面要丰富。戴庆厦在《中国藏缅语族描写语言学的现状及展望》（载《民族语文》1990年第1期）中论述道："50年代以来开展的语言调查工作受调查组的限制，主要服务于创制、改革、选择文字等，故侧重对语音、词汇的调查，而对语法、语义等方面重视不够。反映在藏缅语描写研究中，则是语音方面的成果比较多，其他方面较少。"当然我们也应看到新近二十年间藏缅语语法研究在众多语言学家、研究者的共同努力下确实取得了丰硕成果。

二、整体性研究情况

就宏观论述性方面的文章来看，有一类标题冠以"汉藏语××研究"，其具体内容至少50%以上涉及藏缅语领域。原因之一是传统习惯使得汉语方面的研究一直独立发展，只是近三十年来，我国学者才开始有意识应用汉藏语系中丰富的语言资料来解释汉语史上的某些问题；其二就是由藏缅语族本身在汉藏语中数量及其分布上的优势地位所决定的。

这方面代表性文章有戴庆厦的《关于汉藏语语法的比较研究的一些理论方法问题》（载《中央民族大学学报》2002年第2期）。该文指出："汉藏语系语法比较研究的重要性表现在：为汉藏语的历史比较提供证据；为语言类型学研究提供材料；为语言教学提供理论方法上的依据。"该文确认了汉藏语语法比较研究的理论意义。对汉藏语某一项语法特征进行综述的代表性文章有：瞿霭堂在《论汉藏语的形态》（载《民族语言》1988年第4期）一文对汉藏语言的形态问题做了综合性探讨，并呼吁应建立完善适合汉藏语自身形态特征的"形态学研究"。其另外一篇文章《试论汉藏语言的虚词》（载《民族语文》1995年第6期）中描述道，虚词是汉藏语言语法系统的一个重要特点。讨论了汉藏语系虚词的特点，研究其功能和形式，明确虚词与实词和形态的界限等问题。提出建立汉藏语言的虚词学将为建立真正符合汉藏语言语法特点的语法学奠定基础。这两篇文章相似的理论意义在于汉藏语系作为一个支系丰富、语法特征亦具特色的语系正在逐步建立符合自身需要的语法学。

第二类宏观论述性质的文章是直接针对藏缅语族内部某一语法问题，或是涉及某一词类特征，或是涉及各词类语法范畴的特点等。

（一）藏缅语中动词的人称范畴问题

关于这一问题的研讨孙宏开有两篇文章。第一篇《我国藏缅语动词的人称范畴》

(载《民族语文》1983 年第 2 期)。该文以独龙语为代表，对我国部分藏缅语中的动词人称范畴的特点进行了说明论证，并由此述及对西夏语的系属问题。作者认为从动词人称范畴的性质特征来看，西夏语与羌语支的联系更为密切。第二篇《再论藏缅语中动词的人称范畴》(载《民族语文》1994 年第 4 期)。此文阐明了十年来对该问题形成的新认识，进一步深入探讨了藏缅语中表达人称范畴的基本形式，尤其强调了“代词化”这一问题。作者认为“代词化是藏缅语的重要特点，其形式可以构拟”。

(二) 藏缅语动词的使动范畴问题

首先，杜若明在《藏缅语动词使动范畴的历史演变》(载《语言研究》1990 年第 1 期) 一文中论述该问题时，指出藏缅语动词使动范畴的演变经历了一个由黏着到黏着与词根并存，再到词根屈折，最后转变为分析形式的过程。同时作者基于语法意义与语法形式互相依存、影响的认识，认为随着使动范畴语法形式的消失，使动范畴的语法意义部分地转变为词汇意义，从而丧失了其普遍性。

其后，孙宏开写作了《论藏缅语动词的使动语法范畴》(载《民族语文》1998 年第 6 期) 一文，在杜文的基础上进一步分析了藏缅语动词使动范畴的各历史阶段不同表达方式之间的历史联系。文章还构拟了使动范畴的原始形式，探讨了其他一些相关问题。

(三) 其他语法范畴问题

(1) 人称代词格范畴

孙宏开在《藏缅语人称代词格范畴研究》(载《民族语文》1995 年第 2 期) 一文中列举了近 20 种藏缅语人称代词的格形式，并对不同形式的格语法范畴来源做了分析，解释了目前藏缅语中一些语言的各种人称代词是历史上格屈折变化的遗存问题。

(2) 体范畴

徐世璇的《缅彝语言体范畴研究》(载《中国语言学报》2001 年第 10 期) 一文通过对缅彝语内部多种语言的综合分析，将缅彝语言体范畴划分为动貌、情貌两种类别。认为体范畴的历史来源性质决定了体范畴两种类别间的复合功能和多种层次。

(3) 数范畴

李大勤的《藏缅语人称代词和名词的“数”——藏缅语“数范畴”研究之一》(载《民族语文》2001 年第 5 期) 一文，主要讨论了藏缅语诸语言在人称代词“数”的表达系统和名词“数”的表达手段之间所呈现的三种情况：即两者使用相同的表达系统；各使用不同的表达系统；两种系统有一定的交叉。

（4）情态范畴

黄布凡在《藏缅语的情态范畴》（载《民族语文》1991 年第 2 期）一文中首次提出，藏缅语中表现说话人对自身行为与主观意识的关系以及说话人对他身动作行为的感知等所形成的语法意义可作为一种“情态范畴”来研究。文章论述了该范畴的种类、与其他语法范畴的关系以及不同语言在情态范畴上的差异等问题。

（四）量词问题

孙宏开的《藏缅语量词用法比较——兼论量词发展的阶段层次》（载《中国语言学报》1998 年第 3 期）一文，针对藏缅语族语言内部量词发展不平衡的特点，从其数量及与其他词类结合的关系比较情况来揭示藏缅语各语言的量词用法差异及其差异间的内在联系。文章还指出了量词发展阶段上的差别在藏缅语分类上的意义。

戴庆厦的《藏缅语族个体量词研究》（《彝缅语研究》，四川民族出版社 1992 年版），比较孙文来看则是单独从藏缅语个体量词这一具体的语言角度出发考察其特点，认为它的产生、发展与数词音节的多少以及量词与数词音节的搭配情况有关。

（五）语法结构及语法形式问题

孙宏开的《论藏缅语语法结构的历史演变》（载《民族语文》1992 年第 5、6 期）一文，认为“黏着型—屈折型（不十分典型）—分析型”反映了藏缅语语法结构历史演变的过程。其另外一篇文章《论藏缅语的语法形式》（载《民族语文》1996 年第 2 期）一文，则分析了藏缅语族语言中的黏着、屈折、分析、重叠等语法形式，描述了其特点、相互之间的联系及区别，并指出对该问题的研究有助于进一步分析、认识藏缅语族各语言的语法体系等问题。

（六）句法问题

（1）疑问句方面

孙宏开的《藏缅语疑问方式试析——兼论汉语、藏缅语特指问句的构成和来源》（载《民族语文》1995 年第 5 期）一文，简要介绍藏缅语中 7 种疑问方式的构成及其特点，并初步论证了汉语书面语中及汉语方言中特指问句和藏缅语发生学上的同源关系，同时还尝试构拟了疑问语素的原始形式等。

戴庆厦、傅爱兰的《藏缅语的是非疑问句》（载《中国语文》2000 年第 5 期）一文在对比 15 种藏缅语及方言的基础上，总结了藏缅语是非疑问句五种形式的特点，并探索其演变规律。

（2）其他方面

黄布凡的《藏缅语“指代—名”偏正结构》（《彝缅语研究》，四川民族出版社1992年版）一文，分析了“指代—名”偏正结构语序的类型并探讨其历史发展阶段。

戴庆厦、傅爱兰的《藏缅语的形修名语序》（载《中国语文》2002年第4期）一文，运用类型学跨语言比较的方法对10种藏缅语的形修名语序进行了初步研究，并就其中的一些具体问题做了探讨。

（七）小结

就以上描述的情况来看，有关藏缅语整体性的研究开始逐渐涉及语法研究的各个层面，而且部分研究点也挖掘得比较深入，更有一些崭新的视角。譬如孙宏开在藏缅语中动词的人称范畴问题和藏缅语动词的使动范畴问题上均做了相当细致、全面的分析、总结，从而使得后继研究者能够站在一个更高的平台上来推进这些问题的探讨。另外，戴庆厦关于藏缅语的形修名语序问题则可视为是运用类型学跨语言比较的方法研究藏缅语语序的开山之作。

三、各语支内部研究状况

（一）藏语支

对该语支某一语法范畴特点进行描写分析的文章主要有：黄布凡的《古藏语动词的形态》（载《民族语文》1981年第3期）。作者从古藏语的书面材料说明了藏语动词的形态丰富性，也即动词本身的屈折变化就可以表示各种语法范畴，初步探索出半数以上的古藏语动词均有严密的变化规律。瞿霭堂的《阿里藏语动词体的构成》（载《民族语文》1980年第4期）一文，除了重点描述阿里藏语六种体的构成特征外，还指出阿里藏语动词构成中的减缩变化是音节减缩趋势在语法形式上的一种反映。这种音节减缩是阿里藏语语法语音发展变化上的一个特点。张济川的《藏语形容词级的范畴》（载《民族语文》1999年第6期）、谢广华的《藏语动词的语法范畴》（载《民族语文》1982年第4期），文章以拉萨话为研究对象，较为全面地讨论了藏语动词的时态、人称、语气、及物（不及物）、自主（不自主）、使动（非使动）等系列语法范畴，并描绘出藏语在长期的历史演变过程中动词的各种形态标准的或消失或合并，然后一些语法范畴逐渐采用虚词作为广义的形态标志的发展趋势。格桑居冕的《藏语动词的使动范畴》（载《民族语文》1982年第5期）一文，描写分析了藏语使动范畴由屈折形式到分析形式的发展特征。

研究句法结构方面的文章主要有：胡坦的《拉萨话中的几种动词句式的分析》（载《民族语文》1981 年第 3 期）一文，总结了藏语动词句常见的三大类型：一是是字句；二是有字句；三是动字句，分析了各类型间的异同点。在他的另一篇文章《论藏语比较句》（载《民族语文》1985 年第 5 期）中，从结构、方式、项目、内容等角度讨论了藏语比较句的诸种类型，还指出藏语比较句有时代和地域的差异。谢广华的《拉萨话的句法结构》（载《民族语文》1985 年第 6 期）一文，具体分析了藏语区别于其他语言的重要特征，即连接和扩展的方式，从而表明了藏语句法结构的特点。江荻的《藏语拉萨话现在时标记及功能》（载《民族语文》1999 年第 5 期）一文，主要讨论了现代藏语拉萨话动词现在时标记的功能及其与谓语动词的关系问题，同时评析了动词情状与谓词时状之间的转换关系。

研究某一词类具体条件下的特征的文章主要体现在藏语动词方面，如江荻的《藏语动词屈折现象的统计分析》（载《民族语文》1992 年第 4 期）、巴桑卓玛的《巴塘藏语动词屈折形态的分析化》（载《民族语文》1990 年第 5 期）、周毛草的《藏语的行为动词和行为结果助词》（载《民族语文》1999 年第 6 期）、车谦的《试论藏语动词在句子中的核心作用》。此外，其他词类方面著述的文章不多，有周毛草的《藏语复合助词中的连接成分》（载《民族语文》1998 年第 2 期）、《藏语方言时态助词研究》（载《民族语文》1999 年第 6 期）。其中江荻的《藏语动词屈折现象的统计分析》一文，采用统计学方法对藏语动词的屈折现象进行了科学分析，在方法论上对藏语的研究是一大突破。

研究藏语支语法的文章，其内容涉及动词方面或主要以动词为说明对象的约占三分之二以上。此外，文章中研究分析的对象多以拉萨话，即藏语卫藏方言为主，必然会使得研究结论受到一定的局限性。但是也应看到很多文章大都能做到由点及面，大胆假设小心求证，从而保证了研究工作的科学性、严谨性。如黄布凡的《古藏语动词的形态》、瞿霭堂的《阿里藏语动词体的构成》、谢广华的《藏语动词的语法范畴》、江荻的《藏语动词屈折现象的统计分析》等文章，可以说既有内容上的相当深度，又在逻辑分析等形式上经得起推敲。

（二）羌语支

研究动词方面的文章占据多数。其中研究羌语动词语法特征具代表性的文章主要有：孙宏开的《羌语动词的趋向范畴》（载《民族语文》1981 年第 1 期）。文章以北部方言麻窝话为分析对象，说明其动词趋向范畴的手段是在动词前加前加成分，同时本文重要贡献是第一次明确提出从语音、语法的比较研究中得到羌、普米、嘉戎有密切亲属关系的认识。刘光坤的《论羌语动词的人称范畴》（载《民族语文》1999 年第1期）一文，重点评介了羌语北部方言麻窝话动词人称范畴特点及其用法，同时指出了声调的产生在羌语由黏着型语言向分析型语言演变中的地位。另外，黄成龙的两篇相关文章分别为《羌语动词的前缀》（载《民族语文》1997年第2期）和《羌语的存在动词》（载《民族语文》2000年第4期）。

该语支中嘉戎语、普米语动词方面的研究文章代表性的有：瞿霭堂的《嘉戎语动词的人称范畴》（载《民族语文》1983年第4期）一文认为，嘉戎语动词人称范畴是通过句中动词所加的和人称代词有关的前缀和后缀来表示主语和宾语的人称和数。需要指出的是，该文的写作是基于羌语、嘉戎语、普米语、僜语一起归入藏语支的认识前提的。傅爱兰的《普米语动词的重叠》（载《民族语文》2000年第3期）一文，通过对415个常用动词的调查，在描写动词重叠的六种类型，各自的语音条件、语法功能、语用特点的基础上，初步探讨了普米语动词重叠的性质及成因。

除了涉及动词研究领域以外的代表性文章有：黄布凡的《羌语的体范畴》（载《民族语文》2000年第2期）一文，重点描写分析了羌语的体范畴语义、形式上的复杂系统，并将以往羌语研究中提到的时制范畴归人体范畴。黄成龙的《羌语形容词研究》（载《语言研究》1994年第2期）一文，综合讨论了羌语形容词类别、词法特点和句法功能，认为羌语形容词词法比较复杂，句法比较简单，还总结了羌语形容词区别于动词及其他词类的一些主要特征。刘光坤的《论羌语代词的格》（载《民族语文》1987年第4期）一文，以羌语南部方言桃坪话为分析对象，探讨了羌语人称代词格语法范畴的句法意义、形式和分布，格范畴的来源、研究格范畴的理论意义等问题。此外还有李山、周发成的《论羌语语法中的否定形式》（载《民族语文》2002年第1期）等文章。

研究羌语支语法的文章数量上明显少于藏语支以及彝缅语支，当然这是和羌语的历史、现实使用状况紧密相关的。但应该肯定的是，文章的质量基本保持在较高水平，有很多具相当研究深度的文章，本身既是填补某一研究领域的空白，又是该研究领域的奠基之作。如孙宏开的《羌语动词的趋向范畴》、刘光坤的《论羌语动词的人称范畴》、黄布凡的《羌语的体范畴》、瞿霭堂的《嘉戎语动词的人称范畴》、傅爱兰的《普米语动词的重叠》等。

（三）景颇语支

景颇语支方面的研究专家国内首推戴庆厦，其主要代表性文章有：《景颇语词的双音节化对语法的影响》（载《民族语文》1996年第5期）。文章指出，双音节化是景颇语的特点，景颇语的语音构造存在双音节化的倾向，并具体分析了双音节化对语法的影响。作者认为从微观上分析语音对语法的制约是研究语法的一个比较重要的任务。《景颇语名词的类称范畴》（载《民族语文》1999 年第 6 期）一文提出，景颇语名词存在个称范畴和类称范畴的对立，并指出类称范畴是景颇语名词的重要特征之一，不仅有语义特征还存在形态特征。《景颇语方位词“里、处”的虚实两重性——兼论景颇语语法分析中的“跨性”原则》一文，着重探讨了虚实两重性是景颇语实词虚化过程中的变异现象问题。《景颇语“形修名”两种语序对比》（载《民族语文》2002 年第 4 期）一文立足于语序类型学、语序蕴涵共性的角度，探讨分析了定中结构两种语序的语法结构和制约条件。《景颇语的话题》（载《语言研究》2001 年第 1 期）一文认为景颇语是一种具有话题结构的语言。话题不同于主语，话题结构也不同于句子成分，两者自成系统，各有标志，各有作用，在句中结为一体使用。景颇语话题的特点，是由其语法类型特点——以分析型为主但又有屈折型特点决定的。《景颇语的结构助词“的”》（载《语言教学与研究》1998 年第 4 期）一文对景颇语三个结构助词“的”的共时特征进行分析，认为三者各有自己的语法形式和语法意义，构成互补。并且考察出景颇语“的”的多样性与其语法形式由屈折型向分析型过渡密切相关。

此外还有徐悉艰的一些相关文章，如《景颇语的重叠式》（载《民族语文》1990 年第 2 期）一文指出，重叠是景颇语一种重要语法手段，景颇语 13 种词类中有 11 种能够重叠。还有《景颇语的使动范畴》（载《民族语文》1984 年第 1 期）等文章。

独龙语方面，杨将领有两篇颇具代表性的文章：《景颇语动词趋向范畴研究》（载《民族语文》1999 年第 1 期）一文探讨了独龙语动词趋向后缀的来源。《景颇语动词的使动范畴》（载《民族语文》2001 年第 4 期）一文着重分析了独龙语使动范畴的共时特征，并进一步揭示了独龙语使动范畴语法形式从黏着形态向分析形式阶段转化的趋势。

景颇语支的研究国内基本由戴庆厦主持。其本人就是研究景颇语的专家，出了很多成果。譬如有意识将语音和语法研究结合起来，从而揭示出研究对象的深层语法特征。《景颇语的话题》一文则是话题研究在景颇语领域内的首次应用。《景颇语的结构助词“的”》则全面深入揭示了景颇语“的”的语法特征，从比较研究、共时和历时相结合的角度将这一问题的研究推上一个较高的平台。

（四）彝缅语支

这部分的研究成果主要体现在对彝语支，尤其是凉山彝语的描写分析上，还有一部分为哈尼语方面的研究。此外，该语支内其他语言以及缅语支中如阿昌语、载瓦语的研究力度相对较轻。具体来讲，研究凉山彝语语法方面的代表性文章主要是陈康的三篇文章：《彝语人称代词的“数”》（载《民族语文》1987 年第 3 期），描述了各地彝语人称代词“数”的丰富性，并划分为单数、复数，第一人称复数的排除式、包括式，双数等语法范畴；《彝语自动词与使动词的形态标志及其由来》（载《民族语文》1990 年第 2 期）一文认为，彝语自动态和使动态声母轻浊交替形态变化是彝语重要的语法特征之一，大致有 11 种不同的变化形式；《凉山彝语句子的语气及表达方式》（载《民族语文》1996 年第 2 期）综述了凉山彝语通过在谓词词根前或中间加词头、词嵌、谓词根重叠或部分重叠等标志表示句子的各种语气。

此外，系列相关文章还有戴庆厦、胡素华的《彝语 ta^{33} 的多功能性》（载《民族语文》1998 年第 2 期），该文通过对凉山彝语 ta^{33} 的共时分析和与方言、亲属语比较，具体描写了 ta^{33} 的一词多功能性和实词虚化的层次。两位作者合著的另一篇文章《凉山彝语的结构助词 su^{33}——兼论实词虚化的层次性》（《中国语言学的新拓展》，香港城市大学出版社 1998 年版），以及胡素华后来写作的《彝语结构助词语义虚化的层次》（载《民族语文》2000 年第 2 期）等都论及了实词虚化或者虚词由固有的实在义虚化为语法义这一同类问题。戴庆厦的《凉山彝语的体词状语助词——兼论彝语词类中有无介词类问题》（载《语言研究》1998 年第 1 期）一文对彝语体词状语助词做了分析研究，认为过去将彝语中的体助词看成是介词值得商榷。胡素华的《彝语动词体貌范畴》（载《民族语文》2001 年第 4 期）一文将彝语动词划分为体、貌范畴，其中体助词的虚化程度高于貌助词的虚化程度。

对凉山彝语形容词方面的研究也有一些，如小门典夫的《凉山彝语的性质形容词和状态形容词》（载《民族语文》2002 年第 4 期）、木乃热哈的《凉山彝语形容词词缀分析》（载《民族语文》1994 年第 1 期）、朱文旭的《凉山彝语 ABAB 式形容词》（载《中央民族大学学报》2001 年第 6 期）等文章。

关于哈尼语的研究，相关文章主要有：李永燧的《哈尼语名、量、动词的同源现象》（载《民族语文》1990 年第 3 期）一文分析了哈尼语同源现象的名词短语，描写了其基本形式、扩展式及其功能。李批然的《哈尼语的量词研究》（载《民族语文》1992 年第 5 期）一文主要对哈尼语量词的来源、类别、语法功能和发展趋势等问题进行了较为详尽的分析、探讨。戴庆厦、李泽然的《哈尼语的“来、去”》（载《民族语文》2000 年第 5 期）、李永燧的《哈尼语形容词生动式和藏语形容词的“级”》（载《民族语文》1986 年第 4 期）、白碧波的《哈尼语存在动词初探》（载《民族语文》1991 年第 5 期）等。

缅语方面的研究文章为数较少，代表性的有：戴庆厦的《载瓦语使动范畴的形态变化》（载《民族语文》1981 年第 4 期）一文重点指出了载瓦语使动范畴出现的多种变换形式是受语音量化条件制约的。徐悉艰的《载瓦语的量词》（载《民族语文》1993 年第 4 期）等文章。袁焱的《阿昌语的述宾结构》（载《民族语文》2002

年第4期）一文从阿昌语述宾结构的类型、语法标记是否受汉语影响产生的新形式等三个方面探讨阿昌语述宾结构的特点。

除以上所述，该语支内其他语言涉及语法研究方面的文章数量非常之少。个别如金有景《拉祜语的主语、宾语、状语助词》（载《民族语文》1990年第5期）、杨焕曲的《纳西语的数量词》（载《民族语文》1983年第4期）等。

彝缅语支的语法研究数量上相对于其他语支占据绝对优势，但遗憾的是多是基于平面上的描写，研究点虽然较多，无奈因为比较、分析均不够充分深入，又缺乏系统的整合，所以整体上来讲不能说是藏缅语中研究成果很令人满意的领域。

四、理论研讨

总体上来讲，我国藏缅语语法的研究自新中国成立，尤其是20世纪80年代以来所取得的理论成就主要体现在两方面：一是运用共时描写的方法通过对具体语言句法现象、范畴、方法等研究获得对该语言、语支，甚至扩展到整个语族的语言发生发展规律。二是在印欧语言的研究基础上产生和发展的历史比较语言学，具体的以范畴为单位对藏缅语族语言中对各种词法及其相应的词法手段进行跨语言比较研究成为认识该语族发生关系学的一个重要角度。许多学者已经尝试针对某些藏缅语典型语法范畴或词类的专题构拟方法，从而努力实现在藏缅语语法的历史比较研究方面能够有所突破。

局限性则体现在：一是基于传统的结构主义的研究方法已经明显落后于当前国际国内语言学发展的总体水平，要想更加全面地认识描写和解释藏缅语族语言自身复杂的结构特点和发展规律，就必须在研究的理论方法上有所突破和创新。二是藏缅语语法研究的理论与方法问题在各个语支内部之间还表现出强烈的不平衡性，相比之下，研究藏语支语法的文章理论广度和深度要强于其他语支的研究。彝缅语支语法的文章明显在理论上缺乏建设性，从而形成虽然相关文章数量居多，但离较高的学术水平层次还有一定差距的尴尬局面。

综合二十年来藏缅语语法研究的情况来看，理论上主要还是局限在描写语言学这一领域。当然，我们应该看到自80年代以来中国少数民族语言语法方面的研究得到广大语言学者的重视程度是越来越高的，尤其是藏缅语方面。同时历史语言学、语言类型学也逐步被运用到藏缅语语法的研究中。具体的，历史语言学在藏缅语语音方面的研究成果就可以进一步结合到语法领域内。语言类型学方面一直重视不够，因此研究上还可以做更多的尝试。

五、研究的发展前景

在认识藏缅语语法研究已经取得的成果及其存在的问题后，我们可以初步对该学术领域未来的研究方向和发展趋势做出宏观展望和预测。

第一，现代语言学理论与藏缅语语法研究材料及传统研究成果的结合将进一步推动对该语族语言包含的深层结构的隐性特征和规则，句法结构蕴含的语义关系和语用关系等问题的系统、深入研究，以期实现与当前国际国内语言学发展的接轨。

第二，语言类型学研究以及通过语言类型学进一步探讨语言共性的问题是当前国际语言学界十分注重的一个研究领域。而具体结合汉藏语系中藏缅语族内部诸如语序类型等问题进行研讨势必会拓展上述研究领域的理论空间。

第三，与汉语深入细致的比较研究也是藏缅语语法研究的未来方向之一。藏缅语和汉语具有同源关系，这在国内外学术界已无争议。一方面，通过寻找同源词和语音对应规律来确立汉藏语系语言的同源关系已经极大地促进了我国历史比较语言学在理论上的进展。另一方面，汉语与藏缅语无论历史上还是现时的接触关系都对重新思考确立其同源关系具有理论上的突破性价值，这亦是对传统历史语言学的一种创新性发展。必然的，藏缅语语法的研究将在这样的“理论气候”下形成与汉语语法研究相得益彰的新局面。这对建立适合汉语、藏缅语乃至整个汉藏语系的语言学理论，而非一味沿袭西方语言学理论，具有深刻的意义。

第四，实验语音学、计算语言学等信息学科的介入，以及现代化研究手段的运用都将拓展藏缅语语法研究的视野，从而使该学术领域的发展迈向更高的起点。

第五，大型语料库的建立和研究为藏缅语语法研究提供了更加丰富的语言材料，同时也必将扩大其研究规模，使得我们的研究工作在各个环节、程序上都更加规范成熟，在实证的意义上强化藏缅语语法自然科学性的一面。

最后，我们一方面要承认自身研究过程中的不成熟和摸索前进的必然性，另一方面也要树立信心，毕竟短短二十年内老一辈和新一代语法研究者都已经做出了不少显著的成绩，这足以激励我们继续沿着前人的脚印，既积累成果，又跳出陈见有所创新和建树。也唯有如此，藏缅语语法的研究才有更光明的前途。

参考书目

[1]［美］K. 本尼迪克特．汉藏语言概论．中国社会科学院民族研究所语言室，1984.

［2］马学良．汉藏语概论．北京：北京大学出版社，1991.

［3］马学良，等．藏缅语新论．北京：中央民族学院出版社，1994.

［4］戴庆厦．中国藏缅语族描写语言学的现状及展望．民族语文，1990（1）．

［5］戴庆厦．关于汉藏语语法的比较研究的一些理论方法问题．中央民族大学学报，2002（2）．

［6］瞿霭堂．论汉藏语的形态．民族语言，1988（4）．

［7］瞿霭堂．试论汉藏语言的虚词．民族语文，1995（6）．

［8］孙宏开．我国藏缅语动词的人称范畴．民族语文，1983（2）．

［9］孙宏开．再论藏缅语中动词的人称范畴．民族语文，1994（4）．

［10］杜若明．藏缅语动词使动范畴的历史演变．语言研究，1990（1）．

［11］孙宏开．论藏缅语动词的使动语法范畴．民族语文，1998（6）．

［12］孙宏开．藏缅语人称代词格范畴研究．民族语文，1995（2）．

［13］徐世璇．缅彝语言体范畴研究．中国语言学报，2001（10）．

［14］李大勤．藏缅语人称代词和名词的“数”——藏缅语“数范畴”研究之一．民族语文，2001（5）．

［15］黄布凡．藏缅语的情态范畴．民族语文，1991（2）．

［16］孙宏开．藏缅语量词用法比较——兼论量词发展的阶段层次．中国语言学报，1998（3）．

［17］黄布凡．古藏语动词的形态．民族语文，1981（3）．

［18］江荻．藏语动词屈折现象的统计分析．民族语文，1992（4）．

［19］胡坦．拉萨话中的几种动词句式的分析．民族语文，1981（3）．

［20］瞿霭堂．阿里藏语动词体的构成．民族语文，1980（4）．

［21］孙宏开．羌语动词的趋向范畴．民族语文，1981（1）．

［22］孙宏开．论藏缅语语法结构的历史演变．民族语文，1992（5、6）．

［23］刘光坤．论羌语动词的人称范畴．民族语文，1999（1）．

［24］黄布凡．羌语的体范畴．民族语文，2000（2）．

［25］黄成龙．羌语形容词研究．语言研究，1994（2）．

［26］戴庆厦．景颇语词的双音节化对语法的影响．民族语文，1996（5）．

［27］戴庆厦．景颇语“形修名”两种语序对比．民族语文，2002（4）．

［28］戴庆厦．景颇语的话题．语言研究，2001（1）．

［29］徐悉艰．景颇语的重叠式．民族语文，1990（2）．

［30］杨将领．景颇语动词趋向范畴研究．民族语文，1999（1）．

［31］杨将领．景颇语动词的使动范畴．民族语文，2001（4）．

[32] 陈康．彝语人称代词的“数”．民族语文，1987（3）．

[33] 陈康．彝语自动词与使动词的形态标志及其由来．民族语文，1990（2）．

[34] 戴庆厦，胡素华．凉山彝语的结构助词 su^{33}——兼论实词虚化的层次性//中国语言学的新拓展．香港：香港城市大学出版社，1998.

[35] 戴庆厦．凉山彝语的体词状语助词——兼论彝语词类中有无介词类问题．语言研究，1998（1）．

[36] 胡素华．彝语动词体貌范畴．民族语文，2001（4）．

[37] 李永燧．哈尼语名、量、动词的同源现象．民族语文，1990（3）．

[38] 戴庆厦．载瓦语使动范畴的形态变化．民族语文，1981（4）．

[39] 袁焱．阿昌语的述宾结构．民族语文，2002（4）．

[40] 瞿霭堂，劲松．汉藏语言研究的理论和方法．北京：中国藏学出版社，2001.

[41] 许嘉璐，王福祥，刘润清．中国语言学现状与发展．北京：外语教学与研究出版社，1996.

古彝文的春天*

吴明先

如果说作为人类社会“活化石”的凉山是个谜的话，那么作为凉山腹心地的美姑县于2003年11月17日至19日成功举办的“中国首届彝族毕摩文化节”则更是谜中之谜了。人们望着那一卷卷发黄的经书和美妙凝重的文字及各种奇特符号，不由得惊叹：“古老彝文的春天终于来到了！”

一

勤劳智慧的彝族人民创造了维系彝族地区稳定、发展的物质文明和精神文明。灿烂的彝族文化是中华文化重要的组成部分，是各族人民的共同财富和相互团结、借鉴学习及共同进步的纽带。彝族人民在长期的实践中创造了自己的语言文字，同时，由于禁锢、缓慢发展的奴隶社会制度的长期存在，加上高寒恶劣的自然条件，原始粗放的生产能力和难达温饱的经济基础，致使多数人丧失了学习、掌握自己语言文字的条件和权利。彝族文字逐渐被神职人员——毕摩所掌握和垄断，连彝族地区地位最高、势力最大、财产最多的土司也敬畏他们几分，这便是古彝谚所说“兹莫（即土司）来了毕摩不起来示礼，毕摩起来示礼反显兹莫无礼”。再凶狠的强盗也不敢偷毕摩的东西。像岭光电先生那样精通彝文和汉文，还懂得英文、法文的土司则被尊称为“兹莫乌伟”即神仙土司式的圣人，而被后世称颂和敬仰。

就像四周被封建社会和半殖民地半封建社会厚壳一层又一层紧紧包围着的凉山为什么直到20世纪50年代还完整地保留着奴隶制社会成为难解之谜一样，有几千年历史的彝族文字为什么能逃过秦王“焚书坑儒”和历代封建王朝歧视、排斥、剿杀的

---

* 本文原载《凉山民族研究》，2003年刊，232页。

繁多劫难在沿金沙江两岸的崇山峻岭中一枝独秀地存活到如今，仍是一道难解的“哥德巴赫猜想”题，要解开这道千古之谜，离开了对毕摩和以毕摩为代表的毕摩文化的研究，将会一筹莫展、寸步难行。

毕摩是凉山彝族社会中一个极为特殊的阶层，在无阶级的原始社会里，他们是氏族的首领、部落的酋长，在有阶级的奴隶社会严格的“兹、莫、毕、格、卓”等级链条中，他们既要站在主子的立场上为其出谋划策，以维持彝族地区的稳定和社会的发展，维护奴隶主阶级的长久统治，同时，他们又要为信奉万物有灵的全体彝族人驱鬼送魂、禳灾祈福，他们还是搜集、整理、传播彝族文字，继承发扬彝族传统文化的“玛莫”（教师），和彝族人民一起创造了丰富多彩、包罗万象、博大精深的毕摩文化，成为灿烂中华文化中一枝独具魅力的奇葩，功不可没。但是，在极“左”思潮的影响下，毕摩和毕摩文化曾一度被认定为“四旧”“残渣余孽”“封建迷信”“牛鬼蛇神”而被全盘否定，受到残酷无情的打击和迫害，其损失是难以弥补的。

二

莽莽黄茅埂，大小凉山以此为界；巍巍龙头山，彝族先祖迁来凉山的支系古侯、曲涅两支在此会师。由于这里是毕摩大师阿苏拉则活动、藏经、成大业、建奇功之地，因此这里又被尊称为“毕摩的故乡”“毕摩文化的源头”“毕摩文化研究中心”，等。随着思想的解禁，党和政府各项方针政策的贯彻落实，古老的彝族文字获得新生，以创制、收集、整理、规范、使用、传播彝文的毕摩为代表的毕摩文化呈现勃勃生机，成为灿烂中华文化中的一朵奇葩，越来越受到世人的关注。1996 年 9 月 15 日，由日本筑波大学历史、人类学系教授佐野贤治等 16 位中外知名人士任顾问、国家民委国际司副司长、中央民族大学哲学系教授巴莫阿依任名誉主任、美姑县人民政府县长沙马古日任主任的“美姑县彝族毕摩文化研究中心”在全国最大的彝族自治州凉山的中心地带诞生了，并从北京、日本等地聘请了 107 名国内外著名的研究员、副研究员共同攻关。近八年来，研究中心“在坚持党的宗教政策的前提下，立足于民族特色，拓宽思路，弃其糟粕，取其精华，古为今用，推陈出新，弘扬民族文化，维护民族团结，提高民族素质，振奋民族精神，促进民族地区经济发展”为宗旨，开展了大量卓有成效的工作，取得了令人瞩目的科研成果。

在美姑这片 2514.57 平方公里的土地上居住着 18 万多勤劳智慧的各民族同胞，其中 98% 是彝族，至今仍传承着自己的语言、文字、习俗、服饰、信仰等，经过历朝历代的磨炼取舍，全县现有 8680 多名毕摩活跃在乡村山寨间，占到全县总人口数的4.7%，真正达到了“村村有毕摩，寨寨有毕惹（即毕摩的徒弟）”。流传于全县的毕摩经书有330多种14多万卷，主要内容包括文学艺术、医药卫生、天文历法、地理历史等，分属祭祖送灵、驱鬼禳灾、占卜预兆等类别。美姑县彝族毕摩文化研究中心成立以来，先后接待了美国、日本、德国、法国、韩国、挪威、澳大利亚等国的专家学者1000多人，接待国内专家学者5000多人。日本出版了关于毕摩文化的专著《金枝》等，拍摄了专题电视片，普遍受到欢迎和好评。彝族、彝学、彝族文字、彝族毕摩文化越来越受到世人的关注，第三届国际彝学会在中国隆重召开，接着中国首届彝族毕摩文化节在美姑召开，来自省内外有关的新老领导、专家学者以及来自美国、英国、日本等国的彝学研究与爱好者齐聚美姑，共同探索这“谜中之谜”。中央电视台、上海东方卫视、海南卫视台、四川电视台、四川日报等新闻媒体云集大凉山腹地，共同为“让凉山走向世界、世界了解凉山”出谋划策、鸣锣开道。会后一个多月，即从2003年12月29日起，中央电视台连续五天专题介绍美姑这片神秘土地上的许多鲜为人知的神秘的人和事，大大地敞开了凉山与外界交往的一扇扇厚重的大门。

三

就像任何古老的传统民族文化都并存着精华与糟粕一样，以毕摩文化为标志的彝族传统文化也有其两重性。著名学者巴莫阿依说：“毕摩文化是由毕摩们所创造和传承，以经书和仪式为载体，以鬼神信仰和巫术祭仪为核心，同时涉及包容了彝族的哲学思想、社会历史、教育伦理、天文历法、文化艺术、风俗礼制、医药卫生等丰富内容的一种特殊的宗教文化。”我们在认真汲取光辉灿烂的思想知识、智慧结晶及其原始朴素的唯物辩证之科学精华的同时，也要善于鉴别、剔除其鬼神信仰和巫术祭仪中的某些封建迷信、伪科学、反科学的糟粕，使其更好地继承和发扬民族优秀传统文化，为新凉山的两个文明建设做出积极的贡献。

语言是思想的直接反映，文字是记录语言的符号，是人类从野蛮进入文明的重要标志。凉山彝文有几千年的历史，至今，聚居区90%以上的彝族民众仍沿袭使用自己的语言文字交换思想感情，学习党的方针政策，获取先进的科学技术，全面建设小康社会。毕摩在创制、记录、传播彝族文字，继承和发扬丰富多彩、十分宝贵的毕摩文化方面功不可没。相传，在凉山彝族历史上，曾出现了四位德高望重、法力巨大的毕摩大师：史资史德、阿普邱补、阿都尔普、阿苏拉则。其中尤以“三岁立志、五岁学毕、八岁出师、九岁纳徒”的阿苏拉则功名最为显赫，影响最为深远，被认为是凉山彝族传统文化的集大成者和传承人。在黄茅埂南端龙头山脊上的藏经楼里储存有大师生前上百卷经书、手迹和神帽、神扇、神笔、神签、神铃、神箭等毕摩法器，它们分装在数个特制的网式经袋内精心保存着，既防潮湿又防虫蛀达百年以上。每年，按照彝族古老的祭祀传统习俗，轮番选派藏经楼附近阿苏拉则的后代毕摩们到楼前念诵经文、杀牲祭祖，将鸡血、鸡毛抛撒于楼壁之上以昭示世人：此楼为神圣不可侵犯的禁地，从而自觉加以保护。凉山解放后，藏经楼的部分文物被中国历史博物馆、中国民族文化宫等征集收藏。其余部分在“十年动乱”时期被当做“四旧”，连同藏经楼被拆毁而散失，目前只剩下一片残垣断壁供人凭吊和追思了。

四

正因为是凉山的腹心地带，美姑县直到民主改革的1956年才创办第一所民族小学，经过47年的艰苦奋斗，民族教育写下了最新、最美的篇章，绘下了最新、最美的图画：191所民族小学，近千名教职工，20 877名小学生遍布全县，县城里还办有幼儿园1所，初中1所，高完中1所，成人教育培训班348个，已使93%以上的学龄儿童入了学，学习自己的民族文字使95%以上的青壮年脱了盲，初步完成了基本普及初等教育和基本扫除青壮年文盲的历史使命。

吉克家是毕摩阿苏拉则传经授业最有成效的毕摩世家，在美姑、在凉山影响广泛，受人尊重。1953年，偏僻的瓦古乡瓦古村吉克老毕摩终于盼来个可以接班的胖儿子吉克洛目，全村人都欢喜庆贺。洛目似乎也不负众望，天生聪明好学、灵巧敏捷，还没满8岁就已熟练地掌握了三套“毕术”。人人见了人人夸：在毕摩世家里，其前途必定无量！可是，就在他刚满8岁那年，瓦古村来了个汉族教师李定华创办民族小学，便彻底改变了吉克洛目的人生历程。从此，他走上了另一条成才的路子：洛目成了李老师最得意的学生和助手，村高小毕业，他以优异的成绩考入县初中。可惜的是只读了三个月，因“文化大革命”冲击而被迫回家务农，边劳动边自学。1969年10月他被推荐到凉山民族师范学校读书，1972年10月毕业后分回美姑，被派往更加边远的莫尼乡扎则村去接办一所民族小学。他立下誓言：“我就不相信这里出不了人才，我要是教不出一个像样的高小毕业班来，就绝不离开这里！”淳朴善良的山民们将21个孩子领来交给他，六年后，他把21个合格的高小毕业生交还给父老乡亲们：统考成绩名列全县前茅，有17名学生以优异成绩考入县、区中学，几年后其中的学生吉克阿各从成都幼师毕业回来又像洛目一样当上教师，勒布铁哈成了受人欢迎的兽医，更多的成为乡村干部、致富能手。1978年秋，组织上调吉克洛目同志到子威乡负责全乡教育工作。他凭借毕摩世家的威望和学识，向年轻朋友们讲述自己民族辉煌的历史、灿烂的文化、神奇的文字、不朽的典籍。他将当地广为流传的民间故事、神话传说、尔比尔吉（即格言谚语）收集起来，整理归类，然后自费刻印成书发给孩子们当“课外读物”，以开阔眼界，增加知识，并发给成年人当“扫盲教材”。他亲自兼任成人夜校校长、教员和勤杂工，意外地收到了普教和成教同时发展，相得益彰的奇效，受到群众的广泛欢迎。1980年，子威乡成为全县第一个基本完成扫除青壮年文盲任务的乡。这年，吉克洛目同志被调到甲谷学区担任扫盲专职干部。他像当年毕摩阿苏拉则背着经书、神筒、仙笔、铜铃在彝族地区为彝族民祈求幸福健康那样，遵照党和政府的指示，走遍了全区八个乡的山山水水、村村寨寨，结合实际创造了一套全新的“社会扫盲验收法”，即将教学、考核、应用三阶段结合进行，重在实际应用。扫盲教学和考核验收不仅限于课堂，还深入会场、田头、家里甚至路边、车厢，很快在全区掀起了“群众扫盲，大打文化翻身仗”的热潮。1984年经美姑县人民政府验收，甲谷区的脱盲人数为6428人，合格率为86.75%，成为全县第一个脱盲区。这年，吉克洛目光荣地加入了中国共产党。1986年，吉克洛目同志被调到美姑县文教局成人教育股负责全县成人教育工作，他深感肩上担子的沉重，埋头自学，利用假期自费到西昌、成都去听取中国社会科学院陈士林教授和西南财经学院张礼华教授的课，进一步充实提高自己。为了进一步提高教师教学水平，在他积极主持和参与下，举办了两期成人教育和双语教学专兼职教师培训班和一期“一根笋快速养猪法”培训班，为扩大和巩固全县扫盲成果，进而为学科学技术，脱贫致富奔小康打下了良好的基础。他和他的同事们创造的“将扫盲与计划生育结合、优势互补双丰收”的经验在县内外广泛推广，他收集、整理的《美姑民间故事集》《美姑谚语集》《美姑克智集》《美姑儿歌集》等被同胞们视为宝物传阅、珍藏。他亲手撰写的心得经验、学术论文《巩固扫盲成果、发展农村技术教育》《浅淡我县农村彝族妇女扫盲难问题》《美姑双语教育浅谈》等，在省、州有关会议上宣读交流，受到好评和奖励，引起较强烈的反响。他的事迹多次被《凉山日报》、《四川成人教育》、四川电视台等宣传媒体报道，他先后被县、州、省评选为“扫盲先进工作者”“扫盲先进专职干部”“先进个人”等。1989年，经四川省人民政府检查验收，美姑县被授予“四川省扫除文盲先进县”，肯定和表彰了美姑县18万彝族同胞用自己古老的彝文创建的文化翻身伟业。1994年9月，第十个教师节来临之际，四川省人民政府授予吉克洛目同志特级教师职称，他是凉山第一位彝族特级教师。

美姑的扫盲硕果向世人展示：灿烂多彩的民族传统文化，一旦与先进的理念、先进的生产力相结合，就会像核聚变一样创造出许许多多意想不到的人间奇迹来！

吉克洛目由毕摩后代成长为共产党员和特级教师的奇迹向古今昭告，越是民族的，便越是世界的！丰富多彩的世界一定能容纳更加丰富多彩的文化和人才。

五

一则古老的传说告诉人们，创造文字的始祖用左手创造了汉字，所以，汉字从左写到右；又用右手创造了彝文字，所以，彝文字从右写到左。现实呈现在我们面前的是：一些彝学专家用古彝文解读了西安半坡遗址和广汉三星堆的出土文字的谜意。汉文中的“犭”（反犬旁）即“犬”，古彝文到现在仍读“chy”表示“狗”的意思，与汉文“犬”同义；布拖仍有“赤黑”（即狗肉）这个失去人身自由又无家支依靠的奴隶娃子的共同姓氏，以示低贱卑微。因此，不少专家推论：华夏子孙的始祖共同创造了汉文和彝文，以后，由于政治、经济、自然、地理等诸多因素，“同源异流”地发展到目前的状况，因此，可以预见，随着国家的消亡，民族的消亡，汉文、彝文和其他所有文字都将“殊途同归”地趋于统一。

凉山刚解放，中央就派专家到凉山帮助彝族人民解决彝族文字问题，做了大量的工作。可是，由于极“左”思潮的干扰和“文化大革命”的破坏，几经反复后官方被迫停用了，民间仍在使用。粉碎“四人帮”后，古老彝文沐浴春风，又开始发展了。1978年秋，彝语文作为一门主课进入彝族地区中小学教学，这就是通常称作的“二类模式”教学，从1984年秋起，创办了各科用彝语文作为主要教学语文，同时将汉语文作为主课教学的彝文小学。1990年创办彝文初中，1993年创办了彝文高中，1996年开通了从小学到中学、大学主要用彝语文教学的路子，为凉山培养了一大批急需的人才，这便是通常所说的“一类模式”。1997年，中央民族大学民族教育研究所所长兼《民族教育研究》杂志社主编滕星教授受教育部的委托，作为亚洲开发银行“中国少数民族教育支援项目”顾问到凉山进行了两个月的调查后，认为凉山彝族地区的双语教学“是人类双语教育史上的一项规模浩大的实验工程”，其涉及地域之广阔（6万平方公里），学校之多（包括小学、中学、大学近千所），涉及人口之众多（7万多中、小学生和100多万青壮年脱了盲），持续时间之长（近半个世纪），在中国乃至全世界都是极为罕见的。因此，“四川凉山彝族自治州实施的彝汉语教育实验是人类双语教育史上一项规模浩大的工程。该实验工程取得的经验教训，不仅对于中国，而且对于世界各国的双语教育的理论与实践，都将有其一定的指导与借鉴意义”。事实正是这样：第38届联合国教科文组织在日内瓦的展馆里，在美国、法国、日本等国家的有关论坛上，均有彝文和凉山彝族用彝文进行社会扫盲、学校教学的图片、资料及相关的影视展出和播出，而中国首届彝族毕摩文化节的成功举办更是进一步把古彝文、传统的彝民族文化推向了五湖四海。

凉山近半个世纪的双语教学实践证明，一种具有悠久历史、广泛群众基础、活力尽显的民族文字仅限于社会扫盲而不进入现代正规学校教学、使用的话，很难说是真正意义上的继承和使用。而进入学校只局限于“语文”这样独门学科的话，那优秀传统文化的继承和发扬便很难有大的成效。因此，几十年来围绕“彝语是否有用途?使用彝语文是否有前途”这一问题争论不休。1984年前的争论焦点是：彝文没用，要用也只能用来社会扫盲，千万不能进入学校使用；1984年后的争论焦点便大多集中到“一类模式”上：彝文要进入正规学校只能作为一门语文来上，千万不能用来上其他课程，降低质量，误人子弟。虽然，彝语文、汉语文同时使用的双语教学成效越来越显著，可干扰越来越多，阻力越来越大，步履越来越蹒跚，而作为生机勃勃的“一类模式”的彝文小学、中学和大专，不但得不到特殊的关爱照顾，相反，过多的冷眼漠视，苛求责难使其生存发展的空间越来越小。直到2003年年底，美姑县有少数民族中小学学生21 733人，使用双语教学的仅有5400人，占24.85%，其中“一类模式”的彝文小学3所，小学生368人，占全县少数民族中、小学生数的1.69%，彝文初中已停办好几年了。

这就是说，在大凉山腹心地带的美姑中小学校里仍有四分之三以上的学生在违背客观规律地搞“直接过渡”教学汉语文，这与毕摩大师所在的“毕摩之乡”“毕摩文化的源头”等美称是多么的不相协调啊!

其实，这种不协调也正是整个凉山双语教学的一个缩影：全州现有少数民族中小学生共268 992人，使用双语教学的61 706人，占22.94%，其中，彝文中小学生4042人（小学生3275人、初中521人、高中246人），占全州少数民族中小学生总数的1.5%。有的县对一类模式“从来就不感兴趣”，对二类模式开开停停，应付了事，形同虚设。有不少地方的彝文小学办垮了也无人追究，彝文初中招生面临危机，即使免试入学、减免学杂费、增加生活补助也难以完成招生任务。喜德和昭觉两所民族中学的彝文高中班生源濒临枯竭，甚至出现彝文高中毕业生数还没有省招委下达的招生任务数多的反常现象。面对现实，州教育局民族教育科罗科长无比感慨地说：“凉山民族教育已经滑到最低谷阶段了。”这与凉山是我国最大的彝族自治州的地位极不相称。罗科长接着说：“省教育厅已经意识到问题的严重性了，决定从今年起，采取一些特殊措施来振兴双语教学。”是时候了！乘着《四川省民族地区教育发展十年行动计划》的强劲东风，借助中国首届彝族毕摩文化节的成功经验，以双语教学为主要内容的凉山民族教育改革将会迈上一个新的台阶，出现一个鼓舞人心的新局面。

半个世纪的实践证明，经过科学规范整理后的古彝文笔画少（平均4.3画）、字数少（819个）、通假代用字多、易学、易记、易用、易普及、易提高，能很快进入书籍、杂志、报纸、广播、电影、电视等领域，早在20世纪80年代，沙马拉毅教授等专家将彝文输入电脑后很快就显示出其优越性，被一些国外权威专家誉为“世界第二先进文字”。

愿古老彝文在春天里万紫千红、绚丽多姿！

彝语被动句式研究*

朱文旭　张　静

一、屈折形式被动句

彝语方言里有藏缅语中很少见的通过动词、代词的声调屈折变换来表现主动与被动的句法现象。这类被动句既没有表示主动、被动标志的前置词和后置词，也不变换主语和宾语的语序，不依赖句法结构而表达句法变换。句法中的主语是主动（施事）还是被动（受事），完全取决于动词、代词的声调屈折。

凉山彝语动词通过声调变换构成的主动态与被动态。例如：

（1）	ŋa^{33}tshɿ^{33}ndu^{44}	我打他	（主动）
	ŋa^{33}tshɿ^{33}ndu^{21}……	我被他打……	（被动）
（2）	tsho^{33}tshɿ^{33} ʂɿ^{44}	人送他	（主动）
	tsho^{33}thsɿ^{33} ʂɿ^{21}……	人被他送……	（被动）
（3）	ŋo^{21} nə^{33} ʂə^{44}	我们找你	（主动）
	ŋo^{21} nə^{33} ʂə^{21}……	我们被你找……	（被动）
（4）	tshɿ^{33}tsho^{33} gə^{44}	他戏弄人	（主动）
	tshɿ^{33}tsho^{33} gə^{21}……	他被人戏弄……	（被动）

通过动词声调屈折表现的主动句与被动句，就有关现象来看，似乎是处于萌芽状态的一种语法手段。一是因为能表现这种语法关系的词特别少，仅仅是为数不多的个

---

* 本文原载《凉山民族研究》，2002 年刊，176 页。

别动词；二是因为上述例证中被动句式的后背必须补充一定的动词或形容词，句子才能表达完整。例如：

（1）ŋa^{33}tshɿ^{33}ndu^{21}（我被他打……）→tshɿ^{33}ndu^{21} sɿ^{33}du^{33}（我被他打出血）

（2）tsho^{33}tshɿ^{33} ʂɿ^{21}（人被他送……）→tsho^{33}tshɿ^{33} ʂɿ^{21}bo^{33}（人被他送走）

（3）ŋo^{21}nə^{33} ʂə^{21}（我们被你找……）→ŋo^{21}nə^{33} ʂə^{21}ndo^{44}（我们被你找到了）

（4）tshɿ^{33}tsho^{33}gə^{21}（他被人戏弄……）→tshɿ^{33}tsho^{33}gə^{21}pɿ^{21}（他被人戏弄惨了）

凉山彝语代词通过声调变换构成的主动态与被动态。例如：

（1）	tshɿ^{33}ŋa^{44}mo^{33}	他看见我	（主动）
	tshɿ^{33}ŋa^{33}mo^{33}	他被我看见	（被动）
（2）	tsho^{33}tshɿ^{44}ku^{33}	人叫他	（主动）
	tsho^{33}tshɿ^{33}ku^{33}……	人被他叫……	（被动）
（3）	bu^{33} ʂɿ^{33}tsho^{44}thu̠^{33}	蛇咬人	（主动）
	bu^{33} ʂɿ^{33}tsho^{33}thu̠^{33}……	蛇被人戳……	（被动）

代词变调来表现主动与被动的情况和上述动词变调表示主动与被动基本相似，除了第 1 组无需再在动词后加辅助性词语以外，其他两组都需要在动词后加一些趋向助动词。例如：

（2'）tsho^{33}tshɿ^{33}ku^{33}……（人被他叫……）→tsho^{33}tshɿ^{33}ku^{33}si^{44}la^{33}o^{44}（人被他叫来了）

（3'）bu^{33} ʂɿ^{33}tsho^{33}thu̠^{33}……（蛇被人戳……）→bu^{33} ʂɿ^{33}tsho^{33}thu̠^{33}sɿ^{33}o^{44}（蛇被人戳死了）

凉山彝语通过动词、代词本调变调为次高调来区分被动与主动，这种语法手段不充分也不完善，其实与次高调是后起的一种语言现象有关。次高调在凉山彝语中多数情况下是临时变调，不区分词汇意义，只有在个别动词和代词上有语法意义。所以在规范彝文时曾经就有人提出保留次高调是否必要的疑问。但是因上述句法中次高调所显现的语法意义才确立了其不可或缺的地位。

以上这些由声调屈折形式形成主动与被动的对立完全属于语法范畴内的形态变化，它在藏缅语中是非常罕见的，所以引起有关专家学者的浓厚兴趣。

二、分析形式无标志词被动句

彝语分析形式被动句可分为无被动标志词被动句和有被动标志词被动句两大类。彝语无标志被动句句法上主要靠语序来表现。有人将凉山彝语无被动标志词的被动句称为“意义上的被动句”。

就彝语语序问题目前的研究状况来看还不够细致深入。有人对藏缅语八种语言进行比较研究后发现，语序最固定的是彝语，因为彝语相对于其他藏缅语言既缺乏主格助词和宾格助词，还缺乏形态变化。如纳西语有施事主语的格助词 $nɯ^{33}$ 及受事宾语的格助词 to^{55}，带这两个格助词时，语序是改变，但基本意义不变。

但事实上，彝语语序只是相对而言比较固定，从另一角度讲，也有其灵活的一面。譬如，就一般情形而言，彝语主动句句型语序为：S + O + V；被动句句型语序为：O + S + V。这里我们将重点论及后者，也即彝语中无标志词被动句，它在日常生活中使用频率相当高。这种句子的特点是将宾语提前到句首主语的位置上来。例如：

$ʐE^{21}$ $ʐo^{55}$ $tsho^{21}$ pi^{55} xa^{55} ka^{33} o^{44}.　　土豆被他们挖完了。

土　豆　他们　挖　全　部　了

需要提出来探讨的是，上述例中如果把施事主语移到句首的宾语前，也就是试图把这种被动句型转换成主动句句型，其结果是原来的句意完全消失，并产生反义效果。例如：

bu^{33} $dʑi^{33}$ $ŋo^{21}$ ndu^{21} $ɡi^{55}$ o^{44}.　　敌人被我们打败了。

敌　人　我们　打　败了

这句话的意义就无法用主动句型来表述。如果人为地变动施受关系位序，如下所示：

ŋo^{21} bu^{33} dʑi^{33} ndu^{21} ɕi^{55} o^{44}.
我们 敌 人 打 败了

语序虽然发生变动，但句子却不能转换成 S + O + V 主动句型来理解，而只能被强制约束在既定的被动格式中。该句意义为“我们被敌人打败了”。

也就是说，凉山彝语 S + O + V 主动句型如果带上表示动作结果的补语词之后，原句就会自动调整为相应的被动态，即 O + S + VP 句型。

我们认为 O + S + VP 句型之所以不能转换为 S + O + VP 句型，原因在于句中动词的指向发生了变化，即由单指升级为双指。如果用语法学中的配价理论来解释，也就是动词所能支配配角的数目增加了，如下图所示：

bu^{33} dʑi^{33} ŋo^{21} ndu^{21} ɕi^{55} o^{44}
敌 人 我们 打 败

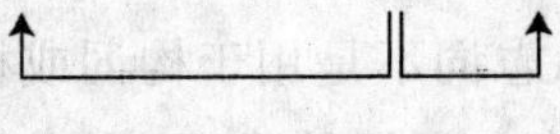

这时若把句中动词补语，即 VP 中的 P 删除，剩下“bu^{33} dʑi^{33} ŋo^{21} ndu^{21} o^{44} 部分，其义变更为“敌人打我们”。即 S + O + V 主动句型。而不能置入 O + S + V 被动句型中理解成“我们打敌人”。但是下例：

dza^{33} ŋo^{21} dzə^{33} （O + S + V）
饭 我们 吃
ŋo^{21} dza^{44} dzə^{33} （S + O + V）
我们 饭 吃

两种句型同时存在，并且表达同一种意义“我们吃饭”。其原因在于句中动词 dzə^{33}（吃）的语义指向很明确：只能是人吃饭，不能使饭吃人。

综合上述分析考察、比较研究可得：彝语无标志词被动句型 O + S + V 和 O + S + VP，成立的条件分别是：前者要求由动词本身产生明确的语义指向，从而限定句中的施受关系；后者要求只要动词带上补语，句型就自动转换为被动语态。

至于 O + S + VP 被动句型为什么不能转换成 S + O + VP 主动句型这一问题，因限于篇幅，本文只做简单介绍，有些问题尚待深入探讨。

三、被动标志词及其句式

彝语方言中大量的被动句式是通过不同的被动句标志来体现的，它相当于汉语的“被”“把”“叫”“给”。

有关被动句标志词性质问题，在一些语法著作和文章中被列为“介词”类或叫辅助动词。譬如汉语中“被”“把”“叫”“给”就有各种称谓，如“介词”“助动词”“助词”等。而从彝语的具体情况来看，这些标志词显然和介词是有区别的。例如，介词 ta^{33}（从）：$nə^{33}kha^{55}ta^{33}la^{33}$“你从何处来?”一般使用介词的语句都不能省略介词。而被动标志词在句中却往往可以省略，省略后句子意义毫无改变。例如：$ŋa^{33}tshɿ^{33}kə^{21}ʂɿ^{21}thi^{55}la^{33}su^{33}$“我被他带到这里来的”。

被动标志词的性质如何确定？彝语词类分实词和虚词两大部分。实词有词汇意义，标志词不是实词；虚词具有造句的语法功能，而标志词既不是介词，也不具有其他虚词的语法功能，所以标志词不是虚词。总之，标志词不是用于构词或构形的词素，它的语法意义表现在强调被动句谓语动词的被动态，根据其语法功能特点，只能归属为强调被动的一种符号。故本文暂且称作“标志词”。

现将彝语部分方言土语使用被动标志词情况介绍如下（其中 O、S、△、VP 分别指代宾语、主语、标志词、动词短语）：

北部方言四川凉山话 $kə^{21}$：

O + S + △ + VP

dza^{33} $ŋo^{21}$ $kə^{21}$ $dzə^{33}$ sa^{55} o^{44}.　　饭被我们吃完了。

饭　我们 被　吃　完了

东部方言贵州威宁话 lo^{33}：

O + S + △ + VP

dza^{33} $ŋu^{21}$ lo^{33} dzu^{33} xo^{21} $ɣu^{33}$.　　饭被我吃掉了。

饭　我　被　吃　掉　了

$ŋu^{21}$ thi^{21} lo^{33} xe^{55} $tʂho^{33}$ li^{33} $ɣu^{33}$.　　我被他带到这里来了。

我　他　被　带　这　来　了

东部方言贵州大方话 ka^{33}：

O + S + △ + VP

dzu^{21} ŋu^{21} xɯ^{33} ka^{33} dzu^{33} gu^{33} du^{13}.　　饭被我们吃完了。

饭　我　们　被　吃　完　了

ho^{21} tɕhy^{33} ȵi^{55} ka^{33} tɕhe^{33} ɕi^{33}xu^{33} du^{13}.　　羊被狼咬死了。

羊　狼　　被　咬　死　了

tɕhy^{33}ȵi^{55} ho^{21} tɕhe^{13} ɕi^{33} ka^{33} du^{13}.

狼　　羊　咬　死　被　了①

南部方言云南石屏话 a^{33}：

O + S + △ + VP

me^{21} dɤ^{33} mi^{55} na^{33} a^{33} ʐu^{21} tʂhɤ^{21} la^{33}.　　老鼠被猫捉住了。

老　鼠　猫　　被　捉　住　了

lu̠^{33} bɤ^{21} ŋo^{21} a^{33} dɤ^{33} tʂɤ^{21} la^{33}.　　我差点被石头打着了。

石　头　我　被　打　差　了

南部方言云南江城话 a^{55}la^{55}：

O + S + △ + VP

su^{33} so^{21} ŋo^{21} a^{55}la^{55} ni^{55} ɤo^{21} ka^{33}.　　书被我看完了。

书　　我　被　看　完　了

mi^{21} dɤ^{33} mi^{55} na^{33} a^{55} la^{55} zu^{21} wa^{33}.　　老鼠被猫捉住了。

老　鼠　猫　　被　　捉　了

西部方言云南巍山话 di^{21}：

O + S + △ + VP

a^{21}ȵi^{55} a^{55}ha^{33} di^{21} tɕi^{33} me^{55}.　　老鼠被猫捉住了。

猫　　老鼠　被　捉　了

---

① 狼在句首主语位置上则句尾动词后需加“被”。

O + S + △ + VP

ŋa^{55} di^{21} ʔu^{33} tʂhu^{55} ɕε^{21} ɕi^{55} la^{55}.　　我被他带到这儿来了。

我 被 他 这 儿 带 来

东南部方言云南弥勒阿细话 gε^{33}：

O + S + △ + VP

ŋo^{33} xA^{33}mo^{33} gε^{33} dzA̱^{21} tε^{33}.　　我被蛇咬着了。

我 蛇 被 咬 着

ŋo^{33} kɯ^{33} gε^{33} tso̱^{55} thA^{21}.　　我被他虐待。

我 他 被 虐 待

东南部方言云南弥勒阿哲话 lA^{55}：

O + S + △ + VP

dzo^{22} ŋo^{22} tɕu^{55} lA^{55} dzo^{21} ku^{33} ɣo^{22}.　　饭被我们吃完了。

饭 我 们 被 吃 完 了

S + △ + O + VP

vi^{33} lA^{33} xu^{33}bA^{21} khɤ^{21} pɯ^{55} ɣo^{33}.　　羊被狼咬死了。

狼 被 羊 咬 死 了

东部方言云南武定话 tɕha^{33}：

O + S + △ + VP

dzo^{11} ŋo^{55} tɕha^{33} dzo^{33} gu^{33}o^{33}.　　饭被我们吃完了。

饭 我们 被 吃 完了

ha^{21} ʂə^{33}mə^{33} lə^{33} tɕha^{33} ju^{21} ɕi^{33} xo^{33}.　　羊被狼咬死了。

羊 狼 被 咬 死 了

南部方言云南墨江话 lA^{55}：

O + S + △ + VP

Ve^{21} ha^{21} lA^{55} tshɯ̱^{21} ɕi^{21} ua^{33}.　　羊被狼咬死了。

狼 羊 被 咬 死 了

南部方言云南双柏话 ɣa²¹ （xo²¹）：

O + S + VP + △

dzo²¹ ŋo³³bɤ²¹ dzo³³ xo²¹ ɣa²¹. 饭被我们吃完了。

饭 我们 吃 完 助

la⁵⁵ phə⁵⁵xa²¹ mo²¹ tshɤ²¹ ɕi²¹ xo²¹. 羊被狼咬死了。

狼 羊 咬 死 助

东南部方言云南石林话 li³³：

O + S + △ + VP

vi³³ li³³ ʐo³³ qhe³³ ʂi³³ xa³³. 羊被狼咬死了。

狼 被羊 咬 死 了

综合上述例证，其被动句型分式及其分布情况归纳如下：

O + S + △ + VP （8 种）：凉山话、咸宁话、大方话、石屏话、江城话、阿细话、阿哲话、武定话；

O + △ + S + VP （1 种）：巍山话；

O + S + △ + VP （2 种）：巍山话、墨江话；

S + △ + O + VP （2 种）：石林话、阿哲话；

O + S + VP + △ （1 种）：双柏话。

就语序上被动标志词所处位置来看，如前所述，彝语被动句式基本上是 O + S + △ + VP 句型。另外四种句型出现频率较低，可能受相邻语言影响或是自身语序变异的结果。例如：巍山话被动标志词 di²¹ 紧跟在被强调部分之后。S + O + △ + VP 和 O + △ + VP + VP。两种句型在该话中并用。墨江话主语和宾语的施受关系逻辑上清楚时可以不用被动标志词，否则就必须使用被动标志词 lA⁵⁵ 加以区分。双柏话被动句型则在句尾用辅助性质的词 ɣa²¹ 和 xo²¹。个别现象的存在表明这些句型本身的不稳定性，因此从历时的观点来看，它们与基本句型的关系是一种伴生状态，当然其内部具体的演化顺序、促变因素等情况比较复杂，需另文讨论。

四、被动标志词的来源问题

关于彝语被动标志词的来源问题，比较彝语自动和使动语法范畴表现形式与彝语被动句式表现形式可知，被动标志词可能来源于使动范畴分析形式的前缀词素或后缀词素。

如凉山彝语被动标志词 kə^{21}与使动范畴前缀词素 ka^{33}不仅语音相近，而且在句式中位置也相同。试比较两种句式 kə^{21}和 ka^{33}的位置与作用。例如：

被动形式：dza^{33} ŋa^{33} kə^{21} dzə^{33} sa^{55} o^{44}.
饭　我　被　吃　完　了
饭被我吃完了。

使动形式：dza^{33} ŋa^{33} ka^{33} dzə^{33} sa^{55} o^{44}.
饭　我　（使）吃　完　了
我把饭吃完了。

如下表示：

类　别	被动句式	使动分析形式
位　置	O＋S＋△＋VP	O＋S＋（使动前缀）＋VP

彝语被动句式与使动分析形式在语序上一致的语法现象，从另一角度来讲，印证了彝语被动句的产生与使动范畴分析形式有着渊源关系。有关文章分析认为："彝语方言中浊、清辅音声母表示自动和使动对应相当工整，少数方言用分析形式来反映使动，这说明彝语方言中的使动式形态从屈折形式逐步向分析形式转变发展。"① 这本身也显示了使动范畴分析形式在彝语语言发展史中承上启下的中介作用，因此极有可能为被动句产生的深层原因做出比较合理的解释。

彝语使动范畴分析形式普遍存在于其方言中。西部方言巍山话被动标志词 di^{21}，使动范畴后缀词素 to^{33}，同样音近义通。例如：

---

① 朱文旭、王成有、方虹：《彝语使动范畴前缀词素研究》，载《民族语文》，1998（6）。

被动形式：tsa^{55} phi^{21} a^{55} ɳ.ɛ^{21} di^{21} tɛ^{21} tɕhi^{21} xa^{55}.

土碗 小孩 被 打 破 了

土碗被小孩打破了。

使动形式：

背（自动）vi^{21} 背（使动）vi^{21}to^{33}

骑（自动）dze^{21} 骑（使动）dze^{21}to^{33}

披（自动）ɤa^{21} 披（使动）ɤa^{21}to^{33}

戴（自动）kho^{33} 戴（使动）kho^{33}to^{33}

凉山彝语前缀 ka^{33} 与部分动词结合情况列表如下①：

基本意义	基本词	前缀词素 ka^{33}	语法范畴
穿	ɡa^{55}	ka^{33}ɡa^{55}	自动
	ka^{55}	ka^{33}ka^{55}	使动
戴	ndi^{55}	ka^{33}ndi^{55}	自动
	ti^{55}	ka^{33}ti^{55}	使动
骑	dzɿ^{33}	ka^{33}dzɿ^{33}	自动
	tsɿ^{33}	ka^{33}tsɿ^{33}	使动
吃	dzə^{33}	ka^{33}dzə^{33}	自动
	tʂa^{33}	ka^{33}tʂa^{33}	使动

关于彝语使动范畴前缀词素及其来源的问题，有文章提到："我们在彝语动词的比较研究中发现一些比较特殊的动词，这些动词带有前缀 ʂu^{33}、ka^{33}、bu^{33}、de^{33}等。其中，有些是前加在自动词前，有些是前加在使动词前。这些前缀词素大部分可以和后面的动词分离，但动词的意思和作用不变，而前缀词素则不表示任何独立的实在意义。"② 由此可以初步推测彝语被动标志词从使动范畴分析形式中脱胎出来后逐渐独立，最终发展成为被动句句式的标志。

上述现象在现代汉语中也有所表现，汉语中的"叫""让"也可以使动、被动兼用，对此研究者们有不同的解释。罗杰瑞（1982）指出，现在的北京话最初是从满

① 朱文旭、王成有、方虹：《彝语使动范畴前缀词素研究》，载《民族语文》，1998（6）。

② 朱文旭、王成有、方虹：《彝语使动范畴前缀词素研究》，载《民族语文》，1998（6）。

族统治东北之后南迁中原的各民族共同使用的一种汉语方言为基础而发展来的，满语的被动使用役使标志来表达被动，很可能有阿尔泰句法的背景。桥本万太郎（1987）又指出，不仅通古斯——满族语、锡伯语、东乡语等阿尔泰语系里某些蒙古族语言也有使动标志兼表被动的特征。这种使动与被动兼用是整个北方各民族共有的一种区域特征。实际上这与罗杰瑞的观点暗合。他认为："现代汉语只限于北方方言的这种使动、被动共用标志的现象会有阿尔泰语系背景更为无疑。"而江蓝生先生则利用汉语自身的历史文献，从汉语自身的特征出发，将这种使动、被动兼用的语法现象解释为："当'与+VP'或'与+N+VP'结构中的VP是及物性的，并且表示受动时，就转化为被动结构；当这两式前面有名词并且表示受事时，就转化为被动句。"①"所以给予动词之所以能兼表使动、被动与处置，就在于变换句中两个名词性成分和谓语动词的施受关系，而施受关系可以变换的原因又要归结到非形态语言的汉语在词法上施受同辞一本质特点。"②

从汉语中对同一问题的研究和阐释里，我们可以得到启示并初步做出判断，也即透过彝语里使动前缀分析形式 ka^{33} 与被动标志词 kə^{21} 语音、句法上相近的表象，可以管窥两者间的深层语法联系。当然更为具体的论证尚有待于进一步的研究工作来完成。这里，我们能够预言的是，无论是阿尔泰语系还是汉藏语系，如果在其语族、语文中反复出现同一类型的问题，那么我们力求完满的解释就必须以不断推进分析视角的广度和深度为前提。

五、彝族被动式与亲属语比较

就汉语的情况来看，其被动句式主要用"被"字句表示。"被"在中古以前的汉语中做动词用。《书经·禹贡》"西被流沙"中的"被"意为"扩展"，《荀子》"泽被民生"中的"被"意为"施及"。中古以后，"被"意为"遭受"，《世说新语》"孔融被收，中外惶怖"中的"被"意为"遭受"。到了近代，"被"字句已成为知识分子口语中常用的句式。此外有少量以"吃""给""叫"等形式表示的被动句。现代汉语语法著作对"被"的分析也有各种意见，但主要是将其处理为介词，认为"被"的作用是引进施动者；而另一些学者则从更为严格的意义上将"被"区别于一般的介词，认为它的语法功能是：构成被动句，使受事名词或名词短语位于句首，因

① 江蓝生：《近代汉语探源》，233页，北京，商务印书馆，2004。

② 凉山彝语这类句型如 dza^{33} tshʅ^{33} kə^{21} he^{21} ta^{33} dzə^{33} sa^{55}（饭他被看着吃完了/饭被他看着吃完了）。

此我们能够看出汉语中也有类似本文提到的“标志词”现象，“被”字的古今演变过程表明了它实词虚化、语义弱化的趋势，“被”字在现代汉语的语法地位等同于被动句的标志符号。

现将汉语的“被”句型举例如下：

名词（受）+被+名词（施）+动词

众人都被他骗了。

名词（受）+被+名词（施）+动词1+动词2

爹被人抬着送回来了。

名词（施）+被+名词（受）+动词

他被那件事愁死了。

说明：这种句型是由使动句型（那件事情愁死他了=那件事使他愁死了=他被那件事愁死了）变换而来的。谓语是动补格，其中的“动词”限于“饿、愁、窘”等少数几个。

在藏缅语言中不少专家学者把类似于彝语被动标志词的情况称作“结构助词”。其中有些用法和功能与彝语非常相似，同时也有相异的地方。例如纳西语的 $nɯ^{33}$ 除在被动句中出现以外，还可以出现在主动句的主语后面。如 $ŋə^{33}\ nɯ^{33}\ thɯ^{33}\ la^{55}$（我打他）。哈尼语的 ne^{33} 也是除了担当被动句标志词外，还可以出现在名词的后边，表示行为动作的依据，相当于汉语“用”字的意思。这些名词在句中是状语。例如：

$dzi^{55}\ ba^{31}\ çi^{55}\ tçna^{33}\ tshe^{55}\ du^{33}\ ne^{33}\ sa^{31}\ la^{31}\ ɤ^{33}\ ŋa^{33}$.

酒 这 种 玉 米 （用） 蒸 来 的 是

这种酒是用玉米酿造的。

此外 ne^{33} 还用在地名或表示处所的名词和代词的后边，相当于汉语“从”字的意思。这些名同和代词在句中做状语。如 $ŋa^{55}\ pe^{31}\ tsi^{55}\ ne^{33}\ i^{33}$（我从北京来）。

哈尼语 标志被动句式的“结构助词” ne^{33}，指称动作行为的由来和依据，用在人或动物名词、人称代词的后面，引进施事，因此是施事主语的一种标志。

$xa^{33}\ ma^{33}\ a^{55}xɔ^{55}\ ne^{33}\ b\underline{a}^{31}\ dza^{31}\ a^{55}$. 母鸡被野猫抓吃了。

鸡 母 野猫 （被） 抓 吃 了

xo^{31} ŋa^{55}ja^{31} ne^{33} dza^{31} sa^{31} a^{55}. 饭被我们吃完了。
饭 我们 （被） 吃 完 了

纳西语 主格助词 nɯ^{33}，从其语音形式和句中的位置及功能来看，在被动句式中相当于彝语支其他语言被动标志词“被”。例如：

thɯ^{33} ŋə^{33} nɯ^{33} la^{55}. 他被我打。
他 我 （被） 打

纳西语如果不加 nɯ^{33}，句中施受关系就全靠语序体现。例如：

thɯ^{33} ŋə^{21} la^{55}. 他打我。
他 我 打
ŋə^{21} thɯ^{33} la^{55}. 我打他。
我 他 打

基诺语 被动句有的用动词的声调屈折表示。被动句用 ʃɤ^{33}to^{35}（牵出），主动句用 zo^{44}to^{42}（走出）。例如：

na^{42} la^{42} ʃɤ^{33} to^{35} le^{55} nœ^{33}. 黑马被牵出去了。（被动句）
黑 马 牵 出 去 了

有的加 ve^{44}“被、让”表示，主动句一律用动词的原形表示。

ɕɔ^{42}li^{42} jə^{33} phi^{33} phiŋ^{42} ve^{35} nœ^{33}. 小李挨了批评。
小李 助 批 评 （被） 了

拉祜语 被动句在语序上把宾语提前到句首，同时在句尾加表示被动的 ɕi^{31} o^{33}。例如：

ɔ^{31} ŋa^{31} xɤ^{33} tsa^{53} pɤ^{31} ɕi^{31}o^{33}. 饭被我们吃完了。
饭 我 们 吃 完 （被）
ʑɔ^{31} vi^{31} qɤ^{31} sɿ^{33} ɕi^{31}o^{33}. 羊被狼咬死了。
羊 狼 咬 死 （被）

阿昌语　a^{31}用在被动句中的施动者后，表示前面的成分是施动者。例如：

ma^{ʔ31} kɔ^{ʔ31} ȵaŋ^{31} a^{31} tɕɔ^{31} pɔ^{31}.　　梨子被他吃了。
梨　子　他　(被)吃　了
ȵaŋ^{31} ŋɔ^{55} a^{31} mʐaŋ^{55} pɔ^{31}.　　他被我看见了。
他　我　(被)看见　了

羌语　i^{33}加在施动主语的后面，说明该句 bbbb 成分是施动者。例如：

pho^{55} ma^{33}bu^{55} i^{33}sɿ^{31} xgy^{33}zi ^{31}.　　树被风吹倒了。
树　风　(被)倒
qa^{55}ʐo^{33} Bu^{31}ti^{33} tha^{55} lə^{55}i^{33} sɿ^{31}qhe^{51}i ^{31}.　　我的碗被他打碎了。
我　碗　他　(被)打碎

傈语　在句尾动词后加助词 ɕi ^{55}tiu^{53}表示被动态。例如：

ta^{31} tha^{53} a^{31} lia^{53} lia^{53} ɕi ^{55}tiu^{53} a^{31}.　　庄稼被冰雹打了。
庄 稼　冰　雹　打(破)了
ma^{31} sau^{53} we^{55} ta^{31} miaŋ^{55} tie^{53}ɕi^{55} tiu^{53}a^{31}.　　牛被豹子咬了。
牛　那　豹　子　咬　(被)　了

道孚语　施事格助词 ɣu。例如：

pjɛrɣu ɣu ɣraze lu də－mtɕur.　　小鸡被老鹰叼了。
老鹰　(助)小鸡　个　叼了

却域语　表受事和方位的格助词 Ba、kɯ。例如：

ŋa^{13}Ba tə^{55} nua^{55}kə^{55} tɕhi.　　你吃我一口。
我（助）一　口（前加）吃
tsɛ^{13} ŋa^{13}kɯ kha^{55}ŋu^{55}khui^{13}.　　我被他骂。
他　我（助）骂（第三人称）

还有施事格助词 ji^{13}ŋ̥i^{55}。

phu^{55} ro^{55} ji^{13}ŋ̥i^{55} xpa^{55} Ba t^{55} mdʐi^{13} si^{31}.
乌 鸦（助）青蛙（助）（前加）捉 （助）
青蛙被乌鸦捉住了。

木雅语 施事格助词 ji^{24}。例如：

pe^{33}tshi^{53} ta^{53} ji^{24} a^{33}to^{55}ho^{33} ndzə^{53}sə^{33}. 孩子差点被老虎吃了。
孩子 老虎（助）差点 吃了

吕苏语 指明施动者的格助词 le^{53}（在句中变调为 le^{31}），而且主宾语可以换位。例如：

ɣua^{53} kɯ^{55}le^{31} pʑæ^{35}.
鸡 鹰（助）叼走
kɯ^{55}le^{31} ɣua^{53} pʑæ^{35}.
鹰（助）鸡 叼走
鸡被老鹰叼走了。

史兴语 施事格助词 rd^{33}。例如：

ki^{55}rd^{33}ra^{33} pu^{53} wu^{33}. 鸡被老鹰叼走了。
老鹰（助）鸡 叼

怒语 强调施事主语时用格助词 e^{31}，而且主宾语可以换位。例如：

la^{55}e^{31}khuɿ^{55} na^{33}tshuɔ̱^{53} sə̱r^{53}ɡa^{33}.
老虎（助）狗（助）咬 死（助）
khui^{55}（na^{33}） la^{55}e^{31}tshuɔ̱^{53} sə̱r^{53}ɡa^{33}.
狗 （助） 老虎（助） 咬死（助）
狗被老虎咬死了。

mɯ^{33}ȵɛ^{31}（e^{31}） ʂa^{55} dza^{55} a^{31}ɡa^{33}.
猫　　　（助）肉　吃　（助）
ʂa^{55} mɯ^{33}ȵɛ^{31} e^{31}dza^{55} a^{31}ɡa^{33}.
肉　猫　　（助）吃（助）
肉被猫吃了。

嘎卓语　用在主语后的助词 kɛ^{33}。例如：

ŋa^{33}kɛ^{33}niɛ^{33}jo^{35} η^{31}pa^{33} tsa^{31} thoɤ^{31}.　　弟弟被我打了两巴掌。
我（助）弟弟　两巴　掌　打

浪速语　一般情况下主语在谓语前，强调宾语时将其提到主语前，但必须在宾语后加结构助词 jɛ^{31}。例如：

jb^{35}jɛ^{31}lc̱^{31} mɔi ^{31} thø^{35} va^{55}.　　他被蛇咬了。
他（助）蛇　咬　（助）

波拉语　标志并强调宾语的助词 jɛ^{31}。例如：

tsɔn^{55} ɣa^{ʔ31} nɔ^{35} jɛ^{31} ju^{55} ta^{31} vɛ^{55}.　　小鸡被老鹰吃了。
老鹰 小鸡　（助）拿 吃（助）

仙岛语　强调主语的助词 a^{ʔ55}。例如：

ɯn^{31} mɔ^{31} a^{ʔ55} kʐɔ^{ʔ55} tsɔ^{31} op^{55}.　　小鸡被老鹰抓住了。
老　鹰　（助）小　鸡　抓

从以上所列举的藏缅语言中“结构助词”的使用情况来看，这些“结构助词”均在不同程度上对被动句式起到一定的标记意义。它们或称作主格助词，强调主语，引进施事，其基本句型为 O + S + △ + VP（S + △ + O + VP），如哈尼语、纳西语、阿昌语、羌语、道孚语、却域语、木雅语、吕苏语、史兴语、怒语、嘎卓语、仙岛语；或称作宾格助词，强调宾语，引进受事，其基本句型为 S + O + △ + V（O + △ + S + VP），如却域语、浪速语、波拉语；或在句末添加助词，构成 O + S + VP + △句型，如基诺语、拉祜语、僜语。

与彝语的被动句型相比较，其一致性体现在 O + S + △ + VP。（S + △ + O + VP）这一类型在数量上均占绝对优势。因此我们可以得到彝语及其亲属语用标志词标记被动句式的大体规律：标志词作为一种形态标记黏附在主语之后，使主语的地位得到凸显，这时语序的作用就降为次要，也即“宾 + 主（助） + 谓”与“主（助） + 宾 + 谓”两者并用。同时，标志词用以标记宾语或者放在句尾来表示句子的被动态则是对上述主要规律的补充。此外，在标志词的音节数量上我们能够得到如下印象：不论是彝语还是其亲属语，大部分情况下都是以单音节形式为主：只有彝语的南部方言云南江城话（$a^{55}la^{55}$）、拉祜语（$ɕi^{31}o^{33}$），僜语（$ɕi^{55}tiu^{53}$）和却域语（$ji^{13}ȵi^{55}$）是双音节形式。

上述分析结果表明，彝语与亲属语在被动标志词及其句式上有很多相似相通的地方，这可以引发我们对整个藏缅语族，乃至整个汉藏语系的被动句式之起源、流变等问题的深入思考。

结　语

综合全文对彝语被动句式所做的考察分析情况来看，其语法手段中用声调屈折标志被动句此种方式最为简洁明晰，并且相对于其他藏缅语而言显示出了一定的独特性。

分析形式是彝语被动句式采用的另一主要语法手段。通过文中大量实例的列举及论证说明，我们能够看出其纷繁复杂的一面，但是依然可以得到如下基本印象：在语序换位的基础上所建构的被动句式正面临进一步的转型分化，故显示出不稳定亦不成熟的特点，凉山彝语被动句型 O + S + V 和 O + S + VP 得以成立的条件限制以及凉山彝语被动句型 O + S + VP 没有与之相对应的主动句型 S + O + VP 都是对上述提法的印证。

至于由被动标志词所标记的被动句式，其表现形式在彝语各方言间虽然并不整齐划一，但基本以 O + S + △ + VP 句型为主。同时彝语被动标志词与使动语法范畴前缀词素语音、句法上的相似表明了两者间的渊源关系。而亲属语中大量存在的类似彝语被动标志词及其句式的语法现象则值得进一步探讨。

最后，将彝语被动句式的表现形式归纳总结如下图所示：

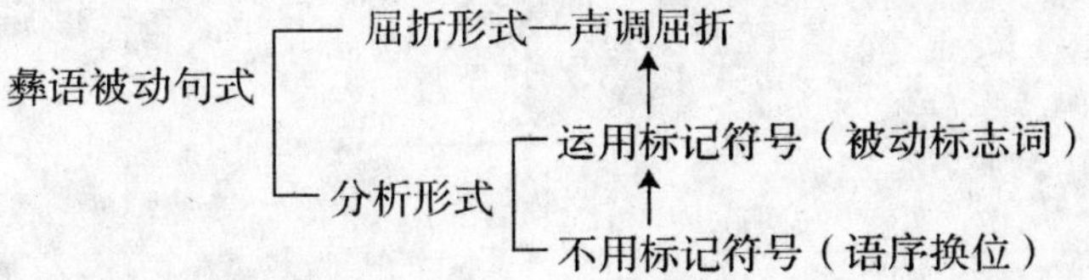

彝语被动句式的历史演变过程其大体情况可以描述为：初期主要依靠语序来体现主动与被动关系，然后在此基础上又置入被动标志词，使被动句式更加完型，从彝语各方言间的被动标志词不一致性可以看出它是不同时期先后产生的。彝语被动句式发展的另一阶段是伴随着次高调的出现而逐渐形成，但从其相当有限的数量比例来看，应该是后期产生的一种句型雏形。

附注：彝语方言材料一部分采自中央民族大学语言文学系彝文资料室，一部分由中央民族大学语言文学系朱崇先副教授、黄建明副教授、李生福讲师、杨恩勋讲师、中国社会科学院民族研究所纪嘉发先生等提供。哈尼语、拉祜语材料分别由中央民族大学语言文学系李泽然讲师、杨春讲师提供。在此一并表示感谢。

参考书目

[1] 陈仕林，等．彝语简志．北京：民族出版社，1985.

[2] 李民，马明．凉山彝语语法．成都：四川民族出版社，1987.

[3] 张余蓉，蔡堃．现代凉山彝语语法．北京：中央民族大学出版社，1995.

[4] 孙宏开，等．门巴、珞巴、僜人语言．北京：中国社会科学院出版社，1980.

[5] 李永燧，王尔松．哈尼语简志．北京：民族出版社，1986.

[6] 和即仁，姜竹仪．纳西语简志．北京：民族出版社，1985.

[7] 戴庆厦，崔志超．阿昌语简志．北京：民族出版社，1985.

[8] 孙宏开．羌语简志．北京：民族出版社，1981.

[9] 盖兴之．基诺语简志．北京：民族出版社，1986.

[10] 戴庆厦，等．藏缅语十五种．北京：北京燕山出版社，1991.

[11] 李民．凉山彝语的主动句与被动句．西南民族学院学报，1984（1）.

[12] 李临定．现代汉语句型．北京：商务印书馆，1986.

[13] 刘世儒．被动式的起源．语文学习，1956（8）.

[14] 唐钰明．论先秦汉语被动式的发展．中国语文，1985（4）；汉魏六朝被动式略论．中国语文，1987（3）；唐至清的被字句．中国语文，1988（6）.

浅谈汉译彝中的借词处理问题*

沙马吉哈

在汉译彝中，由于随着社会的进步、发展，汉族与彝族的相互交往，科学技术的不断提高，所以遇到不少借用问题。如何处理这些借用词，笔者结合翻译实践经验，谈谈汉译彝中的借词处理问题。

所谓借词，就是根据表达的需要借用其他民族语言的词语。语言一经接触，就必然会相互影响，于是产生了相互借用的问题，早在1984年12月由刘正埮、高名凯、麦永乾、史有为编写，上海辞书出版社出版发行的《汉语外来词词典》一书，共收录了古今汉语外来词一万余条。其中，有大量的外国语，如“摩托车（英）”“黑板（英）”“的确良（英）”“啤酒（英）”“托派（俄）”“拖拉机（俄）”“干部（日）”“法西斯（意大利）”“海洛因（德）”“葡萄（大宛）”“唢呐（波斯）”“苹果（梵文）”“菠菜（尼泊尔）”“香槟酒（法）”“骆驼（匈奴）”“可口可乐（美）”等，也有不少国内少数民族语，如“明安（女真）”“哈达（藏）”“扎西德勒（藏）”“哈巴狗（蒙古）”“冬不拉（哈萨克）”“鼓打铃（朝鲜）”“阿玛（满）”“萨其马（满）”“雅克西（维）”“靠套（鄂温克）”“木库连（达翰尔）”“东巴（纳西）”“巴乌（哈尼）”“游方（苗）”“布（壮）”“打歌（白）”等，特别是收了不少彝语，如阿咪子、阿加、阿依、毕摩、查尔瓦、德古、朵洛荷、呷西、呷西呷咯、锅庄、吉尔吉铁、蒙格、木苏、诺、诺伙、诺苏、曲、曲伙、曲诺、撒莫、苏、苏尼、苏易、梭罗、索玛花、卡沙沙等。

正因为汉语善于吸收外来词，所以才成了当今世界上最丰富的语言之一。

反过来，其他国家和民族也吸收了大量的汉语词语。以我国的情况来说，汉语是我国的通用语，所以汉语对少数民族语言的影响较大，而且随着社会的不断发展，今

---

* 本文原载《凉山民族研究》，2002年刊，190页。

后各少数民族的语言仍将吸收自己语言里所没有的汉语新词术语来丰富自己的语言。

彝族过去就和汉族交往十分密切，所以在彝语中很自然地就有很多早期借词。如：[illegible]（本钱）、[illegible]（碉房）、[illegible]（玉米）、[illegible]（赶场）、[illegible]（盘缠）、[illegible]（背篼）、[illegible]（街上）、[illegible]（洋芋）、[illegible]（包谷）、[illegible]（扁担）等。

近代与当代借入彝语中的借词则更多，如[illegible]（汽车）、[illegible]（火车）、[illegible]（飞机）、[illegible]（革命）、[illegible]（人民）、[illegible]（干部）、[illegible]（政策）、[illegible]（国家）、[illegible]（党员）、[illegible]（没法）、[illegible]（首都）、[illegible]（八路军）、[illegible]（杯子）、[illegible]（喇叭）、[illegible]（板凳）、[illegible]（落花生）、[illegible]（公安）等。

这说明，任何一个民族或国家，都很难世世代代保持一种永远不变的理想中的“锁国”局面。民族和民族的接触，国与国的接触，社会成员与社会成员的接触，都是不可避免的。因此，任何一种语言都不可能做到“自给自足”。凡是有生命的语言，它从它所接触的语言输入借词，也向其他语言输送词汇，成为别的语言的借词。

在社会经济蒸蒸日上，科学文化兴旺发达的今天，要不断发展生产，提高生产力，普及教育，提高科学文化水平，彝族人民的语言在特定方面显得不足（很难举出当代哪一种语言是“自给自足”的）。弥补不足的途径一般有两条：一是自己创造，二是借用。以翻译角度来说，这是意译和音译的问题。

那么，汉译彝中如何处理这类借词呢？

第一，在有多个意译和音译词存在的情况下，如果有合适的意译，则选择意译形式。即根据汉语词语的意义，利用彝语的构词材料，按照现代彝语的构词方式造出新的彝语词语，翻译时，可采用如下两种方法：

一是意译法。即利用彝语原有的词语，按照现代彝语的构词法，把汉语词语的意思翻译出来。用这一方法译造出来的新的彝语词语，大致有以下两种类型：

一种类型是“词根语素 + 词根语素”。例如：[illegible]（标准）、[illegible]（标题）、[illegible]（补充）、[illegible]（纯洁）、[illegible]（导师）、[illegible]（发布）、[illegible]（工资）、[illegible]（纪律）、[illegible]（精神）、[illegible]（目标）等。另一种类型是“词根语素 + 辅助语素”。例如：[illegible]（比例）、[illegible]（教师）、[illegible]（学生）、[illegible]（物质）、[illegible]（效益）、[illegible]（产业）、[illegible]（学校）、[illegible]（专家）等。

二是直译法。利用彝语原有的词语把汉语词语的意思直译出来，然后按照现代彝语的构词方式组合成新的彝语词语。用这种方法译造出来的新的彝语词语大致也有如下两种类型：

一种是词序顺原型，即译造出来的彝语词语结构顺序与被译的原汉语词语的结构顺序相同。例如：[illegible]（解放）、[illegible]（动力）、[illegible]（和平）、[illegible]（词法）、[illegible]（地图）、[illegible]（小学）、[illegible]（中学）、[illegible]（压力）、[illegible]（扩大）、[illegible]（铁路）、[illegible]（教室）、[illegible]

（石油）、[illegible]（指教）、[illegible]（陆军）、[illegible]（外债）、[illegible]（事业）、[illegible]（祖国）、[illegible]（促进）等。

另一种是词序逆原型，即译造出来的彝语词语结构顺序与被译的原汉语词语的结构顺序相反。例如：[illegible]（细则）、[illegible]（合法）、[illegible]（结尾）、[illegible]（深入）、[illegible]（新生）、[illegible]（抢购）等。

以上这些采用意译和直译的方法译造出来的新的彝语词语，虽然带着新的概念，但它是用本民族的语言构词成分和构词方法译造出来的，其读音符合彝语的发音习惯，其词义也便于被彝族人民群众所理解和接受，因而也易于被流传和巩固。

第二，如果没有合适的意译则按照“约定、合宜、上口”的次序来选择其中一个音译形式。彝文音译的方式大体有三种：

一是全借。即用彝文字按借词原来的读音写成一般不能按彝文字组合解释的新词（借词）。例如：咖啡（[illegible]）、沙发（[illegible]）、坦克（[illegible]）、雷达（[illegible]）、逻辑（[illegible]）、革命（[illegible]）、人民（[illegible]）、干部（[illegible]）、行政（[illegible]）、主席（[illegible]）、火车（[illegible]）、桌子（[illegible]）、豆腐（[illegible]）、国家（[illegible]）、灯泡（[illegible]）、机器（[illegible]）、首都（[illegible]）、赶场（[illegible]）等。

二是音借加注。即在借词后加一个“指类名词”，表明它的属性。例如：“醋”为“[illegible]”，本来就够了，恰如“咖啡”“坦克”“沙发”似的，但因为只用一个彝文字而这个彝文字又不能“望文生义”，因此加了一个“指类名词”[illegible]，形成借词“[illegible]”，前一个彝文字是音译借词，后一个彝文字是指类名词（[illegible]，彝语“水、液体”）。以此，人们知道“[illegible]”不是什么椅子、桌子，而是一种调料。又如：“[illegible]（油）”也是这样一种结构，“[illegible]（油）”是音译借词，“[illegible]”是指类名词。

用这种办法产生的借词，在现代彝语中是很多的，凡汉语的人名、地名、品牌名都可以采取这种办法译，如恩格斯（[illegible]）、巴黎（[illegible]）、刘家峡（[illegible]）、黄河（[illegible]）、泸山（[illegible]）、扎啤（[illegible]）、五粮液（[illegible]）、白兰地（[illegible]）、红塔山（[illegible]）等。

三是半音半意译。将原文的一部分按读音借，另一部分却不按读音而按语义翻译写成彝文字。如[illegible]（大路），第一个彝文字是按读音借，第二个彝文字是意译出来的。再如[illegible]（大炮）、[illegible]（大桥）、[illegible]（街道）、[illegible]（豆浆汤）、[illegible]（仓库）、[illegible]（调兵）、[illegible]（害处）、[illegible]（差别）、[illegible]（保护）、[illegible]（电脑）等。

第三，如果在意译和音译形式中有一个已经具有相当程度的优势，则先以“约定”为确定标准，承认该形式的地位，其他可以暂时搁置不论，以避免出现失序、出现无休止的争论。因为旧译名不管翻译得如何，只要已经具有社会约定，具有一致性，对于该词就是稳定的、有序的、合理的。如：“社会主义”“生产”“政策”“行政”等这些汉语中的外来词，彝语中早已音译为“[illegible]”“[illegible]”“[illegible]”“[illegible]”，但这几年有些同志又将其译成“[illegible]”“[illegible]”“[illegible]”“[illegible]”等。因为，这类词早在彝族群众的社会生活中生根了，根深蒂固了，这些借词几乎失去了它的异族情调，甚至还会加上一些异化语言的某种语感而被使用，它进入了彝语言的基本语汇，成为基本语汇的不可分割的构成部分，使用的人——所有社会成员，几乎辨认不出这是外国和外族语言借来的，几乎都不以为这是借词。

第四，科学术语要国际化。当一种语言出现了新的科学术语，它以什么方式作为借词进入其他语言，或者反过来说，一种语言如何吸收新的科学术语借词，就成为人们关注并需妥善解决的大事。任何一种语言由于科学技术的新成就而创始的新术语，都会迅速地被其他语言所吸收和借用。为了与世界同步，所以目前，凡国际通用的符号，如数学符号 π（圆周率）、=（等于）、≠（不等于）、≈（近似于）、<（小于）、>（大于）、≡（全等）、↑（增）、↓（减）；物理符号 α、β、γ 射线；化学元素符号 Cu（铜）、Fe（铁）、O（氧）、C（碳）；生物学符号♂（雄）、♀（雌）；货币代号：£，¥，以及其他名词术语，如 WTO（世界贸易组织）、CT（电脑断层扫描）、MTV（电视音乐片）、CD（数字式激光唱片）等，彝语文翻译时仍然照搬。

借词对一个民族及其语言的发展与发达是不可少的。从历史所显示的情况看，借词（外来词）产生的数量以及应用的频度是同该民族及其语言的发展与发达成正比例的关系。如果我们不想落后于世界，我们就必须以积极的态度对待外族语词的吸收与应用，并以此对待音译方式和意译方式。

论凉山民间文学的特点*

吉则利布　阿牛木支

一、凉山民间文化类别及特征

凉山是个山川秀丽、民风古朴、历史悠久，充满神奇美妙事物的地方。除了丰富的自然资源之外，还堪称文化资源的宝库，在这个宝库中民间故事则是一串光彩夺目的珍珠。世世代代生活在这片土地上的凉山各族人民，以他们对这片山川深厚的热爱，执着而顽强的苦苦追求，以善良纯真的心地、质朴粗犷的个性、原始而形象的思维，以他们创造并遵循的生活方式和道德准则，以他们充满智慧和希望的幻想以及散发着甜荞芬芳的语言，创作了大量的优美动人的神话、传说和故事，并让这些神话、传说和故事像涓涓溪流汇入大海，像子孙流着父辈的血那样永不枯竭生生不息地流传了下来。这确实是一笔值得继承的文化遗产，也将是造福于后代产生深远影响的文化财富。

凉山民间文学以诗的语言记录了凉山各族人民的社会、历史地理、天文、宗教信仰、民风民俗、伦理道德、哲学思想、爱情婚姻等内容，堪称凉山民间文化的“百科全书”。近20年来，相继在各类正式出版刊物上发表的作品已达1000多件，与此同时还挖掘整理出《大凉山彝族民间故事选》《大凉山民间长诗选》《阿惹妞》《甘嫫阿妞》等，此外还有《喜德县民间故事选》《宁南县民间故事选》《木里县民间故事选》《凉山民间故事集成》《凉山歌谣集成》《凉山谚语集成》《凉山彝族机智人物故事选》等30余部作品。其中，卢占雄、阿鲁斯基等收集整理的《克哲》，凉山彝族自治州民间文学研究室收编的《凉山民间文学集成》和《凉山彝族机智人物故事

---

* 本文原载《凉山民族研究》，2003年刊，79页。

选》深受广大读者的好评，引起了专家学者的关注，获得省级民间文学奖项。但凉山民间文学的情况比较特殊，这是长期与外界隔绝的原因形成的。在过去的几千年乃至更长的一段时间里，由于凉山地处荒野的大山区，地理环境险恶，交通不便，政治、经济、文化都极不发达，生产生活方式都比较落后，世代繁衍生息或迁徙至此定居落户的各族百姓，多数不识字，也没有文字记载的历史。因此，没有用文字记录流传或创作的民间文化，既作为一种口头语言艺术，又作为一种精神寄托；既作为外部世界和内部心灵的认识探索，又作为一种情感流露表现或思想传达；既作为知识的传授、道德的风化、历史的演义，又作为民俗宗教的传播；既作为消遣娱乐，又作为群众集体的创造，并以简易性、全民性、生动灵活的现实性等特点赢得人们的喜爱，得以世代继承、不断变异生发，在这个社会生活中占有重要的地位。这就是凉山民间文化比其他地区丰富而复杂的缘故。从目前我们所搜集到的资料看，大致有以下一些特点。

（一）体裁多样　题材全面

凉山的民间文化经过长期的发展，完成了从雏形到成熟的各个阶段的发育成长。表现在体裁的多样上，它囊括了远古社会渔猎采集时期的原始神话以及后来农耕时代的传说、故事、笑话、寓言等各种体裁，而且在神话的奇特想象与初民的原始思维能力的结合上（如彝族日月神话《彝家姑娘进月宫》等），在传说的附会解释与思维模式的关系上，在故事的情节变化安排与逻辑观念形成的对应上（如汉族机智笑话故事《门对千竿竹》等），都显得十分得体，与民间文化的发展规律相当吻合。

与体裁多样相匹配的是题材的全面。在对题材进行分类的过程中，我们发现凉山民间文学的神话故事包括了开天辟地类、自然天象类、动植物类、图腾祖先类、洪水与人类再繁衍类、文化起源类、神和神性英雄类的各类题材。在传说中包括了人物传说、史事传说和地方传说，动植物以及风俗类的许多题材。值得指出的是，地方传说在凉山特别多，包罗了山峰岩石、洞穴沟谷、河流湖海、沼泽潭泉、城墙廊池、寺庙宫观、古井古树、桥梁关隘、地名、风物等各种传说。其中较有地方特色、影响较大的有螺髻山、泸山、邛海、泸沽湖、马湖、彝海、华尖山、阳糯雪山等，还有西昌泸山古树、石塔街的白塔等风物传说也曾被重视。另外在风俗类中，又以节令风俗和生寿婚丧风俗传说引人注目。在狭义的故事题材中，凉山民间文学的土壤也孕育了大量的幻想故事、动物故事、鬼狐精怪故事、生活故事和机智人物故事。这些故事用龙马蛙蛇、熊狐虫禽等各种天神地祇、人鬼兽妖、山精水怪与人的交互感应、相对立相依存，用世俗凡间的因果缘起演绎出了许许多多的恩恩怨怨。与这些重情重义、趋功利偏欲望、志异志怪的故事有所不同的则是那些以理、以趣取胜的寓言和笑话。

在体裁和题材上不足的是，从我们所搜集的范围和程度来看，凉山缺少民间土特产品传说和民间工艺的传说。它或许反映了凉山地区民间土特产品和民间工艺的不发达。

从以上所讲的这些情况，我们看到了凉山民间文学在总体上与社会生活对应的平面上表现了体裁和题材的较大广度和较强密度。

（二）流传广泛　渊源久远

凉山的民间文学保持了古老的口耳相传代代承接的“部落集体”文化的特征，其神话、传说、故事等都具有能广泛流传的性质，乃至达到家喻户晓、老少皆知的程度。比如彝族半人半神的远古英雄支格阿龙的神话、傈僳族葫芦笙来源的传说，在彝族和德昌县傈僳族的村寨里，都有很高的“知名度”，大多数人都能讲出这些故事的梗概。有些作品除了在本乡本土流传外，还流传到更远、更广的地区。

凉山的民间故事中也有一些从外地流传进来的，像七仙女、鲁班、关公、观音、李调元、张三丰这些人物的传说以及《望天娘娘》《蛇大哥》《熊家婆》这些故事，在外地普遍流传，但进入凉山后则在相似之中，产生了凉山的地方特点。

从渊源上讲，无论是土生土长的还是外地传入的，除了少量的新故事外，凉山的民间故事大多是从过去传承下来的，有的还是从很遥远的过去传承下来的。

像“洪水朝天”这一类的神话显然是远古人类传下来的共同意识，也是一种最久远的故事。另一方面，有些民间文化的事象是随着民族的交往、迁徙而得以发生的。通过他们的民族因素，可以溯根到昭通、宜宾、雅安、攀枝花及大理。溯根求源使我们看到，凉山其他民族的民间文学也有迁徙文化的痕迹。西昌市境内的川兴、太和、西宁、礼州等地的传说中，就直接塑造了他们讲述者的祖先在湖广填四川的历史事件中充当的被绑的角色。而会理、会东的一些传说中，许多情节也传递着当地一些早年从云南等处迁徙至此的人从祖籍带来的观念信息。相对于现居住地，以前的祖籍无疑是现在的民间故事的一个看不见的发源地。除此之外，像在近代西昌礼州的“烟会”和喜德县米市坝的“虫会”这样的贸易活动中，外界商人和本地出去做生意而见多识广的人带来的外来文化也是凉山民间故事的一股溪流。同时，如果我们不排除古代典籍中记载的民间文化题材或素材对凉山的民间故事产生过影响的因素，那么它就又多了一个较稳定的泉眼。事实上，在《后汉书》中记载的盘瓠的传说，在《蛮书》中记载的孔明七擒七纵孟获的传说就很接近凉山现在的传说。此外，一些带有乡巴佬文学或俗文学意味的生活故事、公案故事，根据凉山的社会发展状况来看，可以肯定地认为它们是受到了“三言二拍”和《施公案》《彭公案》这些通俗传奇文化的影响而演变的，或是在流传中变异生发肢解退化而成的。

（三）形态不一 互相渗透

凉山民间文学的具体形态划分并非十分严格。从体裁上讲，就广义的故事而言，神话要原始一些，传说要进化一些，故事则更进一步。它们一方面反映了人们思维能力和特征的发展变化，另一方面反映了社会历史的进步。

原始的特点在今天用发生学和历史学的观点来看是与简易单纯、古朴混沌以及奇险荒诞相呼应的，是相异于结构精巧、逻辑严密、情节完整和审美独立而存在的（“原始”有时也指那些与音乐、舞蹈、宗教、风俗活动多位一体的综合状态《勒俄特依》）。据此我们可以认定凉山的民间故事大多数是比较原始的（原始的表现还有那些因记忆和传承障碍而把长篇史诗《公史》《母史》的章节割断成为各种单篇故事的情况），但在较原始的总的前提下，由于凉山各民族的发展不平衡，故而民间故事仍有许多不同的形态。一方面，有的是采集渔猎时期的（《吉尼朵仔》），有的是半农半牧时期的（《惹低所夫》），有的是刀耕火种时期的（《吉木尼惹和鱼仙姑娘》），有的则是灌溉时期具有阶级意识和商品意识的（《新则斯惹和坡伙斯惹》）。另一方面，有的是从史诗中演化出来的（《居木惹略》《石纳威特和兹妮诗色》《哈亦狄古》），有的是从风俗活动中剥离出来的（《分食坨坨肉是怎样来的》《古侯曲涅相互开亲的来历》《火把节的故事》），有的是从生活经验中点化出来的（《训世诗》），有的则是由宗教仪式发展出来的（《百解经书》）。彼此形成了形态上的特点。

从历史的角度，我们稍微细心一点，就可以在“从前”“古时候”“很久很久以前”“兄妹结婚”“兄弟分家”这些表现上看出一点道理；而从发生学的角度，只要留意，则可以看出有些故事志在描述再现，有的则志在说明、解释，而有些故事则志在感染、宣传和传说。

有时，民间文学的形态特征不很明显，这种情形往往是内容较古老而思维形式较进化，或者是同一原始事象有各种形态的理解和描述，又或者是不断地融入各个时代的烙印。比如凉山彝族的《居木惹略》就把图腾、洪水、物种起源神话和历史传说等史实考证综合在一起。这是一种接近于积淀性质的纵向渗透。凉山的民间文学还有一种渗透是指各民族之间的民间故事的互相影响。它包括故事情节、结构和模式等方面的互相启发、补充和借鉴。而它的直接结果之一是出现了大量的异文，即一个作品有许多大同小异的“民族版本”。

（四）内容丰富 观念复杂

这里所说的内容主要是指凉山民间文学中蕴含的思想情感和观念意识。我们之所以能认定凉山的民间文学内容丰富这一特征是因为它出色地反映了凉山各族人民的精神世界，它包括在先民的开天辟地征服自然的生存斗争中起作用的那种征服欲、求知欲。从这个角度看，我们就不会误解神话中的形象幻想和巫术意愿，由此发展出了万物有灵的宗教意识。比如，在《支格阿龙收雷神》的神话中，有了神性英雄，有了雷公，也有了英雄征服自然力雷电的欲望。支格阿龙显然是一个部落家支首领的形象化身，他射日时对草木的咒语完全是巫术性质的，这才是这一种神话的本质内容。这种深沉意识的内容还包括各族人民先后进入阶级社会后的反抗意识、民主意识、革命思想，包括那些善恶分明的道德意识以及科学意识等。实事求是地讲，凉山的民间文学中有大量的美好向上的理想和善良愿望，也有一些消极低沉的狭隘、庸俗、保守、迷信的劣迹。在精华与糟粕并存的情形下，凉山的民间文学还是建立了它的健康主体和进步主流。其中，穷苦人靠善良忠诚，靠勤劳勇敢，靠执着努力和聪明才智以及反抗斗争来改变自己的不幸命运，最终获得幸福，这一概念长期地存在于民间文学中乃至形成了比较稳定的结构。这一模式里有许多不同意义的命题，也有很大的思想涵摄力和外部扩张力。在凉山的民间文学中，它是很多故事的出发点，也是落脚点。

（五）生动奇妙　风格纷呈

在艺术形式或艺术创作上，凉山的民间文学颇有建树。在想象驰骋方面以神话为代表。比如在对月亮的感受中，凉山的神话《月亮的女儿》中讲述了一位美丽无比的月亮的女儿长期生活在月宫中，由于十分寂静，向往人间，于是她悄悄地背着父母下凡到美姑与申果庄交界处的妮扎果俄山顶上玩耍。月亮的女儿在妮扎果俄这个地方看到了人间奇迹，有个彝家姑娘妮扎不单能织白布，还能织蓝布、花布。织布机一打开，她就摆动双手，东边招来一朵花，西边招来一片云，南边招来一只蝴蝶，北边招来一只蜂，都织进布里。那布织出来五颜六色，光彩照人，甭提有多美。织出的布能引来百鸟齐鸣，万兽嬉戏，月亮女儿越看越入迷。回到月宫中，她很思念人间美事，便把彩虹降到人间，把妮扎姑娘接到月宫中教她织锦，结果月亮姑娘怎么都学不好这高超的织锦技术。后来，月亮的女儿很虔诚地把常居住的地方让给了妮扎姑娘。可以说，在人类认识水平还十分低下的情况下，探索宇宙就是靠想象来实现心中美好的愿望的。

凉山的民间文学在语言的生动精彩上，以故事为代表。如在《查尔水呷》《母尔俄吾惹》《加潘瓦先》《索各克惹》《阿里阿红》等机智人物故事中，他们往往抓住对方本质弱点，采用讽刺、调侃、幽默、诙谐的手法，加以揭露、批判、鞭挞和痛击，令人在笑声中看到“大人物”丑态百出、身败名裂；看到“小人物”从劣势变为优势，转危为安，变忧为喜产生一种“山重水复疑无路，柳暗花明又一村”的愉快、自豪感。故事的情节安排和发展，从表面上看，总是那么出人意料，有些离奇，但仔细琢磨起来又都是在现实生活中极其普通的现象，有其必然的合理性。同时，这些故事中的主人翁一般说来他们往往富于斗争精神，主动、自觉、不相信命运，不管站在自己面前的有权有势的人物如何霸道、如何猖狂，总是能开动脑筋找到巧妙的办法，把对方击败。篇幅一般短小精悍，语言风趣，以其深刻的思想和精湛的艺术，给人很好的教育和艺术享受。所以，这些民间文学长期以来在凉山广为流传而深受欢迎，可以说除了故事情节感人以外，语言的幽默诙谐也为之增色不少。语言的技巧，使故事产生了艺术性。有关《查尔木呷》系列故事中，流传于冕宁、喜德的《捶背》① 故事说：

色坡（主子）平时就有叫查尔木呷给他捶背拍腰的习惯。他说小木呷捶背手轻技术好，每次给他捶背以后，不但腰不酸背不痛，而且精神舒爽。

有一天，色坡带着木呷去泸沽街买东西，他打算买一口铁锅，正在与老板讲价时，有个小偷趁他不注意摸他的钱包，小偷的动作重了点，被色坡抓住了，他大声喊："打！快给我打………打！快给我………打！"色坡口吃地说道。色坡本想喊"打小偷"的，可他口吃，加上心里急，"小偷"两字喊不出来。查尔木呷一听，以为色坡是喊给他捶背，马上朝色坡的背捶上几拳。那小偷见状也飞起一脚把色坡踢翻在地上后，趁机溜掉了。这一脚可不轻，色坡抱着被小偷踢痛的肚子在地上滚了几转才爬起来，指着查尔木呷怒骂道："贱骨头！我喊打小偷，你怎么倒反打起我来？"

查尔木呷说："色坡大人，我只听到你喊快给你打，并没有听到你喊打小偷，我只想到叫我帮你捶背拍腰，所以打错了人。"卖锅的老板和其他围观的人听见了他俩的对话后，个个笑得前仰后合。

这则《捶背》故事中，色坡的口吃与查尔木呷的伶俐形成了鲜明的对比。色坡省略了打的对象，因而给查尔木呷充分发挥的余地，幽默、机智的查尔木呷也正是巧妙地利用模糊语言的不确定性，有机会当众狠狠地教训了色坡一顿。尽管色坡蒙受屈辱，也理屈词穷。需要说明的是，凉山彝族有许多语言生动、妙趣横生的作品，由于翻译水平不高使得不能再现风采。

凉山的民间文学在叙事抒情的深挚感人方面，也有一些像《妈妈的幺儿莫嚷》《阿惹略》《甘嫫阿妞》《阿依阿芝》《阿苏巴丁》这样的佳作。而凉山的民间文学在用艺术语言表达理性思考方面，则有寓言这样的结晶。《石头说话》《大力士与智者》

① 吉乌阿瑛、吉则阿布：《凉山机智人物选》，成都，四川民族出版社，2002。

《水牛与蚂蚁》等作品，看似平常，实际上很有哲理，这些作品在幽默和平易中寄寓了思辨和感情。

在风格上，凉山的民间故事也呈现了缤纷的局面。虽然凉山还没有著名的故事家，不能形成多样的个人风格，但就整体而言，还是有其他因素上趋向一致形成风格的现象。对凉山的民间故事风格影响最重要的因素是民族性格。比较起来，汉族的风格要中和沉稳一些，彝族的风格要粗犷刚烈一些，藏族的风格趋于淳厚安分，傈僳族的风格趋于坚韧倔强……这一系列民族风格综合起来就是凉山民间故事凝重的基调，给我们塑造了一个气质不凡的个性，并具有迷人的魅力。

二、凉山民间文学的价值作用以及今后的发展趋势

凉山民间文学的作用和价值是多方面的，它是凉山几千年或更久远的社会历史的全方位的形象反映，它直接或间接地对生产、生活、经济、军事、文化艺术、宗教风俗、阶级斗争、民族矛盾、历史沿革、人事变迁和山河盛衰社会内容与自然环境进行了近乎包罗万象的描述，是一笔宝贵的精神财富，同时也作为一种文化传统对我们产生有形或无形的影响。现在我们已经看到它所起的价值和作用是：

其一，它为作家和文艺工作者、爱好者进行文艺创作提供了素材。许多同志所创作的戏剧、诗歌、影视剧、小说、儿童动画制作等各种文艺作品都得益于民间文学的营养。譬如，本土作家马德清的长篇小说《厚墙裂痕》描述了鲜为人知的凉山彝族奴隶制社会土崩瓦解的艰难曲折历史。该小说的成功，在很大的程度上依赖于他所熟悉的本民族民间文学的启蒙。从大凉山走出去的当代著名诗人吉狄马加也承认：“我的诗歌的源泉来自那里的每一间瓦板房，来自彝人自古以来代代相传的口头文学，来自那里的每一支充满忧郁的歌谣。”① 同样，青年文学评论家、诗人阿库乌雾的诗集《冬天的河流》、《走出巫界》和《虎迹》中也吸取了不少凉山民间神话、传说、故事、歌谣的原创素材。而电影《彝海结盟》正是由于创作者们在熟悉刘伯承和果基小叶丹怎样结盟的史实的基础上，准确把握这一历史事件所处的地位，才会艺术地、形象地全面再现了看得见的历史。② 由此看来，凉山民间文学确实对现代文本创作起到了潜移默化的提升作用。

---

① 吉狄马加：《我的诗歌，来自我所熟悉的那个文化》，见发星工作室编：《当代大凉山彝族现代诗选》，402页，北京，中国文联出版社，2002。

② 参见依伍：《看得见的历史——影片〈彝海结盟〉的艺术真实》，载《西南民族学院学报（哲学社会科学版）》，2001（22）（增刊），140～143页。

其二，它为一个地区的民族、风俗、历史、语言等社会科学研究提供了大量的资料。这方面，从《四川民族研究》《巴蜀风》《凉山大学学报》《凉山文史》《凉山民族研究》《凉山彝学》《凉山彝族历史文化研究》等学术刊物上可以看到他们大量地引用了民间文学的资料对各少数民族的一些论题进行了论证和阐述，同时也直接把民间文学作为民族学的研究对象。在凉山民间文学的宝库里，我们发现了对本地少数民族共同的火把节的起因以及一些婚丧习俗的产生基础的了解都有帮助的第一手口碑材料，这些材料曾引起国内外民族学、文化人类学、文艺学等方面的专家学者的广泛兴趣。此外，我们还发现了诸如对诸葛亮渡泸、石达开转战川南、杜文学起义失败、朱德与雷云飞交往、红军过金沙江取胜等历史考证，对历代土司、近代传教士来凉山的记事的认定及对凉山地名的考察都有益处的民间线索。值得一提的是，在对过去凉山地区史料较缺的情况下，这些民间线索就显得更珍贵了。

凉山的民间文学今后总的发展趋势将逐渐衰落，这是和整个民间文学在现代社会中的地位一致的。衰落的原因在于生产、生活方式的改变，在于社会的进步，新的传播媒介的兴起，神话意识被科学意识取代，思想观念的变更，巫术迷信的破除，新的外来文化的冲击，流行风潮的影响，传统风俗的移易以及文学的进化。这一切因素综合起来使民间文化的产生与流传都受到了抑制和削弱，老一辈的艺人、毕摩、苏尼老了以后无人继承他们，这就是直接威胁。但我们也要看到对民间文学的理论研究还有广阔的前景，同时民间文学还在以其与现实结合的精神，以其全民化的简易性、灵活性，以其为人民直言的进步传统，具有很强的生命力。“石林及其《阿诗玛》是一个最为典型的例子。”① 随着西部大开发的推进，凉山的社会经济发展把旅游业作为支柱产业来抓，正在建设之中的各种风景旅游区和凉山民族风情园，以及即将拟建的西昌航天博物馆，都是以旅游资源为依托的，而旅游资源的开发有赖于人文景观。从这个意义上来说，凉山的民间文学在今后的社会生活中，将会以新的内涵、新的形式取得新的地位、新的发展与繁荣。

① 罗曲、李文化：《彝族民间文学梗概》，14 页，成都，巴蜀书社，2001。

羊与彝族传统文化*

罗布合机　阿牛木支

凉山彝族长期住在高寒山区，过着游牧和农耕生活，天然牧草和气候因素决定了彝族人民离不开耐寒的绵羊，以至于把十分温顺的绵羊当成自己赖以生存的物质源泉。在长期的养羊过程中，不仅达成了“向羊要衣穿，向牛要粮吃，走平坦的路，烧直杆的柴”的共识，而且形成了富有特色的羊民俗文化。

有关羊的来源，彝族毕摩经书中说：“远古的时候，黄藤条生长在下方，藤头长在上方，缠在竹子上，从竹子上爬到杉树上，杉树上爬到山顶上，山顶上爬到黄云雾上，黄云雾上爬到黑云雾上，黑云雾上变成雨水降到大江大河，大江大河变成深山老林的野牛、野羊、岩羊。彝族打猎时赶回家中喂养。能放牧者一天放到九片草地，母羊吃野草，羊羔吃白嫩的奶汁，羊膘肥、发展快；不能放牧者九天放一片草地，吃草根，喝一沟浑浊的泥沙水，背上太阳晒，腹部起水泡，羊瘦弱发展较慢。”

彝族谚语“偷一只公羊赔十一只羊，偷一只母羊赔十二只羊”，《凉山彝族民间故事选》① 中有这样的记载：

> 相传，很早以前，现喜德巴久乡尔补地村一带，山沟那边住着人多势众的约匹斯惹家，约匹斯惹家里较穷。山沟这边住着势孤力弱的阿吉利惹家，阿吉利惹家里很富，饲养着一大群绵羊。约匹斯惹经常偷阿吉利惹的羊。阿吉利惹由于势力敌不过，不敢动用武力。他经过深思熟虑以后，决心以重罚来约束约匹斯惹。
>
> 有一年冬天，降了头一场雪。阿吉利惹派了两个奴隶到约匹斯惹家去偷

---

* 本文原载《凉山民族研究》，2002 年刊，122 页。

① 《凉山彝族民间故事选》，185～186 页。

羊。两个奴隶有些害怕地说:“下雪天去偷羊,他们会顺着脚印追来的。”阿吉利惹说:“你们不必害怕,我正是要他们追来。”于是两个奴隶按照主人的要求,到约匹斯惹家去偷来一只公羊和一只母羊。阿吉利惹叫人把羊弄死,但不忙剥皮。第二天一早,约匹斯惹果然顺着雪地上留下的脚印找来了。一进村,约匹斯惹就对阿吉利惹说:“昨夜我家丢失了两只羊,顺脚印找到你家来了。”阿吉利惹说:“对的,有这么回事,我家的奴隶不懂事,偷了你的羊,我认赔,先到屋里坐。”待约匹斯惹进屋坐定后,阿吉利惹叫人把死羊抬来,问约匹斯惹道:“是不是这两只羊?”约匹斯惹认得自己的羊,便说“是”,并要求赔偿。阿吉利惹满口答应赔偿,并自订条件,叫人把羊剖了,取出羊肠子来量。量肠者把羊肠子在从虎口处到肘弯处绕圈。公羊肠子绕了十一圈,母羊肠子绕了十二圈,于是阿吉利惹表态说:“公羊赔十一只,母羊赔十二只。”并当场商定,今后双方共同遵守。

约匹斯惹只丢失了两只羊,却共得到二十三只羊的赔偿,心里非常高兴。但回到家里把这事向老婆一说,老婆却对他说:“你吃亏上当了。”约匹斯惹不解地问:“我怎么吃亏上当了呢?”老婆说:“平时你偷了他家很多只羊,今天他这么赔你,以后你如果再偷,不是也要这么赔偿吗?你有多少羊去赔呢?”约匹斯惹立即醒悟。就这样终其一生没有再去偷阿吉利惹的羊了。

彝族习惯法偷羊有三种:第一,放羊混入他人羊群而偷的是白案;第二,偷野外竹席围圈避暑羊的是花案;第三,打墙洞在羊圈里偷羊走的是黑案。

此外,彝族还有“偷羊用扫把打羊涮把砍羊肉”“偷山羊脚露出来”“山羊带主人逃脱灾难”“土司家的羊毛枷担”等很多民间故事,也涉及了有趣的偷羊案件及处理方式,这里不再一一罗列。

彝族绵羊圈一般修在院坝内,要择好吉日,虎魂日不能修羊圈,羊圈瓦板房居多,双层结构,下层关绵羊,上层既可放柴火和干粮草,也可住人,门朝西或朝南。绵羊关进新圈前,把烧红的卵石放进装有冷水的瓜瓢中,发出“涮涮”的声音时,在屋内转一圈,绵羊才可关进圈内,以示日后绵羊平安无事,兴旺昌盛。

放牧绵羊,绵羊牧于何处,视饲草而定,不过也有择方位吉凶而牧的。彝族谚语“放绵羊似乌云翻滚,旭日下羊群如一片白云,夕阳下羊群如一片乌云”,意即绵羊跑得快,因此,放一群绵羊要两个人,一个大人和一个小孩。因人手短缺也有一人放牧的。放绵羊时,牧人都不跟随其后,而是放羊在山后,观其走动线路自由调控。

彝族对不同年龄的羊有不同的称呼,如约史(羊羔1岁)、研果(育年2岁)、处扎（青年3岁）、正史（青壮年4岁）、布伍（壮年5岁）。凉山地区的山羊寿命一般13岁，绵羊12岁，5~6岁为强壮时期。游历现实生活，彝族对羊的命名方式来自于羊的毛色、角色、年岁、性格、特点等，如“约落阿洛”意即黑公羊，“约莫阿曲”意即白母羊，“约南”意即阉羊，“约史巴”意即公新羊，“约史莫”意即母新羊，“约甘沙”意即怪羊，“约莫波洛”意即黑脸母羊，“布南且薇”意即花腿阉羊等，不仅命名方式独特，而且折射出彝族人的思维方式和审美指向。

绵羊的避暑避寒。彝族养的绵羊是一种怕热的牲畜，所以，每到夏季，居住在谷地的人家都要把成群的绵羊赶往山上避暑；到秋天，羊被赶到谷地避寒。

绵羊避暑需要围羊的竹圈和简易住棚，因而现在盛行低山养羊户和居住高山的亲友相互联手，进行托养。但托养是有一定代价的，比如羊粪要归托养户所有，在托养期间死亡的羊子，肉要平分。羊主人家与托养户关系要和睦。托养户对羊群要尽职尽责，精心喂养。

剪羊毛。每年立春和立秋都要各剪一次羊毛，首先是剪毛前一天就把羊群赶到山上小溪里落水洗毛。最先下水的绵羊叫“约伍史”，意即胆大的带头羊。要是哪家出了这样的领头羊，则预示着这家来年便会六畜兴旺，人丁平安，因此，领头羊就成了宠物。其次是准备剪毛刀、竹器和烤荞饼。值得一提的是，荞饼重叠层数要单不要双，多为三或九层，烤出来的“千层饼”要整齐美观，色味俱佳，用餐时先让剪羊毛的长者品尝后，其他助手才可分享。再次是剪羊毛时，只要稳重的长者落地而坐，准备就绪，健壮的小伙便牵羊至前尽力协助。据说剪羊毛时女人不能穿梭于长者背后，否则剪毛刀不视肉、毛，一块抛出。落座于草坝上的长者从左至右，自上而下，剪羊毛有条不紊，分类剪裁。公羊只剪腰背部，阉羊留尾部，母羊留点颈毛外一并剪下。

擀制披毡和瓦拉。自古迄今，高寒山区彝族人都离不开披毡、瓦拉、毛裙、毛衣和羊皮袄。披毡由男人来制作，瓦拉由女人来纺织。披毡款式分为单幅或双幅两种。单幅的三十层褶子，双幅的有八九十层褶子。平常人们一般披单幅披毡，双幅披毡多在老人葬礼中用。瓦拉的制作非同寻常，不仅要用绵羊毛捻线织成的毛料缝制，而且其领部、下摆、周边都镶嵌青布条和红、黄、蓝等彩色线条或美丽的花纹图案，显得格外夺目，美不胜收。

食绵羊肉。凉山彝族对绵羊有着深厚的感情，他们杀羊不忍心用“杀”字，而改用“打”羊。宰羊时，用一根木棒猛击绵羊头颈一下，随即将羊按倒在地，扭转头颈部半圈让其窒息而死。砍羊肉也像庖丁解牛般合理切分。一般都根据实际情况把羊肉切成“大坨坨肉”或“小坨坨肉”先放进锅里煮，然后才把洗好的羊肠、羊肚全部放进锅内，待煮熟后捞出羊肉、羊肠、羊肚放点盐巴即可食用。

宰羊待客是彝族人民的传统礼节，在四大牲畜中属第二档次。不过客人得到“羊膀礼肉”时不管数目多少腰包是非掏不可的。

礼绵羊。成家立业不久的彝家后辈，每到逢年过节，都要背过年肉给长辈，如果长辈的礼物不是现金，而是绵羊的话，那么，接到过年肉的长辈也免不了回赠礼品。于是，绵羊成了替礼物，文明的彝家后辈都说得了一根“绳子”，他们希望长辈长久安康。长辈也为了使儿女或孙儿、孙女来年绵羊增值，而回赠母羊的偏多。

绵羊祭祀法。在毕摩宗教活动中，绵羊首当其冲成为高档祭品，有白绵羊祭祀太阳、月亮、天神、地神、毕摩神等习俗。彝族婚礼宰一只吉祥羊，新娘进屋前坐在马背上在新郎家门槛上，公公用一条长 5 寸的羊胸肉，彝语称“夫哈”在新娘头上转几圈，说明新娘的魂进了婆家。老人断气时，将一只角转几圈的黑公绵羊捏死祭之，以便把死者的“灵魂”引到莫木蒲古（天堂），杀断气羊后，儿女各家杀一只公绵羊，取羊胆测凶观吉，如羊胆过多或干枯或浓黑为凶，反之为吉。老人去世，儿女杀羊祭祀，希望给家人带来吉祥幸福，使家人事事如意，六畜兴旺，逢凶化吉。彝族一般每年秋季都拿一只公山羊请毕摩举行一次堵口嘴、断凶路等仪式。据笔者了解，云南、贵州彝族有写在羊皮上的彝文书，四川凉山彝族毕摩有羊皮经文书包，苏尼有羊皮鼓，昭觉博史瓦黑彝族宗教崖画上有绵羊像。

绵羊胛骨占卜。彝族毕摩念经：“克哩！克哩！克哩！鹰眼明，羊眼明，羊走远，食处长。云雾下墨绵羊胛，缓雨林中黄绵羊胛，长有兔绵羊胛，昼处日下，日言你闻，夜处月下，月言你闻，晨处星下，星言你闻，夏季三月你居最高山，山言你闻，冬季三月你居最深壑，壑言你闻，秋季三月阴随云雾，雾言你闻，晴随白云，云言你闻。全知全见者，毕摩巫师、祖灵神仙全跟随你。天神老爷、护身神灵与你同测共卜。克哩！响声如雷；雷电使破裂，暴雨来破裂，苍天父神来测裂，黑地母神来测裂。山神十二子，仙灵十二子，一个来裂卜，一个来卦卜，卦卜在地上，放在地能猜，放在地能测，测定出吉凶。要测之事才出现，不测之事则莫现。绵羊的肩胛骨中间有一条凸起的骨楞，将其肩胛骨分成两个部分。以骨面的上下、左右出现相对的两条或四条整齐的纹路为佳，纹路紊乱则为凶。”①

斗羊。彝族谚语：“阉羊公羊都是母羊生，斗角长在公羊头顶。”斗羊是彝族人民生活中不可缺的传统活动，平时，在野外觅食时，高傲的公羊向群羊展现威风互相角斗，让牧人大饱眼福，直到一方甘拜下风或双方斗得头破血流，牧人才把斗羊散开。然而真正过瘾的还是火把节的斗羊比赛，这种场合气派非凡，观者万头攒动，使斗胜的羊和羊主人披红挂彩名声远扬。因此，斗前牧人精心喂养参赛之羊，有的还选

---

① 阿余铁日：《彝文字形探源》，147～148 页，成都，四川民族出版社，2001。

日子、看方位，据说，当日和斗羊走向主位吻合则逢凶化吉，预示战无不胜。

彝族人认为有神羊，据传说，神绵羊约格哈吉（叉舌头羊），出自竹核，放牧在木佛山上，叫“咩”一声，回声在五十公里的好谷坝中回响好长时间，约格哈吉叫一声黑云变成黑羊，白云变成白羊，巴且家有了约格哈吉神羊，羊一年比一年发展，山上羊群像白云，坝上稻谷金灿灿，利利兹莫感到很惊奇，向巴且家要神羊约格哈吉，巴且家不给，利利兹莫抓巴且阿一春品进牢房，阿一春品就在牢房里写信，信藏在羊蹄上，送到自己的亲戚家门处，信中说：“公山羊拴起，公绵羊带路，野蜂出上山，苍蝇要下山，夜出月亮时来。”信中内容很难理解，后来马家的女儿，聪明智慧的阿一春品的妻子阿四木呷猜出了信中的意思，议定日期共反利利兹莫，当利利兹莫牵着猎狗在解放沟七里坝狩猎，士兵也出征打仗时，巴且家和马家联合起来，一举打进了衙门，抄了兹莫的全部财产，利利兹莫知道这消息之后就在解放沟索玛树上吊颈自杀，死后姓洛木的黑彝还砍下了兹莫戴着金镯的手臂，将金镯圈子取下后，剩下的手臂就投掷在三湾河，为此，以后来往兹莫路过三湾河时，都不喝三湾河的水。为了争夺约格哈吉羊，阿一春品进牢房，为了抢救阿一春品，砸烂利利兹莫的好谷监狱。

《勒俄特依》说：“彝族先民到滋滋蒲吾定居后，耕种放牧时，赶群仙绵羊，去到滋滋山上放，赶仙山羊，到滋滋岩边放。”羊，特别是绵羊，自古以来就是彝家必养之畜，彝族有一句俗话：“有了圆根不算饿，有了羊子不算穷，不能不有的牛羊，不能不吃的粮食。”穿羊皮，喝羊奶，吃羊肉，绵羊给了彝族人太多的恩典，因而，彝人也世世代代关心羊，始终遵守“临产的母羊忌打，有孕的母羊忌杀”的祖训。

一句简练的与羊有关的谚语“十人在十处，心能在一起，羊儿在十方，叫声能听见”就贴切地把友好相处、与人为善的处世之道抒写得淋漓尽致。

“汤管七天，肉管三天”，既是文明饮食的感知和悟性，又是营养结构学和价值观的反映。

利用羊的生活习性来对照人类自身，又何等相似。如：“一头羊子过河，十头羊子也过河。”“羊儿边叫边离群，人类明知又故犯。”

放牧并非易事，除了需要日出而放、日落而归外，还要学习“一天放牧一条沟，羊儿啃草根”“绵羊放到松林边病”等生活智慧。彝族谚语：“呻吟的母羊不长毛，爱跳圈的阉羊不长膘，小山羊羔不跌下岩，小绵羊羔不受冻。”“会放羊羊毛长，彝汉团结，彝家羊儿有盐巴，汉家商人有羊皮”更是道出了彝族养羊文化知识的特性以及彝汉民族互相帮助的真挚情谊。

永善彝族婚姻习俗初探*

肖建华　陈永发

永善向为彝疆，系土司土目掌管之地。置县前有史记载的彝族土司土目有副官村（今绥江）的王土司、桧溪的安土司（安永长，康熙三十四年即公元1695年，清廷授予阿兴土千户之职，驻防桧溪）、佛滩吞都的德昌土司、黄华米贴的禄土目，清雍正六年（公元1728年）置县后也曾出现黄华的龙奎垣、马楠兴隆的龙筱云（土司）、万和的杨宗文、码口的杨太伦、黑翰的禄安民，等等。

置县前，永善之疆域时划云南，时归四川。雍正年间，云贵总督鄂尔泰平定乌蒙（今昭通），强制推行"改土归流"。雍正五年设昭通府，六年二月于米贴设一知县、教谕、典史，分驻昭通右营游击，抚驭乌西一带。适值米贴土目禄永孝已故，其妻禄氏掌管其地，抗不服调。二月初一，鄂尔泰遣援剿左协副将郭寿域领兵300往谕，初五日抵米贴。禄氏表面归服，暗地谋反，于二月十二日夜半，与禄万柄（毛脸乌基）、禄万新等率四川撒吗家、黄琅土司、吞都土司等聚众袭郭部，寿域被害，兵300仅一甘姓幸存，逃报鄂尔泰。泰大怒，复遣大将张耀祖、哈元生、卜万年分兵三路进剿平叛，并奏请朝廷钦定县名"永善"，是为"劝善归化，永远善良"之意。此后一直隶属云南，辖于昭通。

禄氏之叛为永善、四川雷波等地的彝族带来了深重的灾难。为报寿域之仇，总兵张耀祖对彝族实行血腥镇压，在米贴、吞都、黄琅、雷波一带展开了自三国孔明之后统治者对彝族的又一次大屠杀。倪蜕《滇云历年传》载："立沉命法，在者杀，去者杀，妇孺杀，少有姿色之女不杀，苟稍持志节亦杀矣。汉人妻夷而有儿者，则其夫又必以汉奸杀。其杀法又各有不同。凿颅批面、剁手截足、剖腹抽肠、活生竿等。极尽千古未有之残酷，凡三万余人。""其先匿箐今拟投出者，闻而知不免，奋身崖壑以

---

* 本文原载《凉山民族研究》，2002年刊，126页。

死，又数千余，血肉淋漓挂于树间者，亘十里不止。侥幸逃脱者，渡金沙江往四川。越数日，米贴人杀尽。”

清廷大屠杀，使永善人烟凋零，土地荒芜。为恢复生产，随后即采取了招抚政策，汉族及其他民族的流徙者纷纷应招而来。部分逃走的彝族也回到了故土，但彝族在地位、人口上也非往昔了。

永善是彝族的发源地之一，作为土著居民，彝族自古在这里繁衍生息，有着悠久的历史，创造了灿烂的文化。整个彝族文化的浩瀚长河里，也汇集了永善彝族的心血和汗水。四川凉山出版的《曲涅》《古侯》两大彝族史书多收集于永善。

战争导致的人口剧减，汉、回、苗等民族的迁入、相互学习与交融，统治思想的灌输，对永善彝族的传统母本文化产生了巨大的冲击，随着时间的推移和历史的变迁，永善彝族渐渐形成了既有别于北部方言区的四川大凉山，又不同于东部方言区的昭通、昆明、贵州等地的独具特色的生活和风俗习惯。其中，婚姻习俗就有明显的特征。

一、定婚

永善彝族的婚姻，基本上有婚约，这被称为“父母之命，媒妁之言”，从今天的法律眼光来看，不具备法律效力，但已约定俗成，是彝族大家庭信守的准则，一诺千金，即使一两岁就定的娃娃亲，也很少毁约的。婚约的缔结，一般遵循以下过程：

提亲。男方相中了谁家的姑娘，首先由父母提谈，探听女方父母的口吻，如果口风好，有缔结婚约的可能，再请媒人（彝语府嘎）到女方家去议亲。其中有一种特殊情形，那就是舅舅家有优先权。舅舅家开口（彝语恳抵）要娶的，其他人家不得再提亲。彝族名言“喔呢啊门止”，意思是“舅舅当母亲”，因此很尊重舅舅，多数姑娘会为能嫁到舅舅家，尊养舅舅而自豪。

说亲。即男方请人带上一坛酒、九个熟鸡蛋，到女方家商议缔结婚约的有关事宜。包括是否应允这桩婚事，商议聘金（彝语府者，俗称彩礼银子）及送聘金的时间。聘金多少不等，多则上千元，少则几百元，尾数为“八”或“九”，一般分三次送，不能一次送完。

烧鸡（彝语者洒）。第一次送聘金叫烧鸡。即选取吉日后，由媒人带领求婚的男孩及其长辈、亲友数人（必须是奇数，多为九人）带上一坛酒、九个熟鸡蛋、一对小鸡（一雌一雄）和约定送呈的聘金，到女方家举行正式定婚仪式。女方亲友数人（多为女性）在大门口往男方前来之人身上泼冷水，以示迎接，进屋乃止。进屋后媒人将酒和鸡蛋放在一装满谷物的升子旁，再将聘金放在升子里，一起交给主人，寓意财谷丰盈，最后将小鸡交与主人喂养，寓意这对小鸳鸯从此相依相伴了，随即杀猪宰羊以待。主人一般要请亲友与近邻作陪，一是告知大家双方联姻之事；二是共同庆贺。当夜，双方亲友拉家常、叙亲情，多道祝福之辞，对酒当歌，通宵达旦。天明道别，女方父母还要打发一点钱给未来的女婿，以示接纳。随后，女方将礼节性地回访男方，男方隆重接待，烧鸡表示婚约的正式缔结。

二、结婚

和定婚一样，结婚也要经过几个过程。

择期。男女双方到一定的年龄，女方年龄为奇数（多为17、19、21、23）时，由男方找毕摩测算，选择吉日良辰。测算依据男女双方及父母的生辰八字。主要看女方家是不是“出人年”，男方家是不是“进丁年”，其次看有没有其他“相克”。

送期。择好婚期，男方请媒人带好一坛酒、九个鸡蛋，去告知女方。

接亲（彝语下母）。婚礼分两天两地举行。第一天女方家为主，男方组织迎亲队携带一坛酒、九个鸡蛋和为新娘准备的衣服、头饰、毡衣、裙子、腰带、鞋袜到女方家迎接新娘，搬运嫁妆。迎亲队除媒人外全为男性，由媒人领头，一定要有新郎的一名弟弟参与，没有亲弟弟，堂弟弟也可，其他人员不仅要年轻力壮，而且能歌善舞、能言善辩，否则女方亲友会小看男方，甚至嘲笑男方亲友无能人。

泼水。迎亲队至大门口时，新娘的姐妹们使劲地往他们身上泼冷水。泼水的含义有二：一是说这群可恶的家伙，要抢走别人的女儿、我们的姐妹，用水泼都泼不走；二是表示女方一诺千金，以应“泼出门的水，嫁出门的女”。

抹花脸。吃过晚饭，待夜幕降临，女方的姑娘们以水调匀锅烟灰、灰尘等，先抹新郎之弟（彝语下母北，俗称花脸头），再抹部分迎亲队员，花脸不能全部抹完，且必须为奇数。抹花脸后不能再洗脸，要回到新郎家一起洗后将水泼到新娘床下。抹花脸是为黎明时抢亲做铺垫，意即黑脸不认人，专门抢人家的姑娘。

对歌。抹花脸后，女方两名女歌手开始挑战，迎亲队的两名歌手迎战。形式两人对两人，你一句我一句，你一首我一首，同曲同词，边舞边唱。内容或天文地理、古今中外，竞比知识渊博；或互相戏谑，引亲友开心、愉快；或表达传统、伦理与先哲思想，教诲后生晚辈；或述说人间至纯至真的亲情。舞姿古朴，曲调优雅，词意华美，回答往返，荡气回肠。鸡鸣时改唱留亲歌（彝语仍得格）。形式由二对二改为双方集体对唱，各自由一名歌手领唱，用同一曲调，各用各的唱词，内容一是女方对迎亲队的调侃、鞭挞："你们这群狠心的家伙，身似虎豹，心如豺狼，要夺走我们美丽善良的姑娘，使她背井离乡，日夜思念爹娘……兄弟姐妹们啊，快赶走这群披着人皮的豺狼，留住我们心爱的姑娘！"二是对新娘的挽留："姑娘啊姑娘，你怎么忍心抛弃兄弟姐妹和爹娘，跟着别人去远方？留下吧！留下吧！莫让爹娘倚门望，莫让亲人痛断肠……"三是迎亲队表达一定要接走新娘的决心和对后家的安慰："亲家的兄弟姐妹和爹娘，不管你们如何挽留，也不管山高水深，路途多艰险，我们一定要接走新娘，带她去幸福的远方。莫留了！莫留了！我们会善待可爱的姑娘，让她经常回故乡……"幽婉的曲调，感伤的词句，把新娘与亲人之间的依恋和离愁别绪表达得淋漓尽致。那场境、氛围，即使铁石心肠也免不了感伤落泪，多有女性放声哭泣。与此同时，新娘已梳妆打扮穿上嫁妆。

扯耳线（彝语挠北克，俗称抢亲）。黎明将至，开始扯耳线。女方的年轻男女一层又一层地把新娘围护在中心，迎亲队则一次又一次地保护新郎之弟冲入人墙去扯新娘的耳线，到扯着为止。

哭亲。扯了耳线，新娘已成别家之人，开始哭别亲人。首先是父母，往下是兄弟姐妹等。内容历数父母的养育之恩，兄弟姐妹的手足之情，以及难以报答的忧伤："爹娘啊爹娘，你们生我养我，一天天哺育我长大，还没报大恩，却成了别家的人。原谅我吧！原谅我吧！他们抢走我的身，抢不走我的心，女儿日夜把你们牵挂……"

背新娘。哭亲后即发亲，由新娘之弟将新娘背出门交予迎亲队，新郎之弟背着新娘往男方进发，婚礼主场也由此转到男方。接亲的人一部分抬嫁妆，一部分轮流背新娘，一直背到新郎家。新娘不能着地，中途换人背时，先垫上草席供其踩踏，送亲的人中专门负责拿草席的是新娘的小表弟（彝语席贴），也只有草席这一样东西是由送亲人拿。背新娘的目的主要是显示其尊贵，提高其在新家庭中的地位，言下之意，我是你家一程一程地背来的。

送亲（彝语府母）。女方要派亲友护送新娘至男方，愿意前往的都可以参加送亲，一般数十人不等。还要从中挑选两三个姐妹陪伴新娘。

进亲棚。新郎家在大门外适当的地方搭一个简易露天棚子迎接新娘，谓之亲棚。将至新郎家，迎亲队将新娘背入亲棚，送亲的人们围坐两侧，新郎家抬出酒，每人斟一碗，宾主相互劝饮，气氛热烈。

梳头。亲棚里，仍由在后家给新娘梳头之姑母（新娘父亲之姐妹）将来时的一股辫子分梳为两股，寓意此青丝已分属娘家与婆家。彝语有句话"外侄100根头发有50根是舅舅家的"即源于此。

入房。斟酒梳头完毕，仍由新郎之弟将新娘背入新房。送亲的姐妹与新娘同卧，直至三天后回门，此期间，新郎不得与新娘同寝。

是夜，再次对歌，风格一改女方的婉约，以高亢欢乐为主旋律。

送客（彝语嘎洒）。第二天早饭后，男方为女方送亲的人饯行。先把客人招呼在头天搭亲棚的地方坐好，再用簸箕抬出羊卦、猪苦胆、猪连贴及感谢媒人、孝敬长辈的谢媒钱（府嘎者）、舅爷钱（喔呢者）、伯父钱（抛喔者）、姑母钱（啊伯者），打发兄弟、表弟和其他送亲小孩的兄弟钱（麻之者）、表弟钱（席贴者）、小孩钱（确者革者），每份钱物搭一瓶酒，每组钱都不多，只是礼节性的。媒人看了猪苦胆、猪连贴，祝福说："苦胆亮汪汪，苦胆把把长，两家亲情地久天长。"

回门（彝语约哪古）。三天后，新郎新娘及陪同的兄弟姐妹一行，多则十余人，少则几人，带上一坛酒，有的还要牵一只羊回谢后家。后家再次杀猪宰羊款待。此后三五日，新郎独自将新娘接回圆房，正式成为夫妻。

送清净菩萨（彝语写俄布）。婚后，男女双方都要请毕摩送清净菩萨，解除污秽，驱逐鬼怪，清除口舌是非，以图全家清清净净，和睦安康。

三、婚后拜年（彝语角古）

结婚后，每逢过年，夫妻都要回家拜年，所带礼物主要是一坛酒、九个熟鸡蛋、半边猪头。四川凉山彝族用砍去猪头和猪尾的半边肉拜年，永善其他民族和云南昭通、昆明等地的彝族多用猪脚（肘子）拜年，永善彝族用猪头拜年，表示更加尊重。因为人们敬奉、祭祀菩萨、神灵时是用猪头的。

四、婚姻禁忌

永善彝族乃至整个彝族都很尊崇血缘和宗法制的家族关系，严禁家族内通婚。解放前多禁等级外通婚，禁与外民族通婚，现已开放。故有人称永善彝族的婚姻为"等级内、家族外婚姻"。姨妈、姨娘家子女互称兄弟姐妹，一般不相许配。

五、常用数字

永善彝族婚姻过程中多用"三、五、九、十一"等奇数字，偶数字仅有"八"偶尔用一两次，最喜欢用"九"。"九"彝语读"固"，"固固口口"表示牢固久远之意，这是父母希望子女感情久远，婚姻美满，家庭稳定、幸福，可谓用心良苦。忌讳"四、七"。

六、关于“买卖婚姻”一说

因为送“彩礼银子”，有人片面地把永善彝族的婚姻定义为“买卖婚姻”，此说尚需探讨。

一是对“钱”、“物”和“礼”的理解问题。送“物”的是“礼”，送“钱”当然也是“礼”，要不然把“钱”变成相同价值的“物”，“买卖婚姻”也就不是“买卖婚姻”了，这不是有点滑稽可笑吗？彝族把聘金称作“彩礼银子”，就是把它当做“礼”。将其称作“买卖婚姻”，首先是理解上的偏颇。

二是世俗观念。由于奴隶社会思想的残存，和对女性的歧视，一把妻子与钱联系起来，一些人马上就联想到买奴隶，其实娶妻与买女奴隶本身是两回事，作为彝族自身来说，从来就没有把它当做买卖来看待。

三是民族心理。可以说，彝族的婚姻过程中大多数不是看重钱，嫁妆的价值往往超过聘金，甚而有的事先商定了聘金，最后却根本没要，都说明了这一点。主要是把它作为自身社会地位的价值体现，它和彝族内部过去那种比较严格的等级内婚姻制度是密切相关的。

四是报恩思想。多数女孩子把聘金看做对父母的孝敬，希望男方能尽力报答自己的父母，以感生养之德，哪怕欠了债，需要自己将来挣来还。大多数男方也是很乐意的，并非把它看做一种负担。不同人家聘娶同一人家姐妹时，男方往往希望自己奉送的聘金比别家的多。报恩思想在四川大凉山体现得尤为突出，嫁女不要嫁妆，聘金完全孝敬双老。

因此，只有从历史的角度、人性的层面及民族情感、心理，乃至民族文化现象方面加以研究，才能得到客观的、辨证的结论。

对当前彝族聚居县婚姻状况的几点思考*

吉布伍呷

随着改革开放的不断深入和社会主义市场经济体制的逐步确立，在彝族聚居地区的婚姻家庭问题上也出现了许多新的现象，广大彝族群众的婚姻道德观念发生了许多深刻变化，以“男女平等”“婚姻自由”为主的现代婚姻观念逐步被广大彝族群众所认同。经历了几千年奴隶社会的人际关系和社会道德面貌悄然发生着变化，自主婚姻占了主导地位。但是，由于旧的传统观念的影响还未完全消除，婚姻自由的彻底实现还受着多方面的限制，不论从广度或深度来看，婚姻自由原则的贯彻，还是不充分的，包办婚姻、买卖婚姻和其他干涉婚姻自由的行为仍然存在，由包办婚姻、买卖婚姻造成的家庭暴力，“民转刑”案件时有发生，有些现象还比较严重。家庭是社会的细胞，其和睦稳定是现代社会文明的基石，但由于这些现象的存在，严重地侵犯了广大彝族群众的形象，使彝族聚居县的安定团结、经济建设、社会主义精神文明建设受到一定的冲击，成为建立和发展社会主义婚姻关系、贯彻婚姻自由的障碍。

一、当前彝族聚居县婚姻状况及特征

（一）姑舅表婚时有发生

凉山彝族的婚姻，一直实行同姓不婚的原则，这可以说是彝族婚姻中首先要遵守的原则，也是彝族婚姻古老的传统。即使在古时缺少通婚对象的情况下，不得不在同姓内开亲时，也要通过举行分家的仪式，将相隔七代以上的家门分为异姓，然后才互相开亲。另外有若干限制，如辈分的限制，在异姓亲戚之中，如果辈分不同，也不能通婚；在异姓的同辈人中，如果系姨表兄弟姐妹，也不能通婚等。盛行姑舅表婚，这

* 本文原载《凉山民族研究》，2003 年刊，251 页。

是理所当然的婚配对象。新《婚姻法》颁布后，涉及三代以内旁系血亲的通婚现象虽有所改变，但在农村地区以姑舅表婚为主的三代以内旁系血亲通婚的现象还比较突出。

（二）包办婚姻依然是现时婚嫁的主流

“父欠子债，是给儿子娶亲”“养女儿由母亲做主，嫁女儿由父亲做主”这是民间两句谚语，意味着从订婚到结婚，儿女的婚姻完全由父母包办，子女的婚事完全听从父母之命，给子娶妻是父亲不可推卸的义务。现在，父母包办的婚姻依然是彝族聚居县婚姻的主流。毋庸讳言，所谓“家支”、“骨头”、有无先天遗传疾病等条件依旧是通婚的先决条件。“家支”关系要求双方门当户对，“骨头”，首先是必须遵循等级内婚制度要求，笼统地说，黑彝与黑彝之间、白彝与白彝之间、奴隶与奴隶之间才能通婚，黑彝、白彝、奴隶娃子是三个明显的界限。如果谁触犯了等级内婚制度，面临的是被开除家支或付出大量的钱财（当然不会像旧社会一样要处以极刑）。时至今日，假如一个高等级的人因自由恋爱而娶或嫁了一个低等级的人，不少人不会认为他们的婚姻自由、恋爱自由的结合是件光彩的事，被同等级的人耻笑及鄙视是直接的后果。而低等级的人若娶或嫁了高等级的人，对低等级的家族来说则是件莫大的光荣和值得称道的事情。有无先天遗传疾病则包括了有无狐臭及有无遗传的旧时不能医治的心、肺等疾病。由于有以上的婚姻条件，为了家支的总体利益，父母干涉、包办子女的婚姻成为一种现实要求，门当户对、家支、“骨头”等结婚要件成为包办婚姻的特征。由包办婚姻带来的未到法定年龄就与三代以内的旁系血亲结婚的和患有医学上认为不应当结婚的疾病而结婚的现象不可避免地存在。同时，由于包办婚姻，很多人组成家庭后，不按婚姻登记办法依法办理结婚证，逃避婚检，非法同居造成事实婚姻的现象非常突出。

（三）买卖婚姻时有发生

彝族聚居县的买卖婚姻是近几年以来才盛行的。需要说明的是，按照《婚姻法》第三条规定：禁止借婚姻索取财物。从立法精神上理解，包括借订婚索取财物，一方从另一方取得财礼的行为性质，既是个事实问题，又是个法律问题。一般来说，一方主动向对方提出给予一定数额、价值的财物，并以之作为订婚或结婚的前提条件的，可定性为索要。反之，一方因订婚而依当地风俗习惯而主动给予对方一定数额、价值的财物的，就不能定性为索要。“身价钱”是彝族传统的风俗习惯，而且主要是男方主动地给予对方的，因此不能认定为索要或买卖。彝族聚居县的买卖婚姻主要是指彝族妇女不堪忍受贫穷、落后的生活环境，自发地或经他人介绍嫁到外地，而自愿地嫁与外地人，同时，以订婚或结婚为条件主动向男方索取一定数额、价值的财物以报答对父母的养育之恩。如 1994 年 10 月，四川省送变电工程公司在架设美姑至黑桥 35KM 线路中，海来××在对民工王××无共同语言、无感情基础的情况下，自愿地嫁给家住安徽的王××，在其索要下，王××支付其家人现金 1.8 万元后，带其离开了美姑到安徽居住。

（四）家庭暴力偶有出现

随着时代的不断发展，彝族群众婚姻家庭中家庭暴力现象也偶有发生，由“包办”“买卖”婚姻等因素及由“夫权”、工作、生活、现代开放思想等造成的家庭暴力问题浮现在社会表层，主要体现在以殴打、行凶、残害、限制人身自由为主的体罚及表现为威胁、恐吓、辱骂、凌辱等方式造成对方精神上的痛苦、心理上的压抑的精神暴力，还有野蛮而原始、隐蔽的性暴力等。如美姑县洪溪区一男子以其妻只生育了女儿为由，经常对其妻进行殴打，造成其妻严重伤害之事；又如美姑县一职工由于怀疑其妻有外遇经常打骂其妻，并导致女方住院四次，双方家支出面解决 11 次，后按彝族习惯杀牛都未解决好之事件。

（五）由婚姻家庭关系引发的“民转刑”案件时有发生

彝族聚居县由于受包办婚姻、等级通婚制等因素的影响，如一方在婚姻内与第三者私奔，身价钱一直不付清、男女有不正当两性关系而被发现、女方嫁入男方后受辱等原因造成暴力干涉婚姻自由、聚众打、砸、抢等由婚姻家庭关系而引发的“民转刑案”件时有发生。如 1999 年 4 月，美姑县炳途乡的惹××之弟与吉克××的妹妹有不正当男女关系而引起婚姻纠纷，后一直经双方家支调解无果，导致 1999 年 5 月 31 日晚 9 时许，吉克××邀约家支 19 余人到的惹××家，并用绳子将的惹××捆绑在前，强行喊走的惹××之妻吉克莫××，留下不满周岁的女儿因无母亲抚养 30 多天而死亡之暴力干涉婚姻事件。另如 1997 年美姑县大桥乡农民的的××的妻子得病后，没有带妻子到医院治疗，仅在家做迷信，并听信他人胡言，将尿洒在妻子脸上，以图给妻子治病。后认识到自己不对，有一次岳父吉杂铁博来探望时，便把此事告知了他，并按彝族习惯表示了赔礼道歉。但双方为此发生纠纷，后经他人几次调解均未果。1998 年 9 月吉杂铁博未经有关法律程序，就擅自将其女儿（的的××之妻）介绍至山西省，嫁与他人为妻，的的××便组织其家支人员对吉杂铁博家实施了打、砸、抢，抢走一头牛、一匹马和五件“擦尔瓦”，打伤吉杂家三人。

二、彝族聚居县婚姻现状的根源

一是凉山彝族的婚姻关系由奴隶社会一跃而步入社会主义社会，几千年来，虽经纷繁的朝代更替，但是父母包办，男女当事人只能安心顺从，不得违抗的传统落后婚姻意识一直左右着广大彝族群众的婚姻家庭生活。所谓“父母之命，媒妁之言”就是广大彝族同胞缔结婚姻的合法形式，因而彝族的婚姻一直受着落后的家支、夫权的支配，包办强迫男女婚姻，男尊女卑、夫权统治、家长专制、漠视子女利益等根深蒂固的传统落后婚姻习俗，是造成现代彝族婚姻家庭关系悲剧的根本原因。

二是落后的思想意识和封闭的思想观念制约和束缚着广大人民群众，交通不便、信息闭塞、生产力极端落后、生产方式简单等“瓶颈”制约了广大彝族群众接触先进文化、先进生产力、先进思想的机会，使广大彝族群众的精神文明建设进展缓慢。

三是广大彝族妇女自我解放意识薄弱，妇女成为一种忍辱负重的工具和附庸，只能任劳任怨、百依百顺。虽然国家实行了男女平等的政策，但几千年历史所沉积的文化、传统、习俗不可能随着旧制度的推翻而根除，许多受过高等教育的男人，一些党员干部，甚至领导干部，头脑中“男尊女卑”“门当户对”“家支”“骨头”等落后观念依然根深蒂固，而许多妇女的软弱退让，更促成和加剧了许多婚姻家庭的不幸。

四是现代贫困山区与外面舒适的生活空间有极大的反差，通过音像传播、舆论导向等，使很多彝族青年的思想发生蚀变，婚外恋、经济窘迫、缺少理解与信任、没有真正的感情基础，男女双方在结婚前未按有关法律规定进行婚检，甚至不到法定年龄就婚嫁，有法律规定不能结婚的疾病而婚嫁等，都是造成家庭暴力和家庭婚姻“民转刑”案件的根源。

五是彝族聚居区法制基础设施落后，法制宣传工作滞后，广大彝族群众法律观念淡薄，彝族群众中民间非法调解活动得不到有效指导，基层执法组织的软弱、涣散、监督不力等因素也在一定程度上放松了对非法婚姻的打击和制裁力度。

三、改善彝族聚居县不良婚姻之对策

一是各职能部门应广泛深入地搞好《婚姻法》《婚姻登记管理条例》《妇女权益保障法》《母婴保健法》《未成年人保护法》等有关法律的宣传教育及普法教育，增强广大彝族群众的婚姻法制观念和家庭责任感。

二是建立多渠道“防线”，预防违法婚姻。基层群众组织、政府婚姻管理机关及各级妇联组织在维护妇女权益中积极参与投诉受理、法律服务与援助、参与立法、呼吁社会等，引导妇女树立正确的女性意识，协调、督促有关部门及时、合理地解决问题。

三是加大对违法婚姻的制裁力度，针对违法婚姻现象普遍存在这一现状，清查和制裁违法婚姻，严厉打击婚姻违法犯罪活动。

四是大力加强公民道德教育，积极倡导家庭美德和社会公德。大力倡导以尊老爱幼、男女平等、夫妻和睦、邻里团结为主要内容的家庭美德，建立和睦亲善、平等互爱的婚姻家庭关系。

凉山彝族传统习惯法中的性别歧视观念*

蔡富莲

凉山彝族传统习惯法是凉山彝族人民行为规范的准则，是世代遵守的法规，虽不成文，但具有非常强的法律效力，它时刻都在控制和左右着人们的言行，不仅解决纠纷必须以习惯法为依据，而且日常生活中的一举一动也不得超出习惯法的规定。彝族民间有这样一句谚语“祖先定规矩，后代遵从之”，不得逾越，它既是人们调解纠纷的依据，又是说服教育人们的典范，它在凉山彝族社会生活中，曾为规范人们的行为、为社会的发展起到过积极的作用。凉山彝族的传统习惯法不可避免地打上旧社会的许多烙印。传统习惯法中的有些观念在今天看来便成了陈规陋习，有的甚至阻碍了社会的发展。如其中对女性的歧视观念就与今天提倡男女平等、解放妇女的思想相悖。在凉山彝族实际生活中，仍存在着男尊女卑的现象，对此我们可从凉山彝族的婚姻、家庭、宗教等生活中窥见一斑。

在凉山彝族的婚姻习俗中，女性处于被动地位。今天，凉山彝族的婚姻主流仍是传统的通婚形式，即家支外婚、民族内婚、等级内婚。同一祖先的家支内部严禁开亲。从古至今，人们严格遵守这一规定，否则，将受到严厉惩处。

案例一：

有妇之夫马黑丹散，与同村本氏族女子马黑阿牛通奸数年。当马黑阿牛怀孕后，他哥马黑夫果发现奸情，将通奸二人抓住，关押在他家。马黑夫果立即通知各地的马

---

* 本文原载《凉山民族研究》，2002 年刊，131 页。

黑氏族人以及德古①，报告了其妹的奸情。1954 年 8 月，各地的氏族人聚集昭觉干海子，召开大会。大家认为，本氏族人通奸，是触犯了祖灵，违犯了氏族法规，必须严惩，让他俩自杀。德古给了二人的亲人三天三夜的时间，让他们了断生死情，德古让头人在氏族成员中集资，买了 5 条牛杀给犯人做刑前餐。马黑丹散和马黑阿牛相拥哭泣，他们的亲人也哭诉哀悼。行刑的那天，小伙子们在河边大树下堆放好了木柴，木柴以烧死尸的习俗方式堆放。马黑夫果挽着马黑丹散，女青年挽着马黑阿牛，边走边哭，走向拴了绳套的那棵大树。众人看着马黑丹散和马黑阿牛双双把脖子伸进绳套，蹋去垫脚木柴，半小时后二人死亡。执法人将两具尸体火化。

行刑完毕，马黑氏族成员集资，买了 2 条牛杀了招待烧尸的人以及众人，同时，氏族头人代表已故马黑阿牛，向马黑阿牛的丈夫家沙马氏族赔礼。当日，头人做主，把马黑丹散的发妻许配给一位马黑氏族人。② 同一氏族内的男女发生性行为就是乱伦，往往是双双处死，勒令其自杀。

民族内婚在机关干部中目前有所打破，但并不是主流，农村中特别是彝族聚居区，与外民族通婚的就更少。彝族的婚姻涉及许多实际利益。在彝族地区，人们依靠家支解决各种困难，同时也利用家支处理一切问题，因此，家支在彝族社会生活中一直起着非常重要的作用，彝谚“想家支想得流泪，怕家支怕得发抖”正是这种生活的写照。基于为发展壮大自身力量的目的，通婚对象势必要选择势力强大的家支，同时，彝族不同家支之间还有世代固定开亲的习俗。所以，在议婚、订婚、结婚一系列婚礼过程中，当事人，特别是女儿自己是做不了主的，一切都是父兄说了算，体现了凉山彝族的家长制。女儿无法主宰自己的婚姻，只有在出嫁前夕的哭嫁歌中才敢发泄自己内心的不满。女儿的命运正如哭嫁歌中所唱的“养女由妈妈，嫁女由爸爸，彩礼兄长定……妈妈的女儿哟，忆从前，驹子犊子同圈养，驹子是恒产，犊子成了零花钱。忆从前，绵羊羔、山羊羔同山放，绵羊羔是恒产，山羊羔成了零花钱。忆从前，女与弟兄同生活，同穿一种衣，同吃一样饭，以为兄弟姐妹都一般；哪知在今天，男孩才算本家人，女儿不过是外姓，父母轻女只重男……女儿的血液换作酒饮了，女儿的脂膏换作肉吃了，女儿的骨头换作银用了。家族众父兄，心肠真有这般硬，只想吃

---

① “德古”是彝语音译，意指知识丰富、思维敏捷、善于思辨的纠纷调解人，他们办事热心，处理事情公道，是在人们的日常生活中，通过解决处理一件件具体的纠纷案件时表现出优秀的才能而得到人们的公认后自然产生和形成的。“德古”不世袭，其威望既可以随时随着纠纷调解的成功而不断增高，也可以随时随着纠纷调解的失败和不公正而名声扫地，之后再也无人邀请他做“德古”。

② 参见海乃拉莫、曲木约质、刘尧汉：《凉山彝族习惯法案例集成》，157 ~ 158 页、163 ~ 164 页、161 ~ 162 页、173 ~ 174 页，昆明，云南人民出版社，1998。

女卖身钱，不想给女办门好亲事，卖女银钱吃下肚，女死女活全不管。狠心父兄该知晓：嘴馋吃狗肉，吃了狗肉不解馋；饥饿贳耕牛，贳粮只能饱几餐；人穷卖女儿，得钱攒不成家产……”① 从这哭嫁歌中我们可以感觉到彝族妇女对包办婚姻和买卖婚姻的强烈不满和无奈。

案例二：

今美姑县巴普区柳洛乡吉曲衣青村，居住的全是黑彝吉曲氏族，20 岁的吉曲收日是个孤儿，但父母给他留下了丰富的家产，由于他经常外出，便请了与他相隔五代的（邻居）侄女 25 岁的吉曲尔古阿咪帮他看守房屋。吉曲尔古阿咪非常漂亮，17 岁时嫁给舅家儿子马伍合，马伍合长得英俊潇洒，对妻子很傲慢，婚后相互不接触，故吉曲尔古阿咪一直住娘家，吉曲尔古阿咪常与堂叔吉曲收日接触，日久生情，两人发生了性关系。叔侄俩暗中通奸两年多，至 1925 年冬天，吉曲尔古阿咪家人才发觉，于是暗地里对吉曲尔古阿咪说，趁别人不知道，尽快脱离那种犯罪的关系，到她丈夫马伍合家落户，但她不听。马伍合知道后，派入去吉曲尔古阿咪家离婚，要求女方及其父母向他赔礼道歉，并退还彩礼钱及结婚的费用。吉曲尔古阿咪的父母退不出马家的巨额彩礼及罚金，就请德古来调解。调解结论是处死吉曲尔古阿咪，许配吉曲尔古阿咪的妹妹吉曲阿嗄给马伍合，马伍合同意了这样的调解。②

从该案例中我们看到，姐姐犯了错，其丈夫家要求退婚，但父母因拿不出钱则可由另一个女儿代替出嫁，这当中根本没有考虑当事人的意愿。

等级内婚，即同等级之间互相通婚，特别讲究门当户对，解放前，男女青年如果跨等级恋爱是要受到严厉处罚的，更不要说结婚。

案例三：

今布拖县衣某区前进乡柳米以罗村，黑彝吉额乌莫日尔娶吉迪黑彝氏族女子为妻，有了三个孩子。日尔在冤家械斗中战死，按彝俗，其遗孀必须转嫁给日尔的本氏族兄弟，行“填房”礼，但吉额氏族没有人愿意与此寡妇成婚。日尔的遗孀年纪轻，在守寡期间，与家里的一个奴隶恋爱了。通奸三年后，吉额氏族人发现了奸情，1920 年冬季，布拖和昭觉的吉额黑彝和吉迪黑彝头人及德古们，相聚于柳米以罗村，对黑彝寡妇与奴隶通奸案进行审理。德古们查实了通奸事实后，提出了处理意见，即处死两位当事人，吉额氏族头人及吉迪氏族头人同意德古的判决。之后，德古派几个人将

---

① 四川凉山彝族自治州编译局编：《妈妈的女儿》，26～33 页，重庆，重庆出版社，1984。

② 海乃拉莫、曲木约质、刘尧汉：《凉山彝族习惯法案例集成》，157～158 页、163～164 页、161～162 页、173～174 页，昆明，云南人民出版社，1998。

二人捆绑起来带到村子后山一棵大树上吊死。①

案例四：

1943 年今普格县西罗区色洛拉打村，黑彝女子迪地莫阿洛与白彝小伙子节努吉喜相恋，迫于彝族森严的等级婚姻界限的限制及氏族势力的压力，只能暗中来往，秘密计划。迪地莫阿洛出钱，由节努吉喜在西罗河边修碉楼，广集粮草，还买了好枪和三箱子弹。一切准备就绪后，两人悄然躲进碉楼，阿洛的父母及其氏族人知道自家女子违反了婚姻习俗，为惩治并挽回氏族的面子，便组织人去围攻二人，但失败了。由于里面坚守不出，外面的人也进不去，黑彝氏族的人无法制裁他俩。这样过了三年，到 1946 年冬，这件新鲜事广泛地在彝族地区流传，逼得阿洛的弟兄们想尽快解决阿洛的事，否则他们没脸见人了。他们见他俩经常在碉楼顶平台上晒太阳，便聘请了一位神枪手，将正在晒太阳的吉喜击毙，阿洛见爱人中弹，悲痛万分，毅然站起来要求他的兄弟们向她开枪，但枪手不忍心枪杀这位美女。阿洛转身把爱人抱下平台，为他穿上新衣后，自己从平台上跳入河中而死。②

跨等级恋爱为传统习惯法所不容，阿洛自知触犯了习惯法，等待她的将是严厉的惩处，所以，她不得不自杀。

黑彝女子下嫁必被处死，而黑彝男子却不受处罚。

案例五：

解放前，峨边县西河区几瓦村，黑彝女子石努阿牛与其男奴节卡努惹相恋，阿牛怀孕后，两人逃到甘洛县投靠勿雷拉自家为奴。因勿雷氏族与石努氏族有宿怨，以为新主子会保护他俩，使他们免受石努氏族的惩罚。殊不知，习惯法在彝族地区都通行，三年后（习惯法规定，投靠外氏族的保护期是三年，投靠舅舅为七年），石努氏族的使者用三十锭白银说服了勿雷氏族，轻易地将二人带回峨边执行死刑。阿牛带了一个两岁的女孩，她要求给小孩喂奶，让小孩当个饱死鬼。她一边喂奶，一边对头人们说："你们为了我与奴隶私奔而处死我，而我哥曾经与女奴通奸，你们又怎么办?"德古们怕她再说出更多的隐私和丑行，不等她说完，便让奴隶们把她连同小孩一起用竹皮拧成的绳勒死。③

从这些案例中我们可以看到，凡违反等级通婚的一律处死，而其中女子受到的处

---

① 海乃拉莫、曲木约质、刘尧汉：《凉山彝族习惯法案例集成》，157~158 页、163~164 页、161~162 页、173~174 页，昆明，云南人民出版社，1998。

② 海乃拉莫、曲木约质、刘尧汉：《凉山彝族习惯法案例集成》，157~158 页、163~164 页、161~162 页、173~174 页，昆明，云南人民出版社，1998。

③ 海乃拉莫、曲木约质、刘尧汉：《凉山彝族习惯法案例集成》，157~158 页、163~164 页、161~162 页、173~174 页，昆明，云南人民出版社，1998。

罚比男子重。如今，虽然时代变了，但传统观念却还根深蒂固，凉山彝族农村中，跨等级通婚的事例极少，目的是保持血统的纯洁。甚至同一等级内部通婚时也要看双方的家支势力是否相当，否则，家支强的看不起家支弱的，家支弱的也受不了家支强的白眼，因此，凉山彝族在选择通婚对象时十分慎重，要求门当户对。

在彝族生活中，丈夫死，若妻子还处在生育年龄的，必须实行转房。寡妇转房，首先考虑的对象是其丈夫的亲兄弟，这是因为“兄死弟在，牛死厩在”的缘故。若无适当的人选，再考虑远房的平辈兄弟，平辈中实再没人选时，再考虑上一辈或下一辈的人，无奈的情况下，还可转给丈夫的父亲即自己的公公，谚语“由于死病事，公公带媳妇也理所应当”。凉山彝族由于盛行姑舅表优先婚，所以，有的人自己的公公就是自己的亲舅舅，或自己的婆婆就是自己的亲姑母，如果是这种情况就不能转房给公公。被转房的男子如果事先没有娶妻，那么他在转房后还可以再娶妻子，妻子们不住在一起，各自与自己的孩子组成一个家庭，丈夫在她们中轮流住，被转房的寡妇住原处，丈夫前来上门，妻子之间不分贵贱。由于转房婚，造成凉山彝族生活中一夫多妻的现象。

彝族娶妻时男方是花了一大笔钱财的，妻子被娶进家门后，就是一笔家庭财产，丈夫死后若要外嫁，她的聘礼则由丈夫家得。在转房过程中，一般由家支头人或公公、叔子们说了算，寡妇自己没有发言权，甚至是被强行行事，因而也出现个别妇女以死抗争的情况。另一方面，若男方家族不按传统习惯法为寡妇转房，寡妇会认为自己没面子，是一种耻辱，其娘家也会为此事兴师问罪的。

凉山彝族的离婚率不高，因离婚不仅是夫妻二人的事，它还涉及联姻的两个家庭，甚至是两个家族，因此，离婚是件极困难的事。在双方无过错的平等情况下，如果是男方提出离婚，女方退还身价钱和结婚时的适当费用，若是女方提出离婚，则加倍赔偿身价钱，赔偿结婚时的一切开支和婚后男方孝敬岳父岳母等为女方所支出的费用，对女性多少带有惩罚的性质。离婚对妇女是件不公平、不平等的事，传统习惯法规定，妻子与其他男子通奸，丈夫可提出离婚，有权对妻子施以残酷的惩罚，若因此致妻子死亡，只需赔数量很少的命金，但丈夫与其他女人通奸，妻子一般不得因此提出离婚，除非她当场抓住奸妇。另外，妻子离婚后，不能得到任何财产，连她从娘家带来的嫁妆，一般也归丈夫所有。不管是谁提出离婚，孩子一律归男方，成为男方家支成员，女方则独自回娘家，丧失对子女的抚养和教育权。

家庭生活中，丈夫支配一切，起主导地位，妻子从属于丈夫，无权干预一切事务。在凉山彝族家庭生活中，由于人们认为妻子是花钱买来的，丈夫对她有支配权。

彝族谚语“奴上主，鸡上冠，妻上夫”正是这种观念的写照。丈夫掌握子女的婚配权，妻子的根本任务就是为丈夫家族生儿育女，特别是要多生儿子，因此，还有

"人兴由妇女，人败由妇女"的谚语。无子女特别是无儿子的妇女不仅在家族中无地位，在社会上也受到人们的歧视。家庭生活中，丈夫若有外遇，妻子不因此提出离婚，相反，如果妻子有外遇，丈夫却可休妻。习惯法要求妇女对其丈夫忠贞不渝，用谚语"重煮的汤不鲜，改嫁的女不庄重"来约束广大妇女。谚语"真话莫对妻子讲，我在是我妻，我死便是别人妻"，就反映出丈夫对妻子的不信任，而"贤子听父话，劣子听妻话"则教育男子不能服从妻子，甚至还说"顺从妻就败，顺从奴就亡"。在社会上提倡女子无才便是德，说什么"鸡啄的不是粮，妇说的不成话"，"妻坏成家堆，纠纷女做主就败"，"妇女不当谋士，火塘不搭桥梁"，"机智的女子家败，愚蠢的女子家兴"。女子更没有扛枪打仗的资格，因此还有"喜鹊不抓鸡，妇女不背枪"的谚语。用这些谚语来约束妇女的言行。

凉山彝族由于家庭利益、家族利益等的需要，存在着重男轻女的思想，认为"儿子是家产，女儿是寄养的畜"，"人要绝，女儿多；羊要绝，公的多"，因此，儿子多的妇女家庭地位也高，因为她为家族人口的发展壮大做出了极大的贡献，应当受到人们的普遍尊敬和爱戴。葬礼和超度其灵魂的仪式都非常隆重。

无儿子者的待遇则相反，在家庭中受到丈夫及亲友的歧视，也成为丈夫纳妾和离婚的借口，只得忍气吞声地生活。凉山彝族至今仍盛行父子连名，若无儿子，家族的系谱便无法再往下延续而不得不画上句号。就因为她没有生儿子，使丈夫家断了根，葬礼仪式简单，其尸架不能像有儿子者的那样被抬在肩上，而是像抬粪架一样双手垂直着抬到焚尸地。其灵魂的超度是顺便搭在丈夫家族中其他人的仪式里举行的，超度仪式简单，特别使活人难以接受的是其灵牌（也包括无儿子的男性）在被送往祖灵洞的路途中，被抛弃在半路上，禁止进祖灵山的祖灵洞，意味着无法与祖先们共同生活，享受不到后代们的祭品，这对活着的无儿子的人来说，是个致命的思想负担。所以，彝族有"父欠子债为儿娶妻，子欠父债为其超度"的谚语。也就是说，为人父的必须为儿子娶媳妇，传宗接代，延续家族的血缘，壮大家族的势力；为人子的则必须为双亲超度灵魂，送他们的灵魂到祖界与祖先们一起安居乐业，享受天伦之乐。另外，由于认为女儿属于其丈夫家族的成员，是外人，女儿和女婿无抚养岳父岳母的义务和习惯，这些老人晚年的生活确实也有许多具体困难。因此，农村中许多人为了传统习惯法，于国家计划生育政策而不顾，超生多生，不生儿子誓不罢休的现象在聚居区较严重。

在凉山彝族神圣的宗教职业中，女性渐渐被挤出宗教舞台。目前，凉山彝族的宗教职业者有两种，即巫师"莫尼、苏尼"和祭师毕摩。

巫师，凉山彝族称"尼"，男女两性都可担任，女的称"莫尼"，男的称"苏尼"。"尼"的产生，一般是某人由于无故生病或大病不愈，甚至神志不清，口中念念有词，精神极反常，经掐算，原来是因有死者的鬼魂附体所致。附体的鬼魂或一个或几个不等，这人必须做“尼”，否则，附体的鬼魂会经常干扰其生活。于是，请祭师“毕摩”祭祀这些鬼魂，将它们转成患者的助法鬼，授予患者一个羊皮鼓后，该患者便成为“尼”。“尼”的主要任务是捉鬼、驱鬼，作法时，呼唤其助法鬼们来助法，当助法鬼附体后，“尼”渐渐浑身发抖致不能自我控制，手舞足蹈，助法鬼们借助“尼”的口，说出导致主人家闹病、闹灾等的鬼魂是什么鬼魂，鬼魂现在在哪里，该怎么捉、怎么驱以及主人家今后应注意哪些事项等。凉山彝族“尼”的产生条件和作法时的神情状态与流行于我国北方少数民族中及韩国、朝鲜、日本、西伯利亚、北欧等地的萨满极其相似。“尼”不世袭，无经文，某“尼”如果做法事特别灵验，那么其地位和威望就很高，请他或她的人就会很多，反之，作法不灵的就很少有人请，渐渐地就会被人们遗忘，从而结束“尼”的生涯。

祭师毕摩的产生以世袭为主，师传为辅。凉山彝族有几大祖传毕摩世家，他们一般是父传子或爷传孙传承技艺，师传的则是专门拜师学艺。毕摩有大量的经文，有法铃、法扇、法签、法帽等法器。要成为毕摩，必须刻苦学习经文，背诵经文，跟随师傅学习并掌握各种法事仪式的操作过程及经文运用的真本领。学习时间五年十年不等，有的十几年，所以，学徒大多是幼年时代就开始学习，直到青年出师才自己单独操作仪式。毕摩的主要任务是治病、防病、驱邪、祭祀等，经济收入和地位远高于“尼”，但毕摩全由男性担任，禁止女性当毕摩，所以，无女性毕摩。

从彝族社会和彝族宗教职业的发展来看，“尼”的产生比毕摩早得多，它大约产生在女性具有崇高地位的母系社会，而“尼”当中，应又以女性担任的“莫尼”为最早。她是彝族母系社会女性集酋长兼宗教职业于一身的体现。但到了父系社会，男性在政治、经济上都取得统治地位时，妇女便失去了原来在母系社会的绝对优势地位，包括担任酋长和宗教职业的资格，有的民族甚至连女性的生育权也要剥夺，如我国南方一些少数民族曾经有过的“产翁制”习俗便是有力的例证。彝族男子随着社会地位的逐渐提高，宗教领域里开始出现了男性宗教职业者，到了父系社会中晚期，随着宗教的进一步发展，人们鬼神观念的进一步发达，于是，出现了专门祭祀鬼神的由男性担任的毕摩，实际上，毕摩操作的各种仪式主要是在吸收了“尼”的许多巫术仪式的基础上发展而来的，至今，毕摩的仪式活动中大多是巫术，它与“尼”的巫术有许多重叠和交叉。彝族的毕摩禁止女性担任，传说，彝族毕摩始祖阿苏拉则有一儿一女，儿子是个傻子，女儿施色却聪明伶俐，他将施色女扮男装，教她学经文、做法事、当助手。有一次，兹莫请他去超度亡魂，他带着装扮成儿子的施色去作法，结果被兹莫发现了真情，兹莫大怒，认为这是在亵渎祖灵，但没声张，决定等他做完法事后将父女俩杀了。兹莫家的奴隶阿卡拉惹知道后将此事告诉了阿苏拉则，阿苏拉则父女才幸免遇害，后来，施色嫁到马家，她将祭祀的所有知识传给了儿子，马家这才开始有人当毕摩。由此可见，毕摩职业从一开始就排斥女性，禁止女性担任。直到今天，凉山彝族的祭师毕摩仍清一色由男性充当，而巫师“尼”则既有男性也有女性，但男性明显多于女性。由于对女性性别的歧视和随着后来人们认为女性不洁等观念的影响，如果人们不再请她们跳神作法，那么，她们就会失去表演的机会和存在的意义，渐渐地她们就会被挤出巫的行列，退出巫的历史舞台，从而有一天将会从巫的队伍中彻底消失。

凉山彝族女性在社会生活中受到歧视的原因，我们可以从社会生活习俗和女性自身的角度两个方面来加以认识和分析。

首先，从社会生活习俗的角度来看：

第一，凉山彝族变相的买卖婚姻从一开始就决定了女性在男方家族中的从属地位，婚礼后的第三天，丈夫家要为她举行添人进口的接纳新娘为夫家正式成员的宗教仪式，把新娘的灵魂从娘家迎到丈夫家，目的是使她真正从灵魂到肉体都属于丈夫家，从此，她作为男方家族的一名正式成员出现在各种场合，并以姻亲的身份出现在娘家人面前，她的生老病死交由丈夫家负责，在娘家得了病也要赶回夫家去治疗，出嫁了的女性没有在娘家做法事治病的习俗，名副其实地成为生是夫家的人、死是夫家的鬼。

在家庭中，妻子依附于丈夫，连自己的名字都失去，目前，彝族农村中的女孩婚前有名字，婚后一直到生孩子之前，被称作某某的妻子，生了小孩后，被称作某某孩子的妈妈，女孩的名字除本村人知道外，若嫁到外村其名字不容易被他人知晓。

正是这种婚姻决定当其丈夫死后，就只能在其丈夫家族内部流动转嫁，若丈夫家确实无人可嫁而只得外嫁他族时，所得身价钱交其前夫家，作为给丈夫家的补偿，其娘家无资格得到这笔钱。寡妇在改嫁之前，原丈夫家还必须为其举行“解除户籍”仪式，即解除男方家族正式成员的资格，这时又要求其从肉体到灵魂彻底脱离原来的丈夫家族。彝族在家庭生活中，只重视男方的血缘而忽略女方的血缘，所生子女全部属男方家族成员，妇女离婚时，丈夫家必然不允许妻子将孩子带到另一个家族中去，而任何一个家族也不会无故义务抚养另一个家族的人，这两方面的原因造成了妇女在离婚时无权得到任何一个子女，完全丧失了对子女的抚养权，因此，对彝族妇女来说，离婚意味着从此失去子女，这对她们是极不公平的。

第二，凉山彝族妇女在家庭生活中经济上不能独立，依附于丈夫而生存，这就使得她们心有余而力不足，在离婚时由于无经济保障而丧失抚养子女的权利。传统习惯法规定，除了私生子可由母亲带走以外，婚后所生子女全部归男方家族，若有哺乳期的婴儿，则暂时由母亲喂养，待长到5岁左右时再送回其父亲家。在凉山彝族生活中，生过孩子的妇女，离婚后住在娘家的时间极短，大多降低条件，匆匆改嫁。

第三，凉山彝族妇女无论是在父母家庭还是在丈夫家庭，都无财产继承权，没有儿子的家庭，其财产由家族瓜分，称“吃绝业”。妇女婚后正式到夫家坐家时，有一些嫁妆，但这些嫁妆在妇女离婚时也归男方所有。

第四，凉山彝族的习惯法，全靠道德来约束，道德和法律从来就是相辅相成，它约束和桎梏了凉山彝族妇女们的思想。

其次，从女性自身角度看，对广大的彝族农村妇女来说，由于父母的重男轻女思想从而失去了上学受教育的权利和机会，也没有与外界接触和了解外面世界的条件，导致她们没有知识文化，眼界不开阔，在封闭的环境里，思想保守落后，传统观念重。在生活中逆来顺受，忍辱负重，从未认真地思考过女性在彝族社会中的地位和自身的价值，只想到祖祖辈辈的彝族妇女都是这么过的，自己不能有出格的举动，让后人耻笑。对于生活，无过高要求，只希望婚后儿女双全，容易满足，因此，自身无强烈要求改变不合理现状的愿望。

由于以上这些客观和主观的原因，要改变彝族女性在彝族生活中的现状，必须提高她们的文化素质，解放她们的思想，改变传统观念，敢于与旧意识决裂，更重要的是要帮助妇女必须在经济上和人格上获得真正的、完全的独立，培养她们的参与和竞争意识。

彝族古代法规简论*

阿吉拉则

彝族有悠久的历史和丰富灿烂的文化，自古以来彝族人就创造并使用彝文字，因此，彝文古籍文献极其丰富而珍贵。而独具特色的彝族法律文化作为传统文化的重要组成部分，内容博大精深，影响广泛深远，在彝文古籍文献中闪耀着迷人的光芒。如史书《夜郎史传》中记载着夜郎君布告天下臣民不可违的二十条法令等，而彝族古国南诏国的法律制度已相当完备和发达。在凉山彝族地区，彝族传统法规涉及社会生活的各种领域、各个方面，它的传承一直没有间断。如今，它在彝族人的社会生活中，继续发挥着非常重要的作用。笔者根据多年的调查和学习，对彝族的传统法律有些粗浅认识，现摘要整理出来，向专家学者请教。

一、古代彝族社会对各阶层的赔罪有明确清楚的规定

古代彝族社会分为兹、莫、毕、格、卓五个阶层。《玛木特依》中指出：兹是掌权的，莫是判案的，毕是祭祀的，格是打铁的，卓是放牧的。法规，彝语称为“节威”。按照彝族人的观念，各阶层的犯罪行为都要赔罪。《爨文丛刻·祭龙经》中载：“白鹤象征君长的福禄，青鸿象征臣（莫）的福禄，黄鹰象征师（毕摩）的福禄。”《策尼勾则》载：“鹤是君，鹃是臣，鹰是师。”凉山地区阿勒兹莫流传至今的古代漆器皮碗，底部有仙鹤图案，还有种汤勺的尾部有雕、鸽子等木刻像。凉山昭觉县博什瓦黑石刻岩画毕摩招神图中，有神雕图像。彝族传说古时候有一种独角兽，称为“射”，可翻译为“獬”，音和意都与汉文里的“獬”相似。在彝族的咒人仪式中，专门使用“獬”这种独角兽的角，说是每举行一次仪式就要锯掉一节獬角。彝族人把

* 本文原载《凉山民族研究》，2002 年刊，138 页。

叛逆行为、违反行为称为“獬给”，就像獬这种独角兽撞人一样。与此不谋而合的是，印度印章文字与古彝文极其相似，有关专家甚至释读出来不少例字，而就在这种印章上，居然有獬这种独角兽图像。这是否可以说明，古代判案就使用了这种印章。凡盖了这种印章就能证明此人是有违法行为，应该受到惩处。很有意思的是，清朝判官服饰中也有“獬”的图案。

这种文化现象，彝族人把它保留至今，而在古代印度的印章中能够找到，不能不叫人惊奇，使人自然而然地产生联想。据说，有关独角兽的记载，最早见于希伯来人的《圣经·旧约》。《山海经校注·山海经海经新释》卷二里记载有种独角神兽叫“乘黄”，很像彝语读音。从中可看出古代彝族社会以鹤为代表的君长的政权结构，同时，獬与彝族法律有一定的联系。与之相应的是，彝族古代法规规定：“兹舍勾则，莫舍伍则，毕舍丁则，格舍阿尔，卓舍勒诺”，意即“杀兹者除规定命价外，多赔一对白鹤；杀莫者多赔一对鸿雁；杀毕者多赔一对金雕；杀格者多赔一对鸽子；杀卓者多算一头黑牛。”在家支人命案赔偿中，古代最早规定黑案赔偿：“赔牛十条外加一条劝解牛，赔马十匹外加一匹驮骨灰马，赔绵羊十只外加一只招魂羊，赔山羊十只外加一只驱邪羊，赔猪十头外加一头除魔猪，赔鸡十只外加一只赶鬼鸡，赔酒十坛外加一坛祭供酒，赔粮十石外加一石供品粮，赔衣十件外加一件寿衣。”继而逐渐演变成不分等级，总的赔偿数目为九十九“科”（样），即无论大小肥瘦，马、牛、羊牲畜每一样算作一“科”，衣物、刀枪、农具等每一样也算作一“科”。然后又发展到兹的命案赔九十九科，莫的命案赔七十七科，毕的命案赔五十五科，格的命案赔三十三科，卓的命案赔二十二科。后来，随着兹莫政权的瓦解，各个地区的法律制度又有一些变化和发展。

二、用以赔偿的东西男女有别

彝族先民靠自己的聪明才智，在从古至今的生产、生活过程中，发明、发现和使用了“比”（石棉布）、“作”（缎）、“机”（锦）、“解支”（绢）、“子古”（绸）、“布米”（绫）、“木丝”（棉布）、“木帕”（麻布）、“沙帕”（羊毛布）、“什”（金）、“曲”（银）、“只”（铜）、“冲”（铅）、“恒”（铁）等物质。古代彝族人在赔偿过程中，针对男女命案分别用不同的财物赔罪。谚语说，男人有骑，女人有披。对男性的命案和伤害案等，规定是：“上等金九钱，用银来陪衬；中等金七钱，用铜来陪衬；下等金五钱，用铅来陪衬。”这类属重型物质，寓意男性具有阳刚的特性。对女性命案和伤害案等，规定是：“缎上缎九卡，蓝锦红锦作垫衬；锦上锦九件，绢布绫布来作垫；绢布与绫罗，布匹毛片来垫衬。”这类物质是柔软的，有女性的特点。

三、莫的产生、层次、分类和地位

“莫”产生于母权制时代。莫即妇女，母性的意思。“莫格”即是最先的妇女集会，同时也指集会的场所。莫开始产生即妇女商议大事，掌管政权的开始，莫中的最大者就是德古阿莫。简称德古或莫，但德古这个称呼在更多的情况下其实是个尊称，含有知识渊博，能说会道，公正无私的法官的含义，同时也兼指判案和开会场合。一般和普遍的叫法是“莫”，是判案者、调解仲裁者之意。一个人可以自称“我是莫”，但如果有人居然自称“我是德古”，那么，这种自不量力的行为，一定会遭受别人的嗤笑。

彝族古籍《威克博帕》中说，远古时期最早的兹是楚克普里，莫是毕乌毕地，毕是史祖扎木，格是阿尔阿底，卓是库都车博。民间故事《格俄勒与依俄勒》中说，最先的莫有火比乌，体比达。《端铧口的来历》上说，武部落的武地阿约说合调解了与外族的矛盾，那时是“天地津梁断”时期。著名史诗《勒俄特依》记载，古侯、曲涅两大部落由战争到联姻，先后分别有达价斯里、木施杂惹、斯落阿武来做“莫”，但都没能如愿。后来由两位大德古合比阿吉、侯比涅格共同说合成功。《古侯》中也记载了这样的诗句：“君阿合尔朴，臣阿合尔黎，毕阿雕尼史。”“君阿侯阿土，臣阿侯阿里，毕阿侯阿格。”而在彝族民间影响最大从而记入《源流》中的，是著名德古魁德直，他是瓦撒兹的大臣，在四川凉山地区几乎是家喻户晓，甚至把他推崇为德古的始祖。其实他可能是宋朝时期人，他在规范完善彝族传统法律方面发挥了重要作用。还有一位名叫阿扎俄主的德古，有人说他是阿哲兹的“莫魁”。

近代史上，阿都兹莫管辖区，形成了由著名德古吉都各各史勒、则纳比、布子来九、子尔拉莫、舍联日惹五人组成的德古“莫魁”集团，其中舍联日惹是常务主持人。他们统揽了阿都地区主要的案件纠纷调查、起诉、审理、论辩、判决、处罚等全部事项，实际上就是专门的司法机构。阿勒兹莫与沙马兹莫地区同样存在莫魁集团。

根据莫的学识和人品、能力、威望等，可将他们分为上等莫、中等莫、下等莫三个层次。彝语尔比讲“莫上莫三类，为了道理争，莫中莫三类，判案如劈柴，莫下莫三类，下话传上家，上话传下家。”

在调解和判决案件的过程中，莫分为以下七种类型：一是批准调解的莫，彝语称为“克波”；二是接纳答应的莫，彝语称为“莫达”；三是扫除邪恶、清洁场合的莫，彝语称为“遮嘎”（或称“摸布”，即叫命）；四是传达莫与主人、客人三方意见的莫，彝语称“莫嘎”（或称“朵则”“朵解”，即接话、传话）；五是根据案件前因后果判决案件的莫，彝语称为“莫开”；六是主持和总统整个判案过程的德古阿莫；七是德古侍从，辅助德古判案，彝语称为“丘西”。以上七类莫各自发挥着自己的作用，统称为“莫木”。在重型案件中七种莫都需要，中型案件中不需要“遮嘎”莫，因为只是在人命案件中才要“遮嘎”，带有宗教色彩，轻型案件则只需莫达、莫嘎、莫开就可以了。

莫的地位在古代仅次于兹，后来合称为兹莫。在传统的彝族社会中，祖先制法，儿孙遵循，做莫救人命，劝解平屋基。尔比尔吉说，儿孙争理依父母，人类争理靠德古。集粮由风，据理德古。判案如斧子，一劈成两半，判案似虎口，一嚼成渣子，判案如豺嘴，一咬留齿印。莫话如熊胆，谁来喝都苦，莫木如黑锁，挂哪儿都牢靠，莫木如铁凿，凿哪里都会直。兹的嘴巴不长在兹身上，兹的嘴巴长在莫身上。

四、案件的性质和分类

彝族传统法律将案件分为“阿诺”黑、“阿则”花、“阿曲”白三类案件。彝族尔比说：“案件分三种，目睹者为重，耳闻者居中，猜疑者从轻。”“纠纷有三样，山花开三朵，偷羊有三种。”“黑色命案如猪屎，花色命案如喜鹊，白色命案如蝴蝶。”偷羊案分为：挖墙进屋为黑案，圈羊被盗为花案，牧场混羊为白案。在人命案中将下列九种杀人罪列为“阿诺”黑案：1. 在判案时被杀；2. 无故被谋杀；3. 谋财害命；4. 在睡着时被杀；5. 偷袭杀人；6. 在酒醉时被杀；7. 骗至家中被杀：8. 妻被拐人被杀；9. 没有争吵打架而被杀。“阿则”花案分七种：1. 吵架后被杀；2. 斗殴致死；3. 欠账久拖不还被杀；4. 争夺钱财被杀；5. 拐骗他妻被杀；6. 长期遭受欺凌而反抗杀人；7. 自杀死给对方。“阿曲”白案分七种：1. 偷盗被杀；2. 抢掠财物牲畜被杀；3. 拐卖人口被杀；4. 出兵打仗战死；5. 在打人杀人时被对方杀死；6. 拐人妻并欺辱他人被杀；7. 纵火烧房被杀。其他的各种案件都要按照黑、花、白判案方法来判决，但要根据实际情况灵活运用这些原则。

五、法律原则主要体现在尔比尔吉中

彝族传统法律的法律原则主要体现在尔比尔吉中，或者说尔比尔吉中的“节威尔比”充分、全面地表达了彝族的主要法律思想，如和好原则、赔罪原则、公正原则、教育原则等。尔比中的法律文化非常丰富、深刻、精练、易懂、雅俗共赏，有的甚至达到了妇孺皆知的地步，这些内容包括各个方面。

笔者收集的有关法律方面的尔比有近千条，如：金银有纷争，需用天平秤；土地有纷争，需用地坎界；牛羊有纷争，需用牧羊人；姻亲有纷争，需用做媒人；敌我有纷争，需用调解人。主与仆两个，只为使唤争；姻与亲两家，孤儿寡妇争；弟与兄两家，田坎地界争；夫与妻两个，烧饼不熟争，汤菜不热争。牛不规矩穿鼻，马不规矩配鞍，人不规矩立法。鸟不飞，马不惊，马不惊，鞍不毁。阿普居木时，照着规矩做；兽生山野里，按着常道走。大山和好风雨歇，原野和好牛羊兴，江河和好鱼虾跳，山崖和好蜂蜜香。大山垮塌盖不住正理，大河涨水冲不走公道。说错须治嘴舌，做错要赎行动。高的任风吹散，低的让水冲掉。人若没有法规，将溃成散沙；桶若没有箍圈，将散成柴草。人类过分到土尔山上，神圣来惩罚；牛羊过分到生疏平坝，虎豹来惩罚。拐族人的妻案最大，杀族人的命案最大。拐妻便退妻，杀人就偿命。有理的命案不讨二次，无理的命案不会甩弃。打杀命案黑，纠纷命案花，复仇命案白。失去父亲能活着，失去母亲能活着，背弃誓言不能活。杀鸿雁天空就愤怒，打姐妹父兄就愤怒，敲皮鼓苏尼神愤怒，出人命族人就愤怒。坏名声的女人，婆家不娶她；犯过罪的男人，众人嫌弃他；患有病的牛羊，牧群嫌弃它。毕摩不能偷抢，新娘不能偷抢，德古不能偷抢。经师钱是知识钱，判官钱是口舌钱，劳力钱是血汗钱。做官吃贿钱，玷污三片街；德古吃贿钱，言行全都贱。长的由莫截掉，宽的让莫削掉。渠道由牛开辟，案件由莫审判。家族的规矩强遵守，家族的话如雷劈。穿蓑衣的是家族，戴金子的也是家族。贪色莫奸幼，贪男莫诱童。有了死伤，公公媳妇成婚也可；有了饥荒，米掺野菜当饭也成。盗案连续者从重，案子唆使者从重。口舌伤人，敬酒赔罪；出手伤人，赔马赎罪。黑彝犯该杀的罪就杀，白彝犯该卖的罪就卖。毕摩的要求太过分，拱猪遭鹰抓；主人的要求太过分，无故遭祸殃；兹莫的要求太过分，坐骑被虎吃。人间有公道，餐饭分早晚。马案可化小如鸡，鸡案能变大如马。天掩盖三天，地掩盖三天，人掩盖三天。头上有虱除虱，脚上有刺拔刺，内体有病治病。客人要头节，主人出末梢，判官拴腰带。玩耍不动手，动手就伤人；逼债不动手，动手就伤心。忌杀母猪，忌打妇人。人依常规活，雁依常规飞，蜂依常规行。案例规矩在敌人家，婚姻规矩在亲戚家。案件都依案例判，买卖都按行情做。猪蹄十二截，两截一样两截不一样；案子十二类，两件相似两件不相似。案子有大有小，餐饭有好有差，话语有是有非。没有不可说的案，没有不能缓的案。德古怯场法帽戴不稳，武士胆虚箭弦拧不紧。

六、彝文古籍中的法律文化

彝族法律古籍丰富多彩，卷帙浩繁。总体上可分为专门的法律经典、宗教类法律经典、其他经典中的法律文化、民间传说故事中的法律文化等。

专门的法律经典，如：1. 莫牛威克节威；2. 节威特依；3. 德古博帕；4. 威克博帕；5. 无兹等。宗教类法律经典，如：1. 遮嘎；2. 苏夫佳；3. 克吃特依；4. 庸地；5. 克吃瓦则特依。其他经典中的法律文化，如：1. 节威尔比；2. 勒俄特依；3. 玛牧特依；4. 古侯；5. 克哲等。民间传说故事中的法律文化，如：1. 格俄勒和依俄勒的故事；2. 勒克朵博帕；3. 木丘撮丘博帕；4. 开泪马的来历；5. 德古故事；6. 吉俄仆车的命案；7. 挑拨者的故事；8. 雪天掩尸案；9. 黑厅狼巴和斯人阿毕的故事；10. 蛋的纠纷等。

七、历史上在赔偿中使用的计量单位

在彝族社会历史上，各种赔偿项目中使用的计量单位适应社会的发展变化而有所不同。最早对牲畜家禽的计量随其本身物件的单位使用，如牛用“几”（条），马用“码”（个或匹），羊用“码”（只）等，其他如酒用“它”（坛），衣用“古”（件）等，石棉布和缎用“曲”（卡），锦和绢用“则”（匹），绸与绫用“古”（件），棉布、麻布、羊毛布用“地”（叠），金用“西”（钱），银用“由”（两），铜和铁用“计”（斤）等。此后，一切财物都统一为“科”（样），后来又统一为“码”（个）。最先的赔偿方法，主要是以马为等价物计算，因此，这里的“码”指一匹马。再后是统一为“码”，这时主要以银锭为等价物计算，“码”意为一锭银。现在是以人民币“瓦”（万）即元为统一的计量单位，“瓦”指一元钱。彝族人认为，马是掌类动物，是与人同源的，它比牛等其他蹄类动物珍贵很多。因此，一匹马值两头牛，一头牛值两头猪，或四只羊，或一百只鸡。羊也是彝族人最看重的，但一只羊只能算一头牛的四分之一，两只羊只能算一头牛的一半。

八、疑案的判决方法

如果遇到不能破案的疑案和争议激烈、判决困难的重大案件，彝族人就要以特殊的形式来处理裁决。这就要求之巫术问于黑白两样后再行判决。以结果是黑方为输，白方为清白。黑方像树上乌鸦一样黑，像深山黑熊一样黑，像院内母猪一样黑。白方像天上白鹤一样白，像高山白雪一样白，像院坝白鸡一样白。疑案处理方法主要有捧铁铧、捧红石、捞开水、嚼生米、打鸡自白、喝血酒、诅咒等。这种案件的处理，不但需要德古阿莫，还要请毕摩帮助，整个过程十分复杂。

九、作为案例的名人命案

名人命案是彝族判案中最有说服力和最具典型性的判例。所以在判案过程中德古们经常列举名人案例，以使主客双方心服口服。兹命案以利利古车案为例，诺合命案以普木三助案为例，节伙命案以果日拿俄案为例。这是阿都地区人人都耳熟能详的案例。有人曾以利利古车案向尔恩地区波里米舍问疑，据传有关法规条文曾写满三块木板还有余，后来以一颗牙齿赔一只羊结案。诺合吉狄普木三助，说是为波里恒初，波里米舍家族所杀。节火果日拿俄，住布拖西溪河地区，在院坝外牧猪时被杀，所以命价要贵得多。

义诺地区毕摩吉俄仆车案，诺合阿候拉达革哈案，戈扎达叶哈布案，奴隶沙马拉喝案、说萨克土案，圣扎地区阿西尔合尔连案，安宁河流域百姓木帕罗勒案、阿里尼尼案等是著名案例。

十、彝族传统法律的逐步发展和完善

彝族传统法律的发展，经历了由简单到复杂，由原始习惯到兹莫节威，再到诺合节威，逐步完善的过程。节威最先由兹莫政权制定和执行，原始习惯和兹莫节威以及诺合节威，各自都有其不同的特点。有的如保护环境的法规有自然崇拜的色彩。诺合节威与兹莫节威相比较，诺合节威条款内容和赔偿的金额与项目比兹莫节威都有大幅度增加。以阿都地区、阿勒和沙马地区、圣扎地区与义诺地区相比较，义诺地区的命案赔偿要繁杂得多，而其他地区要相对简单些。阿都地区、阿勒和沙马地区、圣扎地区的法规显示出更为古老的特色，同时可以看出其在时间上的先后。

后 记

《凉山民族研究 6》由内部刊物《凉山民族研究》2002 年、2003 年两期所刊文章修订集结而成。

1990 在凉山彝族自治州州委、州政府的重视下，筹建了凉山彝族自治州民族研究所。1992 年组建了《凉山民族研究》编委会，由朱洪明、苏呷沙且、胡庆钧、李绍明担任顾问，由曲比石美担任编委主任，马尔子、毛华、曲比石美、刘海林、米伍作、阿鲁斯基、张全安、张发江、罗世昌、金均培、姚昌道等人担任编委。由于工作变动，1996 年，毛华不再担任编委，补呷呷尔日为编委。1997 年，顾问重新调整为骆玉祥、何绍勇、蒋明清、胡庆钧、李绍明，编委调整为马尔子、马德清、米伍作、伍芝、杨正和、罗世昌、罗明英、吴国清、呷呷尔日、潘文超、穆文彬，由马尔子担任主编，巴且日火、呷呷尔日担任副主编。2002 年，顾问调整为王金铁、蒋明清、胡庆均、李绍明、张克蒂、杨正勇、谢宇才，编委调整为马尔子、马德清、巴且日火、韦安多、米伍作、伍芝、罗世昌、罗聪、呷呷尔日、哈小华，由马尔子担任主编，巴且日火、呷呷尔日担任副主编。

在他们的共同努力下，到 2012 年已内部发行正刊 22 期，增刊 1 期，共刊登各类文章 500 余篇，计 600 多万字。该刊精品力作不多，却承载和保留了 20 年来山里山外对凉山民族地区历史与现实的不同看法和研究成果。

创刊转瞬间已 20 年，关注凉山民族地区和索要《凉山民族研究》的人越来越多，但不少年刊已成为孤本。承蒙大家的抬举，为了满足专家、学者的需求，凉山彝族自治州民族研究所决定从 2011 年起，按时间顺序把以前的两期年刊合订为一册，做适当调整删减后，以丛书的形式陆续公开出版发行。该书的出版，对了解和研究凉山民族地区仍然具有一定的参考价值。

丛书的审阅修改均由所内的沈卫国、马尔子、马金明、马勤、巴且日火、张明、伍芝、杨胜梅、邱伍各等同志完成，同时得到民族出版社罗焰、千日、毛乐燕等老师的关心支持和帮助，在此一并致谢！

《凉山民族研究丛书》编委会

2013 年 10 月

图书在版编目（CIP）数据

凉山民族研究．6，2002—2003／马尔子主编．—北京：民族出版社，2017.10

ISBN 978-7-105-15097-7

Ⅰ．①凉… Ⅱ．①马… Ⅲ．少数民族—研究—凉山彝族自治州—文集 Ⅳ．①K280.712-53

中国版本图书馆 CIP 数据核字（2017）第 269537 号

凉山民族研究 6（2002—2003）

策划编辑：罗 焰
责任编辑：千 日
封面设计：翟跃飞
出版发行：民族出版社
地 址：北京市东城区和平里北街 14 号 邮编：100013
网 址：http：//www.mzpub.com
印 刷：三河市华东印刷有限公司
经 销：各地新华书店
版 次：2017 年 11 月第 1 版 2017 年 11 月北京第 1 次印刷
开 本：787 毫米×1092 毫米 1/16
字 数：720 千字
印 张：36.5
定 价：98.00 元
ISBN 978-7-105-15097-7/K·2637（汉 1496）